海外农业研究中心 ● 智库报告

海外农产品市场研究(2017)

◎ 聂凤英　李辉尚　主编

中国农业科学技术出版社

图书在版编目（CIP）数据

海外农产品市场研究.2017/聂凤英，李辉尚主编.—北京：中国农业科学技术出版社，2018.2

ISBN 978-7-5116-3518-1

Ⅰ.①海… Ⅱ.①聂… ②李… Ⅲ.①农产品市场—研究—世界—2017 Ⅳ.① F304.3

中国版本图书馆 CIP 数据核字（2018）第 030576 号

责任编辑	李 雪 徐定娜
责任校对	贾海霞

出 版 者	中国农业科学技术出版社 北京市中关村南大街 12 号 邮编：100081
电 话	（010）82109707（编辑室）（010）82109702（发行部） （010）82109709（读者服务部）
传 真	（010）82109707
网 址	http://www.castp.cn
发 行	全国各地新华书店
印 刷 者	北京建宏印刷有限公司
开 本	787 mm×1 092 mm 1/16
印 张	26.5
字 数	607 千字
版 次	2018 年 2 月第 1 版 2018 年 2 月第 1 次印刷
定 价	180.00 元

◆ 版权所有·侵权必究 ◆

序言

民以食为天，粮食安全是国家稳定与发展的基石。党的十八大以来，以习近平同志为核心的党中央着眼实现"两个一百年"的奋斗目标和中华民族伟大复兴的中国梦，提出了"以我为主、立足国内、确保产能、适度进口、科技支撑""中国人的饭碗要始终牢牢端在自己手上"和"要统筹利用国内外两个市场、两种资源"的新国家粮食安全战略。在党中央的坚强领导下，我国农业生产取得了巨大的成就，粮食产量2013年以来已连续5年稳定在1.2万亿斤以上，重要农产品供给保障能力持续增强，为国家经济社会发展全局提供了有力支撑。

我国作为全球主要的粮食生产、消费和贸易大国，在全球粮食安全体系中具有举足轻重的地位和作用，并与世界其他粮食出口国和进口国形成相互联系、相互依存、相互融合的关系。以大豆为代表的大宗农产品国内外市场联动性、互动性持续增强，2017年，我国大豆进口9 554万吨，再创历史新高。面对全球粮食安全新形势，通过强化农业对外合作，建立立足国内、面向世界的农产品生产与贸易体系势在必行。一方面，在我国大宗农产品生产成本"地板"上升和农业资源"红灯"亮起等要素约束下，我们需要适度进口国外生产的大豆、棉花、油菜、玉米等农产品；另一方面，我们要推动国内生产的茶叶、水果和蔬菜等特色优势农产品出口，要推动农业企业走出去培育国际农业集团，要推动农机、种子、农药和化肥等农业优势技术和产能走出去。

中国农业科学院党组高度重视并积极落实农业部关于推动国家"一带一路"倡议和农业"走出去"工作的系列部署。为整合全院农业国际合作科技资源，强化农业对外合作科技支撑工作，中国农业科学院于2016年以农业信息研究所为依托单位成立了中国农业科学院海外农业研究中心。鉴于近年来因对国际农产品市场缺乏了解，我国玉米、大豆等大宗农产品贸易高价买进、亏损经营问题屡发不绝，在农业部、财政部和中国工程院等部委支持下，海外农业研究中心组织中国农业科学院相关研究所、农业部农村经济研究中心、中国热带农业科学院和八一农垦大学等单位的专家，系统研究了稻米、小麦、玉米、大豆等重要农产品的海外市场，旨在加强对农业国际合作和农产品贸易工作的智库服务力度。

由聂凤英研究员等主编的《海外农产品市场研究（2017）》一书，凝练汇编了对粮食、棉花、油料、食糖、牛奶、肉类、天然橡胶和橡胶等15种重要农产品的研究成果，是海外农业研究中心的最新智库产品。主要内容包括这些农产品的世界供需现状、生产布局及演变、国际价格走势变化及动因、国际贸易格局及演变、主要国家产业竞争力与产业政策，以及世界供需形势展望等。全书内容丰富、系统性强、信息量大，全面反映了15种农产品国际市场的最新形势与演化趋势。它的出版为我国农业对外合作和农产品贸易工作者提供了一本高水平的专业性参考书，对服务我国农业国际合作和推动面向全球的农业智库建设工作有重要价值。

中国农业科学院副院长
中国工程院院士 吴孔明

2018年2月28日

目 录

第一部分　稻　米 ········· 1

一、世界供需形势 ········· 3
（一）种植面积持续增长，单产显著提升，产量屡创新高 ········· 3
（二）稻谷消费稳步增长，主要国家消费变动趋势基本一致 ········· 4
（三）库存量总体波动明显，2004年以来持续上涨 ········· 4

二、世界生产布局及演变 ········· 6
（一）稻谷生产与布局变化 ········· 6
（二）2017年稻谷生产形势 ········· 7

三、国际价格走势变化及动因 ········· 7
（一）价格波动频繁 ········· 7
（二）2006—2008年价格迅速上涨 ········· 8
（三）2013年以来大米整体呈现下跌趋势 ········· 8
（四）2017年以来市场走势 ········· 9

四、国际贸易格局及演变 ········· 9
（一）稻米贸易量持续波动增长 ········· 9
（二）国际稻米进出口区域相对集中 ········· 10

五、主要国家产业链竞争力 ········· 12
（一）生产成本明显上涨 ········· 12
（二）种子、肥料和燃料动力费是推动运营成本上升的主要因素 ········· 13
（三）土地机会成本的上涨是间接费用上涨的主要原因 ········· 13
（四）人力成本不断降低 ········· 13
（五）全球大米加工代表性企业 ········· 14

六、主要国家产业支持政策 ········· 16
（一）美国产业支持保护政策 ········· 16
（二）韩国大米产业支持保护政策 ········· 17

（三）日本农业支持政策 ………………………………………………… 18
七、世界供需及产业发展形势展望 …………………………………………… 20
　　（一）全球稻米生产有望继续增长，但增速将减缓 …………………… 20
　　（二）消费需求刚性增长，增速放缓 …………………………………… 21
　　（三）库存水平将略有下降，依然高起 ………………………………… 21
　　（四）稻米价格短期弱势运行，长期稳中有涨 ………………………… 21
　　（五）稻米贸易规模继续扩大，但是出口市场将更为剧烈 …………… 21

第二部分　小　麦 ……………………………………………………………… 23

一、世界供需现状 ……………………………………………………………… 25
　　（一）供需变化分析 ……………………………………………………… 25
　　（二）2017年供需形势分析 ……………………………………………… 26
二、世界生产布局及演变 ……………………………………………………… 27
　　（一）全球小麦生产集中在欧美亚地区 ………………………………… 27
　　（二）世界小麦生产区域向以中印为代表的亚洲集中 ………………… 27
三、国际价格走势变化及动因 ………………………………………………… 29
　　（一）国际市场价格走势与变化情况 …………………………………… 29
　　（二）小麦国际价格波动原因 …………………………………………… 30
四、国际贸易格局及演变 ……………………………………………………… 31
　　（一）国际贸易格局演变 ………………………………………………… 31
　　（二）贸易现状分析 ……………………………………………………… 33
五、主要国家产业链竞争力 …………………………………………………… 33
　　（一）重点国家成本收益变化 …………………………………………… 33
　　（二）产业链竞争力分析 ………………………………………………… 37
六、主要国家产业支持政策 …………………………………………………… 43
　　（一）美国的小麦产业政策 ……………………………………………… 43
　　（二）欧盟的小麦产业政策 ……………………………………………… 44
　　（三）日本的小麦产业政策 ……………………………………………… 46
　　（四）印度的小麦产业政策 ……………………………………………… 46
　　（五）俄罗斯的小麦产业政策 …………………………………………… 48
　　（六）加拿大的小麦产业政策 …………………………………………… 50
七、世界供需及产业发展形势展望 …………………………………………… 51
　　（一）全球小麦供需形势展望 …………………………………………… 51
　　（二）全球小麦产业发展趋势 …………………………………………… 51
参考文献 ………………………………………………………………………… 52

第三部分　玉　米 ··· 53

一、世界供需现状 ··· 55
（一）全球玉米供求变化 ··· 55
（二）2017年全球玉米供求形势 ··· 58

二、世界生产布局及演变 ·· 59
（一）玉米生产布局变化 ··· 59
（二）2017年生产格局 ··· 60

三、国际市场价格走势及动因 ·· 60
（一）国际价格总体波动上升 ··· 60
（二）价格波动频繁剧烈 ··· 61
（三）2012年以来价格持续下跌 ··· 61
（四）2017年以来价格低位运行 ··· 62

四、国际贸易格局及演变 ·· 62
（一）全球玉米贸易量屡创新高 ·· 62
（二）国际玉米出口区域集中与进口区域分散并存 ····················· 63

五、主要国家产业链竞争力 ··· 65
（一）美国成本收益变化 ··· 65
（二）巴西成本收益变化 ··· 69
（三）中国与美国、巴西玉米成本比较 ···································· 70
（四）玉米代表性企业 ·· 72

六、主要国家产业支持政策 ··· 76
（一）美国玉米产业政策演变 ··· 76
（二）欧盟农业支持保护政策演变 ··· 78
（三）巴西农业支持保护政策 ··· 79

七、世界供需及产业发展形势展望 ·· 79
（一）全球玉米生产有望继续增长，但增速将减缓 ····················· 79
（二）消费需求刚性增长，饲料消费仍将是主要增长来源 ··········· 80
（三）库存水平将出现下降，供求关系有望改善 ························ 80
（四）玉米价格短期低迷，但长期趋势看涨 ······························ 80
（五）玉米贸易将继续扩大，贸易格局更趋分散化 ····················· 80

参考文献 ·· 81

第四部分　马铃薯 ··· 83

一、世界供需现状 ··· 85
（一）全球马铃薯生产稳定发展 ·· 85

（二）马铃薯消费快速增长 …………………………………………… 86
二、世界生产布局及演变 ………………………………………………… 87
　　（一）全球种植分布较广，但生产相对集中 …………………………… 87
　　（二）全球生产中心由西向东转移，欧亚产量"一增一减" …………… 88
　　（三）主产国由发达国家向发展中国家转移，中印增长势头迅猛 …… 89
三、国际价格走势变化及动因 …………………………………………… 90
　　（一）主产国价格总体波动上涨 ………………………………………… 90
　　（二）价格波动频繁剧烈 ………………………………………………… 91
四、国际贸易格局及演变 ………………………………………………… 93
　　（一）贸易量和贸易额变化 ……………………………………………… 93
　　（二）贸易格局及演变 …………………………………………………… 95
　　（三）中美进出口结构对比析 …………………………………………… 98
五、主要国家产业链竞争力 …………………………………………… 101
　　（一）主产国生产成本收益差异较大 ………………………………… 101
　　（二）马铃薯消费市场规模不断扩大 ………………………………… 103
　　（三）马铃薯加工业持续发展 ………………………………………… 105
　　（四）马铃薯产品代表性企业 ………………………………………… 106
六、北美自贸协定对美加墨关税政策的影响 ………………………… 108
　　（一）美国的关税政策变化 …………………………………………… 108
　　（二）加拿大的关税政策变化 ………………………………………… 109
　　（三）墨西哥的关税政策变化 ………………………………………… 109
七、世界供需形势展望 ………………………………………………… 109
　　（一）全球马铃薯生产将保持稳定增长态势 ………………………… 109
　　（二）马铃薯消费需求将保持良好发展态势 ………………………… 110
　　（三）国际市场价格将呈波动上涨趋势 ……………………………… 110
　　（四）马铃薯国际贸易格局稳中有变 ………………………………… 110
参考文献 ………………………………………………………………… 111

第五部分　棉　花 …………………………………………………… 113

一、世界棉花供需现状 ………………………………………………… 115
　　（一）棉花生产 ………………………………………………………… 115
　　（二）棉花消费状况及特点 …………………………………………… 117
　　（三）棉花总库存总体上升 …………………………………………… 119
二、世界棉花生产布局及演变 ………………………………………… 121
　　（一）主要棉花生产国生产布局特点 ………………………………… 121
　　（二）棉花生产区域布局变化特点 …………………………………… 133

（三）棉花生产区域布局变化的原因 ………………………………………………… 134
三、国际棉花价格走势变化及动因 ………………………………………………………… 136
四、国际棉花贸易格局及演变 ……………………………………………………………… 139
　　（一）世界棉花贸易变化特点 ……………………………………………………… 139
　　（二）世界主要棉花进口国 ………………………………………………………… 140
　　（三）世界主要棉花出口国 ………………………………………………………… 141
五、主要棉花生产国家产业链竞争力 ……………………………………………………… 142
　　（一）主要棉花生产国家成本比较 ………………………………………………… 142
　　（二）主要棉花生产国家成本结构比较 …………………………………………… 144
　　（三）中美澳印棉花的收益比较 …………………………………………………… 146
　　（四）全球棉花贸易公司竞争力 …………………………………………………… 148
六、主要产棉国产业支持政策 ……………………………………………………………… 152
　　（一）美国棉花产业支持政策 ……………………………………………………… 152
　　（二）印度棉花产业支持政策 ……………………………………………………… 154
七、世界供需形势展望 ……………………………………………………………………… 155
参考文献 ……………………………………………………………………………………… 156

第六部分　大　豆 ……………………………………………………………………… 157

一、世界供需现状 …………………………………………………………………………… 159
　　（一）全球大豆供给能力稳定提升 ………………………………………………… 159
　　（二）全球大豆消费持续平稳增长 ………………………………………………… 160
　　（三）全球大豆供求关系趋于稳定 ………………………………………………… 160
二、世界生产布局及演变 …………………………………………………………………… 161
　　（一）全球大豆生产持续快速发展 ………………………………………………… 161
　　（二）全球大豆主产区域由北美向南美转移 ……………………………………… 162
　　（三）主产国大豆生产布局及变化 ………………………………………………… 165
三、国际价格走势变化及动因 ……………………………………………………………… 167
　　（一）世界大豆贸易价格呈出"波动—升高—下降"的特征 …………………… 167
　　（二）全球大豆期货价格呈现不规则长期循环变动和季节性波动 ……………… 167
　　（三）人口和生物质能源发展是国际大豆价格的主要影响因素 ………………… 168
四、国际贸易格局及演变 …………………………………………………………………… 169
　　（一）世界大豆出口贸易格局变化 ………………………………………………… 169
　　（二）世界大豆进口贸易格局变化 ………………………………………………… 173
　　（三）主要大豆贸易商及其业务分布 ……………………………………………… 175
五、主要国家产业链竞争力 ………………………………………………………………… 177
　　（一）关于成本指标口径和数据 …………………………………………………… 177

（二）成本水平 …… 179
　　（三）成本结构 …… 180
　　（四）成本稳定性 …… 181
六、主要国家产业支持政策 …… 183
　　（一）美国大豆产业政策 …… 183
　　（二）巴西大豆产业政策 …… 186
　　（三）阿根廷大豆产业政策 …… 188
七、世界供需及产业发展形势展望 …… 190
　　（一）全球大豆生产继续增长 …… 190
　　（二）全球大豆消费将进一步扩大 …… 190
　　（三）国际大豆价格短期下降，长期仍具上涨压力 …… 190
　　（四）全球大豆贸易格局可能略有变化 …… 191
　　（五）全球大豆加工仍以油脂为主，蛋白加工前景广阔 …… 191
参考文献 …… 191

第七部分　油菜籽　193

一、世界供需现状 …… 195
　　（一）油籽供需持续呈现宽松态势 …… 195
　　（二）油菜籽供需形势整体趋紧 …… 196
二、世界生产布局及演变 …… 197
　　（一）生产集中度总体下降，但主产国区域集中格局未变 …… 197
　　（二）国别布局变动较大，亚美欧主要国家增减不一 …… 198
　　（三）加拿大油菜籽生产以南部为主，向优势产区集中趋势明显 …… 198
三、国际价格走势变化及动因 …… 200
　　（一）油菜籽主产国价格周期性波动上升 …… 200
　　（二）供求状况、替代品和能源价格是国际油菜籽价格的主要影响因素 …… 200
四、国际贸易格局及演变 …… 201
　　（一）全球油菜籽贸易规模总体波动增加 …… 201
　　（二）全球油菜籽进口国逐渐向欧洲集中，出口国分布趋于分散 …… 202
　　（三）加拿大贸易量快速增加，出口目的地覆盖全球主要贸易国家 …… 205
五、主要国家产业链竞争力 …… 207
　　（一）重点国家成本及构成比较 …… 207
　　（二）产业链竞争力 …… 209
六、主要国家产业支持政策 …… 210
　　（一）加拿大 …… 211
　　（二）欧盟 …… 211

（三）澳大利亚 ··· 213
　二、世界供需及产业发展形势展望 ··· 215
　参考文献 ··· 216

第八部分　食　糖 ·· 217

　一、世界供需现状 ··· 219
　　（一）食糖产量稳中有增，甘蔗糖占绝对比例 ··································· 219
　　（二）食糖消费总量稳中有增，发展中国家占比增加 ···························· 220
　二、世界生产布局及演变 ··· 221
　　（一）食糖生产布局较为集中 ··· 221
　　（二）巴西食糖生产及布局变化情况 ··· 222
　　（三）泰国食糖生产及布局变化情况 ··· 222
　三、国际价格走势变化及动因 ··· 223
　四、国际贸易格局及演变状 ·· 224
　　（一）世界食糖出口区域较为集中、进口相对分散，贸易主要以原糖为主 ··· 224
　　（二）巴西食糖贸易演变及现状 ·· 225
　　（三）泰国食糖贸易演变及现状分析 ··· 226
　五、主要国家产业链竞争力 ·· 226
　六、主要国家产业支持政策 ·· 227
　　（一）巴西食糖产业政策 ·· 227
　　（二）泰国食糖产业政策 ·· 228
　七、全球供需及产业发展形势展望 ··· 230
　参考文献 ··· 230

第九部分　牛　奶 ·· 231

　一、世界供需现状 ··· 233
　　（一）产量波动中提升，近10多年奶业生产迅速扩张 ·························· 233
　　（二）全球人均乳制品消费量提高，需求依然强劲 ······························· 234
　　（三）全球消费总量持续增长，乳清粉供需缺口依然存在 ······················ 234
　二、世界生产布局及演变 ··· 236
　　（一）亚洲和美洲产量较快增长，亚洲取代欧洲成为最大的奶源地 ·········· 236
　　（二）中国和印度产量增速领跑世界，俄罗斯产量不增反降 ··················· 237
　　（三）生产集中度有所提升，美国和欧盟占比下降 ······························· 238
　　（四）重点国家和地区生产布局及变化 ·· 238
　三、国际价格走势变化及动因 ··· 244

（一）市场价格走势变化 ································· 244
　　（二）动因分析 ····································· 246
四、国际贸易格局及演变 ··································· 248
　　（一）全球贸易情况 ·································· 248
　　（二）主要出口国贸易格局 ······························· 250
　　（三）主要进口国贸易格局 ······························· 258
五、主要国家产业链竞争力 ································· 261
　　（一）重点国家成本收益比较 ····························· 261
　　（二）乳业代表企业：恒天然集团 ·························· 263
六、主要国家产业支持政策 ································· 264
　　（一）美国乳业安全网 ································· 264
　　（二）欧盟奶业政策 ·································· 266
　　（三）新西兰和澳大利亚奶业政策 ·························· 266
七、全球供需及产业发展形势展望 ····························· 267
参考文献 ·· 268

第十部分　猪　肉 ······································ 269

一、世界供需现状 ······································ 271
　　（一）猪肉生产情况 ·································· 271
　　（二）猪肉消费情况 ·································· 272
二、世界生产布局及演变 ··································· 273
三、国际价格走势变化及动因 ································ 274
四、国际贸易格局及演变 ··································· 275
五、主要国家产业链竞争力 ································· 277
　　（一）美国生猪产业链竞争力 ····························· 277
　　（二）日本生猪产业链竞争力 ····························· 284
六、主要国家产业支持政策 ································· 287
　　（一）欧盟 ······································· 287
　　（二）美国 ······································· 289
　　（三）日本 ······································· 290
七、世界供需及产业发展形势展望 ····························· 294
参考文献 ·· 295

第十一部分　禽　肉 ····································· 297

一、世界供需现状 ······································ 299

（一）产量持续增加 …………………………………………………………………… 299
　　　（二）消费快速增加 …………………………………………………………………… 301
　　　（三）贸易规模提升 …………………………………………………………………… 302
　　　（四）全球供需基本平衡 ……………………………………………………………… 304
　二、世界生产布局及演变 …………………………………………………………………… 306
　　　（一）禽肉生产布局现状 ……………………………………………………………… 306
　　　（二）禽肉生产布局变化 ……………………………………………………………… 307
　三、国际价格走势变化及动因 ……………………………………………………………… 309
　　　（一）全球禽肉价格总体呈上涨走势，2017年逐步回暖 …………………………… 309
　　　（二）美国和巴西价格存在较大差距，美国价格波动相对平缓 …………………… 309
　　　（三）欧盟国家价格差异较大，国内市场价格趋于企稳 …………………………… 310
　四、国际贸易格局及演变 …………………………………………………………………… 311
　　　（一）禽肉贸易格局 …………………………………………………………………… 311
　　　（二）贸易格局演变 …………………………………………………………………… 312
　五、主要国家产业链竞争力 ………………………………………………………………… 315
　　　（一）美国 ……………………………………………………………………………… 315
　　　（二）巴西 ……………………………………………………………………………… 317
　　　（三）主要禽肉生产和贸易商 ………………………………………………………… 319
　六、主要国家产业支持政策 ………………………………………………………………… 321
　七、世界供需及产业发展形势展望 ………………………………………………………… 322
　　　（一）禽肉产业发展势头依旧强劲 …………………………………………………… 322
　　　（二）美国、巴西和俄罗斯产量和出口量均有望继续增加 ………………………… 323
　参考文献 ……………………………………………………………………………………… 324

第十二部分　牛　肉 ……………………………………………………………… 325

　一、世界供需现状 …………………………………………………………………………… 327
　二、世界生产布局及演变 …………………………………………………………………… 328
　　　（一）美国 ……………………………………………………………………………… 328
　　　（二）巴西 ……………………………………………………………………………… 329
　　　（三）中国 ……………………………………………………………………………… 329
　　　（四）阿根廷 …………………………………………………………………………… 329
　三、国际价格走势变化及动因 ……………………………………………………………… 329
　四、国际贸易格局及演变 …………………………………………………………………… 330
　　　（一）贸易量和金额的变化 …………………………………………………………… 330
　　　（二）产品结构 ………………………………………………………………………… 331
　　　（三）国家（地区）结构 ……………………………………………………………… 332

（四）贸易格局演变 …………………………………………………… 333
一五、主要国家产业链竞争力 ………………………………………………… 333
　　（一）养殖环节 ………………………………………………………… 333
　　（二）成本比较 ………………………………………………………… 335
　　（三）价格与品质比较 ………………………………………………… 336
六、主要国家产业支持政策 ………………………………………………… 337
　　（一）维持价格稳定的主要措施 ……………………………………… 337
　　（二）保证牧民养殖利益的措施 ……………………………………… 338
　　（三）保护本国产业的贸易措施 ……………………………………… 338
　　（四）减损养殖业灾害与疫病的措施 ………………………………… 338
　　（五）草食畜牧业可持续化发展政策 ………………………………… 339
七、世界供需及产业发展形势展望 ………………………………………… 340

第十三部分　羊　肉 ……………………………………………… 341

一、世界羊肉供需现状 ……………………………………………………… 343
　　（一）世界羊肉产量稳步增长 ………………………………………… 343
　　（二）世界羊肉消费刚性增长 ………………………………………… 344
　　（三）世界及主要国家羊肉供需状况 ………………………………… 346
二、世界生产布局及演变 …………………………………………………… 348
　　（一）绵羊存栏量稳中略增，山羊存栏量持续增加 ………………… 348
　　（二）羊肉生产主要集中在亚洲和非洲 ……………………………… 349
三、国际价格走势变化及动因 ……………………………………………… 350
　　（一）FAO 羊肉价格指数波动上升 …………………………………… 350
　　（二）澳大利亚羊羔肉零售价格高位波动 …………………………… 351
　　（三）欧盟羊肉批发价格波动上扬 …………………………………… 351
四、国际贸易格局及演变 …………………………………………………… 352
　　（一）2004 年开始羊肉贸易量波动较大 ……………………………… 352
　　（二）亚洲是羊肉主要进口地区，大洋洲是羊肉主要出口地区 …… 353
　　（三）澳大利亚羊肉主要出口美国、中国 …………………………… 354
　　（四）新西兰羊肉主要出口欧盟、中国 ……………………………… 355
五、主要国家产业链竞争力 ………………………………………………… 356
　　（一）资源、管理和技术优势 ………………………………………… 356
　　（二）养殖优势 ………………………………………………………… 357
　　（三）价格优势 ………………………………………………………… 359
六、主要国家产业支持政策 ………………………………………………… 359
　　（一）澳大利亚在生产、管理、技术等方面加以支持 ……………… 359

（二）新西兰制定相关规划促进产业的发展 …………………………………… 360
　　（三）印度在饲草料、养殖加工、品种保护等方面制定政策 …………………… 361
七、全球供需形势展望 ……………………………………………………………………… 362
参考文献 ……………………………………………………………………………………… 362

第十四部分　天然橡胶 …………………………………………………………………… 365

一、世界供需现状 …………………………………………………………………………… 367
　　（一）天然橡胶开割面积、产量不断增加 ……………………………………… 367
　　（二）天然橡胶消费快速增长 …………………………………………………… 368
二、世界生产布局及演变 …………………………………………………………………… 369
　　（一）天然橡胶是典型热带作物，生产高度集中 ……………………………… 369
　　（二）非洲、美洲天然橡胶世界占比较小，波动幅度不大 …………………… 370
　　（三）泰国、印度尼西亚和马来西亚是天然橡胶产业强国，但其世界排名也在波
　　　　　动 ………………………………………………………………………………… 371
三、国际价格走势变化及动因 ……………………………………………………………… 372
　　（一）市场价格走势变化 ………………………………………………………… 372
　　（二）动因分析 …………………………………………………………………… 374
四、国际贸易格局及演变 …………………………………………………………………… 375
　　（一）天然橡胶贸易量的变化 …………………………………………………… 375
　　（二）天然橡胶贸易格局演变 …………………………………………………… 375
五、主要国家产业链竞争力 ………………………………………………………………… 379
　　（一）主产国生产成本收益变化 ………………………………………………… 379
　　（二）主要天然橡胶企业现状 …………………………………………………… 381
六、主要国家产业支持政策 ………………………………………………………………… 382
　　（一）泰国 ………………………………………………………………………… 382
　　（二）印度尼西亚 ………………………………………………………………… 383
　　（三）越南 ………………………………………………………………………… 383
　　（四）印度 ………………………………………………………………………… 383
　　（五）马来西亚 …………………………………………………………………… 383
　　（六）菲律宾 ……………………………………………………………………… 383
七、世界供需及产业发展形势展望 ………………………………………………………… 383
　　（一）生产 ………………………………………………………………………… 383
　　（二）消费 ………………………………………………………………………… 384
　　（三）贸易 ………………………………………………………………………… 384
　　（四）价格 ………………………………………………………………………… 384
参考文献 ……………………………………………………………………………………… 384

第十五部分　香　蕉 ····· 385

一、世界供需现状 ····· 387
　　（一）香蕉供给现状 ····· 387
　　（二）香蕉消费市场现状 ····· 388

二、世界生产布局及演变 ····· 389
　　（一）生产相对集中 ····· 389
　　（二）生产布局由美洲转移至亚洲 ····· 390
　　（三）香蕉生产布局变化，印度取代巴西成为最大生产国 ····· 391

三、国际价格走势变化及动因 ····· 392
　　（一）各国市场价格走势变化及动因 ····· 392
　　（二）重点国家价格走势变化及动因 ····· 393

四、国际贸易格局及演变 ····· 394
　　（一）香蕉贸易格局演变 ····· 394
　　（二）重点国家的进出口贸易格局变化 ····· 397
　　（三）香蕉贸易现状 ····· 398

五、主要国家产业链竞争力 ····· 400
　　（一）世界香蕉产业链竞争力 ····· 400
　　（二）重点国家香蕉种植成本收益变化 ····· 402
　　（三）主要香蕉公司现状 ····· 403

六、主要国家产业支持政策 ····· 404
　　（一）东盟香蕉生产及贸易均充满发展机遇 ····· 404
　　（二）拉美香蕉发展受到多因素制约 ····· 405

七、世界供需及产业发展形势展望 ····· 405
　　（一）新兴市场发展迅速，香蕉供给将出现多元化格局 ····· 405
　　（二）市场需求推动香蕉向绿色化发展，跨国公司将纷纷转型 ····· 406
　　（三）生产成本有可能持续上涨 ····· 406

参考文献 ····· 406

� 第一部分

稻 米

海外农产品市场研究（2017）

水稻是世界上重要的粮食作物，耕种和食用的历史十分悠久。目前，全球几乎有一半以上的人口将大米作为主食。随着单产水平和播种面积的不断增长，全球稻谷总产量有了较大幅度增加，1980年全球稻米总产量仅为3.97亿吨[①]，2016年全球稻谷总产量已经达到7.16亿吨，约占全球大宗粮油作物总产量的1/4。稻谷的生产和消费主要集中在亚洲地区，生产和消费的分布相对集中也较为稳定。其中，中国是世界上稻谷生产量和消费量最大的国家。2016年，全球稻谷消费排名前五的国家分别是中国、印度、印度尼西亚、菲律宾和泰国，全球稻谷生产排名较前的国家也集中在上述地区。进出口贸易方面，印度、泰国、越南、巴基斯坦和美国等是世界上主要的大米出口国，且对国际市场大米价格影响较为明显。2000年以来，国际大米价格经历了几次较大的波动，其中2008年全球粮食危机对大米价格的影响最为剧烈。预计2017/18年度，全球大米产量将略有下滑，但是供求形势仍然较为宽松。中长期来看，全球大米贸易量将以增长为主，随着机械化耕种收在大米产业中的占比不断增加和新型品种的研发，未来大米产量可能出现持续提升。

一、世界供需形势

（一）种植面积持续增长，单产显著提升，产量屡创新高

20世纪80年代以来，全球稻谷生产稳定发展。1980年以来，稻谷收获面积从1.44亿公顷增加到2016年的1.61亿公顷[②]，增长11.8%（图1），年均递增0.3%。单产方面，由于杂交水稻和转基因技术快速发展，加之种植技术的不断改善，1980—2016年稻谷单产出现明显增长，全球稻谷平均单产从2.75吨/公顷增加到4.44吨/公顷，增长61.5%，年均递增1.3%。伴随收获面积和单产的变化，全球稻谷总产量也有了明显增长，从1980年的3.97亿吨增长到2016年的7.16亿吨，增长80.4%，年均递增1.7%。稻谷产量的增长出现明显的阶段特征，1980—2016年主要经历了两次较大幅度的增长：第一次发生

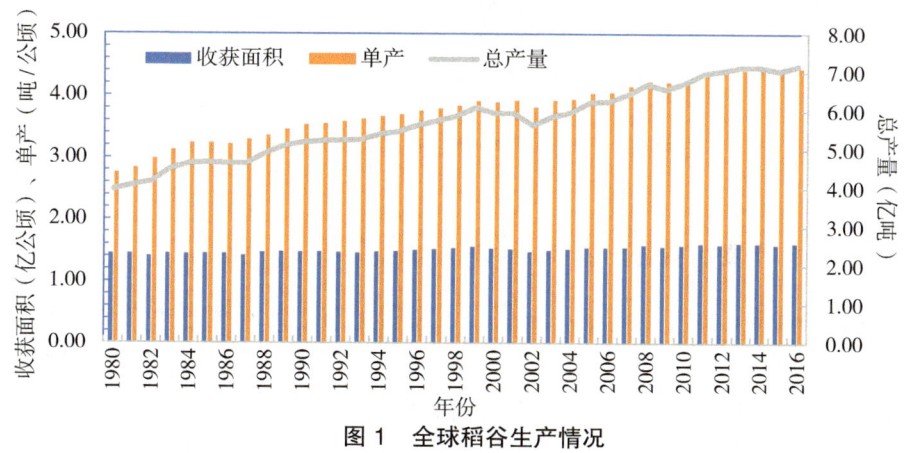

图1 全球稻谷生产情况

---

① 数据来源：美国农业部
② 数据来源：美国农业部

在 1983 年前后，全球稻谷总产量从 4.18 亿吨一举增长到 4.50 亿吨，较上年增长率达到 7.7%；第二次大的增长发生在 20 世纪 80 年代末期（1989 年），全球稻谷总产量在一年之内从 4.64 亿吨增长到 5.10 亿吨。

（二）稻谷消费稳步增长，主要国家消费变动趋势基本一致

随着世界人口的不断增加，作为世界上超过半数人口主食的稻谷消费也不断增强。1980—2016 年，全球稻米消费量①从 2.70 亿吨增长到 4.76 亿吨，增加 2.06 亿吨，涨幅达到 76.3%。1980 年，稻米消费排名前五的国家分别是中国、印度、印度尼西亚、日本和泰国，消费量分别是 9 858.7、5 330.1 万、2 150.4 万、1 010.0 万和 795.5 万吨；2016 年，其稻米消费量分别是 14 350.0 万、9 650.0 万吨、3 760.0 万、855.0 万吨以及 1 100.0 万吨，其中除日本稻米消费量降低 15.3% 以外，中国、印度、印度尼西亚和泰国分别增加 45.6%、81.0%、74.9% 和 38.3%。在 1980 年稻米消费排名前五的国家中，除日本由于消费量大幅减少，到 2016 年排名降低到第六位外，其余国家基本维持 1980 年以来的排名结构。2016 年稻米消费排名前五的国家分别是中国、印度、印度尼西亚、菲律宾和泰国，其中菲律宾从 1980 年稻米消费排名第八位上升为 2016 年的第四位（图 2）。

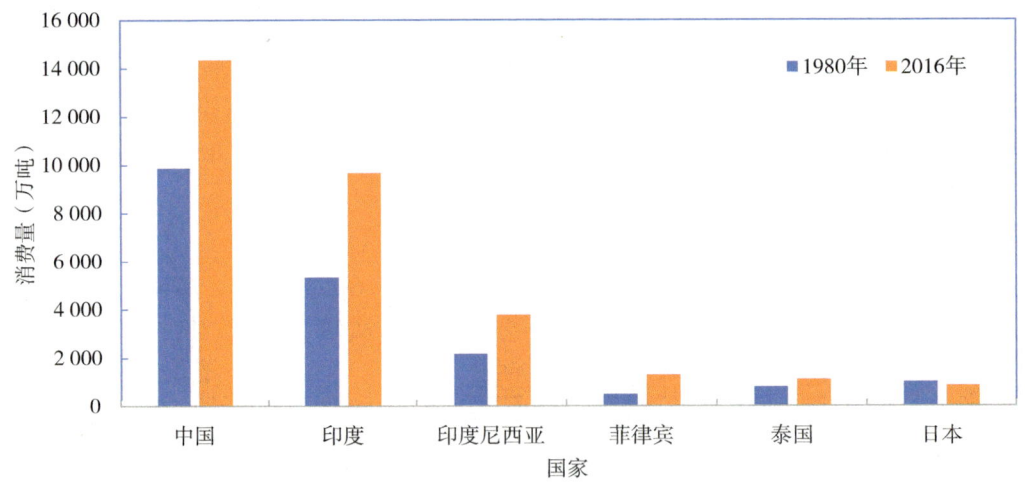

图 2　1980、2016 年中国、印度、印度尼西亚、菲律宾、泰国和日本消费量变动

（三）库存量总体波动明显，2004 年以来持续上涨

稻谷是主要的口粮，对于储存的要求较高，并且稻谷主产区多分布在夏季潮湿高温地区，因此，稻谷的库存与玉米等粮食作物不同，库存量较高会导致稻谷价值的明显下降，其期末库存量应该保持在一个相对较低水平。1980—2016 年期间，全球的稻米库存一直以来维持在 1 亿吨左右，最高为 1.46 亿吨，最低为 0.51 亿吨；其中，库存量在 1986 年

---

① 消费量数据均为碾磨后的大米

首次超过了 1 亿吨，直到 2003 年才又一次低于 1 亿吨，随后持续上涨。中国是全球的稻米生产大国，2016 年中国稻谷产量为 2.07 亿吨[①]，占全球稻米产量的 28.9%。因此，中国的稻谷库存变化将对世界稻谷库存情况产生显著影响。中国自 2004 年起实行稻谷最低收购价政策，并且 2008 年以来连续 7 次上调了稻谷的最低收购价，稻谷最低收购价政策托市效应明显，导致中国的稻谷库存数量大幅增加，推动世界稻谷库存迅速提高。美国农业部数据显示，2004 年稻米的期末库存仅为 0.39 亿吨，2016 年期末库存增长到 0.87 亿吨。据美国农业部预测，2017 年的期末库存将会达到有史以来最高的 0.92 亿吨（表 1）。与之相对应的是全球稻谷库存变化，2004 年全球稻谷期末库存仅为 0.74 亿吨，2016 年期末库存量就已经上升到 1.17 亿吨（图 3）。

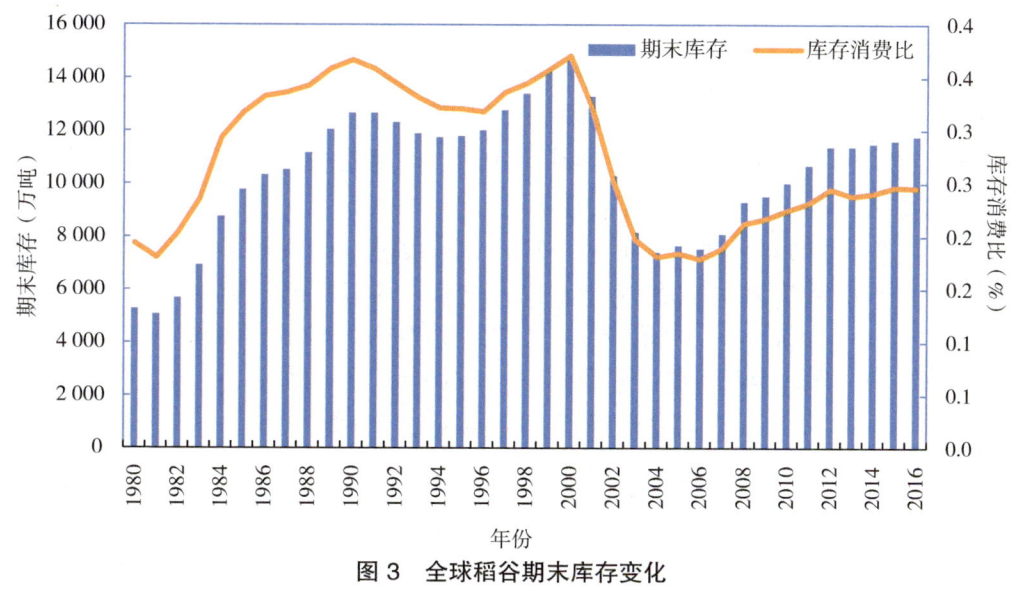

图 3　全球稻谷期末库存变化

表 1　2004 年以来中国稻米供需平衡表

单位：百万吨

年度	期初库存	产量	进口	消费	出口	期末库存
2004	43.92	125.36	0.61	130.30	0.66	38.93
2005	38.93	126.41	0.65	128.00	1.22	36.78
2006	36.78	127.20	0.47	127.20	1.34	35.92
2007	35.92	130.22	0.30	127.45	0.97	38.02
2008	38.02	134.33	0.34	133.00	0.78	38.90
2009	38.55	136.57	0.39	134.32	0.65	40.53
2010	40.53	137.00	0.54	135.00	0.50	42.57
2011	42.57	140.70	1.79	139.60	0.44	45.02
2012	45.02	143.00	3.14	144.00	0.34	46.83

① 数据来源：国家统计局 2016 年粮食产量公告

（续表）

年度	期初库存	产量	进口	消费	出口	期末库存
2013	46.83	142.53	4.00	146.30	0.26	46.80
2014	53.10	144.56	4.70	144.50	0.43	57.44
2015	69.00	145.77	4.80	140.80	0.27	78.50
2016	78.50	144.85	5.30	141.35	0.81	86.50
2017	86.50	144.00	5.25	142.35	0.90	92.50

二、世界生产布局及演变

（一）稻谷生产与布局变化

1980年以来，世界稻谷的主产国一直集中在亚太地区的少数几个国家之中，其中中国、印度、印度尼西亚、孟加拉国、泰国和越南稻谷的生产居于前列（图4）。上述几个国家几乎生产了世界近80%的稻谷，其中，中国、印度的稻谷产量一直居于世界第一和第二位，印度尼西亚的稻谷产量常年稳居第三位[①]。1980—2016年，中国的稻谷生产量所占比重从36.0%降低到29.2%，印度稻谷生产量占比从20.2%增加到22.0%，印度尼西亚稻谷生产量占比从7.5%增加到9.9%。除此之外，孟加拉国、泰国、越南的稻谷生产量分别从1980年的4.4%、4.4%和2.9%增加到了7.3%、4.6%和6.3%。在稻谷生产布局变化过程当中，日本生产量变化最为显著，1980年，日本稻谷总产量为0.12亿吨，占世界稻谷总产量的3.1%，居世界稻谷产量的第六位，而到2016年，在世界稻谷产量大

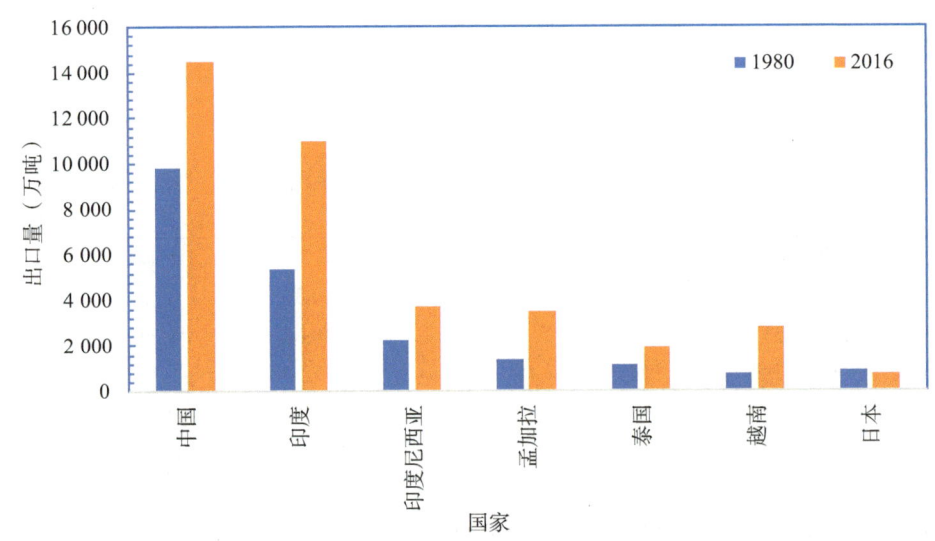

图4 全球稻米主产国出口量变动情况
数据来源：USDA
注：图中为大米产量，与稻谷按1∶0.7折算

① 其中全球稻谷产量数据来自于USDA，各国的产量数据来自于FAO

幅增长的背景下，日本稻谷总产量仍仅为 0.11 亿吨，占世界稻谷总产量的比重下降到了 1.5%，居世界第十位。1980—2016 年中国、印度、印度尼西亚、孟加拉国、泰国、越南和日本产量变动情况如图 4 所示。

（二）2017 年稻谷生产形势

北半球的主要稻谷生产国陆续进入了收获期，从整个亚洲来看，由于在印度、孟加拉国等国家出现洪水和干旱等极端天气，未来，亚洲地区稻谷产量降低的可能性较大。亚洲作为世界上最主要的稻谷产区，稻谷产量的下降将会明显影响到全球地区的稻谷总产量。FAO 在最近发布的关于全球农业发展的展望中就调低了稻谷的产量预期，2017/18 年度的稻谷产量大约在 7.55 亿吨，较 2016/17 年度有一定下降。从生产格局上，全球稻谷生产格局变化不大，中国是世界上稻谷生产第一大国的位置将保持不变，并且产量将继续保持在一个较高的水平上。

三、国际价格走势变化及动因

国际市场上，泰国是国际市场上最为主要的大米出口国，其中 100% B 级大米是出口价格最高的产品，5% 破损率大米和 25% 破损率大米是交易量较大的产品。另外，虽然美国大米的年出口量不如泰国，但是由于美国大米拥有较为完善的期货交易制度，美国大米价格对于国际市场也具有相当的影响力。为了数据分析的简捷，选取泰国的 100%B 级大米、5% 破损率和 25% 破损率大米和美国长粒米（US Long Grain 2.4%）作为分析价格变动的四个主要指标（图 5）。

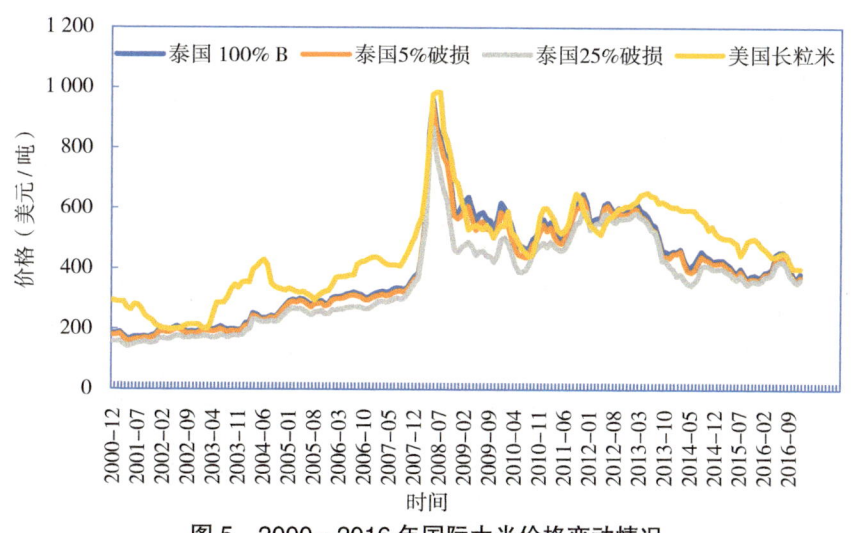

图 5　2000—2016 年国际大米价格变动情况

（一）价格波动频繁

2000 年以来，国际市场大米价格变动十分剧烈。泰国 100% B 级大米从 2000 年的年均207.2美元/吨，上涨到2016年的年均406.6美元/吨，涨幅达到96.2%；泰国5%破损率大米从2000年的年均197.9美元/吨，上涨到2016年的年均396.1美元/吨，涨幅达到100.2%；泰国25%破损率大米从2000年的年均171.7美元/吨上涨到2016年的385.1美元/吨，涨幅达到124.3%；美国长粒米的价格从2000年的年均270.8美元/吨上涨到2016年的437.5美元/吨，涨幅达到61.6%。总体上看，受国际市场上石油价格上涨以及美元贬值等影响，国际大米价格较21世纪初期出现了明显上涨。

（二）2006—2008年价格迅速上涨

2006—2008年，国际市场经历了世界粮食危机，大米价格整体出现了一次明显的上涨。其中美国长粒米价格于2008年6月达到历史最高的985美元/吨，泰国100% B级大米于2008年5月达到历史最高月均价格的962.6美元/吨，泰国5%破损率大米与25%破损率大米同样都于当月分别达到了历史最高的946.0美元/吨和869美元/吨的月均价格（图6）。这段时间大米价格的剧烈上涨主要有3个原因：一是国际市场主要大米生产国限制出口。2008年第一季度，越南、印度、柬埔寨等重要大米出口国陆续宣布限制本国大米出口，国际大米库存降到了20年来的最低水平，国际大米市场供应量骤减30%以上。二是中国等多个国家出现的雪灾、干旱等恶劣天气，极大影响了大米未来的供给预期。三是国际原油价格上涨。2007年末伊朗核问题悬而未决，部分产油国家政局不稳，加之美元贬值等因素，导致原油价格大幅上涨，原油价格上涨显著提高了农业生产的成本，也在一定程度上推动了大米价格的暴涨。

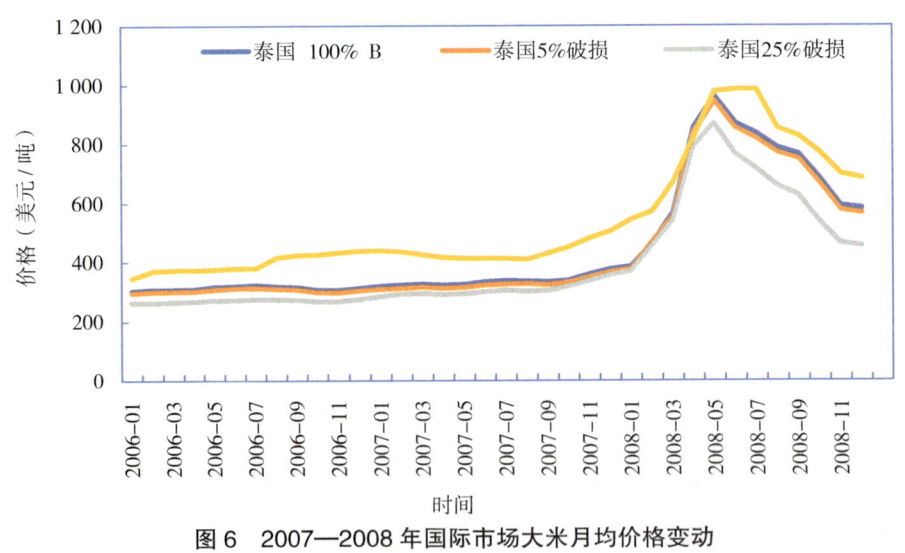

图6　2007—2008年国际市场大米月均价格变动

（三）2013年以来大米整体呈现下跌趋势

2013年，泰国100% B级大米、泰国5%破损率大米和泰国25%破损率大米在当年2月触顶回落，美国长粒米的价格于当年5月触顶回落；受泰国、越南和印度等主要大米出口国竞相降价出口大米的影响，导致国际市场米价持续下跌，当年 12 月，国际大米价格几乎已经回落回到 2008 年大幅上涨前的水平。其中泰国 100% B 级大米从 2 月的 616.0 美元 / 吨跌到 458.7 美元 / 吨，跌幅达到 25.5%；泰国 5% 破损率大米从 2 月的 599.0 美元 / 吨跌到 451.0 美元 / 吨，跌幅达到 24.7%；泰国 25% 破损率大米从 2 月的 584.0 美元 / 吨跌到 398.7 美元 / 吨，跌幅达到 31.7%；美国长粒米的价格从 5 月的 652.0 美元 / 吨跌到 604.0 美元 / 吨，跌幅达到 7.4%。之后，国际市场稻米价格一直在波动中缓慢下行。

（四）2017 年以来市场走势

2017 年 3 月以来，泰国大米一直稳步上涨，由于正值新稻上市前夕，加之伊朗、孟加拉国、菲律宾等国采购需求旺盛，大米供应吃紧（图 7）。尤其是 5—6 月，价格明显上涨。6 月泰国 100% B 级大米、5% 破损率大米和 25% 破损率大米分别较 4 月价格上涨 19.0%、19.7% 和 15.8%。与此同时，美国大米也受到国际市场米价走强影响，价格走势强劲，2017 年上半年，美国长粒米价格从 1 月的 395.3 美元 / 吨上涨到 6 月的 445.0 美元 / 吨，增幅达到 12.6%。7 月，美国大米获准进入中国市场。目前，中国是世界上最大的大米进口国。但是一直以来，大米进口的主要来源是泰国和越南，美国大米并未获准进入。随着中国允许美国对华出售大米，美国大米价格持续走强。下半年，美国大米并未受到泰国、越南等国新稻上市的影响，价格继续上涨，截至 2017 年 10 月，美国长粒米价格已经涨到每吨 516.2 美元。

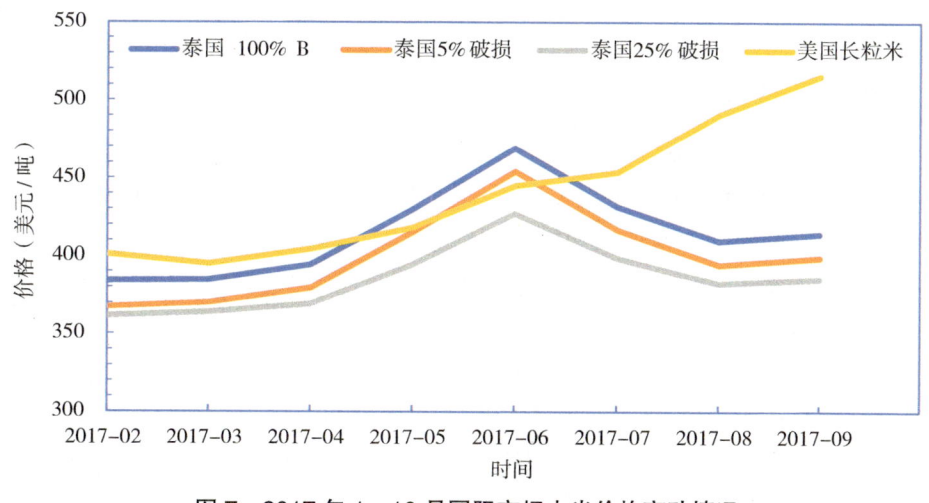

图 7　2017 年 1—10 月国际市场大米价格变动情况

四、国际贸易格局及演变

（一）稻米贸易量持续波动增长

稻谷是世界上重要的农产品，供应了全球超过一半的主食消费，也是全球重要的国际贸易农产品。2016 年，全球五大大米出口国为印度、泰国、越南、巴基斯坦和美国，上述 5 个国家供应了世界上超过 80% 的大米[①]。1980 年以来，由于全球人口的增加和稻谷生产的发展，大米的国际贸易量稳步上升，全球出口总量从 1980 年的 1 241.3 万吨增长到 2016 年的 4 202.5 万吨[②]，增长幅度达到 238.6%（图 8）。

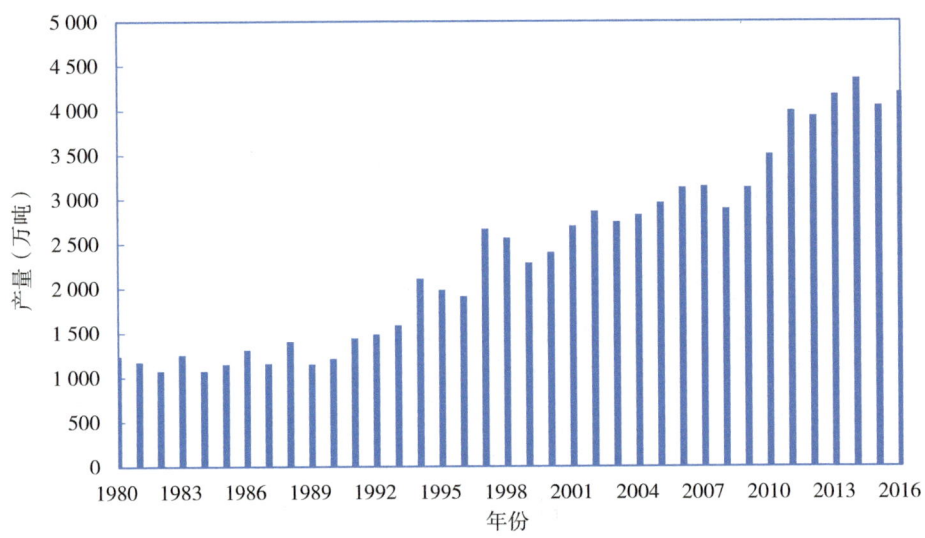

图 8　1980—2016 年全球稻米产量变化

数据来源：USDA

（二）国际稻米进出口区域相对集中

受各国稻谷生产和消费差异等影响，全球稻谷生产主要集中在亚洲和美洲少数几个国家，与此同时，稻谷主要出口国也集中在少数几个国家；但是随着资源禀赋和发展阶段的变化，1980 年以来世界稻谷贸易格局发生了较为明显的变化。

1. 出口贸易格局总体稳定，不同国家排名有所变动

全球出口贸易中，1980 年全球大米出口排名前五的国家分别是美国、泰国、巴基斯坦、日本和印度，其出口总量占全球大米出口量的 73.2%；到 2016 年全球大米出口排名前五的国家分别是印度、泰国、越南、巴基斯坦和美国，其出口总量总共占全球大米出口量的 83.6%。值得关注的是，美国、泰国、巴基斯坦和印度是一直以来的出口大国，出口量一直稳居全球出口量前列（图 9）。1980—2016 年，美国出口量从 306.4 万吨增加到 370.4 万吨，增长 20.9%；泰国出口量从 304.9 万吨增长到 1 050.0 万吨，增长 244.4%；巴基斯坦出口量从 116.3 万吨增长到 390.0 万吨，增长 235.3%；印度出口量从 90.0 万吨增长到 1 100.0 万吨，增长 1 122.2%。上述国家随着时间的推移，大米出口量都出现不同

---

① 数据来源：美国农业部
② 数据来源：美国农业部

程度的上涨，其中印度地区出口量变动最为明显，涨幅达到 11 倍。与此同时，日本的出口量出现了明显下滑，从 1980 年全球大米出口的第四位滑落到了 2016 年的第二十一位，出口量从 1980 年的 90.9 万吨降低到 2016 年的 7.5 万吨，降低 91.7%。越南的出口量出现明显上涨，从 1980 年的 0.5 万吨增长到 2016 年的 600.0 万吨，增长 1199 倍。

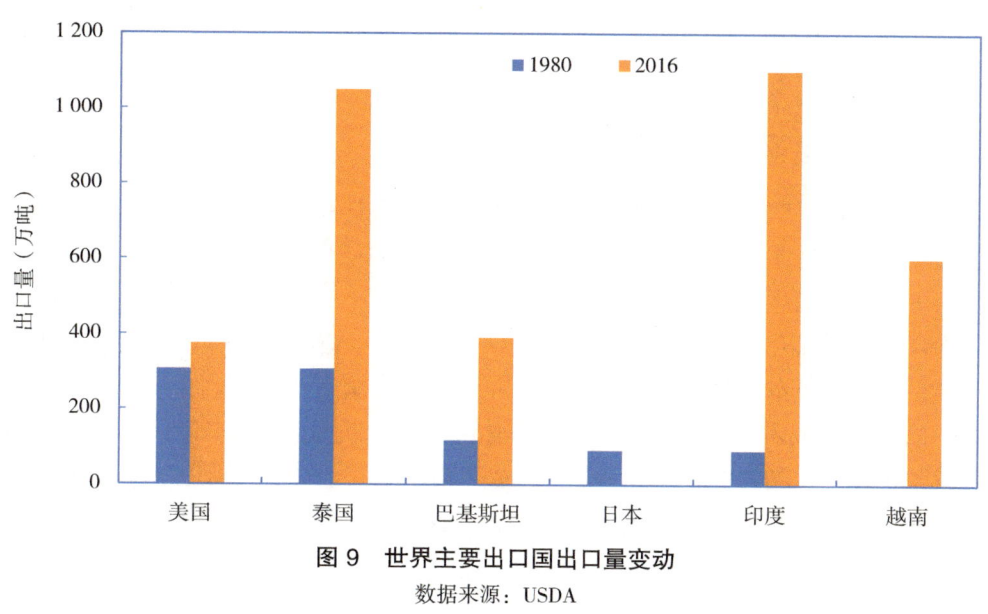

图 9　世界主要出口国出口量变动

数据来源：USDA

2. 进口国家分布相对分散，贸易格局变化较大

在全球的进口贸易当中，进口分布相对分散，国家排名变化较大。1980 年，全球大米进口前五的国家分别是韩国、苏联、伊朗、印度尼西亚、尼日利亚，其进口总量占全球大米进口总量的 45.3%；到 2016 年，全球大米进口排名前五的国家分别是中国、尼日利亚、欧盟、伊朗、沙特阿拉伯，其进口总量占全球大米进口总量的 32.5%（图 10）。值

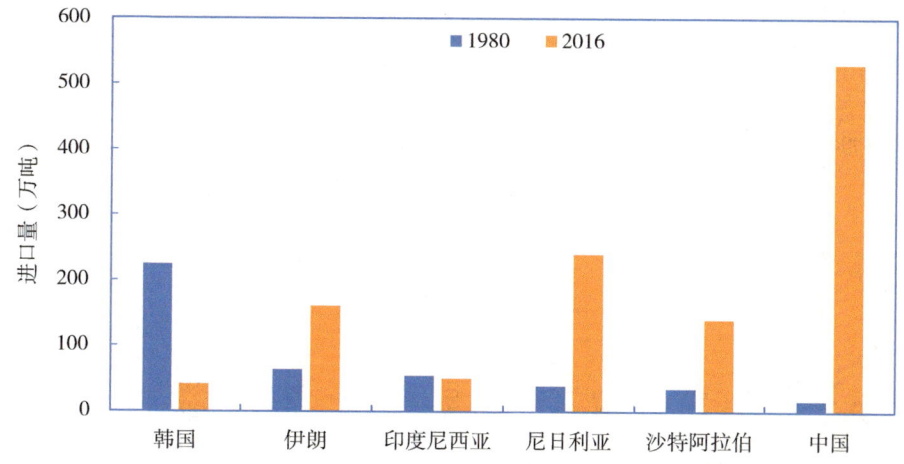

图 10　韩国、伊朗、印度尼西亚、尼日利亚、沙特阿拉伯以及中国进口变化情况

得注意的是，1980—2016 年，不同国家稻米进口量变化有所差异。其中，韩国进口量从 1980 年的 224.5 万吨降低到 2016 年的 41.0 万吨，降低 81.7%；印度尼西亚从 1980 年的 543.0 万吨降低到 2016 年的 500.0 万吨，降低 7.9%；伊朗从 1980 年的 636.0 万吨增长到 2016 年的 1 600.0 万吨，增长 151.6%。尼日利亚从 1980 年的 39.4 万吨增长到 240.0 万吨，增长 509.1%，沙特阿拉伯从 1980 年的 356.0 万吨增长到 2016 年的 1 400.0 万吨，增长 293.3%；中国从 1980 年的 16.2 万吨增长到 2016 年的 5 300.0 万吨，增长超过 300 倍。

五、主要国家产业链竞争力

美国虽然不是全球最大的稻谷生产国和出口国，但其稻谷生产先进程度、种业发展水平、加工贸易等体系都位于全球领先水平，是全球稻谷产业链最具竞争力的国家。美国稻谷生产多为大农场生产，2014 年数据显示，美国稻谷平均经营的土地规模已经达到 511 英亩，约合 3 101 亩（1 亩约等于 667 平方米，1 公顷 =15 亩。全书同），规模化种植降低了美国稻谷的生产成本，为提高美国稻谷产业的竞争力奠定了基础。

美国稻谷产业成本主要由运营成本和间接费用构成，运营成本包括种子、肥料、农药、机械作业、燃料动力费、修理费、排灌费以及利息等，间接费用包括雇工费、家庭劳动机会成本、固定资产折旧、土地机会成本、税收与保险以及管理费等。

（一）生产成本明显上涨

从单位面积成本来看，美国稻谷的生产成本呈现明显的上升趋势，但是增幅较为平缓。2000—2016 年，美国稻谷生产总成本从 578.9 美元/英亩增加到 1 063.8 美元/英亩（1 英亩约等于 4 047 平方米，全书同），上涨 83.8%（图 11）；运营成本从 283.8 美元/英亩增加到 561.0 美元/英亩，上涨 97.7%；间接费用从 295.1 美元/英亩增加到 502.76

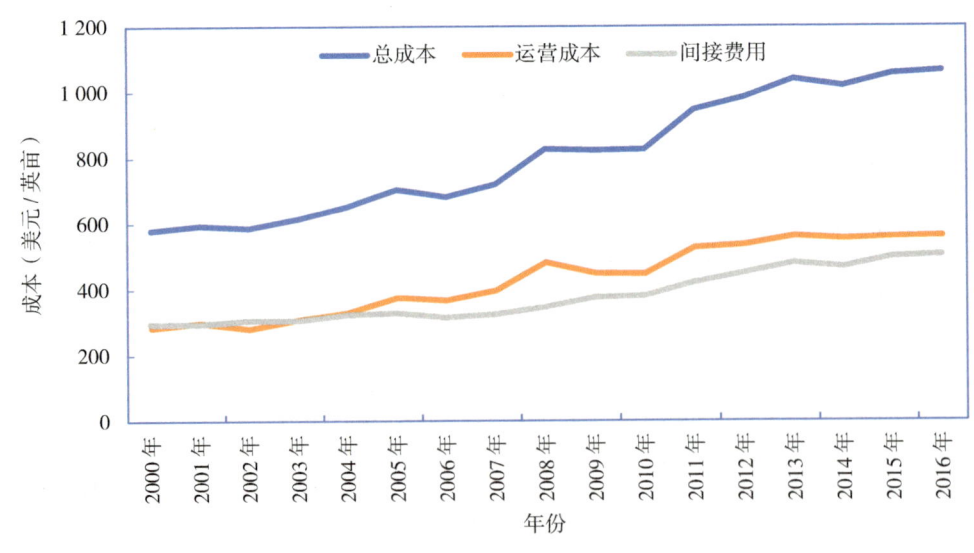

图 11 2000—2016 年美国稻谷生产成本变动

美元/英亩，上涨70.4%。伴随着每亩地生产成本的增长，每英亩土地生产主产品的产值也出现了明显上涨，每亩地总产值从2000年的368.8英担/英亩增长到2014年的1 256.8英担/英亩，涨幅达240.8%。

（二）种子、肥料和燃料动力费是推动运营成本上升的主要因素

在美国稻谷运营成本变动中，种子、肥料和燃料动力费上涨速度最快（图12）。2000年，种子、肥料和燃料动力费分别为每英亩23.3、46.7以及57.8美元；2016年，种子、肥料和燃料动力费就分别上涨到每英亩85.0、101.3以及136.2美元，分别上涨264.8%、116.9%和135.6%。3种成本对稻谷运营成本上升的贡献达到了70.2%，对总成本上升的贡献达到了40.2%。

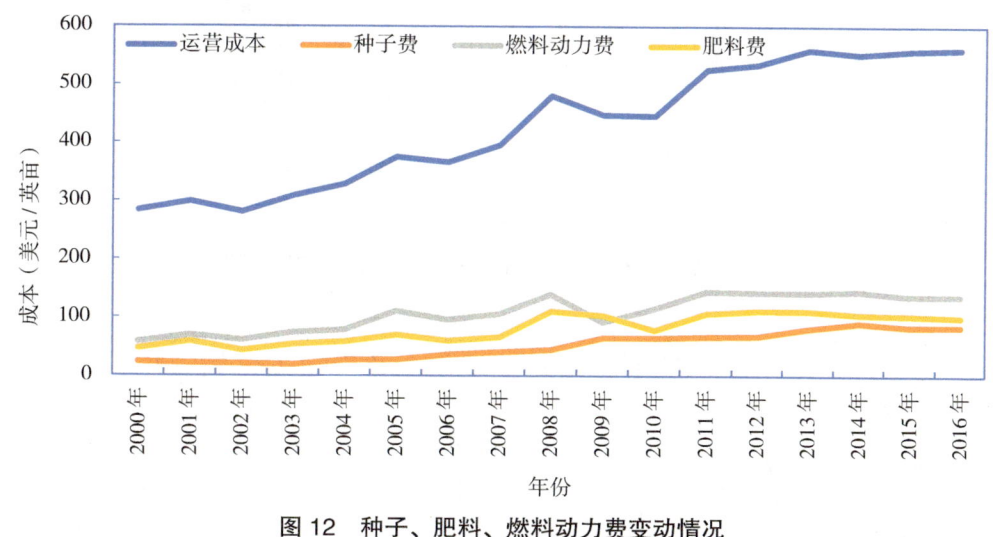

图12　种子、肥料、燃料动力费变动情况

（三）土地机会成本的上涨是间接费用上涨的主要原因

由于土地规模化程度不断扩大，土地平均经营规模从2000年的391英亩增加到2014年的511英亩，经营规模的扩大导致土地需求量的增加，土地机会成本因此明显升高（图13）。2000年，土地机会成本仅为108.0美元/英亩，到2016年已经增加到225.8美元/英亩，涨幅超过1倍，达到109.1%。土地机会成本上涨对稻谷生产间接成本上涨的贡献达到56.7%，对稻谷生产总成本的贡献达到24.3%。

（四）人力成本不断降低

由于机械化作业的发展，稻谷产业对于人力的需求不断降低，人力成本占总成本的比重不断缩小（图14）。2016年雇工费用和家庭劳动机会成本总和仅为76.3美元/英亩，仅比2000年的69.8美元/英亩小幅上涨9.3%；其中雇工费用不仅没有随着时间推移而上涨，反而由2000年的26.3美元/英亩，降低到2016年的22.7美元/英亩，下降

13.7%。家庭劳动机会成本金额从 2000 年的 43.6 美元 / 英亩增加到 2016 年的 53.6 美元/英亩，上涨 22.9%。

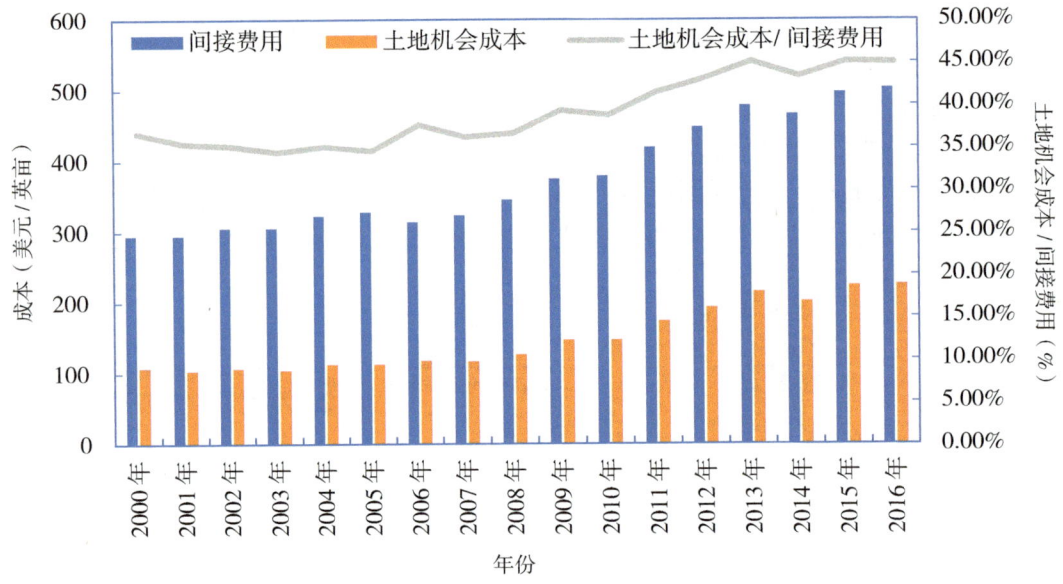

图 13　2000—2016 年美国稻谷土地机会成本变动情况

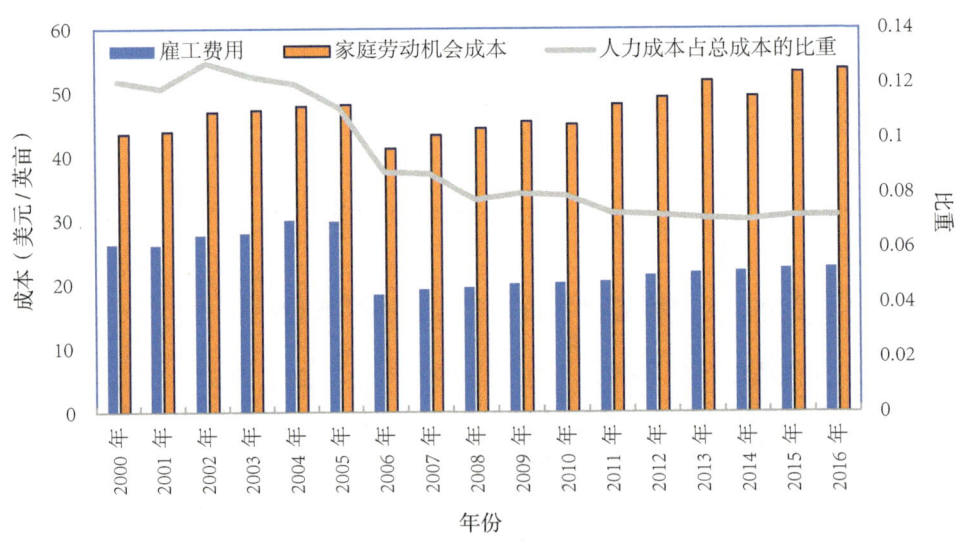

图 14　2000—2016 年人力成本变动

（五）全球大米加工代表性企业

美国 ADM 公司（Archer Daniels Midland Company）成立于 1902 年，是全球最大的农产品加工和食品配料供应商之一，在全球 160 多个国家拥有约 32 000 名员工，拥有约 500 个作物采购地点，250 个原料生产基地，38 个创新中心和世界一流的作物运输网络，客户分布在超过75个国家和地区，2016年净销售额达到623亿美元。美国ADM公司成功的主要原因有两个，一是全产业链的运营方式；二是不断创新的经营战略。

1. 全产业链的运营方式

ADM公司的经营战略是围绕公司的供应链战略进行展开的，产品涉及全产业链。ADM公司将自身视作连接农场到餐桌的关键纽带，从农场开始，通过连接农产品的生产、运输、加工、转化、配送以及市场销售等，不断延伸农产品的产业链，扩大市场占有率和产品组合方式。ADM公司最为突出的一个特点就是庞大且完善的运输系统，ADM公司拥有驳船2 460艘、铁路车皮28 600节、卡车590辆、拖车1 320辆以及远洋货轮31艘，遍布全球的运输系统帮助ADM公司的产品能够及时运抵全球超过75个国家和地区。

2. 多元化发展战略

ADM公司十分注重产品的研发，公司拥有38个创新中心，有超过两百位科学家和工程师对产品进行研发设计，通过研发和创新活动，生产经营方向逐步从粗放式的农产品初加工向高附加值的深加工产品转换。ADM公司是以单一的亚麻籽压榨业务起家，现已经扩展到大豆、油料、饲料等多个农业领域，乙醇加工等生物能源领域和以维生素E、大豆异黄酮等为代表的健康产业等。多产业发展模式使得产业精细化程度不断加深。在产业的发展过程中，ADM更是采取包括合并、兼并、收购、独资等多元化的投资方式。例如，ADM公司进入中国市场的过程中，就通过益海嘉里集团在黑龙江佳木斯建立了大米加工厂。益海集团本来是美国ADM和新加坡丰益国际在中国共同投资设立的一个粮油集团，后来丰益国际通过与ADM换股的形式把益海嘉里集团改制为自己的全资子公司，而美国ADM成为丰益国际的第二大股东（第一大股东为马来西亚的郭氏集团）。

3. ADM集团进入中国市场情况分析

从布局上看，ADM进入中国大米、面粉等口粮产业最早，且布局最广。早在2005年，ADM就通过益海嘉里集团在黑龙江佳木斯建立了大米加工厂。该集团主要在当地尝试订单农业，其大米产业链从种子覆盖到加工包装整个环节，甚至还进入农药化肥等上游领域。此后，益海嘉里集团陆续在哈尔滨、白城、吉林、盘锦、盐城、南昌、贵港、密山等多个水稻优质产区建立了集水稻收购、仓储、加工为一体的生产基地；在五常、佳木斯、吉林、白城、盘锦、六安、盐城、鄱阳等地建立了的8大生态种植基地。累计投资超过21亿元人民币，水稻年加工规模达到270多万吨。其旗下"金龙鱼"品牌十分著名，在国内市场份额较高。此外，该集团还拥有"香纳兰""香满园""金元宝""海皇""鲤鱼"等优质大米品牌，成品米年销量超过150万吨。

在大米方面的发展策略：主要包括基于优质原料生产基地，加工优质大米，试图通过做品牌的手段扩大市场份额并获取利润。未来将会进一步发展绿色大米产业，甚至进一步从事有机种植，搞有机品牌的开发。另外，益海嘉里集团在米糠油方面属于先行者，副产品米糠被用来榨取高营养价值的米糠油，米糠粕可以进一步深加工为多种食品、保健品原辅料。在可持续发展方面，益海嘉里集团旗下益海（佳木斯）粮油工业有限公司被国家发改委正式批准为"国家水稻加工循环经济标准化试点"单位，这是全国水稻加工行业唯一试点企业。

六、主要国家产业支持政策

(一) 美国产业支持保护政策

美国在国际稻谷市场上具有重要位置,其所生产的水稻主要用于出口,生产呈现出明显大面积、高成本、高产量、高补贴以及高出口的特点。随着美国新农业法案的提出,美国大米产业的支持保护政策出现了较为明显的改变。2014年2月,经历了将近三年的辩论、妥协,美国国会终于通过2014年《食物、农场及就业法案》(Food, Farm and Jobs Bill)于当年2月7日生效。在新出台的2014年农业法案中,农业补贴政策做出大幅度调整,几乎逆转了过去高补贴的政策方向。随着新美国农业法案的提出,美国农业支持政策出现了明显变化,取消了直接补贴、大幅调整了目标价格和目标收入补贴项目以及突出了作物保险在农业支持政策中的作用。

1. 取消直接补贴

名义上,取消直接支付、反周期补贴、平均作物收入选择补贴,保留营销援助贷款项目。新设立了两个项目——价格损失保障和农业风险保障,生产者可以在二者之间做出选择。实际上,价格损失保障是设定一个参考价格,如果市场价格低于参考价格的时候,则向生产者提供补贴,从而一定程度上补偿价格下跌造成的损失,这可以视为对反周期补贴的调整;而农业风险保障则是设立一个经营农业的保底收入,在作物年度中,某种作物真实的县水平收入低于县水平保障收入,或者个人农场实际收入低于个人农场保障收入的时候,则启动相应的补贴,这可以视为平均作物选择补贴的升级模式。换句话说,真正取消的补贴是直接支付,目标价格补贴和目标收入补贴是保留的。

2. 大幅调整目标价格和目标收入补贴项目

在正式出台的2014年美国农业法案中,在名义上取消了反周期补贴和平均农作物收入选择计划。这两个项目被价格损失补偿(Price Loss Coverage,简称PLC)和农业风险补助项目(Agriculture Risk Coverage,简称ARC)所取代。实际上,价格损失保障和农业风险保障仍然属于目标价格和目标收入补贴的范畴。以水稻为例,在2014年农业法案执行期间,水稻生产者可能会选择参加其他但不是所有的项目。换句话说,新农业法案真正取消的补贴是直接支付,而目标价格补贴和目标收入补贴是保留的。

价格损失保障是设定一个参考价格,如果市场价格低于参考价格的时候,则向生产者提供补贴,从而一定程度上补偿价格下跌造成的损失,这可以视为对反周期补贴的调整。价格损失保障基本采纳了国内的建议,调整了补贴计算的基础面积,将目标价格大幅提高,但是改名为参考价格。

农业风险保障是设立一个经营农业的保底收入,在作物年度中,某种作物真实的县水平收入低于县水平保障收入,或者个人农场实际收入低于个人农场保障收入的时候,则启动相应的补贴,这可以视为平均作物选择补贴的升级模式。新法案采纳把州水平启动标准调整为县水平启动标准的建议。但是,出于财政预算的考虑,该补贴对国内的建议补贴标准有所降低。最终，县平均收入的86%被作为这一补贴的启动标准，这就意味着14%以上的损失要农民自行承担。

3. 突出作物保险作用

2014年新出台的农业法案在联邦农作物保险中增加了补充保障选择计划（Supplemental Coverage Option，简称SCO）和堆叠收入保障计划（Stacked Income Protection Plan，简称STAX）两个新的项目。其中，堆叠收入保障计划主要向高地棉生产者提供保费补贴，补充保障选择计划在2015作物年度后才会生效。补充保障选择计划将为生产者提供65%的保险保费补贴。如果生产者选择了农业风险保障或堆叠收入保障计划，那么他就不能再选择SCO项目。该项目以县平均单产或收入为基础，与传统保险产品相结合，为生产者提供额外的以面积为基础的保险保障。实际上，这一新计划的出台，表明新的农业法案既没有采纳提高作物单产标准的方案，也没有采纳极端的用农作物保险补贴政策替换当前所有的农业商品计划和作物保险，而是扩大了过去以地区单位面积收益为参考的保险实施范围。国会预算局估计，新项目和调整现有的项目将仅仅增加不到20亿美元或5%，2014—2018年联邦农作物保险和相关项目支出预计超过当前项目成本。

（二）韩国大米产业支持保护政策

大米是韩国民众最主要消费的粮食作物，大米的补贴政策是韩国农产品支持保护政策的核心。从20世纪70年代开始，韩国政府对大米实行市场价格支持政策，具体方式为购销倒挂的粮价双轨制，政府高价向农民收购大米，低价供应给城市居民，差价由政府补贴。政府差价补贴的资金来自1970年粮食管理方案基础上建立的粮食管理基金，截至1993年底，差价补贴造成粮食管理基金的赤字高达8.7万亿韩元，其中由于补贴大米造成的赤字达7.7万亿韩元；从1993年开始，韩国政府采取了新农计划，其内容是政府向市场出售收购的大米时，由全国农业合作社联合会（NACF）建立竞争性投标机制，取消政府制定再出售价格，政府委托NACF负责向农民收购大米及发放补贴，该计划缩小了大米收购价与在出售价之间的差额，降低了政府的补贴支出。1994年，韩国政府废除粮食管理基金，重新建立强化粮食库存基金，该基金承担粮食管理基金的债务同时设立粮食管理特别账户，处理粮食的差价补贴粮食管理特别账户的经费由韩国农林部资助。

1. 大米流通体系

在韩国，全部稻谷流通是由政府收购、农民合作社、稻谷加工企业和农民直接销售等四条渠道完成，后两者属于私营性质，以1996年大米流通渠道为例，各主要流通渠道从农民手中收购的大米比例分别是：农民合作社占40.2%，政府占29.5%，私营加工企业占20.3%。从90年代中期开始，韩国大米企业经历的流通体制和流通政策改革。改革的方向是建立一个自由竞争的大米流通体制。价格要反映出供求关系及贸易商、流通企业和流通渠道之间的竞争，重点是建立私人企业间的公平竞争，改善公共社会基础设施，以最低成本建立起农产品最佳分配和流通渠道；在流通政策方面，允许大米市场有一定程度的季节差价；政府收购大米实行竞争性投标，由全国农民合作社联社收购。1996年推出扩大稻谷生产基地的综合规划，将建立四百家稻谷综合加工企业，以改进主产区大米流通体制，1997年韩国又推出大米合同收购制的新举措，其要点是政府预先颁布合同价格，参与政府收购计划的生产者在种植季节与政府签订合同。

随着韩国经济的快速发展，韩国大米流通体系也产生剧烈变化。大米流通过程是从农场到大米加工综合体或者碾米厂，然后到零售市场最后到达消费者。在全国各地有302个大米加工综合体（RPCs），进行大米干燥、储存、加工及销售工作。由于过去对市场有着重要影响的政府采购政策已经被废除，民营经济实体掌控着这些流通过程，加上属于可被储存的标准化产品，批发市场在大米行业中的作用不大，大部分产品都是从产地（当地加工公司）直接供应给零售商，然后进行销售。

目前韩国主要的稻米批发组织有：由农协经营的首尔粮食流通中心、农产品综合流通中心、公卖场和民间粮食批发商等。

2. 大米储备体系

目前，韩国政府是大米储备的主体。相关资料显示，2015年韩国政府收购稻米约59万吨，由农协负责稻米的储备及销售；民营经济实体在稻米储备中也起到很大的作用，大米加工综合体（RPC）以及碾米厂作为私人储备主体，承担部分粮食储备工作。

韩国自2005年起废除"秋谷收购制度"，依照WTO规则建立公共储备制度，其目的是预防自然灾害和紧急状况，是一种能够有效保障粮食安全、提高稻农收入的政策制度。当水稻歉收时，市场上大米的供应量减少，为抑制因歉收带来的价格上扬，政府通过投放储备粮的方式来稳定市场价格；相应地，当粮食丰收时，政府在收获季节按市场价收购粮食，在非收获季节释放粮食，以避免因丰收而造成的稻农收入降低，以保证稻农收入。

公共储备项目的主体主要有两个：一个是政府部门，负责决定储备粮的收购量、收购价格、销售时间以及销售价格；二是韩国农协，负责储备粮的收购、储备保管和销售。根据FAO的建议，粮食储备量应在全年粮食产量的17%~18%，韩国政府将粮食储备量定在86万吨左右，每年储备买入量约为43万吨。据美国农业部海外研究中心（USAF）的研究报告，2010年韩国的粮食库存率仅为11.0%。

（三）日本农业支持政策

日本属于东亚小农国家，人多地少，是世界上主要的农产品进口国。日本粮食自给水平较低，1997年以来一直低于40%。因此，日本政府十分重视粮食安全问题，从补贴政策、农地保护制度、粮食流通体制等多方面入手，尤其是建立了一套行之有效的大米储备制度。

1. 储备制度的政策要点

日本大米储备制度的政策要点主要包括：一是保持适当的粮食储备水平，一般在每年的6月末保证有100万吨的库存量。二是维持一定的粮食储备期限，日本国产米在库时间一般最多不超过5年。三是为了不影响秋收的市场价格，储备米一般采取事前合约的形式收购，以期能够反映农户经营计划。四是一般每年2—4月决定招投标情况，通过竞争投标收购20万吨，价格以主食用的基准价格为准，以竞争形式形成最后价格，确保公平、公正。五是每年轮换销售储备米20万吨，主要用于饲料等非主食性消费。六是由于受灾或连续减产等因素，导致粮食供应量显著减少而向市场投放政府储备粮时，需要农林水产省政策审议会召开专门会议，围绕粮食产量、在库量、市场状况、消费动向、粮食价格以及物价趋势等因素，进行综合分析以论证投放必要性，由农林水产大臣做出储备米的市场投放决定。同时，政府收购米需要满足以下条件：（1）以市场上主要流通的畅销品种为准；（2）通过检查属于三等以上的糙米；（3）水分控制在15%以下。

2. 大米储备的竞标收购流程

一般而言，日本政府储备米的收购流程有以下几个步骤：（1）由竞标者根据预期销售量和投标单价综合决定投标情况；（2）由竞标者根据预期销售量和中标单价综合决定中标情况；（3）根据中标情况，由竞标者依据中标数量，决定与每户农户向关联的交易数量；（4）与此同时，农户依据交易数量进行换算，指定生产政府储备米的种植面积；（5）秋收后，如果存在产量变化情况，则在平衡每个契约农户种植情况的基础上，对指定面积区域的粮食全量收购。如果产量低于契约数量，不收取违约金，如果产量高于契约数量，则全量收购；（6）针对以上流程，农户需提交专门的申请表格，以最终确定契约内容；（7）同时，竞拍公告公布更为详细的储备米交易契约情况。

日本政府储备米收购有以下几个特点：一是采取预定收购的方式，通过契约销售尽量减少对市场价格的影响；二是依据每个农户的情况分别核算，制定详细的契约收购计划；三是对中标数量进行种植面积换算，并作为实际销售依据；四是考虑收成情况，政府对指定区域面积的产量，实施兜底收购。

3. 大米储备的市场投放流程

依托粮食储备制度，日本政府在遇到灾情等导致市场大米供给不足的情况时，及时向市场增加供应量，确保粮食供应和市场稳定。如图15所示，日本建立了信息收集分析、紧急调查、召开粮食部门会议、签署投放命令等一整套周密而详细的政府大米储备粮市场投放流程。

总体看，具有以下特点：一是区分当年投放和次年投放两种情形。日本政府储备米市场投放存在当年立即投放和次年投放两种情况，并针对两种情况分别于6月和8月启动紧急调查。二是定期监测与紧急调查相补充。日本每月对库存、价格进行调查，对作物生产状况进行定期监测。如果根据分析结果，推断当年由于歉收而有可能导致消费者粮食供给出现问题的情况，则启动紧急调查，扩大信息收集对象，加大调查频率，提交分析报告。三是日常机构管理与专门会议相结合。日本农林水产省下设的消费安全局，专门设置了粮食流通监测室，负责粮食市场运行监测。生产局农产部农产企划课下设的粮食业务班，负责储备米的招投标管理。除这两个日常机构职务，根据紧急调查结果，如果推断国内大米生产量低于需求量，不投放政府储备米有可能导致第二年6月末的民间库存低于往年水平，则召开粮食部门会议，围绕粮食产量、在库量、市场状况、消费动向、粮食价格以及物价趋势等因素，进行综合分析以论证投放必要性，并根据粮食部门会议决定，由农林水产大臣签发投放决定。

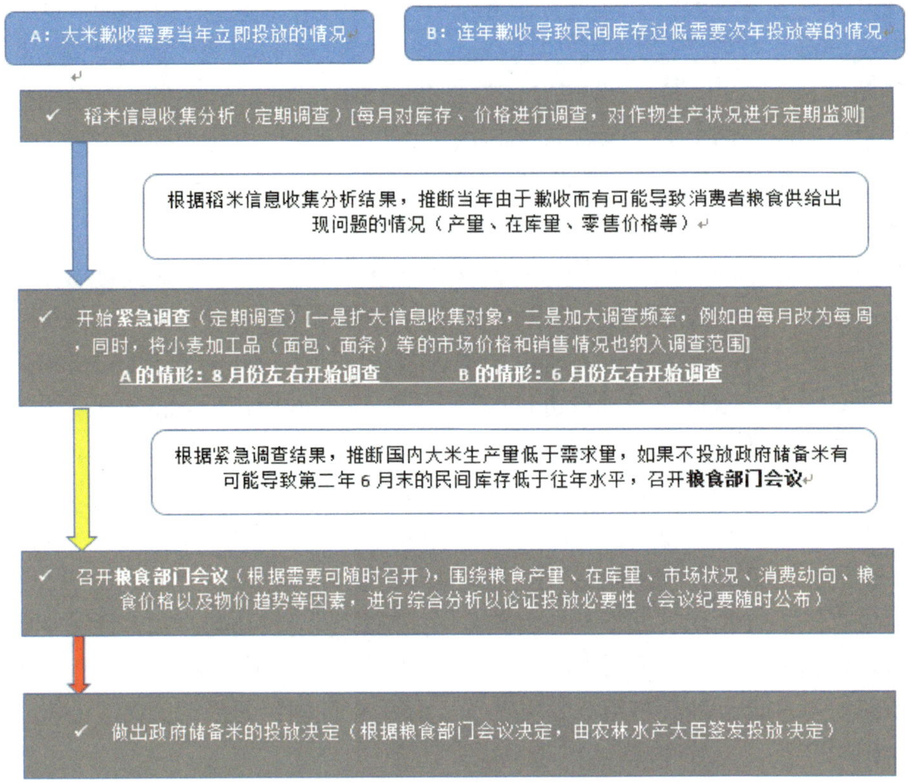

```
┌─────────────────────────────────┐  ┌───────────────────────────────────────────┐
│ A：大米歉收需要当年立即投放的情况 │  │ B：连年歉收导致民间库存过低需要次年投放等的情况 │
└─────────────────────────────────┘  └───────────────────────────────────────────┘
```

✓ 稻米信息收集分析（定期调查）[每月对库存、价格进行调查，对作物生产状况进行定期监测]

根据稻米信息收集分析结果，推断当年由于歉收而有可能导致消费者粮食供给出现问题的情况（产量、在库量、零售价格等）

✓ 开始**紧急调查**（定期调查）[一是扩大信息收集对象，二是加大调查频率，例如由每月改为每周，同时，将小麦加工品（面包、面条）等的市场价格和销售情况也纳入调查范围]
　A 的情形：8 月份左右开始调查　　B 的情形：6 月份左右开始调查

根据紧急调查结果，推断国内大米生产量低于需求量，如果不投放政府储备米有可能导致第二年 6 月末的民间库存低于往年水平，召开**粮食部门会议**

✓ 召开**粮食部门会议**（根据需要可随时召开），围绕粮食产量、在库量、市场状况、消费动向、粮食价格以及物价趋势等因素，进行综合分析以论证投放必要性（会议纪要随时公布）

✓ 做出政府储备米的投放决定（根据粮食部门会议决定，由农林水产大臣签发投放决定）

图 15　日本政府储备粮市场投放流程

七、世界供需及产业发展形势展望

（一）全球稻米生产有望继续增长，但增速将减缓

随着播种面积增加、农业技术进步、单产提高，如果不发生较大的自然灾害，未来一段时期内全球大米产量呈上涨态势，产量有望继续保持在 4.8 亿~5 亿吨的历史高位。但是，主产国产量增速放缓，后期增长潜力有限。主要原因：一是近年来全球稻谷折合大米的年度产量在 5 亿吨左右，受水土资源限制，稻米大幅增产的空间有限。二是当前全球稻米供大于求，库存高企，价格总体弱势运行，生产者种植收益不高，产量大幅增长的内生动力不足。从区域分布看，全球大米主产国主要分布在中国、印度、印度尼西亚、孟加拉国、越南和泰国，亚洲占世界稻谷播种面积和产量的 90% 以上；其次是非洲、美洲。未来东南亚主产国稻谷播种面积将持续增长，其中，泰国受前期稻米典押政策影响较大，尚需一定的消化期，但其国内政策风向有重回政府托市收购的迹象，越南则加大力度鼓励大米出口，尤其提出优质化的战略，柬埔寨、老挝等国则把稻米出口作为创汇的重要手段；印度稻米产量有望持续增长，且巴斯马蒂大米质量较高，但本国消化能力较强；其他国家和地区。从单产角度来看，农资投入及农业技术的发展带动的单产增加已经达到极限，后

期单产增加潜力有限。

（二）消费需求刚性增长，增速放缓

大米是世界多数人的主要口粮。随着人口数量增长，未来5年全球大米消费量也呈上涨趋势，预计消费量在4.8亿吨水平，产需基本持平。随着世界居民食物消费结构升级，稻米在日常膳食消费中的地位将有所下降，消费增速将有所放缓。随着世界城镇化水平发展，稻米烹调相对容易，也能够满足居民在外消费的需求，适应快节奏的生活。因此，总体判断其消费量还是增长。

（三）库存水平将略有下降，依然高起

目前，世界稻米市场供求仍然相对宽松。2017/18年度总供给还是超过总需求，贸易量将维持在4 000万吨左右，期末库存量仍然是增加的。通过对世界五大主要出口国（印度、巴基斯坦、泰国、美国和越南）的分析，主要出口国库存消费比仍然较高。只要不发生大的自然灾害或者烈度较大的局部战争，库存高企的状况在近3年内较难改善。由此引发的担忧是，库存大米的质量可能会有所下降，大米食品安全水平值得关注。

（四）稻米价格短期弱势运行，长期稳中有涨

世界稻米价格已经保持弱势运行3年多，主要受供大于求总体局面的影响。预计短期内世界稻米价格仍将弱势运行，其涨跌幅度主要受到主产国政策影响。中国的稻谷最低收购价政策面临改革与调整，而且当前中国与世界稻米市场关联程度较大，受此影响，大米价格若是运行的可能性较大。当前，泰国政府已经表露出重归典押政策的迹象，届时会对稻米价格造成一定影响。

（五）稻米贸易规模继续扩大，但是出口市场将更为剧烈

总体而言，鉴于出口供给充足，预计主要出口国之间仍将在2017/18年度展开激烈竞争。2017年下半年，美国大米获准进入中国这一世界上最大的大米消费国，由于国际市场每年贸易量有限以及中国进口配额的限制，那么价格出现大涨的可能性仍然较小。国际市场价格上涨加之中国大米最低收购价的调整，将会导致国内外价格差缩小，也会对美国大米进入国内市场产生一定阻碍，进一步缩小美国大米的进入对国际大米贸易的影响。整体来看，国际市场贸易总量不会产生较大变化。

（海外农业研究中心特邀研究员　彭超）

海外农产品市场研究（2017）

第二部分

小 麦

海外农产品市场研究（2017）

随着播种面积和单产水平的提高，世界小麦产量有了较大幅度的增长，消费量在人口增加的带动下也呈现刚性增长。2017年世界小麦产量略有下滑，供应仍较充足，小麦生产区域布局变动不大。受气候条件、产量增长等因素影响，2017年国际小麦价格继续在低位徘徊，主要出口国家的出口市场份额将会出现显著的变化。从生产成本来看，中国小麦单位面积生产总成本显著高于美国和欧盟，且成本增加速度较快。从产业链竞争力来看，跨国粮商凭借规模优势、资本优势和政策优势，通过纵向一体化完成了对全球农业产业链的战略布局，与此相比，中国农业产业链竞争力仍存在较大差距。美国、欧盟、日本、印度等都对粮食及小麦产业发展制定相应的扶持政策，对粮食及小麦产业的发展发挥了重要作用。从供需形势来看，未来10年小麦产量的年均增长速度略小于消费的增长速度，但10年中的多数年份产量仍略高于需求量。

一、世界供需现状

（一）供需变化分析

随着播种面积和单产水平的提高，全球小麦产量有较大幅度增长。据联合国粮食及农业组织（FAO）的统计数据，世界小麦总产量从1961年的2.22亿吨增加到2016年的7.58亿吨，创历史最高水平，平均每年递增2.26%。从历史变化趋势看，全球小麦总产量整体增速呈逐渐下降态势：1961—1970年小麦总产量年均增长速度为3.79%，1971—1980年下降为3.54%，1981—1990年继续下降为3.01%，1991—2000年小麦生产增长更加缓慢，下降为0.73%，2001—2016年有所回升，为1.72%，但仍低于1990年之前的水平（表1）。

表1　1961—2016年世界小麦供求平衡分析表

年份	产量（百万吨）	进口量（百万吨）	出口量（百万吨）	饲料用量（百万吨）	总消费量（百万吨）	期末库存（百万吨）	库存消费比（%）
1961—1965	247.7	49.8	51.4	28.5	247.9	60.9	24.55
1966—1970	308.9	54.1	55.5	57.6	303.6	64.8	21.35
1971—1975	354.9	67.4	69.6	71.3	349.0	68.5	19.64
1976—1980	421.8	81.5	82.9	83.1	407.0	82.0	20.14
1981—1985	485.6	107.8	110.6	95.0	473.1	91.6	19.35
1986—1990	532.9	109.0	110.8	106.8	533.2	89.5	16.78
1991—1995	549.3	122.3	124.4	93.3	551.4	85.3	15.48
1996—2000	593.2	127.6	129.9	95.4	575.2	101.0	17.57
2001—2005	592.0	116.3	116.6	106.0	599.5	98.7	16.76
2006—2010	648.8	121.4	121.7	120.2	648.0	175.5	26.80
2011—2015	708.6	153.2	153.2	135.8	699.7	192.7	27.20
2016	758	165	165	145.7	730.5	234.2	31.70

资料来源：FAO。进口量和出口量根据联合国粮农组织数据库贸易数据计算，产量、消费量、饲料用量根据供需平衡表数据计算

受世界人口刚性增长需求拉动影响，全球小麦消费量也呈现稳定增长态势。1961—2016年，全球小麦消费量从2.24亿吨增加到7.3亿吨，平均每年递增2.17%。其中，1961—1991年以每10年1亿多吨的水平持续增长，1991年增至5.46亿吨；1991—2001年消费量增长放缓，10年间增加了3 100万吨；2001—2011年消费量增长明显快于上个10年，增加了1.12亿吨；2011年以来消费量增加了4 100万吨。小麦消费量的年均增长速度也呈现逐渐降低趋势，1961—1970年的年均增长速度为4.43%，2001—2016年下降为1.48%。

世界小麦的总产量和总消费量均呈上升趋势，其中50%的时间总需求大于总供给，50%的时间总供给大于总需求。从库存变化量可以看出，1966—1985、1995—2000、2006—2007、2010—2012年，世界小麦产不足需，库存下降；1986—1995、2001—2005、2008—2009、2013—2016年，世界小麦产大于需，库存增加。

库存消费比是指期末库存量占消费量的比重，是衡量农产品储备安全水平的一项重要指标。1971—2016年，世界小麦的平均库存消费比基本保持在25%左右，略低于FAO提出的最低安全保障水平。其中，1987年的世界小麦库存消费比最高，为34.16%；1996年最低，为18.61%。由于2008、2009年世界小麦大幅增产，从而使这两年的小麦库存消费比结束继续下降的局面，分别达到27.30%、30.90%的水平。2010年俄罗斯、乌克兰等主要小麦生产国遭遇严重干旱，导致世界小麦产量减少，库存消费比下降至27.70%；2011年实现恢复性增产，产量除满足消费外还略有盈余，2011年库存消费比为27.50%，2012年为23.00%，但仍然高于粮食危机时22.10%的水平。2013年以来，小麦库存量不断增加，从1.58亿吨增长到2016年的2.34亿吨，为2003年以来的最高水平；库存消费比从26.40%增加至31.70%，增长5.30个百分点。

（二）2017年供需形势分析

2017年世界小麦产量略有下滑，供应仍较充足。据FAO报告，受北美播种面积缩减造成减产、澳大利亚单产从上年的高水平降至往年的正常水平且全球主产区减产幅度大于亚洲和欧洲小幅增产等影响，2017年全球小麦产量为7.53亿吨，比2016年少740万吨，同比减1.0%，但仍然高于过去5年的平均水平。虽然2017年减产，但小麦供应过剩的局面很可能将延续至2018年。从国家和地区来看，欧盟和俄罗斯由于播种面积略有增加且气候条件良好致使小麦产量有所增加，产量分别为1.5亿吨和7 400万吨，同比增3.8%和1.0%；乌克兰由于播种面积缩减，小麦产量为2 500万吨，同比减3.8%。北半球冬小麦的旱情有所缓解，亚洲小麦生长状况良好，特别是中国、印度和巴基斯坦的小麦播种面积有所增加，将带来产量的增长。中国产量略有增长，2017年为1.29亿吨，同比略增0.3%；印度产量继续增加，2017年为9 550万吨，同比增长3.5%；巴基斯坦产量继续增长至2 600万吨，同比增加2.0%。北美洲地区，美国和加拿大由于小麦价格下降导致播种面积减少，未来粮食生产的收益行情仍不看好，加拿大和美国产量均有所下滑，分别为5 000万吨和2 860万吨，同比减少20.5%和9.8%。

2017年世界小麦消费平稳增长，库存仍保持较高水平。2017年世界小麦消费量将持续增长，为 7.39 亿吨，较上年增长 3.5%，增幅明显高于前两年，主要原因是小麦供给量比较充足且价格处于较低水平，致使小麦消费量较快增长。小麦饲料用量快速增长，2017 年为 1.45 亿吨，同比增长 6%，主要由于北美地区、中国和俄罗斯的小麦饲用量显著增加；而食用量增长则与人口增速基本同步，2017 年为 4.99 亿吨，同比增长 1.1%，这将使年人均消费水平稳定在 67.2 千克。其他消费量为 9 500 万吨，同比增长 11.4%。2016/17 年度世界小麦期末库存量显著增加，接近 2.4 亿吨，同比增长 6.6%；尽管欧盟和印度的库存量有所下滑，但这一因素将被澳大利亚、中国、俄罗斯和美国库存量的增加所抵消。

二、世界生产布局及演变

（一）全球小麦生产集中在欧美亚地区

小麦更加适合在不同的环境条件下生长，因此小麦在世界范围内的生产分布极为广泛。从各大洲的情况看，产地主要集中在欧洲、北美洲和亚洲。其中，亚洲的中国、印度北部和巴基斯坦的小麦生产区年产量最高，基本在 5 000 万~10 000 万吨。欧洲的俄罗斯和乌克兰等黑海沿岸地区，西欧、多瑙河盆地及地中海沿岸小麦生产区，以及临地中海南岸的非洲北部小麦生产区，北美洲的美国中西部、北部和五大湖区，以上地区的小麦年产量基本在 2 100 万~5 000 万吨，相对较高。北美洲的加拿大西部草原年产量在 1 270 万~2 100 万吨。南半球包括南美洲的阿根廷东部和澳大利亚东南部，中亚的哈萨克斯坦和西南亚的伊朗、土耳其等国，小麦年产量基本在 776 万~1 270 万吨。中美洲的墨西哥、南美洲的巴西以及非洲北部的小麦年产量基本在 100 万~776 万吨。美国、加拿大、澳大利亚、阿根廷以及欧盟等是传统的小麦主要出口国。近年来，俄罗斯和乌克兰的小麦种植业发展较快，也成为重要的出口国。

（二）世界小麦生产区域向以中印为代表的亚洲集中

1961—2016 年，全球小麦生产区域有进一步集中的趋势。欧洲国家，包括俄罗斯、乌克兰、意大利、法国、英国、德国、波兰以及西班牙，小麦产量占世界总产量的比例比较平稳，1961—2007 年基本处于 14%~16% 的水平。2008 年，世界小麦总产量达到历史最高水平，其重要原因就是欧洲和美国的种植面积扩大，因此欧盟的小麦产量占世界总产量的比例达到 21.9%，同比增加 2 个百分点，再加上俄罗斯和乌克兰，欧洲的这一比例增加了近 6 个百分点。2013 年，这个比例又有所回落。亚洲国家，包括中国、印度、巴基斯坦、土耳其、哈萨克斯坦、伊朗 6 个国家的小麦产量占世界总产量的比例大幅增长，由 1961—1965 年的平均 20% 增长到 2006—2010 年的 40%，增加了 20 个百分点，2011—2013 年略增至 41%。北美洲国家，包括美国和加拿大两个国家小麦产量占世界总产量的比例呈下降趋势，从 20 世纪 60 年代初的 19.5% 下降到 2006—2010 年的 12.9%，下降了 6.6 个百分点。2013 年，由于美国天气不利于小麦生产，这一比例降至 13.3%。南美洲、大洋洲和非洲的小麦产量相对较小，除非洲的产量比重有所上升外，其他两个大洲都呈下降趋势。总的来看，世界小麦的生产区域正在向亚洲集中，亚洲的小麦生产中心为中国和印度；欧洲虽有所增长，但增长不具有长期性；北美的小麦生产呈现下降趋势，份额不断降低。

2017年世界小麦生产区域布局与上年基本相同，北美和大洋洲地区占比减少，欧洲和亚洲占比增加（表2）。分区域来看，欧洲小麦产量所占比重有所上升，主要因为俄罗斯和欧盟由于播种面积略有增加且气候条件良好致使小麦产量有所增加。亚洲地区小麦产量占比也有所增加，北半球冬小麦的旱情有所缓解，亚洲小麦生长状况良好，特别是中国、印度和巴基斯坦的小麦播种面积有所增加，将带来产量的增长。北美洲地区小麦产量占比下降较大，主要因为美国和加拿大小麦减产。作为小麦国际市场的主要出口国，美国和加拿大的播种面积受国际市场价格的直接影响，小麦价格下降导致播种面积减少，未来粮食生产的收益行情仍不看好，加拿大和美国产量均有所下滑，同比减少20.5%和9.8%。澳大利亚小麦产量较上年减少，大洋洲产量占比有所下降，主要因为澳大利亚的单产从上年的高水平降至往年的正常水平。南美地区和非洲地区产量占比基本持平。

表2 1961—2017年世界小麦主要生产区域布局变动

年份	世界/亿吨	欧洲占比/%							亚洲占比/%						北美占比/%		南美占比/%	大洋洲占比/%	非洲占比/%
		俄罗斯	乌克兰	意大利	法国	英国	德国	波兰	西班牙	中国	印度	巴基斯坦	土耳其	哈萨克斯坦	伊朗	美国	加拿大	阿根廷	澳大利亚	埃及
1961—1970	2.48	0	0	2.7	4.8	1.4	2.8	1.6	1.3	10.7	6.8	2.0	2.0	3.5	1.3	13.5	4.3	1.9	2.8	0.5
1971—1975	3.55	0	0	2.0	4.6	1.5	2.5	1.2	1.1	12.5	7.4	2.2	2.2	4.0	1.4	13.5	4.8	2.0	3.1	0.4
1976—1980	4.22	0	0	1.9	5.6	2.3	2.6	1.1	1.0	15.8	8.5	2.4	2.4	3.5	1.3	14.6	5.1	2.4	3.4	0.4
1981—1985	4.86	0	0	1.6	5.6	2.5	2.5	1.5	1.5	16.9	9.1	2.5	2.5	3.6	1.3	14	11.0	4.9	1.8	2.7	0.6
1986—1990	5.33	6.9	3.3	1.6	5.7	2.5	3.0	1.5	0.8	18.4	10.7	2.9	2.9	3.5	1.9	11.2	5.0	1.8	2.4	0.9
1991—1995	5.49	5.8	2.4	1.3	6.2	2.6	3.4	1.5	1.0	18.8	11.6	3.1	3.1	3.6	1.6	10.9	4.4	2.5	3.8	1.0
1996—2000	5.93	7.5	2.7	1.2	6.0	2.4	3.8	1.5	1.0	15.4	11.7	3.3	3.3	3.4	2.2	9.3	3.7	2.4	3.6	1.2
2001—2005	5.97	8.1	2.8	（欧盟）20.6						17.2	11.9	3.5	3.0	2.1	2.1	9.0	3.9	1.9	2.8	1.2
2006—2010	6.46	8.0	3.2	（欧盟）19.9						16.4	12.3	3.6	3.1	3.2	2.0	7.7	3.6	2.3	3.6	1.2
2011—2015	7.13	7.5	3.1	（欧盟）20.6						17.3	12.9	3.5	3.0	2.1	1.4	8.0	4.1	1.7	3.7	1.3
2016	7.58	9.7	3.4	（欧盟）19.1						17.0	12.2	3.4	2.7	2.0	1.8	8.3	4.2	2.2	4.6	1.2
2017	7.45	9.9	3.4	（欧盟）20.1						17.3	12.8	3.5	2.8	1.8	1.6	6.7	3.8	2.1	3.8	1.2

资料来源：FAOSTAT。其中1971—2015年的数据为每5年的平均值。各国的百分数=该国的产量/世界总产量×100%。欧洲因一些国家的数据不可得，2005年之后的数字为欧盟的数据

三、国际价格走势变化及动因

(一) 国际市场价格走势与变化情况

世界小麦价格在 1971 年快速上升后，1975—1987 年大幅下降，由 640 美元/吨快速跌落到 1987 年的 170 美元/吨左右；1987—1990、1991—2000 年是两个小麦价格的变化周期，界于 140~280 美元/吨；2000—2005 年，小麦价格又呈缓慢上升态势（图1）。而 1971—2005 年小麦的实际价格（扣除物价因素后的价格）则波动相对平稳，基本处于 100~200 美元/吨；但由于 1971—1987 年通货膨胀相当严重，小麦名义价格与实际价格之间差距很大。

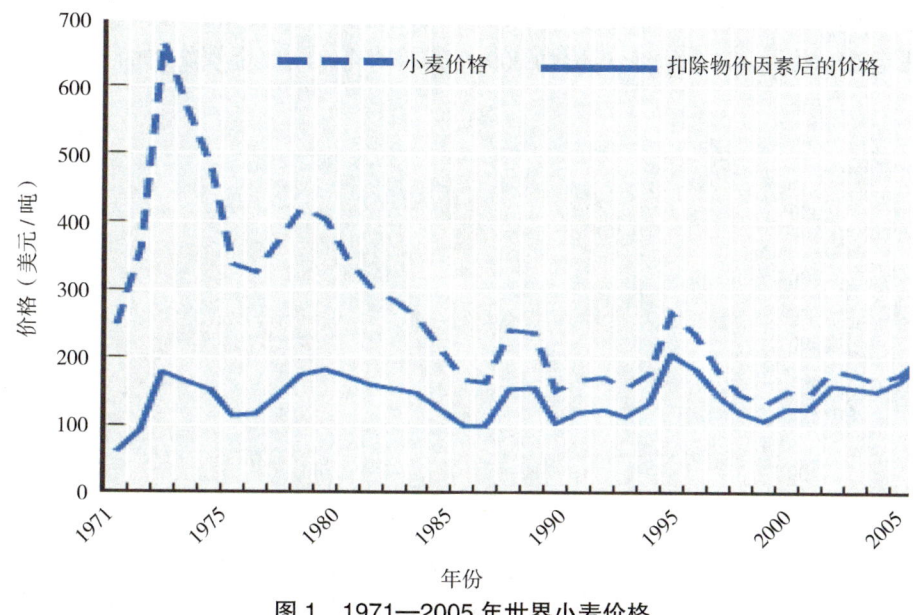

图 1　1971—2005 年世界小麦价格
资料来源：OECD—FAO Agricultural Outlook 2008—2017

2006—2008 年 8 月，小麦价格稳步上扬；2008 年 9 月至 2010 年 6 月，小麦价格逐步回落；2010 年 7 月以来，小麦价格波动加剧。2010 年 7 月开始，世界小麦价格经历了两次"上涨—下跌"的变化。2010 年 7 月至 2011 年 5 月，受俄罗斯等主要出口国大幅减产、美元贬值等因素影响，全球小麦开始了新一轮的价格上涨。7—9 月上涨幅度分别为 12%、24% 和 20%，10—11 月略有回调，12 月之后继续上涨，3 月出现回落，4—5 月再度上涨，5 月涨至 362 美元/吨。2011 年 6 月至 2012 年 5 月，小麦价格呈现小幅回落，但仍保持在 270 美元/吨以上的水平。2012 年 6 至 11 月，美国、俄罗斯等主产国旱灾导致全球小麦减产，国际主要粮食价格一反上半年的下跌态势出现急剧上涨，7 月小麦单月涨幅达到 22%。受 2013 年全球小麦供给前景改善影响，2012 年 11 月至 2014 年 1 月，小麦价格呈现高位回落，2014 年 1 月为 288.4 美元 / 吨，仍高于此次上涨前的水平。2014 年 2—5 月价格再度迅速上涨，达到 346.2 美元 / 吨，6 月之后呈回落态势。

受气候条件、产量增长等因素影响，2017 年国际小麦价格继续低位徘徊，但较 2016 年有所上涨。世界小麦供应充足、新年度供应前景继续总体看好，加之主产国天气忧虑减退，2017 年国际市场小麦价格继续维持低位水平。全球范围来看，小麦市场供需两旺，但小麦供应增量几乎两倍于消费增量，供过于求的局面并没有出现逆转。库存积压使得 2016 年国际小麦价格处于近 10 年低位。整体上看，2017 年小麦库存在上一年大幅增加基础上继续增加 784 万吨。2017 年库存消费比将达到 34.4%，为 2002 年以来最高值。同时，美国和加拿大小麦分别减产 20% 和 10%，春小麦播种和生长状况不佳，播种进度和出苗率均低于过去 5 年平均值，天气条件不利及美元汇率走低等因素支撑麦价。美国墨西哥湾硬红冬麦（蛋白质含量 12%）平均离岸价从 1 月的 200.6 美元 / 吨小幅增至 2 月的 210 美元 / 吨，3—4 月继续降至 190.75 美元 / 吨，5 月回升至 200 美元 / 吨，下半年持续上涨，10 月后涨至 210 美元 / 吨；全年均价为 209.6 美元 / 吨，同比上涨 2.4%（图 2）。

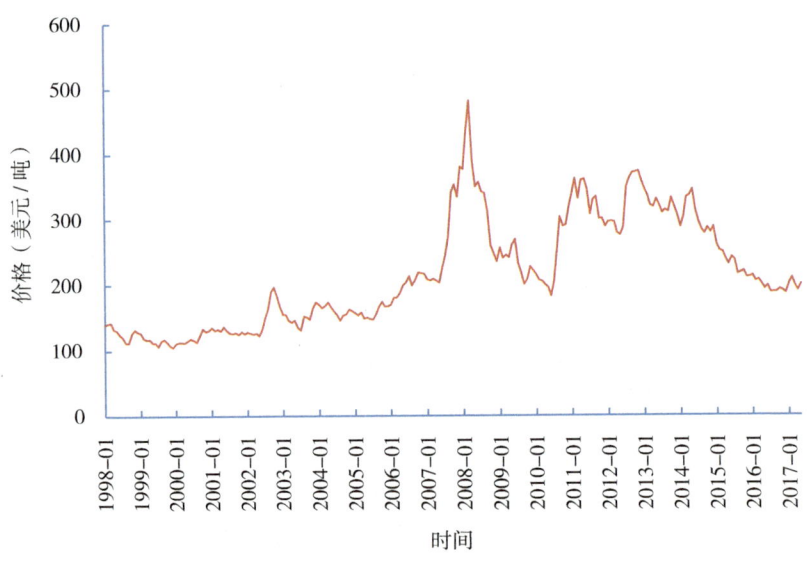

图 2　1998 年以来美国硬红冬麦价格走势

数据来源：美国小麦协会，国际小麦价格为平均离岸价

（二）小麦国际价格波动原因

小麦国际价格波动主要受到市场供需形势的影响，全球小麦供需偏紧是造成价格上涨的基础性因素，同时流动性泛滥、美元贬值、出口限制政策的频繁出台以及资本投机等因素则大大加剧了价格上涨；然而，较高的市场价格对小麦生产产生了刺激作用，世界小麦产量趋于恢复，供给增加，价格也逐渐回落。小麦国际价格波动的原因主要包括四个方面。

一是极端天气多发频发影响世界粮食产量。2011 年上半年，澳大利亚小麦收获期遭遇大雨，中国、法国、德国和英国小麦主产区干旱，小麦长势不佳，美国和加拿大因低温降雪延迟了春小麦播种进度,灾害性天气频发对世界粮食生产造成很大影响。

二是各国频繁出台出口限制政策,降低了国际粮食市场的稳定性。从2010年8月开始,俄罗斯、乌克兰、印度等粮食生产国纷纷对粮食等农产品采取出口限制措施,但由于2011年俄罗斯小麦长势良好,俄罗斯政府又宣布从7月1日起取消粮食出口禁令。出口政策的变化影响国际市场小麦供应,助推价格波动。

三是能源价格上升增加小麦生产成本和饲料需求。金融危机后,全球经济缓慢复苏,石油价格平稳上升,能源价格上涨一方面推高粮食生产成本,导致粮价上涨,另一方面促进生物质能源发展,玉米需求增加,价格上涨,由于玉米和小麦之间的替代关系,玉米价格上涨会带动小麦饲料需求增加。

四是金融投机资本利用各种突发事件炒作,信息传递便捷放大了市场波动。粮食具有供需弹性低、交易规模小的特点,更容易受到投机资金的炒作,从而加剧粮食价格波动。随着互联网的普及,自然灾害信息、市场信息、出口政策等会迅速传递,从而对粮价变化形成放大效应。

此外,小麦供求宽松导致价格处于低位。由于2010年国际价格高起刺激播种面积扩大,2013年之后世界小麦产量连续3年增产,据FAO预测,2017年小麦产量预计将达到7.4亿吨,仍高于过去5年的平均水平,全球小麦供求宽松,库存量达到创纪录水平,小麦价格将处于低位。

四、国际贸易格局及演变

(一)国际贸易格局演变

总体来看,1961—2016年,世界小麦贸易量呈现波动中不断上升趋势(图3)。1961

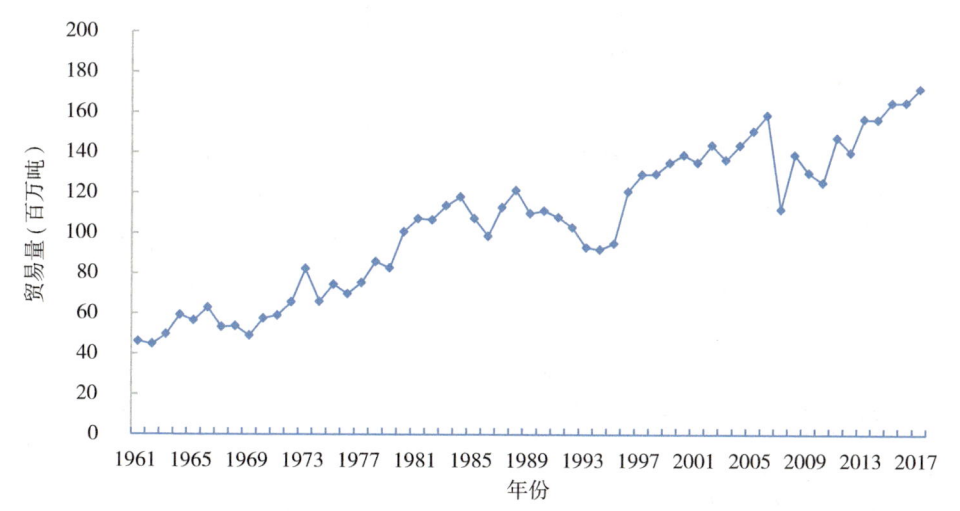

图3 世界小麦总贸易量变化

数据来源:FAO数据库贸易数据,其中2009—2017年贸易量来源于FAO《粮食展望》,其中2016年为估算值,2017年为预测值

年世界小麦贸易量为 0.40 亿吨，1999 年已经增加到 1.15 亿吨，增加了 0.75 亿吨，进入 21 世纪后，世界小麦贸易量一直保持在 1.10 亿~1.35 亿吨，2007 年达到 1.33 亿吨，此后一直下降，2010 年为 1.23 亿吨，2011 年大幅增至 1.47 亿吨，2012 年降至 1.4 亿吨；2013 年大幅上涨至 1.57 亿吨，2014 年基本维持这一水平，2015—2016 年进一步上涨至 1.65 亿吨。

从出口状况看，世界小麦出口市场非常集中。五大主要出口国分别是美国、法国、澳大利亚、加拿大和阿根廷，这 5 个国家的年出口量占世界总出口量的比例在 60% 以上（图 4）。但是从总的趋势看，小麦出口市场逐渐多元化。1980 年，这五大国家小麦出口量占世界总出口量的 90.97%，但 2010 年仅为 60%。进入 21 世纪，五大出口国家常年出口量在 0.7 亿~1 亿吨。新兴的出口市场为俄罗斯、德国、印度等。

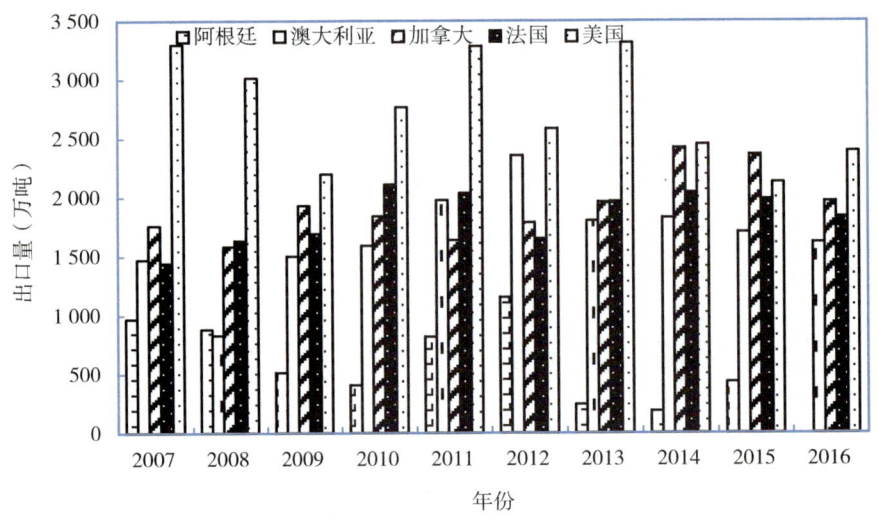

图 4　世界小麦主要出口国小麦出口状况
数据来源：UN Comtrade 数据库

分国别情况看，美国是世界最大的小麦出口国，年出口量占其国内总产量的 40%~60%，最高出口量曾经达到 4 300 万吨左右。但近些年美国出口量有所减少，年均出口量在 2 500 万~2 800 万吨，平均占世界总出口量的 20% 以上。法国也是传统的小麦出口国家，年均出口量 1 800 万吨，近几年有所增加，2014—2016 年稳定在 2 000 万吨左右，平均占世界总出口量的 11%~15%。加拿大和澳大利亚也是传统的小麦出口国，加拿大小麦年均出口量 1 900 万吨，2014 年达到 2 418.9 万吨，之后有所减少，2016 年为 1 964.8 万吨。澳大利亚近 10 年出口量呈现出先增加后减少的趋势，2007 年出口量为 1 468.4 万吨，2012 年增加至 2 354.9 万吨，之后呈减少趋势，2016 年出口量降至 1 614.8 万吨，年均出口量在 1 600 万吨左右。澳大利亚小麦出口量占其国内生产量的比例较高，但是受国内生产波动影响，年出口量波动较大。阿根廷也是世界重要的小麦出口国家之一，但出口量波动较大，2007 年出口量在 960 万吨左右，占世界小麦出口量的 8% 左右，2008 年降至 877.2 万吨，2010 年进一步降至 403.9 万吨，2011 和 2012 年猛增至 819 万和 1 151.9 万吨，2013 和 2014 年再降至 241.5 万和 185.2 万吨，2015 年恢复至 431.1 万吨，年出口量约 600 万吨。

（二）贸易现状分析

2017 年世界谷物贸易量为 3.93 亿吨，同比减少 180 万吨，略降 0.4%。玉米贸易量大幅下降导致谷物贸易出现下滑，2017 年玉米贸易量为 1.78 亿吨，同比减少 840 万吨，下降 4.5%。2017 年世界小麦贸易量为 1.72 亿吨，同比增加 520 万吨，上涨 3%。贸易量的增加主要由于发展中国家的进口量增幅较大，特别是巴西、印度、土耳其和越南的小麦进口量显著增长。另一方面，主要出口国的小麦供应充足，库存量占消费量和出口量之和的比率从 16.6% 提高至 17.4%。

2017 年主要出口国家的出口市场份额将会出现显著的变化。俄罗斯小麦丰产，加上其价格非常有竞争力（目前黑海地区的小麦是全球最便宜的供应），因此将进一步推动俄罗斯取代欧盟，成为全球头号小麦出口国。俄罗斯和欧盟一直稳步提高出口市场份额，而美国的份额逐渐下滑。在 2013 年之前，美国通常是全球头号小麦出口国。2016 年美国仍是头号小麦出口国，但是这样的局势不会持续下去。2017 年美国将成为全球第三号小麦出口国，落后于俄罗斯和欧盟。俄罗斯小麦产量有望创下历史最高纪录，将进一步提振小麦出口。因此，据美国农业部 8 月数据，俄罗斯小麦出口量为创纪录的 3 150 万吨，欧盟小麦出口量为 2 950 万吨；乌克兰小麦增产，加上价格有竞争力，出口量为 1 600 万吨；加拿大小麦减产，出口量为 2 050 万吨；美国小麦出口量为 2 600 万吨，虽然小麦产量预期小幅减少，但国内价格下跌说明美国竞争力在一定程度上改善。饲料小麦和低质量小麦的价格极其有竞争力，使得亚洲和非洲一些国家的小麦进口量增加。

五、主要国家产业链竞争力

（一）重点国家成本收益变化

不同国家之间因生产方式不同，纳入农产品成本核算的指标和口径范围也会有所不同。因为数据可获性的限制，报告选取中国、美国和欧盟的小麦成本收益数据进行分析。比如，美国的农业动力全部采用石化能源和电力，已经不用畜力，因此，没有"畜力费"指标，而中国有"畜力费"这一指标；又如，中国大规模使用农用薄膜，所以物耗费用中有一项"薄膜费"，而美国和欧盟都没有这项物耗指标。各国会计制度和财务核算的关注点也可能存在差异，因此，不同国家的农产品成本核算指标和口径范围也会出现差异。比如，农业生产中会发生外包作业，尤其美国和欧盟农业生产中的社会化服务比较普遍。因此，欧盟和美国的农产品成本核算中都有一个"外包作业"指标，中国也有一个反映外包作业的"租赁作业费"指标，但中国和欧美的口径范围是有差异的。欧美将各种外包作业发生的费用以及"技术服务费"记入该指标，而中国的"租赁作业费"不仅包含了外包的机械作业，还包括排灌费（含水费）和畜力费，但不包括"技术服务费"。

因此，进行国际比较时就需要对指标涵盖范围差异相应调整。首先对不同国家的小麦成本指标及其口径涵盖范围进行了具体分析，在此基础上，根据已知信息，尽量进行一些可比性调整。在分析各经济体农产品成本核算指标涵盖范围的基础上，尽可能地进行了可比性调整，但仍然会存在一些非可比的方面，在利用分析结果时需要注意到这点。报告中的成本核算体系基本指标及其数据来源如下：美国指标和数据来自美国农业部经济研究局，欧盟指标与数据来自欧盟委员会，中国指标与数据来自国家发展和改革委员会的成本调查资料。

1. 美国

美国小麦生产成本主要由运营成本和间接费用构成。其中，运营成本主要包括种子费、肥料费、农药费、作业费、燃料动力费、修理费、排灌费、利息。而间接费用主要包括雇工费用、家庭劳动机会成本、固定资产折旧、土地机会成本、税金与保险费、管理费。2015年美国小麦生产总成本中，运营成本为119元/亩，占总成本37.4%；间接费用为199元/亩，占总成本62.6%。运营成本中肥料费为主要开支，2015年为41元/亩，占总成本的13%；修理费为22元/亩，占总成本的7%，其他各项合计占总成本的17.4%；间接费用中固定资产折旧费为91元/亩，占总成本的28.8%，土地机会成本为68元/亩，占总成本的21.4%，其他各项合计占总成本的12.4%（图5）。

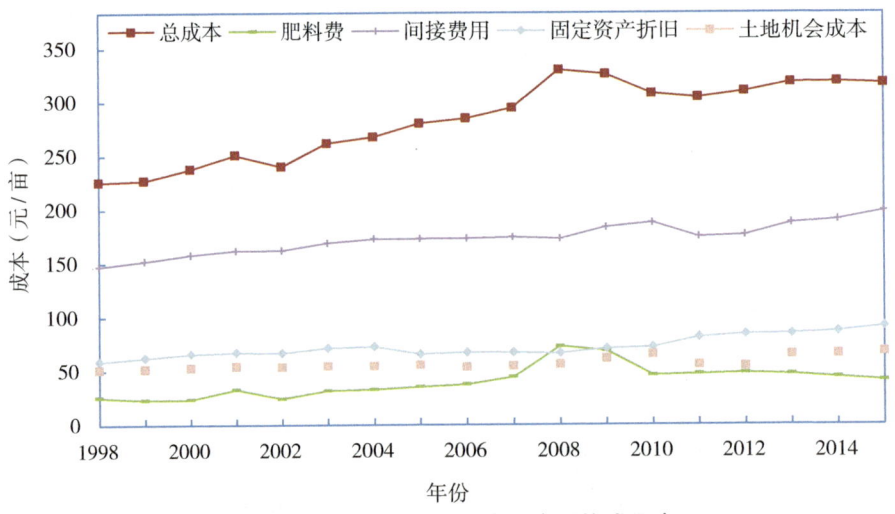

图5 美国小麦生产总成本及主要构成要素
数据来源：《全国农产品成本收益资料汇编》

自1998年以来，美国小麦生产成本总体呈增长趋势，但2009—2011年总成本略有回落，2012—2013年有所增长，2014年以来基本稳定。1998—2015年，总成本从226元/亩增至317元/亩，年均增长率2.01%；运营成本从79元/亩增至119元/亩，年均增长2.44%。其中，肥料费用与总成本表现出同样的增长趋势，在2009—2010年，出现小幅回落，后继续缓慢增长，从1998年的25元/亩增至2015年的41元/亩，年均增长率达2.95%，高于总成本的增速。

美国小麦间接费用自1998年以来总体呈增长发展趋势，2010—2011年间接费用进入下降通道，之后低速增长。1998—2015年，从147元/亩增至199元/亩，年均增长率为1.80%。其中，固定资产折旧呈现缓慢增长趋势，从1998年的59元/亩增至2015年的91元/亩，年均增长率达到2.58%。而土地机会成本呈现缓慢增长，从51元/亩增至68元/亩，年均增长率为1.71%。

2. 欧盟

欧盟小麦生产成本主要包括运营成本、人工成本、土地成本和间接费用等（图6）。其中，运营成本主要包括种子费、肥料费、农药费、外包作业费、燃料动力费、修理费、排灌费、其他直接费用。人工成本包括雇工费用和家庭劳动机会成本，而间接费用主要包括固定资产折旧和财务费。2015年欧盟小麦生产总成本为690元/亩，其中运营成本为382元/亩，占总成本55.4%；人工成本为116元/亩，占总成本16.8%；土地成本为55元/亩，占总成本的8.0%；间接费用为137元/亩，占总成本的19.8%。运营成本中肥料费为主要开支，2015年为95元/亩，占总成本的13.8%；燃料动力费57元/亩，占总成本的8.3%；修理费34元/亩，占总成本的5.0%，其他各项合计占总成本的28.3%。人工成本以家庭劳动机会成本为主，占人工成本的73.7%。间接费用中固定资产折旧费为91元/亩，占总成本13.2%，财务费为46元/亩，占总成本6.7%。

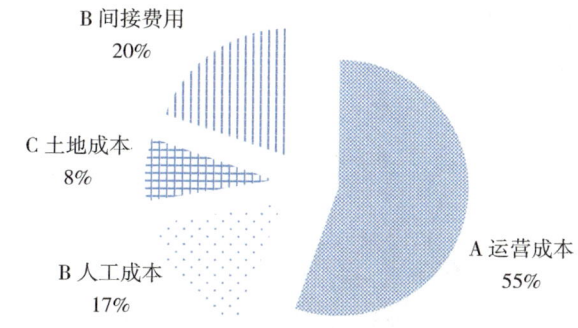

图6 欧盟小麦生产成本构成

数据来源：欧盟委员会

3. 澳大利亚

小麦是澳大利亚最主要的粮食作物，每年种植1 200万~1 400万公顷，总产量占世界小麦总产的3.8%。但由于澳大利亚干旱、半干旱地区占70%以上，灌溉面积很小（不足4%），而且几乎不使用任何肥料，因此，小麦单产很低，全国小麦平均单产在正常年份只有1.5~1.8吨/公顷，最高年份也只有2.25吨/公顷。澳大利亚大约有4万个农场以种植小麦为主，每个家庭经营平均种植规模为900公顷，实行一年一作，而且有相当面积的土地闲置。澳大利亚是典型的贸易国，大约80%的小麦用于出口，每年出口量为1 000万~1 200万吨，占世界贸易量的10%，为世界上最大的小麦出口国之一。澳大利亚地处南半球，小麦收获季节正是大多数产粮国的淡季，所以澳麦在国际市场的竞争中具有季性优势。澳大利亚小麦生产成本的核算主要包括三部分，分别为物质费用、劳动成本和间接费用，三项合计为总成本。物质和服务成本主要由种子及播种、肥料、农药、燃料和润滑油、修理维护、销售成本和其他。间接费用包括利息、税金与保险、折旧。

4. 生产成本比较

（1）成本水平

从总成本来看，中国小麦单位面积生产总成本高于美国和欧盟。2012年，小麦亩均总成本比欧盟高140元，其中人工成本高175元，土地成本高87元，但欧盟的固定资产折旧和财务费则显著高于中国。美国小麦的直接生产费用低于中国平均水平，2015年中国直接生产费用为美国的3.46倍（表3）。在直接生产费用中，除机械修理费、燃料动力费用外，美国小麦的其他直接生产费用均比中国低。其中，种子费用少51元/亩，化肥费用少101元/亩，农药费用少5元/亩，美国小麦直接生产费用比中国平均水平少292元/亩。在小麦生产间接生产费用中，美国的家庭劳动机会成本与中国的家庭用工折价相对应，土地机会成本与中国的自营地折租相对应。由于美国土地资源实行私有制，所以为达到土地资源利用效率的最大化，土地费用在核算时采取的是土地机会成本。美国的固定资产折旧费和管理费分别比中国高88元/亩和11元/亩，税金与保险合计比中国高2元/亩；家庭劳动机会成本比中国低334元/亩，土地机会成本比中国低105元/亩，雇工费用比中国低10元/亩。美国小麦间接生产总费用比中国小麦低348元/亩。

从单位产品生产者价格看，中国小麦比欧盟高42.3%（0.70元）、比美国高46%（0.74元）。2015年，中国小麦总产值为1 002元/亩，而美国小麦产值为220元/亩，比中国低782元/亩。中国小麦生产盈利17.4元/亩，而美国小麦亏损高达96.7元/亩。按以上成本计算，中国小麦单位产品的成本为2.34元/千克，美国为1.76元/千克，中国小麦单位产品生产成本仍比美国高0.58元/千克。

表3 2015年中美小麦生产成本及收益

项目	中国	美国	中国/美国
单产/（千克/亩）	420.79	179.80	2.34
小麦价格/（元/千克）	2.38	1.23	1.93
总产值/（元/亩）	1 001.71	220.37	4.55
生产总费用/（元/亩）	984.3	317.09	3.10
直接生产费用/（元/亩）	410.36	118.53	3.46
间接生产费用/（元/亩）	546.20	198.56	2.75
单位产品成本/（元/千克）	2.34	1.76	1.33

注：直接生产费用：中国为物质与服务费用，美国为运营成本；间接生产费用：中国为总成本中除物质服务费用之外的费用加总，美国为间接费用

（2）成本结构

从农产品生产成本结构看，中国的人工成本和土地成本比重明显较高，而美国和欧盟的物耗费用和间接费用比重明显高于中国。这主要由于中国的农业机械作业水平较低，导

致人工成本明显偏高；而国外大量采用机械作业，其人工成本比重较低，机械成本就体现到物耗费用中的燃料动力费、工具材料和修理费以及间接费用中的折旧费和财务费。

中国农产品成本中的间接费用比重较低，主要是间接费用的绝对额较小。中国农户经营规模小，一方面导致管理费用低，另一方面导致农用建筑物和农机为主的固定资产投入少，间接费用中的固定资产折旧和财务成本就比较少；2006年中国取消农业税后，进一步降低了间接费用。中国的间接费用中，折旧费和保险费是最大的细项。美国和欧盟的间接费用中，折旧费占到75%以上，其次是公摊的管理费，一般占10%~15%。

从物耗费用结构看，美国和欧盟物耗费用中的燃料动力费、工具材料和修理费明显高于中国，因为他们大量采用机械作业。中国的肥料费普遍高于美国和欧盟；中国的外包作业费（90%以上是机械作业费）大大高于美国和欧盟，可能是由于欧美国家大规模采取自有机械作业的结果。

（3）成本稳定性

成本变化状况是衡量成本竞争力长期变动的一个重要指标。在农产品成本上升的总体趋势下，成本稳定性好，就意味着成本竞争力在提高。1998年以来，中美两国小麦生产成本都在上涨，但中国的上涨速度大大快于美国；2007年之后，中国小麦成本显著高于美国（图7）。1998年，中国小麦生产总成本为美国的1.6倍，2015年则扩大至3.1倍。1998年以来，美国小麦生产总成本从226元/亩增至317元/亩，累计上涨幅度仅为40.27%；而同期中国小麦生产总成本从357元/亩增至984元/亩，累计上涨了1.76倍。

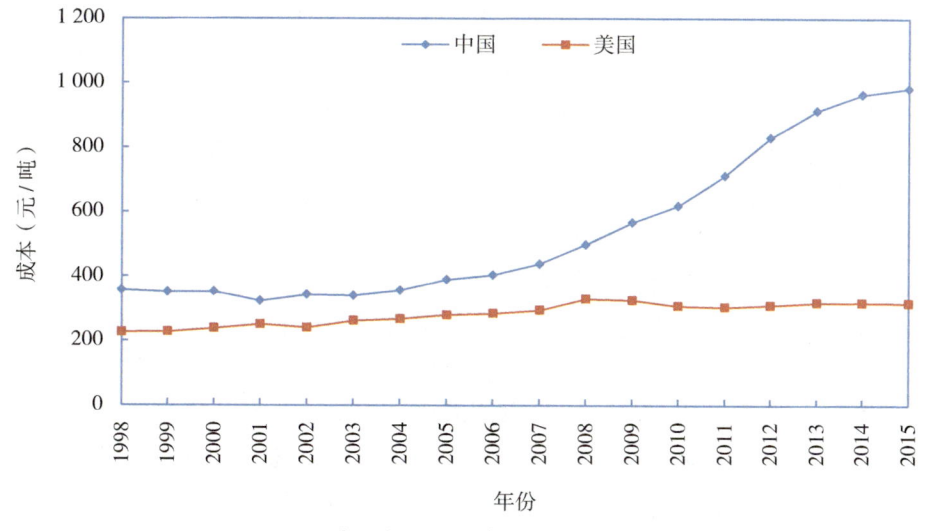

图7 中国与美国小麦生产总成本比较

数据来源：《全国农产品成本收益资料汇编》

（二）产业链竞争力分析

现代农业竞争，已由产品之间的竞争，转为产业链之间的竞争，而核心企业竞争力则是产业链竞争力的重要组成部分。因此,从国际先进企业在产品市场布局、产业链掌控程度、产业一体化程度等角度对企业竞争力进行分析。

1. 国际先进企业竞争力

"二战"后,随着经济全球化进程的推进及各国对外资管制的放松,以阿彻丹尼尔斯米德兰(ADM)、邦基、嘉吉和路易达孚等大型跨国公司为代表的跨国粮商凭借规模优势、资本优势和政策优势,通过兼并、重组掌控了主要农产品的全球贸易,并通过纵向一体化完成了对全球农业产业链的战略布局。

(1)已完成对全球农产品市场的战略布局,对主要大宗农产品贸易具有较强的掌控力

从发展历程来看,多数跨国公司都有上百年的发展历史,目前已经发展成为全球农产品市场不容忽视的巨无霸,2011年嘉吉、ADM、邦吉、路易达孚的销售额详见表4。从经营策略来看,控制战略性农业资源是四大粮商战略布局的基石。ADM旗下的企业包括食品、饮料、食疗以及饲料等,共约270家各种各样的制造工厂,分布在世界各地,从事可可、玉米加工,食品添加物、营养补助品、类固醇、食用油等的生产和市场推销。除此之外,它还从事有关农粮储备与运输交通等大型行业。ADM是当今世界第一谷物与油籽处理厂、美国最大的黄豆压碎处理厂和玉米类添加物制造厂、美国第二大面粉厂和世界第五大谷物输出交易公司。邦吉在全球32个国家拥有450多个工厂,已发展成为世界第四大粮食出口公司,据公开报道称,邦吉目前是巴西最大的谷物出口商,美国第二大大豆产品出口商、第三大谷物出口商、第三大大豆加工商,全球第四大谷物出口商、最大油料作物加工商。除了粮食加工与出口,邦吉还将营业范围扩展到了纺织、化肥、油漆以及银行等行业,工厂和业务遍及巴西、美国。在四大粮商中,邦吉以注重从农场到终端的全过程为名,在南美拥有大片农场,一边向农民卖化肥,一边收购他们手中的粮食,再出口到其他国家或者进行深加工。嘉吉是美国第二大私有资本公司,法国第三大粮食输出公司,美国最大的玉米饲料制造商,美国第三大面粉加工企业和屠宰、肉类包装加工厂,最大的养猪和禽类养殖场,其粮食输出和交易业务,不仅是美国第一,还是世界第一。同时,还拥有全美最多的粮仓,从食品的生产、包装到市场的每一个环节,无不一手包办。公司业务横跨五大洲及66个国家,堪称世界之最。路易达孚开创和发展了欧洲谷物出口贸易,是世界第三及法国第一粮食输出商和世界粮食输往俄罗斯的第一出口商。路易达孚的最新生意活动,是从事全球性活化燃油的生产和经营,包括制造和交易经由发酵或合成方式生产的乙醇,它用以制造发酵式乙醇的主要原料是蔗糖和谷类等农作物。它在巴西拥有两处巨大的发酵式乙醇制造厂。通过设在伦敦等地的办事处,路易达孚积极从事着乙醇从生产到目的地的交易,以及乙醇市场的开发,目的是要让乙醇市场全球化。凭借庞大的经营网络、资金优势和管理优势,四大粮商对主要大宗农产品贸易拥有了较强的掌控力。嘉吉是巴西最大的大豆出口商,也是全球最大的食糖、可可出口商;ADM在阿根廷控制了11%的小麦出口、9%的玉米出口、17%的高粱出口;邦吉一直是南美最大的粮食贸易商,每天可以在阿根廷交易3万吨的谷物和油籽;路易达孚是全球最大的棉花和水稻贸易商,通过子公司CIONBRA控制了巴西的玉米、小麦、橙汁出口,其中橙汁控制比例高达80%。

表4　全球四大农产品贸易商基本情况一览表

公司	创立时间	创立地点	所在地	全球布局		员工数（万名）	2011年销售收入（亿美元）	优势领域
				覆盖国家	工厂数			
ADM	1905	美国明尼苏达州	美国伊利诺利州狄克多	75	270	2.9	807	注重研发生物燃料
邦吉	1818	荷兰阿姆斯特丹	美国纽约	40	450	3.5	587	全产业链南美洲
嘉吉	1865	美国爱荷华州	美国威斯康辛	66	800	15.8	1 194	物流环节
路易达孚	1851	法国巴黎	法国巴黎	55	—	3.4	200	风险管理

（2）全面介入大宗农产品前期投入、生产、物流、仓储，完成产业链全球战略布局

各大粮商在掌控农业资源、控制农产品贸易的同时，还不断以农业为核心拓展经营范围，从投入、生产、物流、仓储各个环节进一步加强对农业全产业链的控制。农业投入品是各国农业增产的重要保障，跨国公司很早就开始介入这个领域，邦吉于1938年就在巴西建立了南美最大的化肥加工厂Manah公司，目前占有巴西28%的化肥市场，雇佣3 000人，并有超过250名农学家为其服务，顾客规模达到6万人。

土地是农业生产的核心要素，之前四大粮商尽量远离农业生产，随着世界农产品价格不断高涨，跨国公司对土地资源兴趣渐浓。在综合考虑当地法律、劳工问题、土地成本多种因素的基础上，跨国公司采取灵活手段获得土地控制权。在农业用地管理较为严格的地区，跨国粮商主要通过签订合同、土地租赁获得土地经营权，如ADM通过拥有其当地公司与墨西哥当地农户签订小麦生产合同。在农业用地管理宽松的国家，跨国公司直接获得土地所有权，如嘉吉在印度尼西亚就拥有大片油棕园。此外，跨国公司还通过成立金融子公司绕过当地管理获取土地经营权，路易达孚的子公司2007年建立私人股本子公司，在巴西、阿根廷、乌拉圭和巴拉圭获取、开发、转换和销售土地。

物流、仓储和加工是农业产业链增值的关键，跨国公司在主要国家都建立了完善的系统。物流方面，ADM在南北美、欧洲、远东都有港口和配送中心，拥有20 500台轨道车、2 300挂车、2 100艘驳船和30艘拖船；邦吉全球有150艘船，在巴西有专业农产品物流公司提供进出口海运服务，在阿根廷有3个港口；嘉吉在全球范围内有37个拥有进出口功能的谷仓；路易达孚有各类运输船只70艘，其在阿根廷的谷物运输系统每天可以运输3.5万吨的谷物。仓储方面，ADM在全球范围内有350个带升降功能的谷仓，在美国40个州拥有6万吨的谷物日存储、处理能力；邦吉在美洲拥有275个谷仓，在阿根廷有7个国家级的谷仓；嘉吉在亚马逊河流域的边缘就有80万吨级储存能力的港口；在其他农业主产区也有近60万吨的粮仓；路易达孚在阿根廷拥有110万吨的储藏能力。农产品加工方面，ADM在美国拥有14个世界最大的玉米加工车间，在巴西有6个油籽压榨工厂，日加工能力12 500吨。邦吉在巴西日油籽压榨能力达29 000吨，占巴西总加工能力的24.8%，在阿根廷日油籽压榨能力也达27 400吨。嘉吉在17个国家有54个碾磨车

间，在巴西有7个工厂，谷物和油籽日加工能力15 700吨，是巴西第二大谷物和油籽加工企业。路易达孚在美国、阿根廷、巴西分别拥有23 000吨、32 000吨和11 000吨的谷物加工能力（图8）。

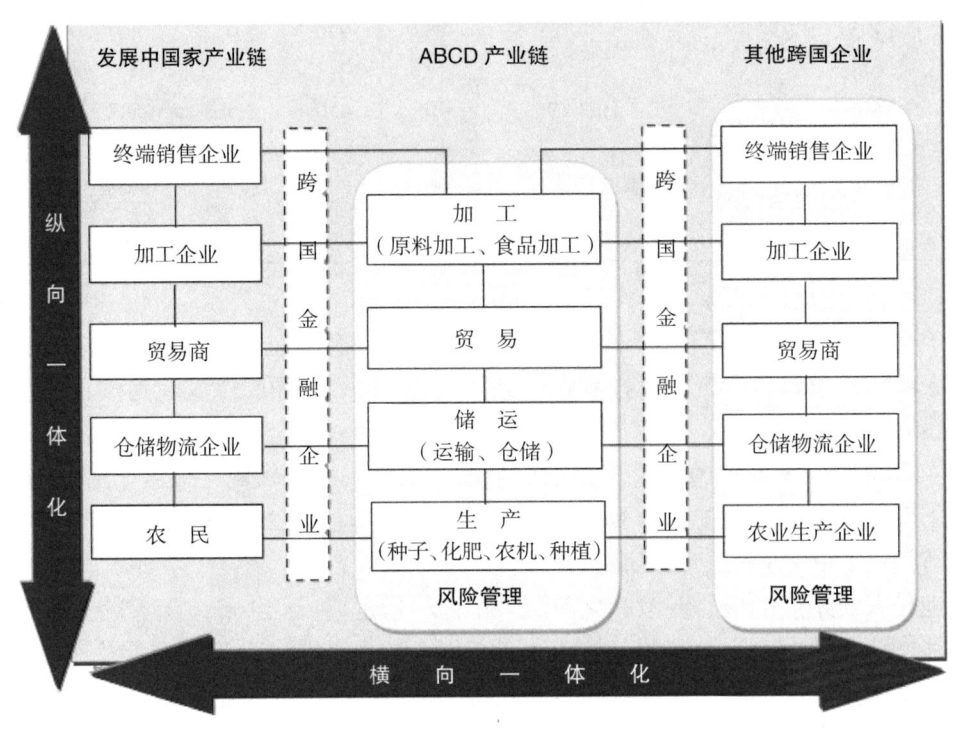

图8 主要跨国公司的运作模式

（3）经营运作具有较强隐蔽性，通过各种手段对各国农业政策施加影响

跨国公司中，ADM和邦吉是公开的上市公司，路易达孚和嘉吉都是家族企业，其经营活动往往难以跟踪。而且粮食跨国公司不像雀巢等跨国企业拥有独立品牌，因此它们很少出现在公众视野当中，但是跨国粮商对各国农业政策的影响力不容忽视。20世纪80年代开始，为了获得更多的市场机会，跨国公司就开始到处推销农业贸易自由化，并在乌拉圭农业协定的达成中起到了一定的作用。在新一轮农业谈判以及美国、欧盟农业法制定过程中，跨国公司也通过直接游说政府将前员工安置在政府决策部门（旋转门）、招聘前政府官员游说等方式影响政策。除贸易政策外，跨国公司还在国际标准制定、金融管制措施方面与政府展开博弈，如ABCD公司积极参与可持续棕榈油圆桌会议（PSPO），影响棕榈油国际标准的制定。2008年金融危机以来，各国采取措施加强对金融投机的监管，ABCD公司也频繁参与美国金融监管法案制定的听证会，并在法案的制定过程中施加影响。还有一些跨国公司通过并购重组其他国家的粮食企业逐步渗透到该国的粮食产业链各环节。1975年，日本丸红公司收购了Western Grain Exchange，1978年收购了位于美国波特兰的谷物输出公司Columbia Grain，并把Western Grain Exchange的业务并入该公司。目前，Columbia Grain是美西海岸最大的谷物输出基地；2012年收购美国第三大粮

食公司 Gavilon，丸红年度粮食交易量从 2 500 万吨增至 5 500 万吨，跻身全球主要粮食贸易商之列。2007 年，三井物产株式会社在巴西取得了 Mutligrain 公司 44% 的股份，从事大豆、玉米和棉花的生产和物流业务，2011 年进一步增持该公司股份至 88%，并就合并 Mutligrain 成为三井物产子公司达成协议。

（4）农业资源战略布局使得跨国粮商在生物质能源发展初期就具备了先发优势，而生物燃料迅速发展使得四大粮商拥有了进一步操控农产品市场的工具

生物燃料的发展源于 20 世纪 70 年代，原料一般是玉米、植物油、糖类及动物脂等，产业主要集中在美国、巴西、加拿大、欧盟和东南亚原料主产区。从 20 世纪开始，ABCD 就开始通过购买和并购的方式扩张在这些地区的控制力，经过几十年的发展，这些国家和地区农产品的生产和流通大都控制在 ABCD 手里。近年来生物燃料的发展，使 ABCD 早期的全球布局优势开始逐步显现：

ADM 起步早、规模大、经验足，辅以美国政府较高的支持力度（如 2007 年，美国官方为支持生物乙醇的发展拨款 20 亿美元，ADM 拿到了 13 亿美元），成为生物燃料市场的第一大巨头。ADM 现在拥有年产 18 亿加仑（占美国 180 亿加仑的 10%）生物乙醇和 4.5 亿加仑生物柴油的能力。ADM 的两个生物柴油制造企业都分布在巴西，2007 年第一个企业建立时，年产能只有 8.4 万吨；2011 年新企业建立后，生物柴油生产能力迅速扩充至 24.6 万吨。在亚洲，ADM 与丰益国际长期勾结，发展亚洲特别是印度尼西亚的生物柴油产业。

嘉吉公司在美国发展玉米乙醇，在欧洲、巴西和阿根廷发展生物柴油。因为嘉吉广泛与欧洲生物燃料企业合作，使得嘉吉生物燃料的实际产量较难测算。仅从嘉吉公司本身来看，经过 2011 年新一轮的投资，嘉吉的生物乙醇年产能由原来的 1.15 亿加仑提高到 2.35 亿加仑。

邦吉在美国的生物燃料生产较为隐蔽，采取了合作的形式，与可再生能源集团（REG）共同开发生物燃料市场。邦吉发展生物燃料的主场在巴西，现已成为继 Cosan 和路易达孚之后第三大糖乙醇制造商。

路易达孚的生物乙醇原料主要是巴西的糖，年产能 150 万立方米；其最大的生物柴油加工基地在美国的印第安纳州，年产能 8 800 万加仑，近期路易达孚加紧了在欧洲生物柴油的扩张，在德国的新建厂预计产能 20 万吨。

未来，ABCD 对生物燃料的投资意愿越来越强，投资频率和投资强度越来越大，并对未来一定时期内的投资做了较为完备的规划以保持旺盛的增长势头。ADM 公司拟在在保持生物乙醇领头地位的前提下大力发展生物柴油的生产，计划自 2013 年起在巴西增加 12 000 公顷的油棕种植发展生物柴油。邦吉在巴西的扩张野心巨大，2017 年预计投资 25 亿美元，将生物乙醇产能扩大到 3 000 万吨。

总体来看，各家公司都在自己的领域取得了一定主导权，只有生物柴油仍处于垄断竞争格局。短期内，ABCD 大都将投资重点放在生物柴油上，特别是以棕榈油等植物油为原料的生物柴油生产上。

2. 中国产业链竞争力存在的差距

（1）竞争力总体不强

从产业链类型看，中国农业产业链呈现以下特征：一是加工链总体较短，带动能力不够。大宗农产品加工水平偏低，精深加工及综合利用不足。特色农产品产业链条较短，不太适应市场需要。大多数加工企业规模小，生产经营成本高，技术装备水平落后。二是服务链发展滞后，上中下游不均衡。很多农户仍然是自服务型，独立完成农产品生产过程，这种状况导致农业对生产性服务需求不强，制约了农业服务业的发展。服务链发展不均衡，产前、产中服务发展相对较快，但农民产后急需的信息服务、金融服务、销售服务等仍很薄弱。三是功能链发展才刚刚起步。休闲农业等新功能产业链还很短，缺乏体验、文化、教育等高层次项目。许多地方扶持政策不完善，土地、资金、交通、环保设施等要素支撑严重不足。总体来说，乳业产业链的一体化程度和市场集中度较高，竞争力相对较强；生猪、蔬菜行业产业链组织化、一体化程度较低，竞争力不强；粮食行业产业链竞争力较弱。

（2）产业链组织化和一体化程度较低，上游太分散

上游生产主体总体较为分散，农牧业生产主要以一家一户为单位，生产规模小，组织化程度低。多数行业市场集中度低，核心企业的竞争力和带动力不强，供应链设施落后，产业链管理水平不高。农户与企业（组织）之间以非正式合作为主，股份合作等紧密型联结方式不多，农业订单合同不规范，上下游主体的联结方式较为松散，在生产组织、质量监控、信息传输、价格协商等方面难度较大。

（3）产业链利益联结和分配机制不完善

农产品专用性高、生产周期长，对市场需求变化反应滞后，导致农户与企业之间难以保持长期稳定的合作关系，农户注重短期收益与企业投资周期长之间的矛盾成为制约产业链发展的瓶颈。在"龙头企业+合作社（基地）+农户"这一主要模式中，上游种养环节的经营主体以农户、家庭农场及合作社为主，他们在信息、流通、销售方面缺乏相应的技能，基本上没有价格谈判能力和权利，在利益链条上处于弱势地位，难以公平分享全链条增值收益。龙头企业往往控制着产业链的关键环节，处于强势地位，产业链收益明显向其倾斜。订单是农户参与产业链的主要方式，但农民与企业之间的订单普遍缺乏约束力，一旦市场环境发生不利变化，两者都容易出现不合作行为，双方利益都得不到有效保障。

（4）政策支持和要素支撑体系不健全

龙头企业的创新能力不够，上游主体吸收应用新技术的能力不强，农业科技部门全产业链技术服务能力不足。金融部门对龙头企业和农户的支持不够，全产业链金融服务的意识和能力不强。规划、设计、管理、成本核算等专业技术人员缺乏。标准化生产是产业链发展的基础，但目前产业链在不同区域、不同部门间的标准不一致、不协调，降低了产业链的运作效率。产业链上下游环节之间、不同产业链之间的信息平台、数据标准不统一，难以互联互通，制约了供应链和电子商务的发展。产业链各环节物流设施和物流技术落后，流通成本居高不下。

六、主要国家产业支持政策

从世界范围来看，无论是发达国家还是发展中国家，都对粮食及小麦产业发展制定相应的扶持政策，其中包括生产支持政策、贸易政策、科技政策等，这些政策的实施对于保护本国粮食及小麦生产能力、促进产业健康发展起到了至关重要的作用。

（一）美国的小麦产业政策

美国农场主之所以能在大量亏损的状况下还能继续生产，主要原因是美国政府为保证农业的顺利发展，一直采取"工业反哺农业"的政策，每年对小麦等农产品生产进行大量的形式多样的补贴。例如，购销差价补贴、农产品支持价格补贴、农业投入品差价补贴、农业资本补贴、休耕补贴、农产品出口补贴、农产品储备补贴和农业科研补贴等，每吨小麦可以享受到的补贴总和可以达到47美元。2014年，美国总统奥巴马又签署了新农业法，将价格补贴计划转为"收入保险"类补贴，相对于直接支付补贴和针对农产品价格进行的补贴，农作物保险补贴更为隐蔽，正成为美国政府支持农业生产的重要手段。所以虽然小麦成本远远高于收益，但美国农场主在政府的补贴下，仍能进行大量的生产，并且通过降低小麦价格来增加在国际市场的竞争力。

美国小麦产业政策变化主要是随着农业法案的变化而改变的。2014年美国实施的农业法案（2014—2018财年）与2008年农业法相比，新农业法中与小麦相关的主要发生两方面变化：一是取消了直接支付（DP）、反循环支付（CCP）、平均收入选择计划（ACRE）和补充收入协助计划（SURE）；二是建立价格损失覆盖计划（PLC）、农业风险覆盖计划（ARC）和补充保险方案（SCO）。

营销援助贷款与贷款差价支付是美国第一部农业法就有的政策，历经数次改革后发展成为现在的形式，从其补贴水平来看其明显低于生产成本水平，目的是在市场价格大跌背景下为农场主提供一定生产流动资金的一种贷款政策。直接支付是一种"不挂钩"补贴，类似于中国的种粮直补，农户只要种植规定的农产品就可按1998—2001年登记的种植面积获得补贴，补贴涉及的产品包括小麦等10种农作物。反周期支付是当农民获得的有效价格（平均市场价格与直接支付之和）低于目标价格（由法案确定的保证农场主收入水平的合理价格）时，农民可以获得与两者之差等值的补贴，中国正在准备执行的目标价格补贴正是基于此种原理和方式。直补与反周期补贴结合的方式操作过于烦琐（美国众议院农业委员会主席弗兰克·卢卡斯评论中提到），需要现根据直补和市场价格之和计算农场主每生产一单位农产品获得的有效收入，然后再根据有效收入与目标价格之差测算补贴，这样实际上增加了政策的操作成本。

表5 PLC指导价格（美元/蒲式耳）

作物	2008农业法案目标价格/（美元/蒲式耳）	PLC指导价格/（美元/蒲式耳）
小麦	3.92	5.50

注：1蒲式耳约等于27.2千克，全书同

农业收入风险补助与 2008 年的平均作物收入选择原理相似，但操作相对简单，当实际作物收入低于基准收入的 86% 时，农业收入风险补助计划就被触发，政府根据每单位耕地要补助的金额和农场的耕地数量算出补贴金额。在实际执行过程中，FSA 首先要确定农场选择参与的是县级计划还是单个农场级计划，这一选择非常重要。如果农场参加的是县级计划，政府可以分作物进行补助，每个作物的补助总金额 = 85%× 每个作物单位面积的补助金额 × 基础面积（与价格损失补偿基础面积一样），其中每个作物单位面积的补助金额 = 单位面积基准收入①× 86%- 实际收入，单位面积的补助金额不得超过单位面积基准收入的 10%。如果农场主选择参加的是单个农场级计划，政府是根据其整个农场总收入决定是否触发及补助金额，整个农场补助总金额 = 65%× 单位面积的补助金额 × 整个农场的基础面积，其基准收入 = 本农场最近 5 年单产 × 最近 5 年国内价格后的奥林匹克平均值。

在价格损失补偿和农业收入风险补助之间，农场主可以根据自身情况和偏好进行选择，如果选择了单个农场级的农业收入风险补助，整个农场的作物都不能选择价格损失补偿；如果选择了县级农业收入风险补助，农场主可以分产品地选择加入价格损失补偿或农业收入风险补助，但只能选其一，且一经选择不能更改。此外，每个农场主在价格损失补偿、农业收入风险补助、营销援助贷款与贷款差价支付等项目中最高能获得 12.5 万美元的补贴，且要求此其年收入不能超过 90 万美元。

（二）欧盟的小麦产业政策

欧盟的小麦产业政策主要随着共同农业政策（CAP）的调整而变化。2013 年 CAP 改革的主要目标包括：经济方面，通过增强农业的竞争性，发展适应需求变化的食物生产；环境方面，通过提高农业发展的可持续性，实现自然资源可持续管理，有效应对气候变化；区域发展方面，通过提高农村发展政策的有效性，实现区域平衡发展。为了实现这些目标，本轮改革对预算资金的具体使用赋予了更大的灵活性。2014—2020 年，预算总额 4 083 亿欧元。其中，第一支柱（市场支持和直接支付）上限 3 127 亿欧元，第二支柱（农村发展）上限 956 亿欧元。改革增强了两个支柱的联系，从 2015 年起，各成员国可把本国获得的 CAP 资金在两个支柱间相互转换，转换额不超过本国 CAP 总额的 15%。若不考虑资金转换，欧盟每年的市场支持、直接支付和农村发展资金的上限分别约为 27 亿欧元、422 亿欧元和 137 亿欧元。改革后，CAP 支出占欧盟预算总支出的比例达 37.8%。

1. 直接支付

改革后直接支付资金约占 CAP 支出的 70%，主要用于稳定农民收入，包括强制性和自愿性两种。

强制性直接支付。一是新基础直接支付。整合改革前针对 15 个老成员国的农场补贴

---

① 这个农场单位耕地面积基准收入 = 所在县最近 5 年单产奥林匹克平均值 × 最近 5 年国内价格的奥林匹克平均值（去掉一个最高值和一个最低值）

计划和 12 个新成员国的面积补贴计划，形成了依据受益农场的土地面积发放的新基础直接支付，以缩小当前单位土地面积获得补贴过大的差异。新基础直接支付的资金上限应低于直接支付资金总额的 70%。二是"绿色"直接支付。主要包括保持永久性草地直接支付、作物多样化直接支付、生态重点区直接支付，通常也包括有机农场和农业绿色环境计划下的措施。成员国必须把本国直接支付资金的 30% 用于"绿色"直接支付，否则第三年和第四年欧盟最多可分别削减该国该项资金的 20% 和 25%。三是青年农民直接支付。必须将不超本国直接支付总额的 2% 用于支持 40 岁以下的青年农民。

自愿性直接支付。一是重新分配直接支付。成员国最多可以把本国直接支付金额的 30% 重新分配于 30 公顷以下的农场。二是自然条件恶劣地区直接支付。成员国最多可以将本国直接支付资金的 5% 用于补贴自然条件恶劣地区，这并不影响这些地区同时获得农村发展资金的支持。三是挂钩直接支付。成员国最多可以把本国直接支付资金的 8% 用于支持对经济、社会和环境非常重要的农产品生产，改革前挂钩直接支付比例高于 5% 的则可提高到 13%，特殊情况下这一比例还可再提高 2% 直接支付。四是小农场计划。采用单一面积补贴国家的农场、一个日历年度获得总直接支付低于 100 欧元的农场或获得直接支付的农场面积不足 1 公顷的农场，均可申请。获批后，每个农场每年可以获得 500 欧元到 1 250 欧元的补贴，具体数字各成员国自行确定。但各国用于支持小农场直接支付的总额不得超过本国直接支付总额的 10%。

2. 市场支持

调整了欧盟市场贸易政策的部分措施和支持对象，并没有改变欧盟市场贸易政策的基本框架。改革后的市场贸易政策主要由三部分构成：① 国内市场干预政策，主要包括储备计划和特殊产品援助计划；② 营销与生产者组织政策，包括营销标准、生产者组织支持等政策；③ 边境措施，包括关税、关税配额、进出口许可证等。

一是改进了公共干预和私人储备支持措施。为了应对农产品价格波动，保障市场稳定运行，改革后欧盟继续实施以公共干预储备为主、结合私人储备的储备支持措施，但部分调整了对象产品的支持范围、力度、干预类型及启动条件。关于小麦产品的干预措施，保留了对普通小麦和硬麦的公共干预；干预期限上，统一调整为 11 月 1 日至次年 5 月 31 日；干预类型上，将硬麦调整为适时干预；参考价格上，取消了允许谷物产品参考价格按照不同月份分别设定不同上涨幅度的规定，而统一确定为 101.31 欧元/吨（表 6）。

表 6 小麦产品的公共干预措施的类型及其变化

产品	干预类型及其变化	公共干预期间及其变化	参考价格及其变化	备注
小麦	延续强制	11 月 1 日到次年 5 月 31 日，取消了对部分国家的特殊规定	101.31 欧元/吨不变，但取消了月度涨幅调整	批发阶段运送到仓库卸货前的价格
硬麦、大麦和玉米	由强制干预调整为适时干预	11 月 1 日到次年 5 月 31 日，取消了对部分国家的特殊规定	101.32 欧元/吨不变，但取消了月度涨幅调整	批发阶段运送到仓库卸货前的价格

二是强化了市场营销与生产者组织支持措施。本轮 CAP 改革扩大了生产者组织的认定范围，强化了支持力度。

三是微调了边境管理措施。为了监测和控制进出口贸易、防止进口剧增冲击欧盟内部市场，本轮改革后欧盟将继续执行进出口许可证管理、进口关税政策、部分产品的关税配额管理与特殊进口规定、特殊保障措施等与第三国贸易的基本措施，但部分措施的覆盖产品进行了微调。

（三）日本的小麦产业政策

由于土地资源匮乏，国内农业生产者规模小、竞争力弱，日本对其粮食生产，特别是大米生产采取了高度保护的政策，主要包括旱田作物补贴、水田活用补贴、附加补贴和集落营农（即农村经营组织）法人化支援等，2011 年度总计为 8 003 亿日元（约合人民币 622 亿元）。

1. 旱田作物补贴

对那些种植麦类、大豆、淀粉原料用马铃薯、荞麦和油菜籽等作物且达到一定产量目标的农户，政府发放相当于标准生产成本与标准销售价格之间差额的直接补贴。标准生产成本（近 3 年的生产成本平均值）和标准销售价格（近 5 年销售价格中去掉最高最低价之后的 3 年平均值）由政府统一制定。2011 年旱田作物补贴总计 2 123 亿日元（约合人民币 165 亿元）。种植小麦的农户每亩可以获得 2 263.66 元的小麦生产补贴。

2. 水田活用补贴

为了鼓励在原来种植稻谷的水田上种植麦类等作物，政府向这些农户支付补贴以确保他们获得与种植食用大米相同的收入。2011 年水田活用补贴总计为 2 284 亿日元（约合人民币 177 亿元），麦类、大豆和饲料作物，每 10 公亩补贴 3.5 万日元（约合人民币 27 195 元/公顷），米粉用大米和饲料用大米，每 10 公亩补贴 8 万日元（约合人民币 62 160 元/公顷）。

3. 附加补贴

为了促进战略作物发展、提高农产品自给率，在上述各项收入补贴基础上进一步设置了附加补贴，即在品种品质、经营规模、扩大再生、利用绿肥轮作等四方面行为给予额外的鼓励性补贴，2011 年为 150 亿日元（约合人民币 12 亿元）。

4. 集落营农（即农业经营组织）法人化支援

在山区和小规模农户为主的地区，集落营农组织是当地农业经营的支柱。为了进一步发挥这些组织在提高麦类和大豆自给率、促进地区农业可持续发展等方面的作用，对于这些组织法人化后所需要的办公费和经理培育经费，政府给予每个法人 40 万日元（约合人民币 3 万元）的补贴，该项计划 2011 年为 116 亿日元（约合人民币 9 亿元）。

（四）印度的小麦产业政策

多年来，印度通过一系列措施促进小麦产业发展，目前其已成为总产量仅次于中国的世界第二小麦生产大国，其产业支持政策主要包括：

1. 最低支持价格政策

最低支持价格（MSP）是印度政府确保农民收入的主要政策之一。该政策是由印度农业成本与价格委员会根据所有相关因素，如生产水平、市场价格行为、作物间比价、仓储量、分销及供求平衡、投入品价格水平、生产成本、农业与非农业间贸易条款等推荐最低支持价格，然后由印度政府根据市场情况决定并公布实施最低支持价格。印度对早春作物和秋季作物分别实施最低支持价格，其中春小麦的价格支持是由印度食品公司实施，在指定邦以分散模式运作，这确保了这些邦将收购的小麦一部分保留在邦库，剩余部分上缴中央；其他邦则仍沿用邦级代理、印度食品公司全权负责的模式。从1980年以来印度政府对小麦的最低支持价格可以看出，小麦最低支持价格在不同年份之间的波动很大，特别是在1992—1993年和1997—1998年的增长率分别达到46.7%和25.0%，其主要原因在于在不同时间点上小麦与其他作物（产品）之间的价格比率不同，而这正是政府确定小麦最低支持价格的侧重点。

多年来，最低价格支持政策对促进印度国内小麦生产持续增长、稳定价格和支持农民收入发挥了重要作用。但由于印度政府一直将最低支持价格保持较高水平，政府还承担了国内绝大多数小麦储存和运输事宜，从而导致政府收购与储存成本不断增加。为此，印度政府已采取了应对措施，例如自2001年以来，价格支持政策没有明显变化，但由于卢比不断贬值，小麦最低支持价格实际上已经下降了14%；政府还建立起"定向公共分配系统"，逐步将中央政府对粮食收购和分配领域的运作分权给地方政府。

2. 粮食公共分配系统

20世纪50年代，印度政府建立了粮食公共分配系统（PDS），这是一种为了实现粮食安全目标而对粮食等基本消费品实行的分配制度，具体做法是中央政府将小麦、大米、以及其他基本农产品，以配额方式、按照政府确定的补贴价格销售给消费者。其目的是保证生产者在出售其产品时能获得政府的补贴，而消费者尤其是贫困居民可以在全国范围内以能接受的价格购得必需的粮食。20世纪80年代初期，通过公共分配系统提供的总数大约在800万吨，而到了90年代则增加到1 000万吨以上。2005和2006年印度政府通过公共分配系统分配的小麦数量分别达到1 720万和1 250万吨。

此外，印度政府先后于1965、2005年两次进行了以推广应用农业新技术为主要标志的绿色革命，主要采取的措施包括：增加农业投入，改善配套措施；引进、培育和推广高产品种；对生产资料实行价格补贴；建立从中央到地方多层次的农业科教和技术推广网络等。绿色革命的成功实施使印度基本满足了人口增长对粮食的需求，促进了小麦产量大幅增长。

3. 对小麦生产投入品进行补贴

20世纪80年代中期以来印度就对农业投入品进行补贴，主要包括对肥料、电力和灌溉进行补贴。加入WTO后，印度仍然充分利用了《农业协议》中针对发展中国家的补贴条款，对农业进行补贴。一是化肥补贴。化肥补贴是印度农业补贴中最大的项目。根据稳定价格补贴计划，印度对尿素（占印度化肥使用总量的60%）采取政府定价、对生产化肥的厂商和进口商直接予以补贴、对运费进行补贴的办法，来保持其低价格。因此，不管是进口还是国产化肥，售价普遍低于生产成本。尽管研究表明，1981—2000年印度的化肥补贴估计有33.46%的份额被化肥企业获得，对生产者的补贴出现了利益流失，但是，近年来降低对化肥补贴的建议仍然没有实质性实施。二是农用柴油、灌溉用电等财政支持。被称为"印度粮仓"的旁遮普邦规定，农民购买柴油的款项可在出售农产品之后支付；农业用电则采取区别对待的办法，生活在贫困线以下的农民可免费用电，一般农户可免费使用灌溉用电，其他用电则享受优惠价。三是农业机械补贴。印度"九五"计划（1997—2002年）确定了一项农业机械化的项目，即重点推广以电力为动力的农具和小型拖拉机。"九五"头两年政府就拨款2 306亿卢比（1卢比约合0.023美元），补贴31万台拖拉机的出售。

近年来，印度以上三大投入补贴增加趋势明显。肥料补贴从1993年的456亿卢比上升到2009年的1 260亿卢比，几乎增加了2倍；灌溉补贴从1993年的587亿卢比增加到2009年的1 331亿卢比；2009年的电力补贴达到934亿卢比，是1993年的4倍。

4. 信贷政策

为提高资本的有机构成和农民的资金积累，印度政府正致力于营造出一种良好的金融环境。发展农村信贷业务是其中的一项重要政策。印度农业信贷有3种形式：一是短期信贷，用于购买肥料、种子等生产资料，贷款期限15个月，无需担保抵押，利率优惠10%。二是中期信贷，用于改善生产条件的投资，贷款期限5年以内，利率更低。三是长期信贷，主要用于农田保护和农村电气化，期限5年以上。在具体执行过程中，通过改善信贷管理、简化批准和支付手续，消除商业银行对农业和农民的信贷歧视，特别注重增加农村的小规模信贷等。印度中央储备银行决定在未来5年内（2006—2010年）向农业部门提供5 000亿卢比的信贷资金，明确规定了从开垦荒地、选育良种到改造农业基础设施、增加灌溉面积、提高粮食加工和储藏能力、完善粮食市场流通环节等具体环节中的投资导向。政府还计划向70%的农民提供低息贷款，指导农民进行产业升级。

（五）俄罗斯的小麦产业政策

1. 小麦生产补贴

实施农业补贴政策的主要目的是保证本国粮食安全、维护农产品价格稳定和保障农民收入。俄罗斯农业补贴政策的目标在《俄罗斯联邦农业法》中得以具体体现。2006年《俄罗斯联邦农业法》规定了俄罗斯实施农业政策的6大目标：改善农产品质量，提高农产品的竞争力；实现农村的可持续发展，提高农村人口的生活水平；保护和利用农业可再生资源；形成有效的市场运行机制，发展市场基础设施；形成良好的投资环境；实施农产品投入产出平价制度。

优惠信贷：优惠信贷是俄罗斯主要的农业支持措施之一，其补贴形式是银行贷款利率补贴。利率补贴的拨款是《2006—2007年国家重点项目》的主要支出项目。《2008—2012年国家规划》显示，利率补贴总额占5年期预计开支总额的45%。近年来信贷补贴的规模和范围大大扩大：信贷优惠补贴规模已从利率补贴只提供短期贷款扩大到中长期贷款。受益者范围扩大到涵盖农村住户和生产合作社在内的所有生产者，且借款用途的符合条件也可多样化。信贷优惠贷款补贴是将贷款直接转移到借款人手中,其补贴利率取决于俄罗斯中央银行(CBR)再融资利率,并因受益者类型不同而有所变化。对农业企业和食品加工者,联邦政府按中央银行再融资利率的2/3给予补贴。当贷款用于畜禽建设与购置农机设备时,地区政府联合利率补贴不得少于中央银行再融资利率的1/3。对小型农场和生产合作社则按俄罗斯中央银行再融资利率的95%补贴,地区政府补足联邦补贴剩余部分,其值不得少于中央银行再融资利率的5%。最后,借款人应支付银行贷款利率与政府补贴利率间的利息差。

投入补贴:俄罗斯基于可变投入与投资的直接补贴主要面向农业企业和小型农场。包括化肥购买补贴、良种补贴、向不利于饲料作物种植条件地区的种子运输成本补贴以及用于农业播种的燃料补贴。2008年10月,俄罗斯政府与化肥生产商签订了"化肥销售协议";2008年底,俄罗斯政府又决定提供约4亿美元的燃料费用补贴。牲畜饲养者可得到用于购买幼小纯种牲畜和牲畜人工授精的补贴。专门饲养纯种牛的农场可从收购育种公牛的财政支持中获得补贴。投入的援助还包括诸如国家农业机械和纯种牲畜租赁等方案。此外,俄罗斯政府还提供用于农场建筑和改善土地灌溉的津贴补助金。2006—2007年,所有上述方案的总支出(不计利率补贴)平均占生产者支持(PSE)的9%。

2. 税收优惠政策

农业统一税(SAT)政策:2003年俄罗斯引入农业统一税(SAT)。俄罗斯农业企业可选择采用SAT,也可保持原来税制。采用SAT的农业企业可获得免征所得税、财产税、社会税单、增值税等优惠。截至2008年,大约65%的农业企业采用了此项税收政策。俄罗斯规定SAT税额为农业企业总收益与其总成本两者之差的6%。

3. 价格和收入支持政策

粮食市场价格干预政策:俄罗斯政府以粮食市场价格干预政策实现对农产品流通市场的调控。2001年以来,政府通过限定最低和最高价格以制定价格区间,采取国家采购干预和国家商品干预的方式调节和稳定国内农产品价格:在采购干预期间政府限制粮食进口,并从预算中拨款用于粮食收回;而在商品干预期间政府则限制粮食的出口,并向市场投放粮食。目前,制粉小麦、饲料小麦、黑麦、饲料大麦和玉米均建立了干预价格区间。

4. 财政支持

为了实现重振农业的目标,俄罗斯政府最近决定,进一步加大对农业的资金投入,加快农业经济发展速度。尽管俄罗斯实行降低财政赤字的政策,但对农业经济采取了特殊政策,继续增加对农业的资金投入。按照"2008—2012年俄罗斯农业发展和对原料、粮食市场调节规划",2011年年初俄罗斯用于农业的预算开支增加130亿卢布(约合4.6亿美元),最近俄罗斯又决定2012年将进一步增加对农业的投资,国家预算用于农业的开支将比2011年多120亿卢布(约合4.3亿美元),达到1 300亿卢布(约合46亿美元)。

为了加快农业经济的发展,俄罗斯政府正在制定新的农村发展纲要。新纲要将采取一系列农村经济发展措施,如大力发展食品工业和加工工业,大力推广农村小型经营方式,加强粮食市场基础设施建设,提高对粮食市场的管理效率,保持土壤肥力等。俄罗斯政府要求进一步进行农业经营体制改革,大力发展私人农场主经营方式。为此,俄罗斯将拨出专款扶持新的农场主,每年计划拿出20亿卢布(约合7 000多万美元)用于支持农场主经营。

(六)加拿大的小麦产业政策

加拿大农业和农业食品业是加拿大第三大就业部门,农业从业人口占总人口的14%,产值约占整个GDP的9%。鉴于这一行业的重要性和特殊性,加联邦和各省政府制定了许多政策、措施,每年投入大量资金以保证农民的正常收入,促进农业的稳定发展。

1. 依靠保险稳定收入

加拿大农业收入稳定项目(CAIS)是目前加农业最主要的收入安全和商业风险管理(BRM)项目,目的是尽可能在不影响生产和贸易的情况下稳定农民收入而不是单纯地向其提供补贴。农民、联邦和各省政府按一定比例向此帐户存入资金。如果农民当年的利润低于政府所设定的参照值,就可得到政府支付的款项。小幅度的利润减少造成的损失由政府和农民对半分摊,利润降幅越大,政府所摊份额就越大。CAIS最多可补偿农民当年损失的60%,其支付资金取决于农民事先所选择的保护水平,最低保护水平为70%,最高为100%。近年来受疯牛病、干旱、汽油涨价等因素的影响,农民的实际收入有所下降,因此加拿大政府自2004年以来提高了支付该项目的资金,每年增长幅度为3%,在帮助农民减轻经济负担、稳定收入、抵御风险等方面发挥了重要作用。

农作物保险项目(CIP)旨在保护农民免遭由于气候或其他自然灾害如干旱、洪涝、冰雹等带来的损失。该项目也由农民、联邦和省政府三方共同承担,各省政府具体实施。农民如遭受自然灾害,联邦、省政府联合出资赔偿。目前约70%的农民参加了这一保险。

2. 小麦收购

根据《加拿大谷物法》和《加拿大小麦局法》,西部草原省及不列颠哥伦比亚省生产的小麦由加拿大小麦局统一收购、销售和出口,其他省则通过行会组织如小麦种植者销售委员会自行销售。加小麦局以最好的价格在国际市场上销售,其收入在减去销售成本后再返还给农民。该局对小麦的收购价格实行"两次结算"制度,即农民在交付谷物的同时就会获得首期付款,该款项由政府担保,相当于小麦局预估的市场平均价格的75%,然后该局根据市场情况再次向农民支付调整价格,从而保证农民享有及时、合理、稳定的收入。

3. 食物安全

加拿大十分重视粮食质量和食品安全,对食品质量要求非常严格。《加拿大谷物法》规定其谷物质量管理由加拿大谷物委员会负责。该局的具体职责是制订谷物标准、检验和计量方法;负责出口谷物的质量和重量检测,签发最终检验证书;负责粮食的中转事宜;审查粮食的优良品种及其品质鉴定。经过多年努力,加拿大已建立起较完善的粮食质量管理体系。

加拿大食品检验局具体实施联邦政府规定的所有食品检验、动植物卫生等有关事宜。该署现有员工5 900人,其中包括检验专家、食品安全专家、兽医、农艺师、化学家、系统专家等,拥有世界一流的食品检测系统,其检测手段和水平处于世界领先地位。

七、世界供需及产业发展形势展望

（一）全球小麦供需形势展望

消费方面，随着经济的增长和人民生活水平的提高，小麦的消费需求是刚性增长。预计到 2026 年，全球小麦的消费量将达到 8.15 亿吨，比 2014—2016 年的 7.22 亿吨增加了 12.86%，年均增长 1.22%。其中，食用消费为 5.51 亿吨，占 67.69%；饲用消费量将达到 1.62 亿吨，增长速度有所放缓，但仍然占消费总量的 19.9%；用作生物燃料原料的消费量占消费总量的 1.63%，较 2010—2012 年的 1.18% 下降了 0.45 个百分点。

生产方面，未来小麦产量的增加主要依靠单产的提高。预计 2017—2026 年世界小麦单产仍可以保持 0.84% 的年均增长速度，按照这样的发展趋势，预计到 2026 年世界小麦产量将达到 8.21 亿吨，年均增长 1.01%。

从生产和消费两方面看，小麦未来 10 年的产量年均增长速度略小于消费的增长速度，但 10 年中的多数年份产量仍略高于需求量。全世界范围来看，小麦可能出现供大于求的局面，但个别国家仍然存在产不足需的状况。

（二）全球小麦产业发展趋势

全球小麦生产继续发展，但增长幅度有所放缓。小麦总产量的增长主要依靠种植面积的增加和单位产量的提高。但世界现有耕地大幅增加的可能性不大，从长期看，只能依靠增加单位产量以达到增加小麦总产的目的。影响小麦单位产量提高的因素主要有两个：一个是小麦生产技术，一个是物质投入。首先，从小麦生产技术看，大部分国家和地区只能依靠品种改良等生物化学型技术进步手段。其次，从增加物质投入看，受投入补贴减少、资源环境约束等因素影响，未来依靠增加物质投入提高单产的幅度有限。因此，未来世界小麦单产水平增长有限，产量年均增长率较前十年放缓。全球小麦消费数量将保持增长趋势，小麦消费将更加重视营养、卫生和安全。促使小麦消费持续增长的两个主要因素分别是人口数量和经济水平。一方面，粮食属于人们的日常生活必需品，小麦消费人群相对固定，其消费量呈刚性增长。另一方面，全球经济持续增长，收入水平对粮食消费的影响主要是通过消费结构的变化表现出来的，食用消费量相对稳定，工业、饲用及其他小麦消费可能有所增加，同时小麦产品的营养、卫生和安全将更受重视。

未来小麦价格展望：从长期来看，农产品价格将会呈现上涨的趋势，从 2017 年的平均水平逐渐上行，至 2026 年预计价格将达到 248.9 美元/吨，与 2014—2016 年的平均水平相比，2026 年的小麦价格仍会高出 20%。不断上涨的农产品价格正在向产业链后端的畜产品传导。从短期来看，由于世界小麦供求处于宽松状态，同时受美元走势、能源价格、投机资本以及玉米、大豆等周边农产品价格变化的影响，预计未来世界小麦价格将保持低位震荡格局。

参考文献

范丽萍. 2016. 欧盟农业单一支付补贴政策解析［J］. 世界农业, (7): 12-18.

国家发展和改革委员会价格司. 2016. 全国农产品成本收益资料汇编[R].

韩一军. 2012. 中国小麦产业发展与政策选择［M］. 北京：中国农业出版社, 200-226.

刘武兵, 李婷. 2016. 欧盟CAP的直接支付：2014—2020年［J］. 世界农业, (6): 70-77.

孟岩, 马俊乐, 徐秀丽. 2016. 4大粮商大豆全产业链布局及对中国的启示［J］. 世界农业, (1): 62-67.

牟爱州. 2016. 美国、日本农产品价格调控机制分析及经验借鉴［J］. 世界农业, 2016: 110-114.

张琼, 王芳, 王钊英, 等. 2013. 澳大利亚棉花、小麦生产和研究概况［J］. 世界农业, (10): 52-54.

张燕. 2015. 日本农业支持和保护政策及借鉴［J］. 农业经济, (3): 32-33.

周曙东, 赵明正, 陈康, 等. 2015. 世界主要粮食出口国的粮食生产潜力分析［J］. 农业经济问题, (6): 91-104.

朱满德, 江东坡, 徐雪高. 2016. WTO国内支持规则下的日本农业政策调适［J］. 农业经济问题, (6): 104-109.

朱满德, 袁祥州, 江东坡. 2014. 加拿大农业支持政策改革的效果及其启示［J］. 湖南农业大学学报(社会科学版), 15(5): 61-69.

Food and Agriculture Organization of the United Nations. 2017. Crop Prospects and Food Situation[R].

Food and Agriculture Organization of the United Nations. 2017. Food Outlook［R］.

International Monetary Fund. 2017. World Economic Outlook［R］.

OECD and FAO. 2017. OECD-FAO Agricultural Outlook 2017—2026［R］.

United States Department of Agriculture. 2017. World Agricultural Supply and Demand Estimates［R］.

（海外农业研究中心特邀研究员　姜楠）

第三部分

玉 米

海外农产品市场研究（2017）

玉米是世界三大粮食作物之一，由于既能用于主食、饲料，又可以用于工业原料，所以玉米既属于资源型品种，也属于能源战略型品种，在世界各国的农作物生产和居民日常生活中均具有举足轻重的地位。随着播种面积和单产水平的提高，世界玉米产量有了较大幅度的增长，已发展成为全球第一大谷物品种，年产量占全球谷物产量的40%以上。消费量在人口增长、经济发展等因素的带动下呈现刚性增长。2017年世界玉米产量将略有下滑，但供需仍较宽松，库存处于历史高位。1980年以来，玉米主产国相对集中且较为稳定，但相对地位有所变化，南美和亚洲产量增长较快。美国仍为第一大主产国，但占比下降，中国、巴西、阿根廷等的占比上升。国际价格总体上升，但波动频繁剧烈，2012年以来持续大幅下跌，2017年以来低位运行。全球玉米贸易稳步增长，出口国相对集中，进口国相对分散的特征明显，美国出口份额显著下降。美国作为全球最大的玉米生产国和出口国，其大规模的农场现代化经营方式，降低了玉米生产成本，并拥有以杜邦先锋种业公司、ADM公司、嘉吉公司等为代表的一大批服务于全产业链的全球领先企业，为其玉米产业具备全球竞争力提供了坚实基础。预计未来一段时期，全球玉米生产有望继续增长，但增速将减缓；消费需求将持续刚性增长，饲料消费仍将是主要增长来源，全球玉米供求关系将逐步改善，库存水平可能持续下降；国际玉米价格短期内将维持低迷态势，但中长期随着供求关系的改善，价格有望进入上升通道；全球玉米贸易量将稳步增加，进出口格局将更趋分散化。

一、世界供需现状

（一）全球玉米供求变化

1. 玉米面积持续增加，单产不断提高，总产量屡创新高

种植面积上，1980年以来，在畜牧业和深加工业发展、玉米消费稳步增长的带动下，全球玉米面积持续增加，2016年全球玉米收获面积增加到1.86亿公顷（1980—2014年生产数据来自联合国粮食及农业组织网站，2015—2016年数据来自美国农业部），比1980年增长了47.6%，过去36年间年均递增1.1%。单产方面，随着玉米育种、栽培等技术不断进步，特别是转基因技术发展和大面积推广应用等，推动了全球玉米单产水平的大幅提升。据联合国粮食及农业组织（FAO）统计，1980—2016年全球玉米单产由3.15吨/公顷提高到5.79吨/公顷，增长83.7%，年均递增1.7%。总产量上，随着播种面积和单产水平的提高，世界玉米产量出现了大幅增长，并不断迈上新台阶。1980年以来，世界玉米产量屡创历史新高，并且迈上新台阶所需的时间呈缩短趋势。从首次突破4亿吨到1992年首次突破5亿吨，用时13年；1998年首次突破6亿吨，用时6年；2004年突破7亿吨，用时6年；2008年突破8亿吨，用时4年；2013年突破10亿吨，迈上两个台阶仅用时5年；2016年，世界玉米总产量增至历史最高水平10.75亿吨，比1980年增长了1.71倍，36年里年均增幅2.8%（图1）。

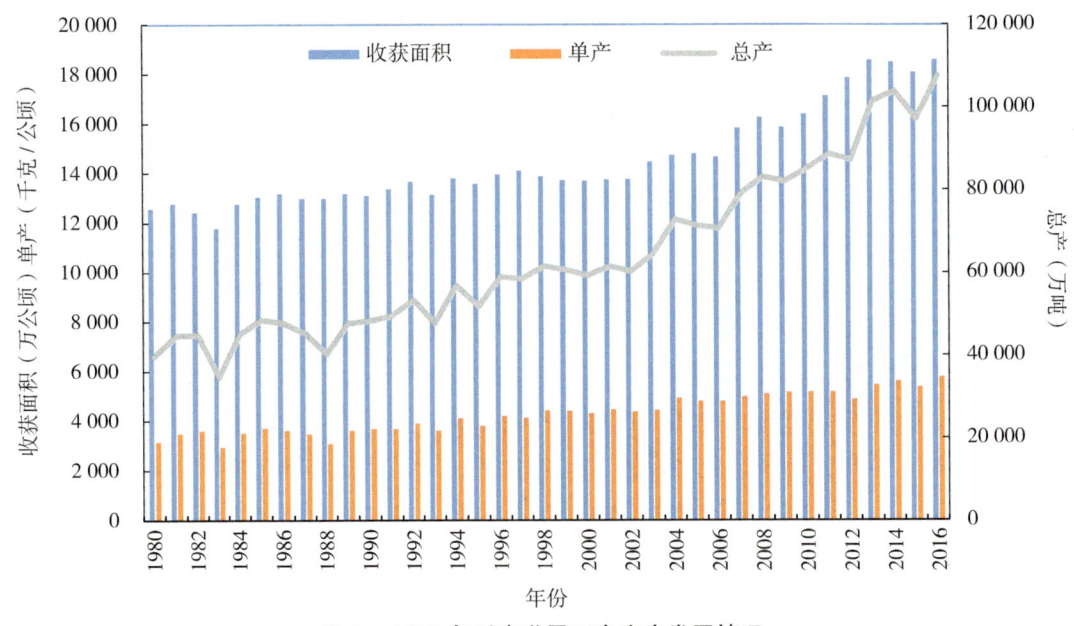

图 1 1980 年以来世界玉米生产发展情况

2. 饲料消费稳步增长，燃料乙醇异军突起，玉米消费需求持续增长

随着世界人口增加、经济发展、科技水平提升以及生活水平提高，全球玉米消费量呈现刚性增长趋势。数据显示，1980—2016 年，全球玉米消费量从 4.13 亿吨增至 10.36 亿吨，增加了 1.51 倍，年均增 2.6%。其中，饲用消费占比最高，但由于玉米深加工的发展，尤其是燃料乙醇的开发，饲用消费量占玉米总消费量的比重有所下降，从 1980 年的 2.79 亿吨增加到了 2016 年的 6.33 亿吨，占玉米总消费量的比例从 1980 年的 67.7% 下降到了 2016 年的 61.1%。2005 年以后，全球玉米消费结构基本保持稳定，约 60% 用于饲料消费，40% 用于食用、种用及工业消费（图 2）。

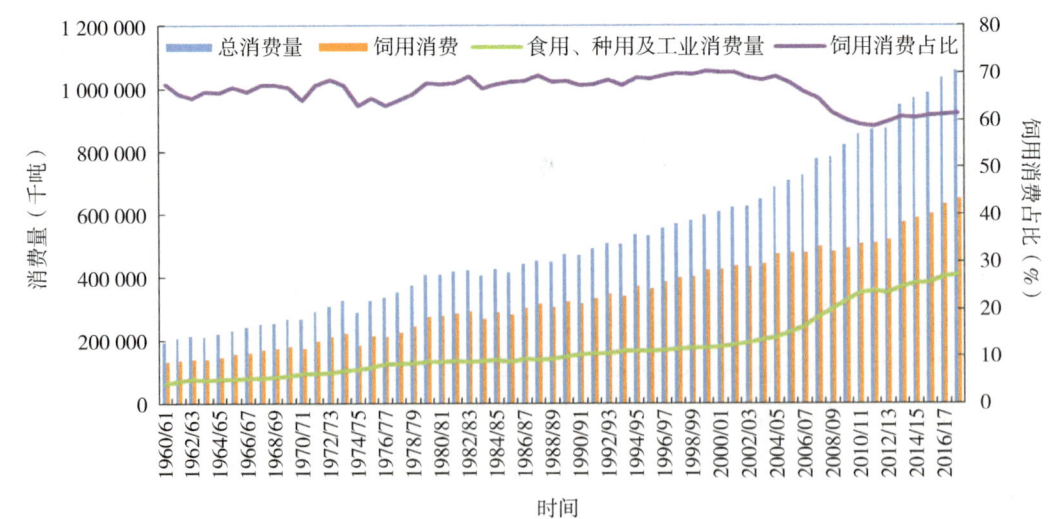

图 2 1980 年以来全球玉米消费及结构变动

3. 库存总体增加，目前处于历史高位，供给较为宽松

期末库存是衡量农产品储备安全水平的一项重要指标，它不同于生产和消费，需要保持在一个相对稳定的范围内。全球玉米库存多数年份在1亿~2亿吨波动，1980年以来，库存最低为1983/84年度的0.89亿吨，最高为2016/17年度的2.27亿吨（表1）。2013年以后，中国玉米托市政策影响加大，玉米临储数量大幅增加，对世界玉米库存量增加有重要影响。根据美国农业部数据，中国玉米库存2012/13年度为0.68亿吨，而2015/16年度则达到了1.11亿吨，占世界玉米总库存的一半左右。从库存消费比看，1980年以来波动比较大，20世纪80年代中期曾超过40%，2000年以前多数年份在30%以上，全球玉米供求形势比较宽松；2000年以后，随着消费增速加快，全球玉米库存消费比急剧下降，2003/04年度降到20%以下，2010/11年度降到14%的最低水平，明显低于FAO确定的17%~18%的安全水平。近年来，随着全球玉米进入丰产期，玉米库存消费比呈上升趋势，并回升到20%以上，目前超过21%，全球玉米供求形势再度进入较为宽松的时期（图3）。

表1　1980/81—2016/17年度全球玉米供需平衡预测

单位：百万吨

年度	期初库存	产量	进口	消费	饲料消费	出口	期末库存
1980/81	111.16	408.73	74.26	411.83	278.69	80.31	102.54
1990/91	132.87	481.85	58.55	473.48	318.56	58.39	141.40
2000/01	194.40	591.66	74.86	608.96	427.29	76.72	175.24
2010/11	140.90	835.75	92.68	854.61	503.54	91.29	123.44
2016/17	213.98	1075.33	137.11	1035.64	632.52	163.79	226.99

数据来源：美国农业部

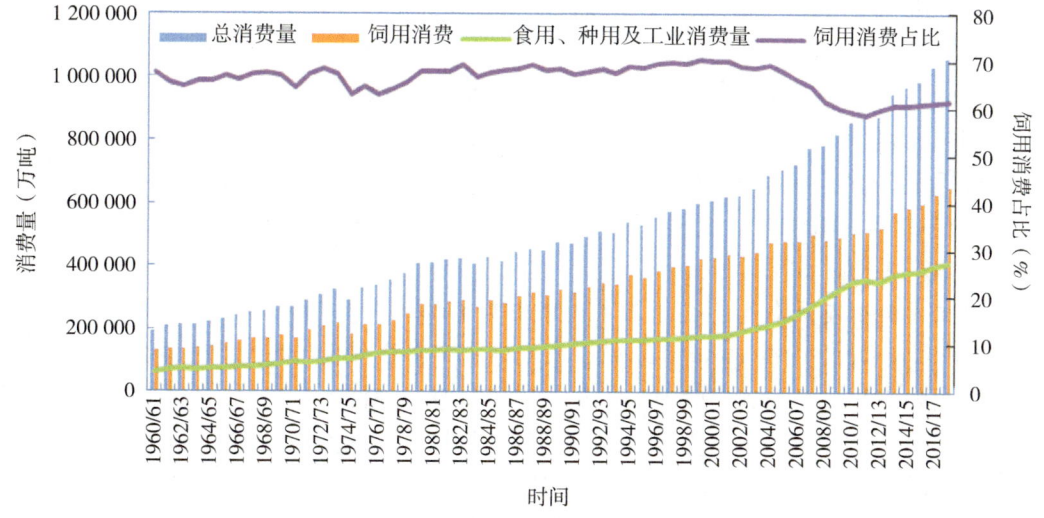

图3　1980年以来全球玉米期末库存变化

（二）2017年全球玉米供求形势

近年来，由于全球玉米供求形势宽松，玉米价格大幅走低，2017年世界玉米面积明显调减，产量高位回落，消费需求稳中有增，库存略有下降，但供求形势仍较为宽松。

1. 玉米面积和单产下降，产量相应回落

据美国农业部数据，预计2017年全球玉米收获面积1.85亿公顷，比上年减少0.4%。主要是两大主产国中国和美国面积下降，其中中国预计玉米面积减少176万公顷，减幅4.8%，美国减少146.9万公顷，减幅4.2%。其他主产国中，阿根廷、乌克兰、俄罗斯、巴西、印度尼西亚、欧盟面积分别增加30万、25万、22.3万、10万、10万公顷、2.5万公顷，增幅分别为6.1%、5.9%、8.0%、0.6%、2.9%、0.3%。另外，印度、墨西哥、南非等国的面积也有不同程度下降，减幅分别为1.0%、2.7%、3.3%。面积减少的同时，受干旱等气候因素影响，全球玉米单产也将出现下降。预计2017年全球玉米单产水平为5.62吨/公顷，比上年度下降2.9%。其中中国、印度尼西亚单产分别增长2.8%、0.9%，其他主产国包括美国、巴西、阿根廷、乌克兰、欧盟、印度、墨西哥、南非、俄罗斯、尼日利亚等的单产水平都将出现下降，降幅分别为1.6%、4.1%、3.5%、9.0%、3.1%、4.0%、2.4%、26.1%、7.4%、2.2%。由于面积减少，单产下降，预计2017年全球玉米产量也将相应回落至10.39亿吨，比上年减少3.4%，但仍为历史次高产量。其中，阿根廷、印度尼西亚分别增产2.4%、4.1%，其余主产国均减产，美国、中国、巴西、乌克兰、欧盟、印度、墨西哥、南非、尼日利亚减产幅度分别为5.7%、2.1%、3.6%、3.6%、2.8%、4.8%、5.0%、28.5%、2.4%。

2. 消费需求明显增加，饲用消费仍是主要增长动力

由于全球畜牧业稳步发展，玉米价格低廉，刺激玉米消费需求的增长，2016/17年度全球玉米消费保持较快增长的态势，全年度玉米消费总量将达到10.36亿吨，比上年度增长4.9%，创历史新高，增速比上年度加快3.1个百分点。其中，饲料消费6.33亿吨，比上年度增长5.1%，食用、种用及工业消费4.03亿吨，增长4.5%。饲用消费增长对消费增长的贡献率达到64.2%，成为拉动玉米消费增长的主要动力。从各主要消费国家来看，大多数国家玉米消费均保持增长态势。其中，消费需求前10位的国家（地区）中，除欧盟保持稳定、日本略降0.7%外，其余国家美国、中国、巴西、墨西哥、印度、埃及、加拿大、越南等2016/17年度消费需求分别比上年度增长5.0%、6.7%、5.2%、8.3%、6.2%、1.7%、2.8%、6.9%。

3. 期末库存创历史新高，全球玉米供求形势宽松

由于产大于需，2016/17年度，全球玉米期末库存连续第6年增加，并创历史最高纪录，达到2.27亿吨，比上年度增加6.1%。库存消费比21.9%，比上年度上升0.3个百分点。全球玉米供求形势十分宽松。主要生产和消费国（地区）中，中国因去库存调结构影响期末库存有所下降，同比减少8.6%，其余国家（地区）库存水平均明显上升。其中，美国、巴西、欧盟、阿根廷、伊朗、墨西哥、南非期末库存分别比上年度增长32.1%、36.9%、5.9%、424.6%、4.0%、7.0%、173.4%。阿根廷和南非库存水平成倍增长，主要是其玉米产量增长较多。

二、世界生产布局及演变

（一）玉米生产布局变化

1. 分布较广，但生产相对集中

玉米是一种喜温作物，适应性好，是世界上分布较广的作物之一，目前已有160多个国家和地区种植，从北纬58°到南纬35°~40°的地区均有栽培。1998年开始世界总产量超过水稻和小麦，成为总产量最高的谷物。但玉米主产区相对集中，其中北美洲的美国、亚洲的中国，欧盟和南美洲的巴西产量最高。1980—2016年，这4个国家和地区的玉米生产量始终占据世界前四，常年生产总量在世界玉米总产量中的比重超过70%，其中美国和中国的产量排名第一和第二位，在世界玉米总产量中合计始终保持在50%以上。

2. 全球各地区产量普遍增长，南美洲和亚洲地区增长较快

受单产持续提高影响，全球各大洲玉米产量均不断增加，其中南美洲和亚洲国家增长较快，主要是巴西、阿根廷、中国、印度和印度尼西亚等的玉米年均增长率均高于世界平均增长速度。1980—2016年，巴西玉米产量由2037万吨增加到9850万吨，增幅384%；阿根廷由640万吨增加到4100万吨，增长了5.41倍；中国玉米产量由6260万吨增加到2.19亿吨，增2.57倍；印度由696万吨增加到2626万吨，增2.77倍；印度尼西亚由399万吨增加到1090万吨，增1.73倍（表2）。

表2　1980/81—2016/17年度全球玉米主产国收获面积、产量变化

国家（地区）	1980 收获面积（万公顷）	1980 总产量（百万吨）	1992 收获面积（万公顷）	1992 总产量（百万吨）	2007 收获面积（万公顷）	2007 总产量（百万吨）	2016 收获面积（万公顷）	2016 总产量（百万吨）
美国	2 952.6	168.65	2 916.9	240.72	3 501.4	331.18	3 510.6	384.78
欧盟	909.8	41.38	964.8	46.08	831.1	50.27	860.9	61.28
中国	2 037.2	62.60	2 112.0	95.38	2 949.7	152.30	3 676.0	219.55
巴西	1 145.1	20.37	1 336.4	30.51	1 376.7	52.11	1 755.0	98.50
阿根廷	249.0	6.40	236.5	10.70	283.8	21.76	490.0	41.00
加拿大	102.2	5.75	85.8	4.88	136.9	11.65	132.5	13.20
墨西哥	677.6	12.37	721.9	3.28	733.3	23.51	750.0	27.40
南非	456.3	11.04	417.3	9.99	255.2	7.13	300.0	17.15
印度	600.5	6.96	596.3	8.00	811.7	18.96	960.0	26.26
印度尼西亚	273.5	3.99	362.9	2.14	363.0	13.29	340.0	10.90
俄罗斯	-	-	79.5	2.85	129.6	3.80	277.7	15.31
乌克兰	-	-	113.7	240.72	190.3	7.42	425.0	28.00

数据来源：根据FAO和美国农业部供需报告整理；注：空缺部分为缺失数据

3. 主产国较为稳定，但相对地位有所变化

1980—2016 年，世界主产国（地区）中，美国、中国、欧盟和巴西的玉米产量始终保持前列，但其地位出现了一些变化。其中，美国和欧盟的玉米生产比重有所下降，分别从 1980 年的 42.5% 和 10.4% 下降到 2016 年的 35.9% 和 5.7%；中国和巴西的玉米生产比重有所提高，分别从 1980 年的 15.8% 和 5.1% 提高到 2016 年的 20.5% 和 9.2%。美国和中国玉米产量排名没有变化，始终排名世界第一和第二；欧盟的玉米总产也有所增加，但种植面积变化不大、增幅有限，2007—2011 年玉米总产量被巴西超越，跌至第四位；巴西玉米产量排名从第四位上升到第三位。

一些传统玉米生产国的地位有所下降。如墨西哥、加拿大，产量占比分别从 1980 年的 3.1%、1.5% 下降到 2016 年的 2.6%、1.2%。南非玉米产量增长较慢，产量占比从 1980 年的 2.8% 下降到 2016 年的 1.6%。阿根廷玉米发展迅速，在全球的地位明显上升，产量占比从 1980 年的 1.6% 提高到 2016 年的 3.8%。俄罗斯和乌克兰的玉米产量提高也较为明显，产量占比分别从 1992 年的 0.4% 和 0.5% 提高到 2016 年的 1.4% 和 2.6%。

（二）2017 年生产格局

据美国农业部数据，2017/18 年度国际玉米生产格局变化不大。美国仍然是世界第一大玉米生产国，但产量在全球的占比将进一步由 2016/17 年度的 35.9% 下降到 34.9%。中国、巴西、欧盟和阿根廷的玉米总产量仍稳居世界第二、第三、第四和第五位，占比略有上升，其中中国、欧盟和巴西产量在全球的占比将进一步由 2016/17 年度的 20.5%、5.8% 和 3.8% 提高到 20.8%、5.9% 和 4.1%。墨西哥、南非和印度的产量占比有所下滑，其中南非下降幅度较大，预计会在 2017/18 年度下降到 1.2%。加拿大、印度尼西亚、俄罗斯、埃及产量占比稳中略升。

三、国际市场价格走势及动因

国际玉米现货价格和期货价格的代表性市场均来自美国，分别为美国墨西哥湾 2 号黄玉米的离岸价格（FOB 价格）和美国芝加哥期货交易所的玉米期货价格。21 世纪以来，受国际玉米供求形势变化、燃料乙醇发展、原油及国际其他大宗农产品价格波动等影响，国际玉米价格总体呈震荡运行和波动上涨的趋势。

（一）国际价格总体波动上升

受玉米消费需求拉动以及国际原油等大宗商品价格上涨带动，2000 年以来国际玉米价格（不考虑物价上涨因素）总体呈波动上涨态势。现货价格由 2000 年的年均 88.2 美元/吨上涨到 2016 年的 172.2 美元/吨，上涨 95.1%；期货价格（主力合约收盘价格平均）由 2000 年的年均 81.9 美元/吨涨至 2016 年的 142.5 美元/吨，上涨 74.1%（图 4）。

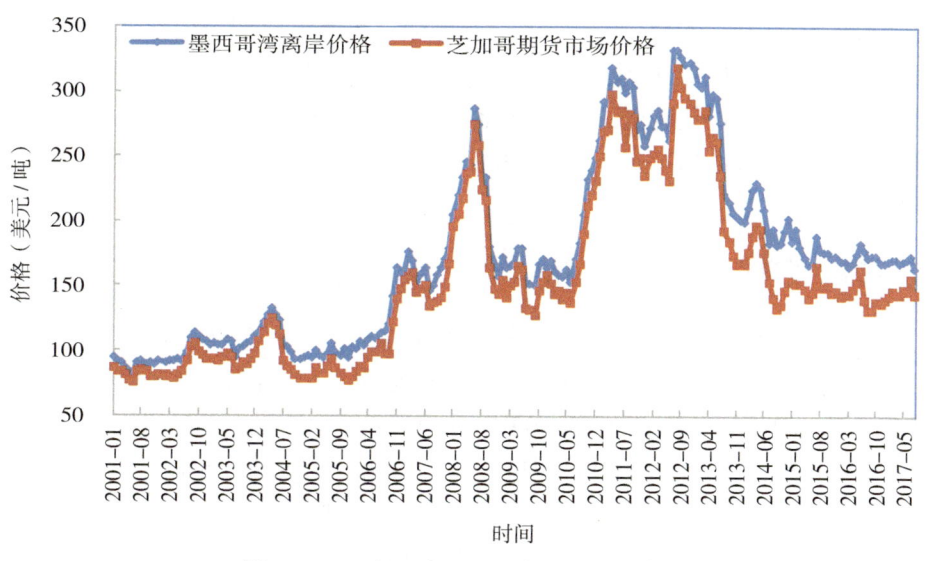

图4 2000年以来国际玉米价格变动趋势

（二）价格波动频繁剧烈

从年均价格看，2000年以来，国际玉米价格涨多跌少：2001—2004年、2006—2008年和2010—2012年分别连续4年、3年和3年上涨，2005年、2009年和2013—2017年均下跌。其中2011年涨幅最大，现货价格和期货价格分别上涨55.8%、57.6%，2009年跌幅最大，现货价格和期货价格分别下跌26.0%、29.5%。从月均价看，2000年以来的212个月中，国际现货价格和期货价格月均波动幅度分别达到4.4%、5.1%。其中，现货价格上涨的月份为112个，下跌月份99个，持平月份1个；期货价格上涨的月份115个，下跌月份97个；涨幅最大的月份为2012年7月，现货价格和期货价格分别上涨26.3%、25.6%，跌幅最大的月份发生在2008年10月，现货价格和期货价格分别下跌22.7%、24.1%。现货价格涨幅超过10%的有12个月，占5.7%；跌幅超过10%的有11个月，占5.2%；涨幅超过5%的有39个月，占18.4%；跌幅超过5%的有28个月，占13.2%。期货价格涨幅超过10%的有13个月，占6.1%；跌幅超过10%的有14个月，占6.6%；涨幅超过5%的有50个月，占23.6%；跌幅超过5%的有36个月，占17.0%。国际价格频繁波动，一方面是受经济增长周期影响，另一方面是由于玉米供求关系的周期性波动。如2012年以前，国际玉米价格持续攀升，是由于世界经济增长强劲，同时燃料乙醇迅猛发展，畜牧业持续增长，带动玉米消费刚性增长，国际玉米价格屡创新高。此外，金融资本进入农产品市场也加剧了玉米市场的波动，特别是天气变化经常成为资本市场炒作国际玉米价格的题材。

（三）2012年以来价格持续下跌

2012年，由于主产国美国发生大范围持续干旱，国际玉米价格大幅攀升，并达到历史最高价位。尤其是当年8月国际玉米现货和期货月均价格分别达到332.5美元/吨和

319美元/吨，均创历史新高。此后，美国及全球玉米产量屡创历史新高，然而随着燃料乙醇发展步入稳定期，国际玉米供求形势持续宽松，加上金融危机的影响，国际大宗商品价格大幅下滑，玉米价格也随之持续大幅回落，到2017年8月国际玉米价格下跌幅度超过一半以上，现货价格与期货价格分别比历史高位累计下跌50.7%、54.7%，基本回到2009年同期水平。

（四）2017年以来价格低位运行

2017年以来，虽然美国玉米播种面积大幅调减，但由于全球玉米供应仍较宽松，加上气候因素影响，国际玉米价格总体呈低位震荡运行态势，同比基本相当。1—8月，美国墨西哥湾2级黄玉米平均离岸价为169.78美元/吨，同比跌1.7%，芝加哥期货交易所（CBOT）玉米主力合约收盘月均价每吨146.33美元，同比涨0.5%。分月看，1—8月离岸价各月环比涨幅分别为0.6%、0.9%、-0.3%、-1.0%、0.2%、0.8%、1.6%、-5.6%；期货价格各月环比涨幅分别为2.1%、2.6%、-1.5%、0.1%、2.2%、-0.2%、5.9%、-7.2%。8月，美国墨西哥湾2级黄玉米平均离岸价每吨163.85美元，比上年底跌2.9%，同比跌4.6%；芝加哥期货交易所（CBOT）玉米主力合约收盘月均价每吨144.38美元，比上年底涨3.5%，同比跌9.7%（图5）。

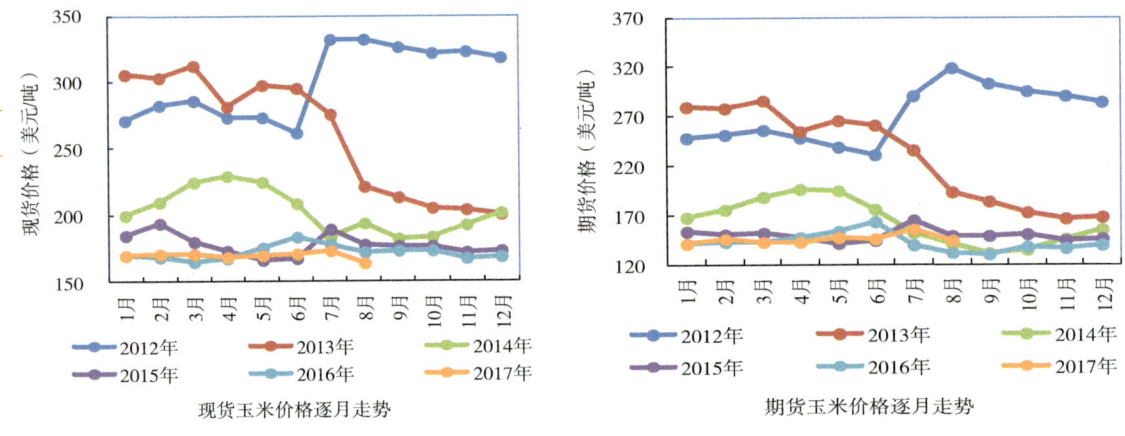

图5 2012—2017年国际玉米现货价格和期货价格逐月走势

四、国际贸易格局及演变

（一）全球玉米贸易量屡创新高

玉米是世界产量最多的谷物，也是重要的国际贸易农产品，占全球谷物贸易的1/3左右。1980年以来，随着全球玉米生产的发展和消费需求的不断增长，玉米的国际贸易量呈持续稳步上升趋势，贸易量从1980年的不足8 000万吨增加到2016年的1.45亿吨，创历史新高，增长幅度达到 81.5%[①]。美国农业部预计 2017 年全球玉米贸易量将继续维持在 1.45 亿吨的水平，2018 年将达创历史新高的 1.52 亿吨（图6）。

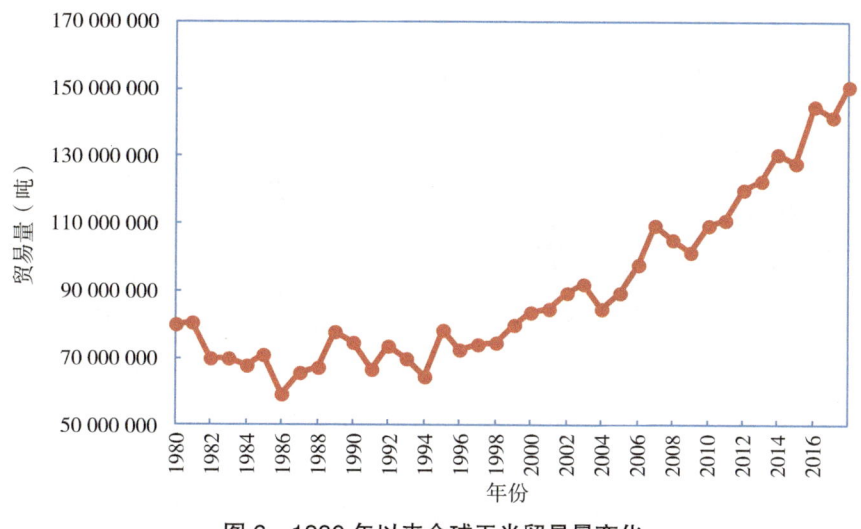

图 6 1980 年以来全球玉米贸易量变化

注：2017—2018 年为美国农业部预计数

（二）国际玉米出口区域集中与进口区域分散并存

1980 年以来，受资源禀赋、消费需求等影响，世界玉米贸易的格局呈现出口区域相对集中、进口国相对分散的特点。

世界玉米出口集中在美洲和欧洲。其中，美国虽然仍为全球第一大玉米出口国，但出口份额显著下降，南美、东欧在全球玉米出口中的份额不断上升。美国玉米出口量由 1980 年的 6 315 万吨减少到 2016 年的 5 120 万吨，下降 18.9%，占全球玉米出口的份额由 78.6% 大幅下降到 35.3%；巴西出口量大幅增加，居第二位，由 1980 年的不足 1 万吨猛增到 2016 年的 3538 万吨，增长 5 855 倍，占全球出口的份额由 0.0% 增加到 24.4%；阿根廷出口量位居第三，由 1980 年的 348 万吨增加到 2016 年的 2 168 万吨，占全球出口的份额由 4.3% 上升到 18.4%；乌克兰玉米出口异军突起，居全球第四位，出口量由 1994 年的 1 万吨增加到 2016 年的 1 660 万吨，增长 1 637 倍，占全球玉米出口的份额达到 14.4%；俄罗斯玉米出口从无到有，跃居世界第五位，由 1992 年的 0.06 万吨增加到 2016 年的 469 万吨，增长 7614 倍，占全球玉米出口份额为 3.9%；南美洲的巴拉圭近年来玉米出口也大幅增长，成为重要的玉米出口国，2016 年出口量达到 266 万吨，比 1980 年增长 103.8 倍，占全球出口份额的 1.6%；此外，北美的加拿大也是玉米出口国，出口量由 1980 年的 77 万吨增加到 2016 年的 176 万吨，增长 1.3 倍，占全球玉米出口的份额基本稳定在 1% 左右；欧盟玉米出口在全球的地位明显下降，出口量由 1980 年的 638 万吨减

---

① 1980—2013 年数据来自 FAO，2014 年以后的数据来自美国农业部。

少到 2016 年的 194.9 万吨，下降 69.5%，占全球玉米出口份额由 7.9% 下降到 1.0%。其他国家合计出口数量很少，2016 年仅为 551.3 万吨，占全球玉米出口的份额由 1980 年的 8.1% 下降到 6.2%（图 7）。

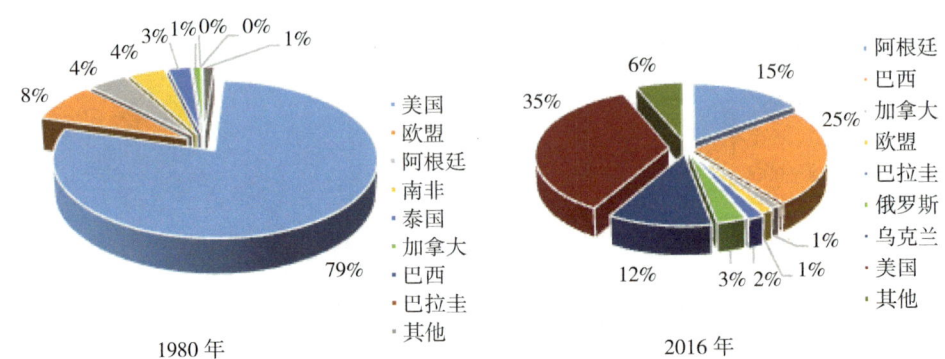

图 7　世界玉米出口格局变化

全球玉米进口国分布于世界各地，但亚、非、欧、美的个别国家占比较大。1980 年以来，全球玉米进口国多样化、分散化的趋势更加明显，需要进口玉米的国家（地区）逐渐增加，欧盟、日本所占比重明显下降，东南亚、韩国、墨西哥、西亚和北非的比重有所增加。从历史上看，日本是世界第一大玉米进口国，但占全球玉米进口的比重呈下降趋势（图 8），2016 年进口量 1519 万吨，比 1980 年增长 18.4%，但占全球玉米进口的份额由 16.1% 下降到 10.5%；墨西哥为玉米第二大进口国，进口量由 377.7 万吨增加到 1401 万吨，增长 2.7 倍，占全球玉米进口的比重由 4.7% 上升到 9.7%；欧盟为第三大进口对象，但进口量大幅减少，在全球贸易中的份额明显下降，2016 年进口量为 1376.8 万吨，比 1980 年减少 55.5%，占全球玉米进口的比重由 38.8% 下降到 9.5%；韩国为第四大进口国，进口量由 235 万吨增加到 1 012 万吨，增长 3.3 倍，占比由 2.9% 上升到 7.0%；埃及和伊朗玉米进口量迅速增加，2016 年进口量分别达到 877.6 万吨和 660 万吨，居全球玉米进口第五和第六位，分别比 1980 年增长 13.7 倍和 9.2 倍，占全球玉米进口的比重上升

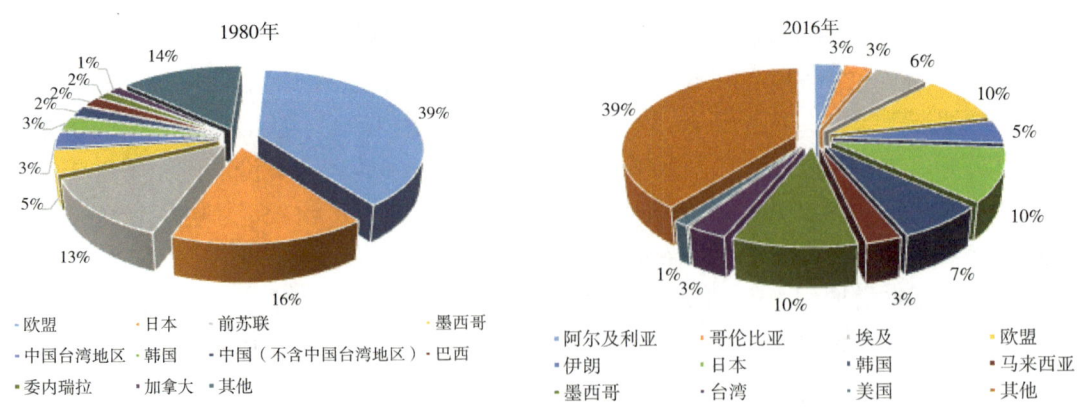

图 8　世界玉米进口格局变化

到6.1%、4.6%，比1980年分别上升了5.4、3.9个百分点；此外，进口玉米较多的国家和地区还有中国台湾、哥伦比亚、阿尔及利亚、马来西亚等，2016年进口量分别为465.6万、445.8万、432.9万、413.4万吨，分别比1980年增加78.7%、22.1倍、39.6倍、5.2倍，占全球玉米进口的比重分别为3.2%、3.1%、3.0%、2.9%，除中国台湾地区占比基本稳定外，其他几个国家占比均提高2个百分点以上。除上述国家（地区）以外的其他国家的玉米进口占比达到35%以上，比1980年提高了8.9个百分点。

五、主要国家产业链竞争力

美国是全球最大的玉米生产国和出口国，拥有全球最完备的玉米产业链体系，其生产现代化程度、种业发展水平、加工物流及贸易体系都居世界前列，是全球玉米产业最具竞争力的国家。

（一）美国成本收益变化

美国玉米生产大多为农场式的大规模经营，机械化水平高、产业组织化程度高，其农场平均玉米经营规模达到280英亩（合1 700亩），远超中国玉米户均2.9亩的规模。大规模的农场经营模式为降低生产成本，提高产业竞争力奠定了基础。

美国玉米的成本主要包括运营成本和间接费用两大部分。运营成本包括种子、肥料、农药、机械作业、燃料、润滑油和电力费、修理费、利息等，间接费用包括雇工费、家庭劳动机会成本、固定资产折旧、土地机会成本税收和保险和管理费等。1998年以来，美国玉米生产成本收益主要体现出以下特点。

1. 生产成本总体呈缓慢上升趋势

从单位面积成本看，美国玉米生产成本总体呈上升趋势，但增速较小。1998—2016年，美国玉米每亩生产总成本由489.42元上升到701.10元，上涨43.3%，年均递增2.0%（图9）。从单位产品成本看，美国玉米斤粮成本也呈上升趋势，但由于单产提升，成本

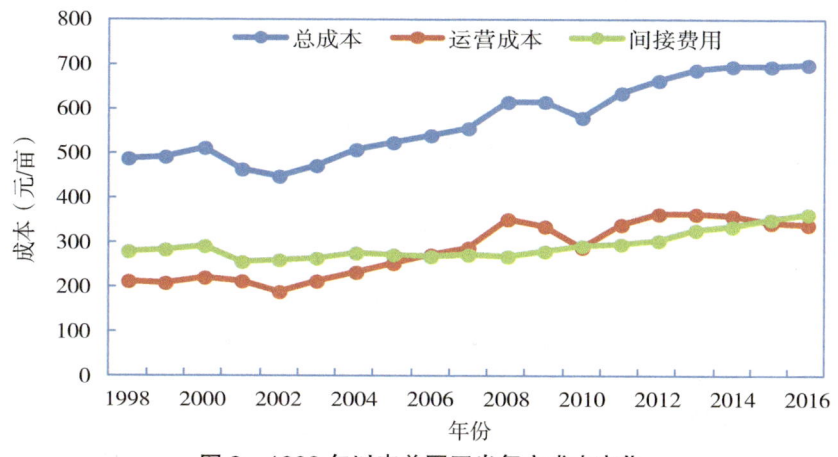

图9　1998年以来美国玉米每亩成本变化

增速更慢，并且由于单产波动频繁，斤粮成本年际间的变化也相对频繁。1998—2016年，美国玉米斤粮成本由0.42元提高到0.48元，上升12.7%，年均递增0.7%（1998—2015年美国玉米成本收益资料均来自国家发展和改革委员会《农产品成本收益调查资料》，2016年根据美国农业部公布的数据按照当年人民币中间汇率平均价换算而来）（图10）。

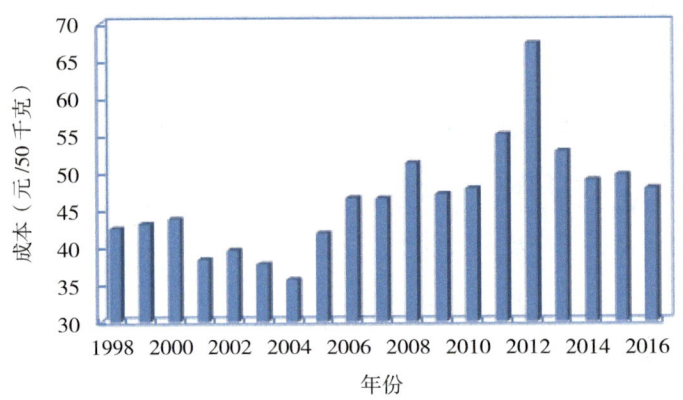

图10　1998年以来美国每50千克玉米成本变化

2. 种子和肥料是成本上升的主要部分

美国玉米成本中，种子和肥料费用增速最快，2016年两项费用分别达每亩107.93元和126.67元，分别比1998年分别增长1.64倍和1.24倍，年均增幅分别为5.5%、4.6%，两项费用对玉米总成本上升的贡献率达到67.32%（图11）。

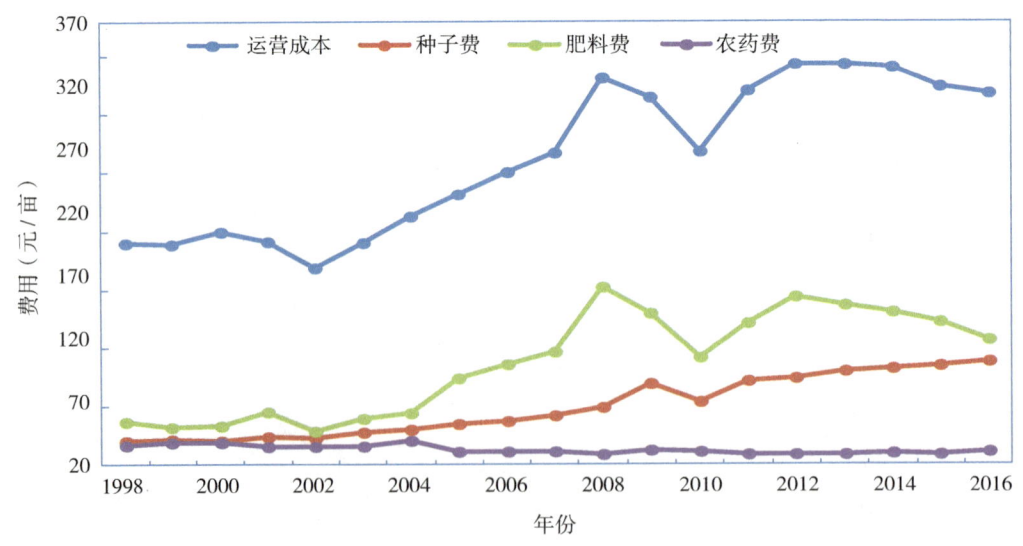

图11　1998—2016年美国种子费和肥料费增长趋势

3. 土地机会成本增速较快且占比大

美国玉米成本中，单项费用最大的是土地机会成本，2016年每亩土地机会成本达到

183.17元，占玉米总成本的比重达26.1%，比1998年上升2个百分点。1998—2016年，每亩土地机会成本增长55.5%，年均递增2.5%，增速仅次于种子和肥料（图12）。

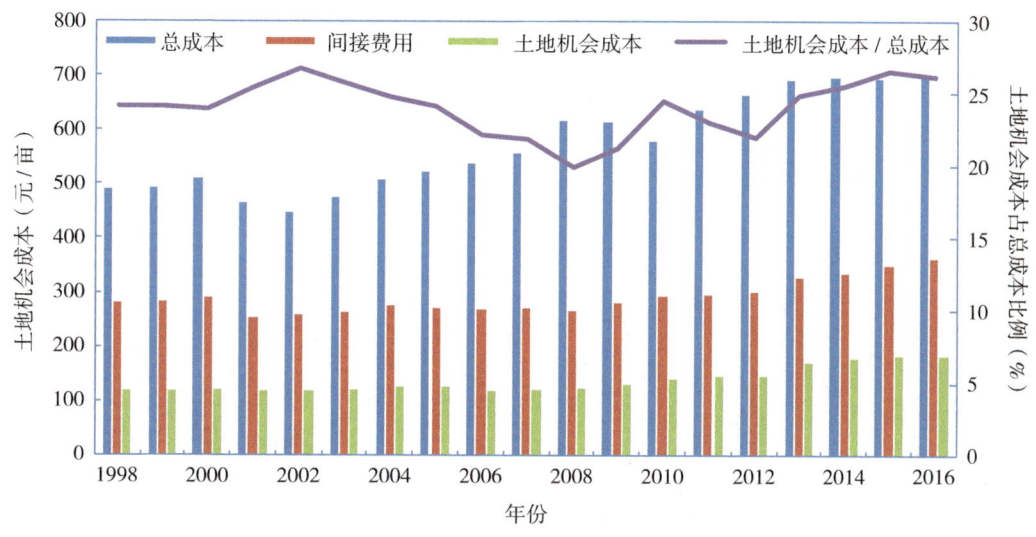

图12　1998—2016年美国土地机会成本变化

4. 与机械设备相关的费用较多但相对稳定

由于美国农场规模大，实行全程机械化作业，机械设备和固定资产数量较大，与此相关的费用支出也相对较多，但总体增速较为缓慢。2016年，美国玉米每亩机械作业费、燃料动力费（含润滑油）、修理费、固定资产折旧费用分别为21.25、21.2、28.93、112.85元，四项费用合计184.22元，比1998年增长15.1%，年均递增0.8%；占总成本的比重为26.3%，比1998年下降6.4个百分点（图13）。

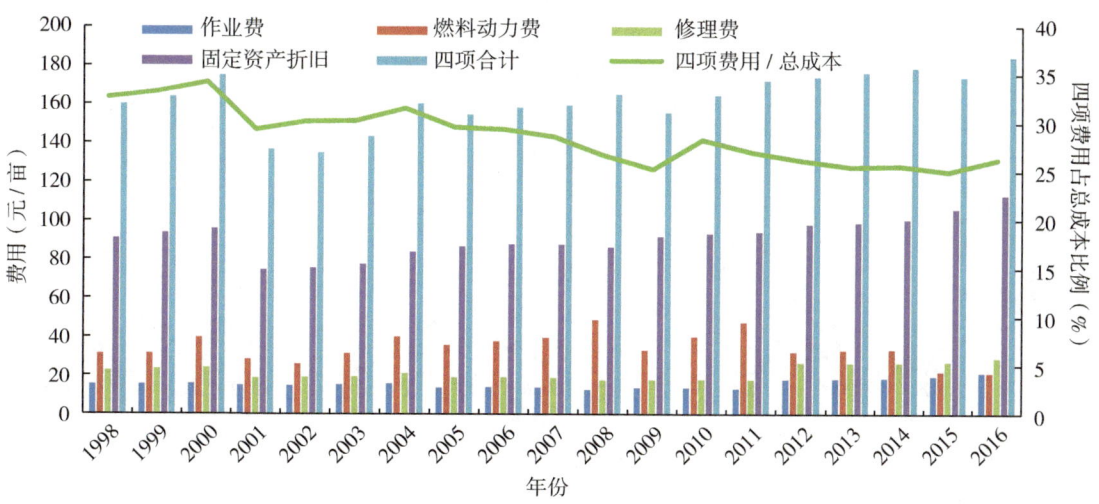

图13　1998—2016年美国玉米机械设备相关费用变化

5. 劳动力成本低并呈下降趋势，且以家庭劳动为主

在机械代替人工的作用下，美国玉米成本中劳动力成本低，占比小。2016年，美国玉米每亩雇工费用仅为3.73元，比1998年下降14.2%。每亩家庭劳动机会成本为29.17元，比1998年下降30.2%。劳动力成本合计每亩32.9元，比1998年下降28.7%，占总成本的比重仅为4.7%，比1998年降低4.7个百分点（图14）。

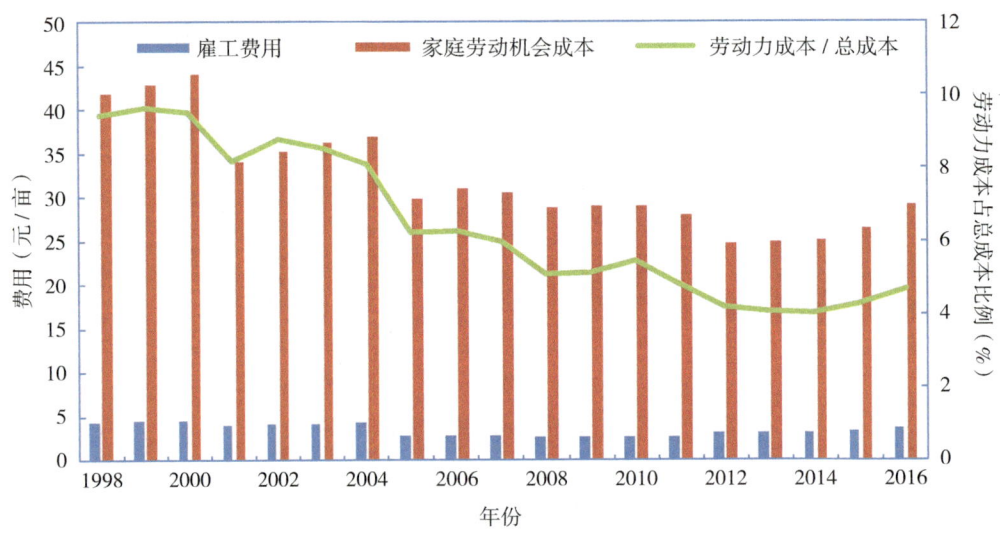

图14　1998—2016年美国玉米劳动力成本变化

6. 单位面积收益不多但总收益高

虽然成本低，但美国玉米价格低，单位面积收益并不高，如按总成本测算，其玉米净利润经常为负。1998—2016年，净利润为负的年份有11年，净利润大于零的年份只有8个（图15）。2016年，美国玉米每亩净利润为-63.97元，连续3年为负。如果不扣除土

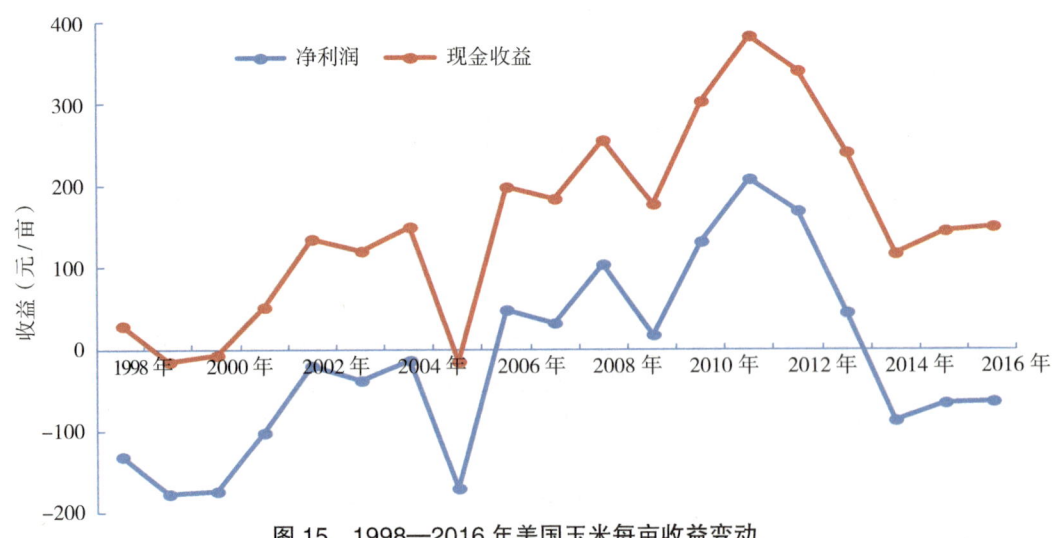

图15　1998—2016年美国玉米每亩收益变动

地机会成本和家庭劳动力机会成本，2016 年，美国玉米每亩现金收益为 148.38 元，比上年增加 2.7%，比 1998 年增长 4.16 倍。与中国玉米每亩 522.95 元（2015 年数据）的现金收益相比，美国玉米的收益率明显偏少，但按单位农场计算，美国平均每个农场来自玉米的纯收入可达 25.22 万元，这还不包括来自政府补贴等转移性收入。

（二）巴西成本收益变化[①]

巴西的农业资源得天独厚，土地资源、生物资源、水资源等非常丰富，玉米产量世界第三，近年来其成本收益及变化情况表现出明显特点。

1. 生产成本总体呈缓慢上升趋势，且呈现出较明显的阶段性特征

1997—2014 年，巴西玉米生产成本在总体上呈缓慢上升趋势，成本从 0.77 元/千克增加到 1.07 元/千克，增幅 39%。与中国和美国相比，巴西玉米生产成本增速始终大幅低于中国，但略高于美国，而且阶段性特征明显。总体来看，1997 年以来巴西玉米生产成本变化大体上可以划分为 3 个阶段：第一阶段是 1997—2002 年。由于汇率波动等原因，1998 年以后巴西的玉米生产成本在折算成人民币以后，出现过数年的下调，然后再稳步提高。2002 年左右，生产成本一度降到每千克 0.5 元以下。第二阶段是 2003 年—2008 年。巴西玉米生产成本在 2002 年达到阶段性低点以后，又经历了 6 年的稳步增长，并在 2008 年超过了 1 元/千克。第三阶段是 2009 年以后。这一阶段巴西玉米生产成本相对稳定，直到 2014 年始终在 1.1 元/千克左右波动。

2. 劳动力和肥料费用增幅较大，是成本上升的主要原因

在巴西玉米生产成本中，劳动力成本在总成本中的占比较低，但是增速最快，从 1997 年的 1.42% 增加到了 2014 年的 7.96%；同时，肥料成本从 1997 年的不足 20% 增至 2014 年的 26.62%。这两项成本的明显增加主要出现在 2007 年以后，2006—2014 年劳动力成本增长了 6.9 倍，肥料成本增长了 73.40%。肥料、劳动力费用对玉米生产总成本增长的贡献率分别高达到 79.39% 和 51.17%（表 3）。

表 3 2006—2014 年巴西玉米生产成本增幅及成本增长贡献率

成本	增长率（%）	贡献率（%）
劳动力成本	686.76	51.17
土地成本	13.70	7.79
肥料成本	73.40	79.39
机械成本	-49.27	-69.47
种子成本	18.38	15.20
农药成本	-11.23	-7.81
其他费用	17.10	23.72
总玉米生产成本	16.54	100.00

[①] 本节大部分数据整理于钱福凤、杨军等人发表的"我国、美国和巴西玉米生产成本比较及启示"，文中玉米生产成本收益数据来自于巴西国家食品供应署，并且用巴拉那州第一季的玉米生产成本代表全国平均生产情况。

3. 机械成本和农药费用有所下降

机械成本的绝对值和在总成本中所占的比重都有所下降。1997年，巴西玉米机械费用0.16元/千克，占玉米总生产成本的20.51%，到2014年机械成本降至0.11元/千克，在玉米总生产成本中的占比也下降到10.15%。农药成本的绝对值基本变化不明显，到2014年仍然为0.09元/千克，但占玉米总生产成本的比例有所下降，从1997年的11.73%元下降到2014年的8.76%。

4. 成本收益表现为低成本、低收入

巴西玉米生产过程中单位面积的成本投入比较低（仅为中国的一半，比美国低20%以上），单位面积产出也比较少。如，2014年每公顷玉米产量仅为5396.83千克（为中国单位面积产量的72%，美国单位面积产量的51%）。

（三）中国与美国、巴西玉米成本比较

1. 中国玉米生产成本快速上涨，且明显高于美国和巴西

与美国、巴西玉米生产成本相对稳定形成鲜明对比，中国玉米生产成本呈现出持续攀升的态势，从而明显削弱了国产玉米的国际竞争力。与美国相比，2003年，中国玉米每亩生产总成本比美国少179.86元，低35.24%，2010年中国玉米生产成本开始超过美国，2015年每亩生产总成本比美国多389.29元，高56.06%。从单位产品成本看，中国玉米单产水平低于美国，单位产品成本明显较高。2000年以前，中国玉米单位产品成本与美国玉米基本相当，但2000年开始超过美国，特别是2009年以来差距迅速扩大，2015年，中国每50千克玉米的成本达到107.55元，比美国玉米成本高出117.2%（图16）。与巴西相比，中国玉米成本也明显偏高。2014年，中国玉米总成本为2.13元/千克，约为巴西的2倍。

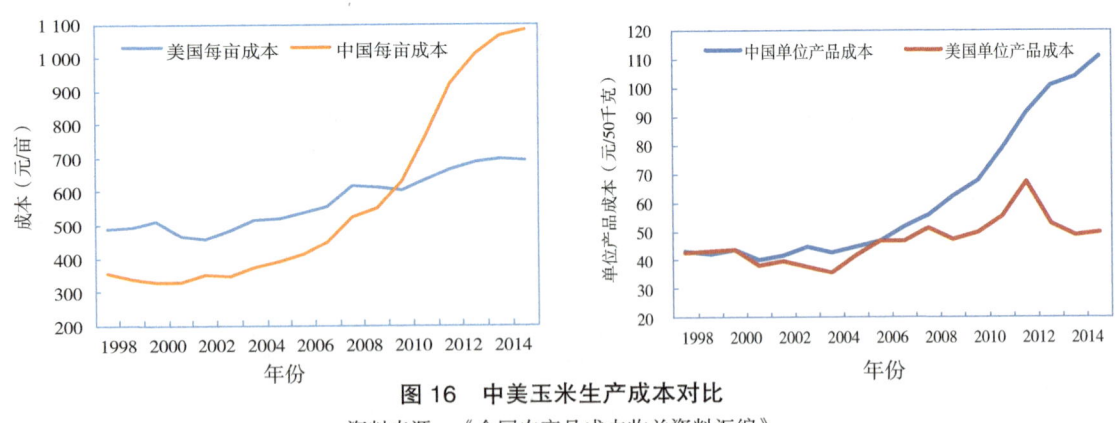

图16 中美玉米生产成本对比

资料来源：《全国农产品成本收益资料汇编》

2. 直接与间接生产成本比例差异明显

从成本结构看，中美两国的每亩直接生产成本差距不大，中国比美国每亩略高6%，但间接成本差距较大，中国比美国高出105%（表4）；中国直接成本占总成本的比例仅

为33.7%，明显低于美国的49.5%，美国间接成本占总成本的50.5%，明显低于中国的66.3%。分项比较看，美国主要在种子、农药、修理、固定资产折旧等费用方面高于中国，中国则在机械作业、排灌、人工、土地等方面成本高于美国。主要特点为：一是美国种子费用和占比均明显高于中国。2015年，美国每亩种子费用比中国高83.6%，占总成本的比重达到15%，比中国高出9.8个百分点。二是肥料费用基本相当。2015年，美国每亩肥料费用142元，与中国持平，占总成本的20.4%，比中国高7.3个百分点。三是美国农药费用高于中国。2015年美国每亩农药费用28.6元，比中国高72.2%，占总成本的4.1%，比中国高2.6个百分点。四是中国机械作业费明显高于美国。2015年，中国每亩机械作业费111.98元，比美国高4.74倍，占总成本的10.3%，比美国高7.5个百分点。这主要是因为一方面中国土地规模小、机械作业的规模优势发挥不充分，另一方面中国机械作业多为外包服务，而美国机械作业主要为自己经营，这从修理费的比较也可得知。美国修理费用为中国的22倍，占总成本的3.9%，比中国高3.8个百分点。五是中国排灌费用明显高于美国。2015年，中国每亩排灌费比美国高173倍，主要是因为美国多为雨养农业，而中国多为水浇地。六是美国固定资产折旧费用明显多于中国。2015年，美国每亩固定资产折旧费用105.7元，是中国的28.4倍，占总成本的比重达15.2%，明显高于中国的0.3%。七是中国人工成本远高于美国。2015年，中国每亩人工成本高达468.72元，比美国高14.8倍，占总成本的比重达43.3%，比美国高39个百分点。八是中国土地成本高于美国，但差距不大。2015年，中国每亩土地成本238.78元，比美国高30%，占总成本的22%，比美国低4.5个百分点（图17）。

表4 2015年中美玉米生产成本及收益

项目	中国	美国	中国/美国
单产（千克/亩）	488.81	698.81	0.70
玉米价格（元/千克）	1.88	0.90	2.09
总产值（元/亩）	949.54	628.77	1.51
生产总费用（元/亩）	1 083.72	694.43	1.56
直接生产费用（元/亩）	364.96	343.51	1.06
间接生产费用（元/亩）	718.76	350.92	2.05
现金成本（元/亩）	426.59	484.24	0.88
现金收益（元/亩）	522.95	144.53	3.62
单位产品成本（元/千克）	2.15	0.99	2.17
单位产品现金成本（元/千克）	0.85	0.69	1.23

资料来源：《全国农产品成本收益资料汇编》。本表根据可比性做了适当归类和调整

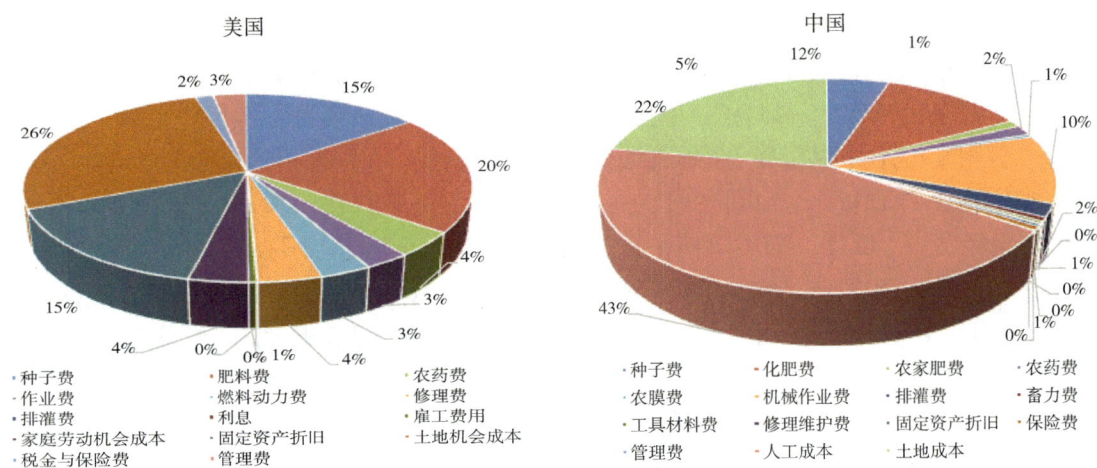

图 17　中美玉米成本构成对比

与巴西相比，中国玉米成本构成也明显不同。中国在种子、肥料、农药成本上低于巴西，在劳动力、土地、机械等方面的成本则高于巴西。巴西的玉米成本主要以肥料、种子等为主，中国玉米成本则以劳动力和土地成本为主（表5）。

表5　2014年巴西与中国玉米生产成本对比

成本	中国（元/千克）	占比（%）	巴西（元/千克）	占比（%）
劳动力成本	0.95	44.62	0.09	7.96
土地成本	0.45	21.09	0.10	12.7
肥料成本	0.26	12.27	0.28	26.62
机械成本	0.21	9.88	0.11	10.15
种子成本	0.11	5.19	0.15	13.90
农药成本	0.03	1.41	0.09	8.76
其他费用	0.12	5.54	0.21	19.91
总玉米生产成本	2.13	100	1.07	100

（四）玉米代表性企业

1. 美国杜邦先锋公司

美国杜邦先锋公司是全球现代种业的代表性企业，成立于1926年，1999年被杜邦全资收购，是世界上第二大种子公司，第一大玉米种子生产商，占全球玉米种子市场的20%。其业务已遍及全球90多个国家和地区，在全球已建立100多个研发基地和75个种子生产工厂。2014年，先锋种子收入高达76亿美元，占杜邦集团总收入的22%，其中玉米种子收入占2/3以上。

杜邦先锋种业的发展历程概括为3个阶段：第一阶段（1926—1969年），以杂交玉米种子起家。第二阶段（1971—1998年），重视研发，加速并购，一方面通过收购抢占市场份额，获取种质资源，一方面继续重视研发引领行业风向。第三阶段（1999至今）：加入杜邦，稳居种业巨头地位，并开拓发展中国家和地区市场。杜邦先锋的成功主要在于以下两个方面。

一是专注打造种业平台型公司。在发展过程中，杜邦先锋的收购和整合项目仅限于种业，未进行大规模的产业链延伸，而是专注于种子研发，将育繁推、价值服务体系等环节组成一个有机产业链，发展成为实力雄厚的种业平台型公司。首先，坚持"以科研支持商业活动、以产品支持销售"的经营方针，每年投入大量的人力和物力用于研发育种。目前，杜邦先锋已建立品种丰富和种类繁多的种质资源库，拥有全球60%以上的玉米种质资源，并在全球100多个试验站之间进行资源共享，成为先锋的核心优势。其次，以玉米种子为主体，巩固行业第一地位。2013年，玉米种子收入占先锋总收入的68%，长期居于世界最大玉米种子生产商的地位，约占世界市场份额的20%。是第一个进行玉米基因研究的公司，并在转基因玉米研究上居于行业领先地位，随着转基因玉米的推广，杜邦在转基因育种上的优势也为其带来了巨大的商业价值。凭借强大的研发优势，杜邦在不同市场均建立了完善的玉米种子产品体系。此外，种子业务多元化。涵盖大豆、高粱、水稻、小麦、油菜籽、向日葵、苜蓿等多个类别，并随着市场发展的变化不断调整，为企业持续发展注入动力。

二是构建专属的价值服务体系。基于种子产业链建立价值服务体系。首先，放眼未来的经营理念。把客户和产品质量放在第一位，注重履行社会责任，并成立先锋社区投资和农业发展部门，为农户和社区提供持续的服务，帮助其提高生活水平和粮食安全。其次，以市场为导向的科技创新。杜邦先锋在全球设有110个研发中心，覆盖25个国家，并拥有4 000多名研究人员，每年投入的研发费用占销售收入的比重均超过10%。公司每年可筛选约300种新的自交系种子，测试800余种新的试验性杂交种子，并利用最先进的计算机网络在最短的时间内培育出具有市场前景的种子。再次，本土化营销理念。坚持为所有田地提供最适合的产品的基本研发策略，将世界区域划分为由北美、欧洲及其他地区三个研究区域，并将研究站点设于有代表性气候的主要作物生长区，每个站点均配有育种专家，在了解和预测客户需求的基础之上进行田地测试，为客户提供高价值产品，例如先玉335在中国的成功推广就是杜邦先锋本土化市场运作的典型案例。此外，农业信息化下的精细化服务。精细化服务贯穿种子的一生，涵盖种子销售—播种指导—田间管理指导—收获指导—作物销售等，在种子的配套服务领域真正做到了精细化和精准化，更贴近农民。

2. 美国ADM公司

美国阿丹米（ADM）公司创建于1905年，是目前全球最大的玉米加工商，加工的产品主要有三类：一是糖浆、淀粉、甜味剂、葡萄糖等用于饮料和食品行业的各种淀粉和糖类；二是饲料、氨基酸等生物制品；三是燃料乙醇等工业用品。其乙醇加工起步早、规模大（目前年产乙醇19亿加仑，占美国总产量的10%）、经验足，还得到了美国政府的大力支持，2007年美国官方拨款20亿美元的生物乙醇支持资金，ADM得到了13亿美元。ADM公司的玉米加工业务主要集中在美国本土和欧洲一些国家，截至2013年，ADM公司在全球范围内共有大型玉米加工厂 15 家，加工能力达到 51 000 吨/天，很多产品在美国玉米加工业务中都名列前茅（表6）。

表6 ADM公司各种产品在美国玉米加工业务中的排名

产品	行业排名
乙醇	1
高果糖浆	1
赖氨酸	1
糖浆	2
淀粉	2
加工总量	1

ADM 公司的业务范围较广，除玉米加工外，还有油料加工、农业服务、金融和其他业务等主要业务。公司于 1992 年上市，成为瑞士证交所、芝加哥证交所、法兰克福证交所、纽约证交所的上市公司，也是标准普尔 500 成份股，2012 年销售收入 806.76 亿美元，净利润 20.36 亿美元，在当年的《财富》全球 500 强排名中列第 92 位。其成功的原因主要在于以下两点。

一是掌控农业领域的关键关节，实现全产业链布局。ADM 公司最大的优势就是在其核心产品上建立的高度纵向整合业务模式，也就是全产业链模式。公司通过合并、收购、合作等手段形成了生产、加工和流通一条龙的产业链条。早在 20 世纪 30 年代，ADM 公司就在大豆加工业务领域实现了全产业链模式，后又扩大到玉米、小麦、可可等领域。在全产业链建设过程中，ADM 公司尽可能地直接控制产业链的大部分环节，对于没有直接覆盖的领域，则通过合作和订单的方式保证产业链条的持续稳定。在生产环节，ADM 公司与诺华合资组建了以制种为主的先正达，同时与农民签订合约，提前给农民提供种子、化肥和农药等，等到收获时再从农民手中收购粮食。加工领域，ADM 在全球的各类加工厂超过 265 个，覆盖国家超过 75 个。其加工业务分工较细，且采用不同策略：对于初加工业务主要实行规模经济和成本领先战略；对于深加工业务提高服务质量，为产业链下游的客户提供关于原材料的整体解决方案。两种战略的重点分别是节本增效和客户服务，二者相互依存，奠定了公司的竞争优势。贸易领域，身为国际四大粮商之一的 ADM 公司拥有一个覆盖全球，由公路、铁路、河运和海运构成的庞大物流网络：在南北美、欧洲、远东都有港口和配送中心，拥有 20 500 台轨道车、2 300 挂车、2 100 艘驳船和 30 艘拖船；在全球范围内有 350 个带升降功能的谷仓，在美国 40 个州拥有 6 万吨的谷物日存储、处理能力。

二是延伸金融和服务，加强对农产品市场的掌控。ADM 公司旗下有 4 家金融企业：势力范围在伊利诺伊州中部的 HPBT，主要业务是农业管理、房产交易、涉农运作和咨询业务；ADM 投资服务公司，主要是为美国和中国台湾等企业提供期货交易及结算服务；ADM 投资服务国际有限公司，主要负责风险管理和交易咨询；ARCHER 金融服务公司，为客户提供全方位的期货投资策略和产品设计等服务。ADM 公司通过这 4 家金融服务企业，搭建起了涵盖银行、期货、信托、咨询、服务的金融体系，不但延长了价值链，还为公司的实业发展提供了信息支撑和资本支持。同时，ADM 公司的农业配套服务工作也十分到位，服务内容包括收购、谷仓、储存、运输网络、净化和大宗农产品运输等多个方面，仅在农业服务领域的谷仓就超过 170 个。

3. 美国嘉吉公司

嘉吉公司成立于 1865 年，是一家集食品、农业、金融和工业产品及服务为一体的多元化跨国企业集团，业务遍及 68 个国家，拥有员工 155 000 多名，是美国最大的非上市公司，连续多年被评为全美最大 20 家私人公司之首。2015 财年，总营业收入为 1 204 亿美元。在粮食贸易方面，嘉吉公司已经成为全球最大的谷物贸易出口商、美国最大的谷物仓储商、阿根廷第二大谷物出口商、法国第三大谷物出口商、美国最大的玉米生产及高蛋白饲料生产商，一度代理了中国 2/3 的玉米出口量。

嘉吉公司的发展大体上可以分为 4 个阶段：第一阶段（1865—1899 年）业务从储运方面扩展到金融服务；第二阶段（1900—1951 年）通过贸易和金融业的发展实现资本积累；第三阶段（1951—1993 年）进行大规模并购并实现了多元化发展；第四阶段（1994 年之后）通过收购进军盐、能源、玉米塑料、物流网医疗保健等高端领域，快速占据农产品产业链最高层，并且更加重视与客户的关系。嘉吉公司 150 年来在农业领域长盛不衰，主要得益于公司的全产业链管理和风险规避。

一是完善的全产业链管理。对农业全产业链的理念、文化、战略及策略的运用，是嘉吉公司从一个小粮食仓储企业成长为当今四大粮商之首的重要手段。嘉吉的农业全产业链的运作，涵盖了内化的全产业链经营战略、产业链整合、合作共赢、服务与共享、技术和信息进步等多个方面。嘉吉产业组合战略明显体现出了横向相关多元化与纵向产业链一体化的特征。多元化体现在业务的不断拓展上，嘉吉公司通过全球化的并购、合资与战略联盟，以农业为基础进军多个领域，逐步发展成综合性的商业集团，例如为了更好地掌控农产品市场而发展燃料乙醇，而且产能超过 2 亿加仑。目前，嘉吉公司已经形成了"资本 + 物流运输网络 + 谷物产业链 + 肉类产业链 + 工业产业链 + 其他业务"的多元化模式。产业链一体化表现为对从生产到销售的全面掌控。身为世界第一大粮食贸易商，嘉吉公司的供应链体系完整，在全球范围内有 37 个拥有进出口功能的谷仓，在亚马逊河流域的边缘有 80 万吨级仓储能力的港口，还通过合作加入了 Nistevo 的物流网络，通过合作削减其自身的物流成本。

二是有效地规避风险。风险管理能力是嘉吉公司的重要核心竞争力之一，其风险管理水平在四大粮商中首屈一指。嘉吉的内部风险管理涉及谷物、金融、电力、橘汁、糖类、肉类等多个领域，建立了一套风险管理体系，其核心是明确定义风险的范围，将风险分摊到公司的各业务部门并要求规范运营、自查风险，确保风险的可控性。同时，嘉吉公司愿意同客户共同商讨风险解决方案，并为农场主开发风险管理工具，使农场主减少价格风险从而专注于生产活动。

六、主要国家产业支持政策

(一) 美国玉米产业政策演变

近年来,美国玉米产业政策基本与美国农业法案同步,其演变主要包括两个方面:一是补贴政策的转变,二是燃料乙醇政策的变化。

1. 美国玉米补贴政策演变

美国农业法案于2008年和2013年进行了2次修订,新的农业法案于2013年6月通过了美国国会参议院审议。这是美国第17部农业法,该法案于2014年2月签署生效,对美国的农业政策作了较大调整,比较明显的特征是在名义上改变了2008年农业法案形成的以高补贴为主的农业支持、保护思路,减少了直接干预,调控手段趋于市场化。如取消了直接支付补贴、反周期补贴、平均作物收入选择补贴;保留了环境保护项目;修改了补充营养援助计划;增设了价格损失保障(PLC)和农业风险保障(ARC)等。2014农业法案的执行期为5年,预算支出总额4 890美元;其中,用于农产品补贴、环境保护、营养计划和作物保险的预算分别占总支出预算的为5%、6%、80%和8%。这四部分预算支出占新农业法总预算的99%,是整个农业法的核心。这其中与玉米比较紧密的是农产品补贴和农作物保险补贴,这两项加总占农业预期开支的14%以上。

2014年美国新农业法对玉米补贴的影响主要体现在两个方面:一是取消了直接支付补贴。直接支付补贴在2002年和2008年美国农业法中都存在,政府以预先确定的补贴面积、补贴产量和补贴率,对具体产品提供固定补贴,这项补贴每年约为50亿美元。取消的原因是遭到部分普通纳税人的反对。二是取消了反周期补贴,实施价格损失保障计划。价格损失保障目的仍然是为生产者面临的市场风险提供保障,可以视作对反周期支付的替代,操作更为简便。这种补贴首先为玉米设定一个参考价格,如果玉米12个月的平均市场价格低于参考价格,价格损失补偿被触发,政府根据农产品的价格差、单产和农场参加价格损失补偿计划的基础面积3个要素的乘积算出金额补贴给农场主(图18)。从价格支持水平看,2014农业法案的价格损失保障计划提高了玉米市场价格的参考价格,如2008年农业法案中玉米目标价格为2.63美元/蒲式耳,而2014年农业法案中的参考价格为3.70美元/蒲式耳。

价格损失保障的具体计算方法是:

玉米补贴=(参考价格-年度全国平均市场价格)×补贴单产×基础面积×85%

三是取消了平均作物收入选择计划,实施农业收入风险补助计划。农业收入风险补助与2008年的平均作物收入选择原理相似,当作物收入低于基准收入的86%时,农业收入风险补助计划就被触发。该项目包括县农业风险保障和个人农业风险保障(表7),二者的区别是县农业风险保障能够以单个产品来获得补贴,而个人农业风险保障只能将全部农场作物纳入项目中,生产者可以根据自身情况进行选择,补贴的计算方法是:

县农业风险保障总额=(每英亩基准收入-每英亩实际收入)×基础面积×85%

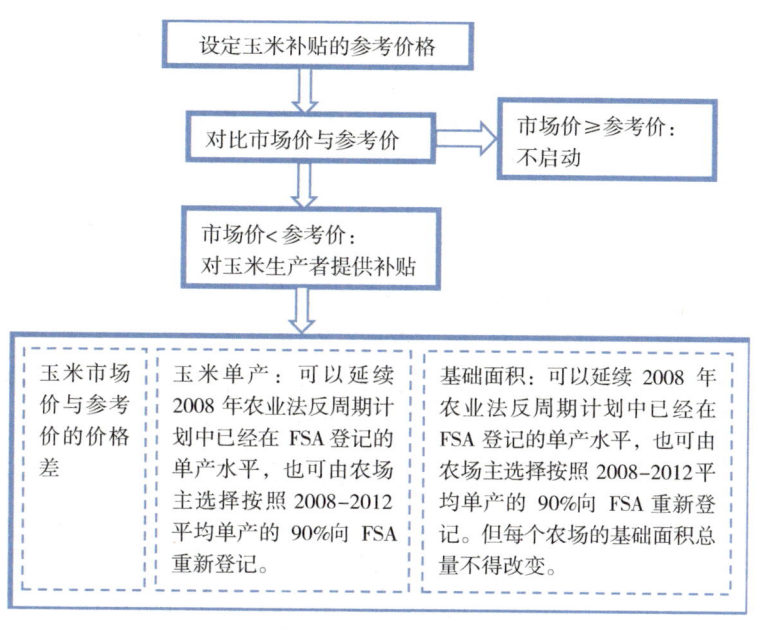

图 18　美国玉米价格损失保障计划

个人业风险保障总额 =（个人农业风险保障收入 − 个人实际农业收入）× 基础面积 × 85%

表 7　美国农业收入风险补助计划实施步骤

县农业风险保障计算步骤	个人农业风险保障计算步骤
① 计算近5年县单产的奥林匹克平均值，如果其中一年的单产平均值低于作物保险中的常规单产水平的70%，那么该年度单产就由常规单产水平代替。 ② 计算全国市场年度平均价格的奥林匹克平均值，如果其中一年的全国市场年度平均价格低于该作物的参考价格，那么该年度全国市场年度平均价格就由参考价格代替。 ③ 计算基准收入：将近5年县单产的奥林匹克平均值乘以近5年价格的奥林匹克平均值，得到基准收入。 ④ 计算县农业风险保障收入：用基准收入乘以86%，得到县农业风险保障收入。 ⑤ 计算县实际收入：用县实际平均单产乘以作物市场年度平均价格和营销援助贷款利率较高的那一个。 ⑥ 计算县农业风险保障补贴率：如果实际收入低于县农业风险保障收入，那么就启动补贴，补贴率为二者之间的差。补贴率以基准收入的10%为上限，即保障基准收入的76%~86%。 ⑦ 计算农民应得的补贴。用补贴率乘以作物基础面积的85%，即得到农民应获得的补贴金额。	① 统计近5年个人农场每种作物单产，如果其中一年的单产低于作物保险中的常规单产水平的70%，那么该年度单产就由常规单产水平70%代替。 ② 统计近5年个人农场上每种作物的全国市场年度平均价格，如果其中一年的全国市场年度平均价格低于该作物的参考价格，那么该年度全国市场年度平均价格就由参考价格代替。 ③ 求每种作物收入的奥林匹克平均值：将①和②中计算出来的两个数字相乘，得到农场上播种的每一种作物的收入，然后对近5年的作物收入求奥林匹克平均。 ④ 计算基准收入：对每种作物的平均ARC收入求加权平均； ⑤ 计算县农业风险保障收入：基准收入乘以86%得到县农业风险保障收入。

2. 美国燃料乙醇政策演变

美国是全球最大的燃料乙醇生产国，也是使用玉米为原料生产燃料乙醇的主要国家，其燃料乙醇政策的变化对全球玉米市场具有深远影响。2016年，全球燃料乙醇产量达到7 500万吨。其中，美国4 422万吨，占全球产量的近60%，燃料乙醇玉米用量超过1.3亿吨，占美国玉米产量的38%左右。

美国自1978年就开始鼓励乙醇汽油生产和消费，颁布了《能源税率法案》，减少燃料乙醇用户的个人所得税，以打开应用市场。2005年8月，美国总统布什签署了新的能源安全法案，规定机动车燃料必须使用一定比例的再生能源，2012年生物燃料乙醇消费应达到75亿加仑。而且因污染地下水，法律已不再为使用甲基叔丁基醚（MTBE）汽油添加剂提供贷款担保，MTBE的使用量急剧下降，生物燃料乙醇则取而代之成为汽油添加剂。为了扶持国内燃料乙醇的发展，联邦税法还规定对掺入汽油中的燃料乙醇提供生产者补贴，每加仑燃料乙醇补贴51美分。对进口燃料乙醇加收每加仑54美分的关税和2.5%的从量关税。2007年1月，美国总统布什提出了美国"20-10"能源新战略，规划在未来10年内，通过开发替代能源和提高能效，将汽油消耗量压缩20%。美国能源新战略的核心部分是加大对替代能源的开发力度，计划到2017年，替代燃料产量达到350亿加仑（1 323亿升），相当于当年美国机动油年消耗量的15%，远高于《2005年能源政策法》设定的2012年生产替代燃料75亿加仑（283.5亿升）的目标。目前，美国燃料乙醇产量已基本达到这一目标，年消耗玉米约1.3亿吨，燃料乙醇发展已进入相对稳定阶段。

（二）欧盟农业支持保护政策演变

欧盟实行共同农业政策，侧重环境保护、食品安全，其市场化程度很高，国际规则遵守较好，是世界上惟一的三种政策箱都得到充分利用的地区。其农业政策经过四个阶段的调整，目前主要由两个支柱构成：一是直接支付和市场支持，二是农村发展政策，与农业生产相关的主要是直接支付和市场支持。

直接支付分为两大部分7个项目，其中有3个项目是成员国必须实施直接支付项目。一是基础直接支付计划或单一面积支付计划。是将现有的所有直补模式整合统一成一项补贴计划，并根据这项补贴实施第一年的有效土地面积进行补贴，补贴资金原则上不能超过直接支付资金的70%。二是绿色直接支付。要求所有成员国必须将30%的直接支付预算用于支持发展作物多样性、保护永久性草场和生态重点区域等活动。农民会因为保护环境、维持生物多样性等行为获得补偿。三是青年农民计划。成员国用不超过2%的直接支付资金对所有从事农业生产的40岁以下的青年农民进行额外补贴，补贴期限不超过5年。

直接支付中还包括4个自愿项目。一是挂钩支持。允许成员国为农业中潜在的易受影响产业提供有限的与产品挂钩的直补，要求不能超过直接支付比例的8%。二是自然条件限制地区支持。允许成员国对特定环境和地区发放特定补贴，补贴资金不能超过本国直接支付比例的8%。三是再分配补贴。允许成员国把一部分资金重新分配于农场主的第一个

30公顷，这部分资金不能超过本国直接支付资金的30%。四是小农户计划。一个财年获得总支付低于100欧元和获得支付面积不足1公顷的农场主可以申请加入小农户计划，获得500~1 250欧元的补贴。要求补贴资金不能超过本国直接支付资金的10%。

市场支持改革方面，新的欧盟共同农业政策减少了对市场的直接干预，更加注重对生产者的支持和危机的应对。废除了食堂、乳石和红葡萄酒的产量限制，建立了危机储备资金，更加支持生产者之间的合作，要求市场支持资金总额不超过CAP的5%。

（三）巴西农业支持保护政策

巴西玉米产量世界第三，是全球农业生产和出口强国。20世纪80年代以来，为了顺应贸易自由化进程的趋势，巴西的农业支持政策也做出了相应调整。首先，经历了农业支持政策由直接补贴向农产品的价格支持的过渡。为减轻财政负担，巴西政府于1985年取消了长达20年的农业直接补贴政策，并将农业价格支持政策确立为主要的农业支持政策。1995年，巴西加入世界贸易组织，为了适应WTO规则要求，巴西联邦政府对本国原有的农业政策进行了大规模的调整，进一步开放了本国的农业市场。当前巴西最主要的农业支持措施主要有两大类：信贷支持和价格支持，其中信贷支持运用较多，是巴西农业国内支持的首选，巴西国内农业支持政策所包括的促进家庭农业计划、中等规模农业生产者支持计划、农业产业信贷项目、生产资料信贷支持等，均是以为农业生产者提供金融支持的方式进行支持，而且在支持过程中十分重视对小农户的保护。价格支持仍是巴西重要的农业支持政策，其中最低保护价格政策是主要手段之一。其目的是当市场价格下跌时维持生产者的收入稳定，由巴西国家食品供应公司（CONAB）具体实施。价格支持政策工具有联邦政府收购计划、产品售出溢价、产品售出价值、公共期权合约、私人期权风险溢价、私人期权风险溢价等。

七、世界供需及产业发展形势展望

（一）全球玉米生产有望继续增长，但增速将减缓

在畜牧业稳定发展，玉米深加工业继续增长的拉动下，预计未来全球玉米生产仍将保持增长势头，但增速可能有所减缓。主要原因：一是近年来全球玉米产量迈上10亿吨台阶，并屡创历史新高，在高基数的基础上继续增产难度加大。二是当前全球玉米供给宽松，库存处于历史高位，价格处于历史较低位，种植收益下降，影响种植面积持续增长，预计全球玉米种植面积将保持稳中略增的态势，增速将低于前10年1.4%的水平。从区域分布看，美国种植面积将稳中略降，但单产水平提高，未来总产将小幅增长；中国在进行玉米收储制度改革后，玉米种植面积调减较多，未来可能有恢复性增加；巴西、阿根廷等国耕地资源丰富，自然条件优越，玉米种植面积有望继续扩大；乌克兰、俄罗斯自然条件较好，玉米种植面积也有望继续增加；欧盟种植面积则将基本稳定。

（二）消费需求刚性增长，饲料消费仍将是主要增长来源

玉米是全球最主要的饲料原料，也是重要的工业加工原料，还是世界许多地方居民的主要口粮。随着经济的发展，未来全球畜牧业仍将保持稳定发展趋势，将带动玉米饲料消费持续刚性增长，年增长率有望保持在2%以上。工业消费方面，美国燃料乙醇几乎全部以玉米为原料，受其国内能源法案的影响，未来美国燃料乙醇加工用玉米数量将基本保持稳定，年消耗玉米1.3亿吨左右，其他加工业将基本稳定。中国则由于消化玉米库存的需要，将扩大燃料乙醇生产，预计燃料乙醇加工用玉米可能成倍增长，其他深加工业如淀粉深加工等产能上升较快，预计中国玉米工业消费将再次迎来较快发展时期。其他国家玉米加工业基本也将保持增长势头。此外，国际玉米价格处于历史较低位，将促使企业更多地使用玉米作为饲料原料和加工原料，刺激玉米消费增长。预计未来全球玉米消费总量有望保持年均2%左右的速度增长。

（三）库存水平将出现下降，供求关系有望改善

在供求关系宽松，玉米价格持续低迷的情况系下，随着玉米生产增速趋缓以及消费需求的刚性增长，预计未来全球玉米将出现产不足需局面，供求关系将逐步改善，库存水平将持续下降，特别是中国玉米去库存进程加快将有助于改善全球玉米供给宽松的局面。长期看，库存消费比将在目前超过20%的基础上持续降低，并接近17%~18%的安全线水平，届时全球玉米供求关系将趋紧。

（四）玉米价格短期低迷，但长期趋势看涨

由于当前全球玉米供给宽松的局面没有明显改变，预计短期内国际玉米价格将维持低迷态势，处于历史低位的国际玉米价格也没有继续大幅下跌的空间，低位震荡运行特征将较为明显。从长期趋势来看，随着供求关系的改善，在全球玉米库存水平持续降低，库存消费比到18%左右的安全线时，国际玉米供求趋紧的格局将形成，玉米价格将进入上升通道。在这一过程中，气候异常、全球金融及经济形势波动、大宗商品价格较大幅度变动以及美元汇率的明显变化等因素，都可能引发国际玉米价格的波动。

（五）玉米贸易将继续扩大，贸易格局更趋分散化

由于全球玉米需求持续刚性增长，且呈现消费分散，而生产相对集中的格局，预计未来全球玉米贸易将继续呈扩大趋势，贸易量将稳步增加。从贸易格局看，出口格局总体变化不大，但竞争将日趋激烈，美国仍将保持世界第一大出口国地位，但出口份额可能会稳中略降，巴西、阿根廷、乌克兰玉米出口将保持增长，占全球出口市场的份额将有所上升。进口格局将更趋分散化。新兴经济体和发展中国家的经济发展将增加肉类消费，玉米需求增长强劲，进口将持续增加，墨西哥、伊朗、越南、中国玉米进口将较快增长，日本、埃及、韩国、马来西亚等仍将保持主要进口国地位。

参考文献

陈辉, 黄亚勤. 2013. 中国农业与美国农业的对比研究[J]. 经济研究导刊, (19): 60-61.

褚浩. 2009. 19世纪后期美国贸易保护政策研究[D]. 上海: 复旦大学.

冯继康. 2007. 美国农业补贴政策: 历史演变与发展走势[J]. 中国农村经济, (3): 73-78.

李明. 2010, 18. 世界玉米生产回顾和展望[J]. 玉米科学, (3): 165-169.

李圣军. 2017. 世界玉米产销格局及其演变[J]. 中国粮食经济, (8): 30-36.

李万君, 李艳军. 2014, 35. 美国农业补贴政策演变及对我国的启示[J]. 农业现代化研究, (3): 268-272.

李霞. 2015. 美国、德国生态农业法律制度建设及对中国的启示[J]. 世界农业, (8): 102-105.

林玉伟. 2010. 揭开国际四大粮商的神秘面纱[J]. 黑龙江粮食, (3): 31-35.

吕晓英, 李先德. 2014. 美国农业政策支持水平及改革走向[J]. 农业经济问题, (2): 102-109.

农业部欧盟农业政策考察团. 2012. 从英法农业现状看欧盟共同农业政策的变迁[J]. 世界农业, (9).

潘盛洲. 1998. 农业保护政策的比较研究[J]. 农业技术经济, (5): 1-9.

彭超, 潘苏文, 段志煌. 2012. 美国农业补贴政策改革的趋势: 2012年美国农业法案动向、诱因及其影响[J]. 农业经济问题, (11): 104-109.

孙蓉, 朱梁. 2004. 世界各国农业保险发展模式的比较及启示[J]. 财经科学, (5): 108-111.

王琦, 田志宏. 2013. 产品关税政策与实施——基于美国、欧盟、印度和日本的案例分析[J]. 经济研究参考, (19): 54-61.

王世群. 2013. 美国农业政策内涵、发展阶段与演化逻辑的探讨[J]. 农业经济, (3): 43-45.

王维芳. 2008. 多哈回合背景下美国农业保护政策分析[J]. 国际贸易问题, (10): 39-43.

温皓杰, 张领先, 傅泽田. 2008. 欧盟农业国内支持水平及政策[J]. 世界农业, (5): 22-24.

习银生, 杨丽. 2015. 我国玉米观调控政策的成效、问题和建议[J]. 中国食物与营养, (2): 5-9.

徐雪, 夏海龙. 2015, 16. 发达国家农业补贴政策调整及其经验借鉴——基于欧盟、美国、日本的考察[J]. 湖南农业大学学报, (3): 70-74.

徐志刚, 习银生, 张世煌. 2010. 2008/2009年度国家玉米临时收储政策实施状况分析[J]. 农业经济问题, (3): 16-23.

姚桂桂. 2010. 美国重农神话与美国农业政策[J]. 西北农林科技大学学报, (5): 127-134.

张天佐等. 2017. 新一轮欧盟共同农业政策改革的特点与启示——基于比利时和德国的考

察[J].世界农业,(1):18-26.

张秀青.2014.国际四大粮商运作模式研究[J].国际经济合作,(9):40-44.

庄丽娟,王林.1995.我国与发达国家农业贸易政策的比较[J].农村经济,(8):35-36.

Fufeng QIAN, Jun YANG, Danielle Alencar Parente TORRES. 2016,17 .Comparison of Corn Production Costs in China, the U.S. and Brazil and Its Implications[J]. Agricultural Science & Technology, (3): 731-736.

Interagency Agricultural Projections Committee. 2017. USDA Agricultural Projections to 2026. http://usda.mannlib.cornell.edu/usda/ers/94005/2017/usda-ag-projections-20

(海外农业研究中心特邀研究员　习银生　吴天龙)

第四部分

马铃薯

海外农产品市场研究（2017）

马铃薯有较高的营养价值,是最大的非谷类、粮菜兼用型食物资源,具良好发展前景的高产经济作物之一。全球约有 2/3 的人口把马铃薯作为重要食物消费,薯条、薯片及以马铃薯为重要添加物的主食产品,同时以马铃薯淀粉、全粉等为原料的产品广泛用于食品、饲料和医药等工业领域。近年来,世界马铃薯种植面积有所减少,但总产量不断增加,多数主产国的播种面积和总产量呈波动增长态势。其中,非洲和亚洲产量增长较快,全球生产中心呈现出由西向东、由发达国家向发展中国家转移的特点。预计 2017 年世界马铃薯生产将继续保持稳定增长态势,中国、印度等国家是主要增长潜力所在。受经济发展、人口增长等影响,马铃薯消费呈刚性增长态势。从世界范围来看,马铃薯食品消费持续增长,消费规模不断扩大,消费中心由西向东、由发达国家向发展中国家转移,其中中国、印度、俄罗斯等马铃薯加工产品(如薯片)消费市场潜力较大。从消费结构看,冷冻马铃薯(油炸)和脱水马铃薯消费量增长尤为迅速,方便食品消费呈快速增长趋势。国际马铃薯价格总体上升,但波动频繁剧烈,上升幅度总体超过下降幅度。全球马铃薯贸易稳步增长,欧洲主体地位下降,发展中国家更加活跃,主要出口国向发展中国家转移、集中,进口国分散化特点显现。从成本利润来看,马铃薯生产成本总体呈下降趋势,各主产国生产营业额增长不一。预计未来一段时期,全球马铃薯生产将保持波动增长态势,消费需求将保持良好发展态势,国际市场价格将继续波动上涨,薯条(片)、马铃薯淀粉等加工产品国际贸易将较快增长,需重点关注中国、印度等新兴国家发展态势。

一、世界供需现状

马铃薯具有良好的营养价值和较高的经济价值,被誉为是继小麦、水稻、玉米之后的全球第四大粮食作物,也是最大的非谷类食品。马铃薯(Burton, 1983)适应性强、产量高,得到了联合国粮食及农业组织(FAO)等国际组织的广泛认可和大力推广,在保障全球粮食安全、应对饥饿危机和促进脱贫致富等方面发挥着重要作用。同时,随着科技不断进步、创新产品快速发展,其用途也越来越广、产业链也越来越长,已经成为食品工业、医药工业等重要原辅材料之一,良好开发应用和市场价值前景受到普遍关注(Guenthner, 2010)。

(一)全球马铃薯生产稳定发展

从世界范围来看,马铃薯种植面积波动下降,单位面积产量稳定增加,总产量快速增长,整体上呈现稳定发展的态势(图 1)。从种植面积看,1980 年以来,全球马铃薯面积呈现出小幅度波动下降趋势,1990 年降至 1 765.65 万公顷的谷底,随后开始呈现上升趋势,并在 2000 年马铃薯收获面积达到 2 008.65 万公顷的峰值,之后呈现波动下降趋势。1980—2016 年,全球马铃薯收获面积由 1 878.77 万公顷上升至 1 901.23 万公顷,增长了 1.20%,年均增长 0.03%,总体变动幅度不大。在单产方面,由于马铃薯育种、栽培等技术的不断进步,特别是发展中国家大力推广马铃薯种植技术等,推动了全球马铃薯单产水平的大幅提升。1980—2016 年全球马铃薯单产由 12 800.70 千克/公顷提高到 20 180.59 千克/公顷,增长了 57.65%,年均增长 1.24%。随着单产的不断提高,全球马铃薯产量保持快速增长趋势。1980—2016年，世界马铃薯总产量由24 049.58万吨增加到38 368.00万吨，增长了59.54%，年均增长1.27%。1980年以来，世界马铃薯产量不断迈上新台阶，屡创历史新高。但受种植面积波动和单产不断提高的影响，产量呈现波动上升趋势，部分年份波动幅度较大。

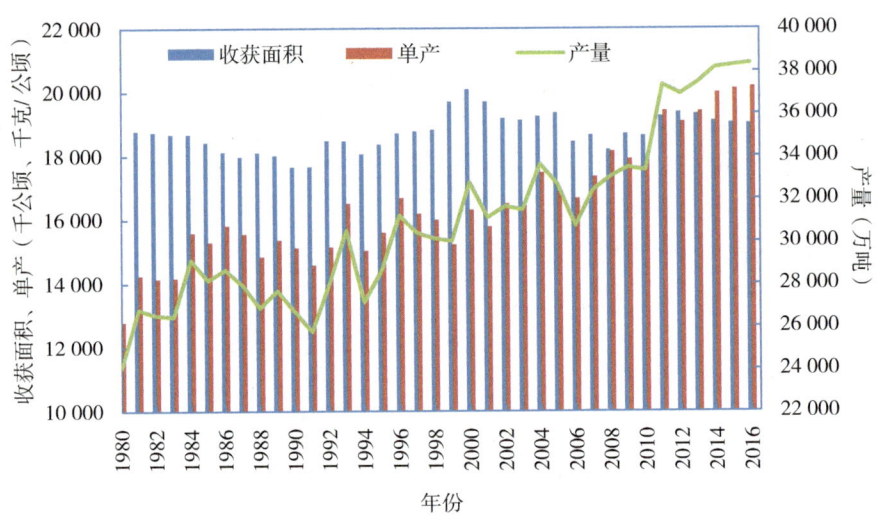

图1 1980—2016年世界马铃薯生产发展情况

数据来源：1980—2014年生产数据来自FAO，2015—2016年数据来自Euromonitor International

（二）马铃薯消费快速增长

随着世界人口增加、经济发展、科技水平提升以及生活水平的提高，世界马铃薯消费量也呈现刚性增长趋势。据FAO统计（图2），1980—2013年全球马铃薯消费量从2.53亿吨，增加到3.78亿吨，增加了49.41%，年均增长1.19%。其中，食品消费、加工消

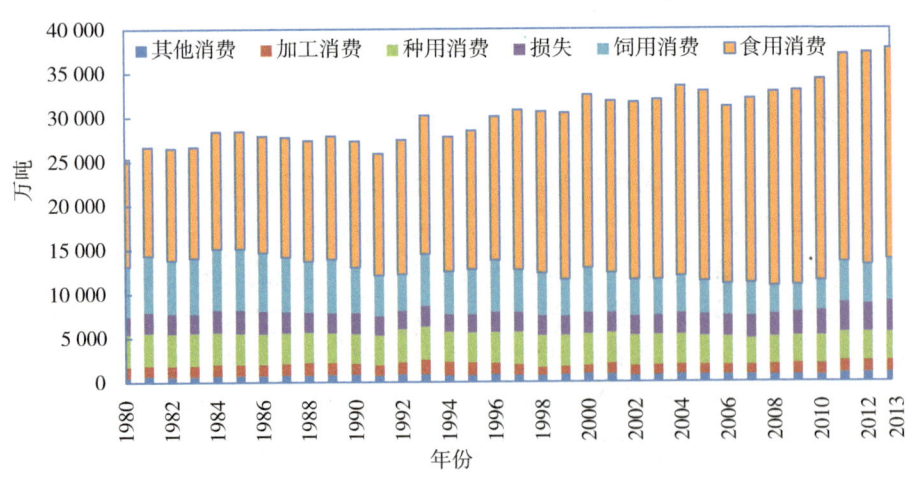

图2 1980—2013年马铃薯消费结构及其变动

数据来源：FAO网站

费、其他消费以及损失都有所增长，种用消费和饲用消费有所下降。食用消费从绝对量、相对量以及增长速度上都处于快速上升趋势，1980—2013年，全球马铃薯食用消费量从1.22亿吨增加到2.39亿吨，增加了1.17亿吨，增长了95.90%，年均增长2.00%。马铃薯食用消费占总产出的比重在波动中呈现不断上升趋势（图3）。1980—2013年全球马铃薯食用消费占总产出的比重由50.85%增加到63.78%，增长了12.93%。其中，2010年马铃薯食品供应占总产出的比重高达68.45%。此外，马铃薯其他消费虽然绝对值较低，但增长速度很快，1980—2013年增长了98.81%，年均增长2.99%。由此可见，马铃薯在具体用途方面呈现出更加广泛的发展趋势。

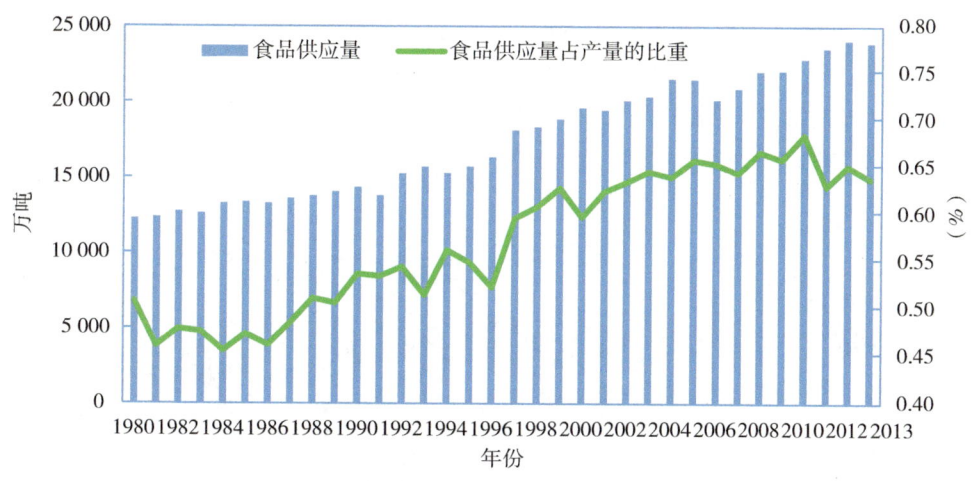

图3　1980—2013年马铃薯食品供应及其占产出的比重
数据来源：FAO

二、世界生产布局及演变

（一）全球种植分布较广，但生产相对集中

马铃薯具有较为广泛的适宜性，从水平高度至海拔4 000米，从赤道到南北纬40°的地区均都有马铃薯种植。目前，全球欧、亚、非、南北美等五大洲160多个国家和地区均有马铃薯生产，种植面积达1 901.23万公顷，年产量超过3.9亿吨。但从区域分布看，马铃薯主产区相对集中，主要分布在亚洲、欧洲等地区。其中，亚洲的马铃薯种植集中在印度的东北部及中国的中部、北部和东北部地区。欧洲的种植重点在东欧，如波兰、乌克兰、白俄罗斯、俄罗斯等。其他重要的马铃薯产区还有美国的西北部、欧洲的西北部和南美的安第斯山区。中国、印度、俄罗斯和乌克兰四国的产量已占全球马铃薯总产量的50%以上。

（二）全球生产中心由西向东转移，欧亚产量"一增一减"

20世纪80年代以来，全球马铃薯生产重心呈现出由西向东转移的趋势。根据图4可以看出，1980年以来欧洲马铃薯收获面积和产量同时呈现递减趋势，而亚洲马铃薯收获面积和产量则逐年递增，且亚洲马铃薯产量增长幅度超过欧洲马铃薯产量下降幅度。1980—2014年亚洲马铃薯收获面积由389.48万公顷增长到993.22万公顷，增长了1.55倍，年均增长2.71%；产量由4 741.87万吨增长到1.87亿吨，增长了2.94倍，年均增长4.00%（图4）。1980—2014年欧洲马铃薯收获面积由1 261.33万公顷下降到561.68万公顷，下降了55.47%，年均下降2.22%；产量由1.60亿吨下降到1.25亿吨，减少了21.88%，年均减少0.70%。此外，1980—2014年，美洲、大洋洲马铃薯收获面积和产量相对稳定；非洲马铃薯收获面积和产量呈现递增趋势，从57.47万公顷增至193.32万公顷，增长了2.36倍，年均增长3.53%，同时产量从516.35万吨增至2 639.15万吨，增长了4.11倍，年均增4.77%。

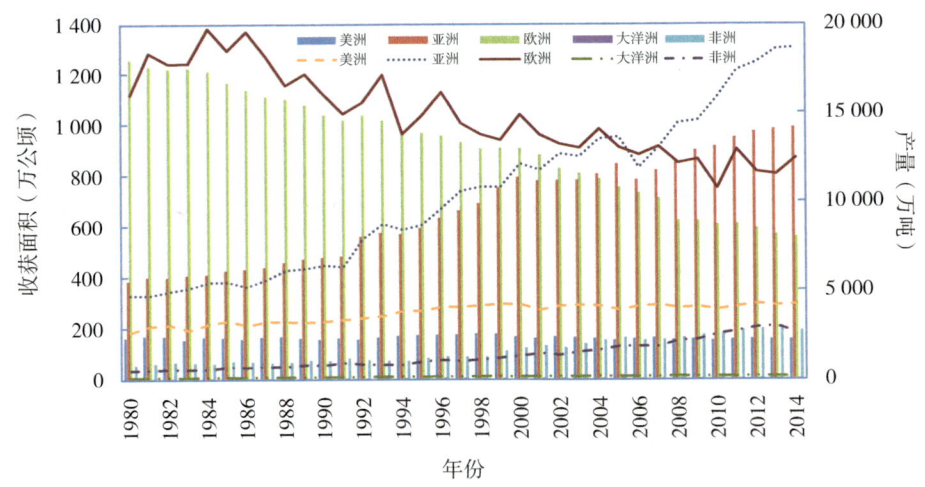

图4　1980—2014年全球马铃薯收获面积和产量变化
数据来源：FAO

从全球生产格局变化看，马铃薯收获面积和产量在全球中的比重呈现较强的区域特征，欧洲下降、亚洲和非洲增加趋势尤为明显（图5）。在1980年，欧洲马铃薯种植面积和产量均占全球的65%以上，而到2000年，该份额在全球总量中不到50%，2014年下降至30%左右。同时，亚洲马铃薯生产蓬勃发展，种植面积所占份额从1980年的20.73%跃升至2000年的39.70%，2014年达到52.01%；产量由1980年的19.72%上升至2000年的37.07%，2014年达到48.96%。非洲马铃薯发展也较为迅速，1980—2014年马铃薯种植面积份额由3.06%上升至10.12%，产量由2.15%上升至6.91%。

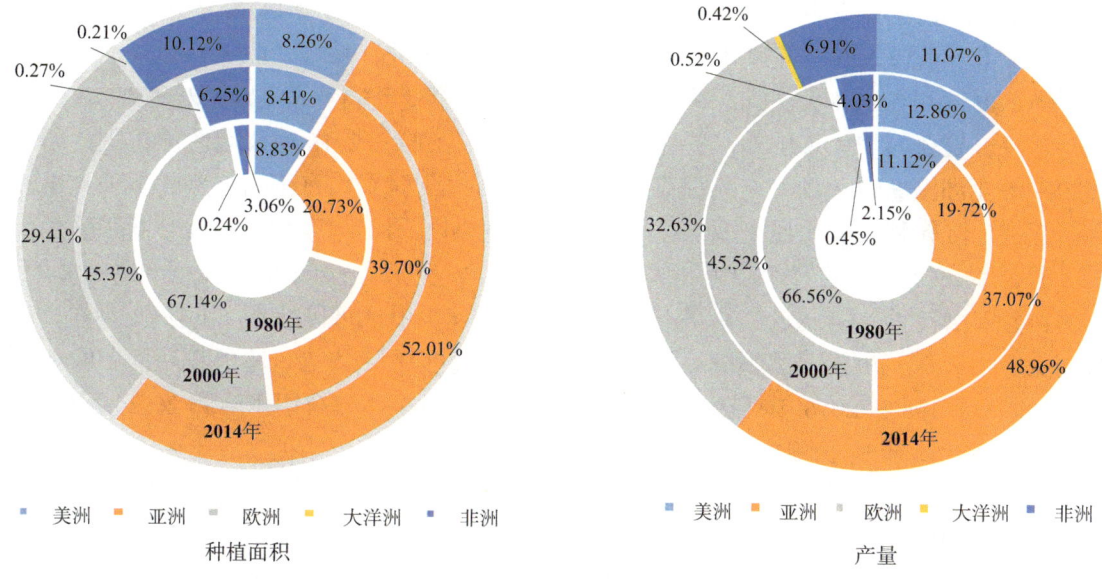

图 5　1980 年、2000 年、2014 年各大洲马铃薯种植面积、产量占比变动

数据来源：FAO

（三）主产国由发达国家向发展中国家转移，中印增长势头迅猛

1980—2016 年，世界马铃薯主产国中，中国、印度、俄罗斯、乌克兰、美国、法国、孟加拉国、波兰、荷兰和德国的马铃薯产量始终保持前列，但前十国家的地位出现了一些变化（图 6）。其中，中国、印度和孟加拉国产量的排名提升到世界第一、第二和第七。孟加拉国、印度和中国的产量大幅度提高，分别从 1980 年的 91.71 万吨、832.66 万吨和 2 589.61 万吨提高到 2016 年的 907.91 万吨、4 724.64 万吨和 9 599.21 万吨，分别增长了 8.90 倍、4.67 倍和 2.71 倍，年均增长 6.40%、4.80% 和 3.60%。俄罗斯、波兰和德国

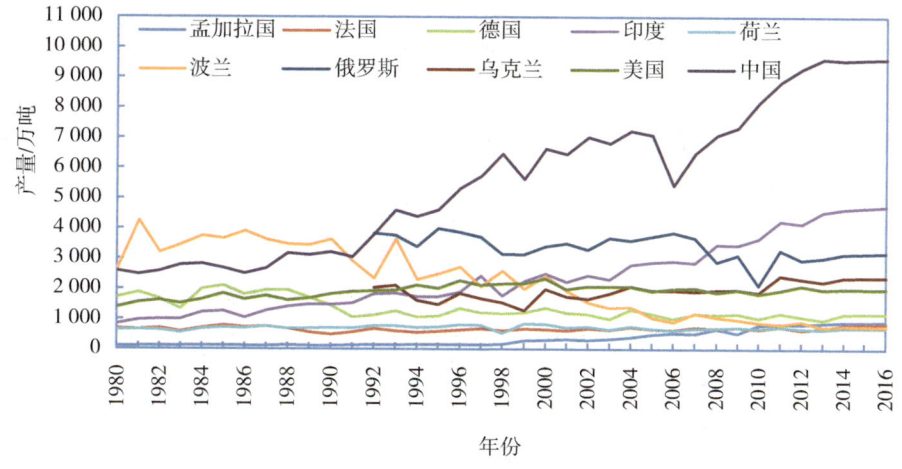

图 6　1980—2016 年马铃薯主产国产量变化

数据来源：1980—2014 年生产数据来自 FAO，2015—2016 年数据来自 Euromonitor International

产量有所下降，世界排名降至第三、第九和第六。德国、波兰从 1980 年的 1 714.62 吨和 2 639.54 吨下降到 2016 年的 1 177.05 吨和 774.60 吨，分别下降了 31.35% 和 71.79%，年均下降 1.01% 和 3.26%；法国、荷兰乌克兰和美国产量变动幅度不大，相对稳定。

马铃薯收获面积呈现出与产量相似的变动趋势。1980—2016 年仅有孟加拉国、印度和中国等亚洲国家收获面积有所提高，其他主产国收获面积均有不同程度的下降，主产区向亚洲地区转移趋势明显（图 7）。1980—2016 孟加拉国、印度和中国收获面积分别由 9.65 万公顷、68.52 万公顷和 230.30 公顷增加到 46.7 万公顷、204.31 万公顷和 566.44 万公顷，分别增长了 3.84 倍、1.98 倍和 1.46 倍，2016 年中国和印度马铃薯收获面积在全球名列第一位和第三位。欧洲国家马铃薯收获面积呈逐步下降趋势，波兰收获面积收缩趋势最为明显，1980—2016 年马铃薯收获面积由最初的 234.37 万公顷下降到 26.26 万公顷，下降了 88.80%，年均下降 5.74%。

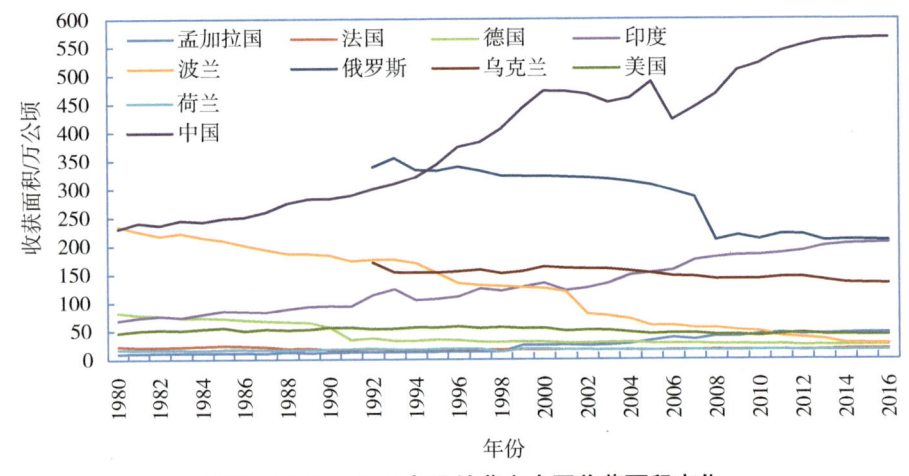

图 7　1980—2016 年马铃薯主产国收获面积变化

数据来源：1980—2014 年生产数据来自 FAO，2015—2016 年数据来自 Euromonitor International

三、国际价格走势变化及动因

（一）主产国价格总体波动上涨

1991 年以来，国际马铃薯生产者价格总体呈波动上升的态势。从欧洲地区主产国来看，总体呈同向变动趋势（图 8）。法国马铃薯价格始终在高位区间徘徊。2005 年以来德国马铃薯价格总体呈不断上升趋势，2016 年，德国马铃薯生产者价格仅次于法国。1991—2016 年，法国、德国马铃薯价格分别由 244.4 美元 / 吨、164.9 美元 / 吨上升至 404.5 美元 / 吨、221.2 美元 / 吨，分别上升 65.51% 和 34.14%。荷兰和乌克兰马铃薯生产者价格处于价格波动的中间区域。而波兰马铃薯生产者价格则始终处于价格的低位区间，且价格变化幅度较小，呈缓慢上升趋势。

从中国、俄罗斯、印度、孟加拉国、美国等马铃薯增长潜力较大的国家来看，2005 年

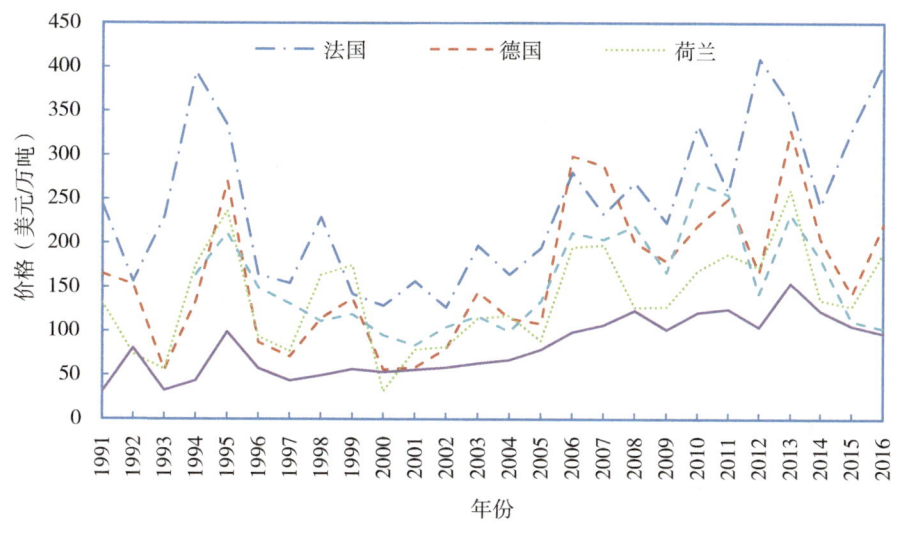

图 8 1991—2016 年欧洲地区马铃薯生产者价格变动趋势
数据来源：FAO

以前其价格增长速度慢于欧洲国家，2005 年以后价格出现了大幅度增长（图 9）。其中，中国、俄罗斯和孟加拉国马铃薯生产者价格增长速度较快，而美国马铃薯生产者价格始终呈现出较为稳定的增长态势。在 2013 年以后中国、俄罗斯、印度、孟加拉国、美国的马铃薯生产者价格呈现出下降态势并逐步趋同，差异逐步减少。1991—2015 年孟加拉国、美国和中国马铃薯生产者价格分别由 93.2 美元 / 吨、109.0 美元 / 吨和 57.8 美元 / 吨涨至 186.4 美元 / 吨、193.0 美元 / 吨和 187.5 美元 / 吨，分别上涨了 100.00%、77.06% 和 224.39%。

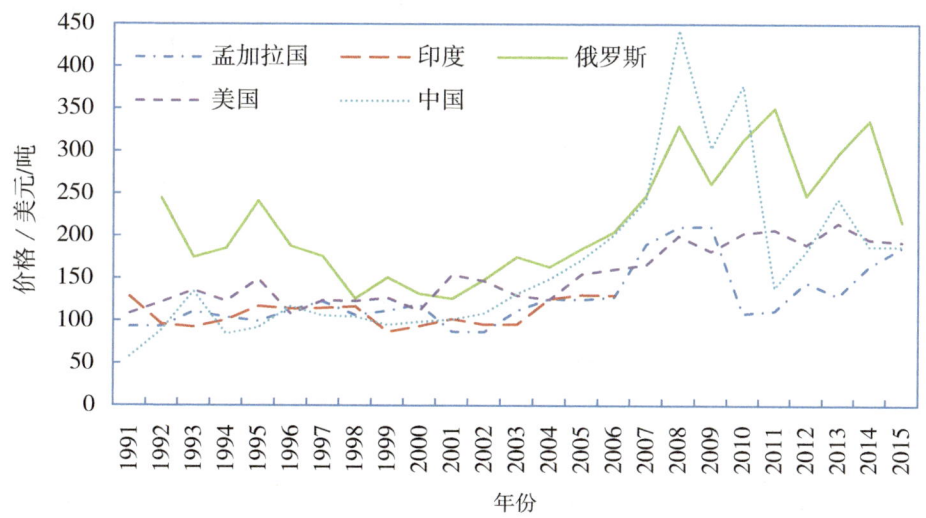

图 9 1991—2016 年中国、俄罗斯、印度、孟加拉国、美国马铃薯生产者价格变动趋势
数据来源：FAO

（二）价格波动频繁剧烈

从价格变动幅度来看，1991 年以来，国际马铃薯生产者价格总体上涨幅度超过下跌

幅度。欧洲地区马铃薯价格上升幅度与下降幅度的差距尤为明显，而且价格变动幅度较大（图10）。其中，荷兰马铃薯价格增长幅度最大，1994年、1998年、2001年和2006年价格上升幅度分别为207.88%、113.00%、147.80%和119.69%。与其他欧洲国家相比，21世纪以来波兰和法国马铃薯价格波动较小，变动幅度几乎都处于50%以内，价格相对稳定。2008年以来，欧洲地区马铃薯价格变动幅度有所减小，各主产国马铃薯价格趋于稳定，但波动频率仍较快，价格上下波动频繁。

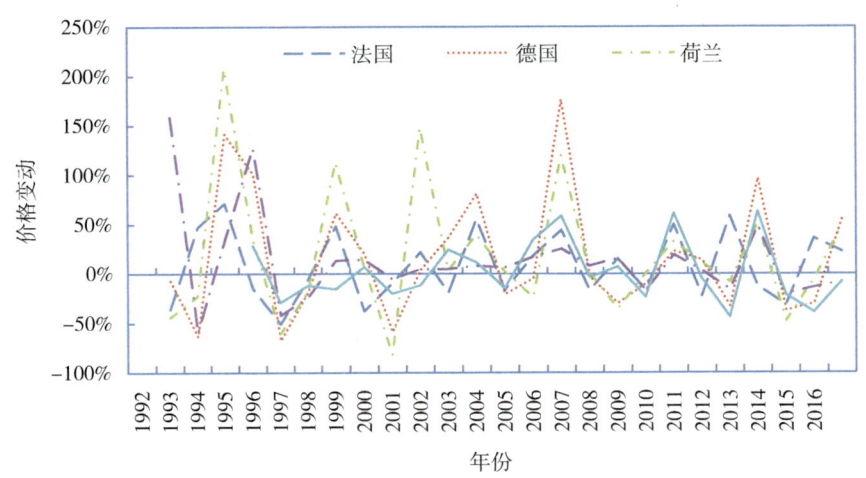

图10　1991—2016年欧洲地区马铃薯价格波动幅度
数据来源：FAO

与欧洲相比，中国、俄罗斯、印度、孟加拉国、美国等国家的价格波动幅度较小，波动幅度始终处于100%范围以内，且上升幅度与下降幅度相当（图11）。其中，中国和孟

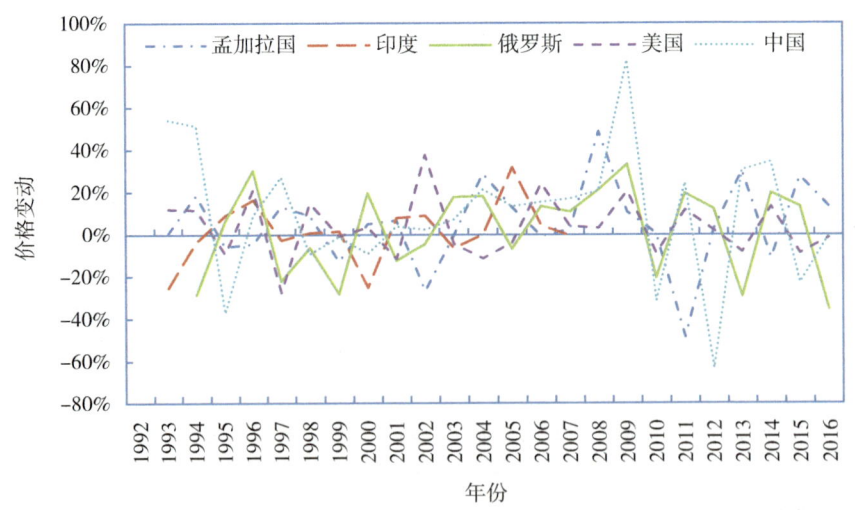

图11　1991—2016年中国、俄罗斯、印度、孟加拉国、美国马铃薯价格波动幅度
数据来源：FAO和《中国价格统计年鉴》

加拉国波动幅度最大，在2008年中国马铃薯上升幅度高达80.00%，在2011年下降幅度为63.22%。孟加拉国2007年价格幅度高达48.56%，2010年下降幅度为48.56%，价格变动剧烈。美国、俄罗斯和印度价格变动较小，变动幅度处于40%范围内。2013年以后中国、俄罗斯、印度、孟加拉国、美国的马铃薯生产者价格变动幅度整体缩小，市场运行趋于平稳。

四、国际贸易格局及演变

（一）贸易量和贸易额变化

马铃薯作为重要的粮菜兼用型食物资源，且其加工产品广泛应用于食品工业、医药卫生和化工等行业中，马铃薯在国际市场贸易中也是有着重要地位农产品之一。1980年以来，随着全球马铃薯生产的发展和消费需求的不断增长，马铃薯的国际贸易量呈持续稳步上升趋势，进口量和出口量从1980年的456.72万吨、492.29万吨分别增长到2013年的1 302.61万吨、1 221.83万吨，分别增长了1.85倍、1.48倍，年均增长3.13%、2.71%（图12）。1980—2013年进口额和出口额分别由10.32亿美元、9.10亿美元增长至50.96亿美元、45.93亿美元，分别增长了3.94倍、4.05倍，年均增长4.81%、4.88%。随着全球马铃薯及产品的贸易量迅速上涨，进出口量基本满足同比增长。

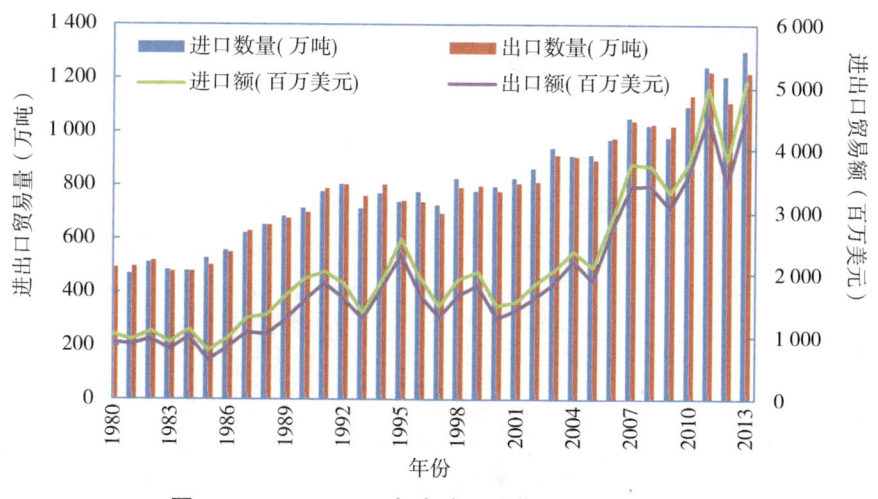

图12　1980—2013年全球马铃薯贸易量和贸易额
数据来源：FAO

随着马铃薯加工业的发展和国际马铃薯食品市场的扩大，1980年以来，马铃薯加工产品的国际贸易量快速上升。1980—2013年，全球冷冻马铃薯进口量和出口量分别由16.83万吨、21.91万吨分别增长到621.31万吨、632.31万吨，分别增长了35.91倍、

27.86 倍，年均增长 11.20%、10.40%（图 13）。冷冻马铃薯进口额、出口额分别由 1.23 亿美元、1.51 亿美元增长至 66.42 亿美元、64.41 亿美元，分别增长了 55.00 倍、41.66 倍，年均增长 12.45%、11.67%。1980—2013 年，马铃薯淀粉进口量和出口量分别由 9.64 万吨、8.56 万吨增长到 46.10 万吨、41.75 万吨，分别增长了 3.78 倍、3.88 倍，年均增长 4.71%、4.78%。马铃薯淀粉进口额、出口额分别由 0.79 亿美元、0.63 亿美元增长至 6.49 亿美元、5.72 亿美元，分别增长了 7.22 倍、8.08 倍，年均增长 6.39%、6.70%（图 14）。近年来国际马铃薯加工产品进出口贸易量增长尤为迅速，几乎呈直线形增长态势。

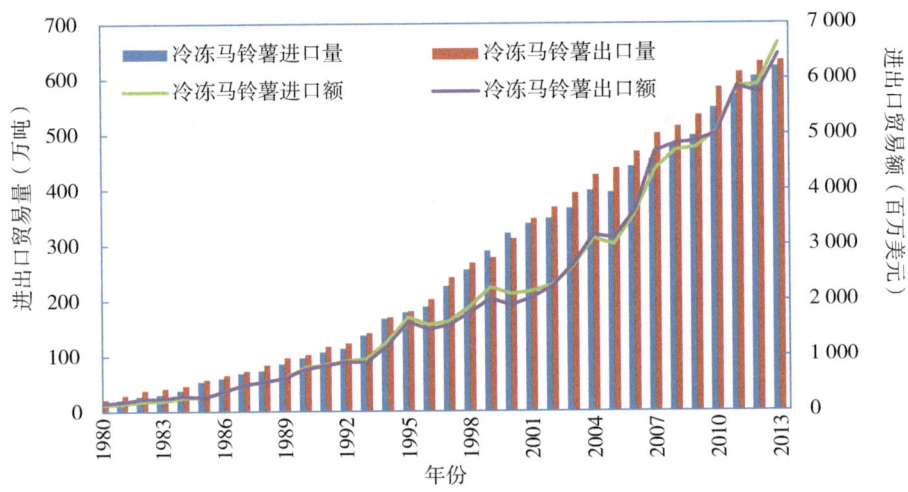

图 13　1980—2013 年全球冷冻马铃薯贸易量和贸易额
数据来源：FAO

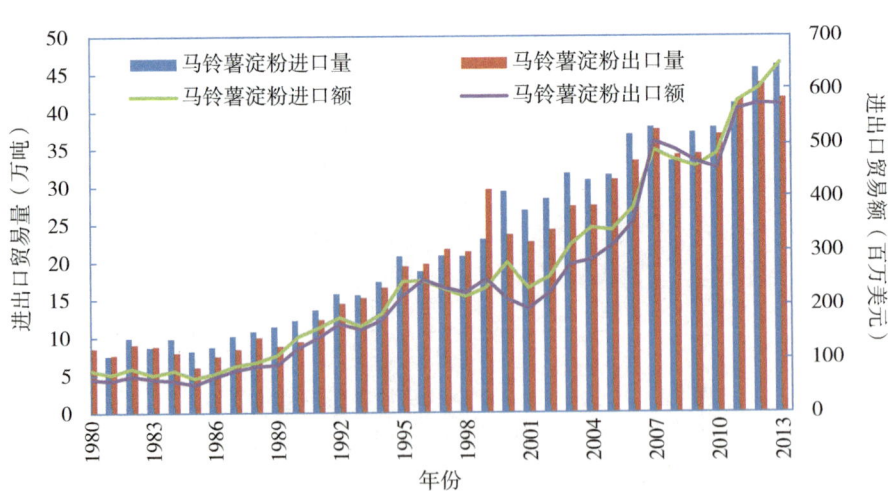

图 14　1980—2013 年全球马铃薯淀粉贸易量和贸易额
数据来源：FAO

(二)贸易格局及演变

随着全球马铃薯贸易的增长,欧洲、亚洲和非洲进出口数量也呈同比增长趋势(图15)。在全球马铃薯贸易中,欧洲进出口份额始终占据全球贸易额的65%以上,是全球马铃薯贸易最活跃的地区,但其对外贸易量增长速度慢于全球马铃薯贸易增长速度,在全球贸易量中的比重呈下降趋势(图16)。亚洲马铃薯贸易量已经超过美洲,并与美洲的差距有进一步拉大的趋势,其进口量和出口量占全球贸易的比重由1980年的71.9%、76.8%下降至2013年的67.07%、66.68%。亚洲所占全球贸易份额较低,但呈快速增长趋

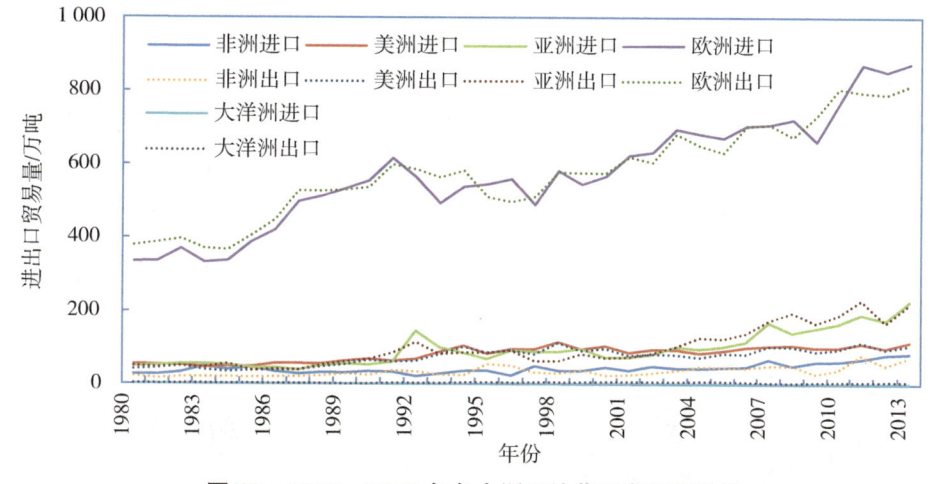

图15 1980—2013年各大洲马铃薯进出口贸易量
数据来源:FAO

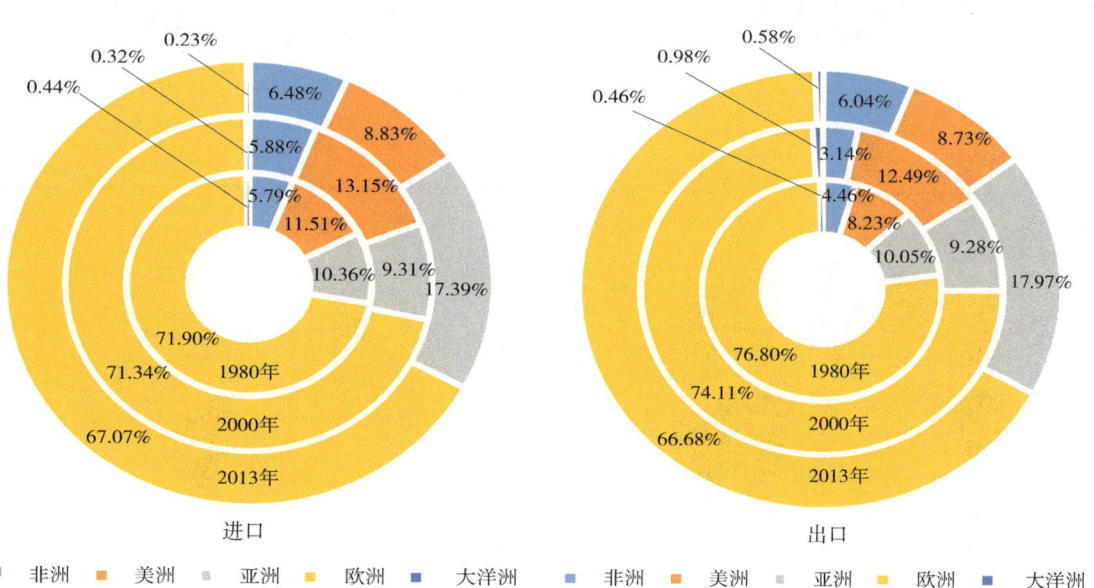

图16 1980年、2000年、2013年各大洲马铃薯进出口份额
数据来源:FAO

势。1980—2013年亚洲进口量和出口量占全球总量的比重分别由10.36%、10.05%增长到17.39%、17.92%,明显快于全球马铃薯贸易增长速度。美洲在全球马铃薯贸易中的份额较为稳定,进口额小幅度下降后,其进出口份额趋于一致,基本稳定在8.8%的水平。非洲在全球马铃薯贸易中的份额较小,但增长速度较快。1980—2013年,非洲马铃薯进出口量分别由5.79%、4.46%增长至6.48%、6.04%。大洋洲在全球马铃薯贸易中的份额最小,且其进口量份额继续呈下降趋势,由1980年的0.44%降低到2013年的0.23%。出口份额有所上升,由0.46%上升至0.58%。

从国家层面来看,受全球化的影响,西方饮食文化向东方传播,加之对马铃薯营养价值和经济价值的认识深化,马铃薯至今已成为世界各国饮食和烹饪文化不可或缺的一部分,马铃薯消费也分布于世界各地。因此,马铃薯进口国呈现出分散化特点,1980年以来马铃薯进口国由140个增加到190多个国家,增加了50多个国家(图17)。由于资源禀赋及地理条件,全球马铃薯生产相对较为集中,但随着马铃薯生产中心由西向东转移,出口也呈现出由西向东、由发达国家向发展中国家转移的趋势,2013年巴基斯坦、埃及和中国跻身于全球马铃薯出口份额前十的国家之列。

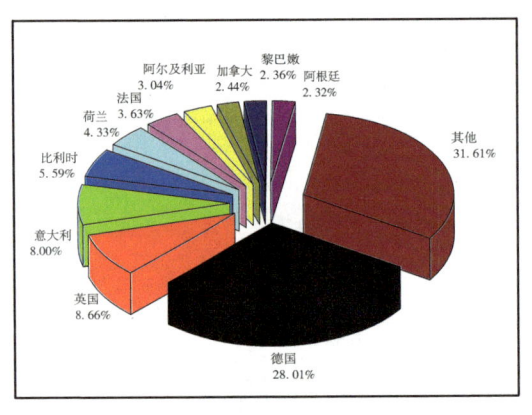
1980年

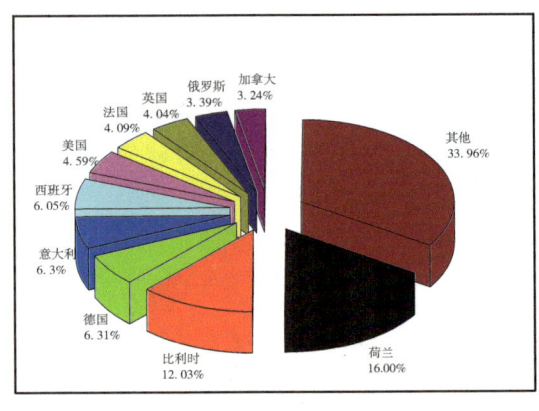
2000年

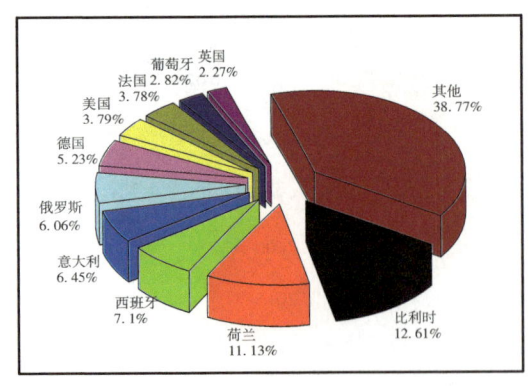
2010年

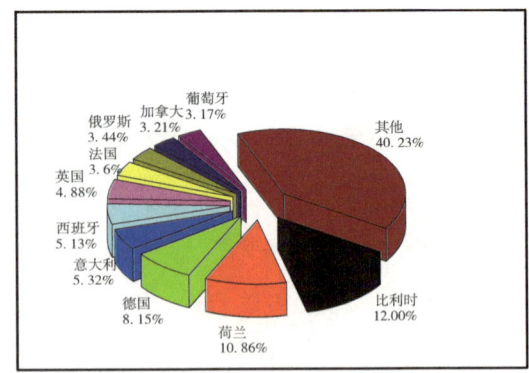
2013年

图17 1980年、2000年、2010年、2013年世界马铃薯进口格局

数据来源:FAO

进口方面，1980年以来，全球马铃薯进口国多样化分散化的趋势更加明显。原有主要进口国在全球马铃薯贸易中所占份额逐步下降，进口国数量不断增加。1980年全球马铃薯进口量前十位国家进口份额占全球马铃薯进口份额的比例高达68.39%，2013年该比例降至59.77%。欧洲国家是马铃薯主要进口国家，1980年仅德国马铃薯进口量就高达130.47万吨，占全球马铃薯进口份额的28.01%，而2013年进口份额最高的国家——比利时其进口量只占全球进口份额的12.00%。此外，意大利、美国、英国、荷兰等传统马铃薯进口大国在全球马铃薯进口份额中的比例都有所下降。

在出口方面，出口国家相对集中，主要出口地区和国家呈现出由西向东、由发达国家想发展中国家转移的趋势。出口主要集中在全球马铃薯出口份额排名前十的国家，1980—2013年，其他国家所占出口份额由15.09%上升至28.83%，上升了13.74%，但相对于进口来说，大部分出口份额仍掌握在排名前十的国家中，出口相对集中（图18）。但出口国地位有所变化，1980年，出口份额主要集中在欧洲地区，仅荷兰的出口份额就高达33.48%。1980年后，欧洲占据大部分出口份额的地位有所削弱，中国、巴基斯坦跻身于马铃薯全球出口份额前十位国家之列，出口中心呈现出由西向东、由发达国家向发展中国家转移的趋势。

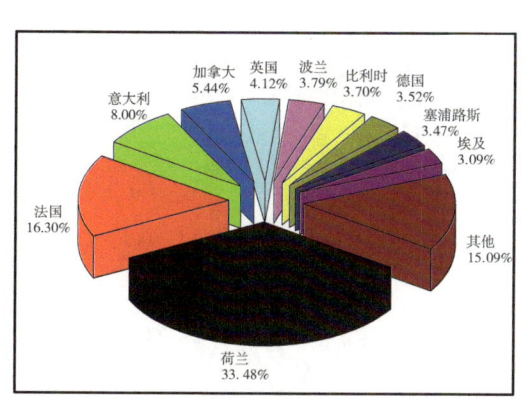
1980年

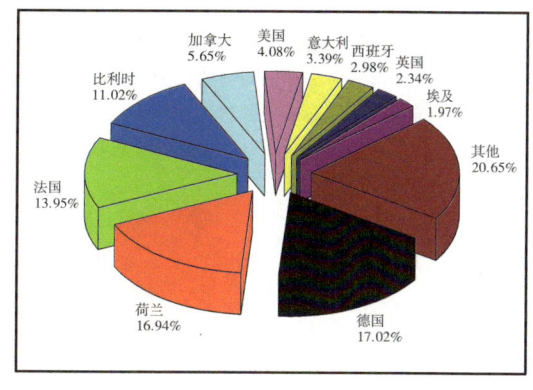
2000年

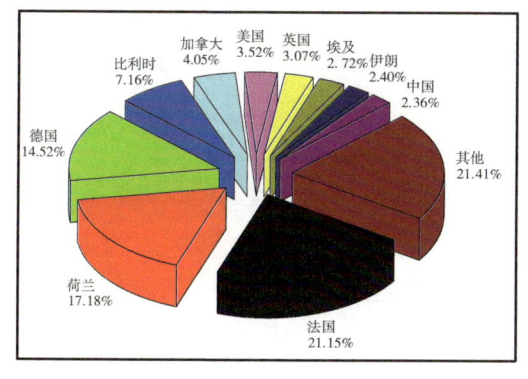
2010年

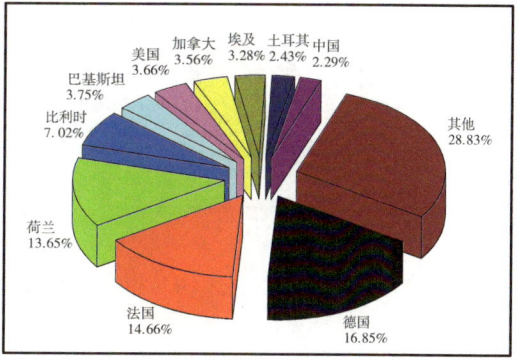
2013年

图18　1980年、2000年、2010年、2013年世界马铃薯出口格局

数据来源：FAO

（三）中美进出口结构对比析

1. 进口结构分析

与美国相比，中国具有马铃薯国际生产大国与贸易小国的双重地位。在马铃薯初级产品进口方面，美国进口额远远大于中国进口额，而在马铃薯加工产品进口方面，两国差距较小。冷冻马铃薯是中国主要进口的初级马铃薯产品，而美国则以鲜马铃薯为主。马铃薯细粉和马铃薯淀粉是中国主要进口的马铃薯加工产品，美国则以进口薯片和粉团以及马铃薯淀粉为主。此外，中国的马铃薯细粉进口额要远远大于美国。在进口结构变动趋势方面，中美两国马铃薯初级产品进口增长幅度远远低于马铃薯加工产品增长幅度，近几年的表现尤为明显。在马铃薯初级产品进口趋势变化方面，中国增长速度和增长幅度远远低于美国。1992—2016 年，中国冷冻马铃薯进口额由 5.65 万美元增长到 13.59 万美元，增长了 140.53%，年均增长 3.57%（图19）。中国种用马铃薯和鲜马铃薯进口额较低且不稳定，2016 年鲜马铃薯进口额几乎为零。美国马铃薯初级产品进口普遍有较大增长，种用马铃薯、鲜马铃薯和冷冻马铃薯分别由 885.21 万美元、2 305.00 万美元和 3.31 万美元增长到 2 649.13 万美元、19 119.80 万美元和 279.98 万美元，分别增长了 1.99 倍、7.29 倍和 83.59 倍，年均增长 4.48%、8.83% 和 19.42%。

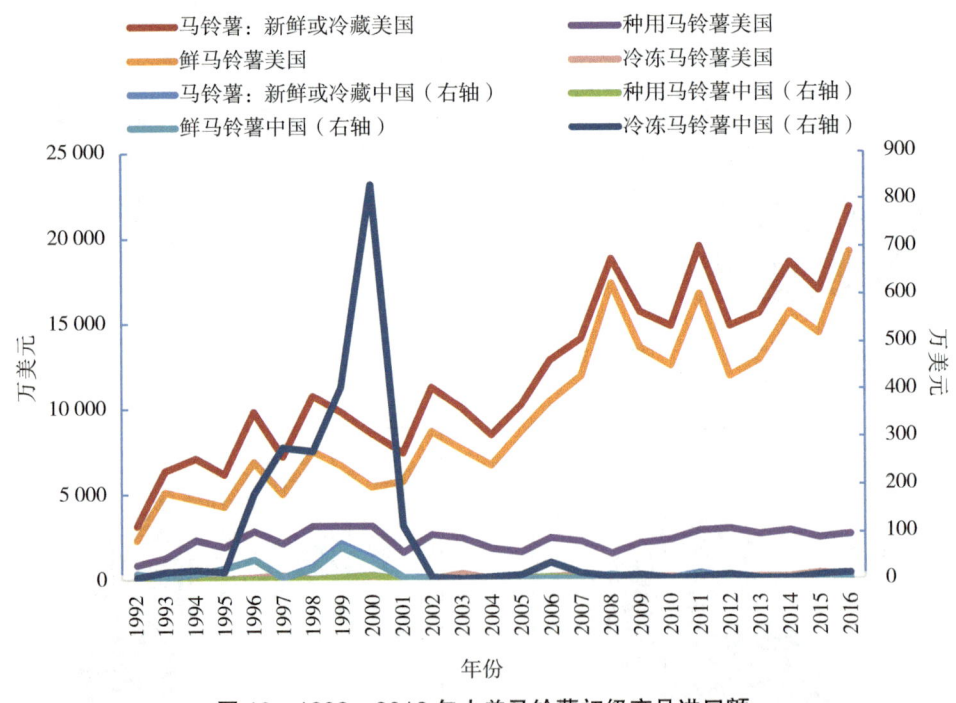

图19 1992—2016 年中美马铃薯初级产品进口额

数据来源：UN Comtrade

在马铃薯加工产品进口趋势变化方面，中美两国都呈现出快速增长趋势，且中国的增速和增幅远大于美国。加工产品中，薯片和粉团增速最快。1992—2016 年中国马铃薯细粉、薯片和团粉、马铃薯淀粉进口额分别由18.05万美元、2.52万美元和115.37万美元增至1 008.90万美元、744.78万美元和3 135.39万美元,分别增长了54.89倍、294.54倍和26.18倍,年均增长17.46%、25.55%和14.12%(图20)。其中,薯片和粉团进口额飞速增长。美国马铃薯加工产品进口额虽然也呈上升趋势,但上升速度明显慢于中国。1992—2016年美国马铃薯细粉、薯片和团粉、马铃薯淀粉进口额分别由23.66万美元、50.68万美元和1 999.36万美元增至227.98万美元、3 261.65万美元和7 701.13万美元,分别增长了8.64倍、63.36倍和2.85倍,年均增长9.48%、18.13%和5.54%。

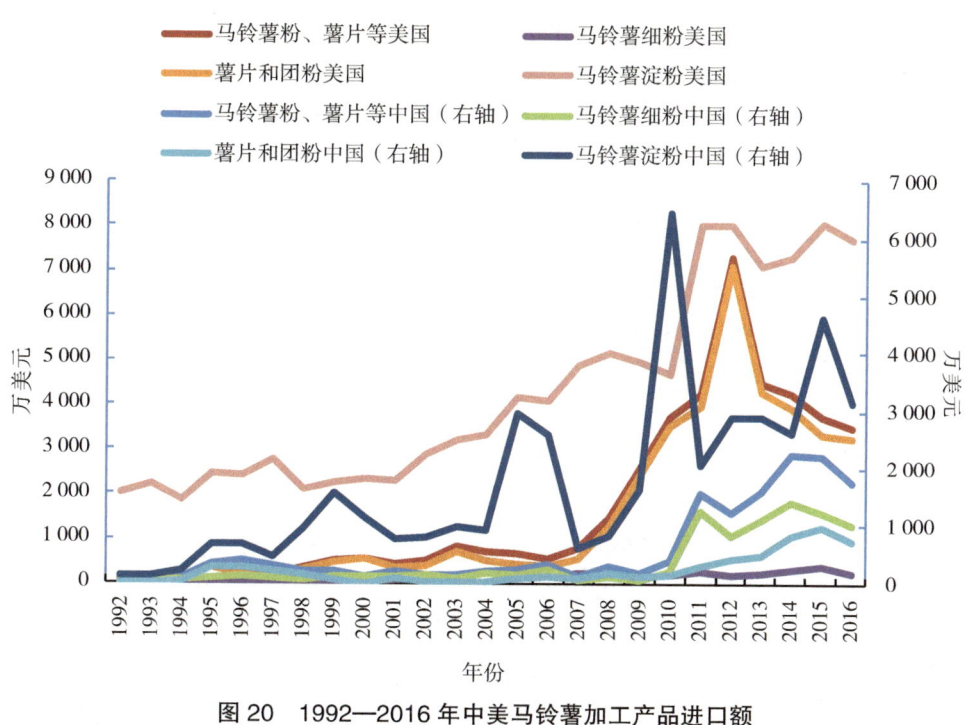

图20 1992—2016年中美马铃薯加工产品进口额
数据来源:UN Comtrade

2. 出口结构分析

从马铃薯出口贸易来看,中美两国出口额都呈现出快速增长趋势,中国马铃薯初级产品出口在国际份额的比重不断扩大。中国马铃薯初级产品的出口占主要地位,且出口规模呈逐年扩大的趋势;但与美国相比,马铃薯加工产品出口额偏低。在马铃薯初级产品出口方面,中美两国都以出口鲜马铃薯为主,且中国鲜马铃薯出口额远大于美国。1992—2016年,中国鲜马铃薯出口额由696.03万美元增长到2.26亿美元,增长了31.40倍,年均增长14.93%。而美国则由6521.42万美元增长至1.97亿美元,增长了2.02倍,年均增长4.53%(图21)。但最近几年,中美马铃薯初级产品出口额呈现出减少的趋势。

中美两国马铃薯加工产品进口均呈增长趋势(图22),但中国出口额远低于美国,加工产品增速也慢于美国。马铃薯加工产品中,中国马铃薯细粉、薯片和粉团、马铃薯

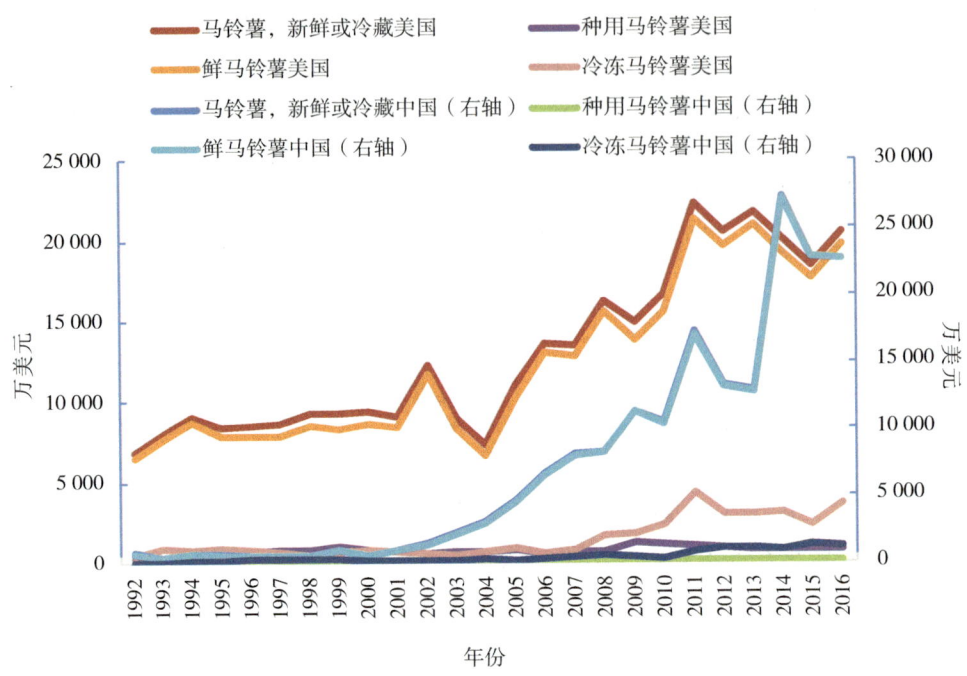

图21 1992—2016年中美马铃薯初级产品出口额

数据来源：UN Comtrade

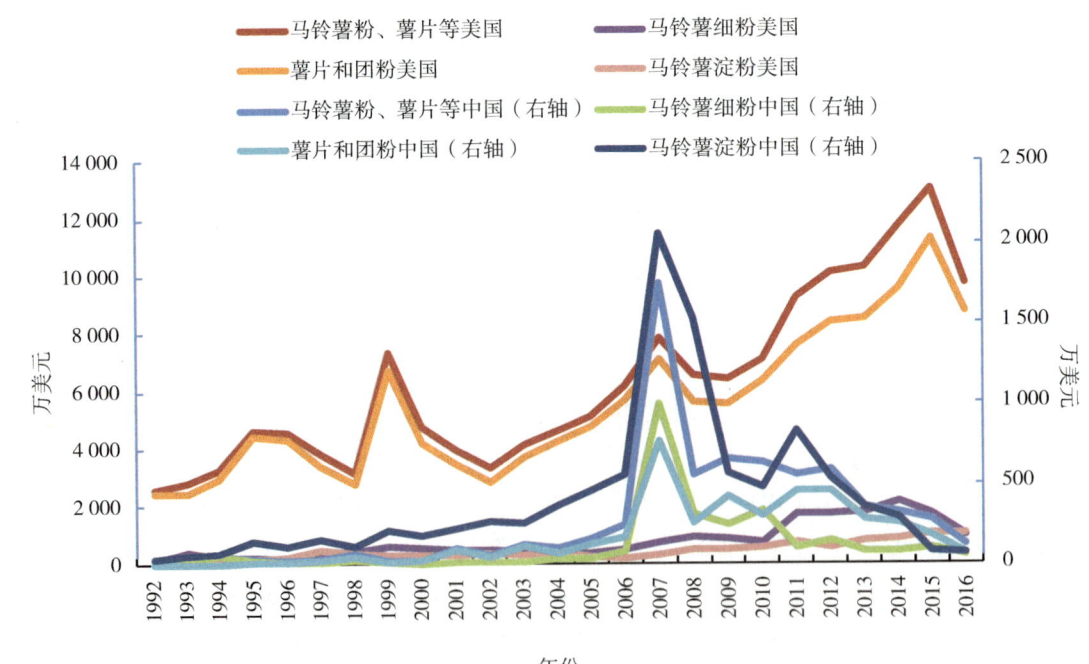

图22 1992—2016年中美马铃薯加工产品出口额

数据来源：UN Comtrade

淀粉出口额都较低,且相对均衡;美国以出口薯片和粉团为主,马铃薯各类加工产品出口额均呈增长趋势。1992—2016 年中国马铃薯细粉、薯片和团粉、马铃薯淀粉出口额分别由 13.33 万美元、1.06 万美元和 26.92 万美元增至 50.94 美元、67.64 万美元和 65.56 万美元,分别增长 2.82 倍、62.81 倍和 1.44 倍,年均增长 5.51%、18.09% 和 3.62%;美国薯片和粉团出口额增长较快,马铃薯细粉、薯片和团粉、马铃薯淀粉出口额分别由 125.31 万美元、2 474.70 万美元和 164.75 万美元增至 990.74 万美元、8 759.65 万美元和 1039.24 万美元,分别增长 6.91 倍、2.54 倍和 5.31 倍,年均增长 8.62%、5.19% 和 7.65%。

五、主要国家产业链竞争力

(一)主产国生产成本收益差异较大

1. 生产成本总体呈下降趋势

马铃薯生产要素投入和市场行情变动是马铃薯生产和市场发展状况的重要经济指标。随着马铃薯种植技术水平的提高和单产增加,全球马铃薯生产成本总体呈下降趋势。从主产国看,除法国外,中国、俄罗斯、美国、荷兰和德国的马铃薯生产成本均有不同程度下降(图 23)。其中,中国马铃薯生产成本下降速度最快,2011—2016 年中国马铃薯生产成本由 452.02 美元/吨下降到 145.86 美元/吨,下降了 67.73%(部分成本下降受汇率变动的影响);俄罗斯马铃薯生产成本在 2011—2016 年波动较大,2015 年其生产成本达到 179.69 美元/吨的最低值,2016 年由上升至 325.89 美元/吨,与 2011 年相比基本保持不变;美国、荷兰马铃薯生产成本小幅度下降,2011—2016 年马铃薯生产成本分别由

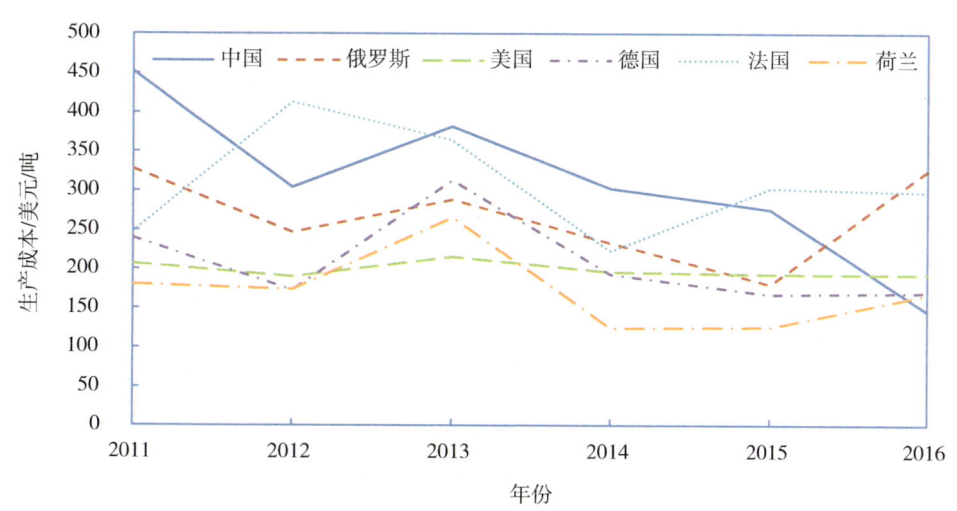

图 23 2011—2016 年马铃薯主产国成本变化

数据来源:Euromonitor International

207.00美元/吨、180.20美元/吨下降至192.70美元/吨、167.05美元/吨，分别下降了6.91%、7.30%；2011—2016年，德国马铃薯生产成本由239.74美元/吨下降至169.27美元/吨，下降了29.40%。法国马铃薯生产成本则呈波动态势，2012年达到近年最高的413.03美元/吨，同比大幅增加67.00%，之后波动下降，2016年降至297.77美元/吨，下降了27.91%，但比2011年增涨了20.39%。

2. 主产国生产营业额增减不一

马铃薯生产营业额（Production Turnover）是马铃薯市场成交额的直接指标，反映了马铃薯产业链的长度、加工深度和市场化水平。从马铃薯主产国来看，美国马铃薯生产营业额远远高于其他国家，并保持上升趋势（图24）。2011—2016年美国马铃薯生产经营额由93.62亿美元上升至112.49亿美元，增长了20.16%；中国是马铃薯产量最高的国家，其生产营业额仅次于美国，2011—2016年中国马铃薯生产经营额由40.16亿美元上升至58.80亿美元，增加了46.41%；加拿大、俄罗斯以及其他欧洲国家2011—2016年受收获面积和产量等影响，马铃薯生产营业额均有不同程度的下降；2011—2016年印度马铃薯生产营业额由4.07亿美元上升至5.24亿美元，增加了28.75%，印度马铃薯生产营业额虽然有所增长，但与其产量增长速度相比，生产营业额仍然偏低，存在较大增长空间。

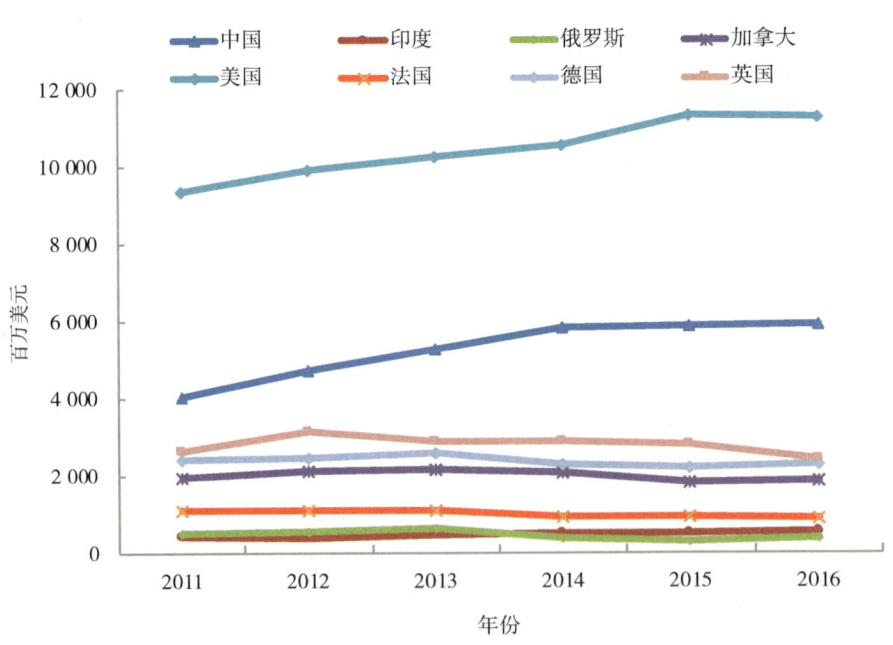

图24 2011—2016年马铃薯主产国营业额变化

数据来源：Euromonitor International

（二）马铃薯消费市场规模不断扩大

1. 亚太消费市场规模增长明显

受马铃薯生产中心转移的影响，马铃薯消费市场规模也呈现出由西向东、由发达国家向发展中国家转移的趋势。2011—2016 年，除德国外，欧洲国家马铃薯消费规模普遍呈现出小幅度下降趋势，亚洲马铃薯消费市场规模则快速增长。从国家分布看，美国始终是马铃薯消费市场规模最大的国家且一直保持增长趋势，中国、印度等亚洲国家消费市场规模增长较快。2011—2016 年美国马铃薯消费市场规模由 140.46 亿美元上升至 168.74 亿美元，增加了 20.13%；中国是马铃薯消费市场规模增长最快的国家，2011—2016 年中国马铃薯消费市场规模由 49.25 亿美元增长至 76.83 亿美元，增长了 56.00%；印度马铃薯市场规模在全球马铃薯消费市场规模中所在份额较少，但也呈现较快的增长趋势，2011—2016 年印度马铃薯消费市场规模由 8.26 亿美元增长至 10.12 亿美元，增加了 22.51%（图25）。

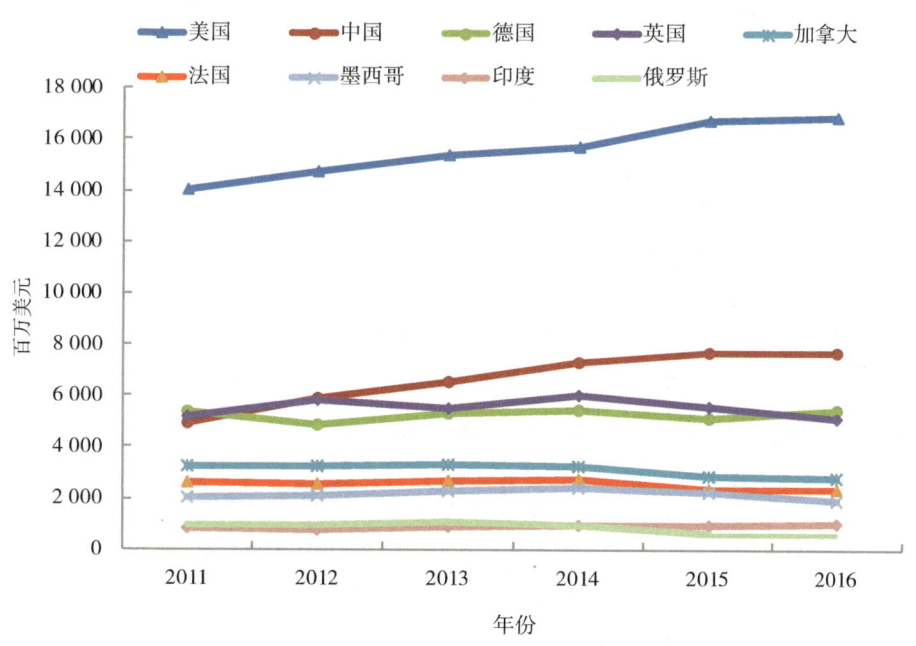

图 25　2011—2016 年马铃薯主产国消费市场规模变化

数据来源：Euromonitor International

2. 马铃薯加工食品消费快速增长

随着马铃薯生产和市场中心的转移，马铃薯消费结构也呈现出一些新的特点。冷冻马铃薯（油炸）和脱水马铃薯消费量快速增长。2011—2016 年冷冻马铃薯（油炸）和脱水马铃薯消费额分别由 76.66 亿美元、76.94 亿美元增长至 106.09 亿美元、106.77 亿美元，分别增长了 38.39% 和 38.77%（图26）。冷冻马铃薯（油炸）和脱水马铃薯消费额分别占总消费额 46.51% 和 48.81%，基本决定了马铃薯加工食品总消费量的走势。2011—2016

年，冷冻马铃薯（其他）和马铃薯罐头在总消费中的比例始终处于较低水平，2016年冷冻马铃薯（其他）和马铃薯罐头在总消费中的比重分别为3.84%和2.85%。

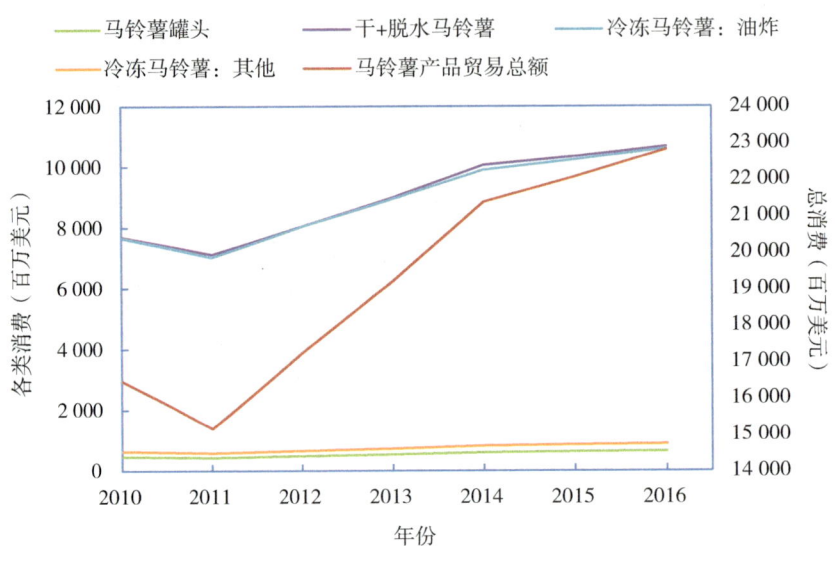

图26　2011—2016年全球马铃薯消费结构变化

数据来源：M07216_L（Data Group）

3. 美国鲜薯和加工产品消费"一减一增"

美国马铃薯消费不仅在全球马铃薯消费中占有重要地位，更对全球马铃薯消费模式产生重要影响。随着加工技术的不断发展和居民消费习惯的转变，美国马铃薯消费结构也表现出一些新的特点。1970—2016年美国马铃薯消费量减少了8.62%，并未出现较大变化。从产品类型上看（图27），美国马铃薯消费结构呈现出鲜马铃薯消费逐渐减少，加工产品消费量不断增加的总体趋势。1970—2016年，美国人均鲜马铃薯消费量由28.06千克

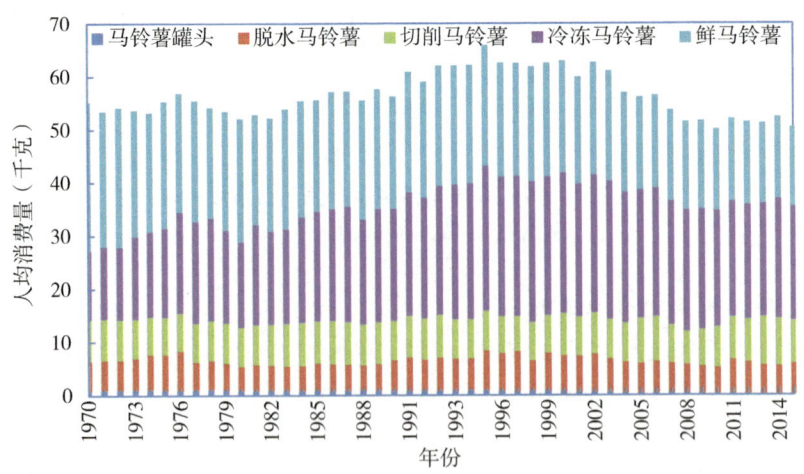

图27　1970—2016年美国马铃薯消费结构变化

数据来源：美国农业部

减少到 15.08 千克，减少了 46.26%；与此同时，马铃薯加工产品人均消费量则由 27.18 千克增加到 35.40 千克，增加了 30.24%，其中冷冻马铃薯增加了 65.79%，脱水马铃薯增加了 5.17%，切削马铃薯增长较少，马铃薯罐头消费量甚至出现了下降。截至 2016 年，鲜马铃薯人均消费量占人均总消费量的 29.87%，而加工马铃薯产品人均消费量占比则高达 70.13%，其中冷冻马铃薯、切削马铃薯、脱水马铃薯和马铃薯罐头所占比重分别为 42.50%、15.99%、11.35% 和 0.29%。

（三）马铃薯加工业持续发展

1. 全球加工马铃薯市场稳步增长

由于消费者对零售业和食品服务业所提供产品的口味和偏好发生很大的变化，全球加工马铃薯市场将稳步增长。随着消费者，特别是千禧年人（年龄在 20~34 岁）对便利性的需求不断增加，如土豆泥、切丁土豆和法式炸薯条等即食即煮食品的需求也随之增加，特别是终端零售渠道的增加也为全球加工马铃薯市场发展创造了良好机遇。2014—2015 年，中国零售企业的销售额增长了近 15%，促进了马铃薯片和冷冻薯条等加工马铃薯产品的零售额的增长。全球跨国零售公司沃尔玛在 2014 年为百事公司贡献了 20% 的净收入，同年百事公司净销售的 80% 的来自于北美地区。2016 年全球马铃薯加工产品收入约 1 089 亿美元，而 2021 年这一销售收入将增至 1 382 亿美元，其中美洲市场份额占总市场份额的比例将高达 36% 以上。

2. 马铃薯薯片增长预期较强

薯片是世界上最流行的休闲食品之一，在全球加工马铃薯市场中占重要地位（图28）。从 1853 年意外诞生以来，薯片市场随着时间的推移而演变，目前已拥有数十亿美元的市场。由于价格便宜，薯片在各个年龄段中都很受欢迎，正在成长起来的年轻人（15 岁以

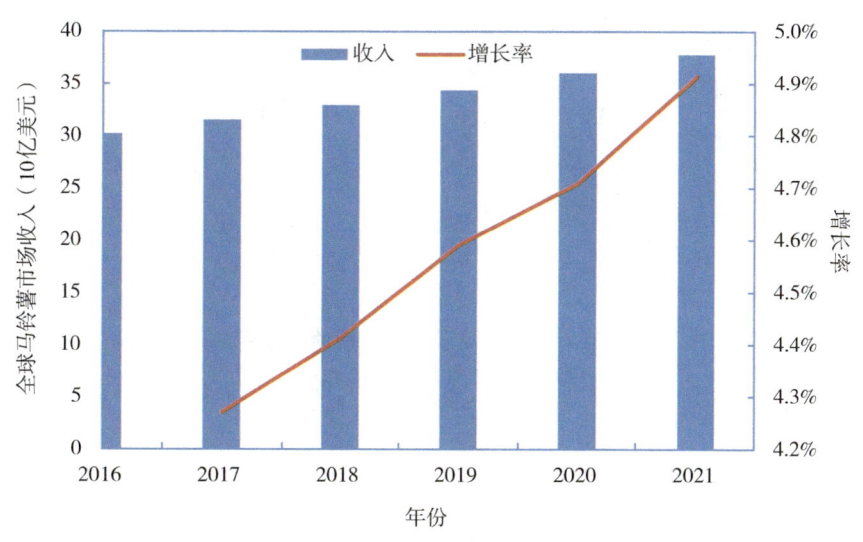

图 28　薯片全球市场预测分析
数据来源：TECHNAVIO.COM

下）是薯片的主要消费群体和潜力所在；同时，城市化进程加快、居民可支配收入增加以及生活方式急剧变化已成为薯片全球需求增长的重要因素。这些都成为过去几年全球薯片市场一直保持稳定增长的重要动力。值得关注的是，全球快餐店对薯片不断增长的需求是薯片市场的主要推动力之一。从区域上看，美国和西欧是最大的市场，占全球总需求的约2/3；印度、中国、俄罗斯等新兴市场预计未来将呈现出较高的增长率。2016年薯片市场收入为302.1亿美元，预计2021年这一收入将达到377.9亿美元，2017—2021年全球薯片市场复合年均增长率约为4.58%。

3. 马铃薯淀粉需求增长潜力较大

马铃薯淀粉不含麸质，非常适合患有麸质不耐症或小麦敏感的人群食用，还有助于降低血浆胆固醇和甘油三酯浓度，增加饱腹感，甚至减少脂肪储存（Mullie等，2016）。由于马铃薯淀粉无麸质的特点和有益健康的好处，食品制造商使用它制造各种无麸质、低热量和低脂肪食品。根据调查研究，因为具有无麸质特征，消费者群体将马铃薯淀粉视为常规食品的健康替代品，对马铃薯淀粉的需求日益增长。马铃薯淀粉越来越多地用于制作面条、热狗香肠和速溶汤等食品工业领域；同时，在其他工业领域，马铃薯淀粉是100%可生物降解的聚苯乙烯和其他塑料的替代品，广泛用于一次性盘子和刀子制作。2016年全球马铃薯淀粉市场收入为250.6亿美元，预计到2021年马铃薯淀粉全球市场收入将高达305.7亿美元，2017—2021年年均复合增长率约为4.05%（图29）。

图29　马铃薯淀粉全球市场预测分析

数据来源：TECHNAVIO.COM

（四）马铃薯产品代表性企业

随着马铃薯市场的不断繁荣，全球各地出现了不少跨国公司进行以马铃薯为核心的产业链、价值链和物流链相结合的三链融合发展模式。其中，值得关注的是以法式薯条为主要产品的几家特大型公司，如麦凯恩（Mc Cain）、蓝威斯顿（Lamb-Weston）、辛普劳（Simplot）、欧驱斯（Otros）、阿维克（Aviko）等知名国际企业，尤以前两者最为突出，两家公司市场份额占到全球薯条市场比重将近60%。

1. 加拿大麦凯恩公司（Mc Cain）

麦凯恩食品有限公司成立于1957年，第一家生产基地设置在加拿大新不伦瑞克省佛罗伦萨维多利亚，目前已是世界上最大的冷冻法式炸薯条和马铃薯专业制造商之一，年市场份额占全球总量的35%左右。麦凯恩公司专注于生产马铃薯产品，具体产品根据目标市场所处国家和地区而有所不同。麦凯恩公司在生产薯条的过程中，仅仅只有剪切、准备、烹饪和冻结四个环节，通过提高用户的可视性，增强用户对其产品的信赖。作为一个拥有全球性的业务的公司，麦克恩对马铃薯加工的整体方法是直接而透明的，通过简单的成分和简单的制备方法，并在此基础上开发新的食品，通过对旧产品的改进来实现新的增值。

麦凯恩公司的业务经多年的发展壮大，从30名员工和全球销售额15万加元规模，扩大到如今拥有雇用2万多人，全球销售额超过90亿加元。麦肯公司在全球六大洲经营建立53个工厂，与世界各地的农民合作，每年使用超过650万吨马铃薯，其产品遍布在超过160个国家的数千家餐馆和超市冷柜中，据有关机构测算，世界上每3个炸薯条中就有1个是麦凯恩提供的。

2. 美国蓝威斯顿公司（Lamb-Weston）

作为北美名列前茅的食品公司之一，康家食品集团拥有众多知名品牌并为97%的美国家庭所使用。北美和其他很多国家的消费者可在食品超市、便利店、大卖场和会员店找到Chef Boyardee、Egg Beaters、Hebrew National、Hunt's番茄沙司和番茄酱、Marie Callenders、Orville Redenbachers、PAM、Reddi-wip、Slim Jim肉条和牛肉干及康家食品集团的其他深受信赖的品牌产品。蓝威斯顿原是康家食品集团旗下最大的品牌，一直致力于冷冻马铃薯行业的创新，并于2016年11月分拆出来独立上市。

蓝威斯顿控股公司是一家美国冷冻/冷藏蔬菜供应商，同时也是美国第一、世界第二的增值冷冻马铃薯产品生产和销售商。蓝威斯顿控股公司于1950年成立于美国的爱达荷州Eagle。创立之后，蓝威斯顿迅速扩大经营，开始生产薯条和其他薯制品，并在1960年发明了蓝威水枪切割刀，从而开创了公司众多先进专有切割和加工系统的先河。该项发明是首个以高速水流切割薯条的设备，目前这一加工工艺已成为全球行业标准。在蓝威斯顿公司对产品品质的承诺从产品种植开始，只选用最优质的马铃薯和蔬菜品种，全部采用业内最严格的食品安全和质量标准进行种植和加工。通过60多年积累的经验，蓝威斯顿深刻地了解种植—生产—客户周期中的每个环节。除了有效管理内部农场外，蓝威斯顿还与当地农民合作，帮助他们开发最好的马铃薯和蔬菜产品，提高农作物产量。这些经验也极大增强了公司对于发展农村、扩大农业发展机会的承诺和支持。凭借作为食品行业领先企业的优势，蓝威斯顿的供应链系统及管理对可持续性业务模式予以充分支持。蓝威斯顿有4家工厂荣获了美国国家环境保护局认证的ENERGY STAR®（能源之星）殊荣。

蓝威斯顿公司对于提供优质产品和卓越客户服务的承诺伴随其在北美、欧洲和亚洲实现了持续增长，并积极推动了技术领先优势及新产品持续创新。其主要在全球市场提供冷冻马铃薯产品，种类包含冷冻马铃薯、番薯、开胃食品等，产品主要以自有品牌"Lamb Weston"销售，或提供代工客户贴牌服务。60多年来，蓝威斯顿生产的薯制品、甘薯制品、开胃小食和其他蔬菜产品遍布100多个国家的大小型餐厅和食品超市。目前，蓝威斯顿公司在全球已拥有22个工厂，员工超过6 000名，每年生产的成品数量逾200万吨，遍布全球的工厂和行业专业人员能够为各个市场的顶级餐厅和零售商打造并供应薯类拳头产品。蓝威斯顿公司采用可持续性的耕种模式和业界领先的加工技术，在全球马铃薯市场上占据重要地位。蓝威斯顿公司分为4个部门来运作：全球（Global）、餐饮服务（Food service）、零售（Retail）和其他（Other），产品主要销往零售商以及餐饮公司。2016年，蓝威斯顿公司全球部分和餐饮服务部分收入占中收入的比重分别为53%和31%（图30）。从全球市场来看，蓝威斯顿占有23%的市场份额；在北美市场，蓝威斯顿拥有42%的市场份额，是最大的冷冻马铃薯供应商（图31）。同时，在中国、墨西哥、中东和德国，蓝威斯顿分别占有27%、25%、19%和18%的市场份额。2014—2016年蓝威斯顿公司营业收入分别为28.15亿美元、29.25亿美元和29.94亿美元，分别增长了3.91%和2.36%；调整后EBITDA分别为5.03亿美元、5.26亿美元和5.93亿美元，分别增长了4.57%和12.74%。

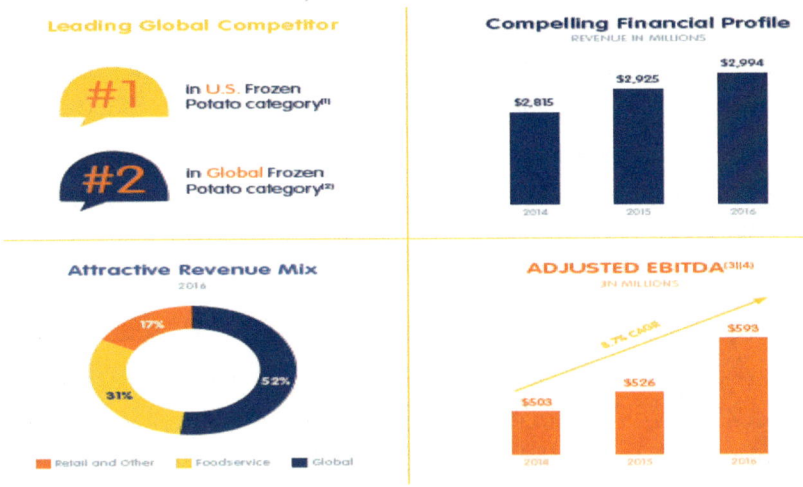

图30 蓝威斯顿公司全球位置及收益情况

数据来源：蓝威斯顿财务年报

六、北美自贸协定对美加墨关税政策的影响

（一）美国的关税政策变化

在北美自由贸易区（North American Free Trade Area，NAFTA）成立之前，美国对所有新鲜马铃薯和薯种征收0.77美分/千克的关税，冷冻马铃薯、冷冻法式炸薯条、薯片

的税率分别为17.5%、10.0%、10.0%，其他经加工马铃薯的税率为10.0%。在NAFTA协定中，美国同意从1995年开始，在6年内逐步降低关税。在过渡期结束时，新鲜马铃薯和种薯的关税将下降到0.5美分/千克，冷冻马铃薯、冷冻法式炸薯条（黄色）、其他冷冻法式炸薯条及经加工马铃薯的关税将下降到14.0%、8.0%、6.4%。根据"北美自由贸易协定"，美国已经取消了对加拿大和墨西哥的鲜黄马铃薯（Solano）、薯种、薯片和其他经加工马铃薯以及黄色冷冻法式油炸马铃薯的关税。经过5年的过渡期后，美国也逐渐取消了冷冻马铃薯，其他新鲜马铃薯和其他冷冻法式炸薯条的关税。作为NAFTA的一部分，美国通过了许多对加拿大马铃薯的关税削减政策。这一协议为美国逐渐取消对加拿大对新鲜马铃薯和冷冻法式炸薯条的关税提供了10年的过渡期。根据"北美自由贸易协定"，只有在新鲜的马铃薯条件下，美国可以实施"回潮"政策同时，在一定的条件下美国可以重新实施最惠国关税水平直至2008年。

（二）加拿大的关税政策变化

在NAFTA之前，加拿大对新鲜马铃薯和种薯的普通关税是每吨7.72美元，冷冻法式炸薯条和其他经加工马铃薯的关税为10.0%。根据北美自由贸易协定，加拿大在10年内逐步取消美国对马铃薯和马铃薯产品的关税，最终在1998年1月1日加拿大对美国马铃薯税率降至零。

（三）墨西哥的关税政策变化

在北美自由贸易协定之前，墨西哥对冷冻马铃薯征收15%的关税，对干马铃薯、冷冻法式炸薯条和其他经加工马铃薯征收20%的关税。墨西哥对从加拿大和美国进口的新鲜马铃薯要求提供进口许可证。根据"北美自由贸易协定"，墨西哥将在10年内逐步取消对美国和加拿大进口的经加工马铃薯的所有关税。此外，墨西哥取消了针对加拿大和美国新鲜马铃薯进口许可证制度，并制定了关税配额。通过植物检疫许可证，新鲜马铃薯可以运往墨西哥北部边境国家进行加工。在新鲜马铃薯的关税配额下，美国最初获得了15 000吨的免税配额，该数额在10年过渡期间以每年3%的复合增长率增长。最初，超额配额进口被征收每吨354美元的关税。在过渡期的前6年里，墨西哥取消了24%的超额配额关税，其余部分在过渡期最后4年内逐步淘汰。墨西哥马铃薯加工产业也受到关税配额的保护，但超额配额关税采用的是20%的最惠国税率。1994年，加工马铃薯的关税配额为冷冻马铃薯1 800吨、脱水马铃薯200吨、冷冻法式薯条3 100吨和其他马铃薯5 400吨，这些配额年复合增长率为3%。

七、世界供需形势展望

（一）全球马铃薯生产将保持稳定增长态势

马铃薯作为全球主要粮食作物之一，越来越受到普遍重视，尤其是在不发达地区，马铃薯已经成为解决食物安全的有效途径。随着马铃薯在中国、印度及非洲地区的推广，其种繁育体系不断完善、品种结构持续优化（Pacifico, Paris, 2016），预计全球马铃薯种植面积将继续扩大，且亚太地区将成为今后一段时期主要生产区域。与此同时，受资源环境约束等因素影响，欧洲地区马铃薯生产将保持总体稳定，非洲地区则呈现出增长态势。

（二）马铃薯消费需求将保持良好发展态势

马铃薯用途广泛，随着居民消费行为、消费习惯、消费结构变化，加之食品加工业和机械装备快速发展，预计未来马铃薯加工业将得到快速发展（Guenthner, 2010）。其中，全球薯片、薯条市场规模有望继续保持增长态势（Scott, Kleinwechter, 2017），马铃薯全粉市场在中国加工主食化政策带动下有望保持良好增长态势（Yan H, Laping W, 2016），马铃薯淀粉则随着食品工业、医药卫生和其他化工行业的发展而进一步扩大需求。从消费格局上看，美国和欧洲仍将是全球最大的马铃薯及其制品的最大消费市场，占全球消费量有望继续保持在2/3左右，但整体增速将有所放缓；印度、中国、俄罗斯等国家则是未来市场的重要增长点。从长期来看，中国、印度、泰国未来既是最大的消费市场，也是最具有竞争优势的区域（Porter, Faulkner, 2015）。

（三）国际市场价格将呈波动上涨趋势

马铃薯价格受到多种因素的影响，不仅与产地的天气状况、生产条件等有关，而且也与本国市场需求和国际市场情况有关；同时，下游食品工业、医药卫生等产业发展情况将会对马铃薯淀粉价格产生重要影响。长期来看，在物质投入成本、人力成本、流通运输成本持续上升的大背景下，马铃薯价格将继续保持整体上涨态势；但随着"互联网+"等电子商务快速发展，网络营销可能会对减缓价格上涨的幅度。与此同时，不同区域、不同国家、不同季节、不同品种（类型）的马铃薯价格将呈现不同的波动态势，中国、印度、泰国及其他马铃薯生产快速增长的国家需强化市场监测体系，避免市场价格的季节性、周期性和结构性大幅波动。

（四）马铃薯国际贸易格局稳中有变

总体上看，全球马铃薯贸易格局将保持稳中有变态势。受消费习惯、产业基础和马铃薯生产格局变化等影响（Scott和Kleinwechter, 2017），预计欧洲马铃薯出口份额在全球贸易中的份额有所减少，亚洲地区马铃薯出口份额将进一步扩大，其中中国2020年在全球马铃薯贸易中出口份额将达到5%以上（Porter和Faulkner, 2015）；同时，大洋洲、美洲出口份额相对稳定。进口方面，随着自身马铃薯产量的下降，面对马铃薯需求刚性，欧洲将仍然保持最大的马铃薯进口地区的地位。但欧洲地区在马铃薯贸易总额中的进口份额将进一步下降，马铃薯进口格局继续保持分散化特点，其他非马铃薯主产国和主要消费国在马铃薯贸易中的进口份额可能增加。

参考文献

Burton W G. 1983. The potato [J]. *Journal of Plant Foods*, 5(2): 53-66.

Guenthner J F. 2010. Past, present and future of world potato markets: an overview [J]. *Potato J*, 37(1-2): 1-8.

Mullie P, Boniol M, Autier P. 2016. Study on potato consumption will increase confusion regarding food and the risk of gestational diabetes [J]. *BMJ*, 352: i 1188.

Pacifico D, Paris R. 2016. Effect of Organic Potato Farming on Human and Environmental Health and Benefits from New Plant Breeding Techniques. Is *It Only a Matter of Public Acceptance* [J]. *Sustainability*, 10(8):1054.

Pandey S K, Sarkar D, Singh S V. 2010. Potato processing in India: today and tomorrow [J]. *Potato Journal*, 33(4): 11-19.

Porter C, Faulkner G. 2015. World potato market: Trends, investments, intercontinental trade and its implications for the future [C]. Qu D. Develop together for a better future-2015 Beijing World Potato Congress, Beijing: China Agriculture Press.

Scott G J, Kleinwechter U. 2017. Future Scenarios for Potato Demand, Supply and Trade in South America to 2030 [J]. *Potato Research*, 60(1): 23-45.

Yan H, Laping W. 2016. Situation and Competitive Strategy of Potato Trade in China [J]. *Agricultural Outlook*, 10: 019.

（海外农业研究中心特邀研究员　李辉尚　任金政　陈宝珍）

第五部分

棉 花

海外农产品市场研究（2017）

近30年来，世界棉花产业出现了较大的变化。棉花播种面积总体变化不大，但年度间波动较大，且生产区域布局在主产国之间出现了明显的转移。棉花单产持续提高，棉花产量波动中增长。而棉花价格和消费与世界经济的发展状况紧密相关，呈现出了一定的波动周期。

一、世界棉花供需现状

（一）棉花生产

1. 棉花种植面积波动较大

1986年以来，世界棉花生产呈现不稳定的波动态势，30年间棉花面积波动幅度较大，总面积在2 900万~3 600万公顷之间波动。美国农业部数据显示，1986—2016年，棉花面积由2 935万公顷波动发展至2 935万公顷（图1）。进入21世纪以后，棉花种植面积的波动幅度有所增大，其中种植面积最大的为2011年的3 608万公顷，最小的为2016年的2 935万公顷，跌回到1986年种植规模，为近30年的历史最低点。2002—2017年，世界棉花平均种植面积为3 279万公顷，比最低年份的2016年高343.6万公顷，比最高年份的2011年低328.9万公顷，最低年份和最高年份与平均种植面积的波幅分别为10.5%和10.0%。从初步数据判断，2017年棉花种植面积有所回升，有可能达到3 245万公顷，同比增长10.6%。

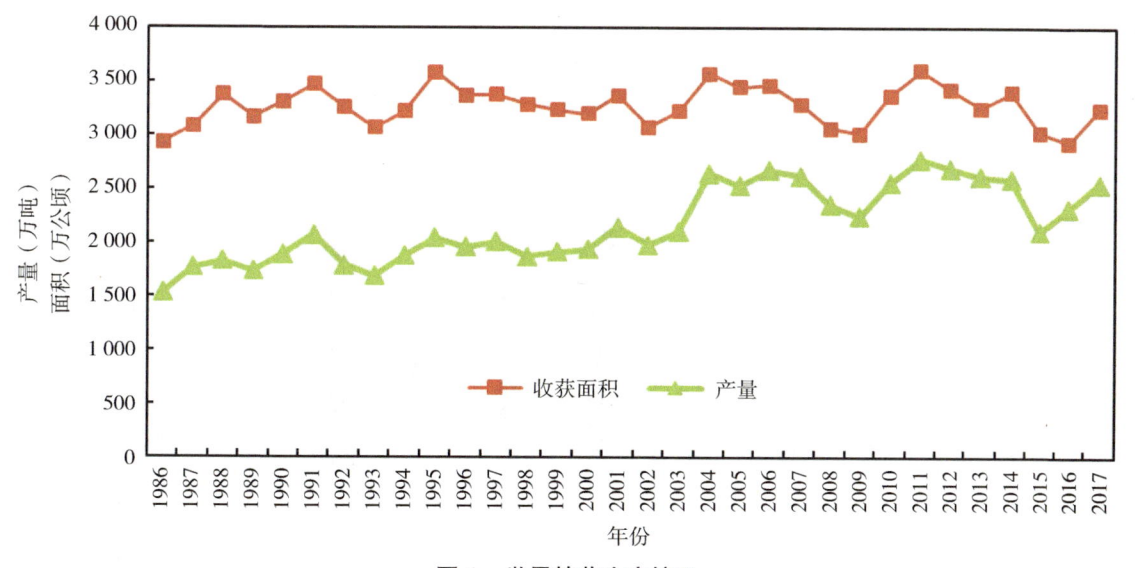

图1 世界棉花生产情况
数据来源：美国农业部

2. 棉花单产增长较快

世界棉花平均单产逐年上升，连续创历史最高水平。1986—2016年，世界棉花单产从522千克/公顷（34.8千克/亩）增加到790千克/公顷（52.7千克/亩），增幅为51.3%，其中2013年棉花单产到达805千克/公顷（53.7千克/亩），为近30年的最高水平（图2）。据美国农业部（USDA）数据，2016年世界棉花单产居前10位的国家依次是以色列、土耳其、中国、澳大利亚、墨西哥、巴西、委内瑞拉、希腊、保加利亚和叙利亚（图3）。2016年，居首位的以色列棉花单产达到1 769千克/公顷（118千克/亩），比世界平均单产高1.2倍。中国棉花单产为1 708千克/公顷（113.9千克/亩）。

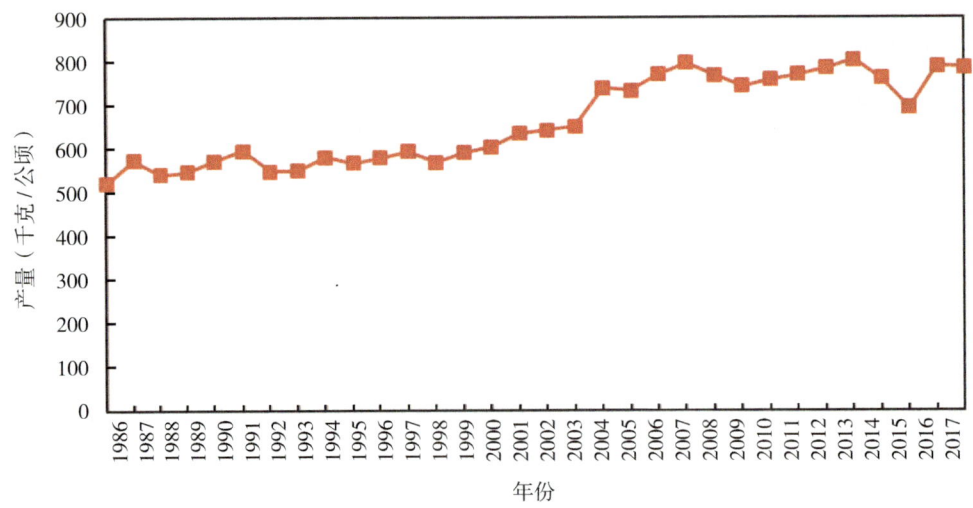

图2　世界棉花单产

数据来源：美国农业部

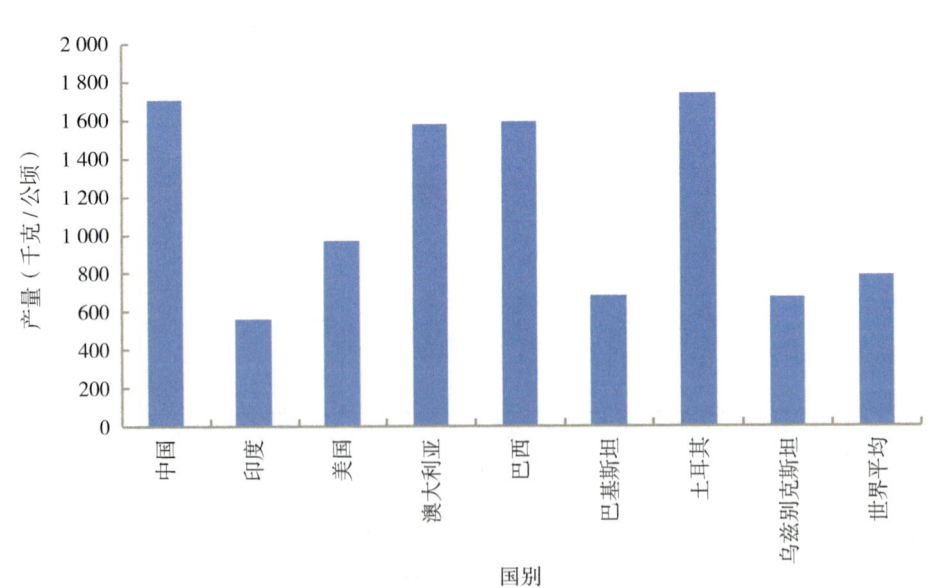

图3　2016年世界棉花主产国棉花单产

数据来源：美国农业部

3. 棉花产量波动增长

尽管全球棉花面积波动较大以及遭遇自然环境、气候等因素的不利影响，但由于单产提高较快，世界棉花产量仍呈现波动增长趋势。1986—2016年，世界棉花总产量从1 532万吨增加到2 318万吨，增幅为51.3%。2011年全球棉花产量2 780万吨，创世界棉花生产历史最高水平。2002—2016年，世界棉花平均产量为2 463万吨，比最低年份的2002年高481.4万吨，比最高年份的2011年低316.3万吨，最低年份和最高年份与平均产量的波幅分别为19.5%和12.8%，产量波动幅度远大于棉花种植面积的波动幅度。

（二）棉花消费状况及特点

近年来，随着世界经济的不断发展，棉花的总体消费特征也发生较大变化。20世纪70年代以来，虽然棉花在纺织纤维中的份额逐渐下降，但消费者对天然纤维的偏好使棉花依然保持着独特的竞争优势。了解世界棉花消费的变化特征，分析世界主要棉花消费国的棉花消费状况，对研判全球棉花的未来消费变化趋势具有重要的参考意义。

1. 棉花总体消费量波浪式上升

1980年以来，世界的棉花消费量变化经历了3个不同时期。第一个时期是1980—2000年，世界棉花消费量先增后稳，特别是1986—2000年，世界棉花的年消费量基本保持在1 800万~2 000万吨，处于一个相对比较稳定的消费期。第二个时期是2001—2011年，世界棉花的消费量处于一个波动期，先后经历了两次波动，年消费量在2006年和2009年达到了两次高峰，分别为2 667.7万吨和2 601.0万吨。第三个时期是2011年到现在，世界棉花的消费量又进入一个相对稳定的缓慢增长期，年消费量在2 300万~2 500万吨（图4）。

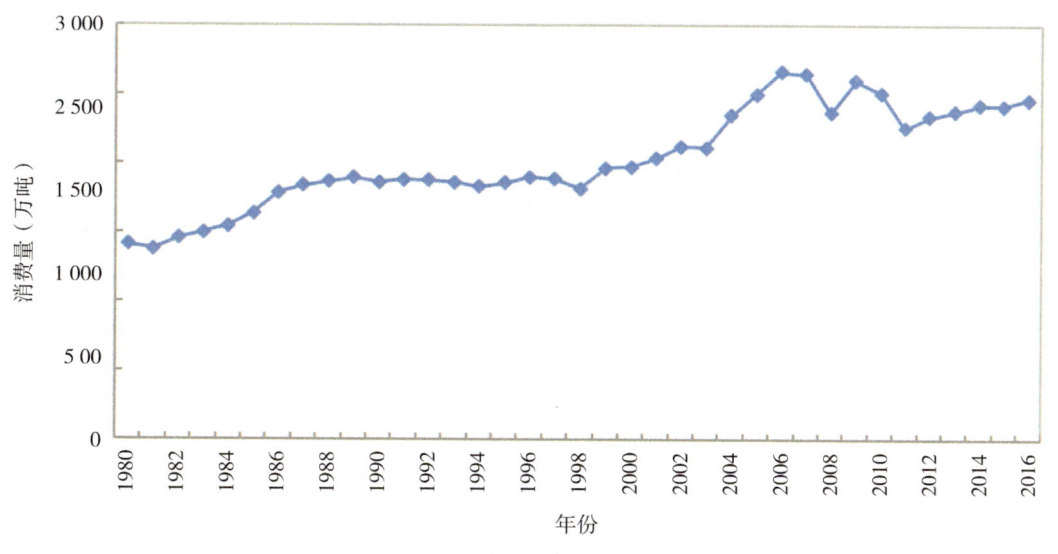

图4 世界棉花的年消费量变化

2. 主要棉花消费国棉花消费变动较大

世界主要棉花消费国有中国、印度、美国、巴基斯坦、土耳其和越南等。中国是全球棉花最大消费国，1980—2016年，棉花的年消费量从328.8万吨增长到了816.5万吨，增长了1.5倍，年平均增长率为2.6%，年消费量总体上呈现先增后减逐渐趋向平稳的特征。中国在加入世贸组织以前的棉花年消费量基本在400万吨左右，随着1999年中国开放棉花市场，棉纺织业也迅速扩张，棉花消费量急剧上升，特别是2004年之后大多数年份的棉花消费量在800万吨以上，其中2009年达到了1 088.6万吨，约占世界棉花总消费量的41.9%，之后随着中国劳动力成本的不断上升，棉纺织业逐渐丧失成本优势，棉花的年消费量也逐渐下降。随着中国经济发展步入新常态，加上低端棉纺织业的产能转移，棉花的消费量在2011年之后又进入一个相对稳定期，年消费量在800万吨上下波动（图5）。

印度是继中国之后的第二大棉花消费国，随着经济的不断发展，棉花的年消费量呈现持续稳定增长的趋势，从1980年的137.4万吨增长到了2016年的517.1万吨，增长了2.8倍，年平均增长率为3.8%。随着中国的棉纺织业不断向印度和东南亚等低成本劳动力国家转移，印度的棉花消费量仍有很大的增长空间（图5）。

美国的棉花年消费量先增后减，在1997年达到了最高峰，之后缓慢下降。1980—1997年，美国棉花的年消费量从121.0万吨增长到了248.0万吨，增长了1.0倍；1997—2016年，美国棉花的消费量从248.0万吨下降到71.4万吨，降幅为71.2%（图5）。21世纪以来，美国棉纺织工业萎缩，加上劳动力成本上升和棉花补贴力度较大，导致美国的棉花生产主要用于出口，而非国内消费。

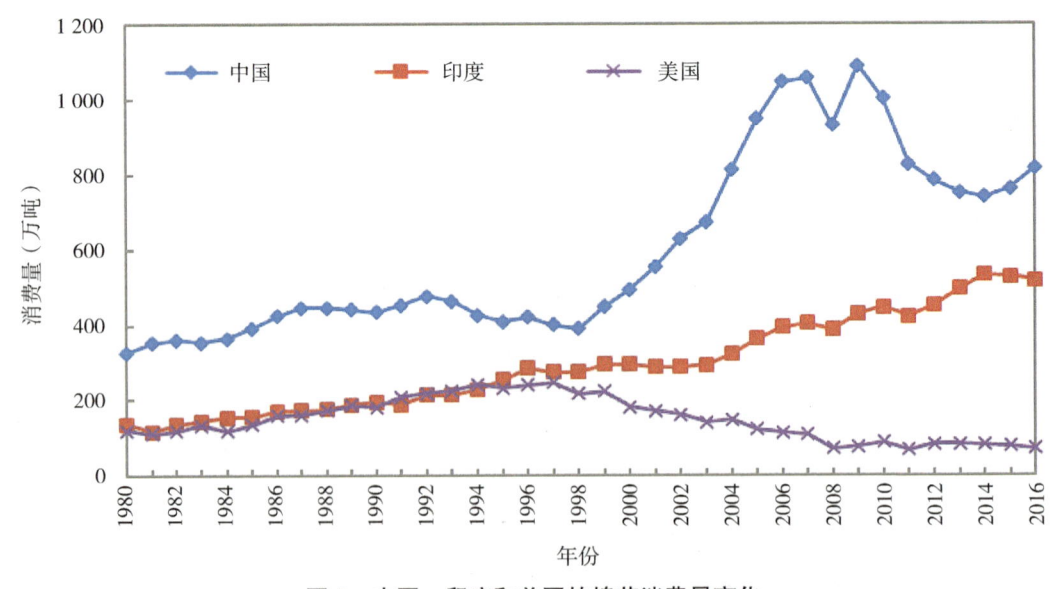

图5 中国、印度和美国的棉花消费量变化

巴基斯坦是世界第三大棉花消费国，棉花的年消费量先增后稳，在2006年和2007年达到了261.8万吨的最高峰，之后逐渐平稳（图6）。1980—2016年，巴基斯坦的棉花消费量从44.2万吨增加到了224.8万吨,增长了4.1倍,年均增长率为4.6%。巴基斯坦纺织品出口旺盛促使纺织厂加大棉花进口量,尤其是对印度棉的进口,以弥补本年度棉花减产带来的供应不足。

土耳其的棉花消费受纺织品和服装出口需求强劲的影响,年消费量一直呈现波动式增长趋势(图6)。1980—2016年,棉花的消费量从30.6万吨增长到137.2万吨,增加了3.5倍,年均增长率为4.2%。目前,土耳其国内的棉花产量很难满足纺织业需求,仍需大量进口,其中美棉的进口量约占棉花总进口量的一半。

越南的棉花消费总体呈现先稳后增的特征,2011年之前年消费量不足40万吨,2011年之后消费量急剧上升,2016年突破了100万吨,成为世界第四大棉花消费国(图6)。1980—2016年,越南棉花的年消费量从3.6万吨增加到了115.4万吨,增长了30.1倍,其中在2011年之后,随着国际市场对越南棉纱需求不断增加,以及中国、中国台湾地区和韩国等加大在越南进行大型纺织厂投资,越南的棉花消费量实现年均25.9%的速度快速增长,而且有持续增长的趋势。

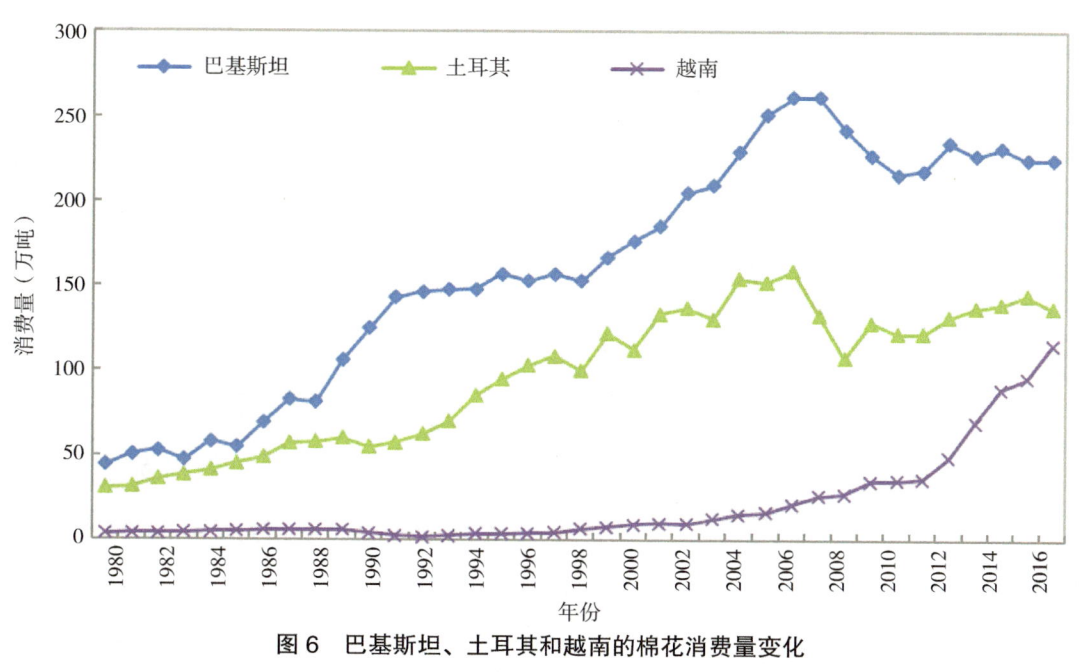

图6 巴基斯坦、土耳其和越南的棉花消费量变化

(三)棉花总库存总体上升

世界棉花的库存和消费变化不仅对国际棉花价格波动和棉花贸易产生直接的影响,也会对棉花生产国和消费国的棉花产业健康发展带来直接或间接的冲击。分析长期以来世界棉花库存和消费变化特征,可对了解和把握国际棉花市场发展变化提供重要支撑。

1980年以来,世界棉花总库存总体呈现波动上升的特征,从448.7万吨上升到了2017年的1 909.6万吨,上升了3.3倍,其中在2014年棉花总库存达到了2 432.9万吨,首度超过世界棉花总消费量（图7）。与此同时，棉花的消费库存比也表现同样的特征。1980—2017年，世界棉花消费库存比从31.7%上升到了75.4%，上升了43.7个百分点，其中在2014年达到了100.2%。

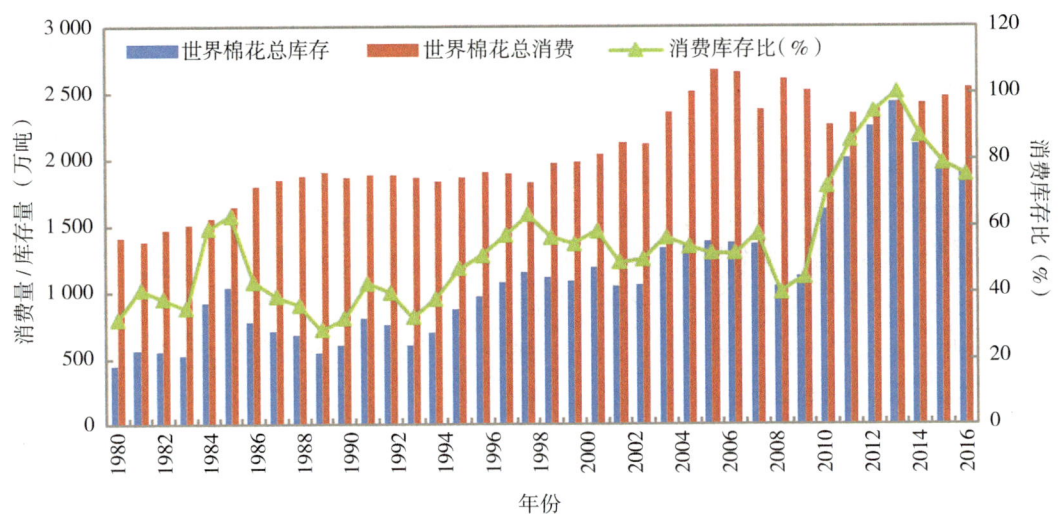

图7　世界棉花总库存、消费以及库存消费比的变化

世界棉花库存主要分布在中国、印度、巴西、美国和澳大利亚等棉花生产国和消费国，其中中国的棉花库存量世界第一，而且在许多年份占据世界棉花总库存量的一半以上（图8）。1980—2017年，中国棉花的库存量从52.1万吨上升到了856.7万吨，呈现波动增长特征，2010年之前棉花的年库存量大体在600万吨以内震荡起伏，2010—2017年出

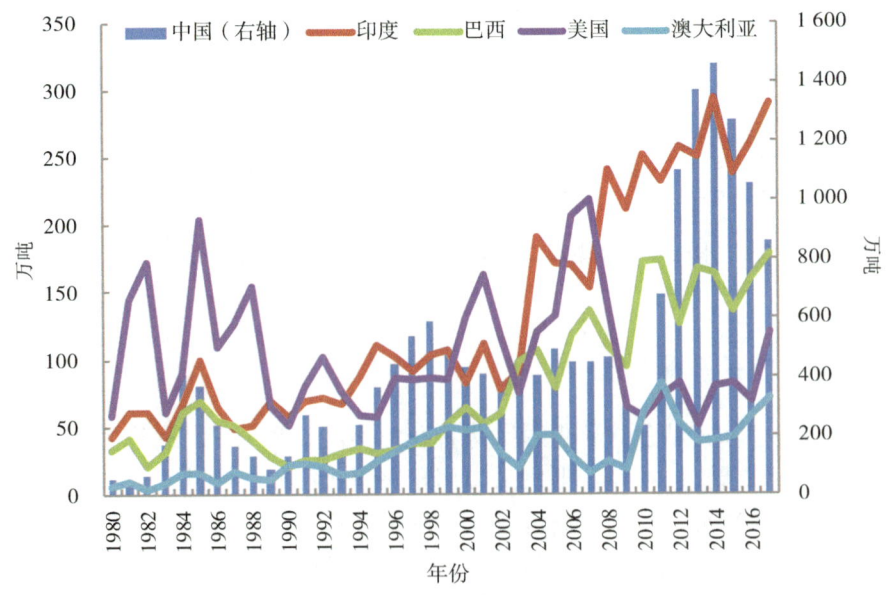

图8　世界主要棉花库存国家的棉花库存量变化

现了一个急剧上升和回落的周期，其中在 2014 年库存量达到了 1 457.0 万吨，创历史最高纪录。中国近些年棉花库存大幅增加主要是为确保棉农收益，2011/12—2013/14 年落实了 3 年临时收储政策。2014 年取消临时收储政策后，中国棉花库存量逐渐回落。

印度、巴西、美国和澳大利亚的棉花库存量相对较为稳定。1980 年以来，除 2008 年以后印度的棉花库存量超过 200 万吨外，巴西、美国和澳大利亚的棉花库存量均在 200 万吨以下波动。印度和巴西的棉花库存量稳中略增，澳大利亚的棉花库存量一直较为稳定，始终低于 100 万吨。

二、世界棉花生产布局及演变

尽管 30 多年世界棉花总播种面积变化并不大，但棉花生产的区域布局发生了较大变化。尤其是全球棉花主产国棉花播种面积发生了较大变化。

（一）主要棉花生产国生产布局特点

1. 美国

（1）生产规模

美国目前是世界上第三大棉花生产国和第一大棉花出口国。美国棉花生产规模仅次于印度和中国。1982 年以前，美国的棉花产量一直居于世界首位，此后中国和印度棉花产业快速发展，美国退居世界第三大棉花生产国。1986—2016 年，美国棉花播种面积从 342.7 万公顷增长到 384.8 万公顷，增长 12.3%；产量从 211.9 万吨增长到 373.8 万吨，增长 76.4%（图 9）。面积占全球棉花总面积的比例从 11.7% 增长到 13.1%；产量占全球棉花总产量的比例从 13.8% 增长到 16.1%。2000—2016 年，美国棉花年均产量为 378 万

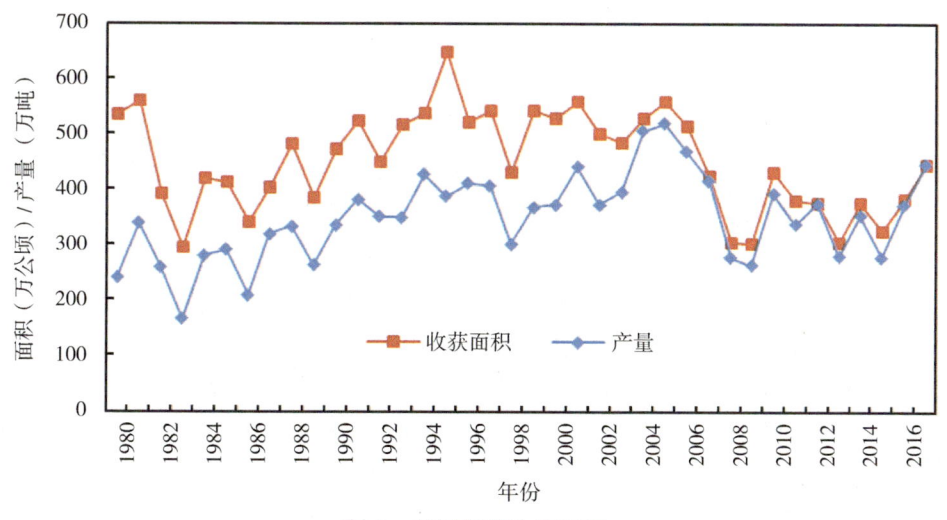

图 9　美国棉花生产情况
数据来源：美国农业部

吨，占世界产量的15.7%。美国是世界第一大棉花出口国，棉花消费市场主要在海外，70%以上的棉花用于出口，出口规模占世界同期出口量的1/3左右。从产量和贸易量来看，美国棉花在全球棉花产业中占有重要地位。

美国棉花生产集约化和规模化程度高。美国棉花生产的主体是农场主，棉花种植的平均规模在280公顷左右，规模化程度高，棉花生产已全面实行机械化。在棉花生产过程中，品种布局由国家统一确定，实行严格的区域种植，种子供应一般由指定的种子公司进行，并且严格检验，统一发放，确保了棉花的高产量和高品质。美国棉花单产一直在增长。1980—2016年，美国棉花单产从每公顷618千克提高至每公顷972千克，增长57.3%（图10）。

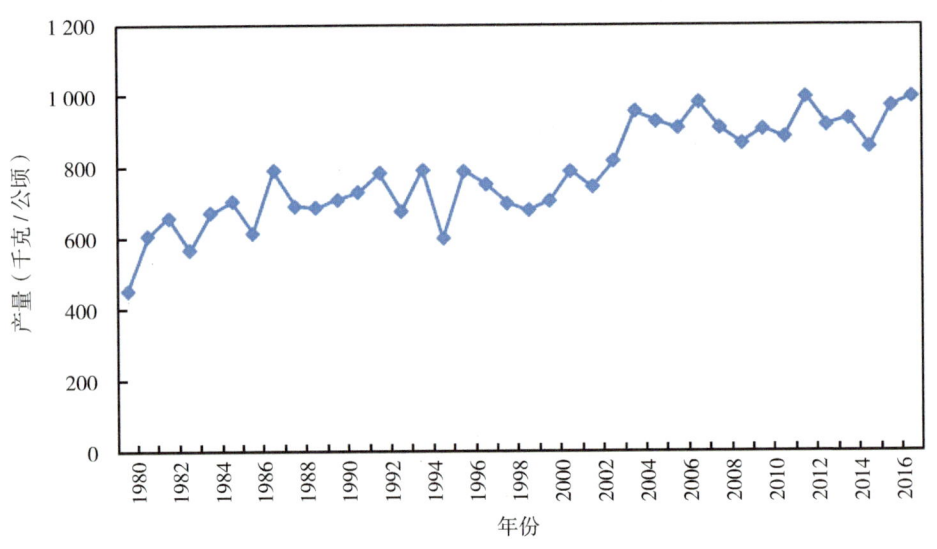

图10 美国棉花单产
数据来源：美国农业部

（2）区域布局

美国棉花生产90%集中在棉花带，分四大棉区共17个州，棉花带位于北纬35度以南，从太平洋沿岸的弗吉尼亚州到大西洋岸的加利福尼亚州，分为东南部棉区、中南部棉区、西南部棉区和西部棉区。其中东南部棉区包括阿拉巴马州（AL）、佛罗里达州（FL）、佐治亚州（GA）、北卡罗来纳州（NC）、南卡罗来纳州（SC）和弗吉尼亚州（VA）共6个州；中南部棉区包括阿肯色州（AR）、路易斯安那州（LA）、密西西比州（MA）、田纳西州（TN）和密苏里州（MO），该地区地处密西西比河沿岸，土地肥沃、降雨充足，因而这一地区的棉花生产属于依赖自然降雨型；西南部棉区包括堪萨斯州（KS）、俄克拉荷马州（OK）和德克萨斯州（TX），属于一般水浇地与旱地的混合型生产区；西部棉区包括亚利桑那州（AZ）、加利福尼亚州（CA）和新墨西哥州（NM），属于灌溉型棉区。除了西南部地区的南德州棉花播种期为2—4月以外，所有棉区每年播种期均为4—6月，收获期则为9—11月。

从各棉区的种植规模变动来看，1993—2015 年，西部和中南部棉区萎缩严重，无论是绝对面积还是占全美植棉面积的比重均出现大幅下降，西部棉区植棉面积从 1993 年的 157.85 万公顷下降到 31.25 万公顷，减少了 80.2%，占全美植棉面积从 11.7% 下降到 3.6%，减少了 8.1 个百分点；中南部棉区植棉面积从 418 万公顷下降到 98.5 万公顷，减少了 76.4%，占全美植棉面积从 31.1% 下降到 11.5%，减少了 19.6 个百分点。东南部棉区植棉面积和占全美植棉面积比重均有所上升，目前已超过中南部棉区成为美国第二大植棉区（图 11）。1993—2015 年，东南部棉区植棉面积由 172.72 万公顷上升到 223.5 万公顷，占全美植棉面积的比重从 12.9% 上升到 26.0%，其中面积的扩张主要来自佐治亚州，该州占全美植棉面积的 13.2%，已成为美国第二大植棉州。西南棉区一直是美国最大的植棉区域，美国棉花种植一半以上来自该区域，1993—2015 年，西南棉区植棉面积绝对数有所下降，从 595.26 万公顷减少到 504.8 万公顷，减少了 15.2%，但由于全美棉花植棉面积下降的幅度超过西南棉区下降的幅度，西南棉区占全美植棉面积的比重从 44.3% 上升到 58.8%，增长了 14.5 个百分点，其中德克萨斯州是美国最大的植棉州，2015 年该州棉花种植面积为 481.7 万公顷，占全美植棉面积的 56.6%。

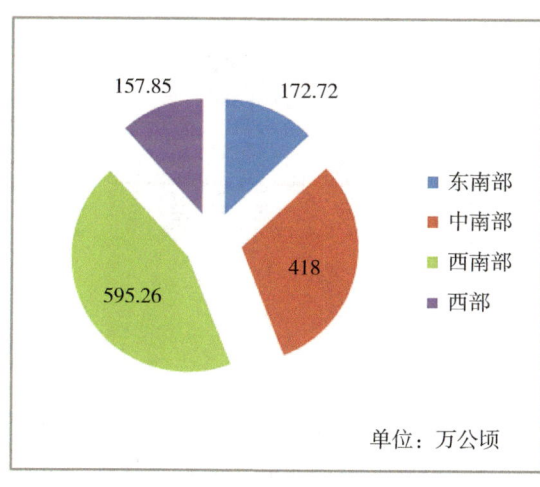 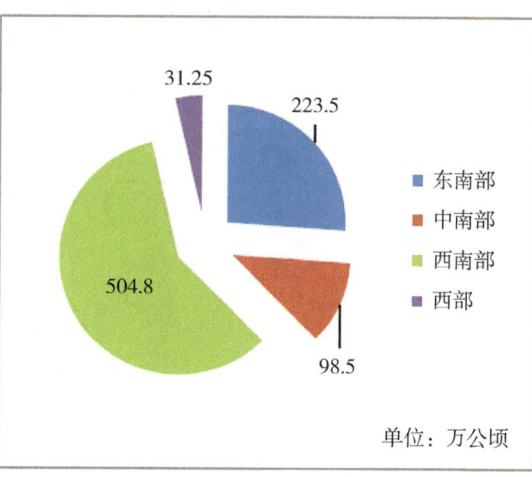

图 11　1993 年与 2015 年美国各棉区植棉面积对比

（3）主要种植品种

由于美国在棉花品种培育方面的高投入政策，使美国的棉花品种以优良著称，在世界棉花种植上一直保持领先地位。目前美国棉花主要品种有陆地棉种的爱字棉、斯字棉、岱字棉、柯字棉、佩马斯特棉以及兰卡特等六个类型的 40 多个品种和海岛棉的比马 s-5、比马 s-6 两个品种。

2. 澳大利亚

在世界棉花生产大国中，澳大利亚棉花种植起步最晚，仅有 200 多年的历史，但在 20 世纪 70 年代以后有长足发展，很快进入世界棉花生产出口大国之列，目前居世界棉花生产第 8 位、出口第 3 位。

（1）生产规模

澳大利亚棉花生产虽然起步晚，但种植规模大、科技含量和机械化水平高，其棉花种植在短短的几十年中走过了许多国家几百乃至上千年的历程。澳大利亚棉花种植面积波动较大，从 20 世纪 80 年代以后走出了"M"形趋势，90 年代为澳大利亚棉花生产的高峰时期。据美国农业部（USDA）数据，20 世纪 80 年代，全国平均年种植面积 16.1 万公顷，90 年代发展到了 34.5 万公顷，进入 21 世纪以来年均种植面积为 34.6 万公顷。2000 年以来，澳大利亚植棉面积波动加大，收获面积最高的为 2011 年的 65.5 万公顷，最低的为 2007 年，仅为 6.5 万公顷，分别比平均收获面积高 30.8 万公顷和低 28.1 万公顷（图 12）。

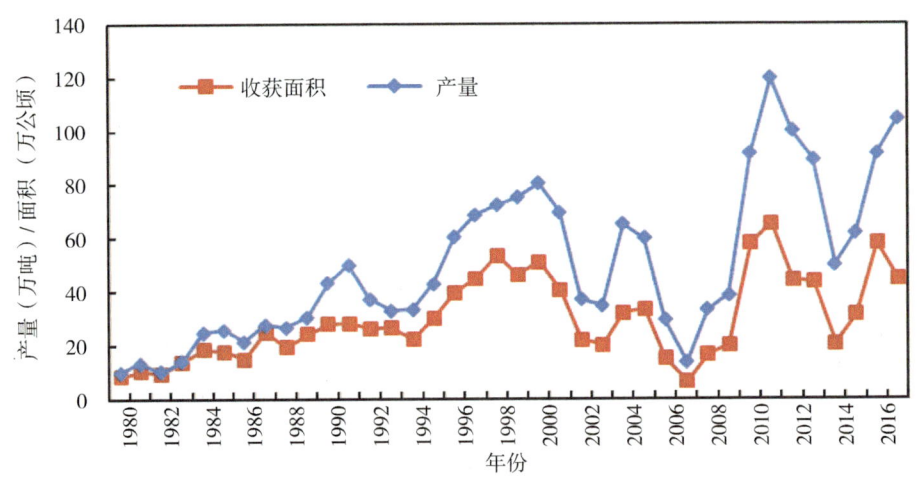

图 12　澳大利亚棉花生产情况

数据来源：美国农业部

随着种植面积波动，产量表现出相同走势。1980—2017 年的年均产量为 49.5 万吨。20 世纪 80 年代以后一段时期棉花生产迅速发展，在 2000 年达到 80.6 万吨，为这一时期澳大利亚棉花种植历史的顶峰水平。2000 年以来棉花产量快速波动，2003 年由于出现大旱，产量锐减至 34.8 万吨，下降了 56.8%，2007 年仅 13.6 万吨。2007 年以后，由于技术创新，澳大利亚棉花单产和植棉面积都有所提高，产量得以恢复。

澳大利亚棉花单产水平较高，总体上是世界平均棉花单产水平的 2.5 倍左右。澳大利亚棉花单产自 20 世纪 80 年代以来一直居世界领先地位，且不断发展，稳步提升（图 13）。2014 年澳大利亚平均棉花单产为 2 443 千克/公顷，创造了世界棉花单产的新纪录，为同期世界棉花单产的 3.2 倍。澳大利亚棉花平均单产高产的重要原因，主要是品种优良和生长期较长，如昆士兰棉区棉花适宜生长期 300 天以上。

（2）区域布局

澳大利亚棉花生产区非常集中，基本上种植在西南部的新南威尔士州和西北部的昆士兰州。棉花主要是旱地种植，以灌溉为主，灌溉占种植面积的 80%。受其地理位置的影

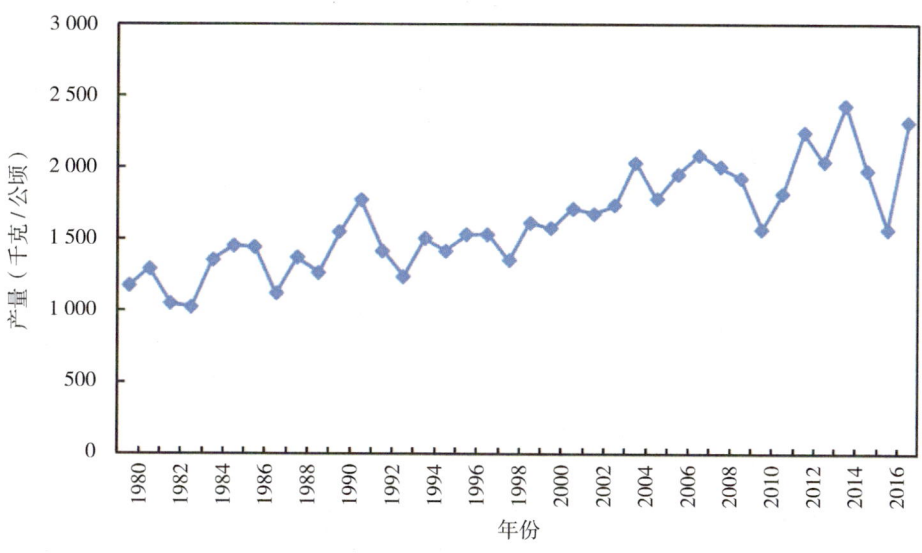

图 13　澳大利亚棉花单产

数据来源：美国农业部

响，澳大利亚棉花生产时间与绝大部分国家正好相反，每年 9 月下旬开始播种，到第二年的 4 月中旬开始收获，5 月底收获结束。1980—2015 年，新南威尔士州平均植棉面积占澳大利亚的 66%，昆士兰州占 34%。

近年来棉花种植有向北部发展的趋势，昆士兰州植棉面积占澳大利亚植棉面积的比重有所上升（图 14）。1980—1995 年，昆士兰州占澳大利亚植棉面积的比重基本在 30% 左右。此后昆士兰州植棉面积不断增加，最高年份的 2003 年和 2004 年占澳大利亚植棉面积的一半左右。2008 年以来，昆士兰州占澳大利亚植棉面积的比重约 40%。

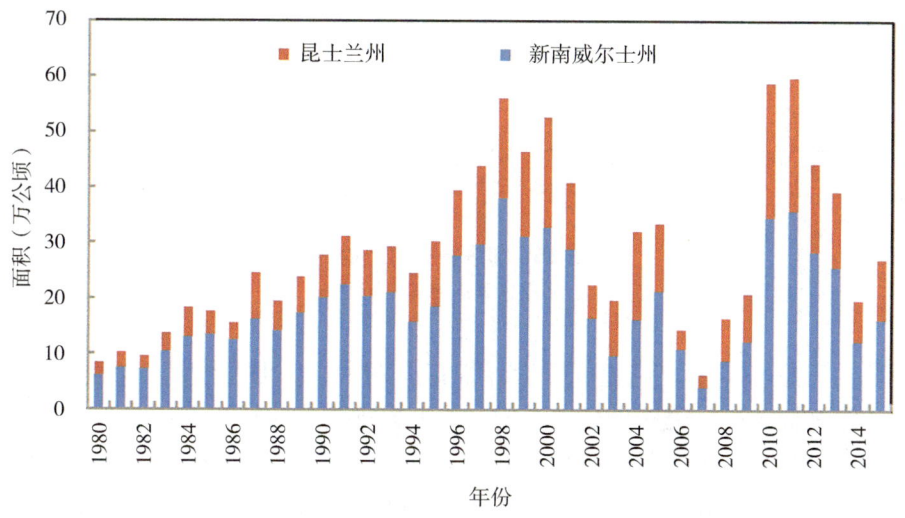

图 14　澳大利亚棉花分区

数据来源：ABARE

（3）主要种植品种

澳大利亚棉花品种及品质质量均堪称世界一流。棉花品种多为本国自主研发，并非常重视纤维品质优良品种的选育和应用，其主栽品种为Sicala40、Sicala43、Sicot70、Sicot71、SiokraV-16和SiokraV-17。澳大利亚棉花品质也为世界一流，一般棉花纤维长度达29.37~30.16毫米，比强度在28克/特克斯以上，麦克隆值在3.8~4.5，纤维整齐度达80%以上。

3. 印度

印度是世界上植棉历史最悠久的国家，是世界第一大棉花生产国和第二大棉花消费国。棉花是印度最重要的经济作物，对维持580万棉农和从事棉花加工和贸易的4 000万~5 000万人口的生计具有重要作用。

（1）生产规模

印度植棉面积一直居世界首位，1980—2017年平均每年的植棉面积为896万公顷，2017年印度植棉面积达到1 200万公顷（图15），占全球植棉面积的37.0%。1980—2002年，印度棉花单产一直在低水平增长，从169千克/公顷提高到301千克/公顷（图16），增长了78.1%，年均增长2.7%，平均单产为266千克/公顷。2016年印度棉花单产仅相当于世界平均单产水平的70.9%，相当于中国平均单产水平的32.8%。

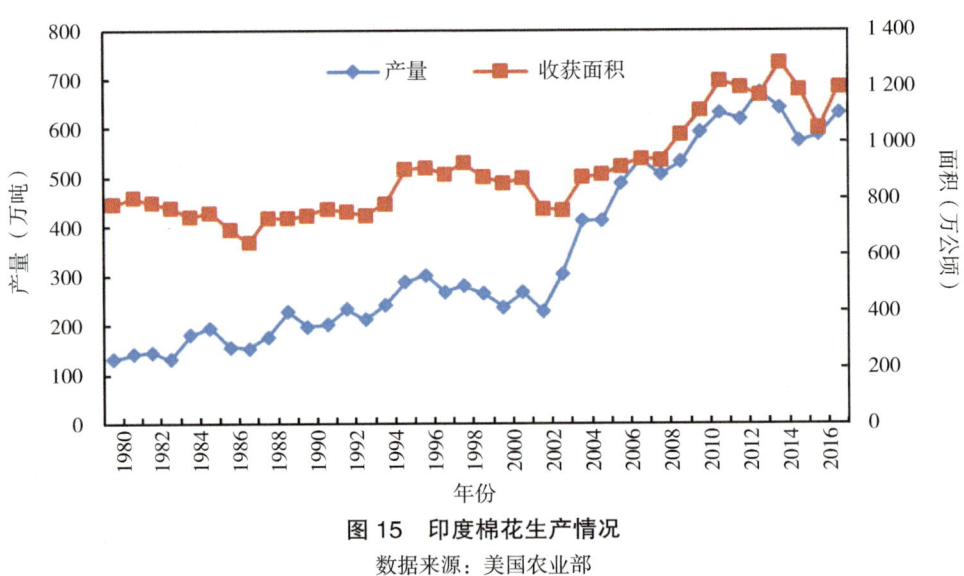

图15 印度棉花生产情况

数据来源：美国农业部

尽管目前印度棉花单产还远低于世界棉花同期水平，但由于其棉花种植面积远高于其他国家，印度棉花产量仍居世界第一位，对世界棉花产业具有重要的影响。1980—2017年，印度棉花产量由132.2万吨增长到631.4万吨，增长了3.8倍。特别是2003年以来，棉花单产的提高带动印度棉花产量快速增长，占全球棉花产量的比重由2000年的12.3%上升到2017年的24.7%。

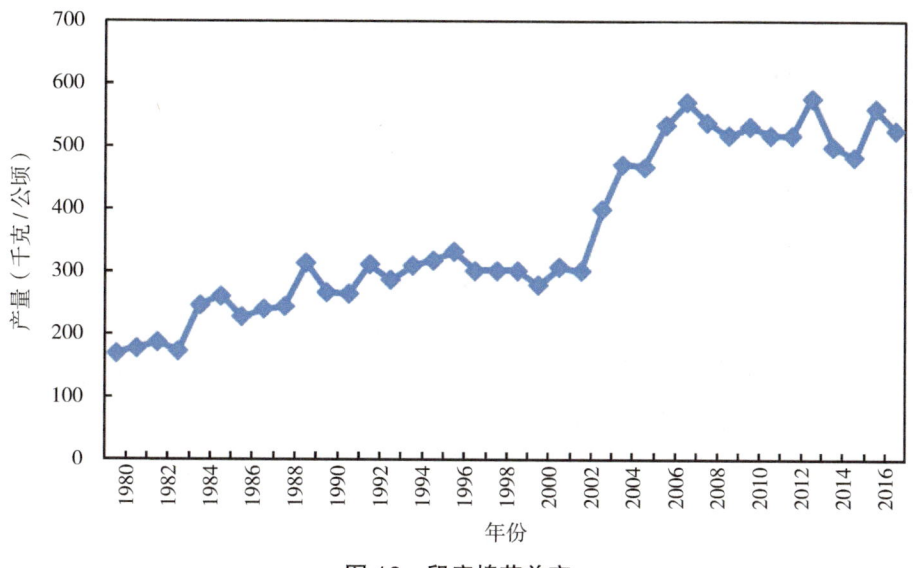

图 16　印度棉花单产
数据来源：美国农业部

（2）区域布局

印度棉花的种植区域较为集中，共分为 3 个植棉区（图 17），分布在 9 个邦[①]。分别为北部棉区，包括旁遮普邦（Punjab）、哈里亚纳邦（Haryana）、拉贾斯坦邦（Rajasthan）；中部棉区，包括马哈拉施特拉邦（Maharashtra）、中央邦（Madhya）、古吉拉特邦（Gujarat）；南部棉区，包括安得拉邦（Andhra）、卡纳塔克邦（Karnataka）、泰米尔纳德邦（Tamil Nadu）。印度有 2/3 的棉花种植于雨养区，1/3 的棉花种植于灌溉区。由于受到自然条件的限制，特别是灌溉条件的限制，印度南部棉区和北部棉区的产量极不稳定，单产

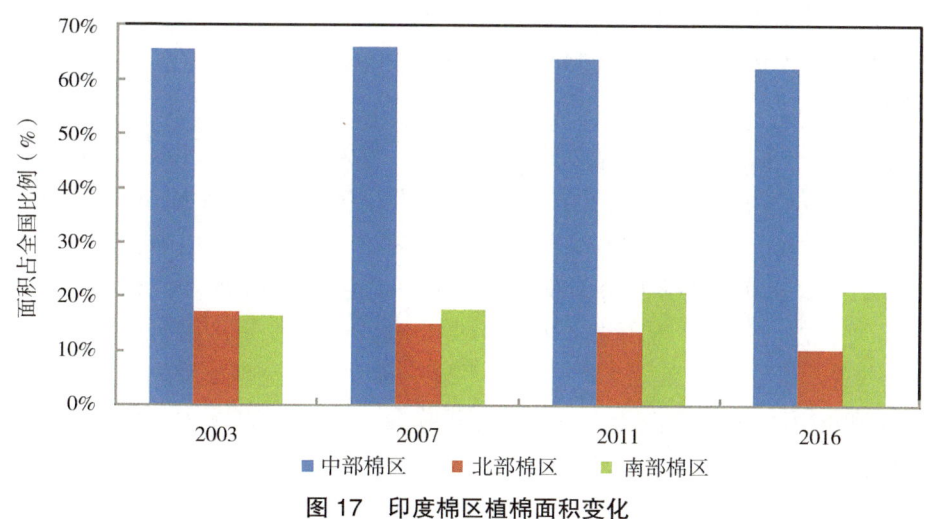

图 17　印度棉区植棉面积变化

[①] 2014 年，印度安得拉邦正式分为安得拉邦和特伦甘纳邦，为便于纵向比较，仍合并计算。

水平较低。2016年，以上9个邦的棉花总种植面积占印度全国总面积的84.2%，产量占75.4%。其中面积最大的是马哈拉施特拉邦（占31.8%），但由于单产水平为310千克/公顷，仅为全国平均水平的58.9%，所以产量占全国的比重仅为18.7%，居第二位。产量最高的为南部棉区的安得拉邦，占全国棉花产量的28.8%。

从各棉区的种植规模变动来看，2003—2016年，印度各棉区植棉面积绝对数均呈现增加态势，中部棉区是印度最大的植棉区，占印度植棉面积的比重超过60%，2016年中部棉区植棉面积为686万公顷，占全印度植棉面积的62.4%，其中马哈拉施特拉邦位于该棉区。南部棉区超过北部棉区，成为印度第二大植棉区，2003年，南部棉区占全印度植棉面积的比重为16.4%；2016年，南部棉区占全印度植棉面积的比重上升到21.2%，增长了4.8个百分点。北部棉区占全印度植棉面积的比重则从17.3%下降到10.4%，下降了6.9个百分点。

（3）主要种植品种

印度的棉花品种较多，是世界上唯一拥有众多棉花品种的国家，各个邦都播种不同品种的棉花，且有不同的播种习惯，因而印度棉花的质量问题较为严重。印度本土内不但种植海岛棉（长绒棉）和陆地棉（细绒棉），而且早已被其他各国淘汰的亚洲棉、非洲棉（草棉）仍有种植。目前全国共有140多个品种分种在不同土壤、不同气候的不同地区。由于不同的地区的天气和土壤条件不同，繁多的种子，使印度的棉花品质差异很大，有的纤维较粗没有可纺性，也有能纺100支纱的长绒棉。调查表明，世界上一半的棉花不合格贸易量来自印度。

4. 乌兹别克斯坦

乌兹别克斯坦具有棉花种植的地理和气候优势，其棉花种植历史已近千年。进入21世纪以后，乌兹别克斯坦的棉花面积和产量分别占整个独联体的60%左右。2017年棉花种植面积居世界第五位，棉花产量居世界第七位，出口居世界第五位，出口量占总产量的45.9%。因此，棉花在乌兹别克斯坦被誉为"白金"，与"黄金"（金矿）、"黑金"（石油）、"蓝金"（天然气）一起构成整个国民经济发展的支柱。

（1）生产规模

棉花种植业是乌兹别克斯坦的农业支柱产业，与小麦、水稻、水果、蔬菜及饲料作物共同支撑乌兹别克斯坦农业的发展。据国际棉花咨询委员会（ICAC）和美国农业部（USDA）有关资料，20世纪80年代末至90年代初，乌兹别克斯坦的棉花种植面积逐步减少，从207万公顷降至147万公顷左右，棉花产量也随之降低，从150万吨降至125万吨左右。90年代建国以后，棉花生产波动较小，1995—2008年，棉花种植面积一直保持145万公顷左右，产量维持在110万吨左右。2009年开始，乌兹别克斯坦棉花种植规模再度缩减，种植面积从2008年的142万公顷逐步降至2017年的118万公顷，近两年降幅尤其明显。棉花产量也随之下降，2008—2017年，平均每年产量为86.7万吨，最低的2016年棉花产量只有78.9万吨（图18）。

乌兹别克斯坦棉花单产总体也呈下降趋势。据美国农业部数据统计，1987—2017年，乌兹别克斯坦的棉花平均单产存在两个波峰和两个低谷期。1988—1995年，棉花的单产

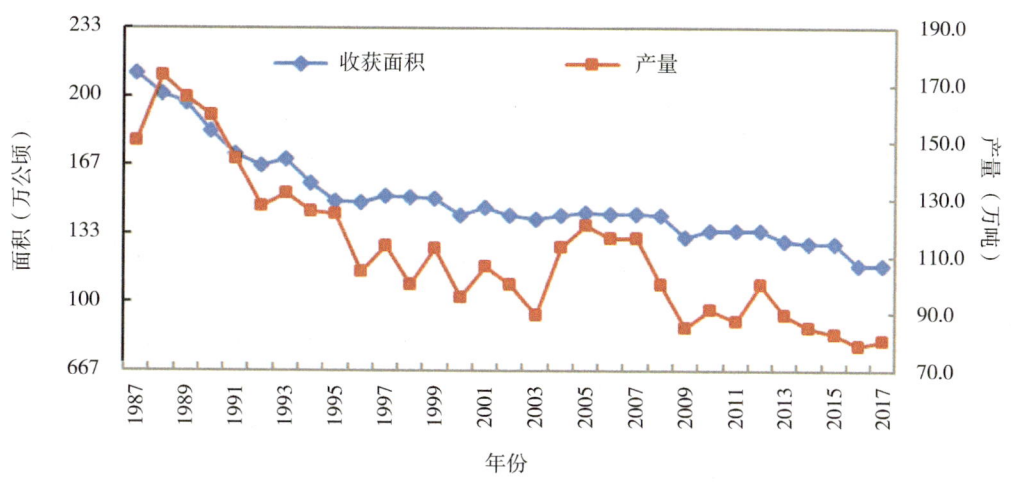

图 18　1987—2017 年乌兹别克斯坦棉花面积产量
数据来源：美国农业部

一直保持在 50 千克 / 亩水平之上，平均亩产达到 54.9 千克 / 亩。而在 1996—2003 年，又降至 50 千克 / 亩水平之下（仅 1997 为 50.1 千克 / 亩），平均亩产为 46.8 千克 / 亩，相比上一周期，降低了 8.1 千克，降幅达 14.8%。2004—2007 年，棉花单产有所回升，平均亩产达到 54.5 千克 / 亩，但从此以后，棉花单产进入一个长达 10 年的低谷，2008—2017 年，棉花单产仅为 45.1 千克 / 亩，几乎进入有统计以来的最低水平（图 19）。

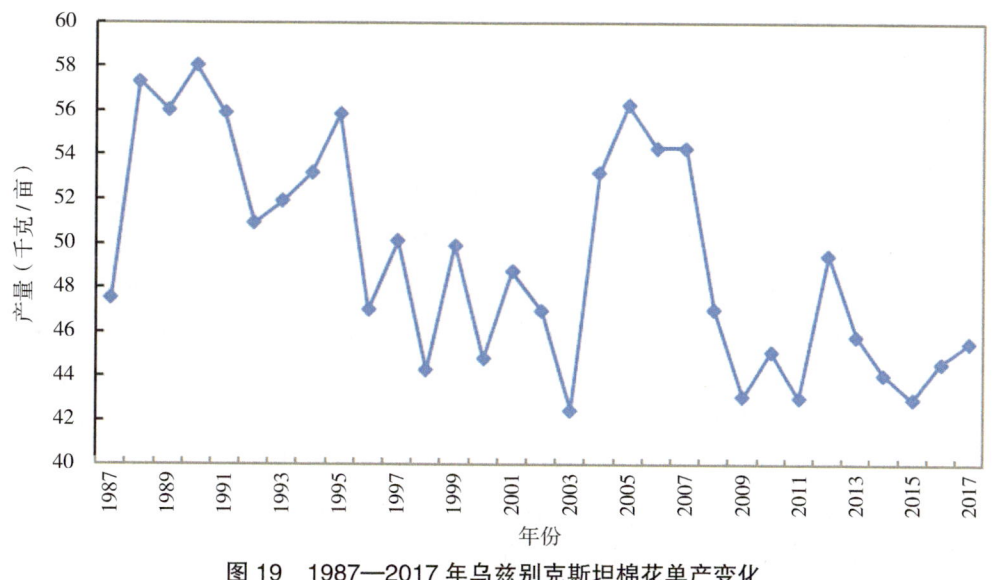

图 19　1987—2017 年乌兹别克斯坦棉花单产变化
数据来源：美国农业部

棉花产业的发展对乌兹别克斯坦国内就业以及出口创汇起着重要的作用。乌兹别克斯坦大约有 10 万个农户种植棉花，一般棉农种植规模在 9 公顷以上，全国农户平均种植规模在13公顷以上。乌兹别克斯坦在棉花生产条件上有一定的优势，但近年来，棉花的生产规模急剧下降，导致这种规模缩减的原因还需要进一步的探索。不管是由于资源环境因素，还是国际市场变化的冲击，还是国内生产结构的主动调整，从本国产业发展和贸易环境变化应对角度都应该进行深入思考和总结，做好应对措施。

（2）区域布局

乌兹别克斯坦是中亚最大的棉花生产国，全国12个州和1个直辖市都种植棉花，种植面积占可耕地面积的29.2%（2014年，可耕地面积不含永久性农作物用地和牧场）。乌兹别克斯坦棉花种植区从费尔干纳盆地开始，沿天山山脉向南延伸到撒马尔罕和布哈拉，然后沿阿姆河向西延伸，形成一个弯月形区域。

乌兹别克斯坦的棉花生产受水资源和气候变化影响很大。乌兹别克斯坦90%为沙漠，只有9%左右的耕地，水资源非常缺乏，水土流失严重。并且大部分地区气候属大陆性气候，冬季较温和、多雨雪，夏季炎热干燥。年均降水量平原低地为80~200毫米，山区为1 000毫米，大部分集中在冬春两季，雨热不同期增加了农业生产的难度。棉花生产同其他农作物的生产一样，基本依靠人工灌溉。目前，乌兹别克斯坦正实施2013—2017年土壤改良计划，建设和改造水利设施，安装现代化的节水设备，用5年时间改良140万公顷水浇地，以提高农作物产量。引进节水技术，扩大滴管系统。每年可节约灌溉用水10亿立方米。现代灌溉与土壤改良技术的运用，将缓解水资源短缺、土地盐碱化等问题对棉花生产的影响。

近年来，乌兹别克斯坦的棉花种植面积一直在缩减，其中的原因之一是由于政府开始重视蔬菜和水果的出口。根据总统确定的食品纲要，2015—2019年将分阶段优化棉花种植面积，腾出约27万公顷棉田改种蔬菜、马铃薯、瓜果等其他作物。减少的棉花种植土地基本上处于山麓小丘的盐碱地，不适合种植棉花。

（3）生产品种

乌兹别克斯坦拥有丰富的棉花种质资源，是全球8个重要的棉花种质资源收集与保护国家之一。现有棉花种质资源超过2万份，包括同基因近亲繁殖品系和重组自交系，优良的AD双倍体品种（陆地棉和海岛棉杂交），单倍体和染色体易位系野生棉。这些种质资源分别保存在乌兹别克斯坦农业部作物育种科学研究院、乌兹别克科学院植物生物学遗传研究所和乌兹别克塔什干大学。丰富的种质资源为棉花品种的改良和培育提供了便利条件和重要基础。当前，乌兹别克斯坦生产和推广的棉花品种主要是陆地棉和海岛棉品种，其中陆地棉的种植面积超过90%。

在世界棉花主产国中，乌兹别克斯坦地处最北端，适于生长成熟早、耐盐碱、抗旱、抗病虫害、耐高温、具有高纤维产出量和高质量的棉花品种。为了提高棉花品种对地区土壤和环境的适应性，乌兹别克斯坦在棉花品种研究推广上进行了大量投入，获得了许多成果。在育种方面，乌兹别克斯坦的科学家们探索了运用野生棉种质资源作为品种优良性状供体材料，培育出了大量具有优秀性状的品种，如Bukhara-102，Bukhara-8，Andijan-35，Khoresm-150，C—6524、C—6530、Namangan—77、Termez-24、Hoream—2126、Akdarya—5、Termez—31、Armugon、Aral—1、Omad、Akkurgan—2等早熟、高产品种已成功通过国家检测，并被推荐种植[①]。目前，乌兹别克斯坦已经培育出107个棉花品种，其中27个已经进行公开登记并在不同地区推广。当前，乌兹别克斯坦政府仍在继续采取措施大力发展种业，优选抗盐碱和抗干旱棉种。

5. 巴西

有记载的巴西棉花生产已有五百多年的历史。1500年葡萄牙人来到巴西，发现大量自然生长的棉花，葡萄牙王室利用这些巴西自然产的棉花在当地建立纺织厂，生产棉纺织品销往其他国家。2016年，巴西棉花总产量居世界第五位（仅次于印度、中国、美国和巴基斯坦），出口量居世界第四位（仅次于美国、印度、澳大利亚）。和巴西其他种植作物相比，棉花并不是巴西的主要农作物，其重要性排在玉米、大豆、小麦和甘蔗之后。

（1）生产总规模

作为世界棉花主要生产国家，巴西棉花种植面积和产量一直居世界前列，但也经历了先下降后上升的一个"V"型发展过程。20世纪60—90年代，巴西棉花每年种植面积200万公顷左右，1969年达到了275.2万公顷，产量达200万吨。但是自20世纪90年代初开始，巴西的棉花种植面积开始下滑，特别是1991—1996年，植棉面积从1991年的197.8万公顷下降到1996年的69.5万公顷。据美国农业部有关数据分析，20世纪90年代巴西棉花年均种植面积为117.6万公顷，比80年代年均种植面积下降96.6万公顷，减幅达到45.1%。进入21世纪以来，尽管2003年以后种植面积有所回升，但仍然大大低于20世纪的60和70年代。20世纪90年代中期，巴西由棉花生产大国变为国内60%的棉花依赖进口，由此引发了80万~100万人失业。

巴西的棉花产量在20世纪90年代出现低谷，90年代中后期开始恢复。相比种植面积的绝对下降，总产量则降幅较小，并随着单产的提升呈总体上升趋势（图20）。据美国农业部有关数据统计，21世纪以来，巴西棉花年均产量135.5万吨，相比20世纪90年

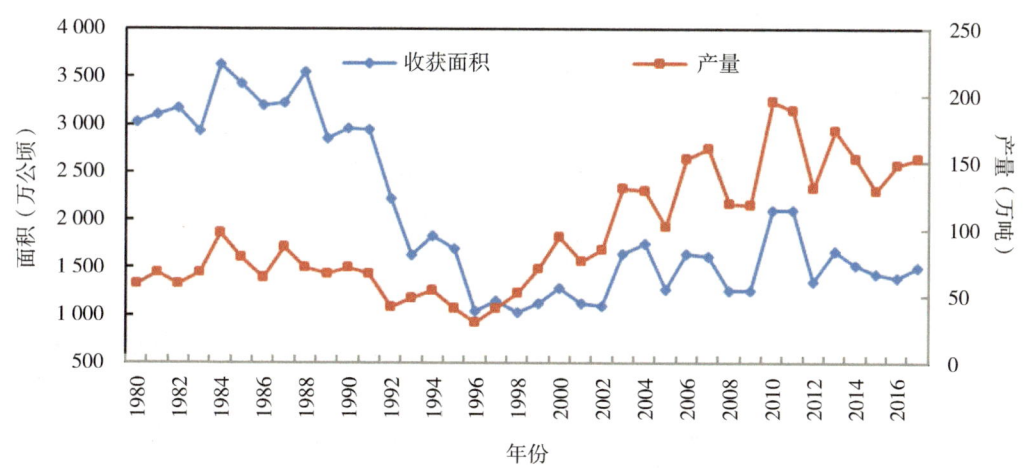

图20　1980—2016年巴西棉花面积产量图
数据来源：美国农业部

[①] 资料来源：Our Members-AcsA, http://acsa-cotton.org/our-members/.

代的年均 51.7 万吨，增加了 84.8 万吨，增加了 160%。特别是 2003 年以后，随着植棉面积的恢复，棉花单产的同步提高，棉花产量大幅度增长，每年保持在 100 万吨以上，2010 年达到了 196 万吨的历史最高水平。近几年由于棉花价格的低迷，巴西棉花产量有所下降，2016 年度，巴西棉花产量为 148.1 万吨。

近年来，虽然巴西的棉花种植面积下滑，但产量却总体呈上升趋势，其中最主要的原因是棉花单产的持续提高。在 20 世纪 70 年代、80 年代和 90 年代，巴西棉花年均单产分别为 18 千克/亩、23 千克/亩和 38 千克/亩，其中 80 年代和 90 年代的同比增幅分别为 29.1% 和 65.6%。就巴西本国来讲，每年增幅相当大，但以上每一时期棉花平均单产均低于同期世界平均单产水平。自 20 世纪 90 年代中期以来，巴西棉花单产出现惊人提高。据美国农业部资料，1995 年巴西棉花单产仅为 24.2 千克/亩，但在随后的 5 年中，以平均每年提高 25% 的速度快速增长，2000 年的亩产已经达到 73.4 千克/亩。2001 年以来，虽然单产的提高速度有所放缓，但年均增长率仍在 2% 左右。2016 年平均亩产达到了有史以来最高的 106.1 千克/亩，而同期世界平均单产为 38.6 千克/亩，高出同期世界棉花单产水平 67.5 千克，比世界水平高 174.9%（图 21）。

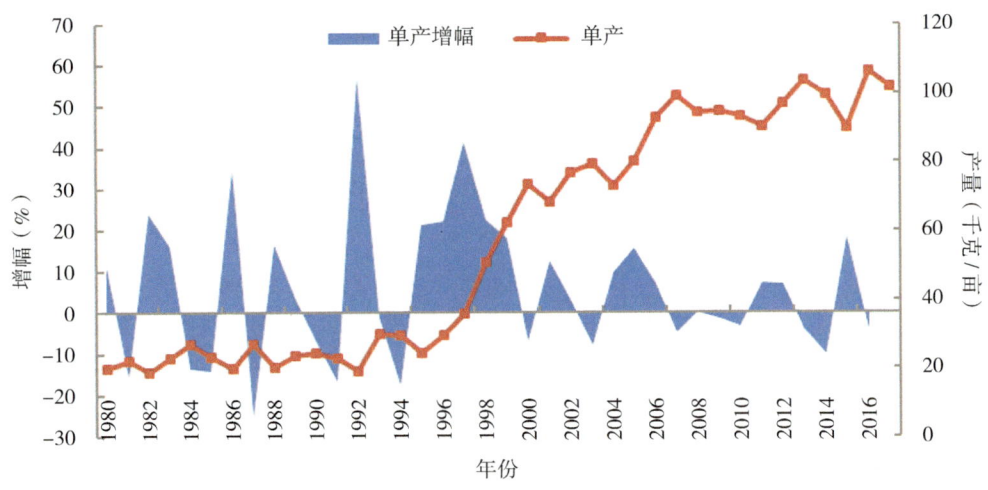

图 21　1980—2017 年巴西棉花单产变化

数据来源：美国农业部

（2）生产区域布局

为了扩大适宜棉区面积，巴西采取循序渐进的方式减少甚至淘汰次宜棉区种植规模，最终成功地将原来的南部和东北部为主产棉区集中到以钱帕达（Cerrado）地区为国家核心棉区，并制定了与钱帕达棉区相适应的棉花播种期、收获期及相关关键技术，实现了"雨季播种，旱季收获"的雨养棉花种植方式。因此，从 20 世纪 90 年代开始，巴西的棉花种植区域由南部和北部向中西部大幅度转移，形成目前自西向东贯穿全国 15 个州的棉花种植带。

巴西从西到东形成植棉带，虽然贯穿了 15 个州，但棉区是集中成片的，可分为 3 个

棉区:

一是中西棉区或钱帕达棉区,主要包括中西部的马托格罗索洲、戈亚斯(Goiás)洲和南马托格罗索洲,东南部的米纳斯吉拉斯洲和东北部的马拉尼昂洲,其中马托格罗索州是巴西最大的棉花主产州,占全国棉花种植面积的54%,戈亚斯州植棉规模也较大。

二是南部棉区,包括南部的巴拉那洲和东南部的圣保罗州,南部棉区约占全国种植面积的13%。中西偏南部地区播种期为9月至翌年1月,采摘期3—6月,约有80万公顷无需人工灌溉,占全国总面积的83%,产量占全国的90%以上,皮棉单产约为1 650千克/公顷。

三是东北棉区,主要包括东北部皮奥伊洲、塞阿拉洲、北里奥格兰德洲、帕拉伊巴洲、伯南布哥洲、阿拉戈斯洲、塞尔希培洲和巴伊亚洲,其中巴伊亚州植棉规模较大。东北棉区是巴西的老棉区,不足全国总面积的7%,棉花播种期为1—6月,采摘期为9月至翌年2月,该地区还有多年生木本棉花种植。

(3)生产品种

巴西是棉花起源地之一。目前世界公认51个棉种(亚种),3个四倍体野生种之一的黄褐棉(*Gossypium mustelinum*)原产于巴西。目前,巴西棉花种植的主要品种是陆地棉,也有少量的黄褐棉和陆地棉野生种系玛丽加兰特棉。巴西棉花主打品种为Cerrado。该品种的纤维长度分布范围较广,70%的原棉绒长在28~29.5毫米范围之内,29.6毫米以上占9%;纤维强度28克/特克斯以上的占85%;纤维马克隆值在3.81~4.20之间的占51%;纤维整齐度很好,超过95%的原棉的整齐度在80%以上。

据有关资料,21世纪初,巴西科学家开始研究将蜘蛛基因转入棉花,以求获得纤维更加结实、柔韧性更好的棉花新品种,2005年已经收割首批试验棉。天然蜘蛛丝比目前制造防弹衣的人工合成纤维强度高两倍。

(二)棉花生产区域布局变化特点

从全球看,棉花生产区域布局变化较大,主要呈现以下几个特点:一是印度、澳大利亚和美国棉花播种面积总体呈波动增长态势。1986—2016年,这三国棉花播种面积从1 052.3万公顷增长到1 492.8万公顷,增长41.9%,占全球棉花播种总面积的比例从35.9%增加到50.9%,增加15个百分点。二是巴西、中国、乌兹别克斯坦和土耳其棉花播种面积波动下降。1987—2016年,这4个国家棉花播种面积从986.9万公顷下降到541万公顷,减少了45.2%,占全球棉花播种面积的比例从32.0%下降到18.4%,降11.6个百分点。三是巴基斯坦棉花播种面积基本保持稳定。从近30年的变化看,巴基斯坦的棉花播种面积是主产国中唯一变化不大的国家。1986—2016年,棉花播种面积从250.5万公顷波动小幅下降到245万公顷,降幅为2.2%,占全球棉花播种面积的比例从8.2%增长到8.3%(图22)。

根据美国农业部最新数据,截至2017年,全球有77个国家种植棉花,遍布于全球6个洲,其中中国、美国、印度、巴基斯坦、乌兹别克斯坦、土耳其、巴西和澳大利亚等国一直居世界棉花生产国前列。全球棉花生产集中度更高。1987—2016年这8个国家的棉

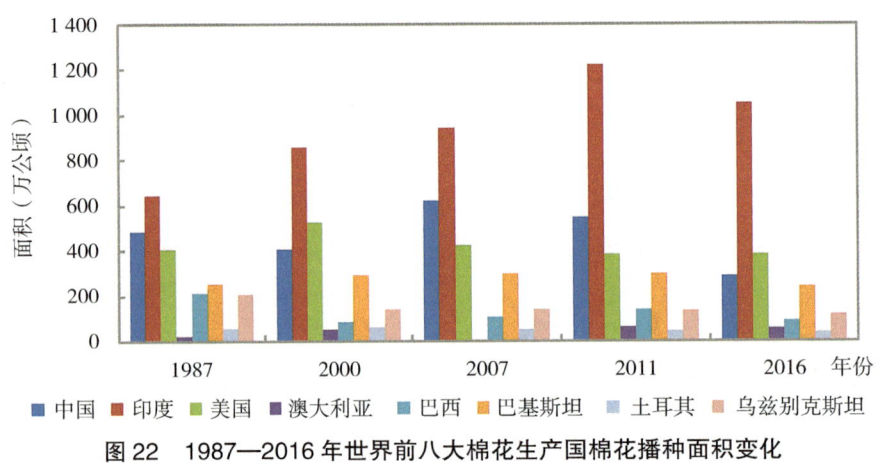

图22 1987—2016年世界前八大棉花生产国棉花播种面积变化

花面积、产量占世界总面积和产量的比重分别从74.6%和77.1%提高到77.5%和86.5%，分别提高2.9个百分点和9.4个百分点。2016年印度、中国、美国、巴基斯坦、巴西、澳大利亚、乌兹别克斯坦和土耳其棉花产量分别占世界棉花总产量的份额为25.4%、21.4%、16.1%、7.2%、6.6%、3.9%、3.5%和3.0%。从全球棉花播种面积看，印度一直是全球最大的棉花生产国。1986—2016年，印度棉花播种面积从694.8万公顷增长到1 050万公顷（图23），增长51.1%，占全球棉花总播种面积的比例从22.4%增长到35.8%。尽管印度是全球最大的棉花播种面积生产大国，但由于印度棉花单产偏低，很长时间印度并不是全球最大的棉花产量国。中国不是全球最大的棉花播种面积国家，但由于中国棉花单产较高，1986年起中国就一直是全球最大的棉花产量国。直到2015年，随着中国棉花播种面积的下降以及印度棉花单产的提高，中国棉花产量在全球排名才退居第二（图23）。

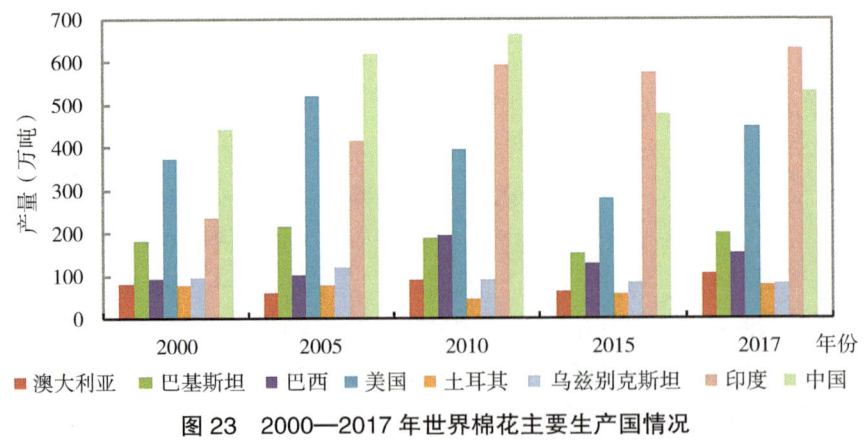

图23 2000—2017年世界棉花主要生产国情况

（三）棉花生产区域布局变化的原因

屠能的农业区位理论认为，在什么地方种植何种作物最为有利，完全取决于其纯收益,而作物纯收益的大小取决于运费的大小。因此,决定在什么地方种植何种作物不仅取决于作物本身的种植业内部比较利益,也取决于与消费市场之间的运输费用。此外,在存在非农就业机会的情况下,农民的兼业行为会遵循纯收入最大化原则。在这种情况下,即使种植某种作物的经济效益最好,但是,如果种植该种作物机械化程度低、需要投入较多劳动,会减少其非农收入,那么,农民也有可能会放弃种植这种效益最佳的作物。另外,自然条件、气候的变化以及政策因素也会对棉花生产区域布局发生变动。

1. 成本收益率是影响全球棉花生产区域布局变动的主要原因

除了外部的原因外,农民决定在什么地方种植什么作物主要根据不同作物之间的成本收益率决定。从全球棉花区域布局看,成本收益率的变化也成为不同主产区国家棉花生产规模发展变化的主要原因。棉花属于工业原料,尽管不同地区棉花价格差异较大,但如果在自由市场环境下,影响不同国家棉花成本收益率的主要是成本。由于资料有限,本研究只比较了中国、美国、澳大利亚和印度棉花生产成本收益的变化。

对中国、美国、澳大利亚和印度四国棉花生产成本的分析显示,2004—2015年,美国棉花亩均生产成本较为平稳,从549.6元增长到713.3元,年均仅增长2.4%。澳大利亚棉花生产成本除在2007年波动略大外也非常稳定,2005—2014年年均增长1.6%。印度棉花生产成本较低,2009年以后增长速度加快。2004—2012年,印度亩均棉花生产成本从268.2元增长到545.1元,年均增长9.2%。中国棉花亩均生产成本从743.1元上涨到2288.4元,年均上涨10.8%,是主要棉花生产国中成本上涨最快的,同时也是成本绝对值最高的。2015年,中国棉花亩均生产成本是美国的3.2倍、印度的4.2倍(2012年数据),澳大利亚的2.8倍。成本的过快上涨导致中国的棉花收益下降,是棉花播种面积大幅下降的主要原因之一。尽管印度棉花生产成本也在快速上涨,但由于印度棉花生产成本本身绝对值偏低,随着印度棉花单产的提高,棉花收益率比较平稳。成本收益率较为稳定是美国、澳大利亚、印度棉花面积保持稳定并有所增长的原因之一。

2. 生产模式是棉花面积稳定发展的重要因素

棉花是劳动密集型作物,在大宗农作物中是最耗费人工的作物,生产要素投入结构的不同导致不同国家棉花生产规模的变化。比如美国、澳大利亚棉花生产都是机械化作业,人工成本占比很少。但中国、土耳其、乌兹别克斯坦等国不同,棉花生产中机械化程度不高,人工成本投入较多。如中国目前70%左右的棉花生产仍然依靠人工作业。2002—2016年人工成本在中国棉花生产支出中的比重从47%上升到了62%。过高的人工成本导致棉农非农就业机会成本大幅提高,农民生产棉花积极性不高。这也是中国长江流域、黄河流域棉花种植面积大幅下降的主要原因。

3. 政策因素

棉花在农作物中属于高投入、高风险作物。因此,不同国家的生产保障体系对于稳定棉花生产非常重要。以美国为例,美国有较为完善的农民收入保障制度。2014年农业法案中美国对棉花支持保护政策做出重大调整,取消了直接补贴、反周期支付和平均作物收入选择计划,新增了堆叠收入保护计划(Stacked Income Protection Plan,简称STAX),用于扩大农业保险的覆盖范围。STAX能够保障农户90%的预期收益,为植棉农户提供稳定收益预期，保护农民植棉积极性，稳定棉花生产。据 Lau 等计算，如果美国没有棉花支持政策，按照 2015 年市场价格 0.6 美元/磅（1 磅 =0.4536 千克，全书同）计算，美国棉花种植面积将减少 97 万公顷，下降 21.9%。由此可见美国政府对棉农的保护程度。反观巴西。巴西棉花生产也是大规模机械化生产作物，农场主每年都需要大量的投入。2008 年以来，巴西国内棉花生产投入品价格急剧增加，棉花生产成本大幅增加，但金融危机后巴西实行了信贷紧缩政策，很大一部分农户无法从金融机构获取生产资金，因此只好改种投入偏少的大豆等农作物，减少棉花种植。这是巴西棉花种植面积减少的最主要原因。乌兹别克斯坦近些年棉花种植面积也明显缩小，这与政府的导向密切相关。乌兹别克斯坦在出台的《2015—2020 年农业种植产业调整规划》中明确提出由于近些年世界棉花价格低迷，需要从提高国内粮食等主要农作物自给率等角度出发，鼓励农户减少棉花种植，大力发展粮食、蔬菜、水果等经济作物及发展畜牧业。

4. 环境气候因素

从地理上看，近些年整个全球棉花生产正在向干旱区域发展。这主要是气候环境导致棉花病虫害增多，棉花生产的自然转移。还有部分老棉区棉田质量退化等原因。

三、国际棉花价格走势变化及动因

以代表国际棉花价格 Cotlook A 指数分析，2003—2017 年国际棉花价格波动幅度较大（图 24）。2003—2017 年（2017 年价格为 1—8 月均价）平均价格为每磅 78.66 美分，比最低年份 2005 年高 24.44 美分，比最高年份的 2011 年低 72.76 美分，波幅分别为 31.1% 和 92.5%。2009—2011 年，受全球经济持续好转，投资者信心增强，纺织行业需求复苏，世界棉花产量下降等因素影响，全球棉花供应偏紧，国际棉花价格持续快速上涨，从 2009 年的每磅 62.76 美分上涨至 2011 年的每磅 151.41 美分，增长了 1.4 倍。2012 年，由于全球棉花供给宽松，欧债危机和中国收储政策结束等因素影响，国际棉花价格暴跌至每磅

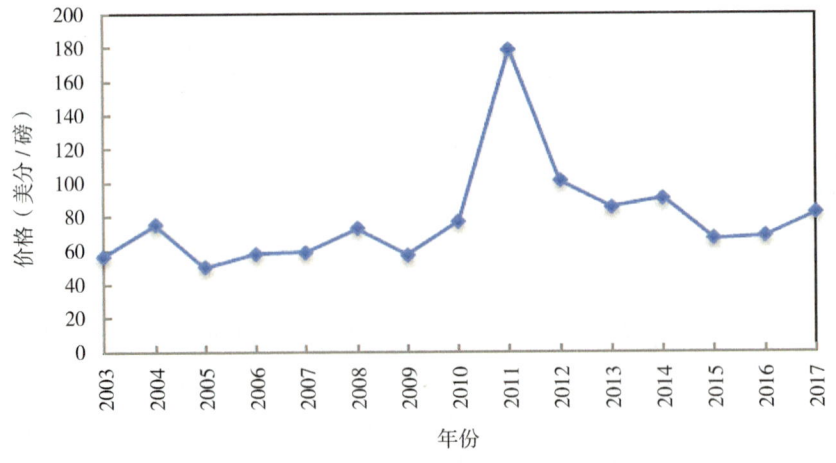

图 24　世界棉花价格
数据来源：中国棉花信息网，由作者整理

89.07美分。2012年以后,国际棉花价格低位平稳运行,价格波动幅度有所下降。

2012年以后,国际棉花价格低位平稳运行,年度内价格波动幅度有所下降。2011年棉花平均价格为每磅151.41美分,峰值为每磅229.67美分,谷值为每磅95.45美分,峰谷差为每磅134.22美分。2012—2017年,棉花价格峰谷差均值为每磅14.87美分,远低于2011年的水平,2017年峰谷差仅为每磅9.21美分(图25)。

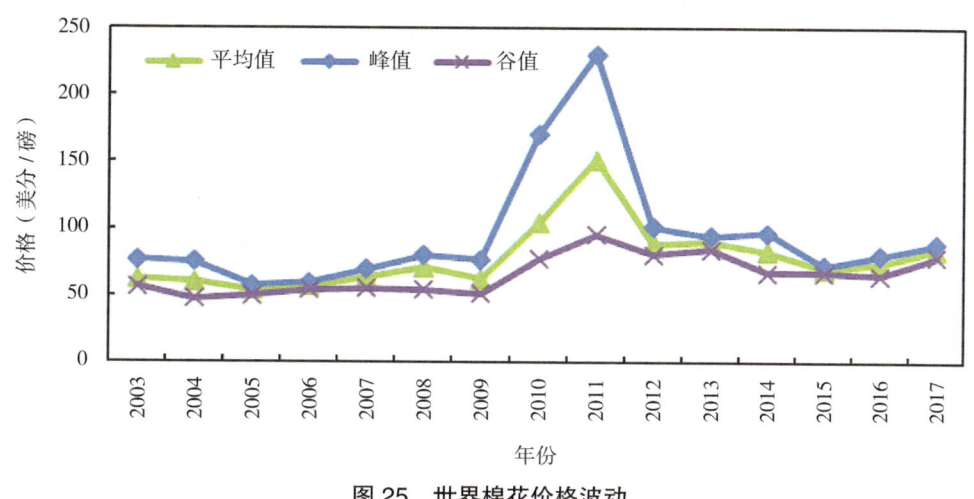

图25 世界棉花价格波动

价格波动周期是指价格围绕其长期趋势扩张和收缩而体现出的周期性波动。经济时间序列的变化通常受到其自身的趋势(trend)、周期(cycle)、季节(seasonal)及不规则成分(irregular)的影响。本部分通过Census X12季节调整方法对棉花价格数据进行季节调整,在此基础上使用H-P滤波法获得周期成分,然后分析周期成分的统计特征,从而对国际棉花价格周期做出判断和分析。国际价格采用Cotlook A指数表示,数据的时间范围是2003年1月至2017年8月的月度数据。

国际棉花价格具有明显的季节性特征。从表1可以看出,棉花价格季节指数在7月、8月、10月和11月等月份较低,这与各主产国新棉上市,棉花供给增加促使棉价下跌有关。1—5月棉花价格季节指数大部分均大于1,即棉花价格存在明显的上涨,主要原因是新棉供给减少,纺织服装出口旺季企业购棉需求增加。

表1 国际棉花价格的季节调整因子

年份	1月	2月	3月	4月	5月	6月	7月	8月	9月	10月	11月	12月
2003	1.022	1.029	1.047	1.037	0.990	0.984	0.959	0.966	0.997	1.007	0.978	0.987
2004	1.022	1.028	1.043	1.032	0.987	0.985	0.964	0.973	1.000	1.006	0.980	0.988
2005	1.020	1.024	1.039	1.023	0.982	0.990	0.973	0.983	1.006	1.001	0.981	0.986
2006	1.017	1.017	1.036	1.014	0.983	0.993	0.986	0.991	1.004	0.994	0.981	0.985
2007	1.015	1.014	1.036	1.009	0.988	0.993	0.997	0.990	0.995	0.980	0.983	0.986
2008	1.012	1.020	1.045	1.016	0.995	0.998	1.001	0.977	0.977	0.968	0.984	0.986

(续表)

年份	1月	2月	3月	4月	5月	6月	7月	8月	9月	10月	11月	12月
2009	1.013	1.033	1.058	1.033	1.000	0.996	0.998	0.958	0.961	0.956	0.982	0.985
2010	1.016	1.048	1.072	1.053	1.007	0.989	0.991	0.945	0.947	0.951	0.975	0.982
2011	1.018	1.059	1.081	1.067	1.013	0.985	0.985	0.940	0.943	0.951	0.968	0.981
2012	1.014	1.062	1.080	1.071	1.016	0.986	0.986	0.948	0.948	0.956	0.962	0.978
2013	1.008	1.051	1.070	1.065	1.018	0.992	0.996	0.964	0.960	0.962	0.958	0.976
2014	0.999	1.034	1.053	1.049	1.023	1.002	1.010	0.985	0.970	0.968	0.956	0.976
2015	0.992	1.015	1.037	1.033	1.028	1.011	1.023	0.998	0.975	0.971	0.958	0.977
2016	0.984	1.005	1.025	1.023	1.030	1.017	1.032	1.006	0.977	0.973	0.960	0.977
2017	0.982	1.001	1.018	1.020	1.030	1.019	1.037	1.010				

按照经济周期的划分标准，将2003年以来的棉花国际价格波动划分为5个周期：2003年1月—2004年11月、2004年12月—2009年2月、2009年3月—2012年5月、2012年6月—2014年12月、2015年1月—2017年8月。周期平均长度为35.2个月，约为2.9年，属于短周期。4个周期中扩张期（即价格上涨期）平均为25.2个月，收缩期（即价格下跌期）平均为10.0个月，国际棉花价格上涨的时间要大于下跌的时间。棉花国际价格波动的平均周期振幅为36.0（图26、表2、表3）。

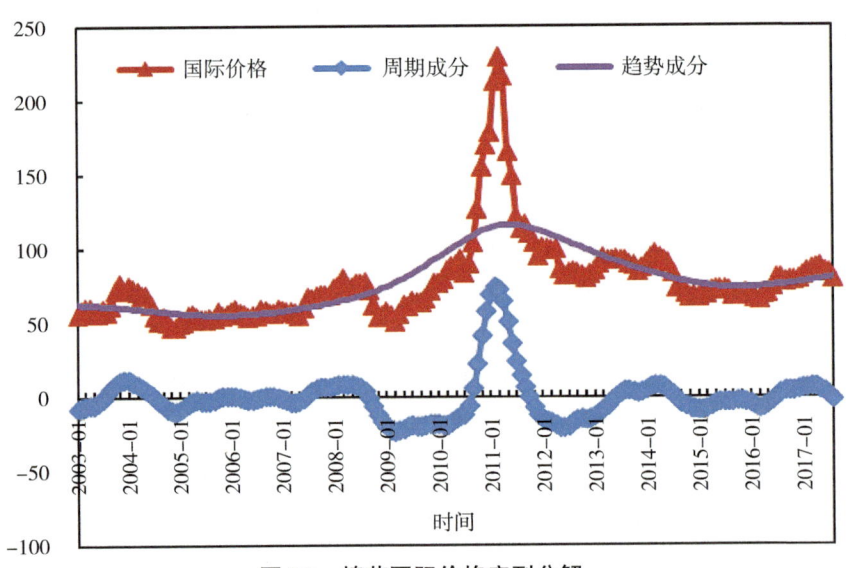

图26 棉花国际价格序列分解

表2 2003—2017年棉花国际价格波动周期划分

周期特征	周期一	周期二	周期三	周期四	周期五	平均值
起止时间	2003年1月—2004年11月	2004年12月—2009年2月	2009年3月—2012年5月	2012年6月—2014年12月	2015年1月—2017年8月	—
周期长度（月）	23	51	39	31	32	35.2
波峰位置	2003年12月	2008年3月	2011年2月	2014年4月	2015年1月	—

（续表）

周期特征	周期一	周期二	周期三	周期四	周期五	平均值
收缩期（月）	11	11	15	8	5	10
扩张期（月）	12	40	24	23	27	25.2
扩张期/收缩期比率	1.09	3.64	1.60	2.88	5.40	2.52

注：每个周期起止时间为"算后不算前"。

表3　2003—2017年棉花国际价格波动周期振幅

周期	波谷(1)	波峰(2)	谷值(3)	峰值(4)	峰谷值比率(4)/(3)	周期振幅[(4)−(3)]
周期一	2003年1月	2003年12月	−7.2	12.8	−1.8	20.0
周期二	2004年12月	2008年3月	−9.2	9.0	−1.0	18.1
周期三	2009年3月	2011年2月	−22.9	74.8	−3.3	97.7
周期四	2012年6月	2014年4月	−20.7	8.3	−0.4	29.1
周期五	2015年1月	2017年3月	−7.9	7.0	−0.9	14.9
平均			−13.6	22.4	−1.6	36.0

四、国际棉花贸易格局及演变

随着世界各国经济的发展和贸易格局的不断变化，棉纺织业陆续向低成本劳动力国家转移，世界棉花贸易结构也发生较大改变。分析世界主要棉花进出口国的贸易变化特征，对了解世界棉纺织业的转移和未来棉花产业的发展变化趋势具有重要的意义。

（一）世界棉花贸易变化特点

棉花是重要的国际贸易商品，全球超过150个国家参与棉花的进出口贸易。在20世纪80年代初，棉花贸易约占世界棉花产量的30%，2005年以后，棉花的贸易占到世界棉花产量的近40%。据美国农业部数据库统计结果，从世界棉花贸易的总体特征来看（图27），棉花的贸易总量大体呈现波动式增长趋势。1980—2016年，世界棉花的贸

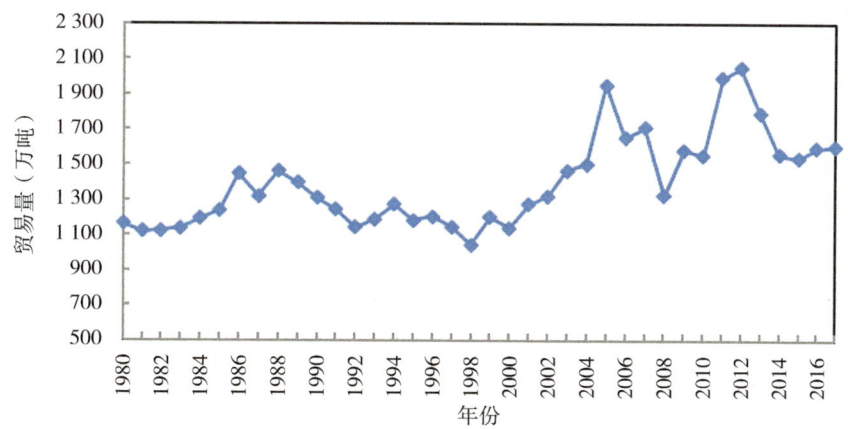

图27　世界棉花总贸易量年度变化

易总量从1 165.2万吨增长到1 604.5万吨，增幅为37.7%。2004年以前世界棉花年贸易总量在1 100万~1 500万吨缓慢波动，2004年之后波动较为剧烈，其中最高年份在2012年，达到了2 049.1万吨，最低年份是2008年的1 324.4万吨，仅相当于1990年的贸易量。2014年之后，世界棉花年贸易量又进入一个相对稳定期，保持在1 500万~1 600万吨波动。

（二）世界主要棉花进口国

从棉花进口的主要地区来看，亚洲是全球棉花最大的进口地区，在全球棉花进口中所占份额在80%左右；其次是欧洲，在全球棉花进口中所占份额近年在10%左右，但呈下降趋势；美洲、非洲、大洋洲在全球棉花进口中所占份额相对较低。从棉花进口的主要国家来看，中国、孟加拉国、越南、土耳其、印度尼西亚、巴基斯坦和印度是主要棉花进口国，其中，中国、孟加拉国和越南三国的棉花进口量均在100万吨以上。

中国是世界最大的棉纺织大国，大量的棉花消费需求使中国在21世纪以来大多数年份成为世界最大的棉花进口国。1980—2017年，中国的棉花进口量总体上呈现先稳定后起伏的特征，在加入世贸组织的2001年之前，棉花的年进口量相对较为稳定，在100万吨以下波动。2001年以后，随着棉纺织业的出口增加，棉花的进口量迅速扩大，而且波动较为明显，其中进口最大年份为2011年的534.1万吨，占当年棉花总产量的80.9%。随着中国棉纺织业的萎缩和2011年棉花临储政策的启动，棉花的进口量急剧下降，2015年下降到了95.9万吨，较2011年相比降幅高达82.0%，之后中国的棉花年进口量保持在100万吨上下波动（图28）。

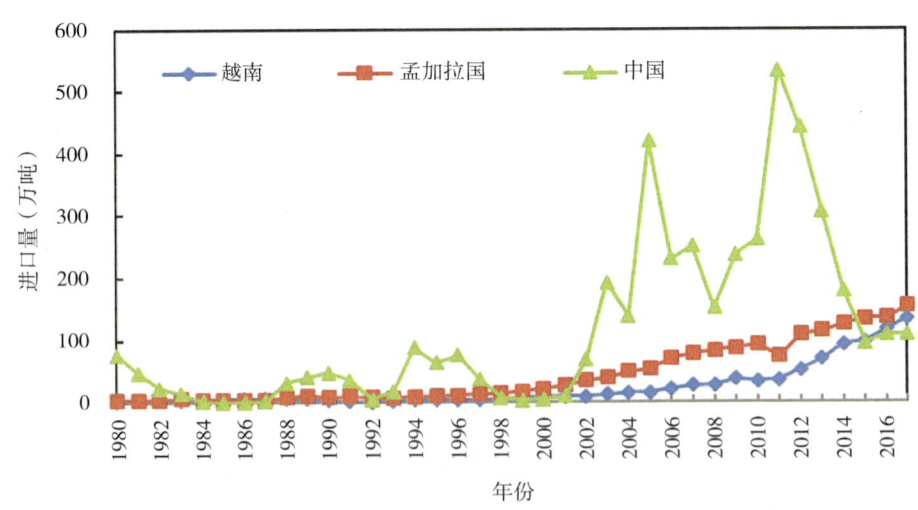

图28 中国、孟加拉国和越南的棉花进口量变化

孟加拉国和越南的棉花进口量变化特征较为相似，均表现为先稳后增，年进口量在2011年之前基本保持相对平稳，2011年之后呈现较快增长的势头。近年来孟加拉国纺织生产不断扩大，内销和外销市场持续兴旺，棉花消费和进口增长迅速，1980—2017年，

孟加拉国的棉花年进口量从 4.5 万吨上升到了 154.6 万吨，增长了 33.4 倍，并从 2015 年开始成为世界最大棉花进口国。随着越南棉纱出口不断加快，对棉花的需求也日益剧增，由于近 10 多年来越南棉花种植没有取得进展，所以基本依赖进口，1980—2017 年，越南棉花的年进口量从 3.0 万吨增长到了 135.0 万吨，增长了 44.0 倍，成为当前世界第二大棉花进口国，棉花的年进口量仅次于孟加拉国。

印度尼西亚的纺织业原料主要依赖于进口，随着纺织品国内需求和出口量的不断增加，棉花的年进口量也一直呈现稳中略增的趋势。1980—2017 年，棉花的年进口量从 10.7 万吨上升到了 69.7 万吨，增长了 5.5 倍。土耳其、巴基斯坦和印度三国均为产棉国，棉花年进口量相对较小，从 20 世纪 90 年代后期开始呈现较为明显的波动特征，其中土耳其的棉花进口大体表现为波动式上升，印度和巴基斯坦呈现较为无规律的波动。2000—2017 年，土耳其棉花的年进口量从 38.3 万吨上升到了 74.0 万吨，其中最高进口年份在 2009 年，进口量为 95.7 万吨；巴基斯坦和印度的棉花年进口量分别从 34.1 万吨和 10.2 万吨增长到了 43.5 万吨和 38.1 万吨；其中巴基斯坦的棉花进口最高年份在 2007 年，进口量为 85.1 万吨；印度的棉花进口最高年份在 2016 年，进口量为 54.4 万吨（图29）。

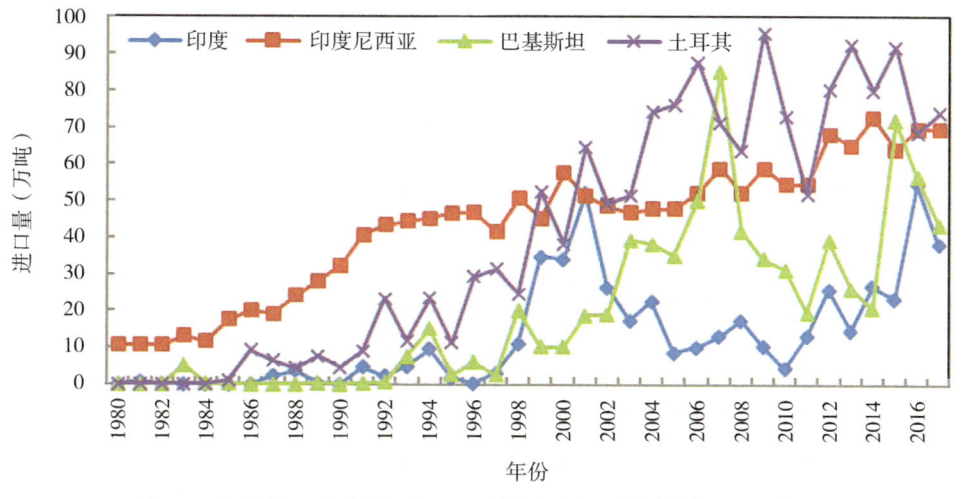

图29 土耳其、印度尼西亚、巴基斯坦和印度的棉花进口量变化

（三）世界主要棉花出口国

美国、澳大利亚、巴西和印度等国是全球棉花传统出口国，多年来美国、澳大利亚和巴西三国在全球棉花出口中的份额不断增长，占世界棉花出口的 50% 以上。印度、巴基斯坦、巴西、墨西哥等传统棉花出口国由于本国纺织行业的迅速发展，已经逐步转为棉花净进口国，出口比例逐步下降，出口市场地位下降。

美国是第一大棉花出口国，1980—2017 年，棉花的年出口量呈现先稳定后波动增长的特征，从 129.02 万吨增长到了 293.93 万吨，长期以来棉花的年出口量一直稳居首位。

印度、澳大利亚和巴西的棉花出口量相对较小，整体变化特征较为相似，总体上表现为先稳定后波动，其中澳大利亚和巴西的棉花年出口量整体上波动较为平稳，除个别年份外出口量基本在 100 万吨以下。印度在 2004 年之前年出口量不足 50 万吨，之后出口量虽然明显增长，但波动变化较为显著，2011 年棉花出口量达到了 241.2 万吨，2017 年仅为 91.4 万吨（图 30）。

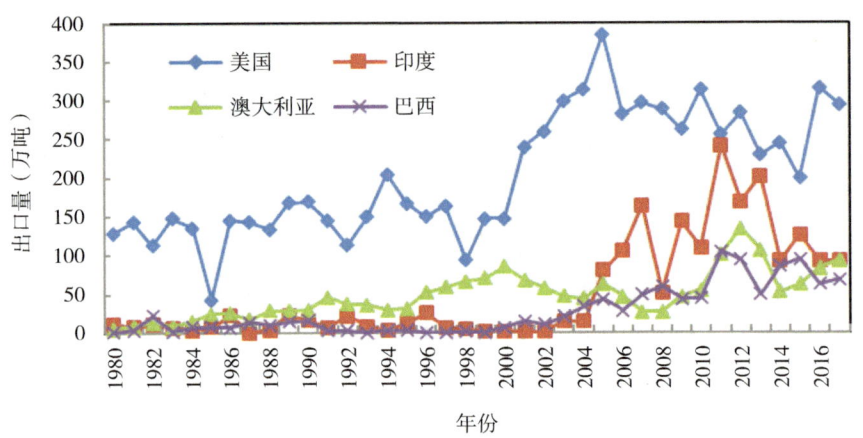

图 30　美国、印度、澳大利亚和巴西的棉花出口量变化

五、主要棉花生产国家产业链竞争力

分别对美国、澳大利亚和印度的棉花生产成本结构和收益的结构和特征进行分析，并和中国进行对比。

（一）主要棉花生产国家成本比较

1. 亩均生产成本比较

对中国、美国、澳大利亚和印度四国棉花生产成本的分析显示，2004—2014 年，美国棉花亩均生产成本保持平稳，维持在 600 元~700 元/亩的水平；澳大利亚棉花生产成本在 2007 出现了顶峰，亩均成本达到了 1 797.2 元，之后呈现缓慢下降趋势；印度棉花生产成本维持在较低水平；中国棉花生产成本在 2008 年以后呈大幅单边上扬趋势，成本年均增速达到 27.5%，2012 年生产成本达到 1 939.7 元/亩，而同期美国为 720.2 元/亩，澳大利亚为 1 550.8 元/亩，印度为 543.4 元/亩，分别为中国生产成本的 37.1%、80.0% 和 28.0%，2014 年中国棉花生产成本继续上升到 2 278.6 元/亩，为同期美国棉花生产成本的 3.2 倍（图 31）。

2. 单位产量生产成本比较

中国、美国、澳大利亚和印度四国棉花单产存在较大差异，单纯比较亩均生产成本难以完整分析四国棉花生产成本的差异，单位产量成本的比较更具实际意义。尽管中国棉花亩均生产成本显著高于美国、澳大利亚和印度，但由于单产较高，棉花的单位成本相应被拉低。以 2012 年为例，中国、美国、澳大利亚和印度的皮棉单产分别为 91.5 千克/亩、49.8 千克/亩、146.8 千克/亩和 19.8 千克/亩，单位产量的生产成本分别为 21.2 元/千克、14.5 元/千克、10.6 元/千克和 27.5 元/千克，中国皮棉成本分别是美棉和澳棉成本的 1.5 倍和 2.0 倍，低于印度棉（图 32）。

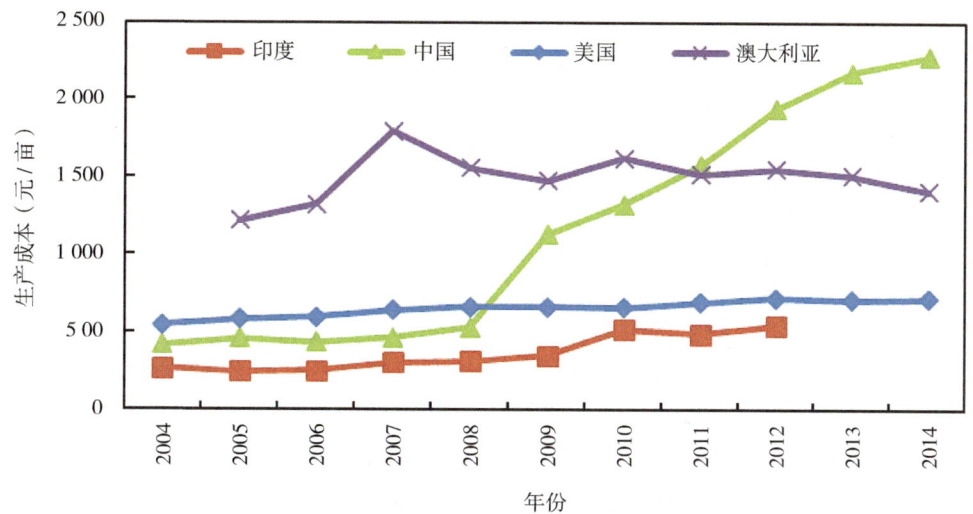

图 31　2004—2014 年中国、美国、澳大利亚和印度籽棉亩均生产成本对比
资料来源：《全国农产品成本收益资料汇编》、美国农业部、澳大利亚农业部、印度农业部

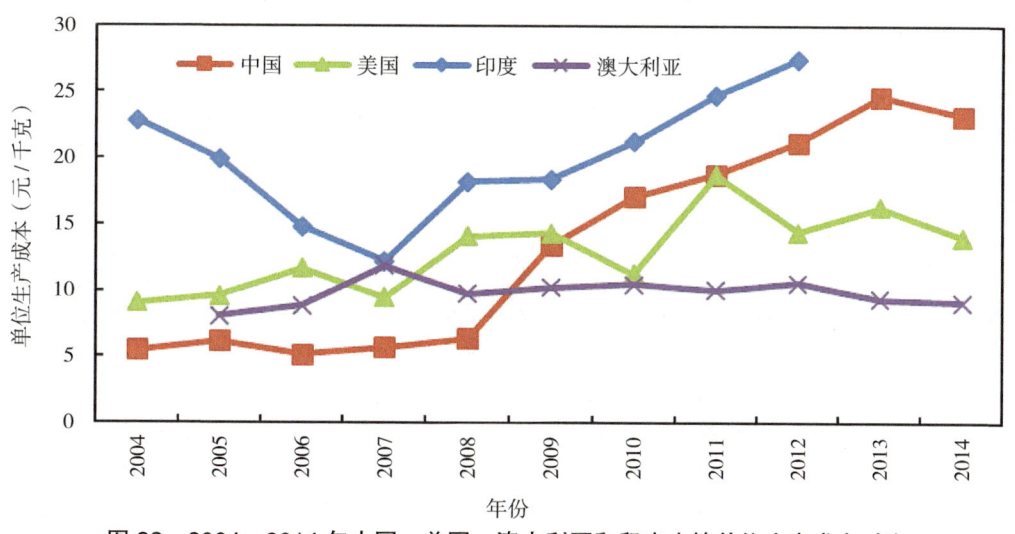

图 32　2004—2014 年中国、美国、澳大利亚和印度皮棉单位生产成本对比

从单位产品的成本变化趋势来看，美国表现为年际间波动较大，但总体趋势保持相对稳定，在 14 元/千克左右波动；澳大利亚一直较为平稳，每千克成本在 10 元上下波动；中国棉花生产成本在 2008 年以后持续快速上涨，由 6.4 元/千克上涨到 2014 年的 23.2 元/千克，年均增长 24.1%；与中国情况类似，近年来印度棉花单位生产成本也呈现快速增

长的态势，由 2007 年的 12.2 元/千克上涨到 2012 年的 27.5 元/千克，年均增长 17.6%。基于增速差异，2009 年以后中国棉花单位生产成本超过美国，且成本差价呈现扩大趋势，同时与印度棉的成本优势在进一步缩小。

总体来看，中国在亩均生产成本和单位生产成本上均显著高于美国和澳大利亚，不再具有成本优势，印度由于单产水平较低，中国棉花单位生产成本低于印度，但成本差距在不断缩小，亩均生产成本则显著高于印度。

（二）主要棉花生产国家成本结构比较

1. 亩均成本结构

中美澳印四国棉花生产成本核算方法和具体核算指标存在一定差异，为增加可比性和精确性，本研究将四国棉花生产成本核算中的项目指标进行了重新归类，按照物质和服务费用、人工成本和土地成本三项进行核算（表 4）。具体核算时，对三国棉花成本核算中相同的项目予以保留，不同的项目按投入的性质或生产过程的阶段性确定其归属。由于数据资料限制，本文使用的印度棉花生产成本数据由马哈拉施特拉邦代替，该地区棉花生产占印度棉花种植面积的 1/3 左右。

表 4　中美澳印四国棉花生产成本结构动态比较

单位：元/亩

项目	中国			美国			澳大利亚			印度		
	2004	2008	2014	2004	2008	2014	2005	2008	2014	2004	2008	2012
物质和服务费用	297.8	403.4	595.3	417.8	555.4	582.7	1 070.7	1 372.7	1 265.9	172.2	185.6	278.5
种子费	31.1	40.1	57.6	62.6	73.0	101.7	33.2	33.8	28.5	25.2	20.9	28.2
肥料费	115.3	184.9	207.4	45.7	110.8	94.0	100.4	136.1	192.2	23.3	30.7	73.3
农药费	32.5	54.2	70.6	81.6	70.7	72.0	227.2	167.1	144.3	8.8	9.0	21.4
燃料动力费	0.4	0.4	3.7	39.0	69.1	64.6	143.9	193.7	174.9	—	—	—
修理维护费	1.3	1.2	3.2	28.4	37.7	37.9	119.4	93.9	98.1	—	—	—
排灌费	22.4	31.1	58.5	2.4	3.3	3.3	46.9	151.6	110.4	7.7	9.1	16.7
税金保险	21.3	0.8	15.5	11.0	8.7	8.5	48.1	74.6	37.5	0.5	0.4	0.2
固定资产折旧	6.9	3.1	17.2	88.4	137.6	158.3	85.4	175.4	89.8	5.1	6.8	5.1
人工成本	354.8	527.1	1 408.4	66.7	44.9	45.1	152.2	189.9	147.2	55.4	69.9	175.7
家庭用工折价	319.8	464.2	1 203.8	46.0*	28.9*	29.3*	19.1	36.3	6.1	16.2	26.2	60.3
雇工费用	35.0	62.9	204.6	20.7	16.0	15.8	133.1	153.7	141.1	39.2	43.8	115.5
土地成本	90.5	149.5	274.9	65.1	64.2	90.3	—	—	—	40.6	56.3	89.3
流转地租金	17.9	9.9	45.0	—	—	—	—	—	—	0.0	0.7	0.1
自营地折租	72.6	139.6	229.9	—	—	—	—	—	—	40.6	55.6	89.1
总成本	743.1	1 080.0	2 278.6	549.6	664.4	718.1	1 222.9	1 562.6	1 413.1	268.2	311.8	543.4

注："*"为未付人工机会成本

中美澳印四国棉花生产成本结构存在较大差异。中国的棉花生产成本结构中，占比最多的是人工成本，由 2004 年的 47.7% 上升到 2014 年的 61.8%，亩均人工成本达到 1 408.4 元，其次是物质和服务费用，在总成本中的比重呈现下降趋势，由 2004 年的 40.1% 下降到 2014 年的 26.1%，其中种子、肥料、农药和机械作业费四项占较大份额，土地成本占总成本的比重基本稳定在 12%~13%，2014 年为 274.9 元 / 亩。与中国相比，美国的棉花生产成本结构中物质和服务费用所占比重最大，基本稳定在 80% 左右，其中固定资产折旧、种子、肥料和农药是支出大项，2014 年亩均支出分别为 158.3 元 / 亩、101.7 元 / 亩、94.0 元 / 亩和 72.0 元 / 亩；人工成本在总成本支出中的比重在下降，由 2004 年的 12.1% 下降到 2014 年的 6.3%，2014 年为 45.1 元 / 亩；土地成本在总支出中的占比稳定上升，由 2004 年的 11.8 上升到 12.6%，2014 年为 90.3 元 / 亩。

与美国情况类似，物质和服务费用也是澳大利亚和印度棉花生产成本中最大的支出项，而且在近些年澳大利亚的棉花生产成本中，物质和服务费的比重仍然没有丝毫下降，接近生产成本的 90%，2014 年达到了 1 265.9 元 / 亩，其中农药、燃料动力费和修理维护费支出较大，分别占总成本支出的 10.2%、12.4% 和 6.9%。虽然农药费和修理维护费所占成本比重有所降低，但燃料动力费一直维持在 12% 左右。另外，人工成本所占比重稳中有降，从 2005 年的 12.4% 下降到了 2014 年的 10.4%。

在印度的棉花生产成本当中，虽然物质和服务费占比最大，但其在总成本支出中的比重在不断下降，由 2004 年的 64.2% 下降到 2014 年的 51.2%，下降到 278.5 元 / 亩，其中种子、肥料和畜力费是较大的支出项，分别占总成本支出的 5.2%、13.5% 和 10.3%，人工成本在总成本支出中的比重在快速上升，特别是雇工费用的支出快速上涨，2004—2012 年，印棉亩均人工成本支出由 55.4 元上涨到 175.7 元，占总支出的比重由 20.7% 上升到 32.3%，土地成本在总支出中的比重基本稳定，2012 年为 89.3 元 / 亩，占总支出的 16.4%。

从四国棉花生产的亩均成本支出结构来看，2014 年亩均人工成本由高到低分别是中国、印度、澳大利亚和美国，分别为 1 408.4 元、175.7 元、147.2 元和 45.1 元，在总成本中所占比重分别是 61.8%、32.3%、10.4% 和 6.3%，中国棉花生产中的人工成本显著高于美国、澳大利亚和印度三国，分别是美国的 31.2 倍、澳大利亚的 9.6 倍、印度的 8 倍。美国人工成本极低与其较高的机械化水平、人工使用较少紧密相关。在物质和服务费用的支出上，澳大利亚的支出额度最高，亩均达到了 1 265.9 元，其次是中国、美国和印度，中美两国在物质和服务费用的支出额度上并没有明显差异。与中国相比，印度棉花亩均生产成本中的物质和服务费用、人工成本和土地成本三项均显著低于中国，但值得注意的是，印度的人工成本近年来也呈现出快速上涨的趋势。

2. 单位产量成本结构

从单位产量成本的分项构成来看，中国在物质和服务费用的支出远低于美国、澳大利亚和印度，2014 年中国的支出为 6.1 元 / 千克，美国、澳大利亚和印度分别为 11.4 元 / 千克、8.2 元 / 千克和 14.1 元 / 千克，分别是中国的 1.9 倍、1.4 倍和 2.3 倍，美国和澳大利亚由于基础设施完备和机械化生产具有绝对优势，因此在管理费用、燃料、修理费用以及固定资产折旧方面的支出显著高于中国。印度由于管理粗放，单产水平较低，因此在种子、肥料、农药、排灌等方面的支出也显著高于中国，且由于其机械化水平较低，在畜力费的支出远远高于中国。中国棉花生产的人工成本远远高于美国、澳大利亚和印度，2014年中国单位皮棉的人工成本为14.4元/千克，美国和澳大利亚分别为0.9元/千克和1.0元/千克，仅人工成本一项的支出就超过美棉以及澳棉生产的总成本。印度棉单位产量的人工成本也较高，2012年为8.9元/千克。土地的成本支出在中国和美国不具有明显差异，印度的土地成本较高，2012年为4.5元/千克（表5）。

表5　2014年中美澳印四国棉花单位生产成本结构比较

项目	中国 成本（元/千克）	中国 份额（%）	美国 成本（元/千克）	美国 份额（%）	澳大利亚 成本（元/千克）	澳大利亚 份额（%）	印度 成本（元/千克）	印度 份额（%）
物质和服务费用	6.1	26.1	11.4	81.1	8.2	89.6	14.1	51.2
种子费	0.6	2.5	2.0	14.2	0.2	2.0	1.4	5.2
肥料费	2.1	9.1	1.8	13.1	1.2	13.6	3.7	13.5
农药费	0.7	3.1	1.4	10.0	0.9	10.2	1.1	3.9
燃料动力费	0.1	0.2	1.3	9.0	1.1	12.4	–	–
修理维护费	0.1	0.1	0.7	5.3	0.6	6.9	–	–
排灌费	0.6	2.6	0.1	0.5	0.7	7.8	0.8	3.1
税金保险	0.2	0.7	0.2	1.2	0.2	2.7	0.1	0.1
固定资产折旧	0.2	0.8	3.1	22.0	0.6	6.4	0.3	0.9
人工成本	14.4	61.8	0.9	6.3	1.0	10.4	8.9	32.3
家庭用工折价	12.3	52.8	0.6*	4.1*	0.1	0.4	3.1	11.1
雇工费用	2.1	9.0	0.3	2.2	0.9	1.0	5.8	21.3
土地成本	2.8	12.1	1.8	12.6	0.0	0.0	4.5	16.4
流转地租金	0.5	2.0	–	–	0.0	0.0	0.1	0.1
自营地折租	2.3	10.1	–	–	0.0	0.0	4.5	16.4
总成本	23.2	100.0	14.0	100.0	9.1	100.0	27.5	100.0

注："*"为未付人工机会成本

（三）中美澳印棉花的收益比较

1. 亩均收益比较

中美澳印四国不仅在棉花生产成本上存在巨大的差异，棉花生产的收益性也各不相同。通过四国棉花生产的亩均收益比较发现，中国的棉花收益波动最大，2004—2007年棉花亩均收益稳定在200~400元之间，但在2008年骤降到了-16.71元，2010年又以亩均983.91元的收益创下近年来的历史新高，之后一直下跌，2014年亩均亏损686.44元。与中国棉花收益波动较为相似的是澳大利亚，澳棉的亩均收益在2008年跌到了-539.41元，2011年亩均收益攀升到了681.80元，之后收益虽然不断下降，2014年的亩均利润为256.43元，但明显高于中国和美国。美国和印度的亩均棉花收益与中国和澳大利亚不同，收益的波动性较为平缓，2004—2014年，美国棉花的亩均收益一直在-110~4.49元之间波动，除了2010年的棉花亩均收益为4.49元之外，其他年份均为轻微亏损状态。与此同时，印度的棉花收益波动则表现的更为平稳，2004—2012年的亩均棉花收益一直在4.87~10.87元之间波动，平均收益为6.91元（图33）。

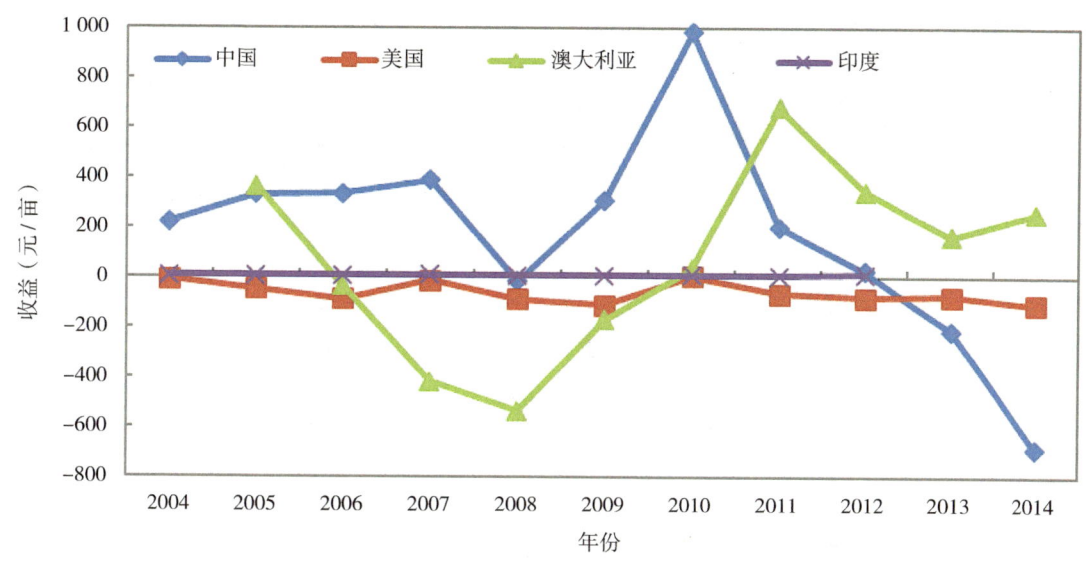

图33 中美澳印四国的棉花亩均收益对比

2. 单位产量收益性比较

中美澳印四国的单位产量收益和亩均收益的变化特征较为相似，2004—2010年，中国的棉花单产收益几乎一直高于美国、印度和澳大利亚，但从2011年开始陆续被澳大利亚、印度和美国超越，棉花单产收益在2010年达到了最高，为12.71元/千克，而美国、澳大利亚和印度各为0.08元/千克、0.23元/千克和0.32元/千克，分别是美国、澳大利亚和印度的158.9倍、55.2倍和39.7倍。然而，2010年之后中国棉花单位产量收益出现迅速下滑，2013年出现亏损，2014年每千克棉花的亏损额达到了7元。美国、澳大利亚和印度的棉花单位产量收益波动较为稳定，但美国除了2010年的单位产量收益为0.08元/千克外，其余年份均为亏损状态，2004年每千克棉花生产的亏损额为2.14元。澳大利亚的棉花单位产量收益在2005年为2.14元/千克，但之后出现了亏损，2008年的亏损额为3.36元/千克，2010年开始扭亏为盈，2011年每千克的收益为4.49元，之后一直高于中国和美国。印度棉花的单位产量收益较低，但一直较为稳定，而且稳定在0.26~0.56元/千克之间，2004年棉花生产的每千克收益为0.46元，2012年为0.55元，单位产量收益性基本没有大的变化（图34）。

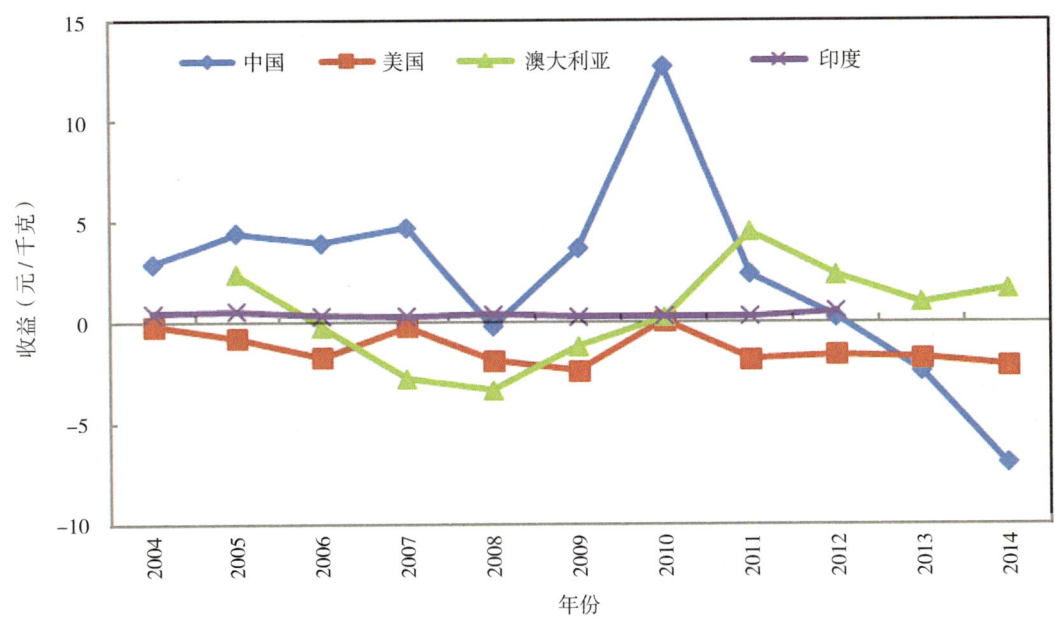

图 34　中美澳印四国的棉花单位产量收益对比

（四）全球棉花贸易公司竞争力

1. 国际棉花贸易企业概况

当前，国际大型农产品贸易企业已经完成在棉花贸易领域的布局，同时棉花主产国的棉花贸易企业也在快速成长。根据USDA统计，2016年全球棉花出口前十名国家依次为美国、印度、澳大利亚、巴西、乌兹别克斯坦、布基纳法索、马里、希腊、土库曼斯坦、科特迪瓦，但从进入中国的棉花贸易商的分布来看，主要集中在美国、印度、日本、澳大利亚等经济发展水平较高的国家（图35）。通过两者比较发现，只有少部分国家既是棉花

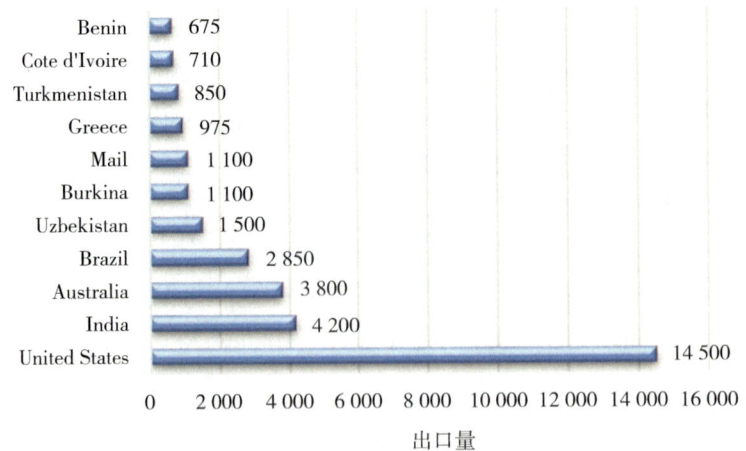

图 35　全球主要棉花出口国及棉花出口量

数据来源：美国农业部

主要出口国，也是棉花贸易企业所在国，例如美国、印度、澳大利亚。而大部分国家仅仅是棉花出口国，棉花贸易企业较少，如乌兹别克斯坦、布基纳法索、马里、希腊、土库曼斯坦、科特迪瓦等。然而也有一些国家，尽管不是棉花的产区，却拥有较多的棉花出口企业，例如日本。由此可见，在经济发展水平较低的棉花主产国，缺乏具有国际营销能力的棉花贸易企业，棉花贸易被外商控制。相反，一些发达国家虽然没有棉花的生产条件，却依靠市场、资本、技术等优势建立起大型的跨国贸易企业，实施"买全球卖全球"的贸易模式。

目前，中国棉花市场除收购加工领域外，购销领域已对外商全面开放。路易达孚（Louis Dreyfus）、嘉吉（Cargill）、伊卡母（ECOM-COTTON）、奥兰国际（Olam International）等众多国际大棉商已经进入中国市场，经营量迅速扩大，对中国棉花市场产生了深刻影响（2008年、2011年、2012年、2013年，启动棉花临时收储政策，2014年开始在新疆实施目标价格，对国内外棉花市场产生了重要影响）。以路易达孚为例，2009/10年度在中国内地参与购销棉花30万吨。深入到新疆、河北、山东、湖北等主产区，因其价格比一般市场价格高，结算快捷，对当地一些小轧花企业有较强的吸引力。

国际棉商相比国内企业在资金实力、市场资源以及人才资源等方面具有优势。例如路易达孚和嘉吉均是国际农产品贸易巨头，棉花仅是其经营的一个品种。路易达孚每年棉花经营量达280万吨，嘉吉略少，为150万吨，两家公司占全球棉花贸易量的20%以上。同时，这些大型企业还拥有完善的期货交易制度，能够实行级差交易和跨市场操作，与现货市场配合，实现两个市场的双重收益。凭借企业雄厚的实力，这些企业可以在全球聘用棉花行业精英，组成既懂国际市场，又懂中国市场的高级团队。

2. 主要棉花贸易企业竞争力

（1）路易达孚（Louis Dreyfus）

路易达孚是全球四大粮油巨头之一，也是全球棉花贸易巨头，其进入棉花交易市场已经有30年的历史，在诸多市场中已经占据领先位置，尤其是美国和中国。目前，路易达孚不仅是全球领先的棉花交易与营销机构，同时也是全球最大的原棉收购商之一。其市场运作方式主要是期货，通过该形式将美国、印度、澳洲、巴西、乌兹别克斯坦等不同产地的棉花销售给全球的下游买家。

自1972年起，路易达孚就向中国的纺织品行业销售棉花。集团2000年在北京设立办公室，管理中国国内与进口棉花的交易、营销以及物流支持。路易达孚在中国从事国产与进口棉花的交易、营销与物流服务，同时还代表集团内其他棉花平台管理中国进口的棉花。路易达孚的专业优势包括国内棉花定价、采购、评级、仓储，以及从棉花主要产区向全国客户的运输。现在，路易达孚的员工在北京的办公室就能管理新疆、山东、河北和湖北的原棉采购，通过广泛的仓储网络，迅速、高效地将棉花运送到全国各地的纺织厂。

路易达孚在长期的发展中形成了一套有竞争力的规章制度和组织构成。一是拥有全球领先的棉花营销与交易机构；二是注重风险管理和期货市场的专业化运营；三是构建标准化的合同条款，保证交易的便捷；四是根据买方的要求，提供个性化的营销方案；五是拥有国内棉花定价、采购、评级、仓储以及货运领域的专业优势。艾伦宝（Allenberg）是路易达孚旗下的著名棉商，其成功的价值理念在于：一是对年轻人进行培训，让他们对公司价值理念有所认知，能够从不同的角度看待市场的风云变幻，更好地加强风险管理；二是找出交易中的重要信息，加强在公司内部对自身团队的内部研究；三是构建强大的合作团队，棉花团队不仅掌握主要棉花产区与消费区供求状况的最新情况，还具备成熟的风险管理与期货市场专业知识。

（2）嘉吉公司（Cargill）

嘉吉是全球第一大粮商，棉花贸易是其业务的一部分，虽然所占比重较少，但在国际市场上仍扮演重要角色。目前，嘉吉在中国的业务囊括了谷物油籽价值链、动物营养、动物蛋白、食品配料与应用、特种配料及营养、金融及风险管理、物流以及商业贸易等，分布区域已经在全国大部分地区覆盖。

嘉吉进入中国棉花贸易市场达25年之久，已经成为中国纺织业最大的进口棉供应商之一。借助广泛的国际市场和强大的营销与物流体系，顺应中国市场需求，嘉吉成功地将棉花贸易纳入到自己的经营范围中，并迅速占领中国棉花市场。一直以来，中国对棉花进口都有很大的依赖性，尤其是优质棉的需求。通过嘉吉进口到中国的棉花主要来自美国、印度、澳大利亚、巴西、布基纳法索、科特迪瓦、贝宁、喀麦隆、赞比亚、莫桑比克、津巴布韦、乌兹别克斯坦、西班牙和埃及等棉花主产国。此外，嘉吉在产业链管理战略、物流管理、研发实现技术、风险管理与规避等方面取得了长足发展，使得企业保持良好的核心竞争力；同时嘉吉愿意和客户共享其创新的风险管理工具，如气候风险解决方案，提出了"造成功"的经营理念，并在其发展过程中携手农民、帮助农民，与农民建立良好的关系，形成利益共同体。

（3）美国国际棉花协会

美国国际棉花协会（Cotton Council International, CCI）成立于1956年，是美国国家棉业总会（National Cotton Council of America, NCC）的出口推广分支，是一个非营利性机构，致力于在全球范围内推广带有COTTON USA商标的美国棉花纤维、美国棉织物及棉制品。60多年以来，CCI一直致力于在行业内部和消费者层面推广美国棉花纤维及其所制造的棉制品。目前已在世界各地设有20个办事处，在50多个国家和地区进行推广活动。CCI的使命是让美国棉花成为那些想要实现增值的纺纱厂/织布厂、品牌商/零售商和消费者的首选，提高整个美国棉花行业的盈利能力，推动美国棉花、纱线和其他棉制品的出口增长。

CCI由美国国家棉业总会提供资金，并得到美国棉花行业的捐款资助。CCI也使用美国农业部为发展国外市场和出口推广所提供的专项资金。CCI通过积极安排一系列贸易服务活动，使棉花购买者和纺织高层管理人员对美国棉花和美国棉花行业有更多的了解。在海外市场上，CCI代表着美国棉业的7个群体——种植者、轧花商、仓库商、棉商、棉籽加工商、合作社及纺织企业，并在华盛顿、孟菲斯、伦敦、香港、首尔和上海设有办事机构，保持着与欧洲、亚洲、拉丁美洲、中东地区和非洲等主要市场的密切联系，宣传COTTON USA美棉认证标志。CCI与棉制品供应链中的每一个环节的生产商

（从棉花出口商到纺纱厂、织布厂、服装厂、零售商、美国农业部和消费者）都保持紧密合作，向全世界推广由天然纤维美国棉花所制造的优质棉制品。CCI凭借自身的丰富经验及强项，为全世界各地的纺织生产单位及零售商提供以下优质服务：一是广告和宣传。美国国际棉花协会在欧洲、亚洲和拉丁美洲举行广泛的广告宣传和消费者推广活动，使所有授证商号广为受益。授证商号可得益于美国国际棉花协会的生产供应链推广专长及生产商资讯服务。二是建立贸易关系。在从纤维出口商到零售商的整个棉花供应链中，向卖家介绍买家是美国国际棉花协会的专长。例如，协会每年主办各种会议、研讨会和贸易展览，从世界各地组建专业贸易团访问美国或美棉使用者，组织美国的棉业代表团到特定的国家或地区考察，以及举办协会久负盛名的全球采购峰会等。三是及时发布信息。有关棉花经济、生产、贸易、供应链及消费趋势的实时信息会以电子邮件、传真或信件的方式直接发送给需求者。各种服务资料也可以通过美国国际棉花协会网站获取。四是商标挂牌许可。COTTON USA 标志对纺织厂家和对消费者具有一定的吸引力。生产100%高档棉制产品，且产品中含50%以上美国棉花的零售商即可以免费获得使用该标志。

CCI 的服务理念是坚持品质至上、可持续发展和建立透明的合作关系，在此基础上，为每个会员提供服务。一是坚持可持续发展：COTTON USA 致力于生产出世界上最有利于可持续发展的棉花。通过棉农的数代相传和他们对土地的守护、严格的法规以及创新的精确农业技术，美国的棉花种植技术领先全球，从而为子孙后代建设一个更美好的未来。二是透明的合作关系：CCI 非常重视透明度，它们认为，无论是对自己还是整个行业，保持高度负责的态度，对所有人都有好处。从 CCI 内部到整个行业和客户，建立成功、互信的合作关系是至关重要的。通过严格的棉花分级制度，合约签订标准和卓越的客户服务体验，COTTON USA 成为业界表率。

美国前20家棉花出口企业见表6。

表6　美国前20家棉花出口企业

	企业名称	属地
1	ACG Cotton Marketing, LLC	Texas
2	Allbright Cotton	California
3	Allenberg Cotton Co.	Florida
4	Allenberg Cotton Co. (Louis Dreyfus Commodities)	Tennessee
5	AMCOT	Texas
6	America Tongzhou Cotton Trading Inc.	New Jersey
7	American Cotton Shippers Association	Tennessee
8	Autauga Quality Cotton Association	Alabama
9	Baco Trading	Texas
10	Barrentine Company	California
11	Brighann Marketing, Inc.	Texas

(续表)

	企业名称	属地
12	Calcot, Ltd.	California
13	Caney Valley Cotton Company	Texas
14	Cargill Cotton	Tennessee
15	Carolinas Cotton Growers Cooperative	North Carolina
16	CC Cotton LLC	Texas
17	Chesnutt Cotton Co.	Texas
18	Choice Cotton Company, Inc.	Alabama
19	Cofco Agri	Texas
20	Commodity Export Corp.	Texas

资料来源：美国棉花出口供应商名录 .https://cottonusa.org/zh_cn/exporters

六、主要产棉国产业支持政策

（一）美国棉花产业支持政策

1. 美国 2002 年和 2008 年农业法案框架下的棉花补贴政策

美国长期对植棉农户提供补贴，根据 2002 年和 2008 年美国农业法案，对棉花的支持政策包括直接支付、营销贷款补贴和反周期支付，同时也包括作物保险政策。营销贷款补贴的初衷是为棉花生产者提供现金支持，避免农户在收获期因缺少现金而不得不出售棉花，在政策执行中，营销贷款补贴发挥了最低支持价格的作用，对全体棉花种植者均适用，对世界棉花市场产生了明显的价格打压效果。美国农业部根据市场价格高低来确定是否启动营销贷款补贴和反周期补贴，农户还可获得基于历时产量 85% 的直接支付，该项补贴折算后约为 0.0667 美元/磅，市场价格加直接支付构成有效价格，当有效价格低于政府设定的目标价格时，启动反周期支付。2002 年以来，大部分年份均发生了反周期支付。近年来，随着棉花价格的提高，反周期支付较少启动，从政策执行效果来看，直接支付和反周期支付政策也产生了明显的价格抑制作用，美国还对其国内棉花生产者提供基于产量的保险，并对购买美国棉花的出口商和国内使用者给予补贴，即 Step 2 补贴，使得其可以购买到价格较低的棉花，上述政策均对世界棉花市场产生了一定的价格抑制效果，受到主要棉花生产国，特别是巴西的质疑。

针对不同农场的风险管理需求，美国不断加大对农业保险的支持力度，提供多类型和多层级的棉花保险。棉农可以基于棉花单产投保，或者投保棉花收入保险，可供选择的保障水平在 50%~85% 之间。单产和收入的确定方式主要有两种：一是基于个体农场的历史产量和收入；二是基于全县农场的预期单产和收入。与传统农业保险只保障产量不同，美国棉花收入保险贡献 85% 以上的保费收入。多数棉农选择基于农场水平的保单，且保障水平为 70% 或 75%。到 2013 年，联邦农业保险拓展到全美几乎所有的棉花主产县，覆盖棉花播种面积 4 010 万公顷，占美国棉花总播种面积的 95.2%。

2. 美国 2014 年农业法案对棉花的支持政策

棉花是 WTO 多哈回合关注的焦点问题之一，考虑到美国国内财政预算的约束和美巴棉花补贴争端，2014 年农业法案中美国对棉花支持保护政策做出重大调整，取消了直接补贴、反周期支付和 ACRE，并新增累积收入保护计划（Stacked Income Protection Plan，简称 STAX），用于扩大农业保险的覆盖范围。根据 2014 年农业法案，适用于棉花的专用条款、对棉花和其他作物通用的条款主要包括三项。

（1）累积收入保护计划（STAX）

现行棉花项目由 2014 年 2 月 7 日签署的《2014 年农业法案》所授权，由于棉花未被列入商品项目，也不适用于 ARC 和 PLC，政策支持转向美国农业风险管理局实施的损失保障保险项目，即 STAX。STAX 专门针对陆地棉制定，是可以与传统农业保险项目共同实施的农业保障项目。

新农业法案继续提供对植棉农户的一般保险险种，并提供保费补贴，棉农可以选择在现有农业保险计划的基础上购买 STAX，也可以直接单独购买 STAX。按照 2014 年农业法案的规定，美国棉农在 2014 年不再享受直接支付、反周期支付等的补贴，也不能获得 STAX 补贴（该补贴于 2015 年生效）。针对棉花补贴过渡期存在的补贴问题，美国 2014 年农业法案制定了棉花过渡辅助计划（CTAP）。那些在 2013 年拥有棉花基础面积的生产者，只要获得农业部的批准，均可以获得一笔过渡辅助补贴。棉农获准参加 STAX 计划后，将不再享受棉花过渡辅助计划的直接补贴。

美国 2014 年农业法案新增累积收入保护计划用于取代原有的棉花直接支付、反周期支付等价格相关的支持政策，保费补贴率为 80%。新增累积收入保护计划 20% 或 90% 减去个人其他保险覆盖率中的较小值，即如果农户同时购买普通保险和 STAX，普通保险的覆盖率是 80%，则 STAX 可保险（90%~80%）的部分，如果普通保险的覆盖率是 60%，则 STAX 仅可保险最高 20% 的部分（图 36）。

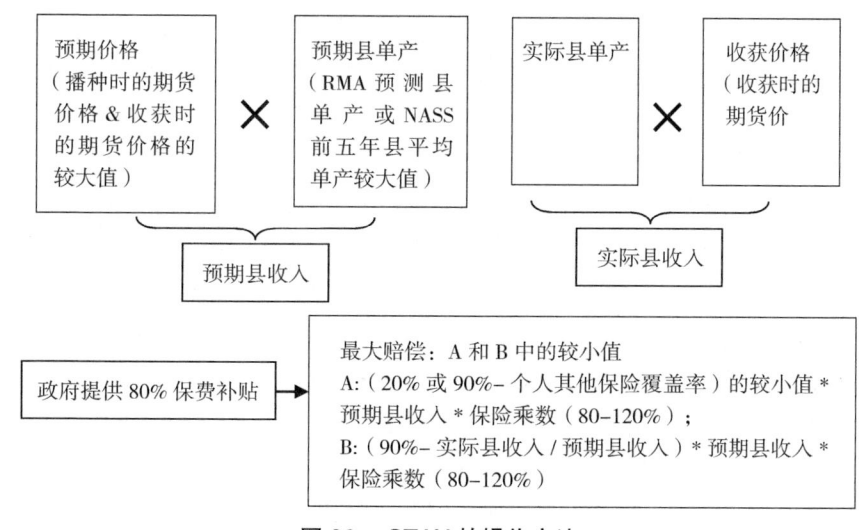

图 36　STAX 的操作方法

（2）对棉花和其他作物通用的政策

陆地棉生产者有权接受营销援助贷款，2014年农业法案基本延续了2008年法案中的棉花营销贷款政策，只是对贷款率进行微调，营销贷款率基于过去两年的世界平均棉花价格决定，并根据美国棉花品质和产地调整（AWP）不断调整，在0.45~0.52美元/磅之间，继续发挥最低支持价格的作用。参与该计划的棉农的全部棉花都能享受该贷款，贷款期为9个月（自贷款形成的首个完整月份开始算起）。该项贷款是无追索权的，商品信贷公司（CCC）罚没作为抵押物的棉花则是对其全部赔付，而不管当时棉花的市场价值是多少。如果CCC确认陆地棉AWP低于该贷款额度，则棉农可按AWP偿还贷款，从而获得了等价于贷款额度与AWP之差的市场补贴。放弃CCC补贴的授信棉农，其全部棉花都会得到贷款差额补贴，该补贴额度等于AWP与市场援助贷款额度之间的差价。营销援助贷款、贷款差额补贴、ARC和PLC等计划的综合收益限额为每人12.5万美元。

（3）Step 3 竞争力项目

Step 3 竞争力项目（3-step competitiveness program）由《2002年农业法案》制定，旨在保持美国棉花价格竞争力。Step 1（最近一次使用是在1992年4月）中强制性的AWP调整规则被修改为所有市场贷款通用的、较灵活的规则。适用于Step 1调整的规则包括减少罚没、降低政府库存累加、确保美棉在国内外市场上市、保障新旧交替的过渡期间棉花报价不扰乱市场。Step 2：在《2005赤字削减行动法案》决定于2006年8月1日撤销。WTO规定Step 2是禁止性的出口补贴和国内工厂使用补贴。Step 3：是一项进口配额补贴，当美国远东价格连续4周超过指定区域棉花价格时提供额外的进口额度（相当于由美国国内纺织厂最近3个月数据确定的1周用量，大约是14.8万吨）。进口商在90天内采购并在之后90天内完成进口。

（二）印度棉花产业支持政策

印度棉花执行最低支持价格（MSP）体系。MSP是印度政府为农民生产的作物提供的保障价格，目的是在农场价格大幅下跌时为农民提供保障，即印度政府收购作物时的固定最低价格。MSP收购覆盖26种商品，包括谷物、豆类、油料、椰干、原棉、麻和烟草等。

印度内阁经济事务局负责发布最低支持价格，该价格以农业成本和价格委员会提供的建议为依据，制定价格时要考虑诸如生产成本、生产投入价格的变化、供需、工业成本结构和补贴的影响，将产棉区、产棉州和全国的微观和宏观数据进行整合后得出最终的固定价格。新的MSP价格每年发布一次，可能在播种前或播种后发布。印度棉花公司（CCI）是代表印度政府进行棉花收购和销售的机构，收购的棉花存放在仓库，并通过公共交易系统以更低价格向市场销售。印度政府在不同地点开设MSP收购点，农民通过广告得知政府收购，合作社和其他私人组织从农民手中收购，然后交到政府收购点。

印度政府出台了各种贸易政策确保印度棉花的价格竞争力、保证纺织企业有充足的棉花供应。印度的国家纤维管理政策声明棉花出口应控制在可出口盈余的范围内。

七、世界供需形势展望

1. 棉花种植面积大幅增加

2017/18年度,受上年度棉花价格较高,棉花比较收益高等因素影响,世界主要产棉国植棉面积有所增加。2017/18年度全球植棉面积为3 310万公顷,同比增加11.9%。其中印度植棉面积1 220万公顷,同比增加12.4%,美国461.6公顷,同比增加20.0%,中国312.5万公顷,同比增加7.8%。单产提高,产量增加。2017/18年度,受益于棉花主产国天气较好影响,全球棉花平均单产提高到795千克/公顷,同比增加1.3%,棉花产量由2 321万吨上升到2 621万吨,同比增13.4%。整体看,2017/18年度全球棉花生产形势较好,主产国棉花产量都有所增加。

2. 全球棉花消费缓慢增长

2017/18年度,棉花的消费和全球发展、全球经济增长速度紧密相关,消费弹性在大宗农产品中较大。如果经济发展较好,增长速度较快,那么棉花消费量将增加;如果经济发展形势不好,经济增长速度下降,棉花消费量将明显萎缩。目前看,2017/18年世界经济平稳复苏,经济有所增长,但幅度有限。2017年10月31日,国际货币基金组织(IMF)发布《世界与中国经济展望报告》认为,全球经济进入上行周期,上行力度不断增强,预计今明两年全球增长率将分别达到3.6%和3.7%,大大高于上年的3.2%。但总体看,世界经济增长速度仍属于低位徘徊阶段,大宗农产品价格仍然在低位徘徊,对棉花消费需求的带动有限。预判2017/18年度棉花消费量为2 569.4万吨,同比增加3.8%。棉花消费增长的幅度远低于全球棉花产量增长的幅度。

3. 全球棉花库存继续增加

由于2017/18年度全球棉花产量大于消费量,全球棉花期末库存在上年增加的基础上继续增加。2017/18年度全球棉花期末库存(除中国以外地区)达到1 856万吨,棉花期末库存消费比为56%,是2012/13年度以来最高的年份。而从全球最大的棉花消费国中国来看,2017/18年度仍然处于棉花去库存阶段,棉花进口仍然维持偏紧的进口政策,进口规模有限,对全球棉花的消费带动也有限。2017/18年度全球棉花整个供需形势呈现明显的供大于求。

4. 全球棉花价格面临下行压力

由于世界主要产棉国新年度棉花增产,尽管全球经济略有好转,但对棉花消费量提升有限,全球棉花产大于需状况加剧,国际棉价面临下行压力。从国际棉花价格走势看,Cotlook A指数在2017年5月全球棉花增产预期出来后就开始下降。后期随着北半球棉花主产国棉花陆续上市,预计国际棉花价格将承压下行,全年度平均棉花价格将明显低于上年度平均价格水平。

参考文献

国家质检总局. 2017. 2017年第25号公告——质检总局关于公布准予登记和准予续延登记证书有效期的进口棉花境外供货企业名单的公告［EB/OL］. http://www.aqsiq.gov.cn/bsdt/jyjy/jkmhjwghqydj/jgcx/201703/t20170323_484943.htm.

（海外农业研究中心特邀研究员　翟雪玲）

海外农产品市场研究（2017）

第六部分

大　豆

海外农产品市场研究（2017）

近10年来全球大豆供求趋于稳定，主要出口国大豆库存充足，主要进口国大豆供需偏紧；自20世纪80年代以来，全球大豆生产总量持续高速增长，受自然条件、技术、效益趋动等多种因素的影响，巴西大豆生产迅速发展，南美主产区在全球大豆生产中的地位越来越重要；受人口增长和膳食结构、生物质能源发展、能源价格等多种因素的影响，全球大豆价格波动较大，2013年之前呈现波动上升态势，2013年以后由于主要受能源价格的影响，大豆价格明显走低；全球大豆贸易迅速增长，出口贸易由美国主导的垄断地位逐渐被打破，南美日益成为世界最大的大豆出口市场；中国大豆的生产成本高于美国和巴西，其增长速度也高于美国，中国大豆的成本竞争力低弱且竞争力在动态下降；美国的大豆产业发展更多的得益于政府的财政补贴，而巴西和阿根廷的大豆产业则在政府直接或间接的宽松政策下得到了发展。

一、世界供需现状

（一）全球大豆供给能力稳定提升

近10年来，全球大豆总供给除2008/2009年度和2011/2012年度同比略有减少外，其他年度一直处于扩张状态，2016/2017年度大豆总供给量为5.7138亿吨，较上一年度增加了13.23%。其中大豆产量呈波动增长，2008/2009年度、2011/2012年度和2015/2016年度同比略有下降，2016/2017年度大豆产量为3.5178亿吨，占大豆供给总量的61.57%；大豆进口量呈现持续增长，2016/2017年度进口量为1.4255亿吨，占全球大豆总供给的24.95%（表1）。

表1 全球大豆年度供需平衡表

年度	期初库存 百万吨	产量 百万吨	进口 百万吨	总供给 百万吨	压榨 百万吨	食用 百万吨	饲料用 百万吨	出口 百万吨	总消费 百万吨	期末库存 百万吨	库存消费比 %
2007/2008	63.10	218.96	78.68	360.74	202.49	13.89	13.30	78.32	308.00	52.74	17.12
2008/2009	52.74	211.97	77.90	342.62	194.63	14.05	13.87	77.21	299.76	42.86	14.30
2009/2010	42.86	260.49	87.50	390.85	210.22	14.46	14.22	91.44	330.34	60.51	18.32
2010/2011	60.51	264.38	89.79	414.68	221.98	14.92	15.45	91.71	344.06	70.62	20.53
2011/2012	70.62	240.33	94.55	405.5	229.91	15.21	14.95	92.19	352.26	53.24	15.11
2012/2013	53.24	268.45	97.19	418.89	231.52	15.29	15.92	100.80	363.53	55.35	15.23
2013/2014	55.35	282.47	113.07	450.89	242.93	15.99	17.56	112.78	389.26	61.65	15.84
2014/2015	61.65	319.56	124.36	505.56	264.36	16.44	21.27	126.13	428.20	77.37	18.07
2015/2016	77.37	312.87	133.41	523.65	275.01	17.48	21.74	132.39	446.62	77.05	17.25
2016/2017	77.05	351.78	142.55	571.38	290.45	18.49	22.49	145.17	476.60	94.78	19.89
2017/2018	94.78	345.09	148.60	588.47	302.23	19.25	23.79	149.66	494.93	93.53	18.90

注：数据来源于USDA

(二)全球大豆消费持续平稳增长

近10年来,全球大豆总消费量持续平稳增长,2016/2017年度为4.766 0亿吨,占总供给量的83.41%。其中压榨消费保持稳定增长,仍是主要消费形式,2016/2017年度全球大豆压榨消费量为2.904 5亿吨,占大豆总消费量的60.94%;其次是出口,出口量除2008/2009年度同比略有下降外,也呈现持续增长,2016/2017大豆出口量为1.451 7亿吨,占大豆总消费量的30.46%(表1)。

(三)全球大豆供求关系趋于稳定

整体来说,近10年来世界大豆供给充足,全球大豆库存消费比平均为17.17%,但波动较大。其中,2008/2009年度、2011/2012年度和2015/2016年度同比下降幅度较大,这3个年度全球大豆供需偏紧;近2个年度大豆库存消费比上升,2016/2017年度较上一年度提高2.64个百分点,全球大豆供求趋于稳定(表1)。从主要出口国看,主要国家(除巴拉圭之外)库存量充足(表2),尤其是阿根廷,2016/2017年度库存消费比达36.4%,巴西居中,为19.5%,美国则偏低,为9.8%,巴拉圭只有2.9%(图1)。从主要进口国看,主要国家的库存量相对较低(表2),库存消费比中国为15.9%,其次是日本6.5%,欧盟4.6%,墨西哥只有2.5%,进口国大豆供需明显偏紧(图1)。

表2 主要国际组织和国家年度大豆供需平衡情况

单位:百万吨

项目	年度	期初库存	产量	进口量	国内压榨	国内消费	出口量	期末库存
美国	2016/2017	5.35	117.21	0.68	51.44	54.65	58.51	10.08
	2017/2018	10.08	119.23	0.68	52.80	56.50	60.56	12.94
其他国家	2016/2017	71.70	234.53	141.64	236.79	274.51	86.47	86.90
	2017/2018	86.90	228.13	147.28	247.66	286.82	90.64	84.84
主要出口国	2016/2017	50.19	185.87	1.74	89.45	97.56	77.67	62.57
	2017/2018	62.57	176.40	1.72	90.99	99.26	80.35	61.08
阿根廷	2016/2017	31.70	57.80	1.50	44.00	48.45	7.00	35.55
	2017/2018	35.55	57.00	1.50	44.84	49.34	8.00	36.71
巴西	2016/2017	18.20	114.00	0.22	41.30	44.90	61.00	26.52
	2017/2018	26.52	107.00	0.20	42.00	45.70	64.00	24.02
巴拉圭	2016/2017	0.29	10.67	0.01	3.95	3.99	6.60	0.37
	2017/2018	0.37	9.40	0.01	3.95	4.00	5.50	0.28
主要进口国	2016/2017	19.19	16.81	120.44	112.23	134.83	0.37	21.24
	2017/2018	21.24	17.97	125.00	119.23	142.74	0.40	21.07
中国	2016/2017	16.91	12.90	91.00	86.50	101.50	0.12	19.19
	2017/2018	19.19	14.00	94.00	92.50	108.10	0.15	18.94
欧盟27国	2016/2017	1.04	2.38	13.80	14.60	16.24	0.20	0.78
	2017/2018	0.78	2.53	14.60	15.20	16.84	0.20	0.87

（续表）

项目	年度	期初库存	产量	进口量	国内压榨	国内消费	出口量	期末库存
日本	2016/2017	0.26	0.24	3.20	2.30	3.46	0.00	0.24
	2017/2018	0.24	0.26	3.30	2.35	3.51	0.00	0.29
墨西哥	2016/2017	0.10	0.51	4.20	4.65	4.69	0.00	0.12
	2017/2018	0.12	0.42	4.30	4.72	4.76	0.00	0.09

注：数据来源于 USDA

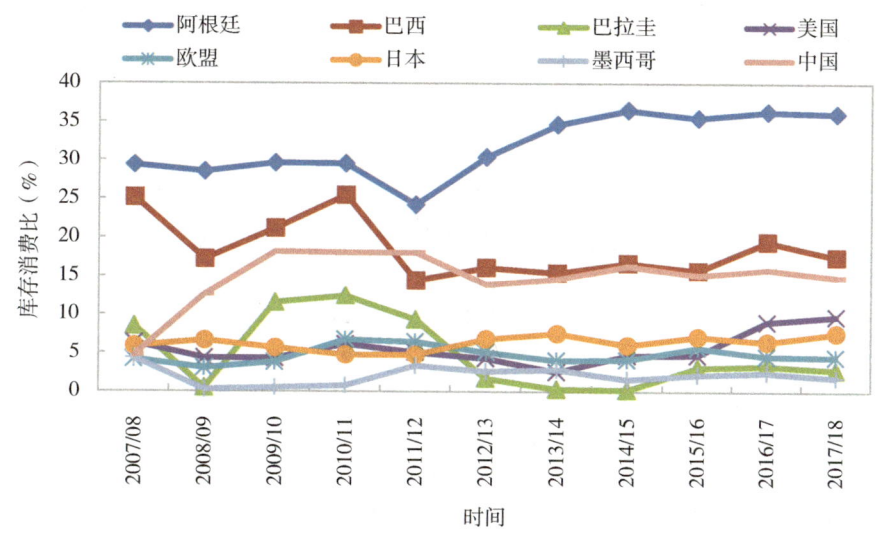

图 1 主要大豆进出口国的库存消费比

注：数据来源于 USDA

二、世界生产布局及演变

（一）全球大豆生产持续快速发展

1. 大豆种植面积持续增加

自 20 世纪 80 年代以来，全球大豆种植面积一直呈增加态势，特别是进入 21 世纪后，大豆种植面积扩张趋势更为明显，2000/2001 年度全球大豆收获面积 7 558 万公顷，2016/2017 年度达到 1.2 亿公顷，增加了 1.42 倍（图 2）。

2. 单产水平小幅波动快速提高

1980/1981—1999/2000 年度，从 1 630 千克/公顷增加到 2 230 千克/公顷，年均增长率为 1.63%；进入 20 世纪以来，世界大豆平均单产水平继续提高，2000/2001 年度单产水平 2 330 千克/公顷，2016/2017 年度提高到 2 920 千克/公顷，年均提高率为 1.42%，16 年间的平均单产为 2 462 千克/公顷（图 2）。

3. 总产量显著提高

受种植面积增加和单产水平提高等影响，全球大豆总产量持续增加，20 世纪 80 年代大豆总产量仅 8 093 万吨，2016/2017 年度增至 3.52 亿吨，年均增长率达 4.17%（图2）。

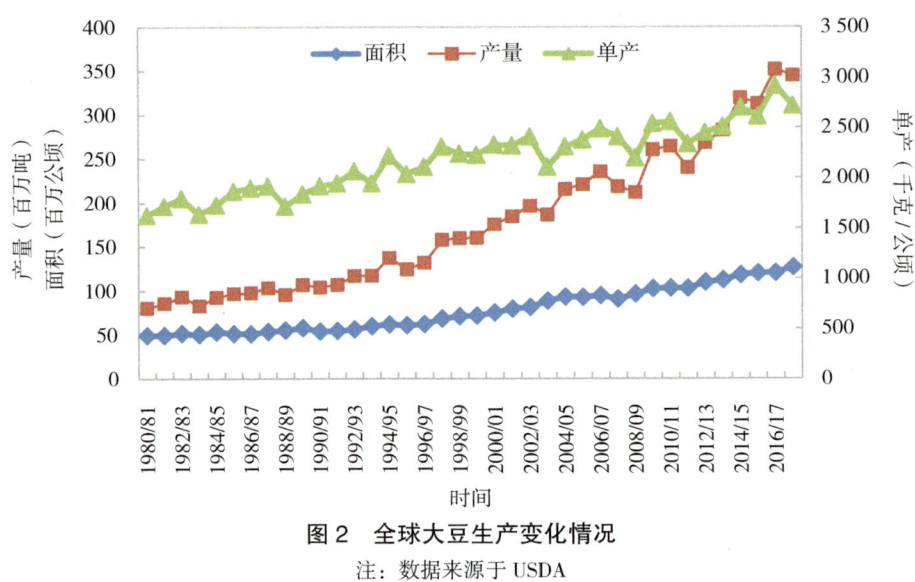

图 2　全球大豆生产变化情况

注：数据来源于 USDA

（二）全球大豆主产区域由北美向南美转移

从地区看，南、北美洲和亚洲是全球大豆主要产区，其大豆产量占全球大豆产量的 96% 以上，但近年来大豆产量分布从北美洲转向南美洲。北美洲曾一度是全球最大的大豆产区，但 20 世纪 80 年代以来，大豆产量占比呈下降趋势，从 1980/1981 年度的 61.65% 下降到 2016/2017 年度的 35.30%；与此同时，南美洲大豆产量占比呈现上升趋势，从 1980/1981 年度的 24.11% 上升到 2016/2017 年度的 53.45%，特别是 2002/2003 年度大豆产量超过北美洲，成为全球最大的大豆生产地区（图3）。

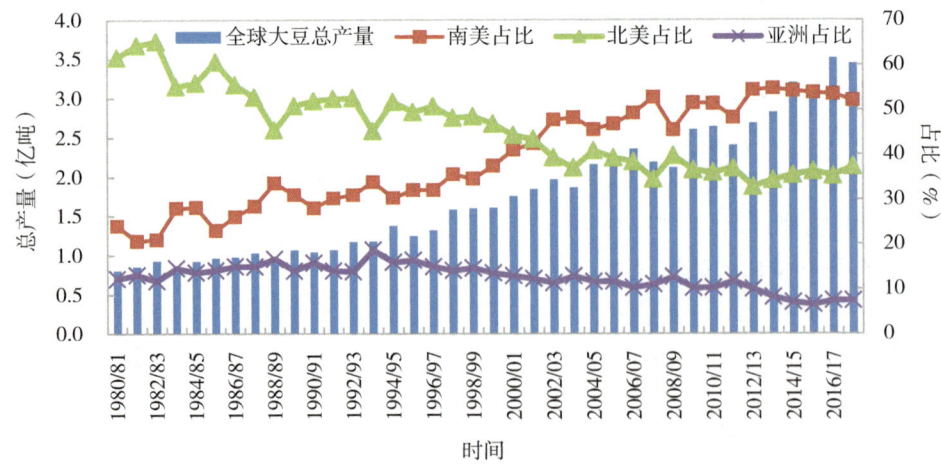

图 3　全球大豆生产地区结构

注：数据来源于 USDA

从产量看，美国、巴西、阿根廷和中国仍是世界主要的大豆生产国，但占比总体呈下降趋势，从1980/1981年度的93.37%下降到2016/2017年度的85.82%。除中国外，其他三国大豆产量均不同程度地提高。美国仍是世界最大的大豆生产国，大豆产量从4 892万吨增加到1.17亿吨，年均增长率为2.46%，但产量占比呈下降趋势，从60.45%下降到33.32%；巴西和阿根廷依次位居第二、第三，巴西大豆产量从1 520万吨增加到1.14亿吨，年均增长率达5.76%，产量占比呈平稳上升态势，从18.78%提高到32.41%；阿根廷大豆产量从350万吨增加到5 780万吨，年均增长率为8.1%，产量占比总体呈上升趋势，从4.32%上升到16.43%，2006/2007年度高达21.1%，但近10年来，大豆产量占比明显下降；中国大豆产量比重下降，从1980/1981年度的9.81%下降到2016/2017年度的3.7%，1993/1994年度比例最高，达13.02%（图4）。

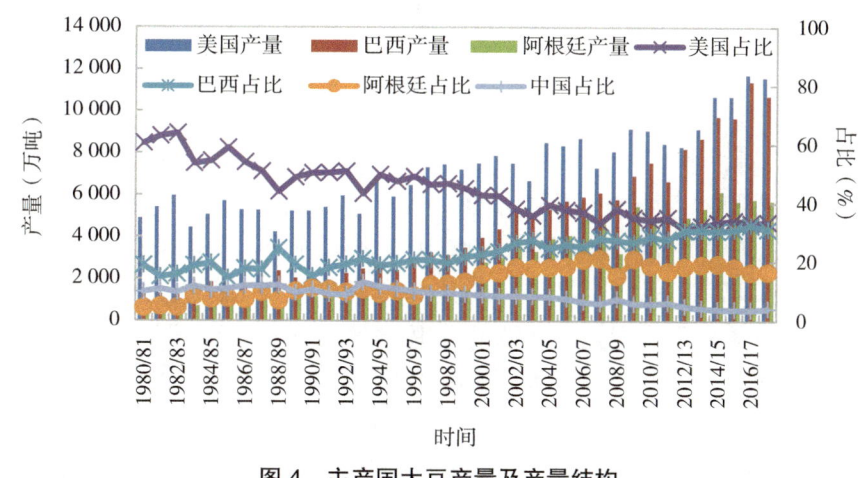

图4　主产国大豆产量及产量结构
注：数据来源于USDA

从面积看，20世纪80年代以来，除中国外，其他三国大豆面积均不同程度地扩张。美国大豆面积从1980/1981年度的2 744万公顷增加到2016/2017年度的3 348万公顷，年增增长率为0.55%，但大豆面积比重呈下降趋势，从1980/1981年度的55.15%下降到2016/2017年度的27.79%；巴西大豆面积从850.1万公顷扩大到3 390万公顷，年均增长率为3.92%，大豆面积占比呈上升态势，从17.08%上升到28.13%，2015/2016年度巴西大豆面积超过美国，成为世界上大豆种植面积最大的国家；阿根廷大豆面积从174万公顷扩大到1 835万公顷，年均增长率为6.76%，大豆面积占比总体呈"上升—下降"趋势，从1980/1981年度的3.5%上升到2007/2008年度的18%，而后又下降到2016/2017年度的15.23%；中国大豆面积占比总体呈下降趋势，从14.52%下降到5.98%；需要说明的是，印度大豆面积占比呈不断上升趋势，2007/2008年超过中国，在全球大豆面积排名第四，2016/2017年度大豆面积占比达9.46%（图5）。

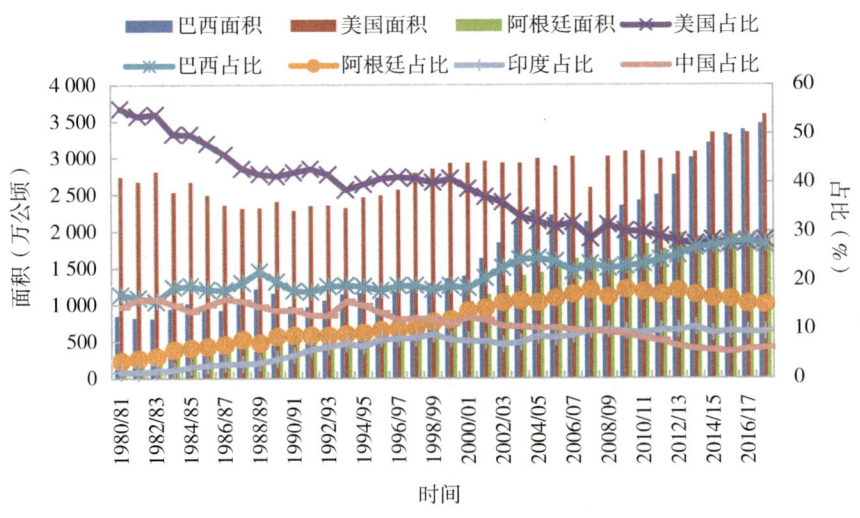

图 5　主产国大豆面积及面积结构

注：数据来源于 USDA

从单产水平来看，主产国大豆单产水平均不同程度提高，但差异较大。20 世纪 80 年代以来，四大主产国的大豆单产水平均有不同程度的提高，美国、巴西、中国和阿根廷的大豆单产平均增长率分别为 1.90%、1.76%、1.36% 和 1.26%。美国、巴西和阿根廷的大豆单产水平均高于世界平均水平，2016/2017 年度，这 3 个国家的大豆单产分别为 3 500、3 360 和 3 150 千克/公顷，同期世界大豆平均单产水平 2 920 千克/公顷。近 10 年来，中国大豆单产增长速度较快，年均增长率达 2.37%；同期美国、巴西和阿根廷的大豆单产年均增长率分别为 2.47%、1.81% 和 1.24%。尽管中国大豆单产增速较快，仅次于美国，但单产水平远低于三大大豆主产国，也明显低于世界平均单产水平（2016/2017 年度中国大豆单产 1 790 千克/公顷）（图 6）。需要说明的是，目前世界大豆单产水平最高的是塞尔维亚，2016/2017 年度大豆单产达 3 510 千克/公顷；尽管印度种植面积多于中国，

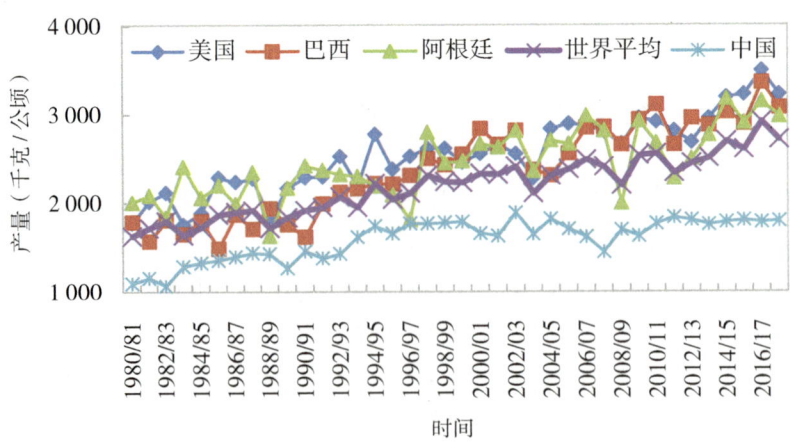

图 6　世界及主要国家大豆平均单产水平比较

注：数据来源于 USDA

但由于单产水平低（1 010 千克/公顷），没有跻身于四大主产国行列。

（三）主产国大豆生产布局及变化

1. 美国大豆产地集中

美国大豆生产主要集中在三大区域：一是大湖区西南部及周围地区，主要包括衣阿华、伊利诺、明尼苏达、印地安那、俄亥俄、威斯康星等；二是中西部地区，主要包括内布拉斯加、南达科他、堪萨斯等；三是东南部地区，主要包括阿肯色、田纳西、左治亚等。2017 年，这 12 个州的大豆种植面积占全国大豆总面积的 72.5%。

2. 巴西大豆产区由南部向中西部转移、向北部扩展

自 1997/1998 年度以来，大豆成为巴西第一大作物。巴西大豆有三大产区，即南部和东南部地区（包括帕拉那州、圣卡塔琳娜州、南里奥格兰州、圣保罗州、米纳斯吉拉斯州）、中西部地区（包括马托格罗索州、戈亚斯州、南马托格罗索州）、北部和东北部地区（包括巴伊亚州、托坎廷斯州、马拉尼昂州、皮奥伊州），其中南部和中南部产区大豆产量占比约为 42%，中西部产区大豆产量占比约为 45%，北部和东北部地区大豆产量占比约为 10%。也可看出，巴西大豆产区较为集中，40 年前大豆主产区主要集中在帕拉纳和南里奥格兰德州，20 年前大豆主产区开始向中西部马托格罗索州转移。目前，这三个州产量达到全国总产量的 60% 以上，10 年前大豆产区逐渐向北部马拉尼昂和托坎廷斯发展。

巴西大豆生产迅速扩大的原因，一是巴西土地资源充足，气候条件适宜。巴西约有可耕地 3.7 亿公顷，而且全境大部分地区可种植大豆，南方气候温和，土地肥沃，降雨充足，历来是巴西最发达的农业区，也是巴西主要的大豆产区，20 世纪 70 年代末以来，大豆产区逐渐向北推进，地域辽阔的中西部和北部地区成为新的大豆产区，并显示出巨大的发展潜力。二是技术驱动。巴西大豆的高速发展与转基因大豆的快速普及密切相关。据计算，2000—2016 年，巴西大豆面积、总产、单产与转基因普及率的相关系数分别为 0.895、0.922 和 0.675，均达极显著水平。国内种植的生物技术豆和耐除草剂大豆的成功开发证实了巴西在国际上公认的发展生物技术作物的能力，这一能力对巴西满足国内和出口需求以及对全球粮食安全的贡献很重要。三是效益驱动。从主产国的大豆成本比较可以看出，巴西大豆生产成本低，特别是在人工成本和土地成本远低于美国，在国际市场有较为明显的价格优势。

3. 阿根廷大豆产区主要集中在东北部

大豆是阿根廷的第一大作物，阿根廷大豆主产区主要集中在东北部的布宜诺斯艾利斯、科尔多瓦省、圣菲省 3 个省（产量占全国的 90% 以上），次主产区也包含了北部的圣地亚哥-德尔埃斯特罗省。按纬度将阿根廷大豆产区分为三大区：北部地区，含西北部的胡胡伊省、萨尔塔省、圣地亚哥德埃斯特罗省、图库曼省、卡塔马省、沿河区的福莫萨省、查科省、米西奥内斯省、科连特斯省全部、圣菲省的北部，以及中部地区科尔多瓦省的北端、库约地区拉里奥省的东北部；北潘帕草原区，含沿河区圣菲省的北部、恩特雷里奥斯省全部以及中部地区科尔多瓦省的大部，拉潘帕省和布宜诺斯艾利斯省北部以及库约地区拉里奥省南部、圣胡安省东端、圣路易省大部、门多萨省东端；南潘帕草原区，主要

包括中部地区拉潘帕省大部和布宜诺斯艾利斯省中部和南部（韩天富，2007）。

阿根廷大豆生产的迅速发展除得益于其优越的气候条件、丰富的土地资源外，还归功于优良品种和栽培技术的推广。2016年阿根廷大豆面积减少，较2015年减少了118万公顷。根据美国农业部的数据，大豆面积减少是由于更大的竞争来自玉米和向日葵等替代作物，以及低于预期的小麦播种面积。恶劣的天气条件、作物的损害、收割的拖延迫使一些生产者不得不放弃种植小麦过冬。

4. 俄罗斯和乌克兰近年来大豆生产发展迅速

俄罗斯种植大豆历史悠久，在20世纪20年代就开始了，主要种植在北高加索、外高加索、乌克兰和远东地区，种植带由乌克兰西部经过高加索和中亚呈断续的带状向远东延伸。现在俄罗斯大豆主要种植区在远东的哈巴罗夫斯克、库尔斯克、沿海边疆、阿穆尔州和犹太自治州，约占俄罗斯大豆总播种面积的80%。自20世纪90年代，俄罗斯低廉的地租和人工成本，俄罗斯远东地区大量闲置的土地吸引了大批中国人耕种，大豆是最主要的作物之一，这大大推动了俄罗斯大豆生产的发展。数据显示，俄罗斯大豆产量从2007/2008年度的60.4万吨增至2016/2017年度的313.4万吨，年均增长率达20.1%（图7）。同期俄罗斯大豆面积从70.9万公顷增至211.8万公顷，年均增长率为12.9%；单产从850千克/公顷增至1 480千克/公顷，年均增长率为6.35%。

近几年乌克兰大豆生产发展迅速，成为欧洲的大豆主要生产国之一。特别是近10年来，大豆产量从2007/2008年度的72.3万吨增至2016/2017年度的428万吨，年均增长率达21.8%；大豆面积从58.3万公顷增至185.4万公顷，年均增长率为13.7%，单产从1 240千克/公顷提高到2 310千克/公顷，年均增长率为7.16%（图7）。面积快速增加的原因有两个，一是乌克兰养鸡业的发展，对豆粕的需要量急剧增加；二是对欧盟出口的增加，2005年向欧盟出口大豆24万吨。

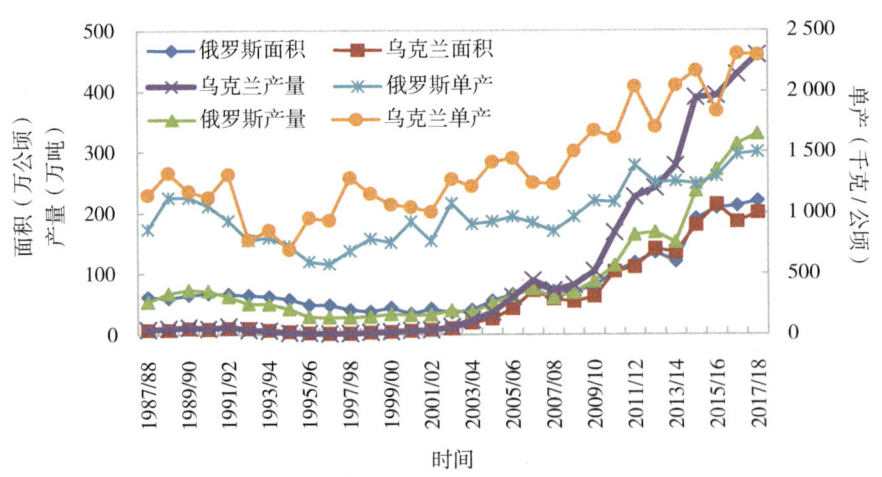

图7 俄罗斯和乌克兰大豆生产变化

注：数据来源于USDA

三、国际价格走势变化及动因

(一) 世界大豆贸易价格呈出"波动—升高—下降"的特征

20世纪80年代以来,国际市场大豆进出口价格变化可分为3个阶段:1980—2006年大豆价格波动较大,总体来说有升有降;2007—2012年,大豆价格不断升高,2012年出口价格高达549.46美元/吨,2013年进口价格达600.26美元/吨,但波动幅度较大;2012—2016年度迅速下降,出口价格由2014年的540.33美元/吨降至2016年的385.15美元/吨,进口价格从2013年的600.26美元/吨降至2016年的412.53美元/吨(图8)。

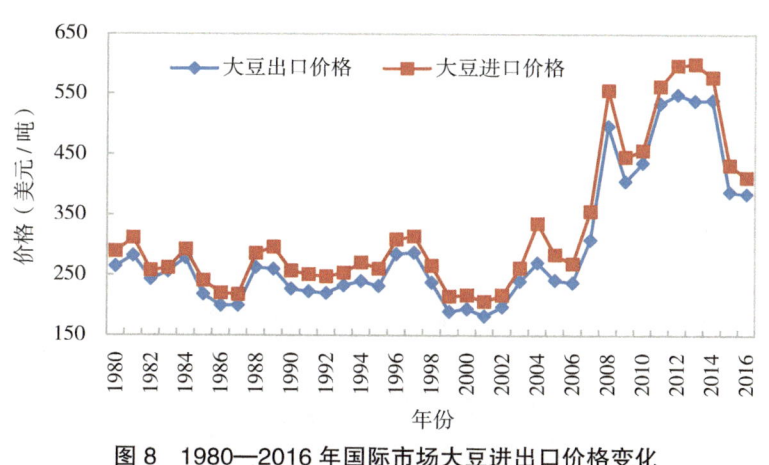

图8　1980—2016年国际市场大豆进出口价格变化

注：数据来源于FAOSTAT, UN Comtrade

(二) 全球大豆期货价格呈现不规则长期循环变动和季节性波动

1973—2004年的32年里,存在3~5年的循环小周期、8年左右的中周期以及15年左右的大周期,2004年以后期货价格波动中上升(图9)。季节性变化是大宗农产品价格表现的特有属性,大豆期货价格具有明显的季节波动特征。从全球来看,每年的7月、8月属于全球大豆的供应淡季,受新豆即将上市影响,大豆价格总体处于低谷;而每年的3-5月是全球大豆供应旺季,此季节需求转旺,价格处于高位。从2011年12月至2017年9月的月度数据来看,大豆期价整体看跌,期间略有反弹(图10)。

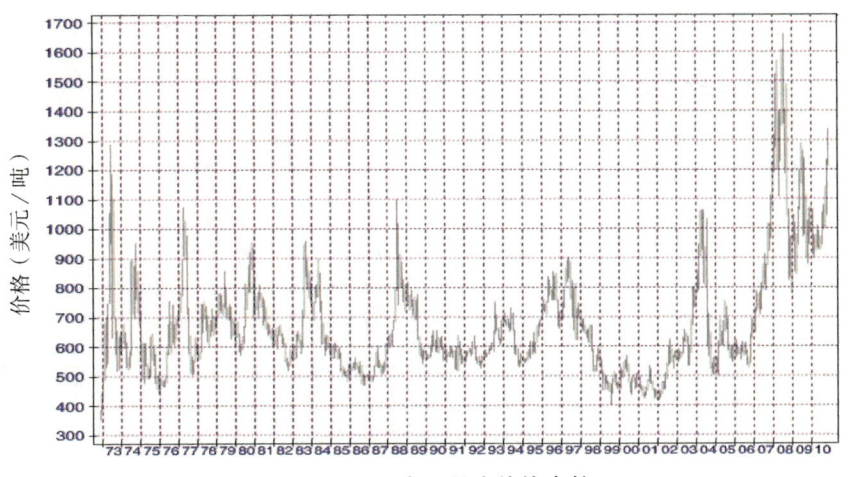

图 9　CBOT 大豆月度价格走势

注：图片来源于 http://www.docin.com/p-97871886.html?_t_t_t=0.8863898003473878

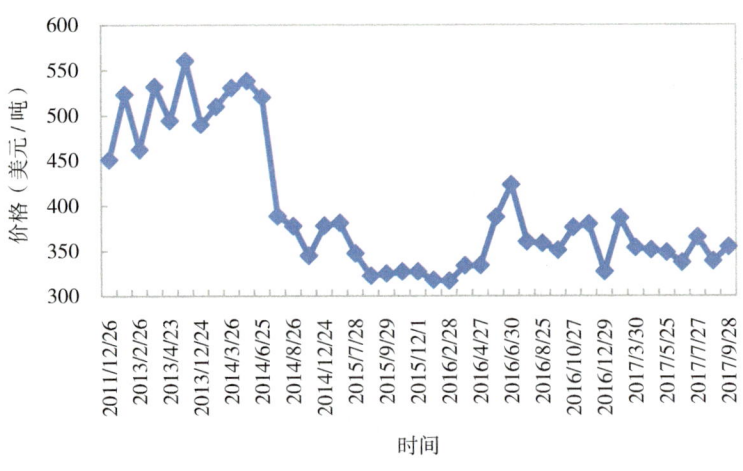

图 10　2011 年 12 月—2017 年 9 月 CBOT 大豆期货价格

注：数据来源于根据中华粮网数据整理

（三）人口和生物质能源发展是国际大豆价格的主要影响因素

研究表明，人口增长和生物质能源发展是影响大豆价格长期走势的最主要因素（杜丽永，2013），能源价格是造成大豆国际价格波动的最主要原因。

1. 膳食结构改善及人口增长

经济增长、人均收入增加和城市化进程加快等因素会逐步改变人们的食品需求与消费结构。人们更多地消费肉制品和乳制品，这就促进了粮食和饲料需求的增加，而豆粕是配合饲料的主要蛋白原料，市场需求迅速增加。据 FAO 资料，1961 年世界肉类产量为 7 136.13 万吨，2012 年增长到 3.02 亿吨，50 余年间肉类产量增长了 4 倍多，并且一直保持增长趋势。另据 FAO 预测，2030 年全球肉类产品将会再增加 50% 以上。未来畜牧业的强劲需求，加之世界人口还在不断增长，从 1980 年的 44.38 亿增长到 2016 年的 74.42

亿，年均增长率为1.45%。必将导致包括大豆在内的世界饲料用粮消费量迅速增加，从而影响大豆市场价格。

2. 生物质能源发展

目前，国际上作为动力燃料的生物质能源主要有以玉米、甘蔗为原料发酵生产的乙醇和以豆油等为原料通过酯基转移作用而生产的生物柴油。与传统能源相比，生物能源具有可再生、资源丰富、可替代性及清洁性等优势，生物质能源被许多国家纳入了发展战略。一方面，许多国家以具有比较优势的玉米作为生物质能源的主要原料，导致玉米价格上涨，农户会选择减少大豆的种植，导致大豆供给减少，带来大豆价格暴涨；另一方面，20世纪90年代，以豆油为主要原料的生物柴油在美国开始了研发和商业利用，美国是世界大豆的传统生产大国，其生物柴油原料绝大部分来自豆油，2010年以来美豆油用量从11.41亿磅增加至2015年的49.08亿磅，占比一直维持在50%~60%（韦蕾，2016）。以豆油为主要原料的生物柴油的发展，直接影响到大豆市场的需求，从而影响大豆价格。

3. 能源价格

自1970年以来，石油价格经历了多次涨幅波动。如1973年和1979年在全球范围内出现了两次较为大型的石油危机，导致石油价格上涨，以及2002年石油价格出现了第三次上涨，直到2014年，石油价格出现下降趋势。一方面，石油价格上涨带动了大豆多方面成本的上涨，通过成本趋动效应推动大豆价格上涨；另一方面，石油价格上涨推动生物质燃料需求增加，从而推动作为主要生物质燃料的大豆需求增长，由此推动大豆价格上涨。因此，石油价格对大豆价格的变化存在着正向影响。

四、国际贸易格局及演变

（一）世界大豆出口贸易格局变化

自20世纪80年代以来，世界大豆出口贸易量发生了较大变化。总体上可划分为1980/1981—1995/1996年度的大豆贸易稳定增长阶段和1996/1997—2016/2017年度的大豆贸易迅速增长阶段。第一阶段中，大豆出口贸易量增加较为平稳，基本在2 500万~3 000万吨波动。第二阶段中，大豆出口贸易量从1996/1997年度的3 676万吨增长至2016/2017年的1.45亿吨，年均增长率为7.12%（图11）。

1. 大豆出口贸易由美国主导转向美巴两分天下

自20世纪80年代至今，世界大豆出口贸易格局总体可分两个阶段（图11、图12）。一是1980/1981—2002/2003年度的以美国为主导的寡头垄断阶段。这一阶段美国一直是大豆出口市场的主导者，大豆出口量从1 971万吨增加到2 842万吨，年均增长率为1.68%，但其垄断地位日益削弱，大豆出口量占世界大豆出口贸易量的比重从77.8%下降到46.3%。巴西和阿根廷自20世纪70年代末开始在世界大豆市场上从无到有，一点点地渗透与蚕食着美国的份额，巴西的大豆出口量和市场份额不断扩大，大豆出口量从180万吨扩大到1 963万吨，年均增长率为11.48%，市场份额从7.09%增加到32%；阿根廷大豆出口量从270万吨增加到862万吨，年均增长率为5.42%，市场份额相对稳定，基本在10%上下波动。二是2003/2004年度以后的两分天下的寡头垄断形成阶段。2003/2004年度，巴西和阿根廷两国的出口市场份额达48.5%，超过了美国（43%），自此，除2004/2005年度和2010/2011年度外，南美成为世界最大的大豆出口市场。这一阶段中，美国大豆出口量从2 413万吨增加到2016/2017年度的5 715万吨，年均增长率为6.86%，2016/2017年度出口份额为39.4%；巴西大豆出口量从2 042万吨扩大到6 150万吨，年均增长率为8.85%，其中，2012/2013年度其出口量超过美国，成为世界第一出口大国，2016/2017年度出口份额达42.4%；阿根廷大豆出口量从674万吨增加到800万吨，年均增长率为1.33%，但其大豆出口份额则不断下降，2016/2017年度出口份额仅为5.5%。此外，2010/2011年度以来，巴拉圭、乌拉圭、加拿大和乌克兰4个小国的大豆出口份额不断增加，增加到12%左右。

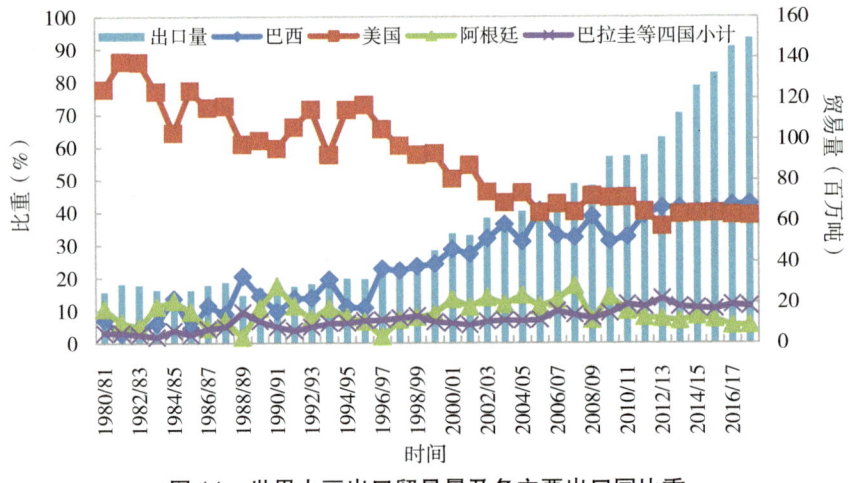

图11　世界大豆出口贸易量及各主要出口国比重

注：数据来源于USDA

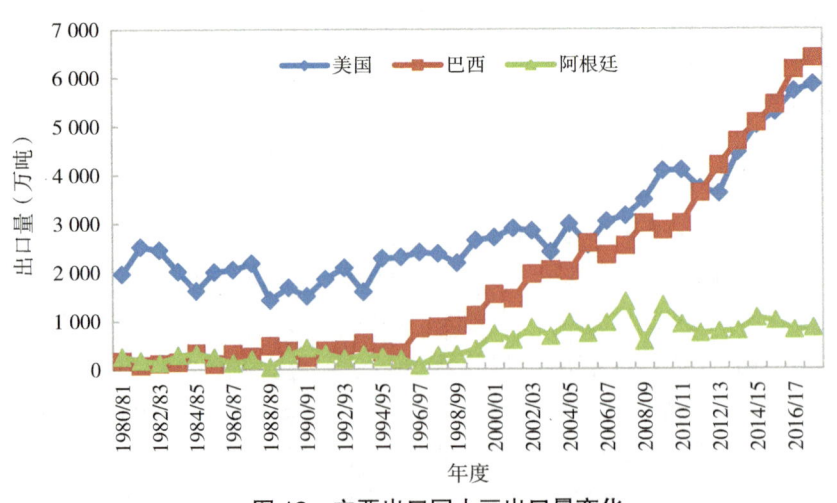

图12　主要出口国大豆出口量变化

注：数据来源于USDA

2. 主要大豆出口国出口市场由分散趋向集中

美国、巴西和阿根廷 3 个主要出口国的大豆出口去向比较广泛，但出口量从分散趋向集中，中国是三大出口国最大的大豆出口市场。美国 1996 年大豆出口到 51 个国家（地区），主要出口到日本（14.7%）、荷兰（12.2%、墨西哥（11.4%）和其他亚洲地区（10.1%）等；2016 年出口到 72 个国家（地区），其中 62.1% 的大豆出口中国（图 13、图 14）。

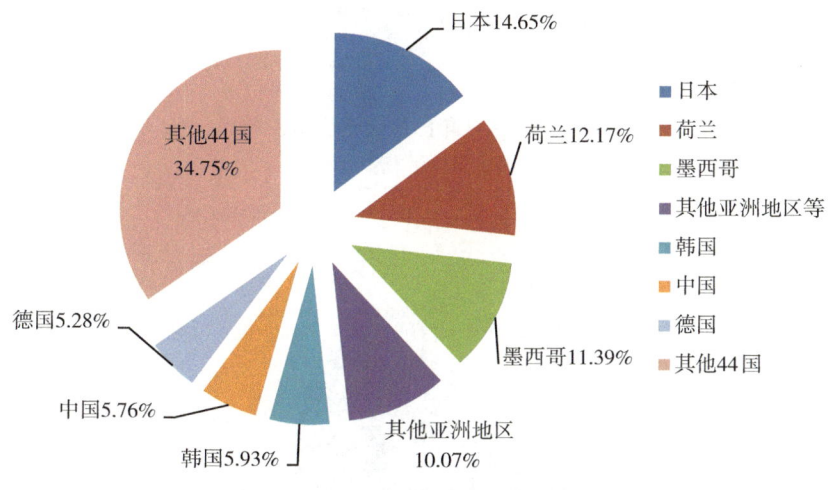

图 13　1996 年美国大豆出口去向

注：数据来源于 UN Comtrade

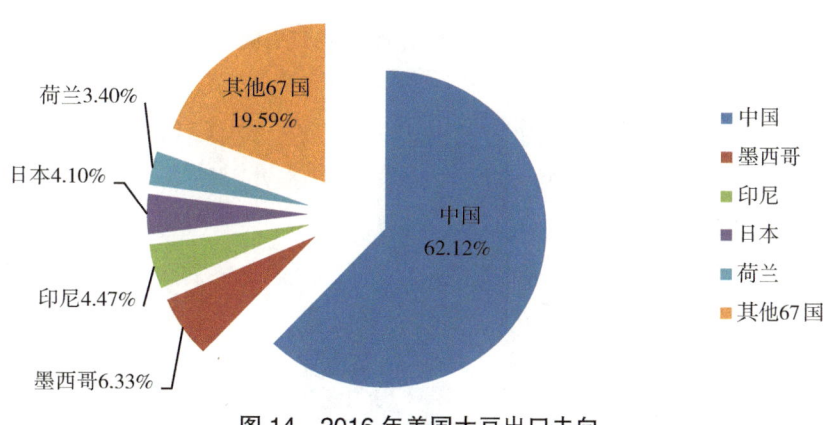

图 14　2016 年美国大豆出口去向

注：数据来源于 UN Comtrade

巴西 1996 年大豆出口到 31 个国家（地区），半数以上（56.9%）的出口到荷兰；2016 年出口到 46 个国家（地区），其中 74.8% 的大豆出口中国（图 15、图 16）。

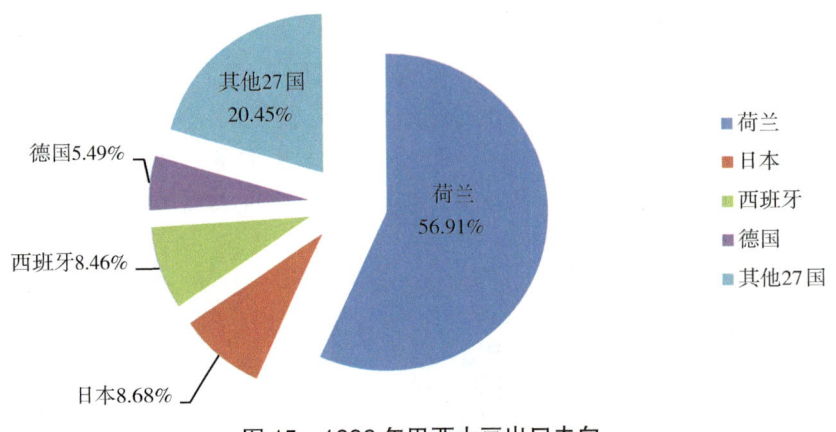

图 15　1996 年巴西大豆出口去向

注：数据来源于 UN Comtrade

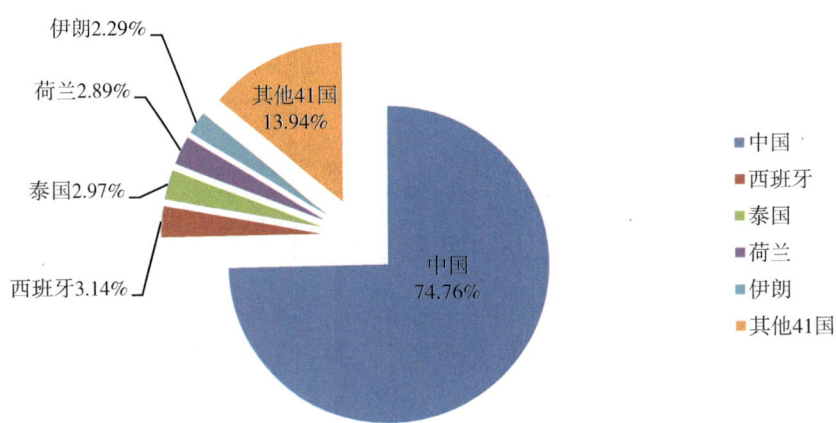

图 16　2016 年巴西大豆出口去向

注：数据来源于 UN Comtrade

阿根廷 1996 年向 26 个国家（地区）出口大豆，主要出口到荷兰（32.9%）、西班牙（19.7%）和中国（10.4%）；2016 年向 24 个国家（地区）出口，其中 87.1% 的大豆出口中国（图 17、图 18）。

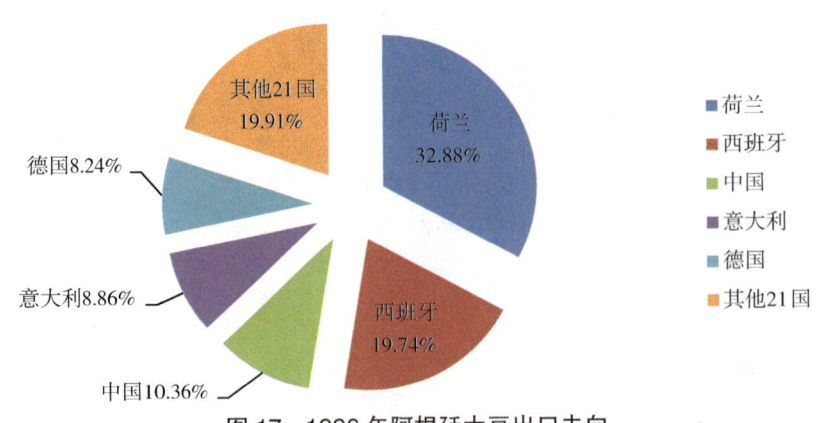

图 17　1996 年阿根廷大豆出口去向

注：数据来源于 UN Comtrade

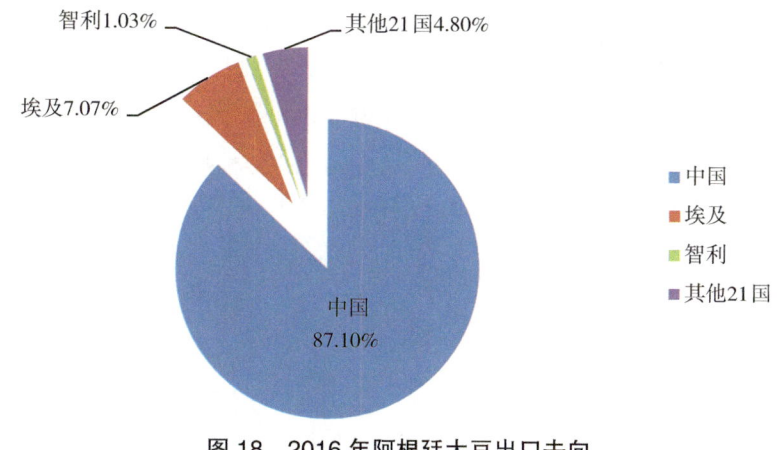

图 18　2016 年阿根廷大豆出口去向
注：数据来源于 UN Comtrade

（二）世界大豆进口贸易格局变化

1. 大豆进口贸易由分散走向集中

相对于世界大豆出口市场而言，大豆进口市场较为分散，1980/1981—1999/2000 年度，日本是世界上大豆进口量最大的国家，但进口份额呈下降趋势，从 16.1% 下降为 10.8%（图 19）；其次是德国，其大豆进口变化与日本相似，而其他国家进口数量较少而且国家分散，如西班牙、荷兰、西德、法国和比利时等国，但这些国家进口大豆并不是全部用于国内消费，而是把大豆加工后出口一部分豆油。1998/1999 年度以后，欧盟大豆进口数量迅速增加，成为世界上最大的大豆进口地区，到 2002/2003 年度之前，其进口

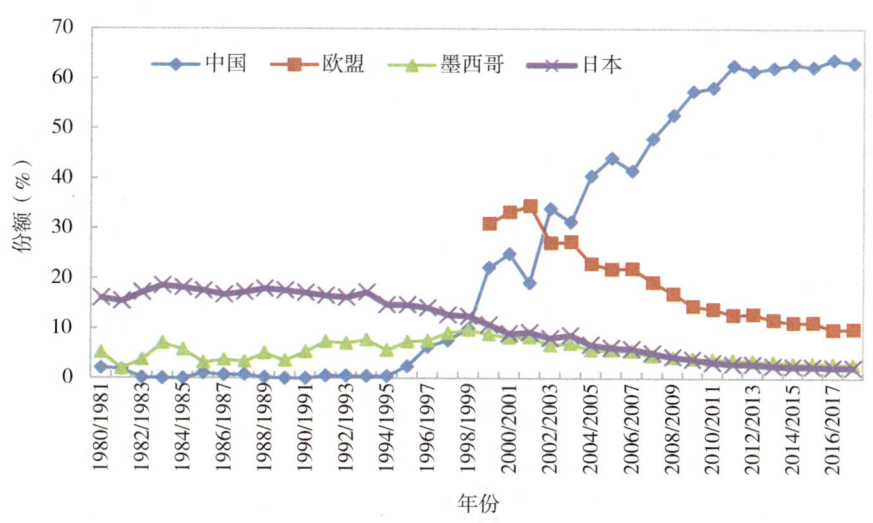

图 19　世界大豆主要进口国进口份额变化
注：数据来源于 USDA

份额占 30% 以上。自 2002/2003 年度，中国大豆进口量占世界贸易量的 34.1%，是世界最大的大豆进口国，而且进口数量逐年迅速增加，从 2 142 万吨增加到 2016/2017 年度的 9 100 万吨，年均增长率达 10.89%，进口所占份额也不断提高，从 34.1% 提高到 63.8%。欧盟位居第二，但其进口量和进口份额不断下降，大豆进口量从 1 702 万吨减少到 1 400 万吨，进口份额从 27.1% 下降到 9.8%（图19、图20）。

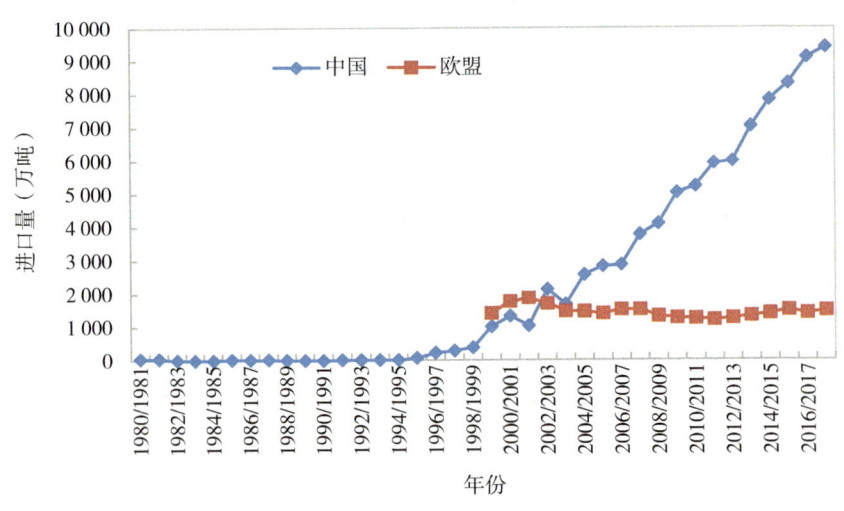

图 20　主要进口国进口量变化

注：数据来源于 USDA

除此之外，墨西哥和日本的大豆进口也有明显的增长趋势，但在世界市场上所占的份额很小并呈下降趋势。

2. 中国大豆进口来源地从美国转向南美市场

1996 年以前，中国大豆进口量不大，但不同年度较为分散，如 1987—1988 年进口主要来自美国，1989—1991 年主要来自缅甸和加拿大，1992—1995 年主要从美国和阿根廷进口。1996 年中国大豆开始大规模进口，进口来源地也进一步集中，主要是美国、巴西和阿根廷，进口迅速增长的 20 年里，每年从三国进口大豆合计平均占中国大豆进口总量的 98% 以上。

美国曾在中国大豆进口中一直占主导地位，但呈现下降趋势，从 1996 年的 77.6% 下降到 2016 年的 40.7%；巴西次之，在中国大豆进口中所占份额不断增加，从 1996 年的 4.76% 增加到 2016 年的近 45.5%，其中 2006 年和 2013 年后超过美国，是中国大豆进口量最多的国家；阿根廷在中国大豆进口中所占比重波动较大，从 1996 年的 10.7% 到 1997 年的零进口，增加到 2001 年的 36%，随后又呈下降趋势，降至 2016 年的 9.6%。自 2001 年以来，中国从巴西和阿根廷两国进口大豆总量超过美国（除 2004 年和 2009 年外），中国大豆进口来源地从美国转向南美洲（图21）。此外，中国也从乌拉圭、加拿大和俄罗斯等国进口少量大豆。

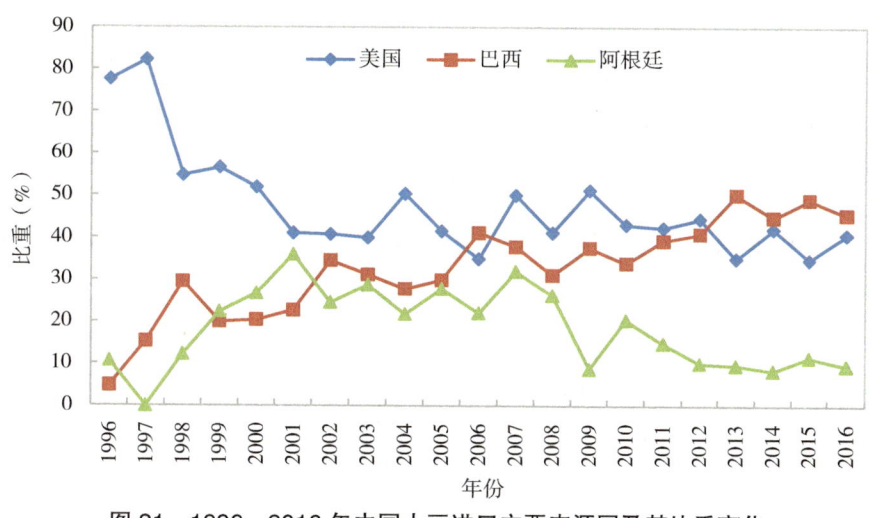

图 21 1996—2016 年中国大豆进口主要来源国及其比重变化
注：数据来源于根据 FAOSTAT 和 UN Comtrade 数据计算

(三) 主要大豆贸易商及其业务分布

著名的世界四大粮商 ABCD，涉及大豆产业链的各个环节。在加工环节，ABCD 控股或参股的"金龙鱼""福临门""鲁花"等主要品牌，年处理油料的能力高达 5 138 万吨。从 2009 年中国大豆加工的前 3 名来看，ABCD 中的 CR3 占了大豆行业的 75%。在贸易环节，对出口国，2001 年美国大豆的 CR3 已经达到 65%，巴西的 CR4 到 2001 年已超过 60%，阿根廷则达到 85%。对进口国，2004 年欧盟的 CR4 达到 80%，中国的大豆进口对外依存度超过 70%，而这些参与企业中很多是被 ABCD 收购的企业。

邦吉、嘉吉、ADM 的利润在 2003 年之前基本稳定，但是从 2003 年中国的大豆危机发生，其利润出现了大幅持续上升。除 2008 年受经济危机影响出现短暂下滑外，增长趋势基本稳定，且较初始盈利水平翻了近 1 倍（图 22）。

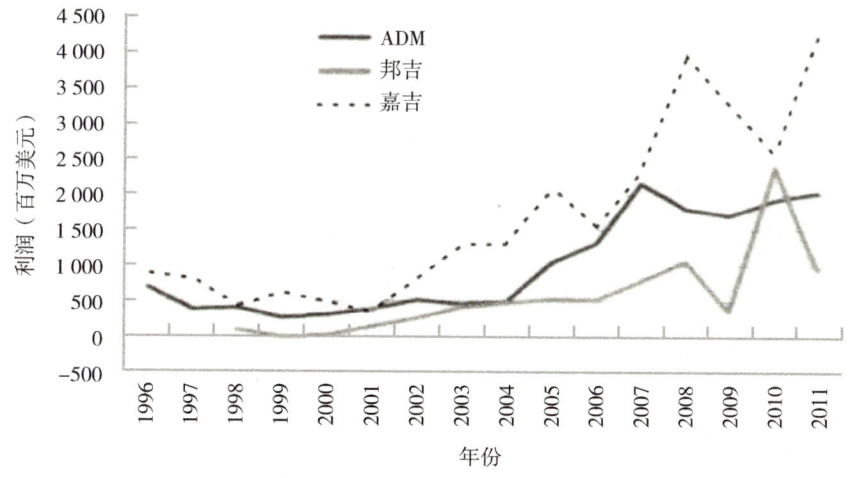

图 22 ADM、邦吉、嘉吉的利润
注：图片来源于 http://www.cofeed.com；路易达孚从不公布年度利润。

1. ADM（Archer Daniels Midland）

ADM公司成立于1905年，总部位于伊利诺依州迪克特市，是美国国产和进口小麦、玉米、葵花籽和大豆的主要供应商，世界上最大的油籽、玉米和小麦加工企业之一，其大约2/3的收入来自对大豆、花生及其他油籽等的加工。

目前，ADM有32 000多名员工在160多个国家为客户服务，全球500个作物采购地点、250个成分制造设施、38个创新中心和世界一流的作物运输网络。ADM拥有当今世界第一的谷物与油籽处理厂，美国最大的黄豆压碎处理厂。

ADM在巴西主要大豆产区有20个粮仓、6个大豆加工厂、4个榨油厂，在巴西四大港口拥有专用码头以及自己的运输车队，在流经大豆产区的河流上有货运码头。ADM进入中国始于2001年益海嘉里集团的建立，益海嘉里是ADM在中国的重要属下集团，其大豆的日加工能力已经达到了5 000万~6 000万吨。

2. 邦吉（Bunge）

邦吉公司始于约翰·彼得·戈特利布·邦吉（Johann Peter Gottlieb Bunge）于1818年在荷兰阿姆斯特丹成立的粮食贸易公司。1859年，邦吉公司已经成为世界主要粮食供应商，总部迁至比利时，1876年，公司迁至阿根廷。20世纪70年代，公司将总部迁至世界大豆主产地巴西，并进一步拓展北美、亚洲和澳洲市场。1999年，公司将总部迁至美国纽约白原市。2001年，邦吉公司在纽约股票交易所成功上市，从一家历史悠久的私人公司转变为股份公司。邦吉通过各种方式帮助农民进入国际市场，采购、储运并在全球范围内加工销售农产品和食品。邦吉的运营主要集中在北美、南美、欧洲和亚洲等地区，同时在世界各地设有营销办公室，大豆是邦吉的主要经营品种。

邦吉是巴西最大的谷物出口商，也是第一个进入巴西的跨国粮商，在巴西16个州拥有226座仓库，有批发中心、粮油加工厂等；邦吉是美国第二大大豆产品出口商、第三大谷物出口商、第三大大豆加工商，全球第四大谷物出口商、最大油料作物加工商。

邦吉在中国的历史可以追溯到20世纪20年代在上海外滩建立的贸易公司。

1998年邦吉公司在中国设立贸易代表处，开始了与中国客户的农产品贸易往来。

2000年，邦吉在中国成立国际贸易公司，向中国市场供应大豆等农作物，同时也协助中国农民和企业出口玉米和小麦。

2005年，为了更好地服务中国众多的从事养殖业的农户和企业，满足国内养殖业对蛋白饲料的巨大需求，同时为了更好地满足中国消费者对食用油的需求，邦吉公司开始在中国投资设立大豆加工厂。

截至目前，邦吉分别在江苏南京、山东日照和天津运营三家大豆加工企业：邦基（南京）粮油有限公司、邦基三维油脂有限公司和邦基正大（天津）粮油有限公司。2009年，为进一步在中国拓展业务，邦吉（上海）管理有限公司成立，目前是中国最主要的大豆和油籽供应商。

3. 嘉吉（Cargill）

嘉吉公司由原籍苏格兰的海运商威廉·卡基尔（WilliamCargill）兄弟于1865年在艾奥瓦创立，1868年其将工厂迁至明尼苏达，1875年又将其总部迁至威斯康星，是世界上最大的私人控股公司之一，也是最大的动物营养品和农产品制造商。现为中国谷物与油籽的主要供应商和贸易加工商之一，为客户提供来自全球市场的优质谷物、油籽和油脂产品。

嘉吉中国有限公司成立于 2003 年，作为嘉吉全球农产品产业链的重要组成部分，在中国从事大宗农产品的采购、加工、运输和分销，涉及大豆、油菜籽、玉米、豆粕、植物油，以及非谷物饲料原料等产品。目前，嘉吉在中国共经营四家油籽加工厂，广东两家、江苏和河北各一家，江苏和广东的工厂以压榨进口大豆、生产优质豆粕和大豆油为主要业务。

4. 路易达孚（LouisDreyfus）

由法国人列奥波德·路易·达孚创建于 1851 年，总部位于法国巴黎，是一家综合性跨国集团。开创和发展了欧洲谷物出口贸易，世界第三大粮食输出商，世界粮食输往俄罗斯的第一出口商。

路易达孚 GeneralLagos 压榨厂是目前世界上大型高效的油籽加工厂之一，日加工产能 12 000 吨。在巴西，路易达孚拥有的压榨产能也在 8 000 吨以上，并配有超过 1 000 吨的日精炼能力。

五、主要国家产业链竞争力

（一）关于成本指标口径和数据

考虑到不同国家之间，同一种农产品的生产方式可能不同导致不同国家纳入农产品成本核算的指标和口径范围可能会有所不同以及各国的会计制度和财务核算关注点也可能存在差异等因素，首先对不同国家的农产品成本指标及其口径涵盖范围进行了具体分析，在此基础上，根据已知信息，尽量进行了一些可比性调整。表 3 是可比性调整的结果。表 3 从左至右先是展示了中国、美国、巴西等 3 个国家各自的大豆成本核算基本指标体系；其中"调整类别"显示的是将不同国家相应指标调整到本研究核算指标的类别序号。在"调整类别"中要特别说明的是，自行设置了"其他间接费用"，主要是为了把巴西"其他费用"中包括的"生产运输、处理、存储"几项其他经济体农产品成本核算中没有的特殊指标，归入到"其他间接费用"；把中国"间接费用"中的"销售费"归入到"其他间接费用"。

本研究的大豆成本核算体系基本指标及其数据来源如下：中国指标与数据（2013 年）来自国家发展和改革委员会的成本调查资料，美国指标和数据（2013 年）来自美国农业部经济研究局，巴西指标与数据（2013/2014 年度）来自巴西马托格罗索州农业经济研究所。

表3 大豆成本核算口径比较与调整

中国指标	调整类号	美国指标	调整类号	巴西指标	调整类号	本报告指标	类号
总成本	0	总成本	0	J.总成本（=H+I）	0	总成本	0
（一）直接费用	–	（一）经营成本：	–	H.操作成本（=D+G）	–	（一）直接费用	–
A.物耗与服务费用	–	种子	1	D.可变成本（=A+B+C）	–	物耗费用：	–
种子费	1	肥料	2	A.农作成本：	–	种子费	1
化肥费	2	农药	3	A1-物耗支出	–	肥料费	2
农家肥费	2	外包作业	6	种子	1	农药费	3
农药费	3	燃料、润滑油和电力	8	肥料	2	农膜费	4
农膜费	4	修理费	9	农药	3	机械作业费	5
租赁作业费	6	排灌费	7	机器操作	5	外包作业费	6
#机械作业费	6	经营费用利息	16	A2-劳动力	11	排灌费	7
排灌费	7	（二）分摊成本：	–	B.其他开支	–	燃料动力费	8
畜力费	8	雇工费	11a	B1-其他费用	–	工具材料与修理费	9
燃料动力费	8	非付酬劳动的机会成本	11b	技术援助	6	其他直接费用	10
技术服务费	6	农机具折旧费	13	生产运输	10	人工费（=11a+11b）	11
工具材料费	9	土地机会成本（地租）	12	处理	10	自有劳动折价	11a
修理维护费	9	税和保险	14	分类	10	雇工费	11b
其他直接费用	10	农场共同分摊费	15	存储	10	土地费用（=12a+12b）	12
B.人工费	11			管理费用	15	自有土地折价	12a
自有劳动折价	11a			B2-税	14	地租支付	12b
雇工费	11b			C.财务费用	16	（二）间接费用	–
C.土地费用	12			G.固定成本（=E+F）	–	固定资产折旧	13
自有土地折价	12a			E.折旧	13	税和保险	14
地租支付	12b			F.其他固定成本	–	管理费	15
（二）间接费用	–			定期维护	9	财务费	16
固定资产折旧	13			固定资本保险	14	其他间接费用	17
保险费	14			I.全要素收入	–		
管理费	15			土地成本	12		
财务费	16						
销售费	17						

（二）成本水平

从中外大豆生产成本绝对水平的比较可以看出，中国大豆生产成本已全面高于其他主产国（表4），大豆生产成本比巴西高184.92元/亩、比美国高148.97元/亩。

表4 大豆生产成本比较

项目		成本（元/亩）		
		中国	美国	巴西
	总成本	625.90	476.93	440.98
A. 物耗费用	种子费	35.06	60.54	31.71
	肥料费	55.29	38.97	124.79
	农药费	14.33	28.75	83.09
	农膜费	–	–	–
	机械作业费	–	–	15.60
	外包作业费	83.28	10.16	2.40
	排灌费	2.07	0.06	–
	燃料动力费	0.34	22.01	–
	工具材料和修理维护费	2.66	23.24	0.20
	其他直接费用	–	–	31.24
	小计	193.03	183.73	289.02
B. 人工成本	家庭用工折价	183.26	18.06	–
	雇工费用	17.69	3.11	–
	小计	200.95	21.17	17.15
C. 土地成本	家庭农地机会成本	166.98	–	–
	租入土地地租	53.70	–	–
	小计	220.68	157.10	58.38
D. 间接费用	固定资产折旧	0.95	86.35	16.82
	税和保险费	6.21	10.17	19.30
	管理费	3.61	18.32	21.65
	财务费	–	0.08	18.66
	其他间接费用	0.47	–	–
	小计	11.24	114.93	76.43

注：人民币/美元比值以中国银行公布的2013年年均汇率6.1932折算；人民币/巴西汇率来自巴西中央银行2013年每日交易汇率，再算出2013年全年平均的人民币/里亚尔平均汇率2.843737进行折算。表中"–"表示该国该农产品核算中没有此项统计指标或数据。

从单位产品成本看,中国大豆的成本竞争力大大弱于其他主产国,比美国高83.2%(+2.05元/千克)、比巴西高100.7%(+2.28元/千克)(表5)。从单位产品的生产者价格看,大豆比巴西高58.9%(+1.74元/千克)、比美国高63.9%(+1.83元/千克)。

表5 单位产品成本和价格比较

国别	亩成本	亩产	单位产品成本			单价		
	元/亩	千克/亩	元/千克	差额	差幅	元/千克	差额	差幅
中国	625.90	138	4.53	2.05	83.2%	4.69	1.83	63.9%
美国	476.93	193	2.48	基准	基准	2.86	基准	基准
中国	625.90	138	4.53	2.28	100.7%	4.69	1.74	58.9%
巴西	440.98	195	2.26	基准	基准	2.95	基准	基准

(三)成本结构

从大豆生产成本结构看,总体表现为中国的人工成本和土地成本比重明显较高,而美国和巴西的物耗费用和间接费用的比重明显高于中国(表6)。中外人工成本比重存在悬殊差异,主要在于中国的农业机械作业水平较低,从而导致人工成本明显偏高。国外农业的人工成本比重低,正是因为他们大量采用机械作业,因此,其机械成本就体现到物耗费用中的燃料动力费、工具材料和修理费以及间接费用中的折旧费和财务费。

表6 大豆成本结构比较

单位:%

国家	总成本	A.物耗费用	B.人工成本	C.土地成本	D.间接费用
中国	100.0	30.8	32.1	35.3	1.8
美国	100.0	38.5	4.4	32.9	24.1
巴西	100.0	65.5	3.9	13.2	17.3

中国大豆成本中的间接费用比重较低,主要是间接费用的绝对额较小,因为中国农户农场规模十分细小,这一特征一方面导致管理费用低,另一方面导致农用建筑物和农机为主的固定资产投入少,因此,间接费用中比较重要的固定资产折旧和财务成本就比较少;中国2006年取消农业税后,进一步降低了间接费用。中国的间接费用中,折旧费和保险费是最大的细项。美国的间接费用中,折旧费占75%以上,其次是公摊的管理费,一般占10%~15%。众所周知,巴西是一个资金成本和税负较高的国家,因此,其财务费的比重较大(表7)。

进一步查看物耗费用结构,发现美国的种子费用比重明显高于中国,高15个百分点(可能与美国普遍采用较贵的转基因大豆种子有关)。美国物耗费用中的燃料动力费、工具材料和修理费明显高于中国,因为其大量采用机器作业。巴西由于统计口径不同,把一切都计入了机械作业费。中国和巴西的肥料费普遍高于美国；中国的外包作业费（90%以上是机械作业费）大大高于美国和巴西，可能是由于欧美国家大规模采取自有机械作业的结果（表7）。

表7　物耗费用与间接费用的结构比较

项目	比重（%）		
	中国	美国	巴西
A. 物耗费用	100.0	100.0	100.0
1. 种子费	18.2	33.0	11.0
2. 肥料费	28.6	21.2	43.2
3. 农药费	7.4	15.6	28.7
4. 农膜费	–	–	–
5. 机械作业费	–	–	5.4
6. 外包作业费	43.1	5.5	0.8
7. 排灌费	1.1	0.0	–
8. 燃料动力费	0.2	12.0	–
9. 工具材料和修理维护费	1.4	12.7	0.1
10. 其他直接费用	–	–	10.8
D. 间接费用	100.0	100.0	100.0
1. 固定资产折旧	8.5	75.1	22.0
2. 税和保险费	55.2	8.9	25.2
3. 管理费	32.1	15.9	28.3
4. 财务费	0.0	0.1	24.4
5. 其他间接费用（销售费）	4.2	–	–

注："–"表示该国没有该统计指标或数据

（四）成本稳定性

成本变化状况是衡量成本竞争力长期变动的一个重要指标。在大豆成本上升的总体趋势下，成本稳定性好，就意味着成本竞争力在提高。为了弱化年际偶然性的作用，这里采取中美两国2006—2008年和2011—2013年的3年平均值来前后对比成本变动方向与速度。

从表8可以看到这一期间大豆的成本变动状况，中美两国的大豆生产成本都在上涨，但中国的上涨速率大大快于美国。从亩成本看，中国大豆的亩成本年均上涨速度13.3%；美国大豆的亩成本年均上涨速度为6.9%，中国的上涨速率是美国的1.92倍。

物耗成本看，中国大豆的物耗费用年均上涨速度为8.7%；同期美国大豆的年均上涨速度为7.9%。人工成本看，两国的速率差异极大，中国的人工成本上涨迅速，这一期间达到 14.8%；而同期美国大豆的年均上涨率为 2.0%。中国的土地成本是又一快速上涨的突出指标，这期间大豆的年均上涨率达到 17.0%；土地成本也是美国农产品成本类别中上涨速度最快的，但同期美国大豆的年均上涨率为 9.3%，中国大豆土地成本增速是美国的 1.83 倍。

间接费用是中国目前大豆成本结构中占比最小的成本类别，不到成本总额的 2%，而在西方发达国家中，这一比例一般在 18%~25% 之间，甚至会高达 1/3。但中国间接费用的上涨速率较快，以 10%~20% 的速率在上涨，而西方发达国家农产品成本中的间接费用上涨速率大体在 5% 以下。中国目前间接费用上涨速度快的主要原因可能是原有基数较小导致计算方面产生的高速度。

表8 2006/2008—2011/2013 年度中美大豆亩成本年均增长率比较

项目	中国	美国	中国比美国增长（%）
总成本	13.3	6.9	191.6
A. 物耗费用	8.7	7.9	109.1
1. 种子费	5.1	7.9	64.0
2. 肥料费	5.0	13.0	38.1
3. 农药费	10.1	9.5	107.0
4. 农膜费	–	–	–
5. 机械作业费	–	–	–
6. 外包作业费	14.6	6.8	213.6
7. 排灌费	0.5	–4.6	反向
8. 燃料动力费	58.5	5.4	1 074.2
9. 工具材料和修理维护费	–0.8	9.6	–8.8
10. 其他直接费用	–	–	–
B. 人工成本	14.8	2.0	748.0
1. 家庭用工折价	14.2	1.4	1 024.9
2. 雇工费用	20.9	6.5	320.4
C. 土地成本	17.0	9.3	182.9
1. 家庭农地机会成本	32.1	–	–
2. 租入土地地租	14.0	–	–
D. 间接费用	20.7	3.9	536.0
1. 固定资产折旧	–15.3	4.7	反向
2. 税和保险费	149.9	2.3	6 459.2
3. 管理费	71.0	4.1	1 750.1
4. 财务费	–13.3	–48.7	同降
5. 其他间接费用（销售费）	–14.2	–	–

注："–"表示该国没有该统计指标

六、主要国家产业支持政策

(一) 美国大豆产业政策

美国的大豆产业支持政策主要有生产补贴和保险政策、出口支持和国际谈判、科研支持等。

1. 大豆生产补贴政策

美国大豆生产补贴政策是以定期公布的农业法案形式确立的,2002年以前的农业法案只有大豆价格支持贷款,2002年农业法案将大豆纳入政策的固定脱钩支付补贴项目(Young E., 2008),2014年农业法案将其取消。美国大豆生产补贴经历了以市场贷款项目和贷款差额补贴为代表的商品贷款项目、以直接补贴、反周期补贴、平均作物收入选择项目和农业收入风险保障计划为代表的目标价格和目标收入补贴、作物和收入保险等。

(1) 商品贷款项目 (Commodity Loan Program, CLP) 最早出现于1933年,80年代中期演变为市场贷款项目和贷款差额补贴。1991年的农业法案将市场贷款项目扩大到大豆,1996年农业法案中大豆被纳入贷款差额补贴范围。商品贷款项目的贷款期限为每年的9月1日至次年的8月31日,贷款利率在农业法案中均有规定,1996年农业法案规定的大豆贷款率为5.26美元/蒲式耳,2002年农业法案将其调整5.00美元/蒲式耳,2008年农业法案延用这一贷款利率,未作调整。

(2) 目标价格和目标收入补贴 直接补贴 (Direct Payments, DPs) 源于1996年联邦农业改革法案,2002年的农业法案将大豆纳入直接补贴范围。接受补贴的大豆种植者需要与政府签署年度种植协议,得到政府批准后方可申请补贴。补贴金额根据补贴率、补贴面积和补贴单产来确定,补贴面积和补贴单产在协议中确定,补贴率由法案规定。2002年农业法案规定大豆的直接补贴率为0.44美元/蒲式耳,2008年农业法案沿用了这一补贴率;补贴面积以1998—2001年的平均种植面积为基础,按一定比例计算,2008年农业法案规定2009作物年度的比例为83.3%,2012年将这一比例调至85%;2002年规定的补贴单产为"1998—2001年的农场平均单产×1981—1985年的全国平均单产/1998—2001年的全国平均单产",2008年农业法案基本延用2002年农业法案规定的补贴单产。2012农业法案将其取消,用农业收入保障计划取而代之。

反周期补贴 (Counter-Cyclical Payments, CCPs) 是在有效价格低于目标价格时启动的一种生产保护性补贴。2002年农业法案规定大豆可以获得反周期补贴,补贴金额由目标价格和有效价格之差决定。反周期补贴金额=农产品的补贴价格(目标价格-有效价格)×85%的公历年补贴面积×补贴单产。2002年农业法案规定的目标价格为5.80美元/蒲式耳,2008年农业法案规定的目标价格略有变动(表9)。有效价格等于贷款率与直接补贴率之和;补贴面积和补贴单产的计算方法与直接补贴相同。2014农业法案取消这一补贴,实行价格损失保障计划,继续使用目标价格作为补贴的依据,2014农业法案参考价格为8.4美元/蒲式耳。

表 9　2008 年农业法案规定的目标价格和补贴率

项目	作物年度	大豆（美元/蒲式耳）
直接补贴率	2008—2012	0.44
目标价格	2008—2009	5.80
	2010—2012	6.00
最大反周期补贴率*	2008—2009	0.36
	2010—2012	0.56

注：数据来源于美国农业部海外农业服务局（http://www.fsa.usda.gov）；* 最大反周期补贴率 = 目标价格 – 直接补贴率 – 贷款率，其中贷款率为 5 美元/蒲式耳

平均作物收入选择项目（Average Crop Revenue Election，ACRE）经 2008 年的农业法案通过，于 2009 作物年度开始生效，大豆被列入补贴范围。它是一项非强制性计划，但必须满足州担保收入大于实际收入且农场担保收入大于农场实际收入这两个条件，主要计算指标是根据 5 年州内奥林匹克平均单产和 2 年全国平均价格。补贴金额 =min{ 目标收益 – 实际收益，25%× 目标收益 }×（85%× 基础面积）× 农户奥林匹克平均值 / 奥林匹克平均值。2014 农业法案将其取消，用农业收入风险补助计划取而代之。

农业收入风险保障计划由美国 2012 年农业法案提出，用以取代上述直接支付、反周期支付以及平均作物收入选择计划和补充收入援助付款计划等，其实施的条件是：农户种植的作物收入低于最近 5 年平均水平的 89%，年收入超过 75 万美元的农场不允许申请。补贴标准不超过近 5 年平均水平的 10%，最高限额为 5 万美元。

（3）作物和收入保险（Crop &Revenue Insurance） 作物保险始于 1938 年的《联邦农作物保险法》，这也是美国历史上第一部保险法。1994 年，美国国会颁布了《农作物保险改革法》，该法通过 4 大险种，把所有农作物生产者都纳入了农作物保险范围，保险作物从 1980 年的 30 种扩大到 47 种。收入保险最初出现于 1996 年联邦农作物保险计划，美国各州开展的收入保险项目繁多，大致可以分为面向单个农户单一农作物的农作物收入保险（Actual Revenue History）、专门针对农场提供的综合性的农场收入保险（Adjusted Gross Revenue）以及用于防范大范围内农民遭受收入损失的地区收入保险（Group Risk Income Protection）三类。

2. 大豆支持政策

美国的大豆支持政策主要有出口支持、国际贸易谈判支持和科研支持政策。

（1）出口支持政策（Export Policy） 大豆出口支持政策主要涉及出口信用保证项目（Export Credit Guarantee Program）、外国市场发展项目（Foreign Market Development Program）和市场进入项目（Market Access Program）。

出口信用保证项目（包括 GSM-102 和 GSM-103）始于 1982 年，是美国最大的农业出口促进项目，由美国农业部外国农业局（GSM）办公室管理的，向国外买方提供最高 98% 的政府贷款担保。1996 年农场法案授权美国农业部可以每年提供 550 亿美元的这种贷款，但近几年实际每年平均只使用了 350 亿美元。这一政策的效果是扩大美国大豆及其他产品的出口销售。

外国市场发展项目（FMD）和市场进入项目（MAP）是由商品信贷公司（CCC）管理，其职能是开发、开拓和保持美国农产品的海外市场。一般每年用于这些项目的经费达到3 200万美元，对美国大豆协会的国外市场开发给予了很大帮助。在2002—2007年的农场法案形成期间，美国大豆协会和其他市场发展合作者认为众议院农业委员会中开列的10年追加9亿美元发展市场的草案能够有效地用于资助外国市场发展项目（FMD）和市场进入项目（MAP）。美国大豆协会建议10年中逐步将7.5亿美元用于市场进入项目（MAP），1.5亿美元用于外国市场发展项目（FMD）。

（2）国际贸易谈判支持　贸易谈判是美国扩大其大豆出口量，从而发展其大豆产业的重要途径之一。一个典型的例子就是通过北美自由贸易协定（North American Free Trade Agreement, NAFTA）把墨西哥纳入美国大豆市场版图。1994年之前，墨西哥对美国大豆征收15%的季节性关税，1994年1月1日NAFTA正式实施后，墨西哥将大豆进口关税降至10%，同时将征税的季节从每年的8月1日至次年的1月31日缩短为每年的10月1日至12月31日。并在2003年1月1日前逐步取消对美国大豆的进口关税。根据美国农业部经济研究局2002年7月的一份研究报告（WRS-02-1）显示，NAFTA实施之后，1993—2000年，大豆出口贸易值增长了62%，达到7.66亿美元。

另一个典型的例子是韩美2007年6月30日签署，2012年3月15日正式生效自由贸易协定（Korea-U.S. Free Trade Agreement, KORUS FTA）。根据协议规定，在大豆进口方面，韩国将对食用非转基因大豆（identity preserved soybeans for food use）实施零关税配额制度（zero tariff-rate quota, TRQ），即在协定实施后的第一年里零关税配额为10 000吨，第二年增加到20 000吨，第三年为25 000吨，从第四年起食用非转基因大豆进口的零关税配额每年增加3%。同时，韩国将对压榨用大豆进口取消1%的自主关税（autonomous tariff）。为了满足进口需求，每年韩国都会颁布一定数量的低关税自主配额（autonomous quota），2010年韩国对压榨用大豆进口的自主配额税率为1%，低于韩国实施的5%的WTO配额税率。此外，韩国可对进口大豆征收WTO约束关税（bound tariff），税率为487%。根据美国农业部的数据显示，从2005年起，美国大豆占韩国市场份额增加到60%左右，成为韩国最主要的大豆贸易国。2008—2010年，美国平均每年向韩国出口54.8万吨大豆，价值2.81亿美元，这大大提高了美国大豆在韩国市场的竞争力。

（3）大豆科研支持　美国农业科研经费的投入途径大体可以分为政府科研经费直接投放、政府科研经费配套投放和生产者组织自有经费投放等。

据美国农业部的当前研究信息系统（Current Research Information System, CRIS）报告，2011财政年度，美国的大豆研究项目为532项；美国全国用于大豆研究的科研经费超过1亿美元。美国作物科研经费主要来源于美国农业部、联邦政府其他部门、各州政府以及其他一些非政府机构，其中最重要的是美国农业部。与其他3种大田作物（小麦、玉米和棉花）相比，大豆科研中非联邦政府项目比例相对较大。

政府直接投放的科研经费主要用于两个方面：一是基础性或应用基础性科研，比如基因研究、病理研究等等；二是经济研究，特别是市场研究。政府直接投放的大豆研究经费在技术研究方面侧重于改善大豆构成，包括试验措施的分析测试；扩展大豆基因（genomics）；增加生物产品和生物能源，特别是生物柴油和大豆产品的研究；种质（germplasm）研究，包括大豆病例种质（soybean pathogen germplasm）收集；多种作物的共同病理，比如核盘霉（Sclerotinia）。

政府配套的科研经费主要用于三个方面：一是基础性或应用基础性研究；二是经济研究；三是应用性研究，比如生产研究。1990年的农场方案将大豆列在农业促进的名单上，从而使大豆科研能够大规模地享受政府配套的科研经费。由于大豆生产者组织通过商品销售抽费制度有强大的自筹资金的能力，所以能对大豆科研投入大笔经费，因此，其吸收配套科研经费的能力就强。外部配套科研经费投入主要来自联邦政府或州政府的科研经费。

另一重要的美国政府农业科研政策是科研促进政策，即政府鼓励生产者组织自己筹资来进行科研和推广，以便与政府共同分担研究和推广经费。根据美国大豆理事会（United Soybean Board，USB）2011财政年度报告，2011财政年度美国大豆净销售抽费评估额度（Net Checkoff Assessments）为8 775.84万美元，其中16.8%的资金用于大豆方面的生产研究，支出金额仅次于用于拓展国内市场（18.4%）和国际市场（18.7%）的支出。

（二）巴西大豆产业政策

20世纪60年代后期，巴西大豆产业发展初期，就对大豆产业赋予了6个经济目标，即节约外汇、增加外汇收入、改善国民饮食、刺激产业发展、抑制食品价格上升、拓展地区就业机会。大豆生产及其加工产业的发展，使得上述目标基本都达到了，相关政策主要有以下几类。

1. 直接支持政策

巴西大豆直接支持政策主要有国家农村信贷体系和价格支持政策。

（1）国家农村信贷体系（National System of Rural Credit）　1965年巴西形成了延传至今的国家农村信贷体系，其支持形式主要是生产贷款、投资贷款和营销贷款，但在实际发放中以生产贷款为主。1970—1990年，以生产贷款形式发放的信贷占政府农业信贷的60%。根据巴西法律，补贴性信贷只能给予地主，而生产和营销信贷有利于中西部的大农场主，由于中西部的大农场主主要是大豆生产者，因此，政府农业信贷对形成中西部大豆新产区发挥了重要作用。

1970—1978年，农业贷款量是按农产品收入的比例来发放，大豆生产者可以借到作物预测价值（=大豆的官方最低价格×预期产量）的60%，1978年，将这一比例降低为48%。1970—1990年，巴西政府给予大豆生产者的官方贷款近280亿美元，甚至1975年官方发放的农业信贷超过了农业生产总值。1979年巴西政府开始改革农业贷款方式以减少农业贷款量，引入平均生产成本作为生产者可以获得生产贷款数量的计算方法。依照新的贷款政策，生产者可以获得最高达平均生产成本80%的贷款量。用生产成本的比例替代产品收入的比例来发贷款量后，实际贷款量大大下降。

政府贷款利率得到大量的隐性补贴。利率通常是一个固定的、名义上较低的利率。由于巴西经常处于高通货膨胀中（最高时超过1 000%），导致贷款利率低于国内通货膨胀率。所以实际利率是负的。1970—1990年实际的平均利率是-12.5%。这期间由于利率原因，对大豆生产者的隐性补贴估计为每年平均近 2 亿美元，最高峰是 70 年代后期和 80 年代前期。

由于大豆在巴西农业中占有重要地位，而且与其他作物相比，大豆具有较好的经济性，所以巴西的国家农业信贷体系是有利大豆产业的。

（2）价格支持政策（Price Support Policy） 巴西政府通过各种价格支持政策对一些指定的农产品进行扶持，大豆就是其重点扶持的农产品之一。巴西对大豆的价格支持政策主要有最低保证价政策（Policy of Guaranteed Minimum Prices, PGPM）、生产者均等补贴（Equalizing Premium Paid to Producer, PEPRO）以及私人销售期权合同和农产品采购风险补贴（Private Sale Option Contracts and Private Option Risk Premium, PROP）。

PGPM 始于 1943 年，对大豆的支持一直实行到 1995 年 2 月。政府在每年的农作物耕种期前 3 个月公布基本作物（包括大豆）的支持价格。这种全国统一的生产价格支持政策对巴西中西部的大豆生产者具有保护作用，刺激了中西部大豆生产的发展。但对于传统南部产区的大豆生产者来说，由于交通便利，这一政策实际上并没有起到什么作用。2007 年 11 月 22 日颁布的 6266 号政令中对 2007/2008 年度的含大豆在内的 13 种农产品制定了最低保证价格。2007 年最低保证价政策共支付 21 亿巴西雷亚尔（2007 年 1 美元约合 1.8 雷亚尔）。

PEPRO 计划是指向公开拍卖出售农产品的农民或合作社提供补贴，其确定的参考价值与溢价价值（即政府支付的作为参考价值保证的最高价值）之间的差额由政府支付。2007 年，有 537.1 吨大豆获得了巴西政府 PEPRO 计划的补贴。

PROP 计划是在 2004 年 12 月 31 日公布的 11.076 号法律下制定的，它是一种期权拍卖补贴计划。当到期实际市场价格高于期权价格时，由农民自己出售；反之，政府将市场价格与期权价格之间的差额直接补给农民，但产品仍由农民自己销售。这不仅在一定程度上稳定和增加了农民收入，同时也减少政府以保证价格收购农产品的储备成本（唐仁健等，2004）。2007 年，共有 1 600 万吨价值 1.385 亿雷亚尔的大豆通过 PROP 计划投向市场，补贴金额总计 94.774 万雷亚尔。

2. 间接支持政策

巴西大豆的间接支持政策主要有农业保险、税收和贸易政策等。

（1）农业保险 巴西农业保险发展历史悠久，1973 年政府出台农业生产保障计划，覆盖所有的地区和农作物，90 年代初，部分保险由商业保险公司提供，如 2000 年的大豆保险（陈晓峰，2009）。巴西农业保险的主要支持政策有农业保险保费补贴计划和农业保险稳定基金。

（2）税收政策 90 年代中期以前，巴西的税收政策总体上是不利于大豆产业发展的。1994 年以来，政府对大豆产业的直接和间接干预大大减少，1996 年 9 月生效的国家第 87 号法律规定，出口的未加工产品和"半加工"产品可以豁免"增值税"。这一新政策调动了大豆生产者的积极性，刺激了大豆出口，提高了巴西大豆的国际竞争力。

（3）贸易政策 20 世纪 90 年代以前，巴西政府一直推行进口替代政策。20 世纪 90 年代开始的经济改革大大降低了农用生产资料（肥料、农药、农机等）进口壁垒，有些进口壁垒被消除了，这十分有利于大豆生产发展。贸易政策改革和汇率政策改革叠加在一起，使巴西现代农业投入物不足的状况得到了迅速改观。一个非常明显的例子是磷肥和钾肥对巴西单产的作用：磷钾肥对巴西 Cerrado 的大豆生产十分重要，进口壁垒消除或减少之前，肥料一直是巴西农业投入不足的限制因素。

3. 大豆科研政策

巴西农业科研体系起源于 19 世纪的帝制时代，当时开始建立了一些研究机构。1943 年与地区研究机构联合建立一些农业大学。后来在农业部内设立了农业试验和研究局（DPEA）来负责与农业研究相关的事物。1972 年，创建了巴西农业研究公司（EMBRAPA），同年巴西农业研究公司在隆德里纳（Londrina）建立了国家大豆研究中心，大豆作物是巴西最重要的农作物，在科研中得到了很大的支持和获益。

4. 生物柴油政策

巴西是世界上最早推行生物燃料政策国家之一，生物柴油也是其应用最广泛的一种生物燃料，主要原料之一就是大豆。自 20 世纪 80 年代以来，巴西曾先后四次启动"生物柴油计划"。规定到 2008 年，必须在燃料中添加 2% 的生物柴油，到 2013 年，这一比例提高到 5%。该计划还规定 2005 年 8 月在巴西中西部和南部，使用大豆和向日葵生产柴油。根据巴西农村发展部 2006 年的一份报告显示，大豆是生产生物柴油的最主要的原材料，59% 的生物柴油源自大豆原料的加工。

5. 大豆转基因政策

1995 年，巴西政府颁布了第一部涉及转基因生物的法规，成立了巴西国家生物安全技术委员会（Brazilian National Technical Commission for Biosafety, CTNBio），1998 年，国家生物安全技术委员会对孟山都的抗草甘膦转基因大豆（Roundup Ready soybean）的商业化实施了五年期的"监控计划"。但考虑到大豆种植农户的利益，2003 年 3 月 26 日巴西政府颁发了"113 号临时措施"，正式认可转基因大豆种植的事实，并同意对 2002/2003 年度收获的转基因大豆在 2004 年 1 月 31 日之前可以上市，进行合法交易。"113 号临时措施"后获得国会批准，并于 2003 年 7 月正式写入"10688 号法律"。从 2003 年正式认可转基因大豆种植至今，巴西政府逐步建立了以国家生物安全技术委员会（CTNBio）为核心部门，以政府部门与私营部门合作为主要形式，以研究试验、改善基础设施、监管与转基因标签制度以及提高转基因产品的公众认识等政策措施为主要内容的转基因政策体系框架。

巴西政府在发展转基因大豆产业的同时，也关注了资源环境的保护。转基因大豆种植面积的不断扩大虽然增加了产量，但也威胁到了巴西 $1.01 \times 10^5 km^2$ 的亚马逊雨林。为了保护亚马逊热带雨林，巴西政府鼓励豆农在荒地或塞拉多（Cerrado）的稀树草原地区进行生产活动。巴西中央政府、国家商品供应公司（CONAB）、联邦政府贷款计划，以及世界银行和美洲开发银行都会为这样的豆农提供贷款、投资信贷或价格支持政策。

（三）阿根廷大豆产业政策

阿根廷的大豆产业发展得益于 90 年代以来的市场化改革所创造的宽松的外部环境。

2000年以来，阿根廷政府的农业政策重点是确保国内供应，刺激国内食品加工以及过剩供应出口，其中对大豆等油料作物出口制定了较高的出口税率，大豆出口税收也成为阿根廷政府财政的主要来源渠道之一。阿根廷政府希望出口粮油加工成品，如豆粕和豆油等，而不是大豆。因此，在这样的政策目标下，阿根廷政府推行了一系列的改革，突出体现在金融政策、口岸政策、运输政策及生物技术等方面（何秀荣等，2004）。

1. 金融政策

1990年起阿根廷开始实施经济自由化改革，减少了经济管制，改善了农业的外部政治和经济环境，也直接减轻了农业负担，大大促进了农业生产和出口。1989年，为了应对严重的通货膨胀，阿根廷政府出台并经国会通过了"可兑换法案（the Convertibility Plan）"，该法案于1991年4月生效，规定比索和美元兑换比率为1:1，稳定了汇率，有助于提高农产品的出口竞争力。2002年2月3日，官方汇率1美元为1.40比索，而市场浮动汇率已经达到1美元等于2比索，比索贬值也在一定程度上提高了阿根廷大豆的国际竞争力。

2. 口岸政策

20世纪90年代，阿根廷政府采取的两项口岸政策改革大大推动了大豆产业的发展。一是取消或降低出口税和各种检查费用，从而降低了大豆出口成本。1994年，阿根廷将大豆的出口关税占离岸价格的比例调至3.5%，较1989年低了26.5%。出口成本的降低不仅提升了阿根廷大豆的国际竞争力，生产者和贸易商更是从中直接获益。二是取消或降低农业生产资料进口关税和进口限额，这大大促进了使现代农业生产资料（主要是肥料、农药和机器等）的进口，从而提高了大豆的土地生产率和劳动生产率，从贸易进口角度直接降低了大豆生产成本。

然而2001年以后，为应对金融危机、促进国内就业和生产，阿根廷政府开始实施进口替代战略，重点推进粮油加工成品（如豆粕和豆油等）的出口，而对大豆征收高额出口税，同时加大对进口商品的限制。这些措施对阿根廷大豆产业的发展产生了不利影响。

2008年3月，阿根廷财政部宣布修改出口农产品的关税制度。新公布的两项决定建立了一项农产品出口浮动税率制度，而不是按照固定税率对各种农产品征税。这项新制度主要是将关税税率与农产品的国际市场价格挂钩。根据2008年2月这些产品的国际市场价格，出口大豆的关税税率从以前的固定税率35%提升为44.1%。此举引起阿根廷大豆生产者的强烈抗议，7月19日阿根廷政府不得不废除出口浮动税，将主要农产品的关税税率恢复到3月10日前的水平，大豆出口税率由此被调整至35.0%。

3. 运输政策

阿根廷得天独厚的自然条件对大豆生产是非常有利的，这大大降低了大豆生产成本，然而这种大豆生产的优势被落后的运输系统抵销。所以，为了促进大豆产业发展，阿根廷通过改革实现运输设施私有化，并不断改善运输条件，如疏通河道、加深河床、拓展运输路线和扩大服务范围，以及改善铁路服务和港口设施等，由于单次运量提高，运输周期缩短，从而大大降低运输费用并提高运输效率，私有化后的铁路费用下降了40%，1995年包括出口税在内的港口费用比1990年下降了50%~60%，粮食产区的平均运输成本降低了

20%~25%（何秀荣等，2004）。

4. 生物技术政策

在拉美地区，阿根廷是第一个大规模引进转基因作物的国家，也是世界上接受转基因作物最迅速和最彻底的国家。在转基因作物快速发展的同时，阿根廷在复合性状转基因品种使用和商业化上的政策措施也在逐步建立。

阿根廷农业部于2009年建立了生物技术指导局，负责协调生物安全问题、政策分析和制定以及管理方案这3个技术领域的工作，并集中所有生物技术活动和信息。生物技术种子商业化的审批和管理体系如下：对农业生态系统的影响由全国农业生物技术顾问委员会（CONABIA）负责评估；食品的生物安全性由国家农业和食品健康与质量机构（SENASA）负责评估；对出口市场的商业影响由国家农产品市场指导局（DNMA）负责；栽培品种登记注册由国家种子协会（INASE）负责确定。

七、世界供需及产业发展形势展望

从近10年来全球大豆供需的变化趋势来看，未来10年全球大豆生产量还将继续增长，增长速度将会放慢。与此同时，随着人口的不断增长，全球大豆消费量将会进一步扩大，预计其增长速度将超过大豆产量增速，从而导致全球大豆库存减少，库存消费比下降，全球大豆供需紧张。

（一）全球大豆生产继续增长

未来全球大豆生产整体将呈现扩张趋势，其中巴西大豆产量还将继续增长，有望超过美国，成为全球最大的大豆生产国；阿根廷大豆生产将继续平稳增长；美国大豆生产基本保持原有规模，面积维持在3.4亿公顷左右，但由于单产水平不断提高，总产量将保持平稳增长。同时，俄罗斯和乌克兰大豆生产发展空间较大，但由于其在全球大豆生产中的份额有限，对全球大豆生产不会带来太大影响，也不会影响全球大豆生产的总体布局。

（二）全球大豆消费将进一步扩大

未来随着人口增长，全球大豆消费还将进一步扩大，预计到2026年有望突破4亿吨，压榨消费仍然是最主要的消费形式，占总消费的90%左右。预计亚洲仍然是全球最大的大豆消费市场，中国仍将是全球最大的大豆消费国，预计2021年大豆消费将突破1亿吨。随着经济发展，人们注重营养健康需求，豆制品和大豆蛋白产品需求将继续扩大，但受消费习惯影响，大豆油脂消费和食用消费都将继续平稳增长，特别是中国和印度作为主要的大豆油消费国，随着经济的发展，大豆油的消费将进一步扩大，从而带动全球大豆消费量的继续扩大。

（三）国际大豆价格短期下降，长期仍具上涨压力

短期内全球大豆库存消费比仍处高位，供需形势总体宽松，加上原油供应充足、价格

大幅上涨的可能性不大，从对大豆价格影响较大的外部因素看，原油等大宗商品价格仍将下行，总体上看大豆价格小幅震荡下降的可能性较大；中长期看，随着全球大豆库存的减少和消费的增加，库存消费比将呈下降趋势，加上中长期内原油价格的震荡，大豆价格仍具上涨压力。

（四）全球大豆贸易格局可能略有变化

未来随着大豆主要消费国中国的大豆需求的进一步扩大，全球大豆贸易将继续增长，但贸易格局将可能发生变化：阿根廷的大豆出口将保持平稳增长，但在全球大豆贸易中的份额将进一步减少，巴西及美国将占据大豆出口的主要地位，随着生产的扩大，巴西将继续保持全球最大大豆出口国的地位，大豆出口也将不断增加，美国大豆出口也将保持平稳增长。中国仍是世界最大的大豆进口国，且进口量不断增加，但随着中国自给能力的逐渐恢复，可能会一定程度缓和进口增速。

（五）全球大豆加工仍以油脂为主，蛋白加工前景广阔

受全球油脂消费进一步增长影响，未来大豆产业中油脂加工仍将"一枝独秀"；尽管大豆蛋白系列产品在大豆产业中还没有占有相当地位，但从未来发展趋势来看，大豆蛋白系列产品的加工具有广阔的发展前景，大豆蛋白市场竞争将日益加剧，专业化、精细化和规模化将是未来大豆蛋白加工的发展方向。

参考文献

陈晓峰. 2009-12-23. 巴西农业保险发展经验及其对中国的启示 [N]. 中国保险报.
仇焕广，黄季焜. 2008. 全球生物能源发展及对农产品价格的影响 [J]. 世界环境, (4): 19-21.
杜丽永. 2013. 影响国际市场大豆价格波动的因素分析 [J]. 价格月刊, (7): 9-12.
韩天富. 2007. 阿根廷大豆生产和科研概况 [J]. 大豆科学, 26 (2): 264-269.
何秀荣，李平，张晓涛. 2004. 阿根廷大豆产业发展与政府政策 [J]. 农业技术经济, (1): 60-64.
龙丽. 2008. 外资粮商渗透中国：占领地方粮库 [J]. 粮食问题研究, (6): 50-52.
唐仁健，祝卫东，陈良彪. 2004. 国外农业补贴的现状与经验 [J]. 中国农业综合开发, (2): 56-58.
王玉飞. 2011. 美国大豆补贴政策对我国的借鉴和启示 [J]. 农业经济问题, (1): 100-105.
韦蕾. 2016-11-28. 美国生物柴油政策对豆油的影响解读 [N/OL]. 期货日报. http://www.qhrb.com.cn/2016/1128/205723.shtml
夏芸，徐萍，江洪波，等. 2007. 巴西生物燃料政策及对我国的启示 [J]. 生命科学, 19(5):482-485.
杨建利，邢娇阳. 2010. 美国"平均作物收入选择方案(ACRE)"对我国粮食直补的启示

［J］.宏观经济研究,(6):75-79.

杨树果.2016.产业链视角下的中国大业经济研究［M］.北京：中国农业大学出版社.253-272.

张桐.1981.三十年来世界大豆生产与贸易情况简介［J］.农业经济问题,(4):58-59.

周建军.2013.跨国资本与大豆垄断［J］.现代国企研究,(9):20-39.

CATHERINE A G G, JOAO N de S V. 2009. Brazilian Biodiesel Policy: Social and environmental considerations of sustainability［J］. Energy, (34): 645-654.

DE ALMELDA A O, RAPOSO A. Biodiesel in Brazil: Overview 2005［R/OL］. http://www.otiglobalwatchonoline.com/online-pdfs/36488x.

MARCHANT M A, SONG B. 2005. Assessment of Biotechnology Policies and International Trade in Key Markets for U. S［J］. Agriculture Journal of Agricultural and Applied Economics, (2): 379-391.

YOUNG E. 2008. The 2002 Farm Bill: Provisions and Economic Implications. Economic Research Service, USDA, Administrative Publication No. AP-022.

（海外农业研究中心特邀研究员　杨树果）

海外农产品市场研究（2017）

第七部分

油菜籽

海外农产品市场研究（2017）

油菜籽是世界范围内产量仅次于大豆的食用植物油重要原料，对全球油籽市场供求形势有着重要影响。当前，在全球油籽供需呈现宽松格局背景下，油菜籽供需总体偏紧；全球油菜籽主产国和贸易国主要集中在加拿大、欧盟和中国等国家和地区，油菜籽国际市场价格不仅受主产国和贸易国油菜籽供需形势影响，还受到气候、全球其他油料如大豆和棕榈油供需形势与价格走势影响，此外还受原油价格走势和生物质能源发展战略影响。加拿大、欧盟、澳大利亚等国油菜籽市场体系成熟，同时具备完善的政策体系、明确的产业发展规划，对于促进油菜产业发展具有积极推动作用。从未来供需形势看，2017/2018 年度全球油籽在大豆丰产背景下继续保持供需宽松格局，但油菜籽继续保持供需偏紧趋势，全球库存消费比继续下降，有利于支撑油菜籽价格，同时对于我国油菜产业发展也具有利好作用。

一、世界供需现状

（一）油籽供需持续呈现宽松态势

近年来，全球油籽供需持续呈现宽松态势，突出表现为产量和消费量稳步增加、贸易规模不断扩大、库存不断走高的特征。从生产总量来看，2016/2017 年度，全球油籽产量为 5.71 亿吨，相比 2013/2014 年度，产量增幅 13.4%，年均增长 4.29%；消费总量来看，2016/2017 年度全球油籽消费量为 5.72 亿吨，相比 2013/2014 年度，增幅为 11.2%，年均增长 3.62%。由于消费量增速低于产量增速，全球油籽期末库存不断创下新高。2016/2017 年度，全球油籽库存达到 1.08 亿吨，创下历史新高，库存消费比达到 19.7%，比近 10 年最低值高出 6 个百分点（表1）。

全球主要油籽包括大豆、油菜籽、葵花籽、花生、棉籽等，2016/2017 年度 5 种油籽产量占比分别为 61.5%、12.1%、8.1%、7.5% 和 6.8%，合计占全球油籽产量比重为 96.1%。近年来全球油籽产量和库存均创下历史新高，主要贡献来自大豆产量的增加。

表 1 世界油籽供需现状

年度	产量（百万吨）	进口（百万吨）	出口（百万吨）	消费（百万吨）	期末库存（百万吨）	库存消费比（%）
2013/2014	503.86	133.54	133.83	494.04	77.99	15.8
2014/2015	537.3	143.61	147.06	518.88	92.96	17.9
2015/2016	521.1	153.96	153.25	524.74	90.03	17.2
2016/2017	571.51	165.2	168.58	549.68	108.47	19.7
增幅（%）	9.7	7.3	10.0	4.8	20.5	—

数据来源：美国农业部

（二）油菜籽供需形势整体趋紧

近年来，全球油菜籽供需整体呈趋紧趋势。突出表现为产量连续3年下降，消费量稳步增长，期末库存不断下降。

从生产上看，世界油菜面积总体呈现波动增加趋势。FAO数据显示（图1），1990—2014年，全球油菜面积从1 761.1万公顷增长至3 611.8万公顷，增长了1倍，年均增长3.0%。其中，部分年际间油菜面积波动较大。其中，1994年、1998年和2005年，全球油菜收获面积环比增幅超过9%；1996年和2001年，全球油菜面积环比减幅超过9%。全球油菜籽单产水平稳步提升。1990—2010年，油菜籽单产从1 387.1千克/公顷增至2 043.3千克/公顷，增长了47.3%，年均增幅为1.4%。单产的增加主要得益于油菜品种改良和技术进步，其中抗除草剂品种以及转基因品种的研发为油菜籽单产提高作出了卓越贡献。从全球范围来看，欧盟油菜单产水平总体较高，如比利时、荷兰、英国、爱尔兰、卢森堡等国，单产水平远高于加拿大、中国和印度等主产国。种植面积扩大、新技术、新品种的推广应用及机械化作业水平的提高，促进了世界油菜籽生产快速发展，全球油菜籽产量增幅显著。1990—2014年，全球油菜籽产量波动上升，从2 442.8万吨增至7 380.1万吨，增长了2倍多，年均增幅达到4.7%，特别是2002年以来，全球油菜籽产量增速显著。2002—2014年，全球油菜籽产量年均增速达到6.6%，高于25年来的平均增速。但主产国油菜生产受气候、政策等影响，全球油菜籽连续4年减产：2013/2014年度以来，全球油菜籽产量持续缩减，2016/17年，全球油菜籽产量为6 924万吨，较2013/2014年度减少3.4%。

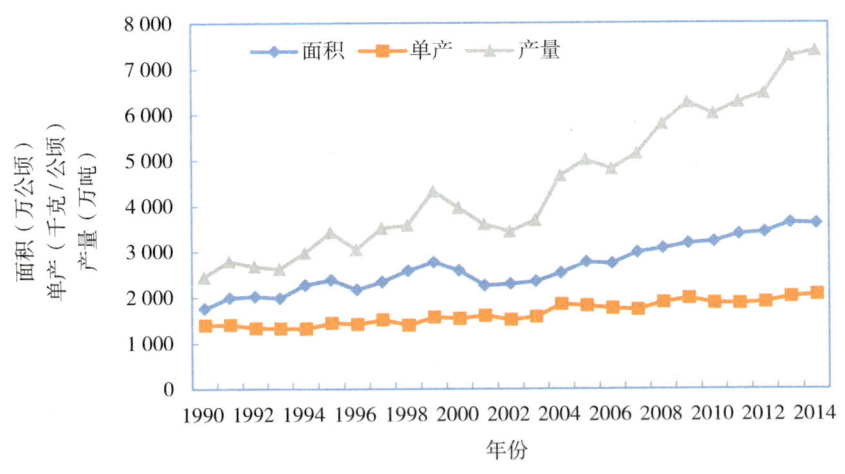

图1　1990—2014年全球油菜籽生产发展趋势

数据来源：FAO数据库

与此同时，全球油菜籽总消费量稳步增加，期末库存近年来持续下降。2013/2014年度到2016/2017年度（表2），全球油菜籽消费量从6 948万吨增至7 162万吨，增长了3.1%。特别是2015年、2016年，油菜籽消费量均大于产量，油菜籽产需呈现偏紧趋势。美国农业部2017年8月预测数据显示，2016/2017年度，全球油菜籽期末库存减少191

万吨，减幅高达 27.5%，库存消费比上年度的 9.8% 降至 7%，同比下降 2.8 个百分点。

表2 世界油菜籽供需现状

单位：万吨

年度	期初库存	产量	进口量	总供给	出口量	消费	期末库存
2013/2014	485	7 168	1 555	9 208	1 510	6 948	750
2014/2015	750	7 145	1 432	9 327	1 510	7 064	753
2015/2016	753	7 005	1 452	9 210	1 438	7 077	695
2016/2017	695	6 924	1 650	9 269	1 603	7 162	504
同比 /%	-7.7	-1.2	13.6	0.6	11.5	1.2	-27.5

数据来源：美国农业部

二、世界生产布局及演变

油菜生产在世界范围内分布广泛。全球有 60 多个国家种植油菜，主要集中在亚洲的中国、印度，欧洲的德国、法国、英国、波兰，北美洲的加拿大等国。近 15 年间，全球油菜生产布局变化总体较大，突出表现为生产集中度下降、生产国多元化特征明显，同时主产国生产发展差异明显。

（一）生产集中度总体下降，但主产国区域集中格局未变

2000—2014 年，中国、加拿大、印度、德国、法国、澳大利亚、英国和波兰始终是全球前八大产出国。但八国油菜面积和产量占全球比重分别从 87.2% 和 86.4% 下降至 80% 和 77.4%。显示油菜在全球其他国家发展迅速，同时全球油菜供给多元化趋势明显。欧盟、加拿大和中国仍是油菜主要产出地区和国家。其中，欧盟 28 国油菜播种面积约占世界的 20%，产量占 30%。加拿大面积和产量占比分别为 22.4% 和 21.1%，中国面积和产量占比分别为 21% 和 20%（表3）。

表3 2000—2014 年全球油菜籽生产布局演变

单位：%

国家（地区）	2014		2010		2005		2000	
	面积	产量	面积	产量	面积	产量	面积	产量
加拿大	22.40	21.10	21.20	21.30	18.70	19.00	18.80	18.20
中国	21.00	20.00	22.90	21.80	26.30	26.10	29.00	28.80
印度	18.40	10.70	17.30	11.00	26.40	15.20	23.30	14.60
德国	3.90	8.50	4.50	9.50	4.90	10.10	4.20	9.10
法国	4.20	7.50	4.50	8.00	4.40	9.10	4.60	8.80
澳大利亚	7.50	5.20	5.30	3.20	3.50	2.90	5.60	4.50
波兰	2.60	4.40	2.90	3.70	2.00	2.90	1.70	2.40
合计	80.00	77.40	78.60	78.50	86.20	85.30	87.20	86.40

数据来源：FAO 数据库

(二)国别布局变动较大,亚美欧主要国家增减不一

2000—2012年,中国一直是世界第一大油菜籽生产国。2000年,中国油菜籽种植面积占全球总面积比重高峰时接近30%,面积达到749万公顷,此后生产急剧萎缩,至2007年降至564万公顷,2010年生产恢复稳定在730万公顷以上。到2014年,油菜籽种植面积占全球比重降至21%,产量占比也从28.8%降至20%。加拿大油菜籽生产发展迅速,近年来成为世界第一大产出国。2000年,加拿大油菜籽种植面积和产量尚不足全球总量的1/5,随着转基因油菜籽品种的大面积推广,单产和品质的提高使农场主获得的收益不断增加,大大激励了加拿大油菜籽面积的增加。至2014年,加拿大油菜籽面积占全球比重接近1/4,产量超过1/5,超过中国,成为世界油菜籽第一大产出国。印度、德国、法国油菜籽生产在全球占比略有下降。2000—2014年,三国油菜籽面积和产量占全球比重不同程度下降,其中,印度降幅明显。印度在20世纪60年代是世界最大的油菜籽生产国,产量占世界40%,2014年产量占全球的比重较2000年下降近4个百分点,面积占比下降近5个百分点。目前油菜籽产量约700万吨,占世界总量仅10%。澳大利亚和波兰油菜籽生产发展总体较快,面积和产量占全球比重不同程度上升。澳大利亚油菜籽种植面积相对较小,但发展较快,种植面积和产量分别占世界份额分别为7.5%、5.2%,比2000年分别增加1.9和0.7个百分点。波兰油菜籽面积和产量占比分别增加0.9和2个百分点。

(三)加拿大油菜籽生产以南部为主,向优势产区集中趋势明显

由于加拿大地处高寒地区,油菜籽生产受气候条件影响较大,单产及总产波动较大,单产平均每3~5年都会出现明显的下降,减产年份会持续2~3年。如2014年,受气候影响,加拿大油菜籽单产和总产明显下滑,单产下降14.1%,总产下降13.4%。但总体上看,近30年来,加拿大油菜籽生产规模稳步扩大,特别是2000年以来,受益于除草剂品种、转基因品种的研发和大量推广运用以及全球油菜籽、菜油、菜粕需求显著增长,加拿大油菜籽面积、单产和产量均显著提高。数据显示,2015年,加拿大油菜籽收获面积832万公顷,单产147千克/亩,产量1837万吨。与1986年相比,面积、单产和产量分别增长216.5%、56.4%和394.8%(图2)。

加拿大油菜籽主要分布在萨斯喀彻温、阿尔伯塔、曼尼托巴三省,三省均位于加拿大南部地区,纬度相同,气候适宜油菜籽生长;其他省区如安大略、不列颠哥伦比亚省也有少量种植。2000年以来,加拿大油菜籽主产区油菜籽生产规模不同程度扩大(表4)。第一大省萨斯喀彻温油菜籽种植面积从586万英亩增值1 110万英亩,增幅达到89.4%,占全国总面积比重由48.8%增加至54%;第二大主产省阿尔伯塔省油菜籽种植面积从370万英亩增加至618万英亩,增幅为67%,占全国总面积的比重由30.8%略降至30.1%;第三大主产省曼尼托巴油菜籽种植面积从231万英亩增加至313万英亩,增幅为35.5%,占全国总面积比重由19.2%降至15.2%。主产区油菜籽生产发展的同时,全国油菜籽区域集中度进一步提高,三大主产省面积占比合计从98.5%增加至99.4%。

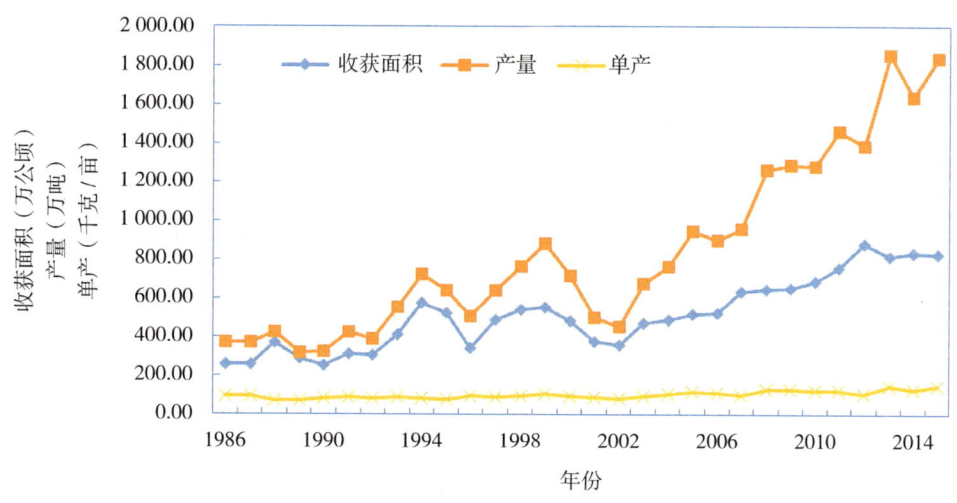

图 2 1986—2015 年加拿大油菜籽面积、产量及单产水平
数据来源：加拿大油菜籽产业协会

三大主产省产量快速增长，生产进一步向优势产区集中（表 5）。2000—2015 年，萨斯喀彻温省油菜籽产量从 342.5 万吨增加至 953.7 万吨，增幅达到 178.5%，占全国总产量比重由 47.5% 增加至 51.9%；阿尔伯塔省油菜籽产量从 218.9 万吨增加至 585.1 万吨，增幅达到 167.4%，占全国总产量比重由 30.4% 增加至 31.8%；曼尼托巴省油菜籽产量从 148.8 万吨增加至 285.8 万吨，增幅达到 92.1%，占全国总产量的比重由 20.6% 降至 15.6%。三大主产省油菜籽产量占比合计从 98.6% 增加至 99.3%。

表 4　2000—2015 年加拿大主产区面积占比

单位：%

年度	安大略省	曼尼托巴省	萨斯喀彻温省	亚伯达省	不列颠哥伦比亚省
2000	0.4	19.2	48.8	30.8	0.7
2005	0.3	16.9	48.7	33.2	0.6
2010	0.5	18.4	47.9	32.5	0.6
2011	0.5	14.5	52.5	31.8	0.5
2012	0.3	16.3	52.4	30.1	0.6
2013	0.3	15.7	52.6	30.7	0.5
2014	0.2	14.9	51.7	32.6	0.5
2015	0.2	15.2	54.0	30.1	0.4

数据来源：加拿大油菜产业协会

2015 年，萨斯喀彻温、阿尔伯塔、曼尼托巴三省油菜单产水平分别达到 140 千克/亩、153.4 千克/亩和 153.4 千克/亩，高于我国油菜籽平均单产水平。

表5 2000—2015年加拿大主产区产量占比

单位：%

年度	安大略省	曼尼托巴省	萨斯喀彻温省	亚伯达省	不列颠哥伦比亚省
2000	0.5	20.6	47.5	30.4	0.8
2005	0.3	13.3	47.0	38.5	0.7
2010	0.6	17.3	46.6	37.1	0.3
2011	0.5	12.0	50.3	36.6	0.4
2012	0.4	15.1	46.8	36.8	0.6
2013	0.3	16.3	49.5	33.3	0.5
2014	0.2	15.3	48.6	35.3	0.4
2015	0.2	15.6	51.9	31.8	0.4

数据来源：加拿大油菜产业协会

三、国际价格走势变化及动因

（一）油菜籽主产国价格周期性波动上升

加拿大、澳大利亚、乌克兰和法国是世界主要油菜籽出口贸易国，油菜籽的年出口量均在100万吨以上，通过4个主要出口国油菜籽生产者价格变化，可以反映油菜籽国际价格的变化。1991—2015年，4个主要出口国的油菜籽生产者价格呈现周期性波动上升，而且表现较为一致。

第一个波动周期为1991—2000年，每吨油菜籽价格从1992年的1 000元左右上升到了1996年的2 100~2 500元，之后回落到2000年的1 500元左右。这一时期的油菜籽平均价格为1 763.16元。

第二个波动周期为2001—2005年，每吨油菜籽价格从2001年的1 500元左右上涨到了2003年的2 000~2 500元，之后跌落到2005年的1 700~2 000元。这一时期的油菜籽平均价格为每吨1 918.83元。

第三个波动周期为2006—2009年，每吨油菜籽价格从1 900~2 400元上升到了2008年的2 800~3 500元，之后回落到2009年的2 500~3 000元，乌克兰跌落到了2 000元。这一时期的油菜籽平均价格为每吨2 665.36元。

第四个波动周期为2010—2015年，每吨油菜籽价格从2010年的2 500~3 500元上涨到了2011年的3 300~4 000元，创历史高峰，之后持续下跌，2015年跌落到了2 100~2 500元。这一时期的油菜籽平均价格为每吨2 962.62元。

（二）供求状况、替代品和能源价格是国际油菜籽价格的主要影响因素

1.油菜籽市场供需状况变化

世界主要生产国（地区）加拿大、中国、欧盟、澳大利亚等的油菜种植面积、产量预期以及主要消费国消费规模、主要进口国进口需求状况是国际市场价格波动的主要影

响因素。

近年来，随着世界油菜籽工业和食用消费的快速增长，生物质能源也快速发展，欧盟等对菜籽油用于生物质能源加工的消费需求快速增加，全球油菜籽供需偏紧，造成世界油菜籽价格不断上涨。由于高价格对生产的刺激，油菜籽主产国（地区）不断加强科技投入提高生产力，随着世界油菜籽产量的恢复，价格也逐渐回落。

2. 替代产品供需形势变化以及价格变化

全球主要油籽油脂除油菜籽外，大豆和棕榈油是主要油籽和油脂原料来源，美国大豆生产进展状况、马来西亚棕榈油供应形势是影响油菜籽全球价格的重要因素。此外，豆油、棕榈油、花生油、棉籽油等其他油脂对菜油价格走势也有一定的影响，进而影响国际油菜籽价格。

例如，2005年中国等国油菜籽减产，有利于支撑全球油菜籽价格，但由于全球都有价格持续走低，受此影响，国际市场油菜籽价格也持续低位运行。此外，如果菜油价格过高，精炼油厂或者用油企业往往会使用其他植物油替代，或者进行掺兑，从而导致菜油需求量降低，促使油菜籽价格回落。

3. 全球能源价格变动

能源价格上升增加油菜籽生产和国际运输成本。金融危机后，全球经济缓慢复苏，石油价格平稳上升，能源价格上涨一方面推高油菜籽生产成本和运输，导致国际油菜籽上涨；另一方面促进生物质能源发展，油菜籽的市场需求增加，推动价格上涨。

此外，金融投机资本利用各种突发事件炒作，信息传递便捷也在一定程度上放大了市场波动，影响全球油菜籽价格形成。由于油菜籽等油料品种具有供需弹性低、交易规模小的特点，更容易受到投机资金的炒作，从而加剧国际油菜籽价格波动。随着互联网的普及，自然灾害、市场信息、出口政策等会迅速传递，从而对国际油菜籽等油料品种价格变化形成放大效应。极端天气多发频发也是影响世界油菜籽产量进而影响价格的因素。油菜籽在生长过程中，受干旱、低温、洪涝影响较大，尤其在生长后期和收割、脱粒、整晒期，遭遇灾害性天气，将会使油菜籽品质降低，单产下降，出油率降低，进而对国际油菜籽价格造成影响。

四、国际贸易格局及演变

（一）全球油菜籽贸易规模总体波动增加

1980—2014年，全球油菜籽贸易规模总体波动增加。1980年，全球油菜籽贸易量212万吨，2000年达到1 061万吨，2001—2003年小幅缩减。2004年以后，随着部分国家对生物质燃料需求增加，加之人口和经济稳定增长，全球油菜籽消费需求增加，贸易量也逐年增加，2014年全球油菜籽贸易量达到历史最高值2 295万吨。2015年和2016年，全球油菜籽贸易量略有下降，2016年降至2 050万吨（图3）。

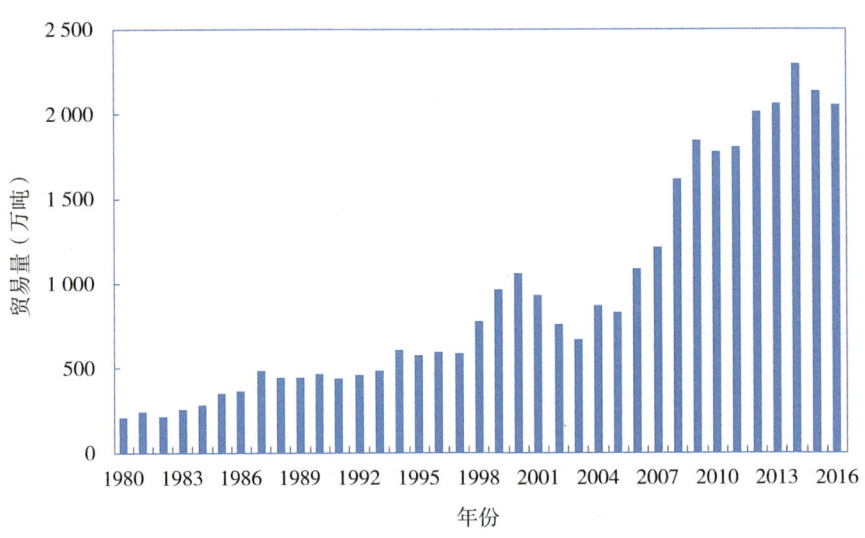

图 3　1980—2016 年全球油菜籽贸易趋势

数据来源：FAOSTAT、UN Comtrade

（二）全球油菜籽进口国逐渐向欧洲集中，出口国分布趋于分散

从进口看，欧盟、中国、日本是世界主要进口国家和地区。其中，欧盟成员国中的德国、比利时、荷兰、法国、波兰等国都是世界主要的油菜籽进口国。尤其是德国，2010年之后逐渐巩固了全球油菜籽第一进口大国的地位，同时也是欧盟主要的食用油以及生物柴油生产国。从 FAO 数据中可以看到，2000—2013 年，全球油菜籽进口国逐渐向欧洲集中，欧洲的主要油菜籽进口国德国、比利时、荷兰、法国、波兰五国的油菜籽进口占全球贸易量的比例从 2000 年的 21.7% 提高到 2013 年的 46.5%，占比翻番。亚洲油菜籽进口占比下滑，中国和日本的油菜籽进口量占全球贸易量的比例从 2000 年的 48.7% 下降至 2013 年的 29.8%。美洲的主要进口国美国和墨西哥以及大洋洲的澳大利亚油菜籽进口占比基本稳定，从 2000 年的 12.9% 小幅下滑至 2013 年的 10.8%（表6）。

表 6　2000—2013 年全球油菜籽主要进口国进口结构变动

国家	2000		2005		2010		2013	
	进口量（万吨）	占比（%）	进口量（万吨）	占比（%）	进口量（万吨）	占比（%）	进口量（万吨）	占比（%）
德国	136.3	12.8	146.1	17.6	231.4	13.0	459.5	22.3
中国	296.9	28.0	29.6	3.6	160.0	9.0	366.3	17.8
日本	219.3	20.7	229.5	27.6	234.4	13.2	246.1	12.0
比利时	79.2	7.5	77.5	9.3	220.6	12.4	198.0	9.6
荷兰	9.1	0.9	6.6	0.8	146.8	8.3	166.0	8.1
墨西哥	100.4	9.5	105.9	12.8	144.3	8.1	138.6	6.7
法国	2.8	0.3	3.3	0.4	94.0	5.3	110.5	5.4
美国	25.0	2.4	44.4	5.3	55.3	3.1	59.0	2.9

（续表）

国家	2000		2005		2010		2013	
	进口量（万吨）	占比（%）	进口量（万吨）	占比（%）	进口量（万吨）	占比（%）	进口量（万吨）	占比（%）
阿拉伯	0.0	0.0	3.4	0.4	81.2	4.6	56.1	2.7
巴基斯坦	44.3	4.2	69.1	8.3	99.2	5.6	51.2	2.5
澳大利亚	10.8	1.0	17.7	2.1	30.3	1.7	25.1	1.2
波兰	2.3	0.2	3.9	0.5	23.7	1.3	22.6	1.1

数据来源：FAOSTAT

据 UN Comtrade 数据（表7），2016年，德国进口油菜籽529.6万吨，占当年全球进口总量的25.8%。中国油菜籽进口量仅次于德国，为世界第二大油菜籽进口国，2016年进口油菜籽350.2万吨，占全球进口总量的17.1%。比利时和日本为全球第三、第四大油菜籽进口国，油菜籽进口规模较为接近，2016年分别进口242.8万吨和236.57万吨，占比11.8%和11.5%。墨西哥和法国也进口部分油菜籽，2016年进口规模分别为149.7万吨和101.1万吨，占全球比重分别为7.3%和5.0%。以上六国进口总量占全球的比重达到78.5%，进口集中度较高。

表7 2016年全球主要油菜籽进口国家及进口规模

国家	进口量（万吨）	进口占比（%）
德国	529.59	25.8
中国	350.15	17.1
比利时	242.83	11.8
日本	236.57	11.5
墨西哥	149.69	7.3
法国	102.13	5.0
巴基斯坦	88.14	4.3
阿拉伯	80.45	3.9
美国	51.98	2.5
荷兰	46.33	2.3
波兰	44.98	2.2
葡萄牙	28.08	1.4
土耳其	23.50	1.1
加拿大	8.59	0.4
其他	68.04	3.3

数据来源：UN Comtrade 数据库

从出口看（表8），2000年，加拿大、法国和澳大利亚3个国家的出口量还占世界出口总量的80%，之后的发展趋势则是加拿大保持了稳定的出口优势，澳大利亚的市场份额下滑，欧洲多个国家都成为世界油菜籽的重要出口国，全球油菜籽市场的出口集中度降低，油菜籽出口市场逐渐多元化。欧洲传统的油菜籽出口国法国逐渐由净出口国转变为进出平衡的国家，而乌克兰、法国、荷兰、波兰、比利时、捷克7国2013年的出口量已经占到了全球出口量的五成。

表8　2000—2013年全球油菜籽主要出口国出口结构变动

国家	2000 出口量（万吨）	占比（%）	2005 出口量（万吨）	占比（%）	2010 出口量（万吨）	占比（%）	2013 出口量（万吨）	占比（%）
加拿大	387.3	40.0	400.1	46.2	747.1	44.7	698.0	32.9
澳大利亚	161.4	16.6	84.3	9.7	108.1	6.5	379.6	17.9
乌克兰	6.9	0.7	18.3	2.1	118.3	7.1	234.7	11.1
法国	224.5	23.2	137.0	15.8	152.6	9.1	131.7	6.2
荷兰	0.9	0.1	1.4	0.2	27.2	1.6	95.2	4.5
波兰	2.8	0.3	18.4	2.1	30.7	1.8	75.1	3.5
比利时	0.8	0.1	9.0	1.0	28.3	1.7	73.8	3.5
捷克	44.2	4.6	23.9	2.8	29.6	1.8	51.0	2.4

数据来源：联合国粮农组织数据库

2016年，加拿大出口油菜籽1 057.4万吨，占当年全球出口总量的56.5%，是世界油菜籽出口第一大国。澳大利亚的油菜籽出口量为217.9万吨，占比11.7%。乌克兰2016年的油菜籽出口量较少，不足全球出口量的1%。法国、荷兰、罗马尼亚、比利时、匈牙利、保加利亚的出口量占当年全球出口量分别为5.5%、5.5%、4.2%、3.0%、2.9%、1.2%。欧洲出口市场多元化的同时，出口国的重心也在向东欧国家转移（表9）。

表9　2016年全球主要油菜籽出口国家及出口规模

国家（地区）	出口量（万吨）	比重（%）
加拿大	1 057.4	56.5
澳大利亚	217.9	11.7
法国	102.5	5.5
荷兰	102.4	5.5
罗马尼亚	78.5	4.2
比利时	56.7	3.0
匈牙利	53.8	2.9
保加利亚	22.8	1.2
其他	178.3	9.5

数据来源：UN Comtrade数据库

（三）加拿大贸易量快速增加，出口目的地覆盖全球主要贸易国家

加拿大目前是全球第一大出口国，在国际市场具有举足轻重的地位，油菜籽产量占世界1/4，出口量占世界出口总量的60%左右。近年来，随着全球范围内肥胖、糖尿病和心血管疾病的增加，各国都越来越关注用油健康，以菜籽油为代表的食用植物油消费需求量明显增加。此外，油菜籽在提供高品质饲料和用于生物燃料生产等方面也具有突出优势，加工需求也持续增长。

受需求拉动，加拿大油菜籽及制品贸易量快速增加。2016/2017年度，加拿大出口菜籽1 097.4万吨，出口菜油313.2万吨，出口菜粕468万吨（图4）。将出口的菜籽油及菜粕还原为菜籽计算，出口的油菜籽占本国产量比重高达90%。目前，加拿大油菜籽及制品出口到全球55个国家和地区，每年出口额达到数十亿美元。

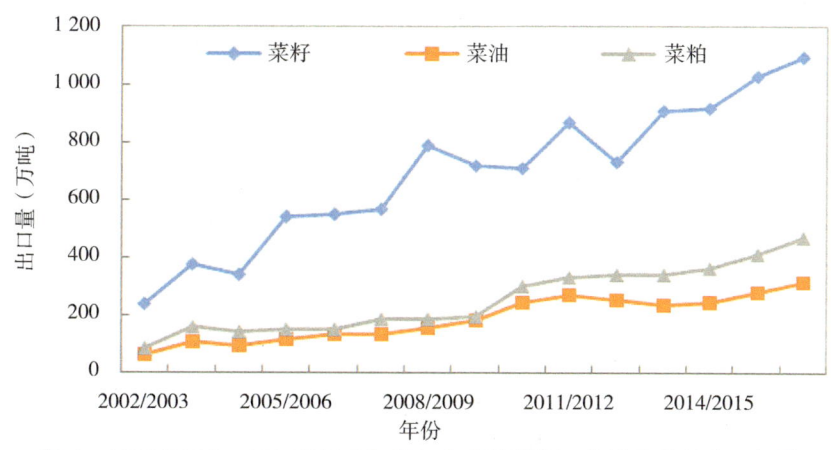

图4　2002/2003—2016/2017年度加拿大油菜籽、菜油和菜粕出口规模

目前，中国、美国、日本、墨西哥、欧盟等是加拿大菜籽及加工制品主要出口地区（表10）。其中，中国、日本、墨西哥主要进口菜籽，美国主要进口菜油和菜粕（表11）。

表10　2016年加拿大对主要国家出口油菜籽规模及结构

出口对象国	出口量（万吨）	占比（%）
中国	357.2	33.8
日本	228.1	21.6
墨西哥	147.8	14.0
巴基斯坦	134.6	12.7
阿拉伯	63.0	6.0
美国	51.2	4.8
法国	40.3	3.8
孟加拉国	11.2	1.1
德国	7.9	0.7

| 其他 | 16.1 | 1.5 |

数据来源：UN Comtrade 数据库

1. 中国

中国是全球第一大油菜籽进口国，中国进口油菜95%以上来自加拿大。近年来，中国自加拿大进口油菜籽和菜籽油数量均显著增加。2016年中国进口加拿大油菜籽357万吨，进口菜籽油60万吨。中国常年食用植物油消费量为3 100万吨，人均食用植物油消费22.2千克。未来随着人口增长、结构调整以及我国油菜籽取消临时收储政策影响，中国食用植物油消费增速将放缓，油菜籽以及菜籽油进口规模及结构也将相应调整。

2. 美国

美国居民饮食习惯决定了其食用油消费量较大。2016年，美国食用植物油消费量为1 480万吨，人均消费量为46.0千克。目前，菜油是美国国内消费第二大主要食用油。美国主要从加拿大进口菜籽油和菜粕。2016年美国菜籽油进口量约占加拿大菜籽油总出口量的65.5%，菜粕进口量占加拿大菜粕总出口量的82.3%。与此同时，进口加拿大油菜籽50.5万吨，进口菜籽油190.1万吨，进口菜粕364.3万吨。油菜籽及加工制品总进口额为36亿美元。

3. 日本

日本食用植物油消费量较高，全年消费量250万吨，人均消费19.7千克。日本主要进口加拿大油菜籽。2016年，日本进口加拿大油菜籽228.1万吨、菜籽油8 000吨。油菜籽及加工制品总进口额为12亿美元。

4. 墨西哥

墨西哥是加拿大油菜籽的主要进口国。自2005年以来，油菜籽出口至墨西哥稳步增长，菜籽油和豆粕消费量都明显提升。墨西哥和美国居民消费习惯相似，对植物油消费需求较为旺盛，目前，墨西哥的植物油消费量为270万吨，人均食用植物油消费量为21.3千克。2016年进口加拿大油菜籽147.8万吨、菜籽油4.9万吨、菜粕2.7万吨。油菜籽及加工制品总进口额为8.3亿美元。从近年来的贸易特征来看，油菜是加拿大出口到墨西哥的首要农产品。

5. 印度

随着印度步入发展中国家行列，居民食用消费需求不断增长，食用植物油的消费快速增加。2016年印度进口加拿大菜籽油3.5万吨，总进口额为3 000万美元。与此同时，印度全年食用植物油消费量为2 040万吨，人均消费量12.6千克，仍处于相对较低水平。随着经济发展带来的消费需求不断增加，随着经济增长和人口规模继续增加，印度对食用植物油的消费需求将继续增长，进口需求将继续增加。

表11　2016年加拿大油菜籽及加工制品出口国及出口规模

出口国（地区）	油菜籽（万吨）	菜籽油（万吨）	菜粕（万吨）	总进口额（亿美元）	人均食用植物油消费量（千克）
中国	354.3	59.7	64.8	27	22.9

(续表)

出口国 （地区）	油菜籽 （万吨）	菜籽油 （万吨）	菜粕 （万吨）	总进口额 （亿美元）	人均食用植物油消费量 （千克）
美国	50.5	190.1	364.3	36	46.0
日本	228.1	0.8	–	12	19.7
墨西哥	147.8	4.9	2.7	8.3	21.3
印度	–	3.5		0.3	15.6
欧盟	59.7	3.7	0.015	2.7	–

数据来源：加拿大油菜产业协会

6. 欧盟

法国、德国、意大利、比利时和葡萄牙是菜籽和菜油的主要进口国，进口的原料主要用于生产生物柴油。爱尔兰是欧盟最大的菜粕进口国。2016年，欧盟进口加拿大油菜籽59.7万吨、菜籽油3.7万吨、菜粕150吨。油菜籽及加工制品总进口额为2.7亿美元。

五、主要国家产业链竞争力

（一）重点国家成本及构成比较

加拿大是世界油菜籽生产和出口第一大国，产量和出口量分别占世界总产量和出口量的1/4和3/5。中国是加拿大第一大出口目标国。近年来，自加拿大进口的油菜籽总量维持在350万~450万吨，占进口总量比重超过95%。报告主要选择加拿大油菜成本收益进行分析。受统计数据获取限制，选取了加拿大曼尼托巴省2016年油菜籽生产成本数据，该省油菜产量居国内第三，生产具有较强的代表性。中国冬油菜主要选取2015年湖北、四川、湖南、江西、安徽、贵州和江苏省七大主产省的平均数据，春油菜主要选取青海和内蒙古两个地区的平均数据。

1. 总成本：中国约为加拿大的2倍，中国人工成本占比超过60%，加拿大近八成为物质服务费用

通过比对中加两国油菜生产总成本，中国冬油菜和春油菜总成本分别是加拿大的2.05倍和1.88倍，显示中国成本劣势十分突出。其中，中国冬油菜和春油菜亩均成本分别为903.7元和828.2元，加拿大春油菜亩均成本仅为441.4元，中国冬、春油菜总成本分别高出加拿大462.4元和386.9元。从成本构成来看，中国冬油菜成本构成中人工成本占比最大，达到62%，物质服务费用和土地成本占比分别为25%和13%；春油菜成本构成中人工成本占比达到65%，物质服务费和土地成本占比分别为22%和13%；加拿大与中国油菜生产成本差异较大，其首要成本构成为物质服务费用，占比达到79%，土地成本占比次之，为13%，人工成本占比仅为8%。两国成本结构差异极大，从另一个侧面也反映出两国油菜生产经营方式差异较大。

2. 物质服务费用：中国总量低于加拿大，加拿大种子和农药投入费用高于中国

从物质服务费用成本对比来看，加拿大油菜物质与服务费用高于中国，分别为中国冬油菜和春油菜的1.6倍和1.9倍。其中，中国冬、春油菜亩均物质与服务费用分别为223.7元和181.5元，加拿大油菜籽亩均物质与服务费用为349.7元。从成本构成来看，中国油菜物质服务费用主要以肥料、机械作业和种子费支出为主，冬油菜三项成本占物质服务费用比重分别为44%、26.6%和8.4%，合计占比接近80%；春油菜分别为43.7%、36.5%和8.6%，合计占比接近90%。加拿大油菜物质服务费用主要发生在肥料、农药、种子和固定资产折旧等方面，另外，除燃料作动力和机械作业支出外，保险支出占比为4.7%。

通过比对分析，两国物质服务费用构成主要有以下特点：一是加拿大种子成本显著高于中国。加拿大油菜籽亩均种子费为57.2元，分别是中国冬油菜和春油菜亩均种子费的3.0倍和3.7倍。加拿大十分重视育种研发，近20年间推动了转基因抗除草剂品种的研发和大面积种植，品种含油率达43.5%，高出中国近5个百分点，这也是种子价格相对较高的主要原因。二是加拿大农药费用显著高于中国。加拿大油菜籽亩均农药费用为59.2元，是中国冬油菜和春油菜亩均农药费的3.9倍和12.4倍。三是加拿大机械化程度总体较高，这一点在农机折旧费用一项体现较为突出。加拿大油菜亩均固定资产折旧费为50.2元，是中国冬油菜和春油菜亩均固定资产折旧费的7.5倍和14.3倍。四是加拿大油菜机械作业成本低于中国。尽管加拿大油菜生产机械化程度较高，但规模效应大大降低了单位面积的机械作业成本。中国冬油菜和春油菜亩均机械作业费分别为59.5元和66.2元，是加拿大油菜籽亩均机械作业费的2.5倍和2.8倍。五是加拿大保险费用高于中国。加拿大油菜亩均保险费为16.4元，是中国冬油菜亩均保险费的2.0倍，与春油菜相比，差距更大。这也显示出加拿大油菜种植主体保险意识总体较强，投入水平较高，另一个侧面也反映出农场主收入保障程度相对高于中国。

总体上来看，加拿大对油菜的生产投入覆盖产前品种、产中田间管理和机械化耕种收、产后保险，中国则主要重视田间管理投入，品种投入总体偏低，机械投入成本虽然高，但实际覆盖比例不高，这也凸显出中国油菜生产投入结构合理性不足。

3. 人工成本：加拿大油菜人工成本仅为中国的6%

中国冬油菜和春油菜亩均人工成本分别为559.3元和535.8元，占总成本的61.9%和64.7%；加拿大油菜亩均人工成本为32.8元，占总成本不到8%，仅相当于中国冬油菜亩均人工成本的6.0%。中国冬、春油菜人工成本分别高出加拿大526.5元和503.0元。从绝对值来看，中加两国油菜人工成本差大于总产本差（462.5元和386.9元）。如果中国人工成本降至和加拿大相当水平，油菜生产总成本将明显低于加拿大。从中国人工成本构成来看，家庭用工仍是主要来源，冬油菜和春油菜亩均家庭用工折价分别为548.8元和535.8元，占人工成本均接近100%。

4. 土地成本：加拿大仅为中国一半

中加油菜生产成本中土地成本占比均在13%左右，但中国油菜种植的土地成本绝对值大幅高于加拿大。中国冬、春油菜亩均土地成本分别为120.8元和111.0元，加拿大油菜亩均土地成本58.8元，仅为中国油菜土地成本的50%左右。从成本差异的原因来看，加拿大地广人稀，且土地可以自由买卖，土地成本相对较低。而中国土地成本总体偏高，随着城镇化进程加快，土地流转成本持续增加。2015年中国冬油菜和春油菜亩均流转地租金分别为16.9元和7.6元，比2013年上涨58.1%和69.3%；自营地折租分别为103.9元和103.5元，比2013年上涨19.3%和28.2%。

（二）产业链竞争力

考虑到加拿大在全球油菜生产和贸易中的重要地位，选取加拿大油菜产业作为研究对象进行全产业链竞争力分析。加拿大油菜产业链极为完备。产业涉及种子研发供应、生产种植、运输物流、加工和精炼、贸易等各领域，每年能为本国提供24.9万多个就业机会和125亿美元的工资。其中，在研发种植环节、食用植物油终端、运输环节和压榨环节经济产值较大，分别达到133亿美元、17亿美元、16亿美元和11亿美元。从各省产业产值分布来看，主产省萨斯喀彻温油菜籽产业年均产值高达82亿美元，阿尔伯塔次之，为61亿美元，曼尼托巴省为34亿美元。

从生产来看，加拿大油菜生产规模化、机械化程度很高。目前国内主要经营主体为农场主，且经营规模普遍较大。2014年，加拿大西部地区有43 000个油菜籽农户，平均经营规模近200公顷。在全部油菜籽种植面积中，大约80%为转基因品种。由于油菜籽单产水平大幅提高，经济效益良好，农场中约1/2的耕地是用来种植油菜籽的。西部农户的现金收入中，油菜籽收入排名第一。规模化经营为机械化水平的提高奠定了良好基础。油菜生产管理基本全程机械化、计算机化，农户通过计算机进行生产管理、市场预测及销售工作，生产效率非常高。

从加工贸易来看，因加拿大油菜产业发展以出口为主，其加工业发展依托贸易规模扩大也发展十分迅速，加工企业加工能力较强。加拿大油菜籽出口比例较高，本国消费比例不到45%，主要为压榨和饲用。其中，压榨量占产量比重约42%，饲用及损耗需求占比2.8%。压榨后菜籽油也主要以出口为主，国内消费量占比较小。近10年来加拿大油菜压榨量显著增加，2003/2004—2014/2015年度，加拿大油菜籽压榨量从338.9万吨增至735.7万吨。根据加拿大油菜产业协会统计，加拿大国内有14个油脂加工厂，每年可加工1 000万吨油菜籽。目前，这些加工厂合计年加工700万吨菜籽，年产300万吨菜籽油和400万吨菜籽粕。从出油率来看，近10年来有所提升，2003/2004年度按照压榨量和出油量折算，平均出油率为41.2%，至2014/2015年度，出油率提升了2.3个百分点，增至43.5%。

从贸易商来看，全球油菜籽、菜籽油以及菜粕的贸易商基本都围绕加拿大开展贸易经营。目前，全球最大的贸易商主要为Richardson、嘉能可、Peter Cremer、ADM和邦吉，这些贸易商基本经营了全球80%的油菜籽及其加工制品的贸易量。另外，中国中粮集团也在加拿大从事油菜产品的全球贸易。这些经营主体主要通过期现货市场购买加拿大油菜籽和其他产品，然后销售到全球的油菜籽加工企业。

从服务主体来看，油菜产业行业协会发育成熟，产业整体组织化水平较高。加拿大油菜籽委员会是一个全球性的非营利性机构，也是加拿大第一个涵盖整个价值链、覆盖各产业环节的委员会组织。加拿大油菜委员会成员包括油菜生产者、生产资料供应商、谷物加工企业、出口商、食物和饲料企业以及政府部门、消费者等，其中，萨斯喀彻温、阿尔伯塔、曼尼托巴三大主产区生产者组织是油菜协会的重要组成部分。油菜委员会通过把生产者和加工商、出口商对接起来，处理和油菜产业相关的各类事项。委员会还为加拿大油菜发展定期制定战略规划。从加拿大油菜产业发展历程来看，油菜委员会在促进油菜行业的能力和盈利水平，推进油菜产业实现可持续发展，向全球的消费者提供高质量的油菜籽、菜籽油和产品，确保本国油菜产业保持较高竞争力等方面发挥了十分积极的促进作用。

加拿大油菜产业协会不仅为产业上下游主体提供服务，还为进一步推动油菜产业发展制定产业发展规划。2013年的规划包含三大战略及目标（表12）。一是通过提高单产和品质持续的增加油菜籽供应以满足各国需求的增长。计划到2025年，本国油菜种植面积达到2 200万英亩，比2014年增加10%；单产达到52蒲式耳/英亩（折合194.7千克/亩），比2014年增加65%；总产达到2 600万吨，比2014年增加67%。菜籽出口量达到1 200万吨，比2014年增加24%；国内加工规模1 400万吨，比2014年翻一番。二是差异化价值战略，通过价格策略，在提升油菜籽、菜籽油和菜粕品质的基础上，满足全球多样化产品需求。为实现该目标，细分了三级市场。针对一级市场（欧盟、美国、墨西哥、中国、日本、越南），基于不同国家（地区）的产品差异化，加大产品研发力度、实施特定的营销计划，至2025年，在这些关键国家食用植物油的市场份额每年提高1%；针对二级市场，通过产品研发、市场开拓以及营销策略，增加20%的市场需求；针对三级市场，对市场潜力进行研究和开发，拓展市场需求。三是营造稳定开放的贸易环境。实现零关税以及取消非关税贸易壁垒。

表12　2025年加拿大油菜产业发展规划

项目	2014	2025
面积（万英亩）	2 000	2 200
单产（蒲式耳/英亩）	31.5	52
产量（万吨）	1 560	2 600
出口油菜籽（万吨）	970	1 200
国内加工（万吨）	700	1 400
高油酸和特种油比例（%）	11	33%
出油率（%）	44.5	保持（10年平均水平44.2%）
饱和脂肪酸（%）	7	保持全球领先水平
豆粕粗蛋白含量（%）	39.6	增加

六、主要国家产业支持政策

为推动油菜产业发展，世界油菜籽主产国积极出台相关政策支持油菜籽生产、消费与贸易发展。本报告中选取加拿大、欧盟和澳大利亚3个主要国家和地区，梳理各国（地区）针对油菜产业发展支持政策的演变及现状。

（一）加拿大

加拿大实施出口导向型油菜籽产业发展战略，扣除压榨后的出口菜籽油，加拿大国内消费量不足5%，即生产的油菜籽95%用于出口。为发展油菜产业，加拿大政府综合运用直接补贴、作物保险与税收优惠政策稳定农业收入，重视转基因油菜品种技术研发、推广与行业服务。政府促进油菜籽产业发展的政策如下。

1. 对农业生产予以直接补贴，开展农作物保险

1959年，加拿大实施《农业收入保护法》，以农作物保险和农民收入稳定方案为基础，采取对农民直接补贴的方式，从而实现保障农民收入的目标。加拿大农作物保险等补贴占农业GDP高达50%。农作物保险由省级政府执行，农民每年与所在省级政府签订保险合同，保费由联邦政府、省政府和农民，按照40%、24%和36%共同分担。如果出现亏损，联邦政府将对省政府补贴所有亏损经费。此外，农民可选择参加农业收入稳定方案。如果农民在当年收入低于过去3年的平均收入，则农民收入损失的70%由联邦政府和省政府共同承担。如果出现大面积旱灾、疯牛病等特殊情况，政府将启动专门针对灾难的临时方案，以保障农业生产和农民生活的稳定。

2. 政府重视油菜种质资源技术研发及推广

加拿大政府投入大量资金，积极支持生物技术的研发与成果推广，加拿大拥有世界上规模最大及设备一流的植物生物研究所。加拿大油菜籽协会与植物研究所联合推广抗虫且含油量高的转基因油菜籽新品种，种植户和榨油企业的经济效益得到提高，转基因油菜籽面积迅速扩大。

3. 充分发挥油菜籽协会在产业发展中的重要功能

加拿大油菜籽协会（CCC）是加拿大的一个行业组织，旨在推动油菜籽消费，鼓励油菜籽出口，是全球性、非营利性机构，在沟通农户与销售商关系、推动与科研机构协作、推动转基因油菜籽的研发与应用中发挥了重要的行业协调与导向功能。

4. 加拿大还对农业实施税收优惠政策

加拿大还对农业实施税收优惠政策，包括所得税方面，实行收付实现制，农民可以在获得所有现金收入时才交纳所得税；土地改良费用、农场建筑物资产成本减免率一般为10%~20%，比其他建筑物的资产成本减免率高2.5~5倍；全部或部分减免农民退休时转卖农场或将农场转让给子女继续从事农业生产的资本收益，以确保农民老有所养和鼓励农业生产；对农业用地征收最低的土地税。此外，在旱灾、疯牛病等特殊年份对农业的税收均进行减免。为推动本国油菜籽消费，加拿大政府也在推行实施生物燃油战略。

（二）欧盟

欧盟油菜播种面积约占世界的20%，油菜籽产量占世界的30%，进口量占25%（不计菜籽油），消费量占世界的40%，工业消费量占世界的90%。除希腊、葡萄牙和马耳他3个国家不生产油菜籽以外，其他国家均有油菜籽生产。

1. **实施欧盟共同农业政策（CAP）**

（1）农产品价格支持政策 在1992年欧盟农业补贴政策改革以前，欧盟农业补贴政策的核心与基础是价格干预体系，主要包括目标价格、干预价格和门槛价格两部分。为了保证农产品价格支持政策的有效实施与落实，欧盟设置了完善的市场管理机制，通过价格补贴、贮藏补贴或撤出补偿、干预收购、进口控制、出口补贴、扩大供应等手段实现。其中目标价格是农产品价格支持体系的核心，它是欧盟制定的对农业生产者的指导价格，其确定是依据一种农产品在欧盟内部最供不应求地区所形成的市场价格，包括贮藏和运输费用，是生产者价格浮动的最高上限。干预价格是农产品价格下浮的最低限度，是农民最低收入的保证。门槛价格是对欧盟之外国家设立的，对进口农产品的控制价格。

（2）直接收入支持政策 1992年欧盟农业补贴政策改革后，直接收入支持政策作为降低农产品支持价格的一种补偿手段，目前已经发展成为欧盟农业补贴政策体系中极为重要的一个政策工具。1992年的改革方案中，为了补偿生产者因降低价格支持所造成的收入损失，引入与生产挂钩的直接补贴方式。2003年的欧盟农业补贴政策改革中，与农产品生产和价格不挂钩的单一的农场补贴取代了上述与产品类别和种植面积挂钩的直接收入补贴。

（3）其他农业补贴政策 包括农业发展补贴、信贷与税收支持、农业保险补贴等。《欧盟2000年议程》提出了建立共同农业政策的第二个支柱，即重视农业的多功能性和可持续发展问题，此后欧盟农业补贴政策目标逐渐从最初的鼓励生产转变为减少过剩、保护生态环境、提高产品质量、促进农村发展等方面。具体包括：一是对生产高质量产品的农民给予补贴；二是对按照欧盟标准进行生产的农民给予临时性的补贴；三是对高标准饲养动物的农民给予补贴；四是增加对年轻农民进入农业的投资补贴，鼓励年轻人进入农业行业和从事农业活动；五是对农民咨询费用给予补贴。

2. **欧盟生物质燃油政策**

生物柴油是欧盟交通使用的主要生物燃料，约占其生物燃料市场的70%（其余主要为生物乙醇）。菜籽油是欧盟加工生物质燃油的主要原料，这也是欧盟油菜籽消费迅速扩大的重要原因之一。政策主要包括以下几点。

（1）通过指令和税收减免激励生物质燃料消费 2003年，欧盟《生物燃料指令》（2003/30/EC）提出的参考目标是，各成员国液体生物质燃料占能源消费总量的比例在2005年达到2%，2010年达到5.75%。欧盟《可再生能源指令》（2009/28/EC）要求，到2020年欧洲全部能源消费中可再生能源比例达到20%，各成员国在2020年运输业的汽油和柴油消费中，生物质能源至少占10%。目前，欧盟已有10个成员国采取强制性混合要求政策，有20个成员国对生物柴油混合品进行税收削减。强制性混合要求政策的成本主要由消费者负担，而税收减免政策由公共财政负担。

（2）对进口的生物质燃料征收较高关税，鼓励欧盟内生物质能源生产 欧盟对进口的未变性的酒精征收0.192欧元/升、变性酒精0.102欧元/升、酒精汽油混合物6.5%的最惠国关税，生物柴油进口税率为6.5%。此外，欧盟实施了促进生物燃料生产和市场营销产业链发展的政策框架，包括促进研发和科技进步的措施、促进产能投资、发展混合燃料动力车的安全协议等。

（3）对能源作物进行直接补助　为鼓励休耕土地用于生产液体燃料原材料，2004年起欧盟共同农业政策（GAP）对能源作物每公顷补助45欧元。2006年补助面积达到200万公顷。2008年该项补贴才被废除。

（4）调整生物质燃料发展政策，减轻油菜籽进口和粮食安全的压力　欧洲环境总署研究估计，按照《可再生能源指令》，2020年欧盟能源消费量将达到18亿吨油当量，其中生物质能源将提供能源总量的11%。据经济合作与发展组织（OECD）预测，2020年欧盟生物柴油的消费量将达1 863.3万吨，其中以油菜籽为主要原料的第一代生物柴油产量约为1 641.6万吨。按照近年来欧盟菜籽油在生物柴油原料投入的比重估算，2020年欧盟需要净进口油菜籽565万吨，是2011年的2.16倍，将占世界油菜籽贸易的32%。欧盟油菜籽的强劲需求，将使世界油料作物收获面积提高1.5%，全球植物油产量和消费量上升4%，植物油价格上升20%，对世界油料贸易和自身的粮食安全也构成很大压力。为此，2012年9月欧盟气候变化委员会出台了针对生物柴油产业的新政策：到2020年，以粮食作为原料的生物燃料将占运输燃料总量的5%，仅比目前高出0.5%；对生物柴油的支持政策将于2020年全部结束。如果最终实现该目标，那么到2020年第一代生物柴油的消费量将减少为1 157.8万吨。按照菜籽油占生物柴油原料55.3%的比重推算，2020年菜籽油的工业消费量为674万吨，食用消费量为256万吨，菜籽油总消费量为930万吨。油菜籽需求量为2230万吨，将比2011年减少15.9万吨。预计2020年欧盟油菜籽产量将稳定在2 200万吨，即到2020年欧盟油菜籽产需将基本维持平衡。这不但会大大缓解欧盟油菜籽进口和粮食安全的压力，而且有利于欧盟环境政策目标的实现。

（三）澳大利亚

澳大利亚地广人稀，农业自然资源丰富，人均耕地面积21公顷，农业人口占总人口1.69%，农业非常发达。澳大利亚也是全球油菜籽主要生产和出口国家，油菜籽生产主要用于出口。澳大利亚农业支持政策以符合世贸组织规定的绿箱政策为主，重视农业科研、服务体系建设和农民培训。其调控和油菜籽发展政策主要如下：

1."绿箱"支持政策为主促进油菜生产

澳大利亚几乎取消了目前世界各国最广泛使用的对农产品的价格补贴，而趋向于采取符合WTO规则的绿箱政策。政府对农业的支持主要在联邦和州政府两大层面，以联邦政府为主。主要支持措施包括：一般性服务，如农产品的研究与开发、病虫害控制、推广咨询和培训服务、产品检验、营销、促销等各种基础设施服务；为粮食安全目的的公共储备；国内粮食援助；不挂钩的收入支付；收入保险和收入安全计划；自然灾害救济；农业产业结构调整资助；环境计划、区域经济发展援助计划等。

除联邦政府的支持外，各州都有各自对农业的保护和支持计划，并安排有必要的资金。对农业生产者的资助有些是属于对联邦政府相关政策的拾遗补缺，有些也与联邦政府安排重叠。以新南威尔士州为例，比较具有代表性的资助包括阳光启动方案，其内容为：商业规划补贴、再发展赠款、培训资助、资产购置利息补贴、家庭转产重置赠款；特殊情况利息补贴；特殊农业环境保护方案；2000年西部发展方案；水资源结构调整方案；赈灾救济方案；沙化、盐碱地支持方案；此外还有由社区、政府、大学、企业等共同参与的爱护土地方案等。

此外，政府还通过制定"复兴计划""调整计划"等计划项目为农场发展提供优惠贷款或赠款。联邦开发银行、联邦储备银行以及许多大的商业银行也为农场提供贷款；在农用资金来源中，政府及公共机构提供的财政信贷显著增加。还通过各种补贴（如农用燃油优惠）减轻农场负担。除在国内向农民提供基础设施和信息支持外，澳大利亚还实施对农产品出口的促进支持，联邦贸易局在各国的办事机构帮助农民向所在国出口农产品；联邦政府出口信贷一般为一年期的买方信贷，主要补贴产品是粮食作物，特别是小麦，接受出口信贷的大多数为不发达国家或粮食净进口国，间接资助了本国农产品生产和出口。

2. 重视完整的农业科研服务体系建设

澳大利亚拥有较为完整的农业科研服务体系，内容包括从品种选育到疾病防治、检疫监测及其产品保鲜供应等方面。农业科研机构以国际市场为导向，多单位、多部门协同合作，形成了科学研究、农业生产、食品工业、市场营销为一体的农业科学研究网络。澳大利亚的旱作农业、育种、畜产品加工等技术居世界领先水平。先进的农业科研网络和健全的推广体系，对澳大利亚农业发展起到了不可估量的作用。澳大利亚的农业科发工作主要由州政府承担，约占50%，接下来依次是联邦政府（约占26%）、高等院校（约占14%）和商业企业（约占10%）。这些研发工作中大约30%是受农村研究公司的委托开展的。近些年联邦政府每年支出的农村研究经费近9亿澳元，相当于澳大利亚科研总支出的11%。在农村的科研开发支出中，纯基础性研究占3%，战略基础性研究占20%，应用性研究占63%，试验开发型占14%。农业研发投入资金取得了很好的经济效益，每年回报率在25%~100%，而且持续很长时间。澳大利亚20世纪90年代以来在全国各地建立了50多个由不同层次和类型的科研机构共同享用的联合研究中心（CRCS），这些联合研究中心的项目由联邦政府、州政府、企业联合资助，由不同的政府部门、科研机构、大学和企业的研究机构共同承担，科研人员依托中心的大型研究设施和现代化仪器设备，密切联合、协作攻关，体现了人、财、物的优势集成、功能互补和高效利用，具有很强的活力。澳大利亚政府为了鼓励农技科研与生产相结合，实行农业各产业部门联合资助研究和推广的计划，生产主体和政府按1:1的原则出资，用于本产业的科研与技术推广。农产品销售后有一定比例提成，用于生产该产品的技术研究与推广。

3. 强化直接面向农民的行业服务体系的支持

澳大利亚皇家农业协会已有159年的历史。协会的一项重要工作就是促进城乡结合，每年都组织农业会展。在减少政府干预的同时，为农民提供社会化服务的机构越来越完善。服务主要是为农民提供各种生产经营技术，帮助农民进行会计核算，了解农产品产销市场行情，与农民签订购销合同等。

4. 积极推动转基因油菜籽的商业化种植

近年来，随着全球对转基因农产品贸易限制的减少，美国、阿根廷和加拿大等国家率先大规模利用农业转基因技术，农产品出口和国际市场份额显著上升，给澳大利亚农产品出口带来一定的冲击。2003年澳大利亚批准了抗除草剂转基因油菜的商业化生产,但在推广阶段遭到各州的抵制。在商业化推广之初的几年中,油菜主产区通过州政府颁布的种植禁令,禁止种植转基因油菜。近年来,国际市场上转基因油菜籽贸易比重持续上升,加拿大率先利用转基因技术种植的油菜具有抗除草剂、含油率高等性状,油菜籽和菜籽油出口显著增加,对澳大利亚油菜籽出口形成威胁。2007年11月,作为澳大利亚油菜主产区的新南威尔士州和维多利亚州取消了长达4年的转基因油菜种植禁令,从2008年起当地农户有权选择种植转基因油菜品种,其他地区的农户也正在呼吁当地政府取消转基因油菜的种植禁令。而南澳洲依然对转基因油菜籽的商业化持谨慎态度。

5. 积极推动油菜籽出口

澳大利亚政府鼓励农产品出口,参与国际竞争。主要通过在市场动态和提高出口产品质量上加以引导和服务,通过发布信息引导农业结构调整。

七、世界供需及产业发展形势展望

1. 2017/2018年度,全球油籽将继续维持供需宽松格局

新的作物年度,全球油籽产量继续增加,但增速明显放缓,尽管受全球经济缓慢复苏、食用植物油消费继续增加和养殖业饲料需求持续增加等因素影响,全球食用油籽加工消费需求旺盛,但全球食用油籽库存仍略有增加,供需宽松格局继续延续。生产方面,2017/2018年度,全球油籽产量预计达到5.76亿吨,较上年度增加0.9%。其中,花生、棕榈仁、油菜籽、葵花籽等不同程度增产。全球油菜籽压榨加工量增幅明显,2017/2018年度预计达到4.88亿吨,较上年度增加4.2%。油籽期末库存预计为1.09亿吨,较上年度增加0.6%。从主要构成来看,全球油籽供需宽松格局仍主要受大豆影响。考虑到北美大豆产量保持高位,加之其他油籽产量不同程度的增加,全球油籽供大于求的趋势将继续。受此影响,全球主要油籽,特别是大豆价格上行动力不足,进而会影响到下游食用植物油价格走势。考虑到拉尼娜气候、美元走势、能源价格、投机资本以及生物质能源消费需求等不确定影响因素,短期内全球油籽价格仍将维持震荡格局。

2. 2017/2018年度,预计全球油菜生产总体恢复性增长,在很大程度上有利于缓解全球油菜籽供应紧张的程度

生产方面,由于油菜籽价格比其他替代作物效益相对更高,许多国家农民种植积极性较上一年度有所提高。其中,主要生产国加拿大油菜籽产量预计达到2 050万吨,较上年度增加10.8%。受上年度气候和病虫害影响,部分欧盟国家油菜面积和产量有所下降,新年度油菜籽播种面积会有所增加,预计产量达到2 200万吨,较上年度增加7.1%。乌克兰播种条件也较上年度有所改善,油菜籽播种面积和产量有望大幅增加。另外,印度油菜籽产量也有望增长至720万吨,增幅预计达到1.5%。受2015年中国油菜籽临时收储政策取消后,油菜籽比较效益低下的问题十分突出,农民种植积极性持续降低。2017/2018年度,中国油菜籽产量预计小幅下降,至1 310万吨,比上年度缩减3.0%。由于除中国以外的其他主要国家油菜籽产量不同程度增加,2017/2018年度,全球油菜籽产量预计达到

7 269.8万吨，较2016/2017年度增加5.0%。

3. 受经济增长、人口增加和健康消费理念的普及，全球主要国家油菜籽消费量总体小幅增加

2017/2018年度，全球油菜籽消费量预计达到7 334.9万吨，较上年度增加2.4%。其中，主要国家中国、印度和加拿大压榨加工消费量继续增加，分别达到1 790万吨、717万吨和928万吨，增幅分别为2.9%、3.9%和0.7%，日本和欧盟消费量保持稳定，其他国家消费量由1 004万吨增至1 094万吨，增幅达到8.9%。

4. 全球油菜籽贸易规模较上年度回调，贸易格局总体维持稳定

2017/2018年度，全球油菜籽进口量1 608万吨，较上年度减少425万吨，其中欧盟由于产量增加，进口量缩减16.3%，降至400万吨，主要贸易国中国由于产量继续缩减，油菜籽进口量有望从2016/2017年度的410万吨增至430万吨，以满足国内消费需求。出口方面，加拿大继续为全球第一大出口国。2017/2018年度，加拿大油菜籽出口量预计为1 100万吨，中国继续是加拿大最主要的出口目标国。欧盟由于产量增加，出口量相应增加，2017/2018年度有望增加20万吨，增至350万吨。

5. 全球油菜籽期末库存下降，有利于支撑油菜籽价格上行

由于2017/2018年度全球油菜籽消费量大于产量，全球油菜籽库存有望继续下降，降至477.5万吨，较上年度减少5.2%。在全球油籽供需宽松格局下，油菜籽是少数供给偏紧的油籽产品，库存下降有望支撑全球油菜价格走高。但考虑到下游不同种类食用植物油价格相关性较高，其他油籽价格走势，特别是大豆价格走势以及全球气候变化、美元汇率、主要国家生物质燃料政策调整等也会对油菜籽的价格形成影响。

参考文献

邸娜. 2014. 世界油菜籽生产及贸易现状[J]. 世界农业, (2): 97-100.
经合组织-粮农组织. 2015. 2015—2024年农业展望[M]. 北京：中国农业科学技术出版社.
李淞淋. 2016. 近10年世界油料生产分析与未来走势展望[J]. 农业展望, 12(1): 36-38.
吕建兴, 曾寅初. 2017. 欧盟CAP改革中农业市场政策的调整与启示[J]. 农业经济问题, (7): 89-100.
陶群山. 2010. 欧盟共同农业政策的演变及启示[J]. 重庆社会科学, (4): 26-30.
王璐, 冯中朝. 2013. 油菜籽产业链脉络及其安全状况评估[J]. 改革, (12): 58-67.
魏丹, 韩晓龙, 刘锐金. 2012. 国际棕榈油与我国植物油市场价格关联性的实证研究[J]. 价格理论与实践, (12): 44-45.
杨锦莲, 侯国平, 李崇光. 2003. 中加油菜籽产业的比较[J]. 华中农业大学学报(社会科学版), (2): 17-20.
张雯丽. 2016. 2015/2016年度中国菜籽油将大幅减产[J]. 农产品市场周刊, (28): 21-22.
张云珍. 2011. 加拿大转基因油菜商业化进展及现状分析[J]. 世界农业, (10): 74-76.

（海外农业研究中心特邀研究员　张雯丽）

海外农产品市场研究（2017）

第八部分

食 糖

海外农产品市场研究（2017）

食糖是重要的战略产品，不仅是居民生活的必备调味品，也是基础的工业原料，在食品加工、医药、建材、化工、造纸、饲料、发酵等领域都有着广泛应用。中国是世界上重要的食糖生产国、消费国和进口国。自加入世界贸易组织后，中国食糖进口关税不断降低，国际食糖市场的参与程度不断提升，在利用国际市场调节国内余缺的同时，国内食糖产业也面临着较大的生存压力。研究发现，20世纪以来，世界食糖产量稳中有增，甘蔗糖在食糖生产结构中占据统治地位；受社会经济发展和人口规模扩大的影响，发展中国家的食糖消费快速增加，拉动世界食糖总量稳步提升，但同时食糖消费也面临着代糖类甜味剂的竞争压力。亚洲是世界第一大食糖产区，巴西、印度、欧盟、泰国、中国是世界主要的食糖生产国和地区，巴西食糖生产主要集中于圣保罗、米纳斯吉拉斯州和巴拉那州，泰国甘蔗种植主要分布在东部、北部、中部、东北部四大产区。由于食糖市场化程度较高，并兼具金融属性和能源属性，食糖价格波动的频率和幅度较为频繁和剧烈。当前，食糖出口集中在巴西、泰国、澳大利亚、印度等国，食糖进口国则相对分散，食糖贸易以原糖为主，巴西和泰国均为世界重要的食糖出口国，中国则为两国的主要出口市场。无论是在糖料种植成本，还是在制糖成本方面，中国与世界食糖主要生产国之间均有较大差距，其中机械化程度低、劳动力成本居高不下是主要原因。巴西、泰国等主产国均制定了食糖产业扶持政策，以保护本国产业和农民利益。2017/2018榨季预计世界食糖供给将呈现明显增加，全球食糖供需将转为供大于需，国际糖价亦将承受一定压力。

一、世界供需现状

（一）食糖产量稳中有增，甘蔗糖占绝对比例

食糖的主要生产原料是甘蔗和甜菜，按生产原料的不同可以分为甘蔗糖和甜菜糖。20世纪下半叶至今，虽然甜菜糖产量有所增加，但甘蔗糖产量的增长幅度更大，甜菜糖在世界食糖市场中的比重进一步降低。这一现象一直持续至今，当前世界食糖市场中约80%的食糖是甘蔗糖，甜菜糖仅占20%左右的市场份额（表1）。

20世纪，全球食糖生产发生了巨大变化，1900—1998年，产量由1 126万吨增加到1.27亿吨，食糖产量增长了10倍，年均增长率为2.5%。20世纪食糖生产有两个较为突出的快速增长期，一是两次世界大战之间的1918—1939年，食糖产量由1 588万吨增长到2 868万吨，年均增长率达到2.85%；二是1945—1960年第二次世界大战后的恢复与扩展期，食糖产量由1 819万吨增长到5 194万吨，年均增长率7.25%。在此之后，世界食糖产量依然保持了总体增长态势，并于1982年首次突破1亿吨，达到了1.02亿吨；1986年之后，全球食糖产量一直保持在1亿吨以上的水平。进入21世纪以来，食糖产量虽然有所波动，但仍然稳中有升，2001/2002榨季，全球食糖产量1.34亿吨，2015/2016榨季增长到1.65亿吨。

目前，甘蔗糖主要分布在南美洲、加勒比海地区、大洋洲、亚洲、非洲的大多数发展中国家和少数发达国家。其中世界上甘蔗产量较高的国家有巴西、印度、中国、古巴、泰

国、美国、澳大利亚等。甜菜糖主要分布在欧洲和北美的发达国家，少量在亚洲等地。有些国家同时种植有甘蔗和甜菜，因此既生产甘蔗糖又生产甜菜糖，如中国、美国、埃及、西班牙、阿根廷和巴基斯坦等。2015/2016 榨季，食糖甘蔗糖产量 13 237 万吨，在总产量中占 80%；甜菜糖产量 3 256 万吨，在总产量中占 20%。

表 1 世界食糖生产结构变动

指标	1960S	1970S	1980S	1990S	2007/2008	2008/2009	2009/2010	2010/2011	2015/2016
世界产量（百万吨）	61.6	81.9	101.8	118.4	167.1	150.0	160.5	168.9	164.9
甜菜糖（百万吨）	26.8	32.6	37.9	37.4	35.0	31.8	31.5	30.1	32.6
甘蔗糖（百万吨）	34.8	49.3	63.9	81.0	132.1	118.2	129.0	138.9	132.4
甘蔗糖占比（%）	56.5	60.2	62.8	68.4	79.1	78.8	80.4	82.2	80.0

注：资料来源于国际糖业组织、美国农业部

（二）食糖消费总量稳中有增，发展中国家占比增加

食糖的应用范围也不断被开发出来，在为人类提供热量的同时，广泛被用于食品加工等领域。进入 21 世纪以来，全世界食糖消费量呈逐年增长趋势，由 2001/2002 榨季的 1.35 亿吨增长到 2015/2016 榨季的 1.65 亿吨。世界食糖消费量的增长主要是由于人口规模的扩大和世界经济的发展。但不容忽视的是，作为甜味剂，食糖在食品加工领域的应用面临玉米糖浆（HFS）、人工甜味剂（如阿斯巴甜和糖精）、天然甜味剂（如甜菊）等代糖类产品的竞争，从而会对食糖消费产生一定影响。

从国别来看，食糖的主要消费国家和地区有印度、欧盟、中国、美国、巴西。根据美国农业部的统计，2015/2016 榨季上述 5 个国家和地区的食糖消费量分别为 2 680 万、1 880 万、1 750 万、1 090 万、1 089 万吨，合计达 8 489 万吨，约占世界食糖消费总量的一半（49%）。其中，印度是全球最大的食糖消费国，消费量占全球食糖消费总量的 15.6%，排名第二的欧盟占 10.9%。

从食糖消费地区的经济发展水平来看，发展中国家的食糖消费量在世界食糖消费中的比重越来越大，发达国家在世界食糖消费中占比减少。从 1980 年开始，发达国家的食糖消费出现下降或停滞不前，而发展中国家，特别是亚洲的食糖消费增长却不断加速。到 20 世纪 80 年代中期，发展中国家的食糖消费占到世界总量的一半以上。根据布瑞克公司对 1990/1991—2013/2014 榨季主要食糖消费国在世界食糖消费总量中比重变化情况的统计，消费量所占份额增加的多为发展中国家，如印度、中国、巴西、印度尼西亚、巴基斯坦等，而消费量所占份额减少的则多为发达国家，如美国、俄罗斯等。产生这一现象的主要原因是发展中国家经济增长速度相对较快，且人口增长率高，导致了对食糖消费需求的较快增长；发达国家人口和经济增长较慢，同时发达国家居民关于食糖摄入危害健康方面的担忧也制约了食糖消费的增长。

综合来看，由于庞大的人口规模和快速的经济增长，亚洲、非洲部分国家的食糖消费增加，带动了世界食糖消费总量的增长和消费区域的变化，未来这种现象仍会持续。

二、世界生产布局及演变

（一）食糖生产布局较为集中

从国别来看，世界上产糖国家有107个（欧盟作为一个地区来统计），但食糖生产相对集中。历史上，古巴和爪哇曾占据世界食糖生产的前两位，古巴甘蔗产量甚至在20世纪20年代一度占到全球产量的1/4，但此后两国地位逐渐下降。20世纪后半叶，巴西和印度的食糖产量稳步上升并逐渐成为世界主要产糖国。2015/2016榨季，巴西和印度食糖产量分别达到3 465万和2 770万吨，约占全球总产量的23.9%和16.8%。目前世界上主要的食糖生产国和地区为巴西、印度、欧盟、泰国、中国，5个国家和地区的产量约占世界食糖总产量的57.3%（图1）。

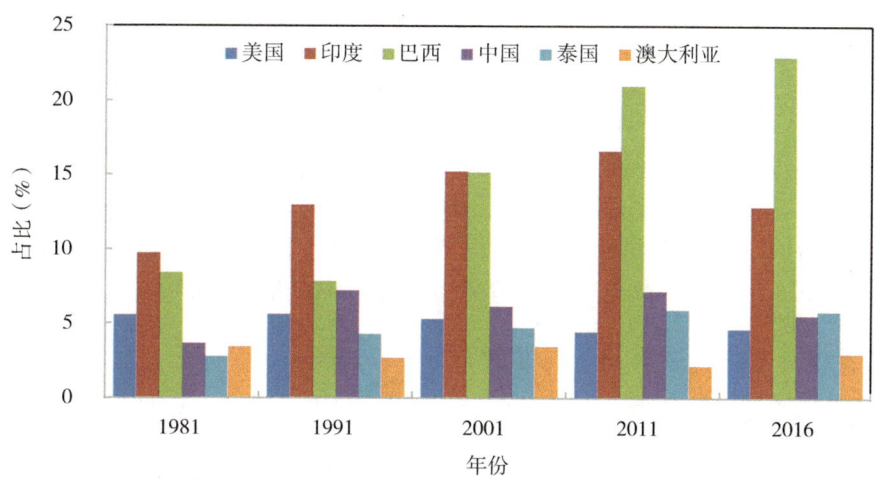

图1 世界食糖主产国全球占比变化情况

从食糖生产地区的经济发展水平来看，目前世界食糖生产主要集中在发展中国家。20世纪六七十年代，发展中国家和发达国家食糖产量占世界的份额比较接近，1962年发展中国家食糖产量占世界总产量的55.8%，发达国家为44.2%。但是随着巴西、印度等国食糖产量的增长及其在世界食糖市场地位的提高，发展中国家所占的份额持续上升。

综合来看，世界食糖生产主要集中在亚洲、南美洲和欧洲。其中亚洲一直保持着第一大食糖产区的地位，占世界食糖总产量的比重逐步上升，目前已超过1/3；亚洲食糖生产主要集中在印度、泰国和中国。南美洲食糖生产增长速度最快，份额不断增加，主要是因为巴西食糖生产能力大幅增加，目前是世界第一大食糖生产国。欧洲以甜菜糖生产为主，历史上受战争的影响产量变化较大，但二战后产量一直比较稳定。

(二)巴西食糖生产及布局变化情况

1. 巴西食糖生产概况

巴西是目前世界上产糖最多的国家,也是世界上最大的食糖出口国。巴西的甘蔗种植全年均有发生,在东南部、南部、中西部75%的种植发生在1—6月,北部和东北部75%的种植发生在5—10月。在不同时间成熟的甘蔗,使得巴西全境可以维持连续8个月以上的收割。巴西甘蔗榨季起始时间为当年3月至次年3月,开榨时间通常为每年的3—4月,当年11月之后生产进度基本进入尾声。

2015年,巴西甘蔗种植面积1.45亿亩,甘蔗总产量6.69亿吨,平均亩产约4.6吨。据测算,巴西超过6亿吨的甘蔗来自7万个独立的种植者(农场或公司),其中大约44.5%的甘蔗由独立的生产者提供,而55.5%的比例则来自于糖厂自己的农场。巴西甘蔗主产区甘蔗含糖分一般在14%上下浮动,最高可达16%,最低的不到12%。

2. 巴西食糖生产的布局情况

巴西全国共有26个州和1个联邦区(巴西利亚联邦区),甘蔗种植和食糖生产主要分布在中南部,其中以圣保罗州的地位最为重要,其食糖产量约占巴西食糖总产量的60%左右,此外,与圣保罗州相邻的米纳斯吉拉斯州和巴拉那州也是重要的产糖州,在巴西食糖总产量中各占10%左右,3州食糖产量合计占巴西食糖总产量的80%左右。

历史上,圣保罗州一直是巴西重要的产糖区,且在巴西食糖生产中的比重不断增加。20世纪80年代,圣保罗州的食糖产量约占巴西食糖产量的50%,位于巴西中东部沿海地区的阿拉戈斯州和伯南布哥州各占15%左右,三者合计占80%。此后,随着圣保罗州的食糖产量不断增加,食糖产量相对稳定的阿拉戈斯州和伯南布哥州在巴西食糖生产中的比重和地位不断下降,目前两州食糖产量分别占巴西食糖产量的5%左右。

(三)泰国食糖生产及布局变化情况

1. 泰国食糖生产概况

泰国目前是世界第四大食糖生产国(地区),位居巴西、印度、欧盟之后,产糖量约占世界总产量的6%。现有52个制糖厂,由于泰国食糖生产实行许可制,糖厂数量比较稳定,生产能力逐渐提升,糖厂平均规模在20 000吨/日左右。泰国甘蔗大部分用于制糖,小部分用于生产乙醇。按照用途来分,泰国食糖的品种分为两类:一类用于出口,这部分的糖又分为原糖和精制糖,生产采用两步法,在榨季高峰期间均先大量生产原糖,在甘蔗压榨高峰过后再精炼出口;另一类食糖是用于国内消费的耕地白糖。2012/2013榨季泰国食糖消费约250万吨,民用消费约占60%,工业消费约占40%,其中饮料行业的食糖消费约占工业消费的一半。甘蔗种植单位以小农户为主,平均种植规模约60亩/户。

2. 泰国食糖生产的布局情况

泰国甘蔗种植主要分布在东部、北部、中部、东北部四大地区,根据甘蔗种植面积排序依次为东北部、中部、北部、东部。2013年,泰国甘蔗种植面积为161万公顷,上述四地区种植面积分别为69万、48万、37万、8万公顷,分别占泰国甘蔗总种植面积的

43%、30%、23%、5%。近年来，泰国甘蔗种植面积持续增加，上述四大地区甘蔗种植基本保持着同步增加趋势，在泰国甘蔗种植中的比重相对稳定。

三、国际价格走势变化及动因

作为一种市场化程度较高的商品，食糖价格由供求关系决定，同时由于具有金融属性和能源属性，食糖价格又受到国际油价、气候变动、游资炒作等多种因素的影响，价格波动的频率和幅度较为频繁和剧烈。本报告选取美国纽约期货交易所（NYBOT）上市交易的11号原糖期货合约价格作为国际糖价进行分析。

自2001/2002榨季至2015/2016榨季，国际糖价经历了2次上涨周期和2次下跌周期（图2）。2005/2006榨季，国际糖价达到14.9美分/磅的高点，主要是由于在消费量稳步增加的同时，世界食糖产量连续两个榨季下滑，国际食糖供需趋紧，2004/2005榨季出现了91万吨的供给缺口，从而为食糖价格上涨提供了支撑（图3）。这种情况同样出现在2010/11榨季，其时，国际食糖市场2008/2009榨季、2009/2010榨季产量不足需，此前累计食糖库存得以消化，国际食糖供给紧张，从而支撑2010/2011榨季国际糖价同比大幅上涨近7美分/磅，达到27.69美分/磅的历史高点。随后，在高糖价的刺激作用下，世界主要国家增加了食糖产量，食糖供不足需的局面得到扭转，食糖价格出现了连续4年的下跌行情，直至2015/2016榨季，食糖产不足需的局面再次出现，支撑国际糖价回升至16.52美分/磅的价格水平。由此可看出，国际食糖价格的波动具有一定的周期性，这一方面是市场机制发挥作用的结果，另一方面与甘蔗生长的周期性有关。

除了受供求基本面的决定，国际糖价还受到其他因素的影响。如食糖的能源属性使得国际糖价与石油价格的走势联系紧密，二者呈正相关关系。这主要是因为作为食糖生产主要原料的甘蔗，同样可用于生物乙醇的生产，当国际石油价格上涨的时候，巴西等国家则

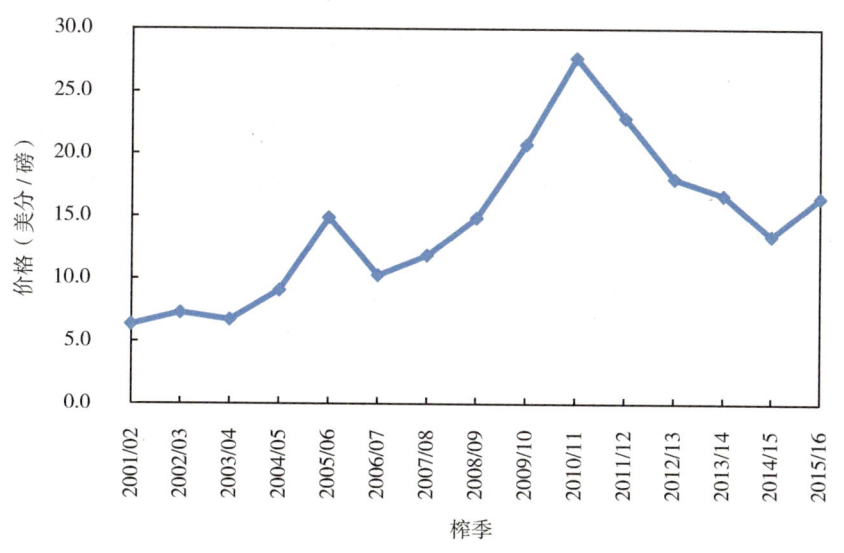

图2　2001年10月—2016年9月国际食糖价格走势

会将更多的甘蔗用于生物乙醇的生产，从而减少制糖用甘蔗的供给，进而影响国际食糖价格走向。此外，作为制糖原料的甘蔗，其单产、含糖率等技术指标受降水、干旱、台（飓）风等天气因素影响较大，从而容易引发市场预期的变化和价格的波动。同时，食糖期货产品作为金融衍生品，国际游资通过期货市场炒作食糖产品进行牟利的投机活动，会进一步加剧食糖价格的不确定性。

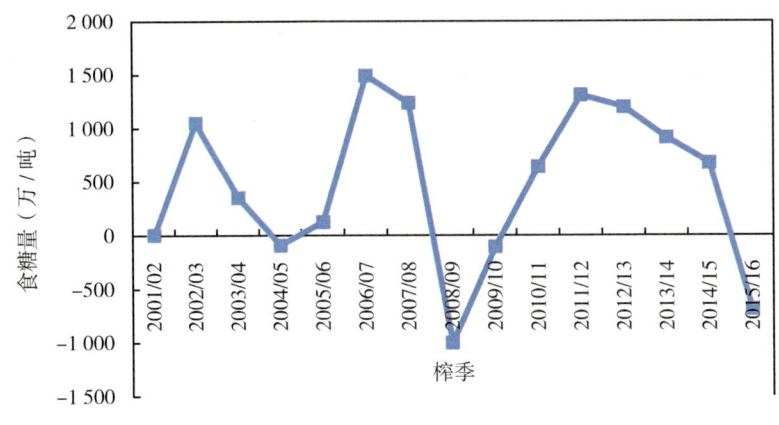

图3　国际食糖产需缺口变化形势

四、国际贸易格局及演变状

（一）世界食糖出口区域较为集中、进口相对分散，贸易主要以原糖为主

从出口看，2015/2016榨季，全球食糖总出口量0.55亿吨，相比2001/2002榨季的0.42亿吨增加了0.13亿吨，增长了31%。世界食糖出口市场集中程度较高，出口量较大的国家和地区有巴西、泰国、澳大利亚、印度等；从进口看，2015/16榨季4国食糖出口量3 970万吨，约占世界食糖总出口量的72.4%。

2015/2016榨季，世界食糖总进口量为0.54亿吨，与2001/2002榨季的0.40亿吨相比增加0.14亿吨，增幅达35%。与世界食糖出口区域较为集中的特点相比，世界食糖进口的集中程度相对较低。2015/2016榨季，世界食糖进口排名前五的国家和地区分别是中国、欧盟、印度尼西亚、美国、马来西亚，5个国家和地区的食糖进口量占世界总量的33.7%（图4）。

由于原糖更易于储存和运输，所以食糖的国际贸易以原糖为主，原糖占到贸易量的60%，成品糖占40%。

在世界食糖主要出口国和地区当中，主要出口原糖的是澳大利亚、古巴、危地马拉、墨西哥等国；主要出口白砂糖的是欧盟、土耳其等；巴西、泰国等国原糖与白砂糖均有大量出口。

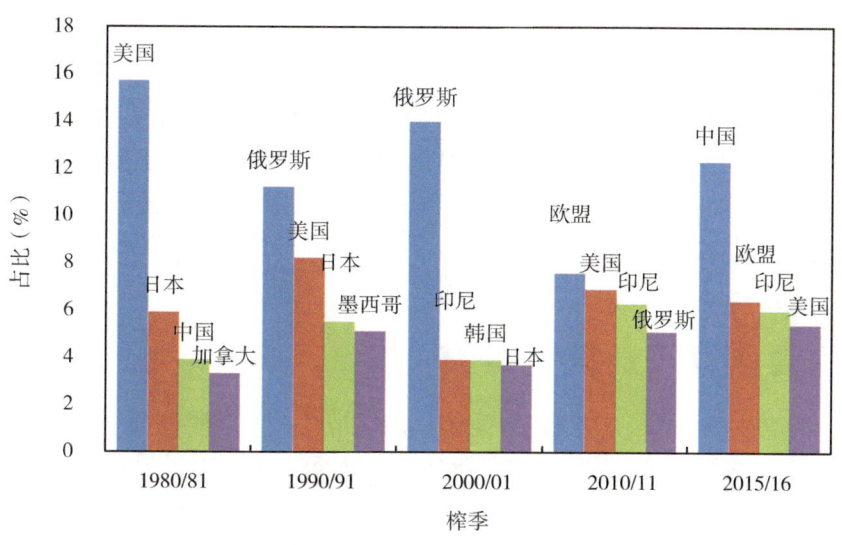

图4 世界主要食糖进口国和地区及进口量占比情况
数据来源：美国农业部

（二）巴西食糖贸易演变及现状

巴西人口较少，食糖消费总量不大，食糖在满足本国需求之后仍有大量剩余，因此是世界主要食糖出口国。近年来，随着生产规模的扩大，巴西食糖出口量不断增加。2000—2016年，巴西食糖出口量由650万吨增加到2 893万吨，增长了3.45倍（图5）。巴西食糖出口市场覆盖了世界110多个国家和地区，其中印度、中国、阿尔及利亚、孟加拉、阿联酋、尼日利亚、印度尼西亚、马来西亚、沙特阿拉伯、摩洛哥是其主要的出口目的国。2016年的食糖出口规模均在百万吨以上，其中出口中国240万吨，占其总出口量的8.3%。

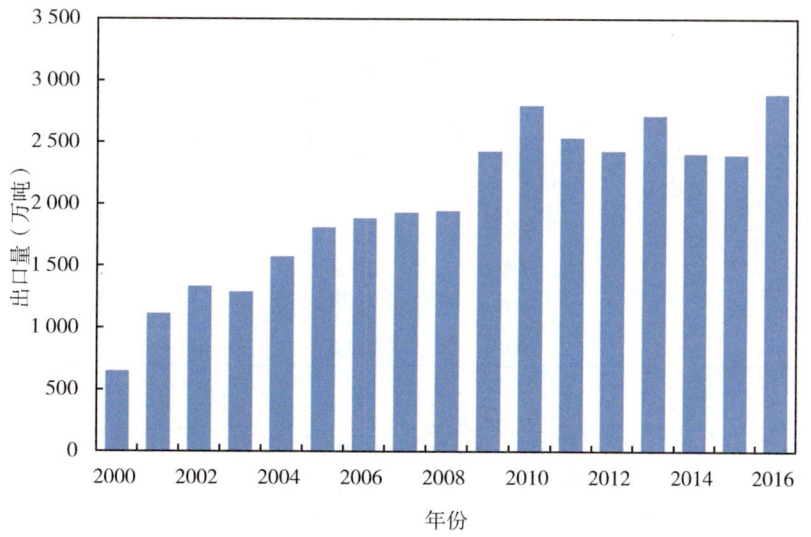

图5 2000—2016年巴西食糖出口规模

（三）泰国食糖贸易演变及现状分析

泰国是亚洲最大的食糖出口国，也是世界重要食糖出口国之一。2015 年泰国共出口食糖 759 万吨，食糖出口覆盖世界近 100 个国家和地区，主要出口市场相对集中在亚洲地区，其中印度、中国、缅甸、日本、苏丹等国是出口量排名前五的国家。出口中国 92 万吨，占其总出口量的 12.1%。

五、主要国家产业链竞争力

为了便于比较，选取联合国粮农组织统计的甘蔗生产者价格进行对比分析。2015 年，中国甘蔗生产者价格为 343.8 美元 / 吨，远远高于巴西、泰国等世界主要食糖生产国的水平，同时也高于作为发达国家的澳大利亚，中国甘蔗生产者价格是巴西的 18 倍，是泰国的 14 倍，是澳大利亚的 11 倍（表 2）。可以说，与世界主要国家相比，中国甘蔗种植竞争力羸弱。

表 2　世界主要食糖生产国甘蔗生产者价格

单位：美元 / 吨

年份	印度	巴西	中国	泰国	澳大利亚
2015	--	19.0	343.8	24.8	30.1
2014	--	27.0	351.9	26.3	36.1
2013	--	29.9	209.8	29.8	39.6
2012	64.7	31.8	364.5	30.7	44.5
2011	60.3	31.0	247.7	29.8	39.2
2010	52.6	24.0	--	27.2	40.4
2009	41.6	18.5	215.2	20.4	25.0
2008	31.3	17.3	204.3	17.3	21.8
2007	36.8	19.1	172.2	19.8	27.6
2006	34.6	18.0	149.3	18.2	21.1
2005	25.6	13.0	126.9	12.9	19.9
2004	26.3	9.7	108.7	9.1	16.9
2003	24.0	9.8	102.7	11.3	18.2
2002	25.9	8.9	32.3	10.1	16.8
2001	22.4	10.6	23.0	11.6	11.9
2000	19.1	10.4	19.6	11.1	13.3

从趋势变化上看，中国甘蔗生产者价格上升的速度远远快于世界其他国家。2000—2015 年，中国甘蔗生产者价格由 19.6 美元 / 吨迅速增加至 343.8 元 / 吨，增加了 16.5 倍。而同期巴西甘蔗生产者价格仅增加了 83%，泰国甘蔗生产者价格也仅增加了 123%，作为发达国家的澳大利亚增加了 126%，远低于中国甘蔗生产者价格的增速。由此可见，

中国甘蔗种植成本增加过快，导致中国甘蔗种植竞争力迅速下降。

为了进一步分析甘蔗种植的成本结构，分别选取澳大利亚、巴西和中国广西壮族自治区（以下简称广西，全书同）进行比较分析。为了便于比较，将种植成本分为变动种植成本、土地成本、资本与折旧、机械、管理成本和劳动力6个部分。其中，变动种植成本包括肥料、杀虫剂、种子、燃料，土地成本包括流转地租金和自营地折租，资本与折旧包括固定资产折旧与财务费用，机械包括租赁和作业费，管理成本为管理费，劳动力包括家庭用工折价和雇工费用。

选取澳大利亚和巴西的两个代表农场以及中国广西甘蔗普通种植农户的原料蔗成本进行比较（表3）。从主要成本构成来看，巴西和澳大利亚两国的甘蔗变动种植成本加上土地成本、资本与折旧在总成本中的比重都已经超过了50%（澳大利亚55.4%，巴西56.2%），而中国仅为45%，是3国成本当中比例最低的。中国种蔗变动成本比例要高于澳大利亚和巴西，比如肥料投入，而巴西的土地成本比重要高于澳大利亚和中国。中国由于是以农户为主，管理成本方面远远低于农场经营的澳大利亚和巴西。中国糖料种植与国外相比差距最大的是在劳动力和机械使用方面，中国的劳动力成本占比最高，而机械成本占比最低，说明中国糖料生产仍为劳动密集型产业，而澳大利亚和巴西为资本密集型产业。

表3　2009/2010榨季澳大利亚、巴西代表农场和广西糖农的种蔗成本结构比较

单位：%

项　目	澳大利亚	巴　西	中国（广西）
变动种植成本	27.40	20.10	33.14
土地成本	11.50	17.60	11.32
资本与折旧	16.50	18.50	0.54
机械	22.70	9.60	6.74
管理成本	12.60	15.10	2.81
劳动力	9.30	19.10	45.45

资料来源：澳大利亚、巴西种植成本来自于Pecege/Canegrowers/Rex consulting/Queensland University, "Comparativo das praticas Agricolas de Brasil e Australia"，2011. ISSN-2117-4358，广西糖农种植成本来自于国家发改委《全国农产品成本收益资料汇编（1998—2013）》

除了在甘蔗种植环节与世界主要国家差距较大外，中国在下游制糖环节也存在一定差距。根据广西某糖业集团的数据，2016/2017榨季，泰国制糖厂的吨糖生产成本为3.77美分/磅（569元/吨），广西某糖业集团为4.5美分/磅（679元/吨），比泰国制糖厂高19%。

六、主要国家产业支持政策

（一）巴西食糖产业政策

巴西耕地和水利资源丰富，适宜甘蔗种植，甘蔗生产成本很低，是世界上甘蔗生产效

率最高的国家之一，因此甘蔗产业极具竞争力。除了良好的自然条件，巴西食糖产业的发展与政府的支持也是分不开的。

1. 生产扶持政策

市场化的定价机制。1997年以前，巴西甘蔗定价由政府管理。此后，政府对甘蔗收购价格的管制取消，在主产区政府的推动下制定了以含糖率为基础的市场化的定价机制，即CONSECANA-SP定价体系。在此体系中，影响甘蔗价格的核心因素是含糖率，同时综合考虑食糖和乙醇的国内外价格等因素，包括世界原糖价格、圣保罗州甘蔗和乙醇的平均价格、巴西国内精炼糖和乙醇的价格等。

食糖和酒精联产计划。巴西有着广阔的土地资源和适宜甘蔗生长的良好环境。1975年之前，巴西的甘蔗全部用于生产食糖，只用废蜜生产酒精；1985—1992年，巴西政府推广燃料酒精计划，投入大量资金发展甘蔗生产和燃料乙醇生产。在政府的扶持下，尤其是混合燃料汽车（FLEX-FUEL）的推出导致的对乙醇需求量的大幅增加，促进了乙醇工业的发展，拉动了甘蔗需求。目前，巴西大多数甘蔗加工厂既可以生产食糖，又可以生产乙醇，可以根据市场行情相应调整二者的生产比重，从而增加了灵活性。中央政府通过强制性的法令控制乙醇和汽油掺混比例。当糖价下跌时，提高乙醇在汽油中的掺混比例，多耗乙醇，减少产糖量，从而推动糖价的恢复。

2. 贸易政策

差别化的税收政策。为了鼓励本国食糖出口，巴西政府对出口的食糖免征营业税；对国内销售的食糖统一征收12%的营业税。各州政府对本州内的甘蔗不收税，但对跨州甘蔗征收9%~12%的税。对南方共同市场以外的国家缴纳的食糖进口关税仍维持原有的水平，即2002年1月1日确定的17.5%，乙醇为21.5%。巴西进口关税以CIF（到岸价）计价，以巴西货币（雷亚尔）支付。

贸易管制。政府每年不设定进口配额，而是通过发放进口许可证来控制进口。所有的食糖进口商要想进口食糖，需要在对外贸易秘书处的外贸一体化系统（Siscomex）进行登记，该系统一般用于对巴西的国际贸易进行监测和控制。登记之后，还需要申请进口许可证。进口许可证又分为自动许可证和非自动许可证，非自动许可证在获得之前需要政府其他部门的证明，往往需要耗费数月的时间。

3. 财政支持

当糖价过低造成乙醇大量积压时，政府出资购买酒精作为储备并采取措施促进内销和扩大出口。通过补贴、设置配额、统购乙醇以及运用价格和行政干预手段鼓励使用乙醇燃料。通过和私营部门共同投资扩大甘蔗种植面积，兴建以甘蔗为原料的乙醇加工厂。为蔗农提供农业专项低息贷款，并吸引外资建立金融机构为蔗农提供贷款。

（二）泰国食糖产业政策

泰国的甘蔗糖业十分发达，是世界主要蔗糖生产国和出口国。20世纪80年代初，泰国糖业发展较为混乱，为了保护蔗农和企业的利益，促进糖业健康发展，泰国于1984年制定出台了《甘蔗与蔗糖生产条例》，规定糖厂的销售量和销售价格由政府严格管理，并成立甘蔗及食糖委员会作为专门的管理机构。该机构由21人组成，其中9名蔗农代表，5名政府代表（分别来自农业部、工业部和商业部）、7名糖厂代表。其职责是制定规章制度和糖业发展规划，监督糖业经济运行，解决价格稳定、配额分配、利润分成等问题，该机构的设置有效促进了泰国食糖产业的发展。

生产许可与登记制度。泰国对糖料种植和食糖生产实行登记许可制度，在糖料种植环节，只有取得许可获得生产配额的农户才能进行生产，配额内的糖料蔗享受政府保护价，糖厂不允许收榨未经注册农户的甘蔗。在食糖生产环节，为了使糖厂压榨能力与甘蔗生产规模相适应，泰国政府对糖厂实行许可证制度，没有生产许可证一律不许开工生产。糖厂生产许可制度、种植者登记制度相互配合，使泰国政府能够准确掌握本国糖料种植和食糖生产情况，便于对食糖产业进行调整优化。

价格支持与直接补贴。泰国政府通过制定甘蔗生产支持价格（The support price for sugarcane production）和提供直接补贴的方式保证蔗农收益。2011/2012榨季泰国甘蔗生产支持价格为950泰铢/吨（约合人民币179.74元/吨），2013/2014榨季为900泰铢/吨（约合人民币170.28元/吨）。此外，由于国际食糖价格的下降，2013年3月19日泰国内阁批准向农民直接支付160泰铢/吨（约合人民币30.27元/吨）。

甘蔗收购按糖分计价。泰国甘蔗收购价格体系是以政府指导价和糖分（C.C.S.）为基准，政府公布的收购指导价是按标的为10 C.C.S为标准的，糖分每浮动1个点，甘蔗价格浮动为30~40泰铢（约合人民币5.68~7.57元）。兼顾了质量的蔗价体系，能够帮助政府在本榨季食糖预期价格的基础上，以合适的利润分配为政策目标，制定合理的甘蔗指导价。泰国的甘蔗收购价政策采用二次结算制度，在榨季期间，糖厂支付90%的蔗价，其余10%再根据最终废蜜和糖的销售利润，在糖厂和农民中进行3∶7分成，这种制度使蔗农与糖厂之间从单纯原料买卖关系转为利益共享、风险共担的关系，降低了蔗农和糖企的市场风险，同时有助于促进蔗农改进种植技术，提高甘蔗含糖率。

设立甘蔗与食糖基金（Cane and Sugar Fund，CSF）。泰国每年从糖业总收入中提取一部分存入该基金，用于向价格支持、直接支付等食糖计划提供资金支持。如在2012/13财年，CSF向收割机采购项目提供了总计30亿泰铢（约100万美元）的资金支持。该项目使农民和糖企在购买甘蔗收割机时获得低利率贷款，从而有助于蔗农通过提高机械化耕作水平来应对劳动力短缺和最低工资标准上升[①]所带来的成本压力。

配额制度。为了维护糖价稳定，泰国政府对食糖贸易实行配额制度，分为A、B、C三大类。其中，A类240万吨的配额用于内销，其价格由蔗农代表、糖厂代表和政府部门相关人员共同协商制定；B类80万吨的配额由泰国国营蔗糖公司TCSC负责出口，享受出口补贴，其中40万吨的销售权属于蔗农，由蔗农协会通过拍卖方式出售给政府指定的几家贸易行，剩余的40万吨则按照之前拍卖价格出售给糖厂；C类配额由糖厂自由出口，不受配额限制，价格由国际市场决定。

---

① 泰国最低工资标准由2012年的150~250泰铢/天（约合人民币28.38~47.30元/天）增加到2013年的300泰铢/天（约合人民币56.76元/天）。

配额关税制度。泰国实行配额关税制度，即13 760吨以内的配额进口征收65%的关税，而对于超出配额量的进口糖征收94%的关税，较高的关税税率意味着泰国食糖产业贸易保护倾向明显。

七、全球供需及产业发展形势展望

从过去全球食糖供需的变化形势看，食糖生产受自然灾害、政策调整、糖料作物生长特性等因素的影响，世界食糖产量总体呈波动中上升的趋势；受人口规模扩大和世界经济发展的影响，世界市场消费量稳步增长。预计未来一段时间，这一趋势仍将持续。短期来看，2017/2018榨季，由于巴西、中国等世界主要国家糖料作物长势较好，食糖生产顺利，世界食糖供给将呈现明显增加，全球食糖供需将转为供大于需。国际糖业组织（ISO）预计2017/2018榨季全球食糖产量将增长7%，至1.79亿吨；消费量增长1.8%，至1.75亿吨；预计当季供给过剩460万吨。

从主产国来看，目前巴西已经开榨，根据巴西甘蔗行业协会（UNICA）的统计，目前巴西食糖生产顺利，中南部2017/2018榨季4月1日至9月1日期间，糖厂累计压榨甘蔗3.82亿吨，同比减少3.62%；产糖2 326万吨，同比增加3.37%。印度甘蔗种植面积扩大，产量可能从2016年的3.07亿吨增加至3.38亿吨，食糖产量预计将同比增加20%以上，达2 500万吨左右。目前中国2017/2018榨季的甜菜糖生产已经开始，广西、云南等南方甘蔗生长仍处糖分积累期，预计糖厂近期将陆续开机生产，受糖价高位运行的影响，2017/2018榨季糖料种植面积有所扩大，预计达147万公顷，同比增加9%；预计食糖产量1 047万吨，同比增加13%。泰国官方预计2016—2024年，该国甘蔗面积将每年增加7.2%，达到288万公顷，食糖产量达到2 100万吨。预计2017/2018榨季泰国食糖产量增加至1 100万吨左右。古巴方面，"艾玛"飓风在不同程度上侵袭了古巴30万公顷的土地，其中甘蔗受损面积约占15%，20家糖厂遭到损害，其中13家损失严重，对古巴2017/2018榨季的食糖产量造成不利影响。此外，作为最大的甜菜糖生产国，俄罗斯的甜菜种植面积也实现了增长，俄罗斯农业部预计2017年俄罗斯甜菜种植面积同比增长6%，甜菜产量将达5 200万吨，甜菜制糖产量将提高至650万吨。截至2017年10月5日俄罗斯已收割甜菜61.22万公顷，占总播种面积的51.58%，高于2016年同期的48.41万公顷；已收割甜菜2 570万吨，同比增加约23%。

参考文献

徐雪. 2015. 中国食糖产业发展战略研究［M］. 北京：中国农业出版社，2015.
中国平安期货有限公司. 2002-05-23. 巴西糖业深度解析［EB/OL］. http://futures.pingan. com/upload/20120524164503886.pdf.
中国期货业协会. 2010. 白糖［M］. 北京：中国财政经济出版社.

（中国农业科学院海外农业研究中心特邀研究员　马　凯　徐　雪）

海外农产品市场研究（2017）

第九部分

牛 奶

海外农产品市场研究（2017）

从全球奶业供需趋势看,近36年全球奶产量在波动中增长,2016年产量为8.06亿吨,与1980年的4.66亿吨相比增加了73.0%。全球乳制品消费量逐渐提高,2016年全球人均乳制品消费量约为107千克,比1980年增加了30多千克。从主要国别(地区)生产及布局变化看,欧盟的奶酪和乳清粉产量增长,黄油和脱脂奶粉产能回调;美国的奶酪、脱脂奶粉和黄油产量稳增,全脂奶粉和乳清粉产量稳定;新西兰以发展全脂奶粉为主,其全脂奶粉100%用于出口,黄油、脱脂奶粉和奶酪占比微降;澳大利亚的奶酪和脱脂奶粉产量增加,奶酪仍是其最主要的乳制品;印度乳制品以生产黄油为主,脱脂奶粉为辅。从市场价格走势看,1990年以来奶类商品国际价格指数整体上行,近10多年波动加剧,名义价格指数曲线和去除通货膨胀后的实际价格指数曲线明显分离,说明通货膨胀加剧,全球乳品价格不稳定。目前黄油价格最高,脱脂奶粉价格最低。从贸易走势看,随着东亚、东南亚、拉丁美洲等地区消费需求增加,全球贸易量稳步上升。2016年全球乳品贸易量(牛奶当量)接近8 000万吨,相当于全球奶产量的8.7%,其中欧盟占世界乳品贸易的33%,大洋洲占28%,北美洲占12%,乳清粉逐渐成为最主要的贸易产品,黄油比重降幅最大。从饲养成本看,各国每100千克同等质量原料奶成本差异很大。美国、新西兰、中国的饲养成本差异主要表现在饲料、劳动力和固定资产折旧3个方面,尤其饲料成本差异最为明显。

一、世界供需现状

(一)产量波动中提升,近10多年奶业生产迅速扩张

如图1所示,近36年全球奶类产量[①]在波动中增长,平均每年大约以900万吨的速度保持增长,2016年产量为8.06亿吨,与1980年的4.66亿吨相比增加了73.0%。从相

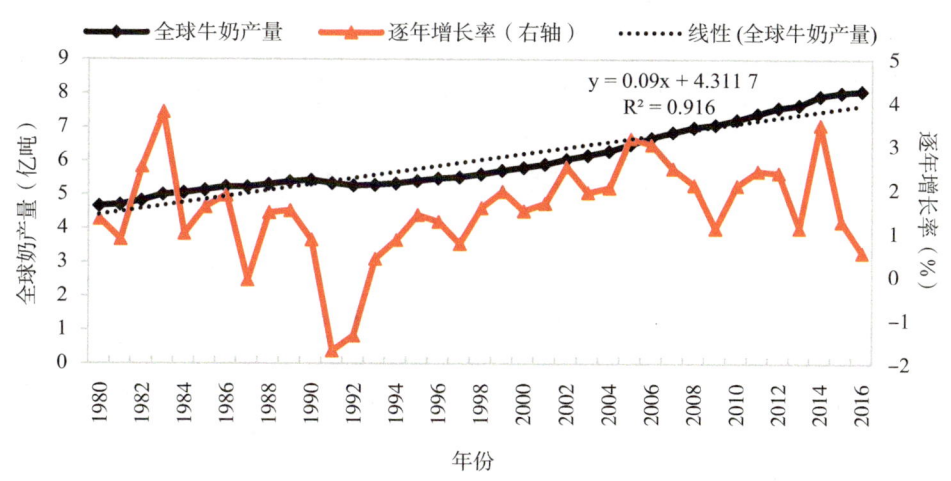

图1 世界奶类生产量

数据来源:FAO STAT(2015年和2016年数据来源于USDA)

---

① 包括牛奶、羊奶、骆驼以及水牛奶。

对值来看，1980—2016 年的年均增长幅度为 1.5%，且绝大部分年份属于正向增长，只有 1987、1991 和 1992 年呈现负增长。分阶段来看，近 36 年来全球奶类产量走势大致可以分为 3 个阶段：1980—1990 年，产量曲线与线性趋势线高度重合，产量稳步提升，年均增长率为 1.5%；1991—2005 年，产量曲线明显偏离线性趋势曲线，处于趋势线下方，这一时期年均增长率仅为 1.2%，1991 和 1992 年产量甚至出现了明显下降；2006—2016 年，产量曲线虽然也明显偏离趋势曲线，但处于趋势线上方，这一时期年均增长率为 2.0%。可以看出，近 10 多年是世界奶业生产迅速扩张的黄金期，增速为 1980 年以来最快的时期。

（二）全球人均乳制品消费量提高，需求依然强劲

世界人均牛奶消费量从 1980 年的 75.5 千克 / 年增至 2013 年的 90 千克 / 年（图 2）。最新数据表明，2016 年全球平均人均乳制品消费量约为 107 千克 / 年，但是国家和地区的差异特别大。欧洲人均消费量达到了 215 千克 / 年，西欧人均消费量超过了 300 千克 / 年，而非洲和亚洲很多国家却少于 50 千克 / 年（有些甚至低于 10 千克 / 年），中国的人均乳制品折合生鲜乳消费量为 36.1 千克 / 年，约为世界平均水平的 1/3。

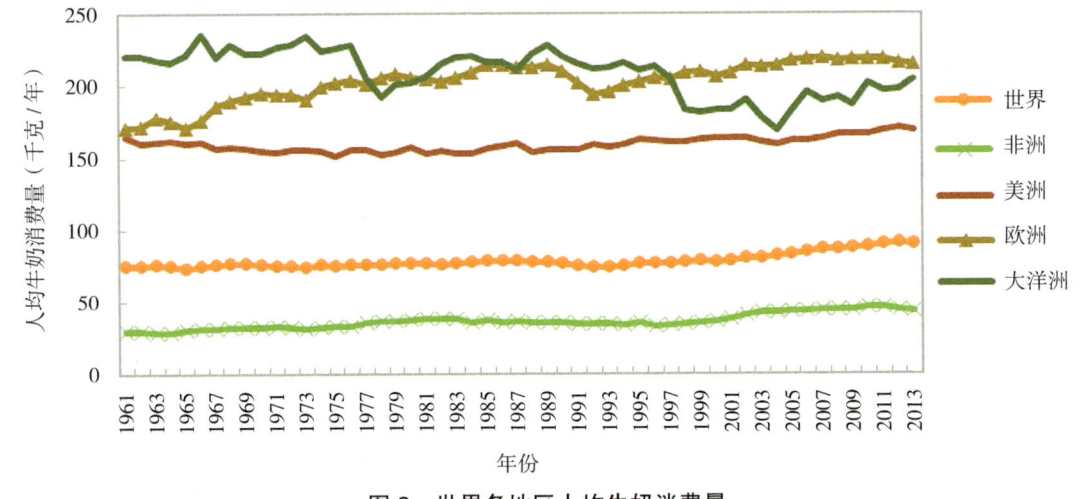

图 2　世界各地区人均牛奶消费量

数据来源：FAO STAT

（三）全球消费总量持续增长，乳清粉供需缺口依然存在

如表 1 所示，全球各乳制品的消费量均显著提升。其中奶酪消费量由 2002 年的 1 748.3 万吨到 2016 年的 2 274.4 万吨，增加了 30.1%，年均增 35.1 万吨；乳清粉 2016 年的消费量达到 1 759.1 万吨，比 1995 年 1 067.3 万吨增加了 691.8 万吨（64.8%），年均增 31.45 万吨；黄油消费量从 2002 年的 770.8 万吨到 2016 年的 1 109.3 万吨，增加了 43.9%，年均增 22.6 万吨；全脂奶粉 2016 年消费量 528.3 万吨，相当于 1995 年消费量 252.3 万吨的 2.09 倍，年均增 12.55 万吨；脱脂奶粉 2016 年消费量 433.8 万吨，相当于

2002年消费量342.9万吨的1.27倍,年均增6.06万吨。从各产品的期末库存来看,奶酪库存量较大,全脂奶粉和乳清粉的库存量较小,尤其乳清粉常年库存为零,充分反映出其供不应求的市场现状。

表1 全球乳品供需平衡情况

单位:千吨

项目		1993	1994	1995	2000	2005	2010	2015	2016
合计	产量	25 900	26 341	26 609	29 400	33 707	37 055	43 184	43 619
	进口	3493	3 560	4 105	4 354	5 296	6 336	7 691	7 869
	消费	26 172	26 692	26 821	28 957	33 598	36 711	42 523	43 458
	出口	3 234	3 362	3 945	4 758	5 488	6 813	8 124	7 823
	库存变动	−14	−152	−52	39	−83	−134	229	208
黄油	产量	7 009	6 645	6 758	7 541	8 754	9 497	10 926	11 148
	进口	705	632	743	632	734	742	816	873
	消费	−	−	−	−	8 311	9 499	10 809	11 093
	出口	−	−	−	−	1 192	842	960	909
	期末库存	121	48	27	30	46	56	94	114
奶酪	产量	13 471	14 027	14 291	16 399	18 923	20 851	22 617	22 836
	进口	777	836	949	1 168	1 545	1 909	2 208	2 311
	消费	−	−	−	−	18 943	20 434	22 345	22 744
	出口	−	−	−	−	1 530	2 278	2 375	2 437
	期末库存	852	847	824	910	905	1 033	1 173	1 128
脱脂奶粉	产量	3 299	3289	3 307	3 210	3 241	3 500	4 524	4 513
	进口	1191	1 151	1 236	1 204	1 255	1 580	2 177	2 164
	消费	−	−	−	−	3 584	3 576	4 280	4 338
	出口	−	−	−	−	1 111	1 588	2 260	2 112
	期末库存	53	74	56	308	98	317	356	370
全脂奶粉	产量	2 149	2 274	2 223	2 322	3 753	4 282	5 117	5 122
	进口	810	884	1 171	1 299	1 587	2 087	2 490	2 520
	消费	−	−	2 523	2 798	3 597	4 311	5 089	5 283
	出口	−	−	869	837	1 728	2 051	2 528	2 365
	期末库存	3	4	4	2	1	1	5	7
乳清粉	产量	−	−	9 328	10 148	13 402	16 008	1 4347	14 399
	进口	907	1044	1 838	2 412	3 956	5 365	6 206	6 350
	消费	−	−	10 673	11 750	15 770	19 165	17 446	17 591
	出口	263	306	426	602	1 294	1 879	2 642	2 701
	期末库存	0	0	0	0	0	0	0	0

二、世界生产布局及演变

（一）亚洲和美洲产量较快增长，亚洲取代欧洲成为最大的奶源地

从地区来看，世界奶源地主要集中在欧洲、美洲（尤其北美洲）和亚洲3个区域（图3）。欧洲的奶产量在20世纪80年代经历了10年的平稳发展期，产量从1980年的2.65亿吨到1989年的2.84亿吨，提高了7.2%。1990年开始，欧洲奶产量历经10年减产期，从1990年的2.82亿吨到2000年的2.15亿吨，减产约23.8%。进入21世纪以后，欧洲的奶产量基本稳定在2.1亿~2.2亿吨。同期，美洲（包括南北美洲和中美洲）的产量却一直稳步上升，20世纪80年代至2016年年均增长1.8%。因此，1980年美洲产量只相当于欧洲产量的38%，2016年已经达到欧洲产量的82%。相比欧洲和美洲，亚洲奶产量自20世纪80年代开始就以年均4.5%的速度持续增长，从1980年不到7 000万吨提高到2016年的3.16亿吨，增长了3.5倍；分别于1992和2005年超越美洲和欧洲成为世界最大的奶源地。非洲和大洋洲的奶产量比较低，从1980年的不到2 000万吨分别增长到2016年的4 890万和3 000多万吨，年均增幅低于世界平均水平。从相对量来看，近36年全球奶源布局也发生了明显变化。由图4和图5可以看出，与1980年相比，2016年亚洲奶产量占全球奶产量的比重提高了24个百分点，达到了39%；尽管同期欧洲奶产量占比降低了29个百分点，但2016年其28%的比重仍然居世界第二位；美洲奶产量占比相对稳定，2016年为23%，仅比1980年提高1个百分点；非洲和大洋洲仅各占6%和4%，均比1980年增加了2个百分点。

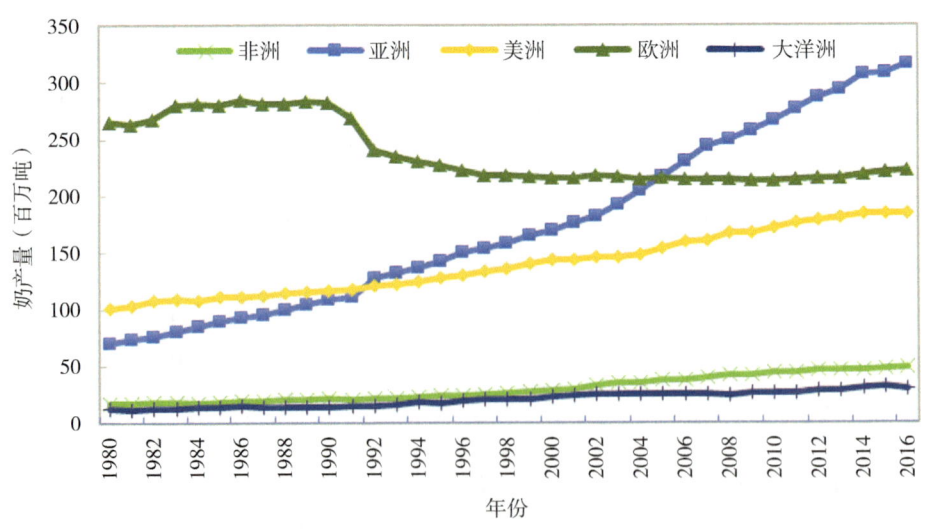

图3　世界各大洲奶类生产量

数据来源：FAO STAT

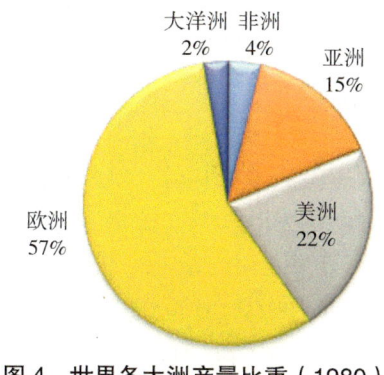

图4　世界各大洲产量比重（1980）
数据来源：FAO STAT

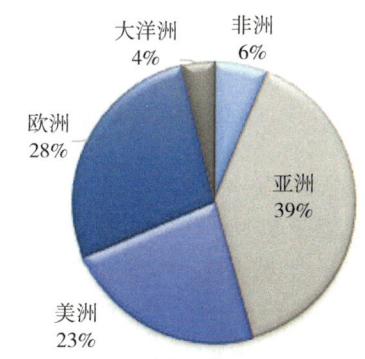

图5　世界各大洲产量比重（2016）
数据来源：FAO STAT

（二）中国和印度产量增速领跑世界，俄罗斯产量不增反降

从国别（地区）来看，2016年奶产量全球排名靠前的奶业生产国（地区）分别为欧盟、印度、美国、中国、巴基斯坦、巴西、俄罗斯和新西兰（图6）。其中，中国的奶产量虽然起点低基数小，但其增长速度最快，2015年产量（4 280万吨）是1980年（293万吨）的14.6倍，绝对数量增长了近4 000万吨。其次，印度奶产量增速也很明显，其2016年的1.6亿吨产量相当于1980年的3 156万吨的5倍。紧随其后的国家是巴基斯坦和巴西，分别从901万和1 206万吨增长到4 200万和3 500万吨。新西兰的奶产量也从670万吨增长到了2016年的2 100万吨，提高了2倍多。值得注意的是，欧盟由于其起点高基数大，增速反而并不明显。欧盟的奶产量长期处于高位，有波动但幅度不大，1980—2016年平均年产1.57亿吨。与欧盟相似的还有美国，其1980年奶产量就已经达到了5 824万吨，2016年产量为9 639万吨，虽然其产量排名仅次于印度，但2016年产量

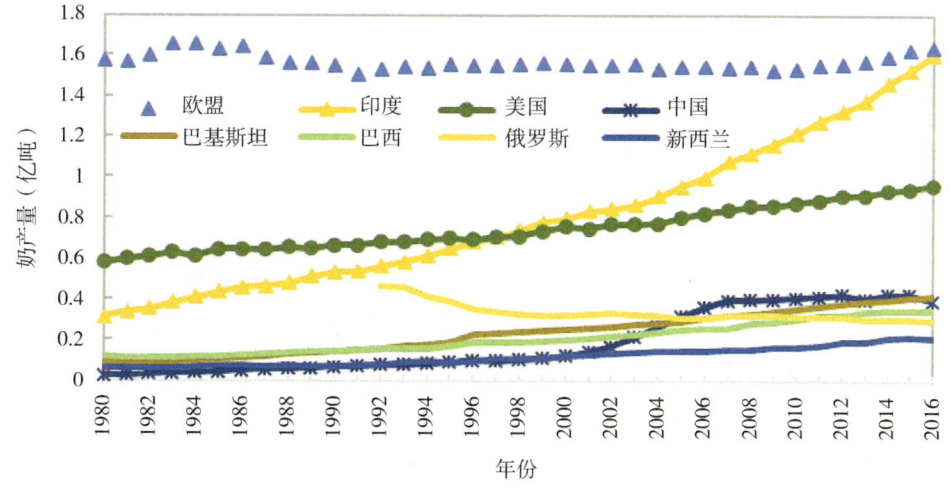

图6　全球排名前八的国家（地区）奶产量
数据来源：FAO STAT

只比 1980 年提高了 66%。与大多数国家增产不同，俄罗斯相当特别，其产量从 1992 年的 4 723 万吨持续缓慢递减至 2016 年的 3 016 万吨，减产了 36% 左右。

（三）生产集中度有所提升，美国和欧盟占比下降

从国家和地区奶产量占全球奶产量的比例来看，排名前十的国家奶产量总和占世界奶产量的比重在 50%~60%，近年更是超过 60%。图 7 中 1992 年以前占比低于 50% 的原因在于俄罗斯数据缺失。欧盟产量占比从 1980 年的 34% 下滑到 2016 年的 20%，虽然它依然是世界上最大的牛奶及乳制品生产地区，但是这种下降趋势从 20 世纪末开始越发明显。同期，美国的全球占比一直稳定在 12%~13%。与美国和欧盟不同，印度和中国的全球占比呈逐年上升趋势，其中印度从 7% 一路飙升，近年已经占到全世界奶产量的 20%；中国也从 1% 增长到 5%~6%；巴基斯坦和巴西也从 2%~3% 分别增长到全球占比 5% 和 4%。

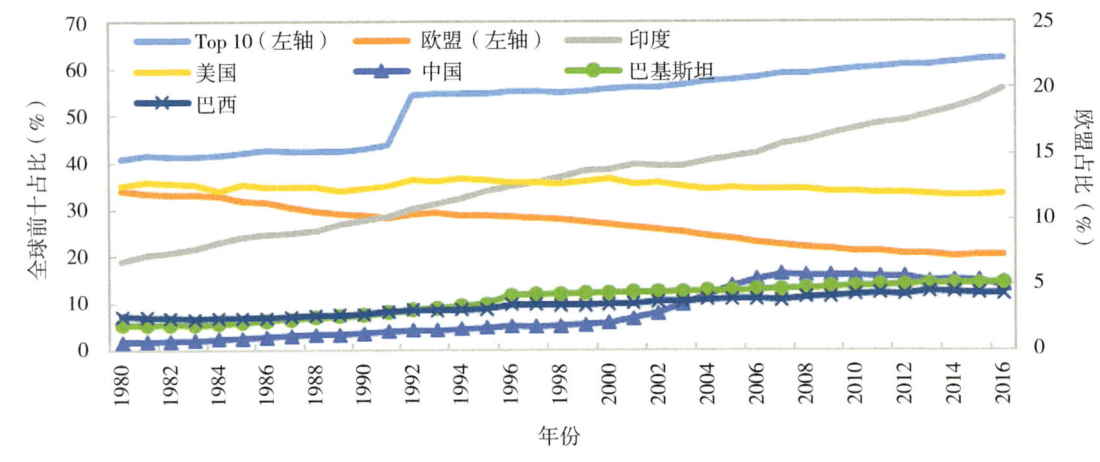

图 7　国家和地区占全球奶产量的比例

数据来源：FAO STAT

（四）重点国家和地区生产布局及变化

1. 欧盟：奶酪和乳清粉产量持续增长，黄油和脱脂奶粉产能回调

根据 CLAL Dairy 统计数据（图 8 和图 9），2016 年欧盟 28 国中德国的奶产量最高，占整个欧盟产量的 21%；其次是法国，占 16%；英国占 10%、荷兰占 9%，分列第三位和第四位。与 2010 年相比，欧盟主要奶业生产国比重并没有明显的变化，主要原因在于欧盟执行牛奶配额政策，虽然这一政策已于 2015 年 4 月取消，但由于时间较短，国家间还未呈现出明显的生产分布变化。

由图 10、图 11 可知，近 30 多年欧盟的奶酪产量持续走高，从 1980 年的 517 万吨到 2016 年的 1 000 万吨，产量提高了 93.4%，平均每年增产 13 万吨。与奶酪增长趋势相似的是乳清粉，但是乳清粉起点较低，1980 年年产 71 万吨，仅相当于 2016 年产量的 35%。与奶酪和乳清粉趋势不同，黄油和脱脂奶粉都是先减后增，黄油产量曾于 1983 年达到近

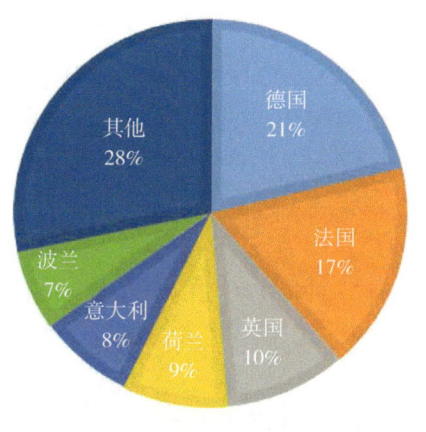

图 8　欧盟各国奶产量占地区总产量比重（2010）

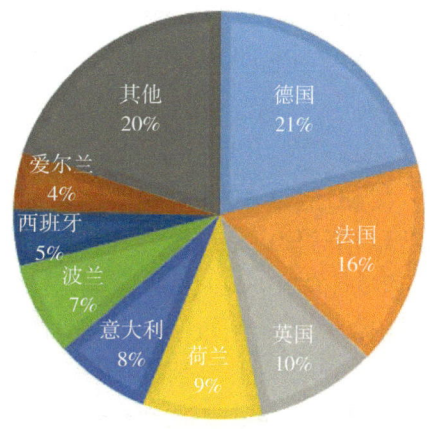

图 9　欧盟各国奶产量占地区总产量比重（2016）

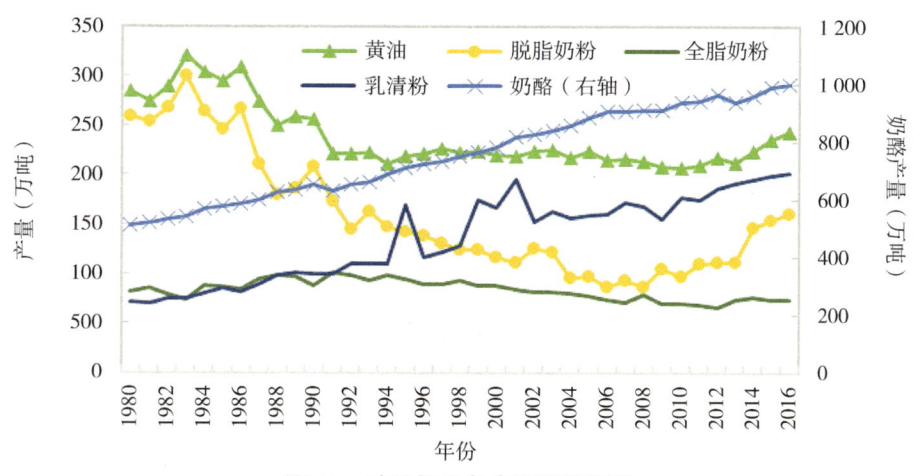

图 10　欧盟奶业各产品产量变化

数据来源：AHDB Dairy

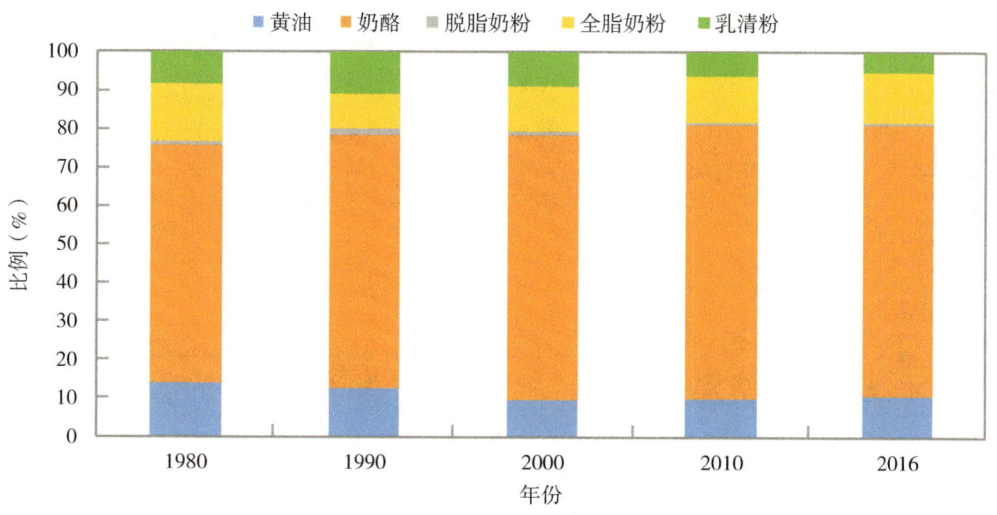

图 11　欧盟奶业各产品布局变化

数据来源：AHDB Dairy

30多年来的最高位（321万吨），之后逐年下降至1994年的210万吨，1995—2013年产量相对平稳，年均产218万吨，2014年欧盟黄油产量才开始有小幅增长，2016年产量达到243万吨，仍远低于历史最高水平。脱脂奶粉比黄油的减产趋势在20世纪末表现得更为明显，其产量从1983年的300万吨波动中下降至2008年的86.8万吨，减少了71%，之后开始回升，2013年以来的回升速度加快。相对于以上4种乳制品来说，欧盟的全脂奶粉产量相对稳定，产量最高年份为100万吨（1991年），最低年份也有66万吨（2012年）。通过比较1980、1990、2000、2010和2016年5个时间节点上的产量比重可以更直观地看出，欧盟各大乳制品生产的布局有了变动。其中，奶酪和乳清粉的产量比重增长，其他产品的产量比重均下降。

2. 美国：奶酪、脱脂奶粉和黄油产量稳增，全脂奶粉和乳清粉稳定

美国奶业生产优势区域集中在东北部和西部，产奶量排名前5名的州分别为加利福尼亚、威斯康辛、纽约、爱达荷和宾夕法尼亚。由图12可知，近30多年美国的奶酪产量呈现直线上升趋势，由1980年的226万吨到2014年的558万吨，产能提升了近1.5倍，尽管近两年产量略有下降，但也都在535万吨以上。黄油产量在20世纪90年代前半期出现小幅下降，20世纪末开始逐步回升，近年又恢复到年产84万吨的水平。脱脂奶粉产量在2000年以前一直在55万吨左右波动，2000年以后才有了大幅增长，从68.6万吨到102万吨产能提高了几乎一半。然而美国全脂奶粉产量一直很低，波动也不明显，过去30多年里平均年产4.6万吨，顶峰期1989和1990年产量也未超过9万吨，2006年曾一度跌到1.4万吨以下。乳清粉产量由1980年的31万吨发展到了现在的年产50万吨左右。从图13可以更直观地看出，美国各大乳制品生产布局比较平稳，除奶酪产量比重增长外，其他产品的产量调整幅度都很小，这也意味着美国乳业生产在各产品间的增减比较同步。

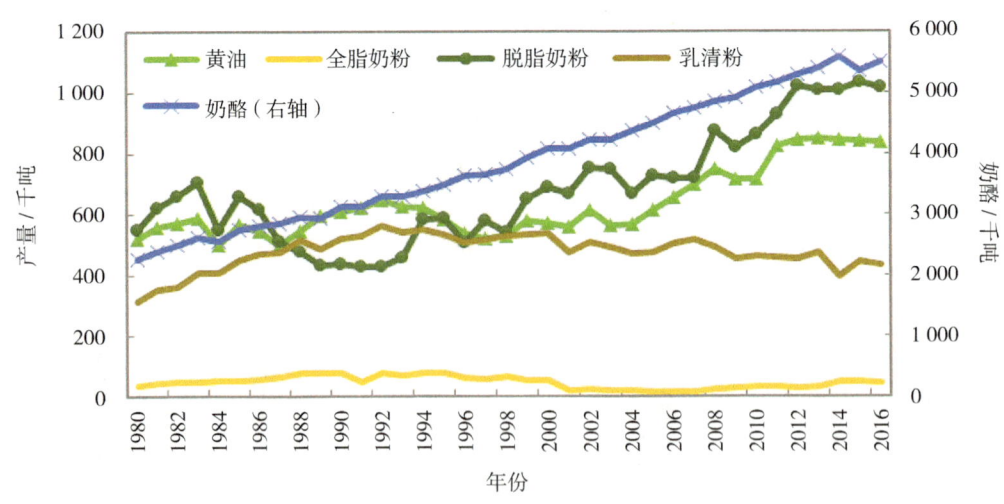

图12 美国奶业各产品产量变化

数据来源：AHDB Dairy

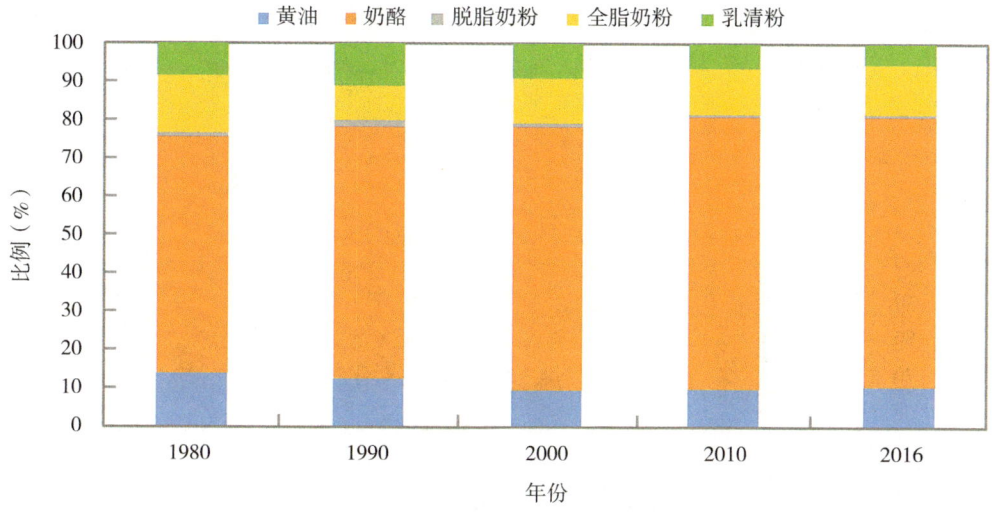

图 13 美国奶业各产品布局变化

数据来源：AHDB Dairy

3. 新西兰：以发展全脂奶粉为主，黄油、脱脂奶粉和奶酪占比微降

新西兰的奶牛养殖大部分位于北岛，按奶牛头数来算，占比最大的为北岛的怀卡托地区（25%），其次是南岛的北坎特伯雷地区（12%），紧接其后的是南岛的南地（11%）和北岛的塔拉纳基（10%）。如图 14 所示，新西兰各乳制品产量在 1980—1990 年很平稳，黄油、脱脂奶粉和奶酪分别在 25 万、20 万和 10 万吨左右波动，乳清粉的产量则相对较低。1990 年之后虽然乳清粉的产量依然没有明显增长，但黄油、奶酪和脱脂奶粉的产量均表现为增长，其中黄油从 1990 年的 25 万吨提高到了 2016 年的 58 万吨，奶酪由 11.8 吨提高到了 35 万吨，脱脂奶粉由 21 万吨提高到了 40 万吨。全脂奶粉的产量从 1980 年开

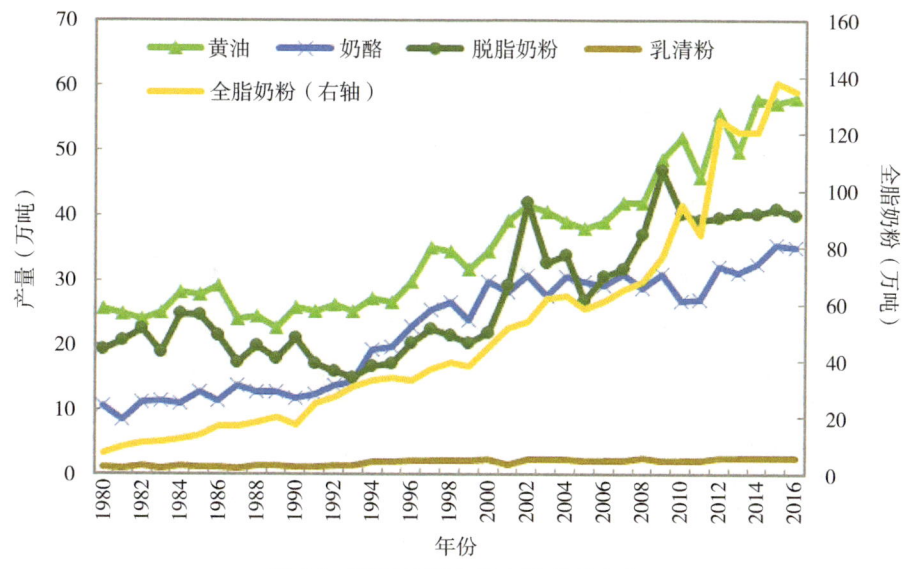

图 14 新西兰奶业各产品产量变化

数据来源：AHDB Dairy

始一直呈现急剧增长趋势，产量由 7.65 万吨增加到 2016 年的 135 万吨，提高了 16.6 倍，并成为新西兰的王牌产品。从图 15 可以更直观地看出，新西兰在各大乳制品生产的结构性布局表现为全脂奶粉占比大幅增加，脱脂奶粉、黄油、奶酪产量比重微幅下降，乳清粉比重长期走低。

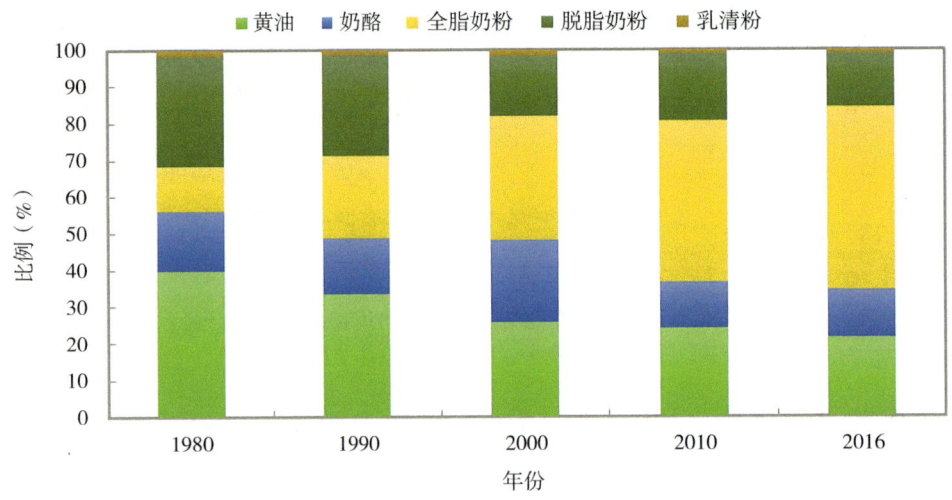

图 15　新西兰奶业各产品布局变化

数据来源：AHDB Dairy

4. 澳大利亚：奶酪和脱脂奶粉产量增加，占乳制品产量比重提升

澳大利亚奶牛养殖主要分布在南部和沿海地区，其中维多利亚州最多，占 61%、新南威尔士和昆士兰州共占 22%，塔斯马尼亚州占 7%。由图 16 可知，近 30 多年澳大利亚

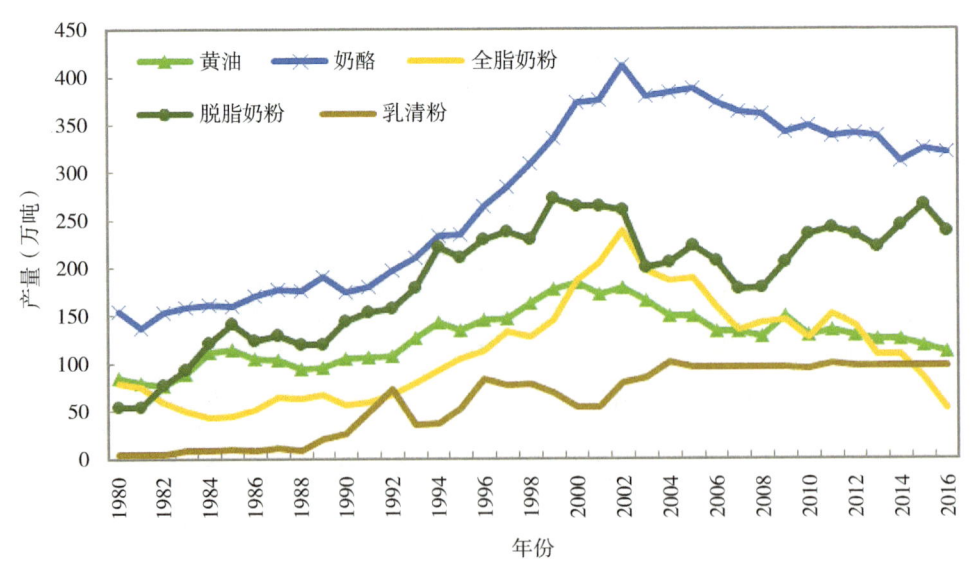

图 16　澳大利亚奶业各产品产量变化

数据来源：AHDB Dairy

奶酪产量在波动中走高，由1980年的15万吨一度增长到2002年的40多万吨，2003年开始缓慢减产至目前30多万吨；黄油产量波动比较大，由期初8万吨左右一度提高到19万吨，近年又下降到12万吨左右；全脂奶粉产量1984年一度跌至4.4万吨，2002年增长到24万吨，之后又逐渐下降至2016年的5.3万吨；脱脂奶粉产量整体表现为曲折中上升，由原来的年产5万多吨历经几次起伏，1999年达到巅峰年产27万多吨，近年虽有下降但也维持在24万吨左右；炼乳产量近年明显下降，从原来的年产7万~8万吨减至1万~2万吨；相反，乳清粉产量有所提升，由原来4 000多吨提高到现在年产10万吨。

从图17可以更直观地看出，澳大利亚各乳制品生产的布局表现为乳清粉和脱脂奶粉比重提高，全脂奶粉、奶酪和黄油比重小幅下调。

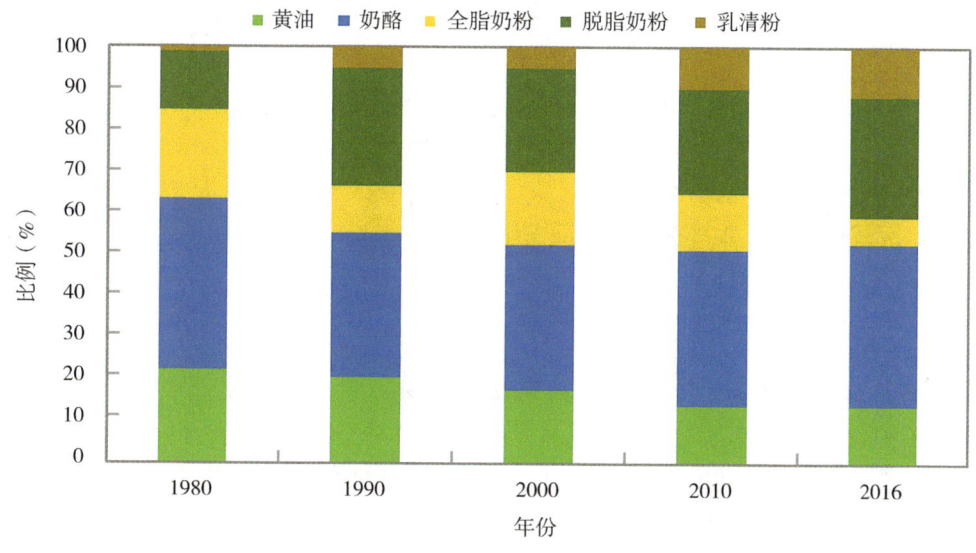

图17 澳大利亚奶业各产品布局变化

数据来源：AHDB Dairy

5. 印度：乳制品生产以黄油为主，脱脂奶粉为辅

印度以散养水牛为主，印度的乳制品生产以黄油和脱脂奶粉为主，其他产品的产量极低。

如图18所示，在过去30多年里印度的黄油产量从64万吨发展到416万吨，脱脂奶粉产量从20世纪90年代初的3万吨提升至近期的22万吨，产能均提高了6倍多。

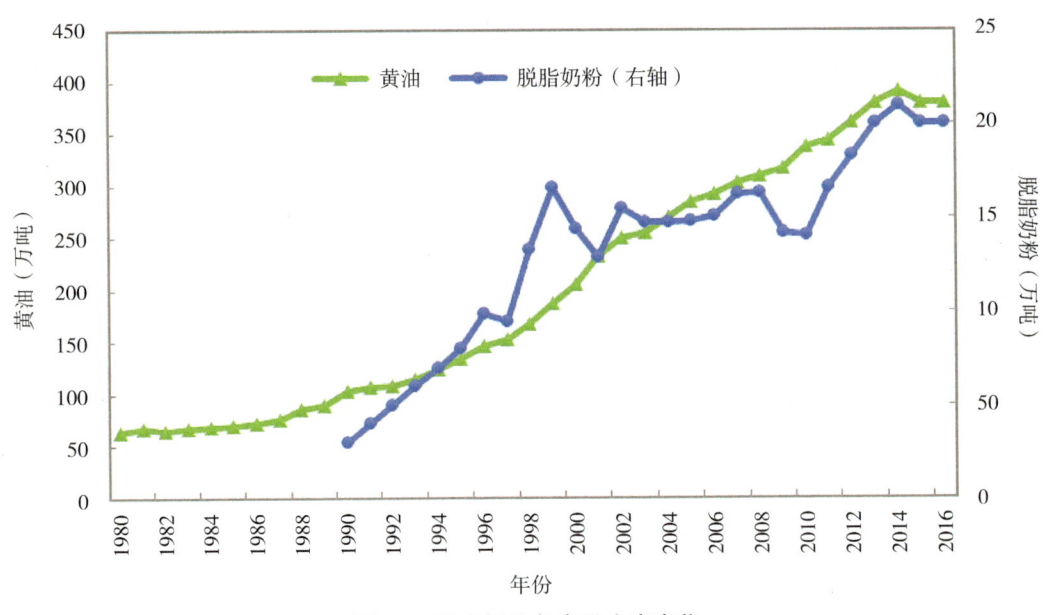

图18 印度奶业各产品生产变化

数据来源：AHDB Dairy

三、国际价格走势变化及动因

（一）市场价格走势变化

1. 奶类价格指数整体上行，近10多年波动加剧

联合国粮农组织定期发布的奶类价格指数是衡量奶类商品国际价格变化的尺度，由黄油、奶酪、全脂奶粉、脱脂奶粉和乳清粉等2002—2004年世界平均出口贸易的价格加权平均所得（其中脱脂奶粉和黄油共占35%；奶酪和乳清粉共占45%；脱脂奶粉占20%）。由图19可以看出，乳品价格自1990年1月开始整体呈现缓慢上升趋势，但是2006年以前的价格指数波动幅度相对较小，而且名义价格指数曲线和去除通货膨胀后的实际价格指数曲线重合度较高，说明价格稳定，通货膨胀程度低；2006年以后的价格指数波动幅度明显加大且频繁，名义价格指数曲线和去除通货膨胀后的实际价格指数曲线也明显分离，说明通货膨胀严重，全球范围内乳品价格不稳定。

2. 2014年之前主要乳制品价格相近，之后黄油价格走高

从主要乳制品的具体批发价格看（图20），2014年以前四大乳品价格有差别但非常接近，2014年以后各乳品价格明显拉开了差距，目前黄油价格最高，遥遥领先于奶酪和全脂奶粉，脱脂奶粉价格最低。同时可以看出，2001年以来的很长一段时间里，奶酪价格一直高于其他产品。从单个产品来看，黄油价格涨幅最大，从2001年初的1 737美元/吨到2017年6月的5 764美元/吨，每吨提高了4 027美元，同时也达到了21世纪的历史价格最高点；奶酪价格排第二，从2001年初的2 251美元/吨到2017年6月的3 746美元/吨，每吨提高了1 495美元；全脂奶粉则从2001年年初的2 343美元/吨到2017

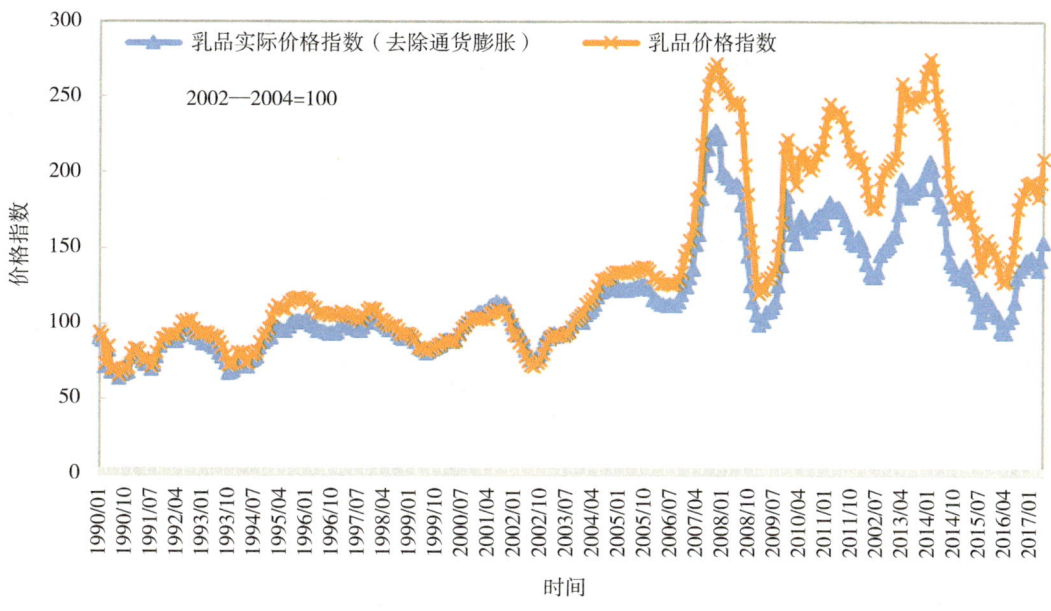

图19 1990-2017年乳品名义价格和实际价格月度指数
数据来源：FAO STATA

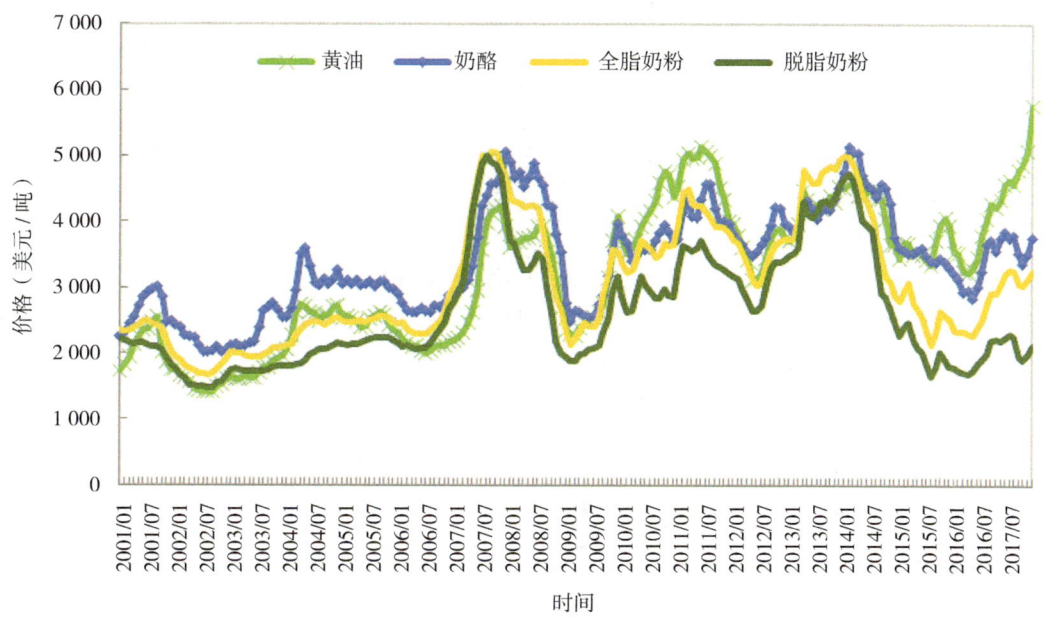

图20 全球乳品平均批发价格
数据来源：AHDB Dairy

年6月的3 243美元/吨，涨幅为38%；脱脂奶粉价格同2001年相比不升反降，从2001年初的2 215美元/吨到2017年6月的2 121美元/吨，跌了94美元。

3. 大洋洲原料奶价格长期处于低位，近年与欧盟和美国差距缩小

如图21所示，来源于农业与园艺发展委员会（AHDB Dairy）的欧盟、大洋洲、美国的原料奶价格数据并非各个国家的实际销售价格，而是按照脂肪含量4.2%、蛋白质含量3.4%的统一规格调整后重新计算所得，单位为欧元/千克。大洋洲（新西兰和澳大利亚）长期以来一直是原料奶生产成本较低的地区之一，特别是2007年6月以前，远低于相同规格美国和欧盟的原料奶价格，同时也是价格上涨幅度最大的地区。自2007年6月开始，随着与中国贸易量的增加，其乳品价格与国际乳品市场整合程度越来越高，各主产国和地区的原料奶价格波动明显趋于一致，且大洋洲的原料奶价格与美国和欧盟差距逐步缩小，尽管2014—2016年3个地区的原料奶价格又呈现出一些差距，但这种现象从2016年下半年已经开始改善，目前欧盟和大洋洲的原料奶价格基本一致（320欧元/吨），美国略高（350欧元/吨）。

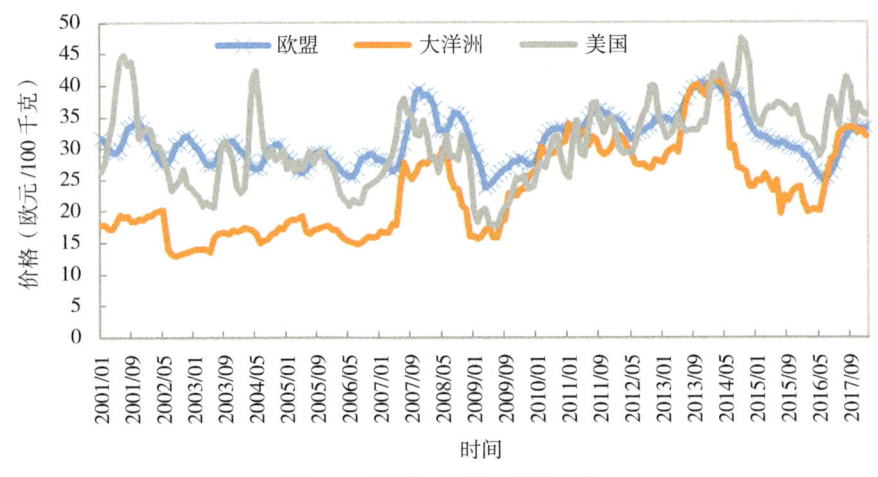

图21 乳品主产区原料奶价格

数据来源：AHDB Dairy

（二）动因分析

1. 饲料成本波动

影响奶价的主要因素首先是生产成本，包括直接增加的劳动力成本、饲料成本以及产生间接影响的土地价格、融资成本等，尤其饲料价格对牛奶价格的影响非常显著，两者价格波动趋于一致。如图22所示，2012年以前世界饲料价格出现了明显上涨。根据国际牧场联盟（IFCN）数据，2006年1月国际市场饲料价格指数为132美元/吨，之后一路上涨，2008年6月达到332美元/吨，之后虽有波动，但2012年8月仍达到历史高位408美元/吨。2012年8月以后，国际市场饲料价格出现下跌，2017年6月饲料价格指数跌至210美元/吨，比2012年8月下降了48.5%。

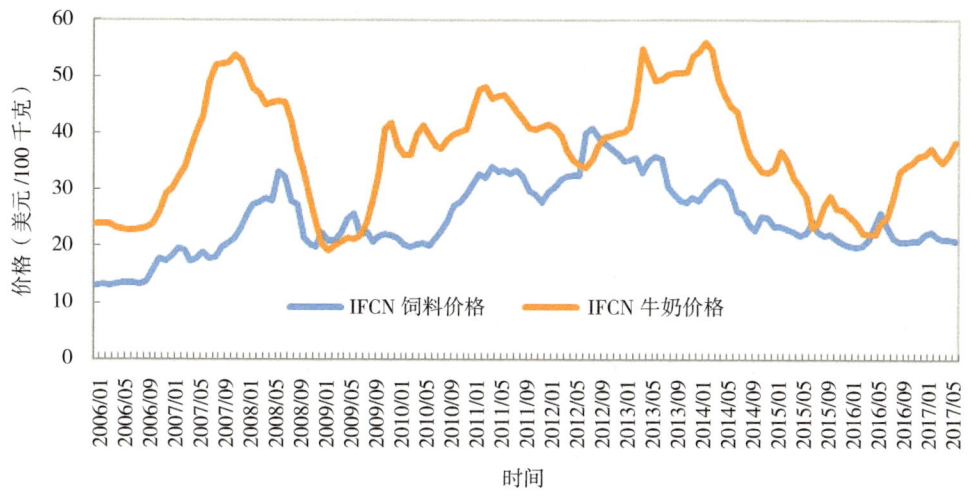

图22 IFCN牛奶价格和饲料价格

数据来源：IFCN

2. 全球经济低迷

代表全球经济发展的GDP增长趋势如图23所示，1980—2016年GDP年均增长率为3.5%，其中2009年为负增长-0.1%。虽然2010年全球GDP增长率迅速恢复至5.4%的高位（仅次于2007年的5.6%和2006年的5.5%），然而自2011年开始GDP增长率持续下跌，2012年跌至平均线以下，2016年仅为3.1%。据国际货币基金组织预测，2017年世界经济增长形式依然不容乐观，主要因素包括世界经济增长率下行、金融市场脆弱性加大、特朗普保护主义政策和美国加息预期变化、英国脱欧及欧洲内部政治冲突等问题的影响。全球经济低迷对金融市场和国家贸易均不可避免产生影响，从而间接影响乳品价格。

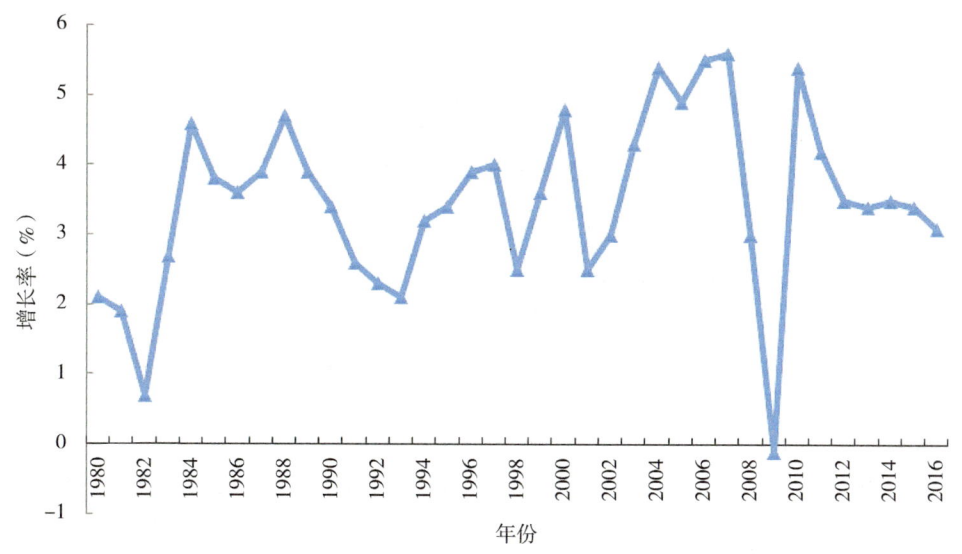

图23 全球GDP增长趋势

数据来源：IFM

3. 国际汇率浮动

国际市场乳制品交易以美元为基础，因此各国货币与美元汇率变化直接影响国际市场乳品价格，对乳品公司的利润以及乳品价格也至关重要。由图24可以看出，2002年以来，主要奶业生产国的货币与美元的汇率均出现下降，其中欧元兑美元汇率由高位1985年的1.5∶1降至2008年的0.68∶1，之后慢慢恢复到2016年的0.9∶1。新西兰元兑美元汇率1980年为1∶1，1985年上涨至2∶1，2001年达到最高峰2.4∶1，之后2014年降至1.2∶1，2015和2016年略有回升达到1.4∶1。与新西兰元兑美元汇率的变动趋势相似，澳元兑美元汇率由2001年最高峰1.9∶1降至2012年的1∶1，近年逐渐恢复到1.3∶1。人民币兑美元汇率在1980年初期仅为1.5∶1，后逐渐上升，于1994年达到峰值8.6∶1，并且这一高汇率状态持续了10多年之久，之后于2014年降至6.1∶1，2016年又微涨到6.6∶1。美元的波动及走强，使得欧盟、新西兰、澳大利亚等主要奶业生产国的乳制品价格波动中走低，也影响着中国等主要乳品进口国的进口价格及需求。

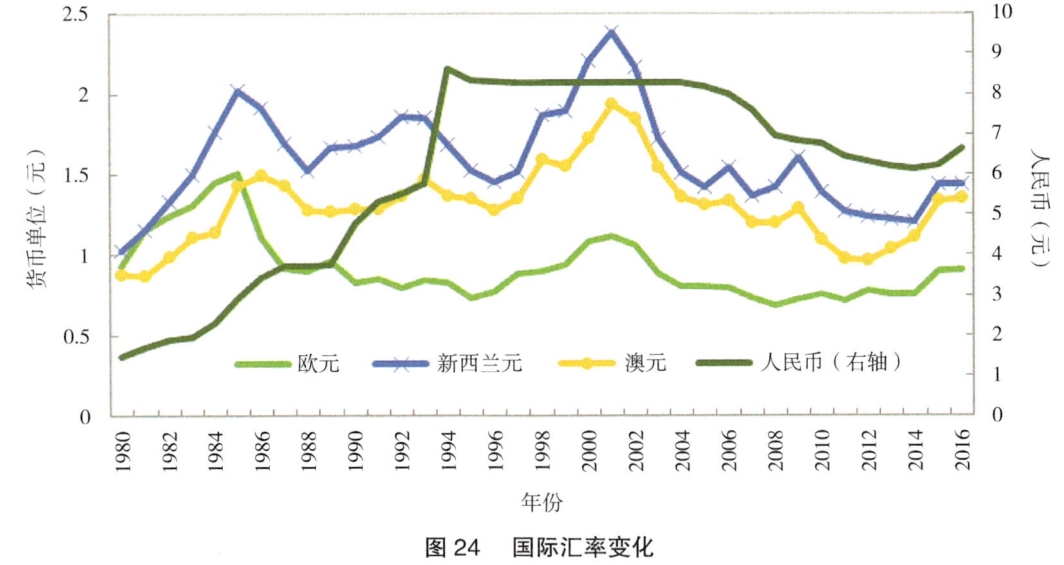

图24 国际汇率变化

数据来源：FAO STAT

四、国际贸易格局及演变

（一）全球贸易情况

1. 贸易总量稳步提升，欧盟占世界贸易比重最大

东亚、东南亚、拉丁美洲等地区的收入增长导致乳制品消费需求增加，促成全球贸易上涨。2016年全球乳品贸易量（牛奶当量）接近8 000万吨，相当于全球奶产量（8.06亿吨）的8.7%。从地区看（图25），欧盟占世界乳品贸易33%的市场份额，大洋洲占28%，北美洲占12%，欧洲其他地区占11%，中美及加勒比贡献7%，其他地区如东南亚、亚洲

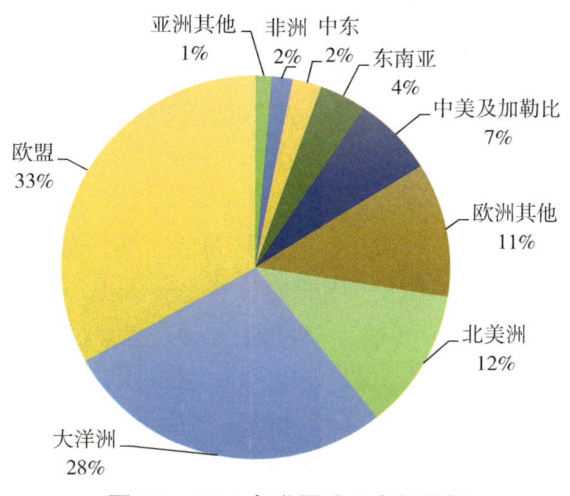

图 25　2016 年世界乳品市场份额
数据来源：CLAL Dairy

其他、非洲和中东仅占很小的市场份额。因此，就贸易格局来看，全球主要乳品出口国（地区）分别是美国、欧盟、新西兰、澳大利亚和阿根廷，进口国（地区）主要有中国、日本、墨西哥、俄罗斯、亚洲其他国家以及中东地区。

2. 乳清粉逐渐成为最主要的贸易产品，黄油比重降幅最大

分产品看，全球乳品贸易主要的交易产品有黄油、奶酪、乳清粉、脱脂奶粉和全脂奶粉 5 种，鲜奶由于保质期等原因交易量最小，酪蛋白的交易量也只占 2%~3%（图 26）。虽然各产品的绝对贸易量都是增长的，但从相对趋势看，黄油贸易量比重下降最为明显，由 1993 年的接近 20% 下降到 10% 以下；全脂奶粉的贸易比重下降约 8 个百分点；乳清粉贸易量的比重则明显增长了 20 个百分点，并在近年来超越其他产品成为贸易量最大的乳品；奶酪贸易量比重略有增长，全脂奶粉略有下降，均各占据 20% 左右的市场份额。

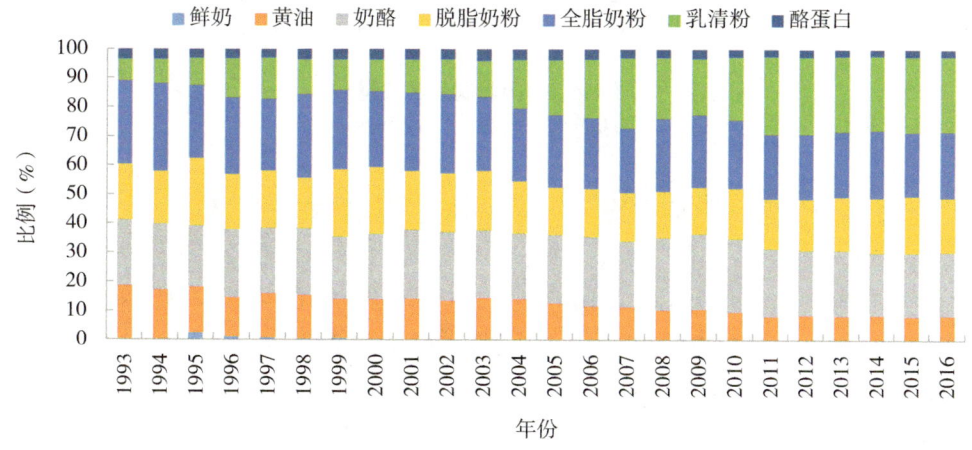

图 26　全球乳品出口量（按产品）比例
数据来源：OECD STATISTICS

（二）主要出口国贸易格局

1. 美国以脱脂奶粉和乳清粉出口为主，墨西哥和中国是其最大进口国

与各国的自由贸易协定（FTA）通过北美自由贸易协定（NAFTA）为美国提供了更多的进入世界市场的渠道。由图27可知，20世纪80年代美国的乳制品出口以脱脂奶粉为主，90年代开始乳清粉贸易量崛起，脱脂奶粉的市场份额被挤压，最少的年份出口不足1万吨。但是近年的数据表明，脱脂奶粉依然是美国出口量最大的乳制品，最近10年的平均出口量为43万吨，2016年的出口量接近60万吨。另一个出口量比较大且增长较快的产品是乳清粉，1980年的出口量仅1万吨，随后迅速提升，20世纪末和21世纪初的一段时间甚至成为美国出口量最大的乳制品，最近10年的平均出口量为44万吨，2016年的出口量接近50万吨。其他产品的出口量较小，除奶酪出口量2014年顶峰期达36.8万吨外，2016年黄油出口量仅1.7万吨，全脂奶粉和炼乳的出口量均在2万~3万吨。

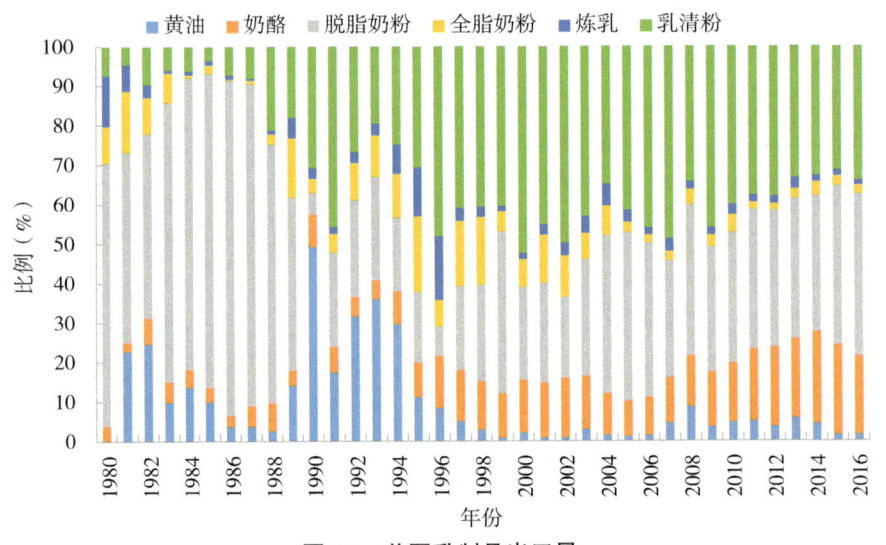

图27 美国乳制品出口量
数据来源：OECD STATISTICS

美国脱脂奶粉的进口国相当集中，前10名进口国家的进口量占美国出口量的比例由2010年的78%到2016年的90%，增长了12个百分点。如图28所示，其中排名第一的进口国家是墨西哥，进口量从2010年的11.4万吨到2016年的27.3万吨，增长了1.4倍，平均每年增长15.7%。在这期间，墨西哥进口量占美国脱脂奶粉出口量的比例也从30%增长到46%。其次为东南亚国家，依次为菲律宾、印度尼西亚、越南、马来西亚，2010—2016平均每年进口6万、4.5万、3.3万和2.4万吨。中国每年从美国进口脱脂奶粉1万~2万吨，2013和2014年进口量比较大，分别为6万和4.7万吨。

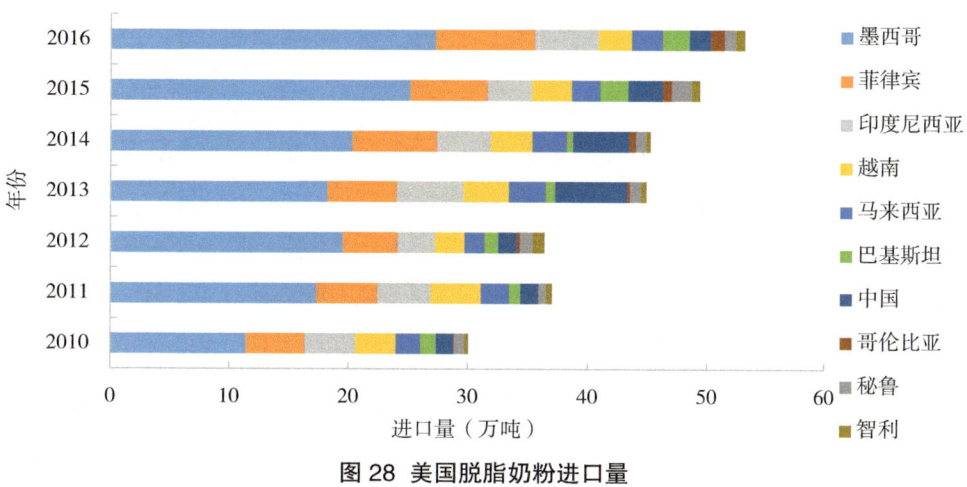

图 28 美国脱脂奶粉进口量
数据来源：OECD STATISTICS

美国乳清粉的进口国也相当集中，前 10 名进口国家的进口量占美国出口量的比例由 2010 年的 81% 到 2016 年的 87%，增长了 6 个百分点。其中（图 29）排名第一的进口国家是中国，进口量从 2010 年 12.9 万吨到 2016 年 20.8 万吨，增长了约 8 万吨，年均增长 8.3%。在这期间，中国乳清粉进口量占美国出口量的比例从 28% 增长到 42%。其次为墨西哥和加拿大，平均每年分别进口 6 万和 4 万吨；接着是亚洲国家，依次为菲律宾、越南、印度尼西亚、日本、马来西亚和韩国，每年进口 1 万~2 万吨；新西兰每年也会从美国进口少量的乳清粉，平均每年 1.28 万吨。

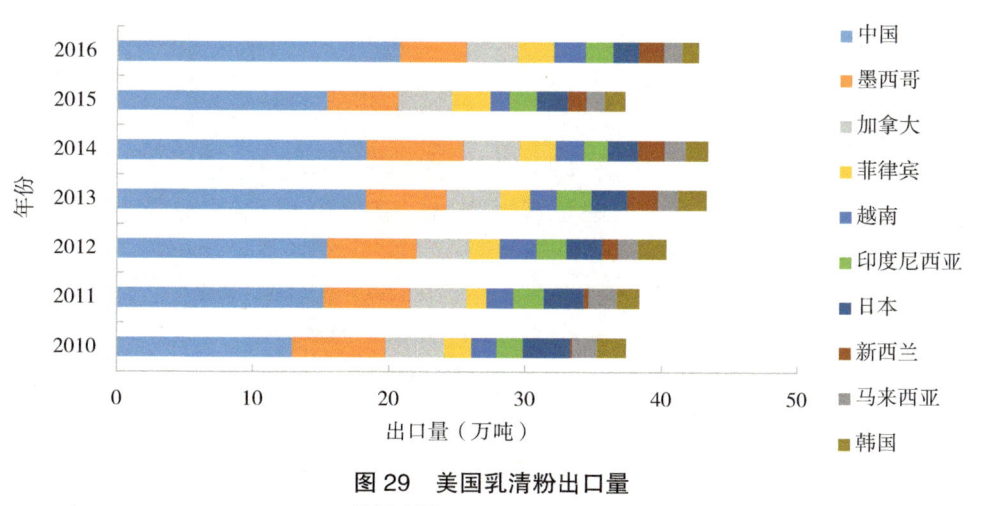

图 29 美国乳清粉出口量
数据来源：OECD STATISTICS

2. 欧盟乳品出口市场面向中东和亚洲，各产品出口量发展相对平衡

由图 30 可知，欧盟乳制品的国际贸易量在几大乳品之间分布比较平均，其中黄油出口量以 2004 年为分界呈先增后减的趋势，由顶峰 2004 年的 35 万吨到 2013 年的 11.6 万吨，下降了66.9%，2014—2016年又增长到21.6万吨，依然比高峰期下降38.3%；另外一个出口量缩减的产品是全脂奶粉，从1993年的56.7万吨到2016年的45.2万吨，虽然全脂奶粉出口量在2000年以前的乳制品出口中数量一直都是最大的，2000年以后平均每年仍出口44.2万吨，但贸易量比起1993年减少了22%。与黄油和全脂奶粉形成对比的是，奶酪、脱脂奶粉和乳清粉的贸易比例呈明显上升趋势，特别是乳清粉由每年5万吨的出口量增长至每年58万吨，在过去24年里增长了10倍还多；脱脂奶粉出口由27.7万吨到65万吨，提高了135%；奶酪出口由45万吨到78.9万吨，涨了75%。

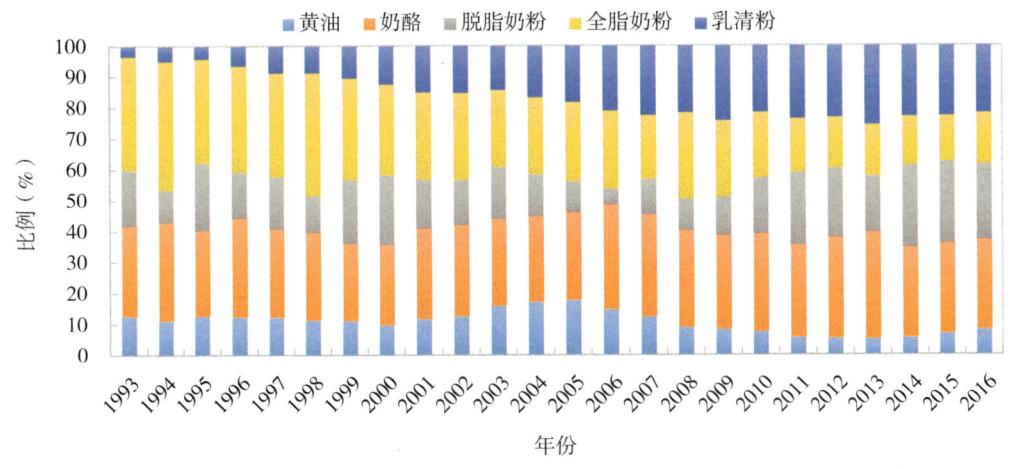

图30 欧盟乳制品出口量

数据来源：OECD STATISTICS

奶酪是欧盟出口量最大的乳制品，奶酪出口中前10名进口国家的进口量占欧盟出口量的比例由2010年的42%提高到2016年的60%，增长了18个百分点。如图31所示，排名第一的进口国家是美国，进口量从2010年的10万吨到2016年的14万吨，增长了4万吨。在这期间，美国进口量占欧盟奶酪出口量的比例也从15%增长到近20%。其次为日本，最近每年进口7万~8万吨，占欧盟奶酪出口量的10%；接着是瑞士、沙特阿拉伯

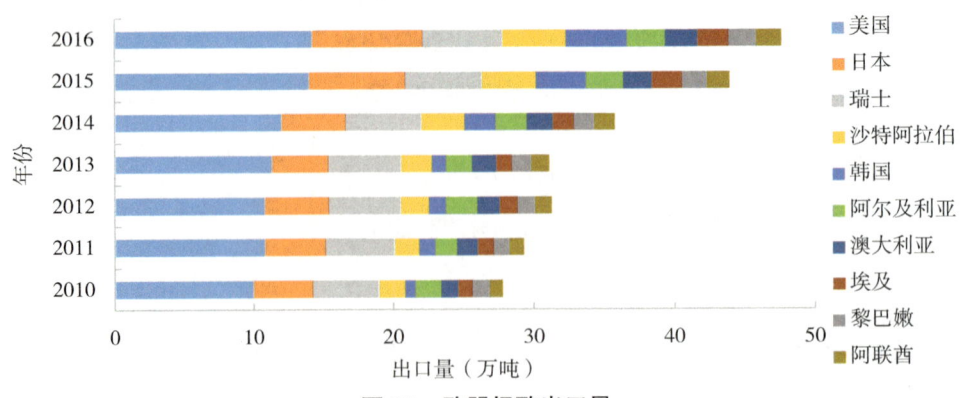

图31 欧盟奶酪出口量

数据来源：OECD STATISTICS

和韩国，2016 年分别进口 5.7 万、4.5 万和 4.3 万吨。阿尔及利亚、澳大利亚和埃及每年进口 2 万多吨，黎巴嫩和阿联酋每年进口不到 2 万吨。

脱脂奶粉出口中，前 10 名进口国家的进口量占欧盟出口量的比例由 2010 年的 60% 到 2016 年的 66%，增长了 6 个百分点。如图 32 所示，排名第一的进口国家是阿尔及利亚，进口量从 2010 年的 9.6 万吨到 2014 年高峰的 14.5 万吨，2016 年 9 万多吨。在这期间，其进口量占欧盟脱脂奶粉出口量比例最高的时候占到 25%，进口量少的时候也占 15%。其次为中国，进口量由 1 万吨到 2016 年的 5 万吨，增长了 4 倍，也因此成为欧盟脱脂奶粉的第二大进口国。印尼和埃及平均每年进口 4 万吨左右，其他几个非洲和亚洲国家每年进口在 2 万吨左右。

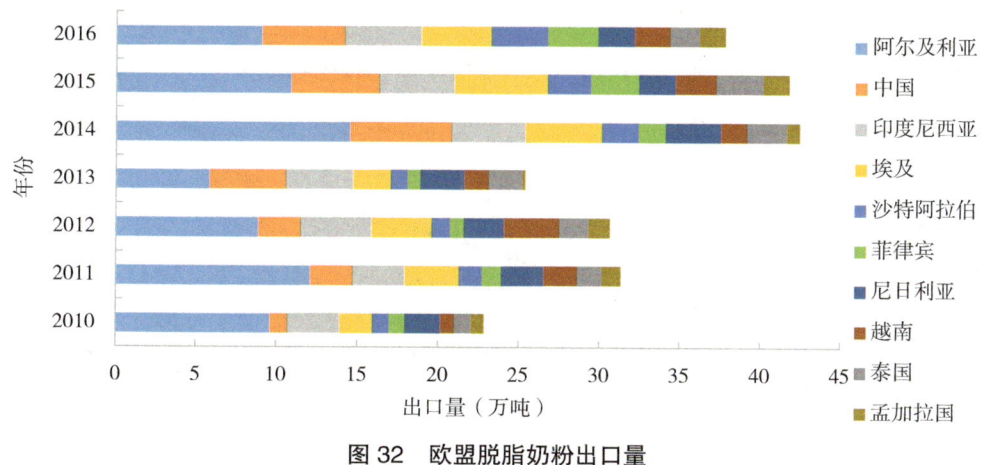

图 32　欧盟脱脂奶粉出口量
数据来源：OECD STATISTICS

乳清粉出口中，前 10 名进口国家的进口量占欧盟出口量的比例由 2010 年的 59% 到 2016 年的 75%，增长了 16 个百分点。如图 33 所示，排名第一的进口国家是中国，进口量从 2010 年的 9.7 万吨到 2016 年的 16.1 万吨。在这期间，中国进口量占欧盟乳清粉出

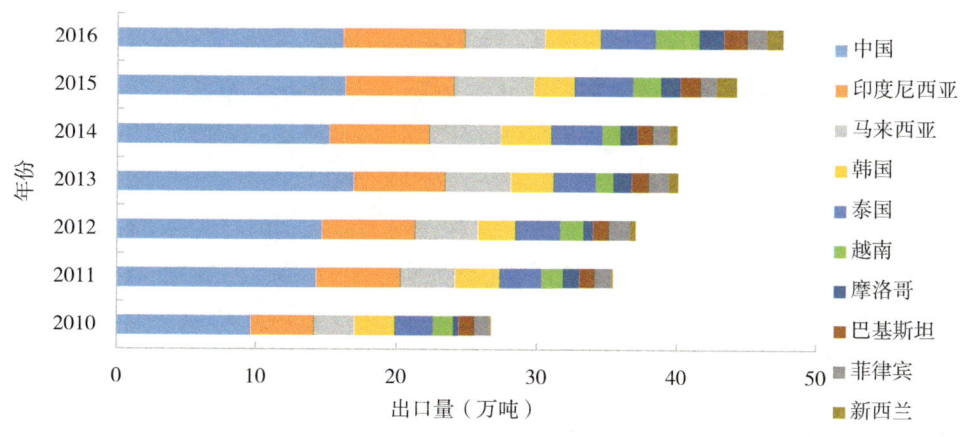

图 33　欧盟乳清粉出口量
数据来源：OECD STATISTICS

口量的比例也从 21% 增长到 26%，提高了 5 个百分点。其次为东南亚其他国家，如印度尼西亚、马来西亚、韩国、泰国和越南等，特别是印度尼西亚，平均每年进口 6.7 万吨，2016 年进口 8.6 万吨，高出平均水平近 2 万吨。

3. 新西兰乳制品出口以全脂奶粉为主，主要面向中国和东南亚诸国

新西兰乳业严重依赖出口，从绝对值来看，全脂奶粉的出口量最大，其次是黄油和脱脂奶粉，最后是奶酪。由图 34 可知，全脂奶粉的出口量增长最快，由 1990 年的 17.3 万吨持续增长到 2014 年的高峰 140.5 万吨，提高了 7 倍多；奶酪出口量从 7.7 万吨到 28 万吨，增长了 2.6 倍；黄油出口量由 16.6 万吨到 45.3 万吨，提高了 1.7 倍；脱脂奶粉的出口量也翻了一番，从 22.8 万吨到 2016 年的 45.3 万吨。

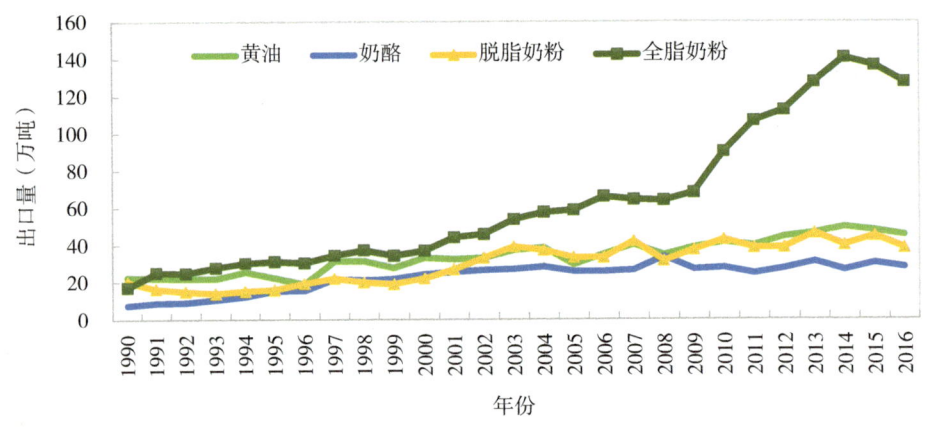

图 34　新西兰乳制品出口量
数据来源：OECD STATISTICS

新西兰原奶产量只占全球总产量的 3%，但其生产的乳制品绝大部分用于出口。如图 35 所示，生产的全脂奶粉几乎全部用于出口；脱脂奶粉的出口生产比例近年来由 95% 以上

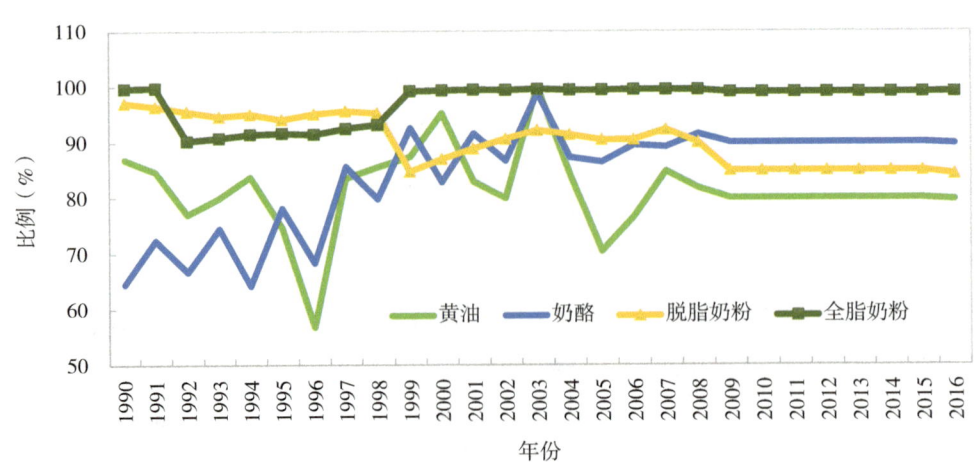

图 35　新西兰乳制品出口/生产
数据来源：OECD STATISTICS

下降到85%；奶酪的出口生产比例在20世纪90年代还处于65%的水平，经过10多年的市场开拓，从2000年开始已经达到90%；黄油的出口比例在20世纪90年代波动比较大，1996年曾一度下降到56.9%，但是自2007年以来80%的生产也可以稳定销售到国际市场。

全脂奶粉是新西兰最主要的出口乳制品，其前10名进口国家的进口量占新西兰出口量的比例由2010年的62.4%到2016年的72.6%，增长了10个百分点。如图36所示，排名第一的是中国，进口量从2010年的29.4万吨到2016年的38.9万吨，年均增长1.36吨，中国进口量占新西兰全脂奶粉出口量的比例平均在33%左右，最高年份占到48%（2013年）。其次为阿尔及利亚，进口量由2010年的4.5万吨到2016年的16.7万吨，占新西兰全脂奶粉出口量的比重为13%左右。第三是中东国家如阿联酋和沙特阿拉伯，进口量为平均每年8.7万和3.8万吨。斯里兰卡、马来西亚、孟加拉、泰国、越南和新加坡每年也会从新西兰进口少量的全脂奶粉。

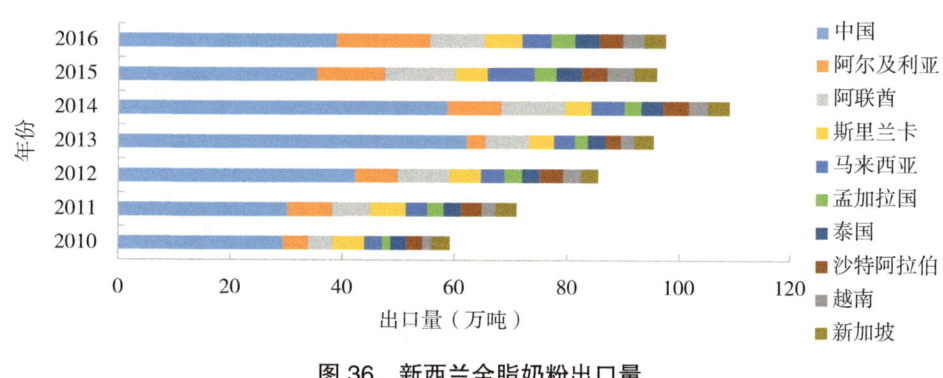

图36　新西兰全脂奶粉出口量

数据来源：OECD STATISTICS

由图37可以看出，新西兰脱脂奶粉的进口国和全脂奶粉特别相似，排名第一的也是中国，进口量平均每年11万吨，低的时候如2011年7.7万吨，进口量大的年份如2013

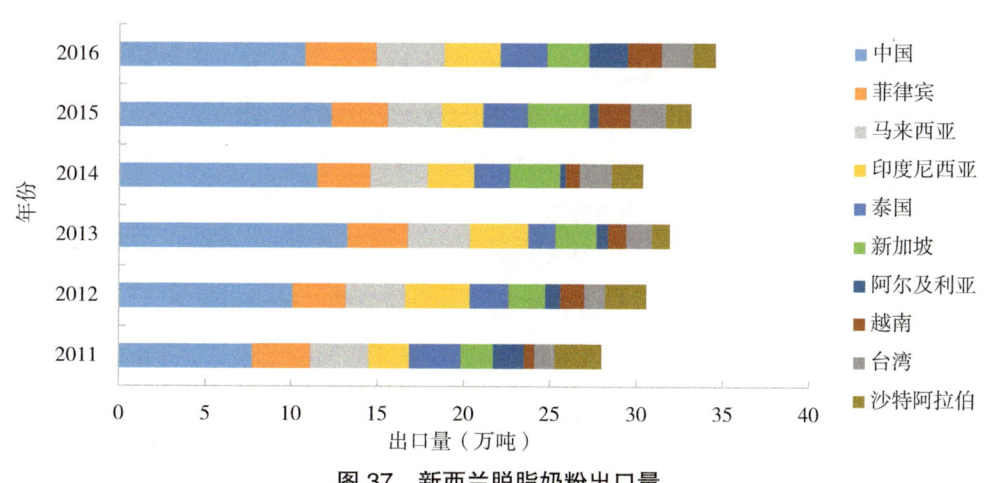

图37　新西兰脱脂奶粉出口量

数据来源：OECD STATISTICS

年的13.3万吨。其次为亚洲其他国家如菲律宾、马来西亚、印度尼西亚等，平均每年进口3万~3.5万吨，泰国、新加坡、越南等平均每年进口1万~2万吨。

4. 澳大利亚以奶酪和脱脂奶粉为主，出口市场面向亚洲国家

澳大利亚是世界第四大乳制品贸易国，占世界贸易量的6%，仅次于新西兰、欧盟以及美国。其产品出口以奶酪和脱脂奶粉为主，全脂奶粉和黄油的出口量相对较小。从图38可以看出，各产品的出口量在20世纪末是强劲增长的，并于21世纪初达到出口量的顶峰。自此至2008年有一段下降趋势，但2010年以后各产品出口量相对稳定，奶酪年均16.5万吨，脱脂奶粉15万吨左右，全脂奶粉8.9万吨，黄油约5万吨。

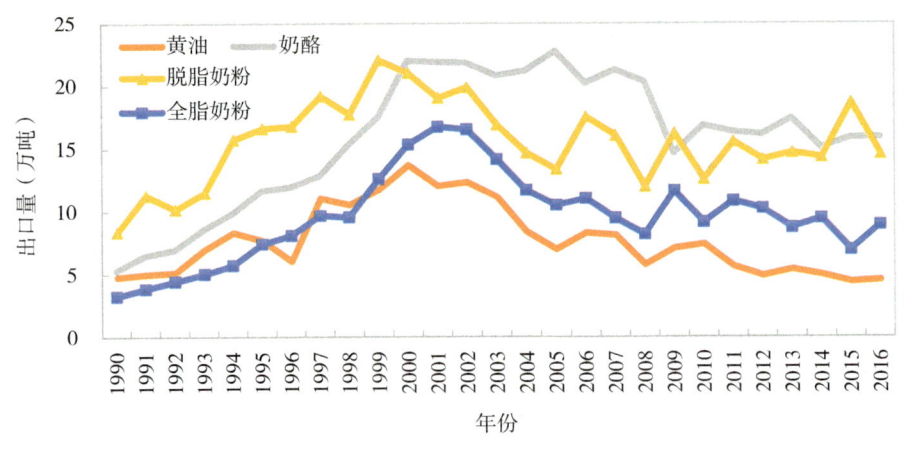

图38 澳大利亚乳制品出口量
数据来源：OECD STATISTICS

由图39可知，澳大利亚前几大乳制品出口国家分别为、中国、印度尼西亚、新加坡和马来西亚，2010年以来增长最快的出口市场是中国和马来西亚。这种以亚洲国家为主

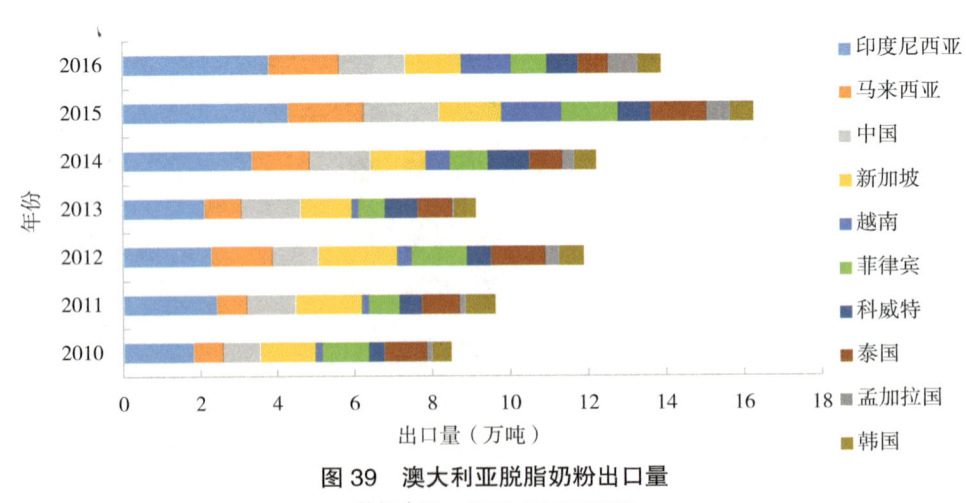

图39 澳大利亚脱脂奶粉出口量
数据来源：OECD STATISTICS

的出口现象不仅反映了澳大利亚和新西兰在地缘上的优势,并在一定程度上避免了同欧盟等以出口补贴方案为主国家的竞争。脱脂奶粉出口中,前 10 名进口国家的进口量占澳大利亚出口量的比例由 2010 年的 64% 增长到 2016 年 85%,增长了 21 个百分点。其中,排名第一的是印度尼西亚,进口量从 2010 年 1.8 万吨到 2016 年 3.8 万吨,增长了 1 倍多。马来西亚、中国和新加坡年均进口 1.5 万吨,其他国家平均每年进口不到 1 万吨。

奶酪出口中,前 10 名进口国家的进口量占澳大利亚出口量的比例由 2010 年的 80% 增长到 2016 年的 88%,增长了 8 个百分点。如图 40 所示,日本作为成熟和高价值的具有长期业务的市场仍然是澳大利亚出口商的重要贸易伙伴,平均每年要从澳大利亚进口 8.8 万吨奶酪,占澳大利亚奶酪出口总量的 54%。中国从澳大利亚进口奶酪的量比日本要少,2016 年最大进口量不到 2 万吨。其他国家进口量更小,年均不超过 1 万吨。

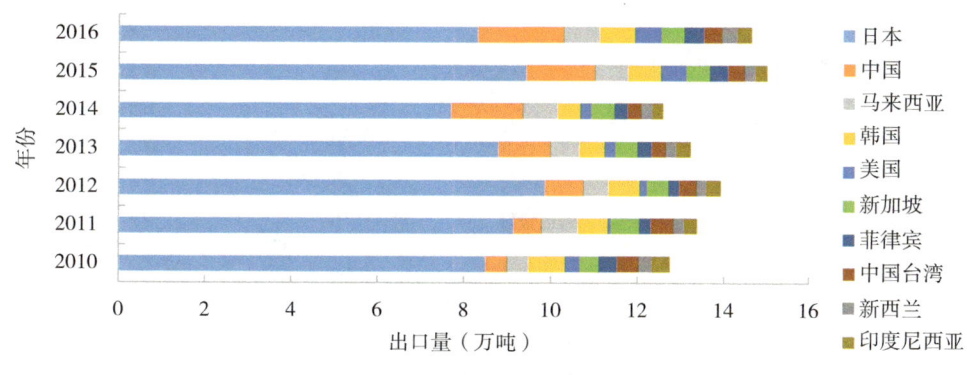

图 40 澳大利亚奶酪出口量

数据来源:OECD STATISTICS

5. 阿根廷出口以全脂奶粉为主,面向南美和非洲国家

阿根廷是世界第五大乳品出口国,其乳制品出口以全脂奶粉为主,乳清粉和奶酪的出口量近年也有所增长,黄油和脱脂奶粉出口量相对较小。由图 41 可知,阿根廷是一个

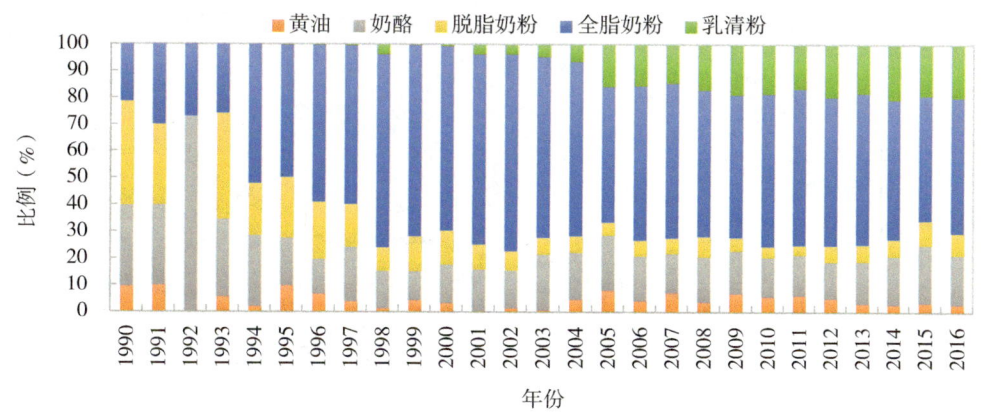

图 41 阿根廷乳制品出口量

数据来源:OECD STATISTICS

新兴的乳品出口大国,其产品出口量在20世纪90年代特别小,全脂奶粉出口量不到1万吨,2011年发展到高峰期的23.2万吨,2015年低谷也出口13万吨,占其全脂奶粉年产量的70%左右。乳清粉和奶酪出口量自2009年开始平均每年分别出口6.7万和5.9万吨,黄油和脱脂奶粉的出口量则在1万~3万吨。

阿根廷的全脂奶粉出口中,前10名进口国家的进口量占阿根廷出口量的比例由2010年的81%增长到2016年95%,增长了14个百分点。如图42所示,2016年巴西的进口量最大,为3.5万吨,其次是阿尔及利亚和委内瑞拉,这两个国家2010—2016平均每年分别进口3.9万和5.5万吨,但其2016年的进口量均小于巴西。其他国家的平均进口量则不足3 000吨。

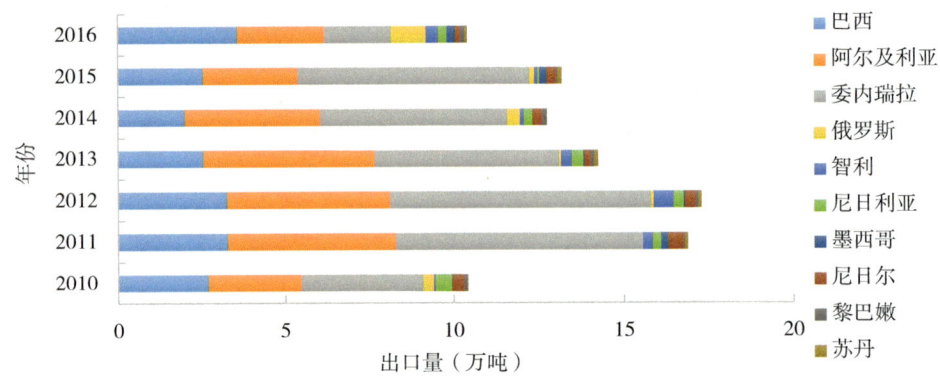

图42 阿根廷全脂奶粉出口量
数据来源:OECD STATISTICS

(三)主要进口国贸易格局

1. 中国乳制品进口以全脂奶粉和乳清粉为主

如图43所示,20世纪90年代以来,中国主要乳制品的进口量均上涨,尤其全脂奶

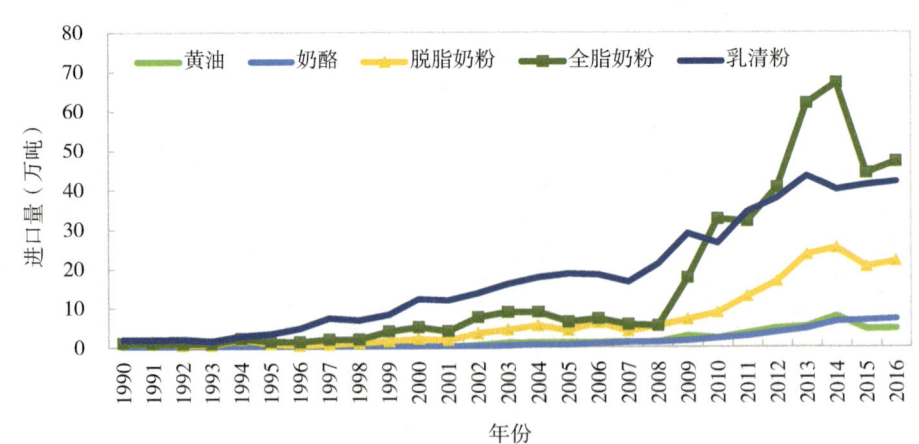

图43 中国乳制品进口量
数据来源:OECD STATISTICS

粉、乳清粉和脱脂奶粉 3 个产品的涨幅明显。其中全脂奶粉进口量的急速增长始于 2008 年，2016 年进口量为 47.2 万吨，虽然比 2014 年高峰期时缩减了近 30%，但其仍占乳制品进口的最大份额。

乳清粉进口量则是从 1990 年开始逐渐增长的，由 2.1 万吨到高峰期（2013 年）43.5 万吨，提高了近 20 倍。脱脂奶粉进口量也持续增长，近年来年均进口 20 万吨以上，2014 年高峰期为 24.8 万吨。与上述产品相比，黄油和奶酪的进口量相对较小，均在 10 万吨以下。

2. 日本乳制品进口以奶酪为主

日本的乳制品进口以奶酪为主（图 44），占其乳制品进口的份额高达 65%，每年进口量从 10 万吨增长到 25 万吨，提高了 1.5 倍；其次是乳清粉和脱脂奶粉（各占 14%），但脱脂奶粉的进口量呈下降趋势。

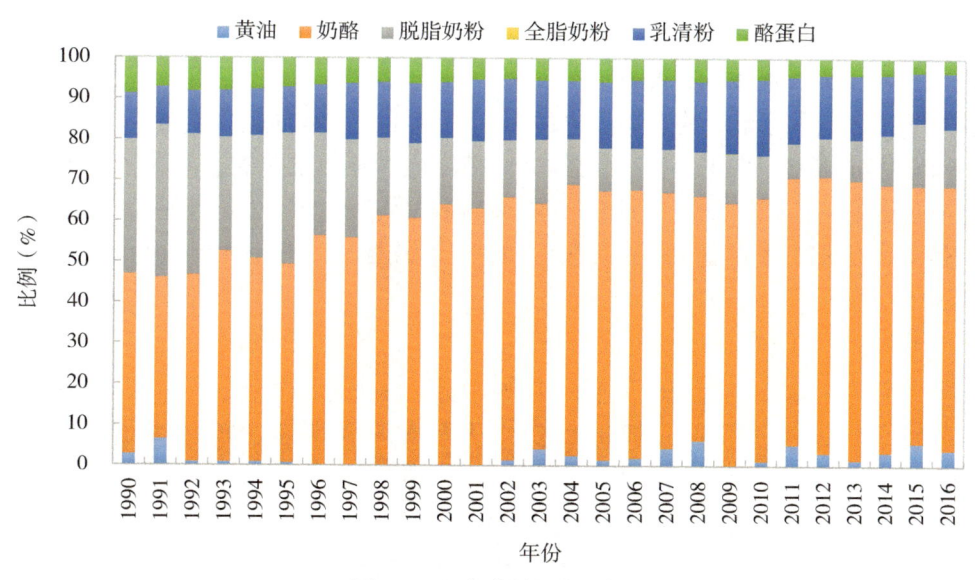

图 44　日本乳制品进口量

数据来源：OECD STATISTICS

3. 墨西哥乳制品进口以脱脂奶粉和奶酪为主

如图 45 所示，墨西哥近年的乳品进口以脱脂奶粉和奶酪为主且增长强劲，全脂奶粉和黄油的进口量相对较小，且全脂奶粉的进口量呈下降趋势。美国仍保持了其在墨西哥高达 80% 的市场份额，新西兰的市场份额提高到了 9.5%，而欧盟的市场份额保持在 7%。

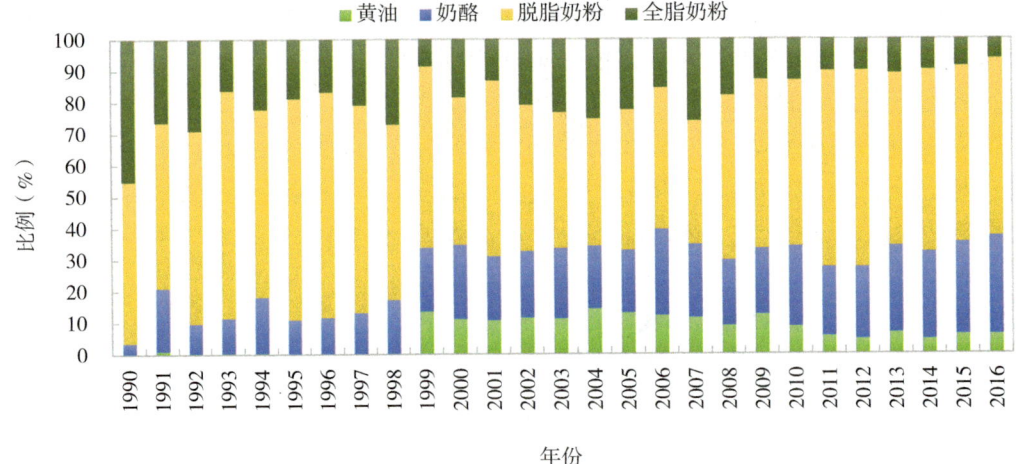

图 45　墨西哥乳制品进口量
数据来源：OECD STATISTICS

4. 俄罗斯主要进口奶酪和黄油

俄罗斯一直是全球重要的乳制品进口国，2003 年以前黄油是其最主要的进口乳制品，近 10 多年奶酪进口量大幅度增加，已经取代黄油成为其最主要的进口乳制品。2015 年以来俄罗斯对西方出口国实施进口禁令，这一举措导致其农产品（含乳制品）进口量锐减，但目前俄罗斯仍然是乳品进口大国之一，2016 年奶酪进口量占其乳制品进口量的 40%，黄油占 30%（图 4-46）。

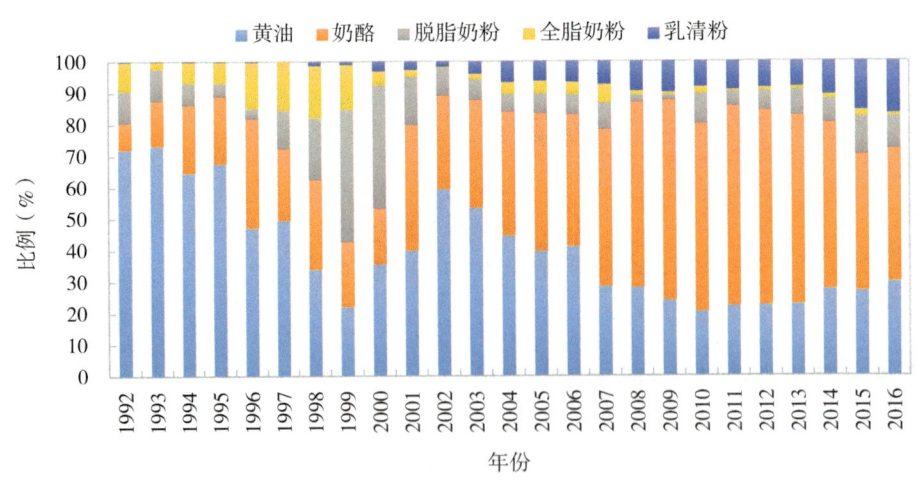

图 46　俄罗斯乳制品进口量
数据来源：OECD STATISTICS

五、主要国家产业链竞争力

(一) 重点国家成本收益比较

1. 世界各国奶牛饲养成本差异较大

国际牧场联盟（IFCN）2000年以来先后对多个国家的典型奶牛场饲养总成本进行监测。各个国家每100千克同等质量（4%脂肪和3.3%蛋白质）的原料奶生产成本差异很大，2015年生产成本最低的国家是乌干达8.5美元，而成本最高的国家是瑞士105美元。根据平均规模的农场成本计算，相对低成本地区包括阿根廷、秘鲁、智利、乌拉圭、中非和东非，以及欧盟某些选定的国家，其成本都在30美元/100千克以下。高成本地区包括美国、加拿大和西欧，绝大部分美国平均规模的农场成本在40~60美元/100千克，美国西部地区加利福尼亚州平均规模农场成本不超过40美元/100千克；与美国相邻的加拿大生产成本要大于60美元/100千克；西欧的生产成本大部分在50美元/100千克左右，小部分超过50美元/100千克。中等成本地区如澳大利亚、新西兰和巴西的成本均在30~40美元/100千克；相比较来说，中国的生产成本竞争力较小，平均规模农场每生产100千克牛奶（4%脂肪和3.3%蛋白质）需要50~60美元。

2. 主产区饲养成本总体走高

图47展示了IFCN长期监测的全球6个牛奶主产区奶农生产成本的概况，该图是IFCN[①]基于2000—2015年6个牛奶主产国一般规模农场（既不是大型农场又不是小型农

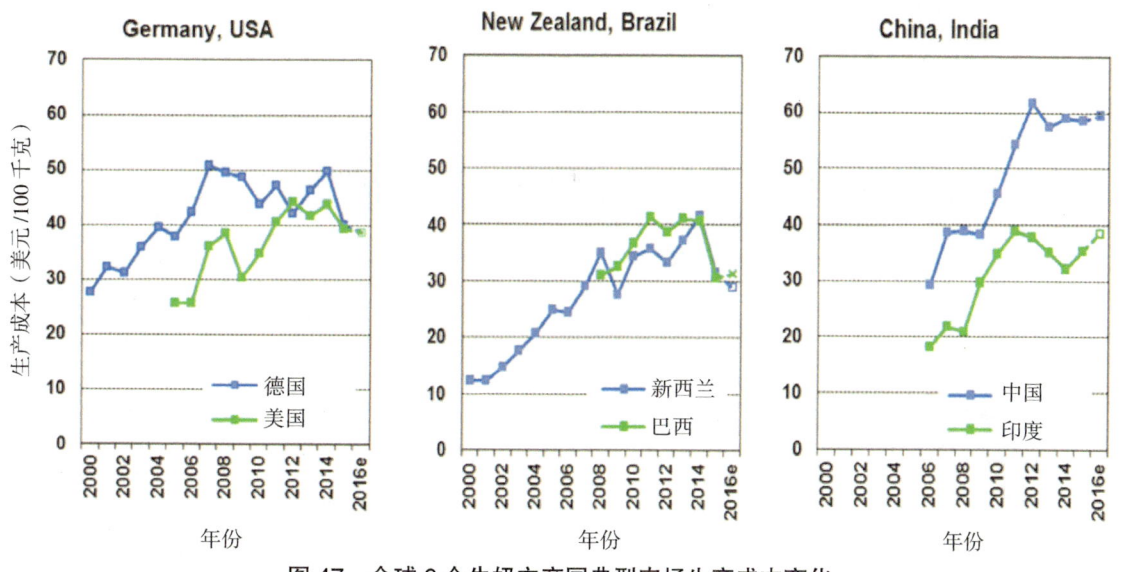

图47 全球6个牛奶主产国典型农场生产成本变化
图片来源：Salois (2016)

---

① 关于世界各地典型农场的成本比较是IFCN自2000年以来一直持续跟进的工作内容，参与国家的数量从8个增加到了55个，分析的奶牛场类型数量已经从21增加到大约170。

场）损益表中所有费用（包括劳动力、土地和资本的机会成本）统计而得，其中牛奶标准化为4%脂肪和3.3%蛋白质。可以看出，与2000年相比，2015和2016年各国生产成本均有所增加，其中德国增加了43%，每100千克牛奶的生产成本为42美元，新西兰增加了131%，每100千克牛奶的生产成本为30美元。但是从近期走势看，与2012—2014年高峰期相比，除印度和中国外，近两年主产国生产成本均有所下降，其中德国和新西兰每100千克牛奶的生产成本均降低了10美元，美国和巴西降低了5美元。

3. 主产区饲养成本结构存在差异

研究进一步选取美国、新西兰和中国的奶牛饲养成本进行比较分析（表2、表3）。3个代表国家的成本构成中，占比最多的均为饲料，其次是劳动力和固定资产折旧。其中，中国的饲料成本占比最高（66%），比美国（55%）高11个百分点，比新西兰（31%）高35个百分点。新西兰的劳动力成本占比最高（22%），比美国（15%）高7个百分点，比中国（14%）高8个百分点。美国和中国的固定资产分别为14%、12%，比新西兰（9%）高出5个百分点。另一个差异还表现在中国的营销费用占比仅为4%，而新西兰和美国的营销费用占比相当（均为14%）。

表2 中国、美国和新西兰饲养奶牛成本结构

单位：%

成本	新西兰	美国	中国
饲料	30.79	54.88	66.17
劳动力	22.47	15.43	14.37
固定资产折旧	8.76	14.25	12.28
营销费用	14.70	14.71	4.49
其他费用	23.30	23.32	2.69

表3 中国、美国和新西兰奶牛生产成本结构比较

2015/16	美国（$/kwt）	新西兰（$/KG）	中国（¥/KG）
产值合计	18.28	4.44	4.24
主产品产值	16.15	3.92	3.84
副产品产值	2.13	0.52	0.40
总成本	26.31	3.38	3.33
饲料	14.44	1.37	2.21
购买饲料	10.00	–	1.47
自种饲料	4.34	–	0.73
牧草饲料	0.10	–	0.01
其他生产成本	3.20	0.31	0.15
人工成本	4.06	1.00	0.48
雇佣劳力成本	1.75	–	0.44
家庭用工折价	2.31	–	0.04

（续表）

2015/16	美国（$/kwt）	新西兰（$/KG）	中国（¥/KG）
固定资产折旧	3.75	0.39	0.41
土地成本	0.02	—	0.01
税金保险	0.21	—	0.01
农场一般开支	0.63	0.31	0.06

注：数据来源：USDA ERS, Dairy NZ Economis Survey 2015/2016，中国成本收益年鉴（2016）；*其他生产成本包括防疫、市场、客户服务、水费、燃料动力费、维修维护、营业资金利息、其他直接生产费用等

（二）乳业代表企业：恒天然集团

恒天然集团（Fonterra Co-operative Group，简称"恒天然"）成立于2001年10月，总部位于新西兰奥克兰，由当地最大的两家乳品公司（New Zealand Dairy Group 和 Kiwi Cooperative Dairies）和新西兰乳品局（The New Zealand Dairy Board）合并而成，是目前新西兰最大的乳品公司、全球第6大乳品生产商，也是全球最大的乳品出口商（30%），产品销往全球140多个国家，年销售额达80亿美元，税后净利润超过6亿美元（2015/16财政年度），因此也是国际乳品贸易中最具有影响力的乳品公司。

恒天然的发展历程代表着许多西方发达国家合作社的发展方向。事实上，新西兰大多数乳品企业是从20世纪初开始采取合作社模式，之后随着新西兰乳品在世界上越来越受欢迎，小规模的乳品企业越来越难以满足国际市场的需求，于是新西兰政府在1923年成立了乳品局，并随之设立了多达80家海外分支和关联企业，不懈努力地扩大自己的乳品营销网络。1996年，为了能够在海外市场竞争中占据优势，这些分支结构和关联企业又开始不断整合，到2001年7月，84%的奶农参与投票支持成立恒天然合作集团，然而为了避免潜在的内部矛盾，恒天然以新公司的身份购买了上述两家合作社和乳品局的资产，于是才有了现在的恒天然，新公司由占全国90%的奶农共同拥有。

在过去16年的发展中，恒天然以完全整合的供应链为核心优势奠定了其行业领头羊的基础，并且依托国际化的销售网络、高品质的产品、紧密的客户关系取得了巨大成功。恒天然的奶源源自1万多名股东的约400万头牛奶，通过400多辆奶罐车组成的运输队将新鲜牛奶第一时间运送到加工厂，通过散布在全球的84个加工厂（其中新西兰24个，澳大利亚10个，其余的分布世界各地，特别是在南美）不仅为全世界人民提供各种品牌消费品，也为众多世界领先乳品和食品企业提供用途广泛的专业化原料。目前恒天然的四大主营业务部门分别为恒天然全球贸易（向亚洲、非洲、中东、美洲和大洋洲销售大宗乳制品，包括乳蛋白、奶粉、黄油和奶酪）、恒天然原料乳粉（向美国、西欧、东南亚销售乳品原料，包括特制专业原料如浓缩乳蛋白、牛初乳以及其他用于食品生产的原料）、恒天然消费乳品（自有核心品牌包括主营鲜牛奶、奶油、黄油的安佳、帝纽 Tip top 冰淇淋、安怡中老年高钙低脂配方粉、主营母婴营养的安满以及主营奶酪制品的美兰）、恒天然餐饮服务（主要向亚太地区的快餐连锁店、航空公司配餐中心、酒店和餐厅提供乳品原料和品牌消费品）。其高效一体化的涵盖牧场、奶牛、加工和出口的供应链保证了集团业务的

超强运转,而合作化的组织模式保证了牛奶质量和奶农的利益。这种将个体利益与行业整体发展融合,进而打造一个完整产业链的跨国企业也许能给当下中国农业各个领域的企业和从业者带来有意义的思考和借鉴。

目前,中国是恒天然集团最大且最重要的市场。恒天然在中国设有2个奶牛养殖基地,分别位于河北省玉田县和山西省应县。与雅培共同投资兴建的第3个奶牛养殖基地目前正在建设中。恒天然的两个奶牛养殖基地共有3万多头泌乳牛,每年生产超过3.5亿升牛奶。如今,恒天然在大中华区运营着涵盖乳品原料、餐饮服务、消费品牌和牧场在内的整合业务,其大中华区总部设在上海,并在中国大陆地区的多个省份以及香港和台湾设有分公司。

六、主要国家产业支持政策

(一)美国乳业安全网

美国现行的乳业安全网(Dairy safety net)从广义上来说包括一系列联邦政府实施的旨在保障乳业生产者利益和促进乳品产业健康发展的支持政策,主要分为营销订单体系、国内支持计划(包括联邦和州的计划)和出口贸易措施三大组成部分。联邦牛奶营销订单(Federal Milk Marketing Orders)政策可追溯到大萧条时期,它规定乳品制造者必须从各自特定区域范围的奶农购买原料奶,这样一方面可以确保奶农全年合理的牛奶最低价格,另一方面起到稳定区域内营销关系的作用。美国农业营销协议法授权营销订单委员会和美国农业部对订单系统和区域边界进行修订,修订需由乳品行业提交建议和证据通过全民投票程序批准,整个听证程序由农业部长监督。该订单政策的缺陷在于其在地域上是分裂的,并没有跟上当今各市场趋于整合的动态发展现实。

美国乳业国内支持计划先后经历了严格的管制期、市场化改革期和现代成型期3个发展阶段。和很多发达国家一样,美国对乳品价格的管制最开始是通过直接入市收购以确保国内市场乳品价格稳定。随后1949年美国"农业法案"里的牛奶价格支持计划(The Dairy Price Support Program)则是将之前政府对乳品价格的支持合法化和永久化。该计划实质是规定了牛奶的最低收购价格,当牛奶价格跌至支持价格以下时,政府以最低收购价收购;当市场价格回升至支持价格水平之上时,政府停止收购。此项价格支持计划历经多次立法修订,最近于2008年"农业法案"把政府对液态奶的直接支持转变成了对黄油、奶酪和奶粉等的间接支持。美国乳业安全网由价格支持向利润保障转型则开始于21世纪初,代表事件就是2002年的"农业法案"提出乳品收入损失合同计划(Milk Income Loss Contract Program),即当生鲜乳的市场价格低于农业法案规定的目标价格时,联邦政府对参加此计划的乳业生产者提供差价补贴以保证农场主基本收益,而不是直接干预市场价格,从而让市场机制充分发挥作用。然而随着时代的进步,为了确保美国拥有健康和充满活力的乳制品行业,能够满足市场不断变化的需求,上述两项价格支持计划和收入损失补偿计划已于2014年取消。

美国乳业安全网现行政策的核心和发展趋势是运用保险机制保障奶农经营利润，这一理念始于 2008 年"农业法案"通过的乳业毛利保险（Livestock Gross Margin Insurance for Dairy Cattle）。加上 2014 年法案通过的乳业毛利保障计划（Margin Protection Program for Dairy）、乳品捐赠计划（The Dairy Product Donation Program）和乳业赔付计划（Dairy Indemnity Payment Program）（延期至 2018 年 12 月 31 日）构成了当今美国乳品产业支持政策的四大支柱。

乳业毛利保险主要是保饲料成本上涨或者牛奶价格下跌两种情况，因为这里的毛利润指的就是牛奶的市场价值减去饲料成本（具体指玉米和豆粕的期货价格）。其实质类似于购买了一个限制饲料成本上涨的看涨期权和设置牛奶保底价格的看跌期权，但是它可以为不同规模的农场设计相应的保单，投保人可以根据自己的成本状况自行确定饲料成本。因此该保险适用于经济基础雄厚的大型商业乳业生产者，因为他们抗市场风险的能力较强，可通过该工具追求更高的毛利保障。

乳品毛利保障计划为生产者提供免费的灾难性保障（生产者只需每年交 100 美元的行政费用）和其他各种层次的保障。例如，当国内乳品生产毛利润（相当于美国农业部公布的每月平均牛奶价格和平均饲料成本之间的差额）低于每美担 4 美元时，政府则向参与的生产者提供灾难性保障赔付。生产者也可以购买不同支付水平的保险费，当利润在每美担 4 美元到 8 美元之间时可以获取不同程度的赔偿。政策规定，生产者在乳业毛利保险与乳业毛利保障计划之间只能参加其中一种。因此相对来说，该项目适用于经济基础不是很雄厚的乳业生产者，尤其是小规模生产者。

乳品捐赠计划规定若连续 2 个月内全美牛奶均价和平均饲料成本的差额低于最低保障利润，美国农业部将以市场价格购买乳制品，捐赠给为低收入家庭提供营养补贴的非盈利机构。乳品捐赠计划的作用机理与传统的价格支持计划相似，都是通过干预市场促使市场行情好转。

乳业赔付计划是美国农业部为受外部污染而被监管机构要求从市场上召回产品的乳业生产者提供的援助计划。该计划的宗旨是使乳业生产者在遭遇产品召回时从各种渠道获得的补偿不超过在正常生产条件下生产同等数量乳品所获的收益，显然该计划是为应对乳品安全而设立的。

出口方面，乳制品出口激励计划（Dairy Export Incentive Program）帮助美国乳制品的出口商满足某类乳制品和出口目的地的优势价格。根据该计划，美国农业部向出口商支付现金作为激励，允许他们以低于出口商收购成本的价格出售某些美国乳制品。该计划的主要目标是开发乳制品出口市场，因为某些美国产品因其他国家的补贴而不具国际竞争力。该计划最早是由美国农业部于 1985 年 5 月 15 日宣布，并且历经 1990 年"粮食，农业，养护和贸易法"、1995 年"乌拉圭回合协议"和 1996 年"联邦农业改革和改革法案"重新修订颁布。美国作为世界贸易组织"乌拉圭回合农业协定"承诺的一部分，已经按照商品的最新许可数量确定了年度出口补贴上限。

(二)欧盟奶业政策

欧盟的奶业政策可追溯到20世纪60年代,这些政策分别在不同阶段不同方面为欧盟牛奶生产者和加工者创造了稳定的市场条件。更重要的是,这些政策还在持续不断的更新中(牛奶生产配额已于2015年4月1日取消)。

政府干预方面可以细分为公共干预、私人存储援助以及特殊情况三大类。其中,在全球供需持续不平衡的市场条件下,自2014年俄罗斯宣布进口禁令以来,欧盟的公共干预措施已经更新了4次,因此以固定价格对脱脂奶粉进行公开干预的上限也从10.9万吨提高到了35万吨。私人存储援助指的是为了保护原产地名称为黄油、奶酪和脱脂奶粉的私人存储提供支持。这种援助有助于乳品生产者暂时将产品从市场退出,但与公共干预不同的是,因为商品仍然属于私营商人,超过合同期限,他们仍然负责售出。在乳业部门推出的最新计划里规定了最短时间90天内可能的储存成本,最长为210天;提供的援助包括每吨固定价格和约定好的每吨储藏天数。比如,欧盟委员会在最近一次的更新里为脱脂奶粉提供了一个加强方案,规定脱脂奶粉具有较高的援助水平和较长的存储期限,这样可以给富余产品足够长的时间以等待市场复苏。另外,针对某些特殊情况,欧盟也提出了一系列应对市场扰动、动物疫情和消费者信心下降等特殊情况的应急措施。

此外,2012年CMO法案通过的一项被称为"牛奶包装(Milk package)"的重大修正案,规定了牛奶生产者和加工制造商之间的合同关系,以及农民通过生产者组织集体谈判合同条款(包括价格)的可能性。还为分支机构规定了具体的市场规则,为乳品供应链中的参与者组织开展活动和提供对话机会。欧盟国家市场上销售的牛奶和奶制品必须符合欧盟市场上的具体标准,各国家也有"校园牛奶计划"向学生供应奶制品。国家补贴每吨181.5欧元——每个学生每天供应不能超过0.25升。最后,在2015年4月21日发布的最新一轮欧盟推广计划中,有6个新的乳品信息和促销计划。

进出口贸易方面,欧盟从2009年已经取消了出口退税。第三国规定的某些配额下的乳制品出口受限于出口许可证的签发。进口则需要签发进口许可证,一般来说需要支付进口关税(关税)。如果签署了多边贸易协定或者双边贸易协定的话,进口关税可以减免或零关税,主要是进口配额形式。

(三)新西兰和澳大利亚奶业政策

与其他主要产奶国不同,新西兰和澳大利亚的奶业生产者支持占奶农收入的比例几乎为0,政府对乳业不设补贴,对外资进入乳品行业没有特殊规定,因此其市场相对于其他国家来说是完全自由的。

20世纪80年代开始,新西兰政府对乳业更多地采取市场导向政策,最直接的重大举措是1984年取消了对乳业的补贴。1984年的新西兰经济改革对乳业市场进行了一次重大调整,通过取消补贴,完全让市场决定资源配置和供需。表现如下,第一,不确定生产配额,完全让市场决定供应量和需求量。第二,不干预采购或者公共储备。新西兰的几大乳品生产企业与当地的供应商自行决定采购与合作,国家不干预。第三,不对农民进行直接的补助，在发生不可抗力或者其他特殊的情况下除外。1988年政府停止参与乳制品价格的计算和制定。

澳大利亚政府也于2000年取消了对牛奶价格的管制，原奶价格完全改由市场驱动，仅在食品标准管理和食品安全保障体系两个方面介入，比如建立了"从牧场到餐桌"一整套质量管理体系。但是，澳大利亚提供乳业调整计划，包括乳业结构调整计划、乳业退出计划、乳业区域协助计划。奶农有获得乳业结构调整计划支持的资格，并接受为期8年、按季度结算的固定款项。生产者也可以选择完全退出乳业，并获得最高不超过4.5万澳元的免税补偿。该计划的附加条件是防止退出的奶农重新进入乳业生产行业。乳业区域协助计划的目的在于支持对乳业依赖程度很高的区域获得其他替代性的就业机会，并协助这些区域应对干预解除后的其他社会问题。

七、全球供需及产业发展形势展望

本研究在分析经济合作与发展组织、联合国粮农组织、美国农业部等机构预测结果的基础上，结合研究团队多年来对世界奶业发展趋势研究的经验，对全球供需及产业发展形势进行初步展望。预计未来10年，在生产方面，由于中国、印度等亚洲国家奶产量增速放缓，世界奶产量的增速要明显低于近10年，由过去10年2.0%的增速降至1.5%左右，2026年产量预计达到9.4亿吨，比2016年提升1.3亿吨，增产16.0%。未来10年世界奶产量增加仍将主要来自印度、巴基斯坦、中国等亚洲国家，尤其印度和巴基斯坦这两个奶业主产国将在未来10年世界奶业生产中发挥越来越重要的作用。同期，由于欧盟牛奶生产配额制的取消，未来欧盟的奶产量将止跌回升，在世界奶产量中的比重将会有所回归。美国奶产量的年均增长率仍将继续保持低位，但美国仍将是乳制品出口市场的主要参与者。

在消费方面，随着收入水平的继续增加和人类膳食模式的转变，亚洲、非洲、拉丁美洲等发展中国家和地区的人均需求在中长期内仍然会持续增长。未来10年乳制品消费量的增长速度预计为1.8%~1.9%，明显快于生产的增长速度。其中发展中国家人均奶制品消费量的增长主要表现为鲜奶和酸奶的需求增加，发达国家人均奶制品消费量的增长主要表现为黄油和奶酪的需求增加。

在贸易方面，未来10年全球乳制品贸易仍将持续增长，预计年均增长1.6%。从主要出口国（地区）来看，随着生产的逐渐恢复，欧盟的出口量预计会增加，新西兰、美国和澳大利亚将保持相对稳定。其中新西兰仍将是国际市场黄油和全脂奶粉的主要来源地，美国和欧盟是脱脂奶粉的两个主要出口地，美国、欧盟和澳大利亚继续是主要的奶酪出口地。从主要进口国（地区）来看，中国、俄罗斯、墨西哥、中东国家仍将是主要进口国（地区），其中中国进口仍将以全脂奶粉和乳清粉为主，但其未来10年乳酪进口量会大幅增加，俄罗斯进口以黄油和奶酪为主，墨西哥进口以奶粉和奶酪为主。

在价格方面，如果单从上述的需求供给以及进出口贸易因素分析，所有乳制品的价格预计将会在中长期范围内复苏。近年来由于澳大利亚、新西兰和阿根廷等国原料奶产量轻微下滑，以及市场对某些乳制品的强烈需求，已经导致国际价格在 2016 年上半年开始上涨，其中黄油和全脂奶粉价格增长最明显。这也扭转了由于中国需求下降、俄罗斯禁止从几个国家进口的禁令和一些主要出口国的生产增加等导致的 2014 年开始的乳制品价格下滑趋势。2016 年 1—12 月，黄油和全脂奶粉价格分别上涨了 40% 和 56%。由于价格大幅回升，黄油和全脂奶粉价格在中长期的涨幅将会非常有限，但是奶酪、脱脂奶粉等其他乳制品价格预计会继续上涨。

参考文献

张洁, 史东吉, 王召锋, 等. 2017. 我国牛奶安全生产现状及对策 [J]. 草业科学, 34(1): 138-147.

DairyNZ. 2016. DairyNZ Economic Survey 2015/2016 [R]. Hamilton: DairyNZ.

IFCN, The Dairy Research Network, Global dairy farm economics in the crisis years 2015—2016: IFCN Perspective, October 2016, page 1-8.

Salois Matthew. 2016. Global Dairy Trade Situation and Outlook [J]. International Food and Agribusiness Management Review, (19): 11-26.

（中国农业科学院海外农业研究中心特邀研究员　董晓霞）

海外农产品市场研究（2017）

第十部分

猪 肉

海外农产品市场研究（2017）

在世界肉类生产和消费领域中，猪肉是全球最主要的消费肉类，其消费量占世界肉类总消费量的 1/3 以上。目前，世界猪肉产量由高速增长进入平稳增长阶段，生产主要集中在亚洲、欧洲和美洲，其中亚洲猪肉产量增速最快（冯永辉，2006）。猪肉消费需求受经济发展和消费结构优化影响增速放缓，全球人均猪肉消费进入稳定阶段。欧洲和北美发达国家的猪肉人均消费量已经达到较高水平并且处于相对稳定的状态，南美洲、大洋洲以及亚洲国家猪肉人均消费量均呈现增长态势。欧洲和北美猪肉产量的增加、亚洲地区收入的提高带动猪肉贸易从欧洲与美洲流向亚洲，中国猪肉进口量变化影响了全球猪肉市场价格（兰勇，姚屹浓，2015），而国际肉类价格经过一轮上涨后处于下跌周期。欧美发达国家已经实现了生猪产业化、现代化和规模化，实现了种养结合、订单化生产、专业化生产，其产业链纵向和横向高度整合，带动养殖区域化和专业化分工。调控措施的日趋完备稳定了猪肉市场，建立了涉及价格体系、生产补贴和服务性补贴、生猪保险和生猪期货等保障体系，充分利用国内、国际两个市场来稳定猪肉供给、调控国内生猪和猪肉价格。全球猪肉产量和需求在未来 10 年预计仍然会增长，但增速将会显著放缓。增长背后的主要推动力是以中国为主的亚洲地区（赵连阁，2015），发达国家国内产量增长推动力是猪肉贸易拉动，欧盟国家将会持稳略增，美国将会保持中等增速。亚洲地区也是消费增加的主要地区，但未来空间也不大，但由于基数大，未来消费增量将影响全球猪肉价格，猪肉价格已经进入下降通道，预计 2020 年后将会进入上行价格周期。受亚洲地区及俄罗斯等国生猪产能恢复影响，猪肉贸易量将稳中略降。

一、世界供需现状

（一）猪肉生产情况

全球猪肉产量由高速增长进入平稳增长阶段（图1）。自 20 世纪 60~70 年代开始，世

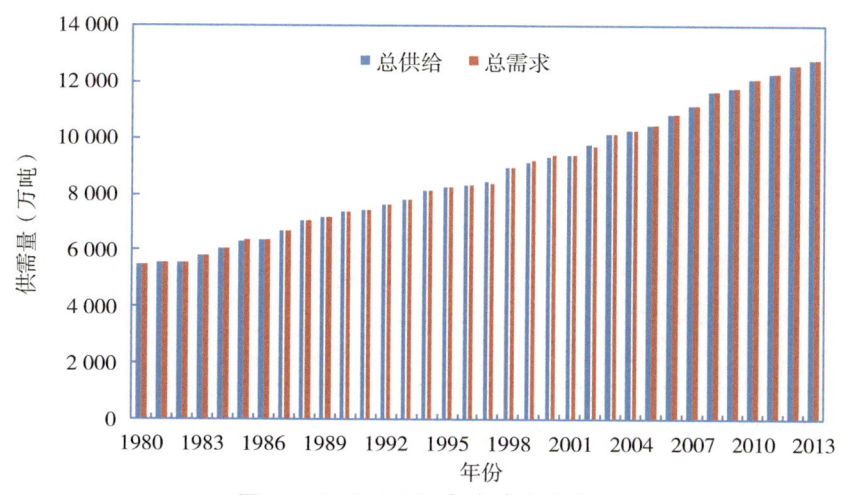

图1　1980—2013 年全球猪肉供需

数据来源：FAO

界猪肉产业发展迅猛,全球猪肉产量快速增加。1961—1980年,世界猪肉产量从2 467万吨增加到5 252万吨,年均增长率为3.9%。猪肉产量增加的主要驱动力是亚洲地区产能的快速提高。80年代年均增速放缓至2.9%,全球猪肉总产量1989年达到6 779万吨。受资源、环保、疫病等压力影响,尽管最近20多年来世界猪肉产量在持续增长,但增长速度却逐年放缓。特别是2007年后世界粮食供需紧张以及饲料价格猛涨,对全球猪肉生产产生了极大的影响。2000—2013年年均增速降至2.1%,2008年突破1亿吨,2013年为1.12亿吨。

(二)猪肉消费情况

猪肉消费需求增速放缓。在世界肉类生产和消费领域中,猪肉占据着重要地位,其消费量占世界肉类总消费量的份额维持在37%左右。受经济发展和收入增加的影响,猪肉消费快速增长,20世纪60—80年代年均增速分别为4.1%、4.0%和3.0%,高于产量增速,1989年消费量为7 204万吨;90年代开始增速放缓,年均增2.5%,1999年为9 174万吨;2000—2013年年均增2.4%,2013年消费量为1.28亿吨。

全球人均猪肉消费进入稳定阶段。全球猪肉人均消费量60年代和70年代年均增速均为2.0%,80年代降至1.1%,1989年达到13.04千克/人·年;90年代年均增速0.8%,2000年后亚洲地区收入的增加导致了消费结构的改善,肉类消费增速有所提高,2000年以来年均增速为0.9%,2013年人均猪肉消费量达到16.02千克/人·年。

欧洲、北美洲和大洋洲的猪肉人均消费量较高。其中,北美洲发达国家猪肉人均消费量相对较为稳定,欧洲发达国家和大洋洲小幅度上涨,南美洲以及亚洲国家由于基数较小,其猪肉人均消费量均呈现增长态势(图2)。按国家来看,世界10强猪肉人均消费

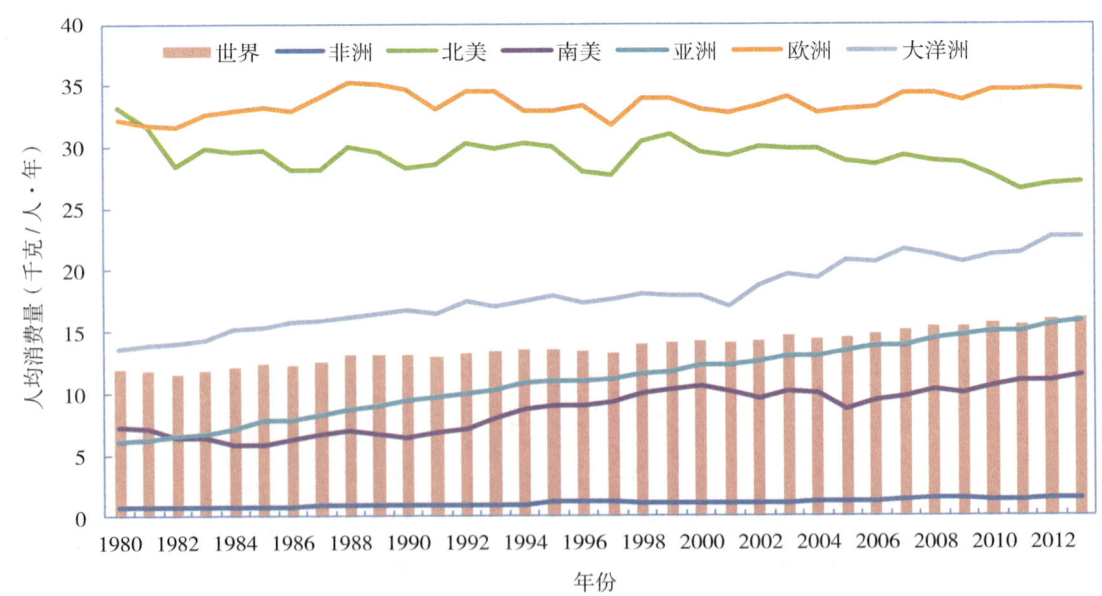

图2 1980—2013年全球各大洲猪肉人均消费量变化趋势
数据来源:FAO

量中除了中国以外,其他都是发达国家。相对于发展中国家,发达国家的猪肉人均消费量在世界猪肉产品消费中占据主导地位。近20年来,随着国内经济的发展和人民生活水平的提高,发展中国家猪肉人均消费量逐年增加,而近年来发达国家则变化不大,这主要是由于其猪肉人均消费量已达到饱和水平。欧洲人均猪肉消费量最高,2013年为34.61千克/人·年,2000—2013年年均增0.3%;其次为美洲地区,但北美和南美最近10多年消费趋势不同,北美稳中趋降,年均下降0.7%,2013年为27.16千克/人·年,而南美仍稳中有增,年均增速0.6%,2013年为11.35千克/人·年;大洋洲最近10多年人均猪肉消费量年均增1.8%,2013年为22.69千克/人·年;亚洲依旧保持较高增速,年均增2.0%,2013年为15.82千克/人·年;非洲国家人均消费量非常低,2013年仅1.47千克/人·年。近20年来,非洲国家的人均猪肉消费量一直徘徊在1~2千克之间,经济发展水平低,再加上饮食习惯和宗教因素是其人均消费量水平低的主要因素。

二、世界生产布局及演变

当前世界猪肉的生产基本集中在亚洲、欧洲和美洲。20世纪60年代欧洲和美洲是世界上主要的猪肉生产地区,亚洲猪肉产量快速增长,60年代、70年代和80年代亚洲猪肉产量年均增14.3%、6.1%和6.3%,远高于其他区域,1990年亚洲超过欧洲成为最大猪肉生产地区,而美洲下降至16%左右后比重相对稳定,2014年亚洲猪肉产量占全球产量的57.7%,欧洲占23.8%,美洲占16.8%,非洲和大洋洲仅1.2%和0.4%(图3)。基于最小二乘法的多元线性回归分析表明,1980—2014年亚洲、欧洲和美洲分别增加1%,将会推动全球猪肉产量分别增加0.36%、0.30%和0.21%,而2000—2014年则分别为0.54%、

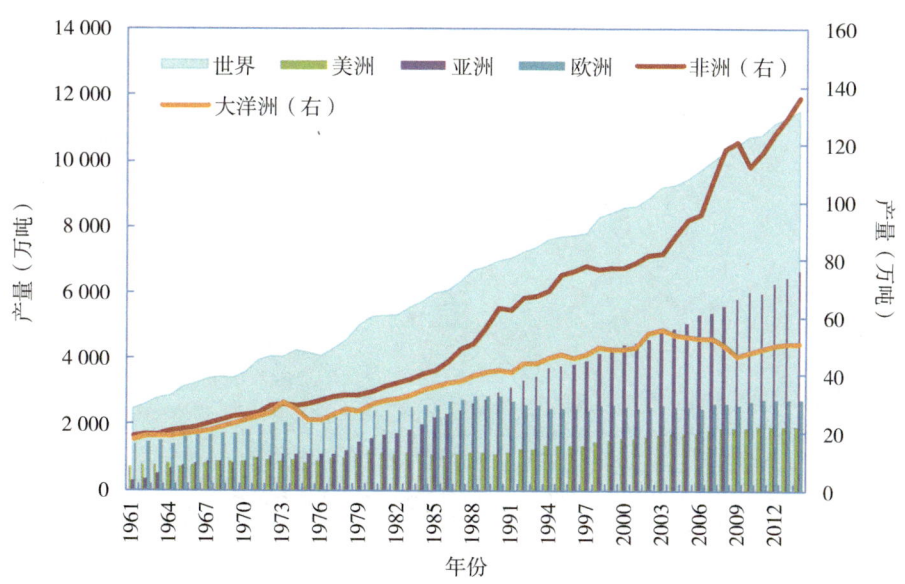

图3 1980—2014年全球各大洲猪肉产量变化趋势

数据来源:FAO

0.28%和0.18%，表明亚洲地区的生猪产能变化已经成为影响全球猪肉供给最主要的因素，对全球市场的影响越来越大。

中国、美国、德国、西班牙、巴西和越南是世界猪肉生产大国。在猪肉生产上，生产技术与机械化生产是美国、德国、西班牙等发达国家主要的生产优势。因此，这些国家的产量水平较高。中国的产量稳居世界第一，经历了3次较大的价格波动后，生产模式由资本推动进入产业推动，大型的屠宰加工企业、饲料企业进入养殖行业开始全产业链整合，而专业的养殖企业加大了产业布局力度，规模化、专业化和组织化水平在2011年以后特别是2015年开始快速提升（张敬晗，梁振华，1997）。中国生产技术水平和集约化生产显著改善，尽管总体水平与国外发达国家仍有差距，但是主要的制约因素已经从生产技术转变为饲料刚性成本。此外，世界主要猪肉生产国还有俄罗斯、法国、加拿大、波兰、菲律宾和丹麦，但这6个国家的产量相对较小。

三、国际价格走势变化及动因

1990年至今全球肉类价格指数经历了两个大的周期，当前价格处于第二个周期的下降通道。肉类价格指数从1990年1月的112.3上涨至1996年10月的137.2后开始下滑，2002年12月跌至84.5；2003年开始进入第二个周期，2014年8月创212的新高，之后进入下降通道，2017年10月为172.7（图4）。肉类价格指数受谷物价格指数影响，基于ARMA模型分析，滞后2期和3期的谷物价格指数对肉类价格指数有明显的正向影响，滞后2期和3期的谷物价格指数上涨1个点，肉类价格指数上涨0.07和0.08个点。

图4　1990—2017年全球肉类和谷物价格指数变化趋势

数据来源：FAO

美国和欧盟是全球最大的两个猪肉出口市场,其猪肉价格影响全球猪肉贸易(图5)。美国国内猪肉产量增加及规模化发展稳定猪价波动,20世纪90年代成为猪肉净出口国。2000年以后随着出口量的增加,美国国内猪肉市场受国际市场的影响越来越大。2010年全球猪价上涨及成本增加带动其猪价上涨,2014年创新高,波动加剧。美国猪肉批发价格1982年上涨至123.1美分/磅,之后约30年总体在100~120美分/磅;全球玉米等饲料原料价格上涨以及全球猪肉进口需求增加,带动美国猪肉价格开始上涨,2014年达到180.4美分/磅的新高;2015年受全球猪肉产量增加及需求增速放缓影响,猪价下跌,2016年为145.0美分/磅。欧盟猪肉价格90年代以来震荡上涨。1993年为1 045.37欧元/吨,震荡上涨至2013年的1 764.04欧元/吨,之后总体呈下跌走势,2016年为1 459.60欧元/吨。

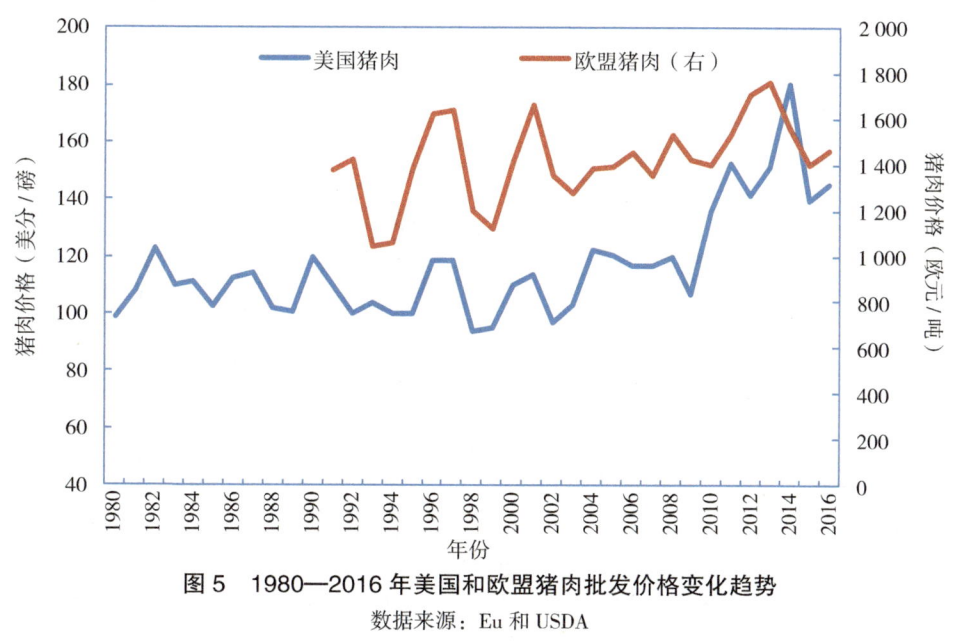

图5 1980—2016年美国和欧盟猪肉批发价格变化趋势
数据来源:Eu 和 USDA

四、国际贸易格局及演变

20世纪80年代世界猪肉出口变动不大,并且贸易量较小,1989年开始持续增加。猪肉出口可以大致划分为3个阶段:一是低贸易量阶段。该阶段猪肉需求主要依赖国内生产,贸易量比较低,但保持持续增长。1981—1988年,年出口量大部分年份不足250万吨;二是高速增长阶段,欧洲和北美洲猪肉产量的增加、发展中国家收入的提高带动猪肉出口量90年代年均增长7.1%。三是温和增长阶段,亚洲地区猪肉供给的增加降低了猪肉出口的增速,最近10多年年均增5.3%,出口量从2001年的539万吨增至2016年的1168万吨。其中2001—2010年年均增6.6%,2011—2016年年均增2.3%,主要原因是德国、美国两大主要猪肉出口国出口增速均显著放缓。

欧洲、美洲是世界猪肉产品主要出口地区,猪肉产品贸易量占世界猪肉产品贸易总量的比重为 95% 以上。其中，在世界猪肉产品贸易中占据绝对主导地位的是欧洲，2016 年其猪肉产品出口量占世界总出口的 68%。北美洲是世界猪肉产品的第二大主要出口区域，2016 年出口的猪肉产品占世界猪肉产品出口总量的 23%。南美洲是世界猪肉产品的第三大出口区域，其猪肉产品出口量占世界出口猪肉产品总量的比重为 5.4%。世界猪肉贸易洲际间流动主要是从欧洲与美洲流向亚洲，趋势较为明显。

主要猪肉出口市场是德国、美国、西班牙、丹麦、加拿大、荷兰等欧洲和北美国家。德国是猪肉出口增速最快的国家，2001—2016 年年均增长 9.6%，从 43 万吨增至 187 万吨；美国从 49 万吨增至 161 万吨，年均增长 7.7%；西班牙从 36 万吨增至 149 万吨，年均增长 9.3%；丹麦猪肉出口量稳中有增，从 99 万吨增至 113 万吨后保持相对稳定；加拿大猪肉出口量翻番，从 50 万吨增至 96 万吨，年均增 4.2%；荷兰也实现了稳步增长，从 64 万吨增至 93 万吨，年均增 2.4%（图 6）。

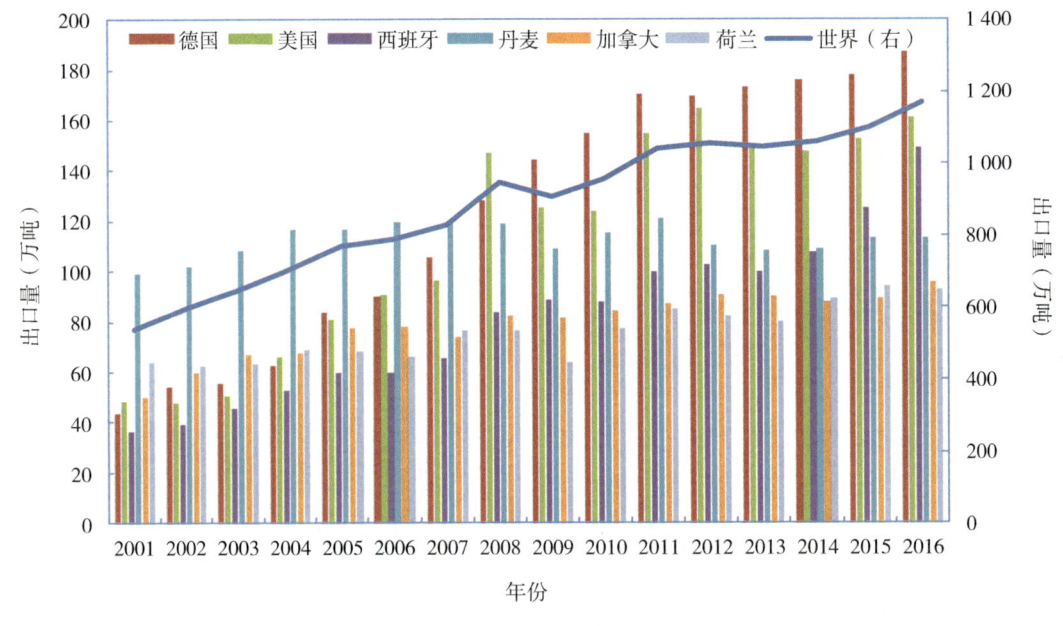

图 6　2001—2016 年全球猪肉出口变化趋势
数据来源：UN

主要猪肉净进口国为中国、意大利、日本、波兰、韩国等国家。受国内需求增加影响，中国由净出口变为净进口，猪肉进口量从 9 万吨增至 162 万吨，年均增长 19.80%，特别是 2011—2016 年年均增长 28.2%；日本从 71 万吨增至 90 万吨，年均增长 1.50%，受国内产能恢复影响，进口量最近 2 年有所下滑；意大利稳中有增，从 85 万吨增至 97 万吨，年均增长 0.83%；墨西哥国内需求的增加推动 2001—2016 年猪肉进口年均增长 8.28%，从 21 万吨增至 75 万吨；波兰从 2 万吨增至 62 万吨，年均增长 23.94%；韩国从 10 万吨增至 46 万吨，年均增长 10.00%（图 7）。

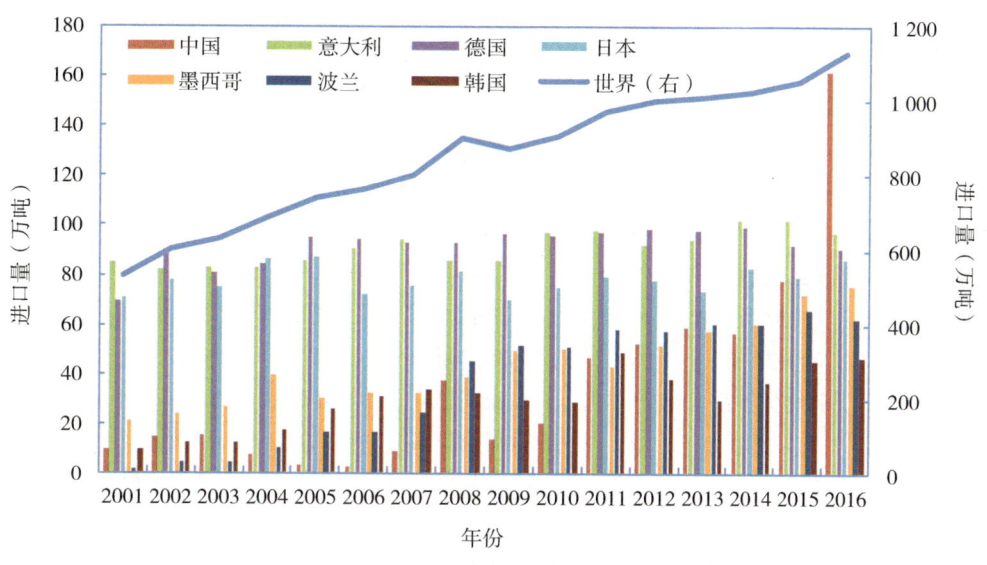

图7 2001—2016年全球猪肉进口变化趋势

数据来源：UN

五、主要国家产业链竞争力

（一）美国生猪产业链竞争力

生猪养殖主要分布在中西部的玉米带和大豆种植带（李冉，陈洁，2013）。美国玉米主产区在五大湖的西南部，即美国的心脏地带（Heartland Region），爱荷华和伊利诺是全美玉米产量最多的两个州，合计约占全美的1/3，其余前10位分别为内布拉斯加、明尼苏达、印地安那、南达科他、堪萨斯、密苏里、威斯康星和俄亥俄，合计占美国玉米总产量的近90%。由于美国实行大豆和玉米轮作，大豆主产区正好涵盖其玉米主产区。

20世纪70年代初，美国农业部重视农作物生产，联邦基金优先发展领域转向农业生产，推动种植规模扩大，玉米和大豆供给增加、价格下跌，为养猪生产提供了充足和廉价的饲料玉米和豆粕。2016年心脏地带育肥成本为47.38美元/英担，北部新月地区则高达56.64美元/英担，仅饲料成本就低16.3%。饲料原料的优势又带动粮食主产地区生猪养殖的工业式生产。

1980年，全美生猪存栏量最高的5个州均来自这些地区，存栏量最高的10个州有8个来自这些地区，生猪存栏合计占全国的68.7%。2016年，生猪存栏量最高的10个州中有9个来自这些地区（北卡罗莱纳州除外），合计占71.5%（表1）。其中，爱荷华州一直是最主要的生猪主产州，而且存栏量占全国总量的比重不断上升，已经从1980年的25.0%上升至2016年的30.1%。

表 1　美国生猪养殖地区分布（存栏量占全国总量的比重）

排序	1980		2000		2016	
	地区	占比（%）	地区	占比（%）	地区	占比（%）
1	爱荷华	25.0	爱荷华	24.0	爱荷华	30.1
2	伊利诺斯	10.2	北卡罗莱纳	14.8	北卡罗莱纳	12.5
3	明尼苏达	7.9	明尼苏达	9.2	明尼苏达	11.1
4	印第安纳	7.1	伊利诺斯	6.6	伊利诺斯	6.9
5	密苏里	6.2	印第安纳	5.3	印第安纳	5.5
6	内布拉斯加	6.1	内布拉斯加	4.8	内布拉斯加	4.6
7	北卡罗莱纳	3.8	密苏里	4.6	密苏里	4.2
8	乔治亚	3.5	俄克拉荷马	3.7	俄亥俄	3.6
9	俄亥俄	3.3	堪萨斯	2.4	俄克拉荷马	2.9
10	堪萨斯	2.9	俄亥俄	2.4	堪萨斯	2.6
前十占比（%）		76.1		77.8		83.8

数据来源：USDA

生猪养殖规模化水平高。19 世纪 80 年代初，美国的牲畜养殖补贴政策按照生产面积支付，导致两极分化严重，小型猪场难享国家优惠。因不具备成本优势且无法保证产品品质而难以适应行业整合，散户和小规模养殖户快速退出，生猪养殖场数量锐减近 90%，由 70 年代末的 65 万家减少到现阶段的 5.6 万家左右，但生猪出栏提高 1.2 倍（Michelle B. Nowlin, 2013）。从出栏结构来看，20 世纪 70 年代末，年出栏在 1 000 头以下的养殖场生猪出栏比重为 66.3%，年出栏 5 000 头以上的比重仅 0.2%。规模化扩张开始于 80 年代，堪萨斯、内布拉斯加、北卡罗莱纳和俄克拉荷马开始建设年出栏 30 万头的猪场，北卡罗莱纳平均存栏规模达到 1.0 万~2.5 万头。80 年代末美国养猪协会（NPPC）引入猪肉品质保障计划，强调动物健康产品在生猪养殖中的应用，生猪养殖在 90 年代进入规模化快速扩张期，2007—2012 年规模化发展提速，之后处于稳定发展期（John M. Marsh, Gary W. Brester, 2004）。出栏 5 000 头以上的养殖场出栏占比从 80 年代末的不足 20% 经过 10 年提高到 1997 年的 43.6%，2007—2012 年又提高 47.6 个百分点，年出栏不足 100 头的养殖户快速退出，年出栏在 5 000 头以上的比重则高达 91.2%，年出栏在 1 000 头以下的比重仅 1.2%（表 2）。

表 2　1978—2012 年美国生猪养殖规模结构变化

单位：%

年出栏数量	1978	1982	1987	1992	1997	2002	2007	2012
1~99 头	9.6	5.4	3.7	2.2	2.1	1.0	0.7	0.2
100~199 头	10.4	6.5	4.7	2.9	2.0	0.8	0.4	0.1
200~499 头	24.5	18.2	14.5	10.0	7.3	3.4	1.8	0.3
500~999 头	21.8	21.7	19.6	15.6	10.5	6.3	3.3	0.6

（续表）

年出栏数量	1978	1982	1987	1992	1997	2002	2007	2012
1 000~1 999 头	16.3	21.1	21.9	20.4	13.1	10.8	8.1	1.4
2 000~4 999 头	10.2	15.2	18.4	20.7	21.5	23.5	24.1	6.2
>5 000 头	7.1	11.8	17.2	28.2	43.6	54.1	61.5	91.2

数据来源：USDA

20世纪90年代订单生产和专业化生产快速发展。美国政府鼓励"公司＋农户"的养殖模式。由于养猪基础设施缺乏，北卡罗莱纳州养猪业采取垂直产业链模式，采用"大型企业＋农场主"订单的一体化经营模式，90年代中期，该州80%以上的出栏生猪是通过这一模式生产的。这种生产模式推动了该州生猪养殖技术的不断提高，降低了养殖成本，带动其在90年代初成为美国的第二大生猪产区，并且建成了Smithfield旗下的当时全球最大的生猪屠宰厂，占美国屠宰量的8%。订单农业的发展带动养猪业繁殖、保育、育肥的分工和合作，销售生猪也由点拍卖市场（自繁自养养殖户销售模式）转向直接销售渠道（定单生产），70%生猪销售由活体转变为以胴体为单位计价。与此同时，以爱荷华州为代表的传统玉米带生猪养殖区为了缓解竞争压力，调整养猪业的产业结构，均采用了订单生产模式。1992年，全美订单化生猪养殖场比例仅为3%，2014年已达65%。

1. 产业链纵向和横向整合提高产业集中度

20世纪90年代开始生猪生产向纵向一体化生产和横向整合发展。由传统的自繁自育生猪养殖模式向订单生产转变，除了为屠宰加工提供稳定的生猪供应，有利于屠宰加工厂有效控制生猪品质外，也节省了交易成本。目前，除传统类型之外，还包括以下4种类型：繁殖—保育猪（种猪场）、繁殖—架子猪（种猪场）、保育猪—架子猪（仔猪哺育场）、架子猪—育成猪（育肥猪场）。不同环节的养殖规模差异较大，2016年，种猪场平均养殖规模达到年出栏量3.5万头，育肥场的年均出栏量为7 593头，自繁自育的传统养殖场的养殖规模最小（表3）。1992年美国自繁自育养殖户出栏生猪占总出栏量的65%，2004年下降到18%。订单农业的发展也带动了饲料、生猪生产、屠宰加工一体化。玉米带饲料产量占美国饲料产量的21.7%。20世纪50年代开始，饲料制造商开始进入养殖行业，现在大多数饲料加工厂转化为纵向一体化企业的一个成本环节。嘉吉、Land O'Lakes（养殖场户合作企业）、Tyson、Smithfield和ADM等美国最大的饲料生产商有4家既从事养殖也从事屠宰加工。由屠宰加工企业及其合同户生产的生猪占美国生猪屠宰量的比重由2005年的21.4%提高到2013年的33.4%。

表3　2016年不同阶段生猪养殖规模

单位：头

类型	繁殖—保育猪	架子猪—育成猪	繁殖—育成猪
年出栏量	35 250	7 593	4 763

数据来源：USDA

订单化生产发展迅速,但不同养殖环节、不同地区的订单生产比例不尽相同。根据美国农业部调查,1992 年传统生猪养殖场占 60% 以上,2004 年下降到不足 20%,专门的育肥猪场数量已到达 80%。到 2016 年,所有的仔猪场都是订单养殖的,从事繁殖—保育环节的种猪场有 62% 是订单生产,从事繁殖—架子猪环节的种猪场 49% 是订单生产(表 4)。另外,育肥场的订单化比重也较高,但不同地区存在较大差异。以北卡罗莱纳州为代表的南海岸地区的生猪育肥场全部实现了订单化,北月牙区订单化生产的比重为 91%,以爱荷华为代表的中心地区,进行订单化育肥的比重为 75%。

表 4 2016 年美国生猪订单生产所占比重

类型	繁殖—保育猪	保育—架子猪	繁殖—架子猪	架子猪—育成猪		
地区	全国	全国	全国	中心地区	北月牙区	南海岸
比重(%)	62	100	49	75	91	100

数据来源:USDA

注:繁殖 - 育成猪全为自繁自养,订单生产比重为 0%

2. 政府补助、企业研发联合治理养殖粪污

美国粪污处理分为 3 种方式。一是粪肥直接施用土壤深处。通过翻耕等方式直接将粪污施用到土壤深处,减少气味和气体排放。二是粪浆池。粪浆池建筑在养殖圈舍下或者室外,贮存未处理的粪肥直到达到土壤施用标准,喷施到土壤表面或者深施到土壤中。三是粪污池。在较长一段时间内对粪肥进行处理,净化有机质,减少营养成分,排放大量有机氮。这种处理设施主要用于气候较温和的地区(张晓恒,周应恒,张蓬,2015)。

20 世纪 90 年代,美国和各州就开始重视并立法治理生猪养殖粪污问题。美国陆续出台的有关养殖业污染防治的联邦法律有《净水法案》《清洁空气法》《综合环境反应、赔偿和责任法》《紧急规划与社区知情权法》等,主要负责机构是美国环境保护署和美国农业部。根据 1972 年《净水法案》规定,存栏量超过 1 000 头的养殖场必须严格遵守国家污染排放清除系统规定,存栏量超过 2 500 头牲畜必须符合联邦政府关于动物粪污存储和处理要求。1991 年美国养猪协会(NPPC)开始全国性的环境行动计划,建立环境保障项目。由于环保意识的加强,1992 年北卡罗莱纳州环境管理委员会要求规模在 250 头以上的生猪养殖场必须注册并且实施批准的废弃物管理计划。1995 年该州 2 500 万加仑猪粪污染导致大量鱼死亡的事件,再次引发对养殖污染的重视,州参议院通过猪场选址法(Swine Farm Siting Act),规定新建猪舍或者粪污处理区必须距离居住区至少 1 500 英尺以上,离学校、医院等至少 2500 英尺,离任何建筑物边界必须 100 英尺以上。养殖企业也开始研发粪污处理技术,2000 年 Smithfield 与大型养猪企业 Premium Standard Farms 签署协议共同研究生猪废弃物管理技术。2003 年环保署修订了《净水法案》,控制大型养殖场的粪肥养分的排放,2008 年开始实施,要求动物饲养场必须按照"集中动物饲养经营"(CAFOs)方式,获得国家污染物排放清除系统允许,才能排放粪污。到 2010 年年底,多数州完成了与联邦法一致的法律修订。

通过环境质量激励计划(EQIP)为畜禽养殖企业提供完善的支持政策和激励措施。

EQIP 计划能够有效解决养殖户为达到养猪粪污排放法规要求（《营养综合管理计划》）（CNMP）支出的成本。养殖场或者企业最高能够获得 30 万美元的补贴，为期 6 年，满足养殖场实施营养管理计划所需的动物粪污处理、储存、转移和大田施用所产生的费用。遵守 CNMP 的养殖场比重从 2004 年的 62% 提高到 2009 年的 82%。此外，粪浆施用费用（18 元/吨）基本上由作物种植者承担，而不是畜牧生产者承担。

严格的法律法规及激励补贴，政府、企业和团体的重视和废弃物治理的研发投入，有效缓解了美国养殖业污染。经过多年发展，大型养猪场通过有机肥商业化生产，销售后可达到农场生产成本的 9% 以上，实现经济效益、生态效益、社会效益的统一。

3. 养殖区域分工协作

20 世纪 90 年代开始各州根据自己的资源特点进行生猪区域化养殖。在繁殖—架子猪和繁殖—育成猪阶段，饲料、劳动力和设备等非饲料成本占绝大份额，仔猪—保育猪阶段和架子猪—育成猪的母猪和架子猪成本较高（表 5）。所以，在非玉米带区从事仔猪繁育专业化生产，玉米带边缘区，尤其是玉米带的东南、南、西南部的边缘地带，则专注于仔猪哺育阶段。然后，该地区生产的断奶仔猪被运到低玉米价格的玉米带区，如运至爱荷华州进行专业化肥育生产。

表 5　2016 年不同阶段生猪养殖成本构成

项目	总计		仔猪—保育猪		繁殖—架子猪		架子猪—育成猪		繁殖—育成猪	
	成本（美元/英担）	占比（%）	成本（美元/英担）	占比（%）	成本（美元/英担）	占比（%）	成本（美元/英担）	占比（%）	成本（美元/英担）	占比（%）
饲料成本	40.35	51.2	53.25	37.0	74.2	58.4	36.7	51.0	31.1	56.3
架子猪	12.15	15.4			1.5	1.2	17.9	24.9		
保育（母）猪	6.60	8.4	64.12	44.5			4.3	6.0		
劳动成本	5.33	6.8	6.17	4.3	25.6	20.2	2.6	3.7	7.9	14.3
设备费用	8.15	10.3	9.76	6.8	20.0	15.8	6.0	8.3	9.4	17.0
其他成本	6.19	7.9	10.86	7.5	5.7	4.5	4.5	6.2	6.8	12.3
总成本	78.77	100.0	144.2	100.0	137.4	100.0	72.0	100.0	55.2	100.0

数据来源：USDA

以玉米带的爱荷华州和明尼苏达州为例，2016 年生猪出栏量分别为 4 820 万头和 1 961 万头，居全美前两位，其能繁母猪存栏量分别为 103 万头和 55 万头。按全美的平均养殖水平测算，仔猪繁殖量远低于其生猪出栏量，调入仔猪的数量分别为 2 207 万头和 556 万头。伊利诺斯、密苏里、俄克拉荷马等临近各州能繁母猪产能大于其生猪出栏量，调出仔猪的规模分别为 115 万头、164 万头和 312 万头（表 6），这些地区的种猪场和仔猪哺育场补充了爱荷华和明尼苏达自身母猪产能的不足，养殖的区域分工明显且规模大。

表6 2016年爱荷华等地生猪出栏和能繁母猪存栏量

单位：万头

地区	生猪出栏量	能繁母猪存栏量	调入仔猪
爱荷华	4 820.0	103.0	2 206.9
明尼苏达	1 961.4	55.0	566.1
北卡罗莱纳	1 749.9	88.0	−482.7
伊利诺斯	1 255.3	54.0	−114.7
密苏里	940.1	43.5	−163.5
印第安纳	853.7	27.0	168.7
俄克拉荷马	829.5	45.0	−312.2
内布拉斯加	810.0	41.5	−242.9
南达科他	476.2	19.0	−5.8
俄亥俄	432.4	20.0	−75.0

数据来源：USDA

注：调入仔猪 = 该州能繁母猪存栏量 *25.37− 生猪出栏量

4. 猪肉加工与销售高度集中

屠宰加工企业集中于生猪产业带，集中度高且形成品牌。20世纪70年代冷藏车的出现促进了生猪养殖、屠宰和加工的集中。Smithfield 是美国最大的屠宰加工企业，屠宰厂分布于北卡罗莱纳州、弗吉尼亚州、南达科他州、内布拉斯加州、爱荷华州、伊利诺斯州、密西西比州。JBS 的屠宰厂分布于明尼苏达州、爱荷华州、伊利诺斯州等。Tyson7家屠宰厂中有4家位于爱荷华州。1977年屠宰能力超过50万头的企业仅22家，而5万~50万头和小于5万头的屠宰企业分别为114家和333家，80年代中期小型和中型屠宰企业开始剧减，到1987年减少到259家和60家，1996年分别为43家和157家，超过50万头屠宰能力的则增加到32家，通过兼并重组，到2016年超过50万头屠宰能力企业为27家。屠宰加工领域显现出极高的市场集中度，前5家屠宰企业 Smithfield Foods、Tyson、JBS、Excel、Hormel 占全美生猪肉加工量的70%以上。78%的猪肉在超市销售，终端零售商市场也是高度集中。前四大零售商90年代初的市场份额只有16.8%，1998年大型零售商兼并整合，当年份额大幅提高9个百分点，之后继续稳步提高，2013年市场份额扩大到36.4%，前20位零售商市场份额达到63.8%，销售了82%的猪肉。

5. 饲料成本优势明显

生猪生产成本稳中有增，饲料成本提高，摊销成本下降。1999—2001年，生猪总生产成本从9.93元/千克增至11.31元/千克，2002—2010年大部分年份在11元/千克以下，总体保持平稳，其中2009年最低仅9.63元/千克。2011年全球猪肉及玉米价格上涨，生产成本尤其是饲料成本增加，为11.92元/千克，同比上涨12.9%，其中饲料成本5.86元/千克，同比上涨43.7%。2014年创最近20年最高水平，为13.81元/千克，涨16.9%，主要是由于仔猪成本上涨，为5.14元/千克，大幅涨61.3%，而饲料成本为5.96元/千克，跌0.7%，2015年有所下滑，为11.20元/千克，2016年为11.54元，其中仔猪和饲料成本分别为 2.75 元 / 千克和 5.91 元 / 千克（图 8）。

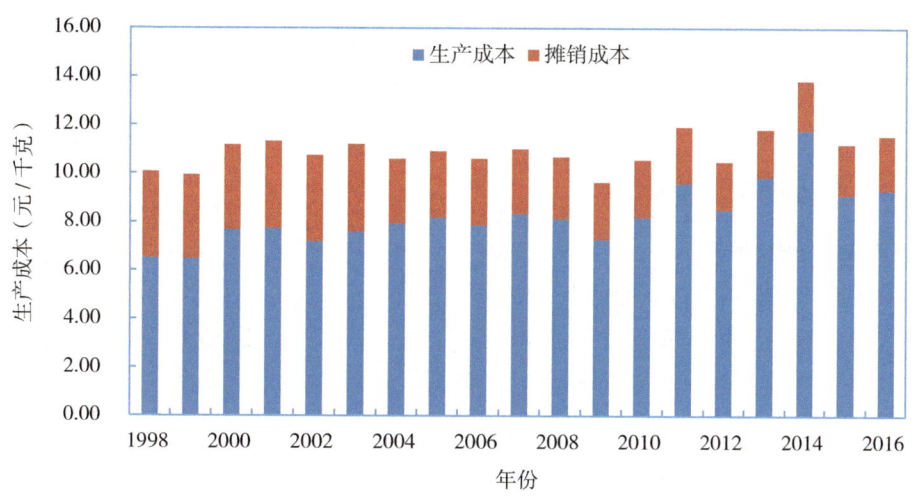

图 8　1998—2016 年美国生猪生产成本
数据来源：USDA

饲料和仔猪成本比重提高。两者合计占总成本的比重从 1998 年的 55.5% 提高至 2016 年的 75.8%。饲料成本从 1999 年的 3.51 元 / 千克增至 2013 年的 6.00 元 / 千克后有所回落，但均保持较高水平，2014—2016 年分别为 5.96 元 / 千克、5.71 元 / 千克和 5.91 元 / 千克，2016 年饲料成本较 1998 年涨 62.7%。饲料成本占总成本的比重从 1999 年的 35.3% 增至 2016 年的 51.2%。仔猪 / 架子猪成本上涨较快，从 1998 年的 1.53 元 / 千克增至 2014 年的 5.14 元 / 千克，涨 2.36 倍，2015 年开始回落，2016 年为 2.75 元 / 千克，占总成本比重从 15.2% 增至 2014 年的 37.2%，2016 年为 23.8%。每头能繁母猪能够提供的生猪出栏数也从 1994 年的 13.9 头提高至 2015 年的 19.6 头。

受规模化水平和养殖效率提高影响，摊销成本下降。摊销成本从 1998 年的 3.16 元 / 千克降至 2016 年的 2.23 元 / 千克，降幅 37.2%，占总成本的比重从 35.2% 降至 19.3%。其中，劳动力成本（包括雇佣劳动力和非雇佣劳动力机会成本）从 1.39 元 / 千克降至 0.78 元 / 千克，摊销成本下降的主要因素是规模化水平提高，1998 年养殖户平均年销售生猪 1 540 头，2016 年增至 5 118 头，增长 2.3 倍，主要养殖模式发生显著变化，合同户生猪出栏比重也从 40% 提高至 65%。

美国生猪养殖总体处于微利状态。1998 年以来美国生猪养殖盈利水平平均为 0.23 元 / 千克，按照 125 千克的出栏重来计算，平均盈利为 29 元 / 头。扣除运营成本和摊销成本，1998—2016 年，有 9 年处于亏损，10 年处于盈利，特别是 2002 年之前亏损年份较多，亏损为 2.16 元 / 千克；2005 年收入最高，为 2.44 元 / 千克。

如果扣除劳动力机会成本，美国生猪盈利处于正常盈利水平。扣除劳动力机会成本后，1998 年以来美国生猪养殖盈利水平平均为 0.85 元 / 千克，按照 125 千克的出栏重来计算，平均盈利为 106 元 / 头。

养殖收入多元化,以生猪和架子猪/仔猪销售为主。1998年以来,生猪销售平均收入为7.77元/千克,其中1999年最低仅5.33元/千克,2014年最高,为10.36元/千克,2016年为7.25元/千克。此外,仔猪和架子猪销售约占总收入的20%,从1.32元/千克提高至2014年的4.16元/千克,占总收入的比重达到25.9%,2016年下降为2.23元/千克,占20.9%。

(二)日本生猪产业链竞争力

1. 猪肉供需保持平稳

日本国内猪肉供给能力下降后开始恢复。20世纪90年代以前猪价处于高位,生猪存栏和猪肉产量呈现持续增加趋势(刘德娟,周琼,曾玉荣,2015)。1990年后猪价下跌、养殖收益下滑,养殖户数量快速下降,10年间年均减11.3%,生猪存栏曾经连续6年下降,猪肉产量由1990年的108万吨一直下降到2001年的86.20万吨,创1990年以来最低水平(韩喜平,李二柱,2005)。规模化水平提高、养殖效率提升及胴体重增加带动猪肉产量2002年开始有所恢复,2016年为89.42万吨。尽管产量下降,但在进口调节下,猪肉供给量稳步提高后企稳,从1990年的116万吨增至2004年的175万吨,2009年回落到161万吨,消费需求总体增加带动供给2016年达到177万吨。猪肉自给率从1990年的92.5%降至2016年的50.5%,主要原因是养殖户老龄化(70岁以上农业从业人员2014年占47%)、严格的环保法规以及投资成本高(平均增加1头母猪的配套设施投入成本大约是100万日元,折算为6万~7万人民币)。生猪产业完成向大型化、标准化和一体化经营的转变,规模化水平的提高和饲料支持政策稳定了生产成本,提高了养殖效率。政府在小农经济的框架下实现畜牧业现代化,通过法规明确提出要培植中等规模经济主体。20世纪60年代初以家庭养猪为主,户均2~3头。60年代末70年代初,农村劳动力开始转向制造业和服务业,养殖户开始持续下滑、生产规模水平快速提高,社会经济结构的变化推动了规模化的发展。80年代生猪价格保持高位,饲料成本持续下降,生猪养殖收益较高,带动供给持续增加,导致80年代末、90年代初猪价由高位进入低迷期,生猪养殖业开始产业内部结构调整。养猪业的专业化、规模化、标准化发生于1991—2000年,猪价低迷的大背景下,小规模、散养农户加速退出生猪生产领域,确立产业一体化经营,饲养户数由3.60万户降至1.17万户,减少2/3以上,年均下降12.9%,高于上2个10年的11.0%和10.9%,平均每户饲养头数由272头增加到790头,其中以1 000~1 999头和2 000头以上的养殖规模发展速度较快。2000年以后进入大型化、标准化、一体化经营阶段(车维汉,2014),2017年年初养殖户数降至4 670户,年均减少5.3%,每户饲养头数增至2 001头,3 000头以上养殖规模发展迅速并成为主体养殖模式,2014年出栏比重占57.5%,500~999头和1 000~1 999头总体趋于稳定。受益于政府饲料调控政策,生猪生产成本总体相对较平稳(韩柱,2012)。1993—2014年总成本仅年均增1.0%。尽管猪价低于80年代的水平,由于猪价波动较小,生产成本相对平稳,因此近20多年养殖户年均收益为4 836日元/头。

2. 高效的猪肉流通体系

农协集中运销活猪，流通渠道包括肉类拍卖市场、食肉中心及其他屠宰场，全部流通过程分为活猪、白条肉、分部位肉、精加工肉四个阶段。政府通过制订《批发市场法》等有关法律严格规定开设中央批发市场的最低人口数和批发市场的最小规模。日本共有27个肉类拍卖市场，其中以东京及大阪2处肉类市场拍卖价格为全国的参考价格，拍卖市场提供了一个公开、公平、公正的交易平台。1979年6月由日本政府及农畜产业振兴机构集资成立了财团法人日本食肉流通中心（JMTC），现在大约有72个食肉流通中心，负责屠宰、分切及流通的功能（黄靖岚，郭永兴，2015）。食肉中心是批发市场，交易参考拍卖市场价格，分布于日本全国，由地方政府或者大食品公司经营（图9）。其他屠宰场105个。屠宰后的胴体送往食肉拍卖市场拍卖，或直接卖给批发商（8 100余个）和肉类加工商（2 100余个）。生猪养殖户生产的生猪供应至肉类批发（拍卖）市场、食肉中心及其他屠宰场的量分别约为17%、54%和29%。拍卖市场临近消费区域，以胴体拍卖形成价格，比较公平、公正，避免市场压价等行为，同时能够实现快速物流配送；肉食中心及其他屠宰场临近生猪产地，方便就地屠宰和分割后送至批发商或者食肉加工商，再分切或者深加工后送至肉摊、量贩店及外食店。进口猪肉也是通过批发商或者食肉加工商再销往零售端。

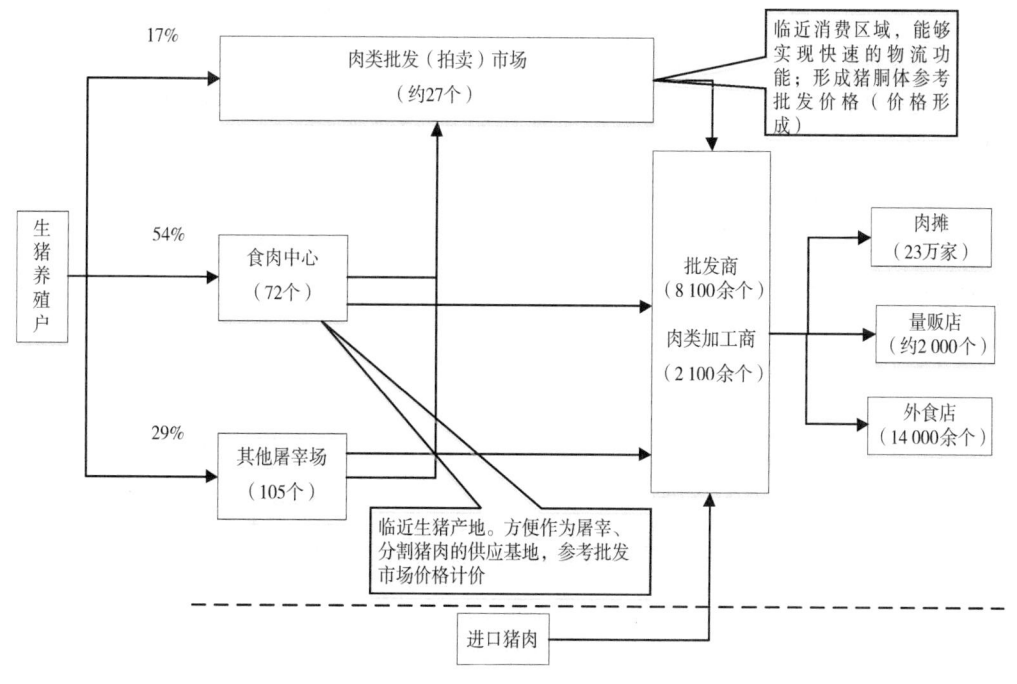

图9 日本生猪流通模式
数据来源：日本农畜产业振兴机构

3. 紧密结合的生猪产业组织化

为保障生猪产业发展，日本生猪业建立了从上到下的行业协会，这些行业组织紧密合作、组成有机整体，为养殖户提供从生产一直到销售、金融贷款等方面的服务。日本政府1961年颁布《畜安法》后专门成立的农畜产业振兴机构是日本农林水产省下属机构，专门负责制定生猪产业政策性补贴、猪肉市场调控以及对每月对猪肉供需进行预测和预警。在养殖业上游，日本养猪协会、家畜改良中心及国产纯种猪改良协会负责良种猪的育种和推广。日本养猪协会负责种猪的登记、记录，为家畜改良中心提供数据，将改良中心的评价结果提供给都道府县及民间种猪肉生产者组成的国产纯种猪改良协会，改良协会再将优良的种猪、精液提供给养殖户。日本农协为养猪户提供生猪贩卖和生产资料购买等服务。

4. 生产成本支持保持收益稳定

规模化水平的提高和饲料支持政策稳定了生产成本，提高了养殖效率。受益于政府饲料调控政策，生猪生产成本总体相对较平稳。20世纪60年代和70年代养殖成本分别年均增长2.4%和5.9%，饲料成本占总成本比重较高，政府因此建立了配合饲料价格安定制度（Yoshihisa Godo, 2014）。1993—2014年总成本仅年均增长1.0%。生猪生产成本1993年为25 069日元/头，2000年降至22 442日元/头。受全球饲料价格上涨影响，2008年增至30 741日元/头，饲料价格回落带动成本连续3年呈下降趋势。2011年开始连续4年增加，2014年为30 659日元/头。饲料成本占总生产成本75%左右，成本上涨最主要的因素是饲料成本增加，1993年饲料成本为19 168日元/头，占总成本的76.5%，之后连续14年保持相对平稳后，2007年增至22 274日元/头，2014年为23 100日元/头，占75.3%。与中国类似，水电煤等动力费、防疫等费用均呈现增加趋势。技术水平的提高降低了劳动力成本，出栏1头肥猪的用工时间也由1993年的3.87小时/头降为2.71小时/头。尽管猪价低于80年代的水平，由于猪价波动较小，生产成本相对平稳，因此养殖户持续保持收益，近20多年年均收益为4 836日元/头。尽管如此，总成本的增加还是导致2005—2014年平均收益较上一个10年下降1 347日元。2012年猪价下跌，纯收益降幅明显，仅为1 003日元/头，2014年猪价创新高，纯收益达到历史最高水平，为9 024日元/头（图10）。

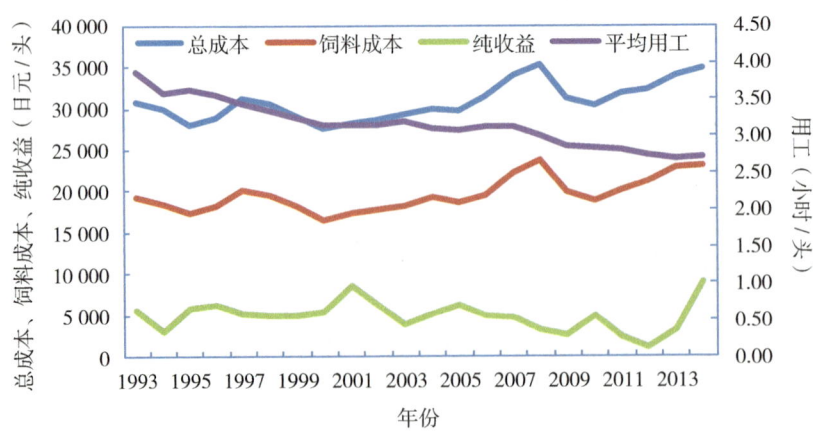

图10　1993—2014年日本生猪生产成本、收益及用工

数据来源：日本农畜产业振兴机构

六、主要国家产业支持政策

(一) 欧盟

欧盟猪肉产业拥有自己的行业组织，其受欧盟法律管辖，通过建立价格体系和调节与非欧盟国家贸易稳定市场，为参与市场的农民建立公平的标准。欧盟拥有一整套完善的制度，包括活猪（但不包括纯种种猪），猪肉和肉类加工产品，主要涉及价格体系、生产补贴和服务性补贴、与非欧盟国家间贸易、生猪保险和生猪期货等方面。

第一，价格支持体系。整个价格支持体系分为基础价格和政府干预两部分。

基础价格：欧盟设定的生猪胴体基础价格是每吨 1 509.39 欧元，该生猪胴体为等级 E 时，每头体重在 60~120 kg 之间；为等级 R 时，每头体重超过 120 kg（只限于意大利）。这个价格也是政府干预价格的基准。一旦实施干预，标准质量的猪胴体收购价格为基准价格的 78%~92%；如果收购的不是猪胴体或者其产品的其他生猪产品，并缺乏质量标准，那么收购价格根据标准质量的猪胴体价格。

政府干预：为了防止和减轻猪肉价格剧烈下跌造成的影响，欧盟通过发放补助金的方式，支持私人猪肉存储和鼓励购买政府相关机构存储的猪肉产品。当欧盟猪肉价格（由各成员国生猪饲养规模加权计算所得）低于基础价格的 103% 时，政府干预就可被授权实施，欧盟委员会还给予补贴鼓励私人库存猪肉。2008 年时，爱尔兰猪肉生产遭遇"二恶英"危机，欧盟成员国同意提供资金补贴爱尔兰猪肉储藏，待市场恢复后将储藏猪肉重新上市。这笔资金大概是 1 500 万欧元，可以储存 30 000 吨合格猪肉 6 个月时间。

为了有效地实施生猪价格体系，欧盟还建立了完善的猪肉价格报告制度，以比较各成员国猪肉价格，评价现行价格是否符合生产者利益，并对未来趋势进行预测。

第二，单一补贴政策。2003 年欧盟农业共同政策引入新的单个农场单一补贴系统，补贴与生产分离，而是与农场面积和存栏数结合起来，不再根据生产类型来补贴。多数共同市场组织（CMOs）在 2005 年或者 2006 年采用这一新补贴体系（除新加入欧盟国家），补贴系统一直持续到 2012 年。接受补贴的养殖场必须实施农业与环境交叉配合（Cross-compliance，CC）协议，如果没有完全履行，直接补贴将至多减少 5%，如果故意不履行协议，将至少减少 20% 补贴，完全不履行将不能接受补贴。单个农场补贴属于脱钩补贴，目的是促使农民以市场信息而不是以干预政策作为生产导向。

第三，补贴偿付政策。针对生猪疫病爆发和其他突发情况，欧盟通过采取紧急补助措施的方式维持猪肉市场的稳定。欧盟国家实施 CAP（Common Agricultural Policy，共同农业政策），农业补贴由欧盟和各国政府共同承担。先由本国政府按规定对农民进行补偿支付，然后再凭借各种凭证接受欧盟的转移支付。欧盟支付对农民补贴的 60%~70%，成员国则支付剩下的 30% 以及防疫费用。在重大动物疫病补偿模式上，欧盟主要采取"防控基金＋市场支持"模式，如果动物疫病暴发，畜禽养殖户将依据动物防疫法得到补偿。补偿范围包括被正式命令销毁的动物、销毁命令下达后死亡的动物，以及死后被认定为属于须申报疾病的动物。补偿不考虑税收，也对间接经济损失没有补偿，如受疫区限制和相应的销售禁令影响而造成的损失。此外，如果畜禽养殖户未能遵守法定的疫情预防和控制的有关规定，他们将无权获得补偿，或根据过失轻重相应减少补偿金的数额。补偿认定主要由官方兽医机构执行，官方兽医在接到动物养殖者的请求后，一定要在动物销毁前后迅速估算出动物的价值，计算出补偿数额。补偿资金主要包括两部分：一是政府财政支出，另一部分是由养殖户所交纳的动物疫病基金。两部分的补偿比例在不同国家有所不同，在德国政府财政资金占50%，动物疫病基金占50%。在丹麦则是政府负担80%，应急基金负担20%。动物疾病基金会还会要求会员缴纳应急基金，以弥补管理费用的支出和提供必要的服务，动物疫病应急基金一般都由政府、兽医管理部门和农场主代表所组成的董事会或理事会管理。各国动物疫病应急基金的征收随着畜禽的不同采取不同的征收办法。生猪在丹麦是采用屠宰收费的办法来筹集，德国则按照畜禽登记数统一进行收费。

1997年荷兰政府在CSF（Classical Swine Fever，经典猪瘟）发生时，依照欧盟法令规定，发现有临床症状及血清检验呈阳性反应的生猪全部扑杀，并在感染猪场3 km半径内设置保护区，禁止所有动物移动，10 km半径划为监测区，立牌公告禁止猪只进出。补偿金是由政府及养猪产业协会各负担50%成立的"养猪基金"发放，发病猪依照市价50%补偿，疑似病猪依照市价100%补偿，所有场内器具依照成本100%补偿。

第四，牲畜保险体系。欧盟国家建立起了较为完善的牲畜保险体系，帮助养殖户抵御风险。牲畜保险在欧盟地区非常普遍，目前欧洲有超过20个保险及再保险公司从事牲畜保险，保险设计涵盖畜牧业的相关风险，如因意外死亡或非传染病（如布氏杆菌病）。德国、挪威、瑞典和英国的保险公司系统性地提供包含非专业性的牲畜流行病，其他国家如意大利、芬兰、瑞士和西班牙，对非专业性的牲畜流行病分类担保。一般标准的有效保险时间为12个月，德国和瑞士的保险公司提供更长的保险时间。牲畜保险包括正式的赔偿和补偿计划特设赔偿。补偿计划可分为3个不同方案：① 法定补偿方案；② 非法定计划；③ 保险覆盖。

欧盟国家给予生猪保险强有力的财政支持。一是实行低费率高补贴的财政政策。政府往往对农民支付高额的保费补贴，使农民能够买得起保险。比如法国对农民购买农业保险的补贴比例在50%~80%，农民只需交纳20%~50%的保费即可获得保险保障。二是实行相应的税惠政策。为了提高农业保险经营者的积极性，很多国家采取了税收优惠的措施支持农业保险的发展。

第五，饲料支持政策。欧盟在对猪肉市场干预的同时，对饲料市场也采取措施，以减轻饲料成本的压力。对于谷物收成不好的年份，政府会对下年谷物采取固定强制比例措施。2007年11月，欧盟委员会条例No.1339/20074还决定取消进口谷物关税，并对市场上所有剩余谷物进行干预库存。欧盟的猪肉生产大国（如丹麦、德国）还对本国的猪肉生产给予政策上的支持。德国政府出台了许多优惠政策支持猪肉产业。比如，建立农场（包括养猪场）头6年可以减免税收。政府还对养猪实行补贴，每头猪补贴大约30欧元。2007年生猪饲料价格出现大幅增长时，法国政府拨款250万欧元补贴生猪养殖。

第六，生产服务补贴。除生产补贴和市场干预措施外，欧盟制订了比较完善的生猪生产服务补贴。

在金融支持方面，欧盟大部分国家设有农业贷款银行（农业信贷合作社），这是一种互助合作性质的半官方农业信贷机构。信贷活动中遵循的原则是：凡符合政策要求和国家规划发展的项目，都给予优先贷款，并享受优惠利率，与国家正常利率的差额由政府补贴。此外农业信贷机构还经常得到欧盟的补贴以向生产者提供无息贷款。

第七，生猪产品贸易政策。如果进口生猪产品对市场供需平衡产生干扰，会额外征收进口税；作为世界上重要的猪肉出口地之一，欧盟制定了一系列补贴和退税优惠政策促进猪肉贸易。由于欧盟的猪肉出口主要面向以美元为基础的市场，出口额受汇率波动影响较大。2007年欧盟猪肉补贴为胴体31.1欧元/100kg，约占当时欧盟猪肉平均价格的25%，猪腩19.4欧元/100kg。补贴面向所有出口行为，无论出口目的地为何处。

（二）美国

第一，畜牧业补贴。根据2013年美国新农场法，目前对生猪发展有影响的美国畜产品补贴政策主要有以下几个：① 财政基础性投入。主要包括草场资源的保护、畜牧科技支持和对农牧场主的支持，如帮助作物和畜牧生产者改善环境的环境质量激励计划，保留政府承担75%的环境保护费用分摊支付；技能拓展和援助服务机构对新农牧场主、青年农民和农业雇工提供援助、培训、教育。② 牲畜补偿项目（LIP）对由自然灾害导致畜产品损失的生产者直接补偿，补偿由于灾害造成损失的75%；家畜、蜂蜜和养殖鲶鱼紧急援助（ELAP），用于其他灾害补偿计划没有包括的损失补偿。③ 促销计划投入政策。促进畜产品出口的"市场准入计划"（Market Access Program，MAP），鼓励发展、保持和扩张美国农产品市场，刺激和增加小公司出口的兴趣，打开新的市场及增加美国农产品的商业销售。

第二，通过种植业补贴间接支持生猪生产。美国生猪产业的发展更主要受益于对种植业的补贴政策。据美国农业部估算约有60%的玉米和47%的大豆作为饲料用于美国国内畜牧业，饲料费用占家禽和鸡蛋总成本的60%~64%，占生猪总成本的47%，占牛肉总成本的17%。所以，对玉米和大豆的补贴最大的受益者是美国国内畜牧厂和大型的农业公司。肉类食品公司采购了大批低价饲料，猪肉生产企业大概节约了15%的成本。

第三，临时收储政策。在猪价低迷时，美国农业部通过农产品购买计划缓解供求压力来稳定猪价。2009年美农部冻猪肉收储费用为1.5亿美元，2012年为1.0亿美元。猪肉收储主要基于对当时市场情况的分析。购买的猪肉必须满足具体的要求，质量合格。收储猪肉100%来自国内生产。

第四，环保补贴。环境质量激励计划（EQIP）为畜禽养殖企业提供完善的支持政策和激励措施。EQIP计划能够有效解决养殖户为达到养猪粪污排放法规要求（《营养综合管理计划》）（CNMP）支出的成本。养殖户或者企业最高能够获得30万美元的补贴，为期6年，能够满足养殖场实施营养管理计划，建造合适的动物和粪污处理、储存、转移和大田施用所产生的费用。2009年遵守CNMP的养殖场比重从2004年的62%提高到82%。

第五，生猪收益保险。2002年，美国农业部风险管理局推出生猪毛利保险(Livestock Gross Margin Insurance for Swine)并在爱荷华州试点。2007年在美国本土48个州正式销售。该产品主要承保被保险人饲养生猪的毛利风险，即生猪市场价值与饲料成本之差的风险。投保人通过投保生猪毛利保险把未来养猪的毛利事先固定下来，降低了生猪和饲料价格波动给生产者带来的风险。相对于生猪风险保障保险，生猪毛利保险把生猪价格风险和饲料价格风险整合到同一保险产品中，为生产者提供更全面、高效的风险管理工具，实现一张保单覆盖生猪饲养环节的主要价格风险，深受生猪生产者的欢迎。据RMA统计，目前美国市场出售的生猪保单中，87%为生猪毛利保险。联邦政府对生猪毛利保险的保费给予补贴，补贴率最高可达50%。

（三）日本

生猪是日本重点扶持的产业之一，因此其在生猪市场调控方面出台了多项政策。在20世纪60年代为稳定产销，早期曾执行过收购活猪，1970年后即不再实施。之后调控政策逐渐科学化、合理化和系统化。政府依据《畜产品价格稳定法（ACSPLP）》来干预猪肉市场，制定了安定上位与安定基准价格，猪肉价格超过上限时采取行动增加猪肉供应，例如降低进口关税；如果猪价低于基准价格，则需采取价格支持措施，例如收储国产猪肉。

一是价格稳定制度。农民生产的肉猪供应至肉类批发（拍卖）市场后以屠体拍卖形成价格，食肉中心及其他屠宰场则参考肉品市场交易价格，或以契约价格与农民进行交易。因此，以屠体为单位，设定安定基准价格及安定上位价格，安定价格 = 养殖户最近5年间出售价格（日元/千克）× 最近5年生产成本变动率 × 猪肉换算系数 × 消费税系数 × ±15%（+15%为安定上位价格，-15%为安定基准价格），例如2015年安定价格根据2010—2014年的平均出售价格和生产成本变动率。根据东京和大阪中央批发市场的胴体价格最近3个月的加权平均值来评估猪价的稳定，进而实施相应的政策。在价格波动较大的情况下，也出现一年两次调整安定基准价的情况，例如2008年由年初380日元/千克基准价提高至年中400日元/千克。当猪肉批发价低于安定基准价格时，由养猪团体，或农畜产业振兴机构实施收储；当猪肉批发价格高于安定上位价格时，则投放库存猪肉或减免关税、促进进口。日本政府猪肉收储量很小（2.5万吨左右，不足消费量的2%），主要还是依靠增加进口平抑价格。为减少政府收购、存储的成本，在政府指导下，生产者团体（主要是农协全国联合会和畜牧专业农协）、猪肉加工行业协会（主要是火腿及火腿肠行业协会）等自主实施猪肉冷藏保存，控制投放市场的猪肉数量，政府将补贴其相关成本和损失（利息、加工费、运输费、仓储费）。

从政策实施效果来看，猪肉价格相对比较平稳，大部分月份均在政府调控基准范围内，即养殖户持续保持盈利。2003—2017年6月仅有9个月低于安定基准价格，但有50个月高于安定上位价格。受全球猪肉供需偏紧的影响，东京批发市场猪肉价格2003—2008年震荡上涨，由2003年11月的285日元/千克震荡上涨至2008年6月的560日元/千克，2007年猪肉价格普遍在500日元/千克以上，超过了当时480日元/千克的上位价格，政府的猪肉库存大约减少了1万吨，2008年猪肉进口比上年增加了6万吨（图11）。在进口加大下，猪肉价格震荡下跌至2009年9月的350日元/千克，之后才开始回升。2014年上半年受国内产量下降、美国仔猪流行性腹泻炒作等因素影响，猪肉价格快速上涨，2014年6月创608日元/千克的价格高位，6月和7月猪肉进口量同比分别大幅增加26.0%和43.8%，10月再次突破安定上位价格时，进口量激增49.7%，在保持将近1年的高位震荡后，2015年下半年才开始震荡下跌。

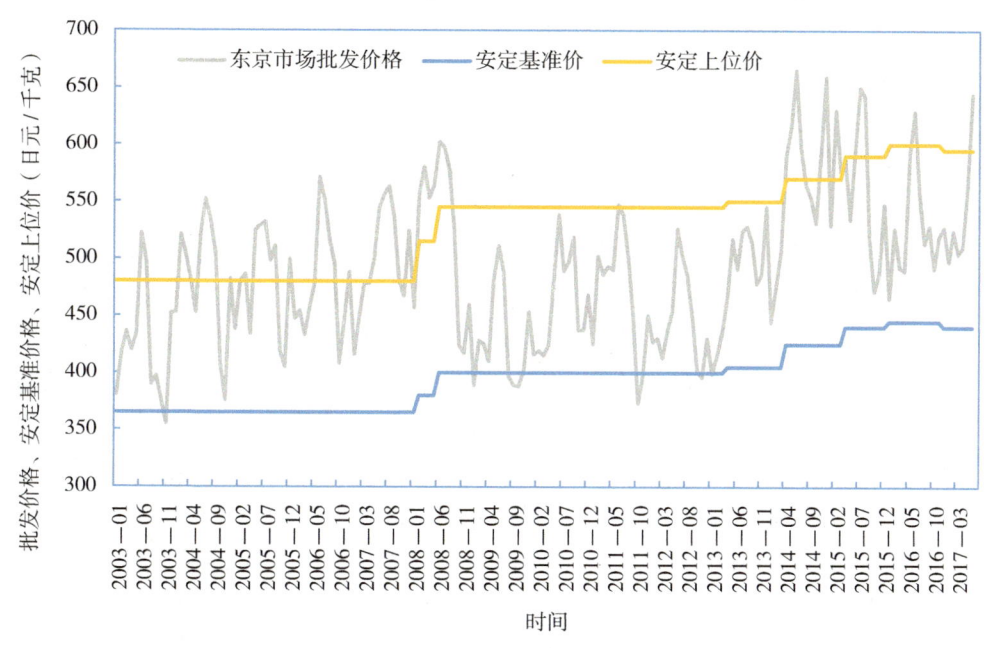

图11　2003—2017年6月日本东京批发市场猪肉月度价格与安定价格
数据来源：日本农林水产省

二是养猪经营稳定对策。该政策只针对中小企业，不包括大企业（资本额在3亿日元以上），属于收入补贴。为了稳定养猪经营，当屠体猪肉价格低于养猪成本的保证基准价格时，从养猪户缴纳和政府共同赞助建立的基金中提拨款项，补贴养猪户八成的差额。以2010年为例，保证基准价格（生产成本）为460日元/千克，安定基准价格为400日元/千克，3个月的猪肉批发价格为446日元/千克，补贴金额为（460-446）×0.8×77（胴体重），即价格再往下跌至400日元/千克低于成本的87%后才会启动价格稳定制度。安定上位价格为545日元/千克，也就是当价格高于成本的1.18倍时，政府才会适度干预价格的超涨。日本猪肉基金协会自发建立了地区猪肉生产稳定基金，主要用于在猪价下跌时补贴主要猪肉生产县，基金来源于养殖者会费和地方财政（孟祥海，张俊飚，李鹏，等）。每个生猪生产县设定一个猪肉保证基准价格，每个县的保证基准价格均不同。政府和农户根据预计销售的生猪头数按照1∶1的比例建立猪肉价格风险基金，由独立行政法人"农畜产业振兴机构"统一管理。如果月度猪肉平均批发价低于这一标准，各个县的基金将补贴具有资格的生猪养殖者，不同生猪生产县由于补贴标准不同，补贴金额差别也较大；在全国水平，日本农林水产省还设立了地区生猪生产稳定基金计划补贴县财政，该计划为期3个年度（韩柱，2011）。该基金主要用于猪肉价格大幅下跌并持续较长时间的情况。一般该计划主要在秋冬季实施，日本国内猪肉生产处于高峰期。农民可以参加政府提供40%保险费（养殖户60%）的各种农业保险计划。当自然因素导致意外损失之时，农民可以得到20%~80%的损失赔偿（最高为80%，最低为20%~40%）。重大灾害发生时，当地协会或者政府进行赔偿主要是通过再保险的形式，其中中央政府承担50%，保险组织联盟承担30%，剩余20%由当地组织或者政府提供（蔡家彬，1991）。如果发生特大疫病，在地方组织不能承担的情况下，由中央政府来进行赔偿。

三是利用门槛进口价格、紧急措施关税保护国内生猪产业。一是猪肉的差额关税制度。当进口价格过低时，征收从量税（分割肉CIF价低于64.53日元/千克征收482日元/千克关税）；当价格过高时，则采用低税率的从价税来减轻关税负担，保护消费者的利益。从量税和从价税分别针对低价猪肉和高价猪肉。20世纪50年代和60年代日本政府使用配额制度管理进口数量，以配额制度限制猪肉进口总量保护生猪产业。由于配额制度不符合关贸总协定自由贸易的规定，1971年废除。1995年日本政府实施门槛价格制度取代配额制度，制定标准进口价格，通过关税来弥补基准进口价格与到岸价格之间的差异，关税为5%。在门槛价格制度实施初期将基准进口价格订在安定价格上限与安定基准价格的平均值，把基准进口价格除以1.05即为门槛价格，之后调整为1.25倍。由于当时"整套进口"的规定导致抛售猪肉、引起市场混乱，因此调整为按照各部位肉来订门槛价格。1995年开始关税逐步由5%调整为当前的4.3%，标准进口价格计算方法是将门槛价格乘以1.043（4.3%关税计算在内）。如果进口价格等于或者高于门槛价格，进口猪肉关税为4.3%；猪肉进口价格在门槛价格以下，进口商必须交纳标准进口价格和实际进口价格（CIF价格）直接的差额作为关税（图12）。

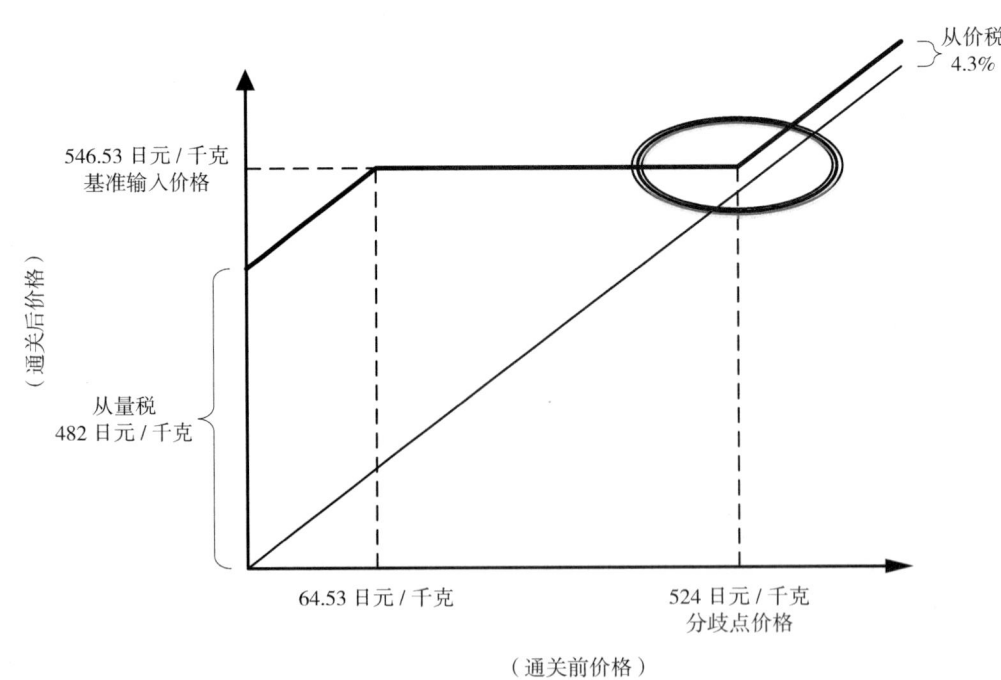

图12　日本猪肉门槛进口价格制度

数据来源：日本农林水产省

2015年猪肉胴体、二分体的门槛价格为393日元/千克，带骨和脱骨分割肉、内脏等均为524日元/千克，但像猪腿、猪肩及其分割肉门户价格较高，均为897.59日元/千克。据此计算，分割部分肉的标准进口价格为524.00×1.043（1+关税/100）=546.53日元/千克。在引入门槛价格体系后，标准进口价格在安定价格的上限，因此日本进口猪肉价格多数时间均高于国内猪肉价格，降低了对国内生猪生产的影响。二是紧急关税制度。通过设定进口猪肉触动基准数量，超过基准数量后征收高关税。年度基准数量为前3年平均进口数量的119%，第1个年度的4月至来年3月分为4期，分别设定4个基准进口数，如2015年度分别为20.83万吨、42.85万吨、64.30万吨和83.50万吨，2017年则分别为22.76万吨、45.60万吨、68.35万吨和89.86万吨。如果超过基准数量，基准进口价格会从当前的409.9日元/千克（门槛价格393日元/千克（猪胴体）×1.043）提高至510.03日元/千克，上涨24.4%。

四是配合饲料价格安定制度，设有通常补贴基金与异常补贴基金。日本养猪业受配合饲料价格变动的影响较大。在20世纪70年代的饲料谷物价格高涨及第一次石油危机带来连带冲击时，日本1968年及1972年陆续成立3个基金，执行"通常补贴制度"以稳定配合饲料价格；1975年成立配合饲料安定机构，在配合饲料价格大幅上涨时，至"通常补贴"无力应对时实施"异常补贴"，两段机制相互应用来对生产者实施补贴，缓解配合饲料上涨对生猪产业的冲击。"通常补贴"由（社）全国配合饲料供给安定基金（全农系）、（社）全国畜产配合饲料价格安定基金（专门农协系）及（社）全日本配合饲料价格畜产安定基金（商系）等三个基金执行，其基金筹措一部分是由身为会员的配合饲料制造商依饲料数量，每公吨提取1千日元作为公积金，而另一部分则由畜产经营者在饲养过程中所需饲料每公吨提拨500日元作为公积金（冯昭奎，林昶，2009）。当饲料价格高于前一年的年平均价格（至少要超过250日元/公吨）时，则开始启动"通常补贴"。"异常补贴"由配合饲料供给安定机构执行，基金来源则由政府部门及配合饲料制造商各自提拨一半的公积金。当进口原料价格与前一年平均价格相比超过115%时，则启动"异常补贴"（农林水产省生产局畜产部）。配合饲料安定价格每季核算一次，以前一年（前四季）的平均价格为基准，超过基准价格至104%部分由通常补贴基金补贴价差，超过105%部分则由异常补贴基金补贴价差。

五是向消费者征收消费税。由畜牧生产者、加工流通业者与消费者代表组成一个协会，与消费者充分沟通，即将畜产品生产成本公开给消费者与加工流通业者，共同分摊因饲料谷物高涨所造成的成本。例如2007年6月猪肉生产成本提高15%，9月消费者每千克猪里脊肉需要多支出90日元。

六是融资等其他生产支持政策。主要包括用于改良生产、提高竞争力的养猪振兴基本方针，用于改善饲料利用、降低生产成本，提高养猪生产和经营能力、优化良种猪等等；为养殖户提供融资的畜产融资制度，养殖户可以向民间金融机构（银行、信用金库等），也可以向100%政府出资的政策金融公库贷款进行运营资金、基础设施改造、牲畜购买、粪污处理等方面（表7）。政策公库用于农业改良方面的贷款需要由都道府县知事进行必要的资格认证。

表 7　日本畜牧业金融扶持资金

分类	民间金融机构（银行、信用金库等）	日本政策金融公库、冲绳振兴开发金融公库
长期周转资金		农林渔业安全网资金、农业经营基础强化资金、农业改良资金
设施、机械的维修		农林渔业设施资金、农业经营基础强化资金、经营主体培育强化资金、农业改良资金
家畜补栏		农业经营基础强化资金、经营主体培育强化资金、农业改良资金
粪污处理设施		农林渔业设施资金、农业经营基础强化资金、经营主体培育强化资金、农业改良资金、畜牧业经营环境协调推进资金
草地改良和建设	事业费低于1 800万日元	农业经营基础强化资金、经营主体培育强化资金、农业改良资金、农业基础维修资金
草地开发利用相关的农业设施		农业经营基础强化资金、经营主体培育强化资金、农业改良资金
	认定农业者：15年内偿还，偿还本金可延期7年，期间的利息0.10%。非认定农业者：15年内偿还，偿还本金可延期3年，期间的利息0.10%。	农业经营基础强化资金：25年内偿还，偿还本金可延期10年，期间的利息0.10%。 农林渔业安全网资金：10年内偿还，偿还本金可延期3年，期间的利息0.10%。 经营主体培育强化资金：25年内偿还，偿还本金可延期3年，期间的利息0.10%。（※） 农业改良资金：12年内偿还，偿还本金可延期3~5年，零利率。 农业基础维修资金：25年内偿还，偿还本金可延期10年（灾后重建），期间的利息0.10%。 农林渔业设施资金：20年内偿还，偿还本金可延期3年（灾后重建），期间的利息0.10%。 畜牧业经营环境协调推进资金：20年内偿还，偿还本金可延期3年（灾后重建），期间的利息0.10%。 如果是被定位为"人·农地计划"的经营主体的认定农业者贷款的话，前5年有零利率的可能。

数据来源：日本农林水产省

注：所有的资金都有偿还年限，还包含延期偿还本金年限。另外，各资金除了右侧的利率、偿还（延期偿还本金）年数以外，还有借入的条件

七、世界供需及产业发展形势展望

全球猪肉产量和需求在未来10年预计仍然会增长，但增速将会显著放缓。从生产来看，全球猪肉产量未来增速将会降至2%以下，增长背后的主要推动力是以中国为主的亚洲地区，预计中国猪肉产量会从2017年开始底部反弹，但年均增速将会在1%~2%。另一方面，随着发达国家国内市场的饱和，猪肉产量预计会表现出小幅增长趋势，主要推动力是美国、加拿大以及南美，产量增长的驱动力是贸易拉动，欧盟国家将会持稳略增。俄罗

斯、中国等国家产能的增加将会从2017年开始降低猪肉进口需求，而墨西哥、日本、韩国猪肉进口仍有空间，总体来说，猪肉进口贸易预期稳中有降。

从消费来看，未来猪肉消费需求增速放缓，供给增速略大于需求增速。亚洲地区是消费增加的主要地区，但未来空间也不大，尤其中国猪肉人均消费量已经达到40千克/人·年，消费增速预计在1.5%。此外，像越南、菲律宾等以猪肉消费为主的亚洲发展中国家，受国内经济发展向好的影响，猪肉消费增长潜力仍然很大。墨西哥、俄罗斯等国家猪肉消费需求将会继续增加，而美国等发达国家将会稳中略增。

从国际市场价格来看，主要猪肉进口国中国、俄罗斯的猪肉产量预期继续恢复性增长，进口需求下降；国际谷物价格处于低位，都将会拉动猪肉价格继续处于下降通道，预计2020年前后将会进入下一轮周期。

参考文献

蔡家彬．1991．日本生猪流通与政府管理［J］．商业经济研究，(02): 60-64.

车维汉．2014．日本农业实施规模经营的动向及其启示［J］．经济研究参考，(3): 42-48.

畜産·酪農をめぐる情勢(平成29年6月)［EB/OL］．农林水产省生産局畜産部，http://www.stat.go.jp/.

畜産農家で利用できる融資制度［EB/OL］.http://www.maff.go.jp/j/chikusan/kikaku/lin/l_zigyo/pdf/1605_yuushi_seido.pdf.

冯永辉．2006．我国生猪规模化养殖及区域布局变化趋势［J］．中国畜牧杂志，42(4): 22-26.

冯昭奎，林昶．2009．日本农协的发展及功过简析［J］．日本学刊，(2): 85-96.

韩柱．2011．日本农业产业化与农产品流通编制及启示［J］．中国流通经济，(10): 17-22.

韩柱．2012．生猪规模化经营及市场调控的国际经验启示——以日本为例［J］．中国畜牧杂志，48(6): 29-36.

韩喜平，李二柱．2005．日本农业保护政策的演变及启示［J］．现代日本经济，(4): 55-60.

黄靖岚，郭永兴．2015．日本对美贸易战略与农业政策调整：以猪肉产业为例［J］．远景基金会季刊，(4): 115-162.

兰勇，姚屹浓．2015．我国畜牧业生产效率及区域差异分析［J］．中南林业科技大学学报，35(7): 136-140.

李冉，陈洁．2013．美国生猪养殖业现状、特点及发展经验［J］．世界农业，(5): 13-17&26.

刘德娟，周琼，曾玉荣．2015．日本农业经营主体培育的政策调整及其启示［J］．农业经济问题，(9): 104-110.

孟祥海，张俊飚，李鹏，等．2014．畜牧业环境污染形势与环境治理政策综述［J］．生态与农村环境学报，30(1): 1-8.

食肉の消費構成割合［EB/OL］．www.maff.go.jp/j/chikusan/shokuniku/lin/pdf/shouhi_

wariai_h25.pdf - 2015-12-11

张敬晗, 梁振华. 1997. 东北三省正由粮食大省向畜牧大省转变——关于东北三省生猪生产情况的报告[D]. 中国农村经济, (2): 61-64.

张晓恒, 周应恒, 张蓬. 2015. 中国生猪养殖的环境效率估算——以粪便中氮盈余为例[J]. 农业技术经济, (5): 92-102.

赵连阁, 钟搏. 2015. 基于SFA的中国生猪养殖成本效率研究[J]. 中国畜牧杂志, 51(4): 31-36.

指定食肉(豚肉及び牛肉)の安定価格肉用子牛の保証基準価格等算定概要[EB/OL]. http://www.maff.go.jp/j/council/seisaku/tikusan/bukai/h2502/pdf/data6-1.pdf.

John M. Marsh and Gary W. Brester. 2004. Wholesale-Retail Marketing Margin Behavior in the Beef and Pork Industries[J]. Journal of Agricultural and Resource Economics, 29(1): 45-64.

Michelle B. Nowlin. 2013. Sustainable Production of Swine: Putting Lipstick on A Pig?[J]. Vermont Law Review, (37): 1079-1141.

TPP協定の大筋合意内容と本県農林水産業に与える影響[EB/OL]. https://www.pref.yamagata.jp/ou/norinsuisan/140001/tpp/1kaikentoutimu/eikyo-4.pdf.

Yoshihisa Godo(2014). The gate price system for Japan's pork imports[EB/OL]. http://ap.fftc.agnet.org/ap_db.php?id=217.

(海外农业研究中心特邀研究员　朱增勇)

海外农产品市场研究（2017）

第十一部分

禽 肉

海外农产品市场研究（2017）

禽肉是世界畜牧生产中的重要产品之一，在肉类生产中占有较大比重，也是未来世界肉类消费增长的重要来源。随着全球经济发展和人口增长，过去30多年来，禽肉消费需求不断增加，带动产量快速增加。目前，世界禽肉产量已经达到接近1.2亿吨。2017年，世界禽肉生产和消费保持稳中略增态势，供需基本平衡。世界禽肉生产主要集中在美洲和亚洲，主产国为美国、巴西、中国以及欧盟国家，近年来新兴发展中国家的禽肉生产快速发展，巴西、墨西哥、印度等国家的生产份额显著提升。世界禽肉进口主要集中在亚洲、欧洲和非洲，主要进口国家（地区）为日本、墨西哥、欧盟和南非等，欧盟的进口呈减少趋势，经济发展带动消费增长是驱动贸易格局变化的主要因素。美国和巴西是世界两大禽肉生产和出口国，由于具有丰富的饲料原料和土地资源，禽肉生产成本优势明显，近年巴西成功赶超美国成为全球最大禽肉出口国。受宏观经济形势、饲料原料价格波动等因素的影响，全球禽肉价格波动频繁，但总体呈上涨走势，2015—2016年由于全球谷物价格下跌，禽肉价格走低，2017年回暖。展望未来，受人口、收入增长以及城镇化发展影响，全球禽肉产业发展势头依然强劲，预计未来10年全球禽肉消费需求将会增加20%~30%。禽肉需求增长主要来自亚洲和非洲国家，预计到2030年亚洲主要国家印度、中国、韩国、印度尼西亚、日本的消费量将分别比2016年增长70%、25%、30%、20%和8%。

一、世界供需现状

（一）产量持续增加

1. 禽肉生产以鸡肉为主，产量快速增加，增速呈减缓趋势

世界禽肉生产主要包括鸡肉、火鸡肉、鸭肉、鹅肉、珍珠鸡肉等，其中鸡肉是主要产品，2014年世界鸡肉产量在禽肉产量中的占比为88.5%。火鸡肉在世界禽肉生产中排在第二位，但其重要性在不断下降，所占比例从1980年的7.9%下降至2014年的5.1%。鸭肉、鹅和珍珠鸡肉的生产逐步增加，在禽肉生产中的比例呈增加趋势，分别从1980年的2.7%和1.1%提高至2014年的4.0%和2.5%（表1）。

自1980年以来，世界禽肉产量不断增加，从2 593.9万吨增至2014年的1.10亿吨，增长了3.25倍。世界禽肉生产发展最快的时期是在20世纪80年代至90年代中期，这15年间世界禽肉产量的年均增长率为5.1%，随后的10年间禽肉产量年均增长4.0%，2010年以来禽肉产量增速继续放缓，年均增长率为3.5%（表1）。

1980—2014年，世界禽肉产量保持较快的增长速度，年均增长4.9%，增速位居肉类产品之首。其中，鸡肉的年均增速达到5.0%，鹅肉和珍珠鸡肉年均增长5.5%，高于禽肉产量增速；鸭肉年均增长4.9%，与禽肉产量增速保持一致；火鸡肉的产量增速最慢，年均增长率为3.5%（表1）。

表1 1980—2014年世界禽肉生产情况

年份	禽肉（万吨）	鸡肉		鸭肉		鹅和珍珠鸡肉		火鸡肉	
		产量（万吨）	占比（％）	产量（万吨）	占比（％）	产量（万吨）	占比（％）	产量（万吨）	占比（％）
1980	2 593.9	2 289.7	88.3	71.3	2.7	28.2	1.1	204.7	7.9
1985	3 116.7	2 752.4	88.3	87.7	2.8	32.5	1.0	244.0	7.8
1990	4 098.1	3 541.6	86.4	123.9	3.0	60.8	1.5	371.8	9.1
1995	5 463.6	4 652.5	85.2	210.7	3.9	147.8	2.7	452.7	8.3
2000	6 852.9	5 869.3	85.6	288.2	4.2	189.7	2.8	505.7	7.4
2005	8 075.0	7 016.9	86.9	334.1	4.1	207.7	2.6	516.4	6.4
2010	9 935.6	8 738.2	87.9	403.1	4.1	244.9	2.5	549.4	5.5
2014	11 034.8	9 761.9	88.5	438.8	4.0	271.9	2.5	562.1	5.1
年均增长率（％）	4.9	5.0	–	4.9	–	5.5	–	3.5	–

数据来源：FAOSTAT

2. 2017年禽肉产量微增，鸡肉产量增加较为明显

据2017年6月联合国粮食及农业组织（FAO）发布的肉类市场展望报告，2017年全球禽肉产量为1.18亿吨，同比增长0.4％。产量增加主要来自巴西、美国、印度、泰国和欧盟。俄罗斯由于国内需求稳定、生产利润下降以及禽流感限制了出口，产量维持稳定。中国禽肉生产受祖代种鸡引种量下降和H7N9疫情影响，产量下降。

另据2017年10月美国农业部发布的肉类市场展望报告，2017年世界鸡肉产量9 017.5万吨，同比增长1.6％（图1）。其中，美国鸡肉产量1 853.6万吨，同比增长1.5％；巴西鸡肉产量1 325.0万吨，同比增长2.6％；欧盟鸡肉产量1 170.0万吨，同比增长3.3％；中国鸡肉产量1 160.0万吨，同比减少5.7％；印度鸡肉产量440.0万吨，

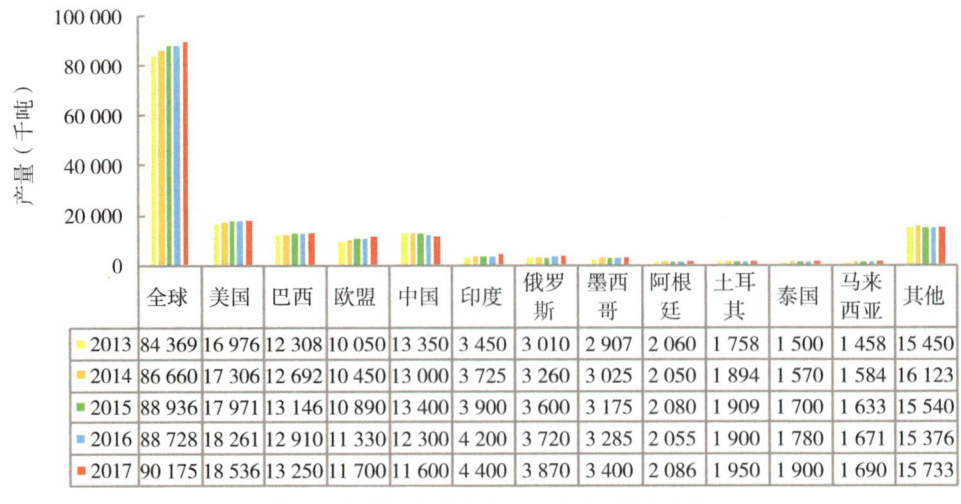

图1 全球及主要国家鸡肉生产量及预测

数据来源：美国农业部

同比增长 4.8%。俄罗斯、墨西哥、阿根廷、土耳其和泰国的鸡肉产量分别增长 4.0%、3.5%、1.5%、2.6% 和 6.7%，泰国同比增长率最高。

（二）消费快速增加

1. 禽肉消费不断增加，消费增速呈减缓趋势

1980 年以来，世界禽肉消费量不断增加，从 2 559.8 万吨增加至 2013 年的 10 698.4 万吨，增长了 3.2 倍，年均增长率为 4.6%。从消费的增长阶段来看，20 世纪 80 年代中期到 90 年代中期的消费增速最快，年均增长率为 5.7%，1995—2005 年，世界禽肉消费增速变缓，年均增长率为 4.0%，2006 年以来世界禽肉消费增速继续减缓，年均增长率为 3.8%。

2. 禽肉消费主要集中在美洲和亚洲，地区间消费增速差异较大

世界禽肉消费区域与产区高度重叠，主要集中在美洲和亚洲，占世界消费总量的 75%，美洲国家的人均禽肉消费量显著高于亚洲国家。1980 年以来，亚洲和非洲的禽肉消费增速最快，年均分别增长 6.5% 和 6.0%，明显高于世界 4.6% 的平均水平。欧洲的禽肉消费增速最慢，仅为 2.3%，其次为大洋洲和美洲，分别为 4.4% 和 4.5%（表 2）。世界主要禽肉消费大国（地区）为美国、中国、欧盟、巴西、印度、墨西哥、俄罗斯、日本等。其中，美国、中国和欧盟的鸡肉年消费量在 1 300 万吨以上，巴西 900 多万吨，这四者的鸡肉消费占全球消费量的一半以上。

表 2 1980—2013 年世界禽肉消费情况

年份	世界消费量（万吨）	亚洲		美洲		欧洲		非洲		大洋洲	
		消费量（万吨）	占比（%）	消费量（万吨）	占比（%）	消费量（万吨）	占比（%）	消费量（万吨）	占比（%）	消费量（万吨）	占比（%）
1980	2 559.8	555.4	21.7	978.7	38.2	883.7	34.5	107.1	4.2	35.0	1.4
1985	3 067.6	718.3	23.4	1 173.4	38.3	985.1	32.1	150.1	4.9	40.8	1.3
1990	4 048.1	1 049.5	25.9	1 593.5	39.4	1 162.5	28.7	193.7	4.8	48.8	1.2
1995	5 345.7	1 825.4	34.1	2 138.0	40.0	1 093.9	20.5	229.2	4.3	59.2	1.1
2000	6 696.4	2 454.2	36.6	2 680.4	40.0	1 176.4	17.6	309.3	4.6	76.2	1.1
2005	7 926.4	2 915.9	36.8	3 083.2	38.9	1 442.1	18.2	388.9	4.9	96.1	1.2
2010	9 748.1	3 838.0	39.4	3 609.5	37.0	1 623.5	16.7	567.5	5.8	109.6	1.1
2013	10 698.4	4 223.1	39.5	3 891.2	36.4	1 782.1	16.7	672.0	6.3	130.0	1.2
年均增长率（%）	4.6%	6.5%		4.5%		2.3%		6.0%		4.4%	

数据来源：FAOSTAT

3. 2017 年禽肉消费略增，主要来自鸡肉消费的增加

根据 2017 年 6 月 FAO 发布的肉类市场展望报告，2017 年全球禽肉消费量为 1.17 亿吨，同比增长 0.3%。消费增加主要来自美洲，特别是南美国家、大洋洲和非洲，亚洲国家因为禽流感疫情，消费略有减少。

另据2017年10月美国农业部发布的肉类市场展望报告，2017年世界鸡肉消费量为8 813.5万吨，同比增长0.9%。鸡肉消费增加主要来自美国、欧盟、巴西、印度、墨西哥、阿根廷、南非、马来西亚、俄罗斯等国家（图2）。其中，消费量同比增幅最大的是印度，同比增长4.8%；中国的鸡肉消费量下滑，同比减少6.3%，阿根廷的鸡肉消费水平保持稳定。

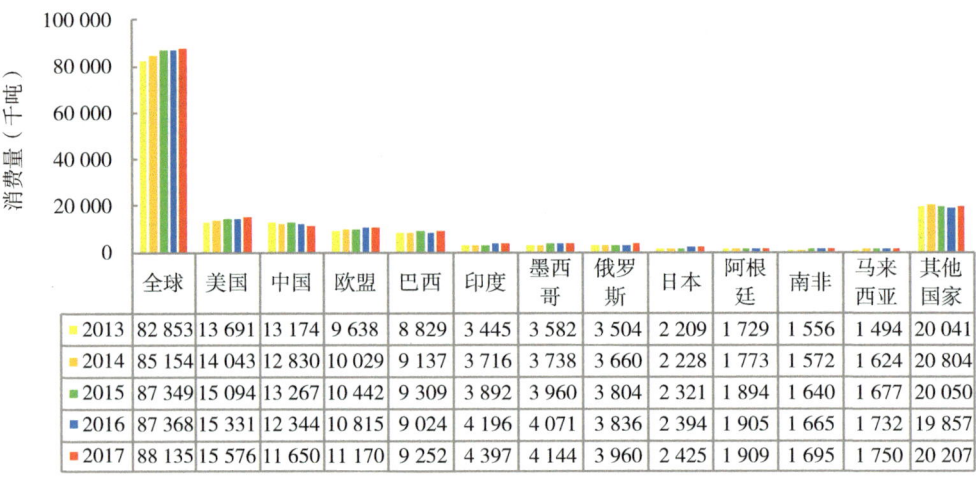

图2　全球及主要国家鸡肉消费量及预测

数据来源：美国农业部

（三）贸易规模提升

1. 规模不断扩大，出口国高度集中，进口国相对分散

20世纪80年代以来，世界禽肉贸易快速发展。鸡肉进口量从1980年的129.44万吨增加到2013年的1 130.52万吨，年均增长6.8%；出口量从1980年的133.81万吨增加到2013年的1 274.08万吨，年均增长7.1%（表3）。总体上，世界鸡肉出口增速较快。根据FAO和USDA数据，2016年世界禽肉出口量在1 300万吨左右，进口量在1 250万吨左右。全球主要禽肉出口国为巴西、美国、欧盟和泰国，四国占世界禽肉总出口量的80%以上；主要进口国为日本、墨西哥、沙特阿拉伯、欧盟、伊拉克、中国和南非等，上述七国（地区）占世界禽肉总进口量的55%。

表3　1980—2013年世界鸡肉进出口情况

年份	进口量（万吨）	进口额（亿美元）	出口量（万吨）	出口额（亿美元）
1980	129.44	20.02	133.81	19.13
1985	139.14	16.32	145.10	14.95
1990	215.96	35.01	220.11	31.93
1995	419.94	60.25	455.42	62.56
2000	592.93	60.51	688.84	63.91

(续表)

年份	进口量（万吨）	进口额（亿美元）	出口量（万吨）	出口额（亿美元）
2005	745.14	99.66	810.17	104.31
2010	1 051.28	182.23	1 165.40	183.72
2011	1 141.81	220.48	1 243.65	220.29
2012	1 148.76	215.98	1 261.96	222.38
2013	1 130.52	223.68	1 274.08	229.74
年均增长率（%）	6.8%	7.6%	7.1%	7.8%

数据来源：FAOSTAT

2. 2017年全球禽肉贸易量小幅增加，鸡肉出口增加较为明显

根据2017年6月FAO发布的肉类市场展望报告，2017年全球禽肉贸易量1 320万吨，同比增长2.9%。巴西、美国、欧盟、泰国是主要出口国家（地区）。巴西受益于国际需求增长以及未受禽流感疫情影响，出口增加3%，达到450万吨；美国由于国内产量增加，因流感疫情封关逐步解除，出口增加3%，达到380万吨；欧盟受限于成员国内部需求增长以及禽流感疫情对国内生产带来的影响，出口仅增加1%；泰国对日本、欧盟等国家和地区高端熟制产品的出口增加6%，首次超过100万吨。越南、墨西哥、智利、阿联酋、伊拉克、韩国、新加坡等国家因国内需求旺盛，进口增加；俄罗斯因国内生产可以实现自给以及特殊的国家禁运令，进口减少。

另据2017年10月美国农业部发布的肉类市场展望报告，2017年全球鸡肉出口量为1 107.9万吨（图3），同比增长3.7%。出口增加主要来自巴西、美国、泰国、阿根廷和俄罗斯，同比分别增长2.9%、2.5%、11.6%、17.1%和10.6%。欧盟出口减少2.6万吨，同比减少2.0%。全球鸡肉进口量905.0万吨（图4），同比增长1.2%。进口增加主要来自中国、中国香港和阿拉伯联合酋长国等，同比分别增长为4.7%、13.4%和28.8%。墨西哥、沙特阿拉伯、欧盟和伊拉克进口减少，同比分别减少5.2%、2.5%、5.4%和7.7%，南非进口量基本持平。

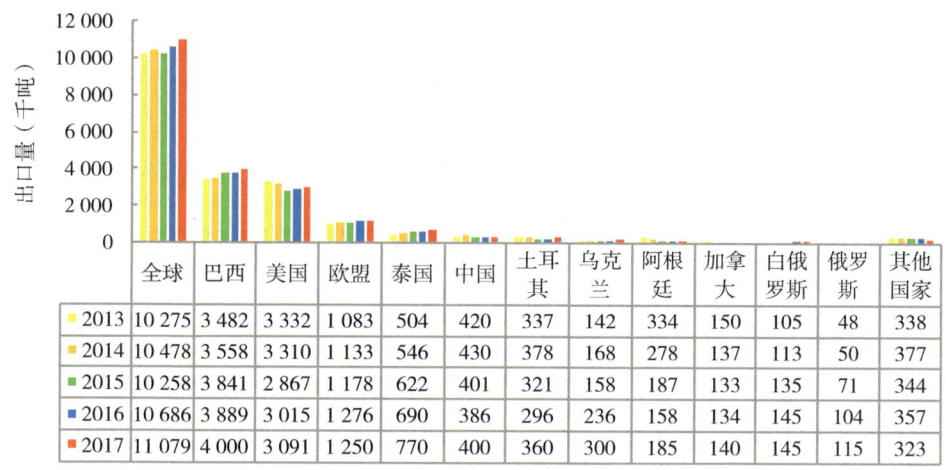

图3 全球及主要国家（地区）鸡肉出口量及预测

数据来源：美国农业部

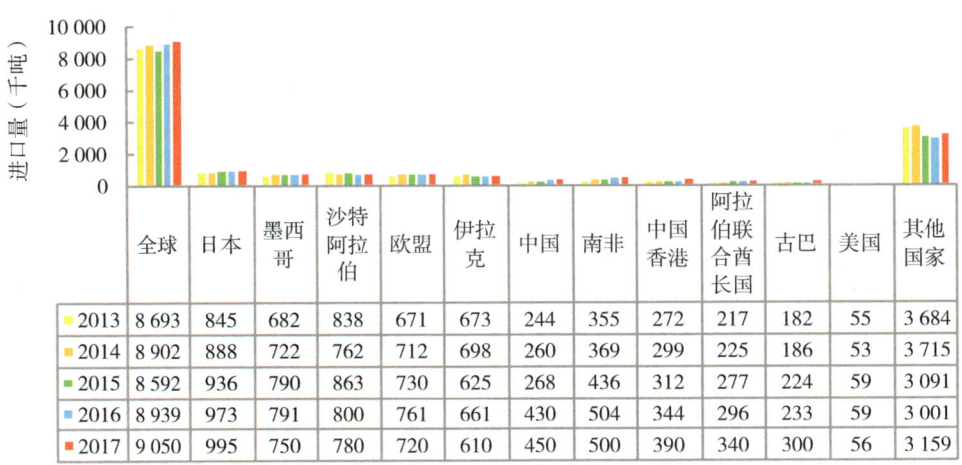

图 4　全球及主要国家（地区）鸡肉进口量及预测

数据来源：美国农业部

（四）全球供需基本平衡

世界禽肉总体供需平衡，发展中国家存在供需缺口。2017 年世界禽肉总产量为 1.18 亿吨，进口量 1 261.6 万吨，出口量 1 320.5 万吨，消费量为 1.17 亿吨（表 4），整体呈供需平衡格局。总体来看，发展中国家呈现产不足需格局，发达国家呈现产大于需格局，禽肉进口主要来自低收入缺粮国和最不发达国家。

从国家来看，亚洲国家中，中国、日本、韩国、科威特、沙特阿拉伯、新加坡、也门存在产需缺口，泰国、土耳其产大于需，印度、印度尼西亚、伊朗、马来西亚供需基本平衡。非洲国家中，南非和安哥拉产不足需最为明显。南美国家中，巴西呈明显的供大于需格局，是出口型国家，阿根廷产略大于需，具有出口增长潜力，智利基本处于产需平衡状态，委内瑞拉产不足需。北美国家中，加拿大基本上供需平衡，美国产大于需。欧盟国家的产略大于需，其中俄罗斯产需基本平衡，乌克兰产略大于需，有出口潜力。大洋洲国家中，澳大利亚和新西兰基本产需平衡。

表 4　2016—2017 年世界及主要国家（地区）禽肉供需情况

单位：千吨

国家（地区）	生产		进口		出口		利用	
	2016	2017	2016	2017	2016	2017	2016	2017
亚洲	40 855	39 716	6 873	7 017	2 062	2 109	45 645	44 629
中国	17 214	15 483	1 591	1 670	406	381	18 399	16 773
印度	3 111	3 329	—	—	4	3	3 107	3 325
印度尼西亚	2 071	2 096	4	4	—	—	2 074	2 099
伊朗	2 160	2 180	—	—	78	75	2 082	2 105

（续表）

国家（地区）	生产		进口		出口		利用	
	2016	2017	2016	2017	2016	2017	2016	2017
日本	2 242	2 245	1 179	1 135	9	9	3 392	3 391
韩国	913	900	144	160	31	32	1 021	1 028
科威特	50	51	129	136	-	-	179	187
马来西亚	1 625	1 650	73	80	50	55	1 648	1 675
沙特阿拉伯	638	666	903	885	70	70	1 471	1 481
新加坡	96	98	176	188	13	14	258	272
泰国	2 056	2 161	3	2	955	1 012	1 108	1 135
土耳其	1 885	1 939	-	-	327	340	1 558	1 599
也门	144	138	78	83	-	-	222	221
非洲	5 834	5 943	1 727	1 707	90	90	7 470	7 560
安哥拉	35	36	218	208	-	-	253	244
南非	1 825	1 893	560	561	81	82	2 304	2 372
中美	4 697	4 806	1 701	1 751	38	40	6 360	6 517
古巴	36	36	242	247	-	-	278	283
墨西哥	3 173	3 269	959	994	8	10	4 124	4 253
南美	20 488	21 153	402	442	4 715	4 877	16 174	16 718
阿根廷	1 984	2051	11	7	187	207	1 808	1 851
巴西	13 223	13 765	3	3	4 364	4 494	8 862	9 274
智利	728	749	143	169	153	165	718	753
委内瑞拉	840	830	74	75	-	-	914	905
北美	22 910	23 448	368	377	3 832	3 954	19 449	19 905
加拿大	1 382	1 447	213	220	179	192	1 404	1 470
美国	21 527	22 001	151	153	3 652	3 762	18 041	18 431
欧洲	20 975	21 151	1 240	1 216	2 037	2 079	20 172	20 288
欧盟	14 651	14 753	737	740	1 500	1 515	13 888	13 978
俄罗斯	4 299	4 334	226	200	124	115	4 396	4 419
乌克兰	1 190	1 222	85	79	244	271	1 032	1 030
大洋洲	1 459	1 500	102	105	57	57	1504	1 548
澳大利亚	1 244	1 283	18	19	34	33	1 229	1 269
新西兰	187	189	1	1	23	24	165	166
世界	117 217	117 717	12 412	12 616	12 831	13 205	116 775	117 166
发展中国家	69 659	69 401	9 606	9 869	6 896	7 107	72 368	72 147
发达国家	47 558	48 316	2 805	2 747	5 935	6 098	44 406	45 019
低收入缺粮国	6 223	6 450	988	983	31	30	7 179	7 402
最不发达国家	2 861	2 895	994	991	2	2	3 853	3 884

数据来源：FAO

二、世界生产布局及演变

(一) 禽肉生产布局现状

世界禽肉生产主要集中在美洲和亚洲,分别占世界总产量的42.0%和35.5%,其次是欧洲、非洲和大洋洲,分别占16.7%、4.6%和1.2%(图5)。禽肉三大主产国是美国、中国和巴西,分别占世界总产量的18.5%、17.4%和11.9%。其次分别是欧盟、印度、俄罗斯、墨西哥、阿根廷、土耳其、泰国等(图6)。

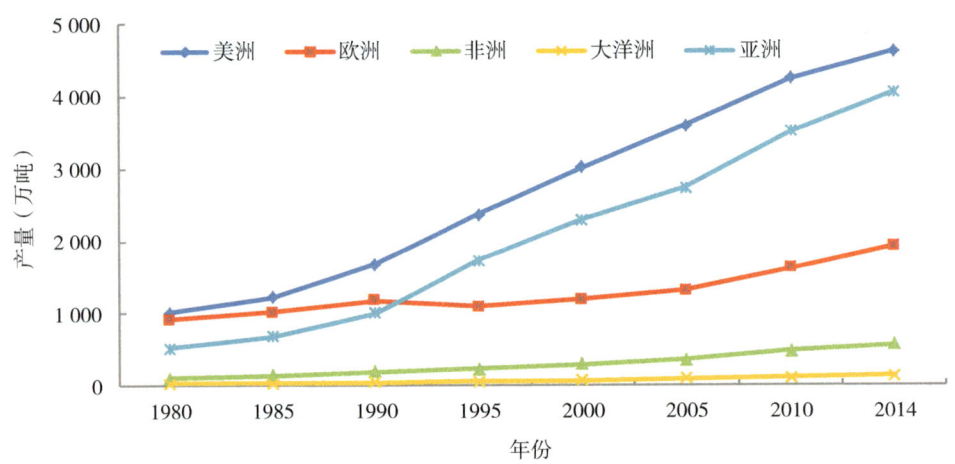

图5 世界各大洲禽肉生产情况
数据来源:FAOSTAT

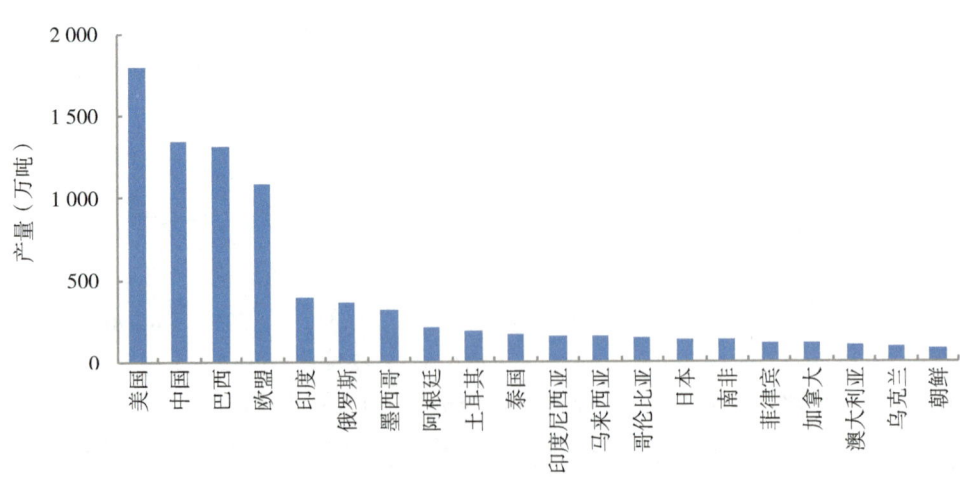

图6 2015年世界鸡肉产量前20的国家(地区)
数据来源:美国农业部

世界鸡肉生产分布较为广泛，主要在美洲和亚洲；鸭肉和鹅肉生产主要集中在亚洲的中国，产量占比分别达到 69.2% 和 92.5%。火鸡肉生产主要在美洲和欧洲，特别是美国、意大利、法国、德国和巴西。

（二）禽肉生产布局变化

1. 美洲、欧洲生产份额下降，亚洲生产份额上升

世界禽肉的生产格局总体变化不大，亚洲和美洲始终占有重要地位，但美洲的生产份额呈下降趋势，亚洲的生产份额呈明显的扩大态势。欧洲作为传统的禽肉生产区域，在世界禽肉生产中的份额自 20 世纪 90 年代中期以来出现明显下滑。非洲和大洋洲的产量占比基本保持稳定。

从鸡肉产量占比（图 7）来看，美洲鸡肉产量占比从 1980 年的 30.0% 下降至 2014 年的 25.4%；亚洲鸡肉产量占比从 1980 年的 31.0% 增至 2014 年的 55.7%；欧洲鸡肉产量占比从 1980 年的 30.4% 下降至 2014 年的 9.9%。

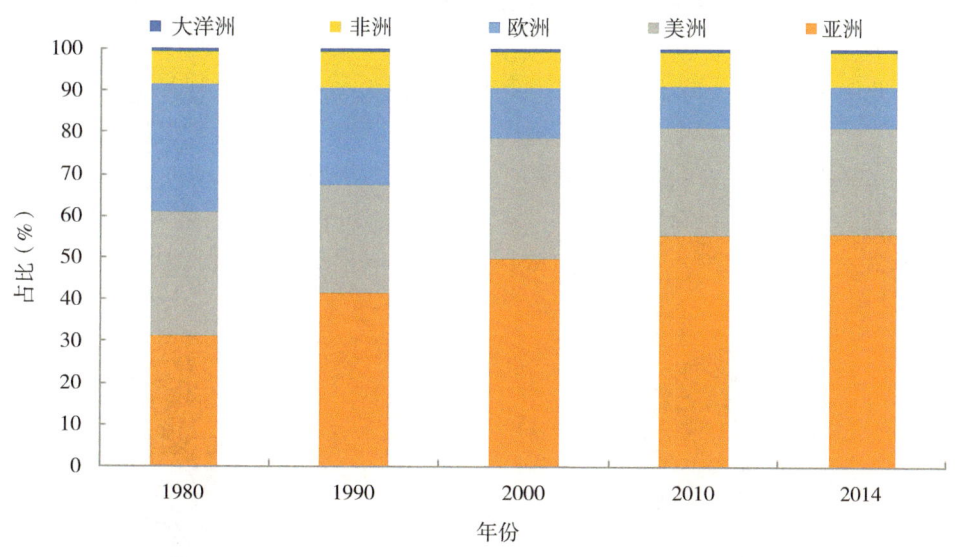

图 7　1980—2014 年的各大洲鸡产量占世界比例变化情况
数据来源：FAOSTAT

从火鸡肉产量占比（图 8）来看，美洲和非洲的份额增加，欧洲的份额下降，亚洲和大洋洲的份额基本保持稳定。美洲的份额从 1980 年的 58.7% 增加到 2000 年的 68.9%，又下降至 2014 年的 67.5%；非洲从 1980 年的 0.7% 增加至 2014 年的 5.1%；欧洲从 1980 年的 37.2% 下降至 2014 年的 23.9%；亚洲基本维持在 3.0% 左右，大洋洲则为 0.3%。

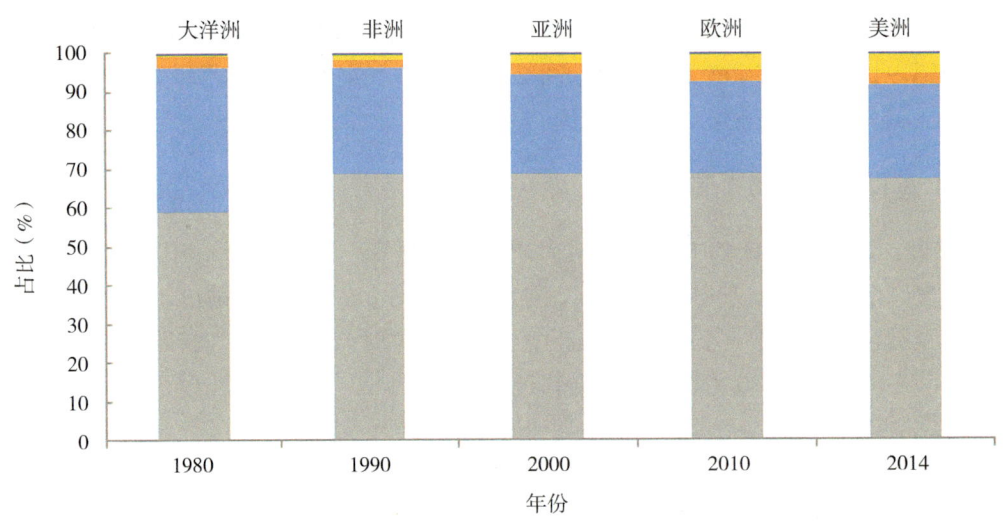

图8　1980—2014年的各大洲火鸡产量占世界比例变化情况

数据来源：FAOSTAT

2. 欧洲发达国家丧失生产地位，新兴发展中国家成为主要禽肉生产国

从主要生产国在世界生产中的份额来看，世界禽肉的生产布局发生了较大变化（图9）。20世纪80年代，美国、前苏联、中国、巴西、日本、法国、意大利、西班牙、英国、德国、加拿大是排在前列的主要禽肉生产国，占世界禽肉总产量的份额为67%。到了2014年，美国、中国、巴西、俄罗斯、墨西哥、印度、日本、伊朗、阿根廷、印度尼西亚和土耳其成为主要禽肉生产国，占世界禽肉总产量的份额为63%。与此同时，美国的生产份额有所减少，中国、巴西、墨西哥、印度等国的生产份额显著提升。

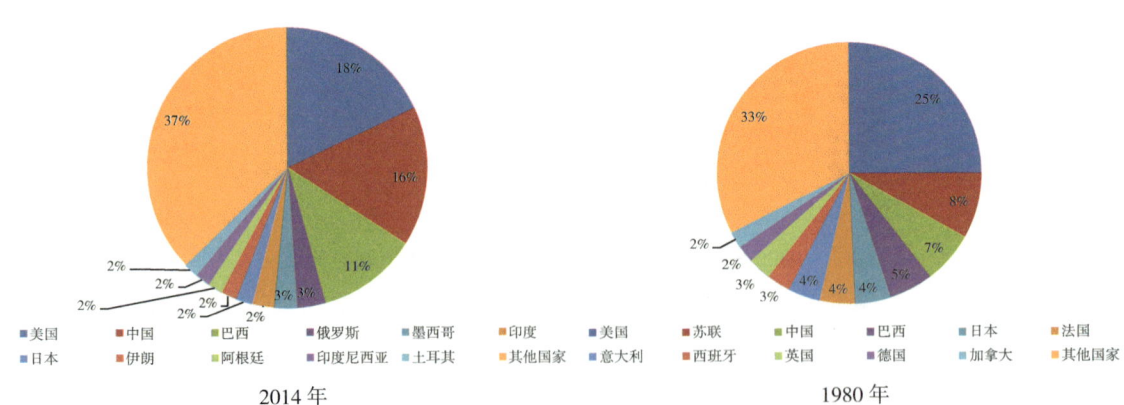

图9　1980—2014年的世界禽肉主要生产国变化情况

数据来源：FAOSTAT

3. 消费需求是驱动生产布局变化的主要因素

世界禽肉生产布局变化主要受消费需求驱动。随着人口的增长、经济的不断发展以及居民生活水平的提高，亚洲对禽肉的需求快速增加，带动禽肉生产快速发展，从而使其在

世界禽肉生产中的份额不断提高。欧洲受其经济增长停滞、消费基本保持稳定的影响，禽肉生产已能满足区域内的消费，增长动能不足，导致产量份额下滑。非洲和大洋洲由于人口较少，总体需求量不大，但非洲经济比较落后，禽肉产业发展尚处于起步初期，随着经济的发展未来存在较大的增长空间。

三、国际价格走势变化及动因

（一）全球禽肉价格总体呈上涨走势，2017年逐步回暖

禽肉价格走势与世界经济形势以及饲料原料的价格走势保持着密切的相关性。根据FAO的禽肉价格指数，自2004年以来，世界禽肉价格总体呈上涨态势。其中，2011—2014年，禽肉价格达到高峰，价格指数在200以上，其间的高位主要受饲料成本抬升的支撑。2015—2016年，国际粮价下跌，禽肉价格随之出现明显下滑，2017年上半年呈现回暖迹象，但涨幅不大（图10）。

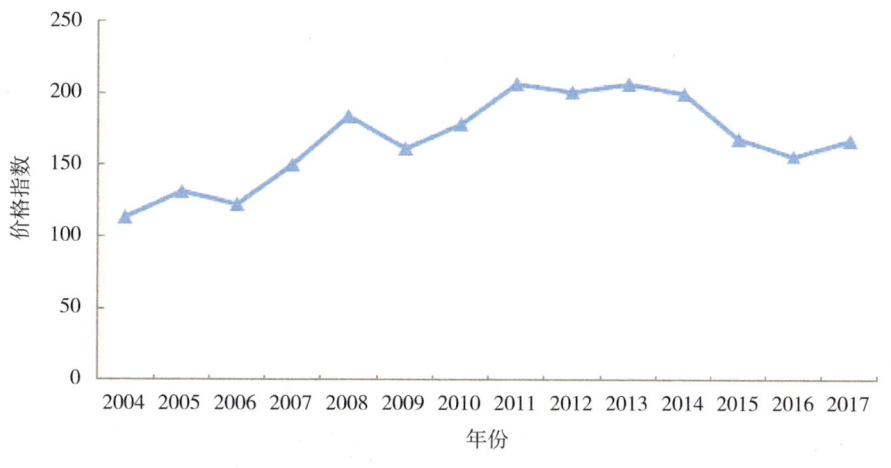

图10 2004—2017年全球禽肉价格指数
数据来源：FAO肉类价格指数报告，基期为2002-2004=100

国际禽肉价格波动具有一定的周期性特征。2004—2006年，先涨后跌；2007—2012年经历了两轮"涨—跌"周期，连续上涨2年，下跌1年。2014—2016年出现了连续3年的下跌，此轮下跌时间较长，主要受饲料原料价格较低位运行的影响。2016年价格指数跌至接近2007年的水平，为156，2017年回升至169，仍处于较低水平。

（二）美国和巴西价格存在较大差距，美国价格波动相对平缓

从美国和巴西等重点国家的禽肉价格来看，美国和巴西的变化趋势基本一致，但美国的鸡肉价格相对较低，而且波动比较平缓，巴西价格波动相对剧烈（图11）。2004—2017

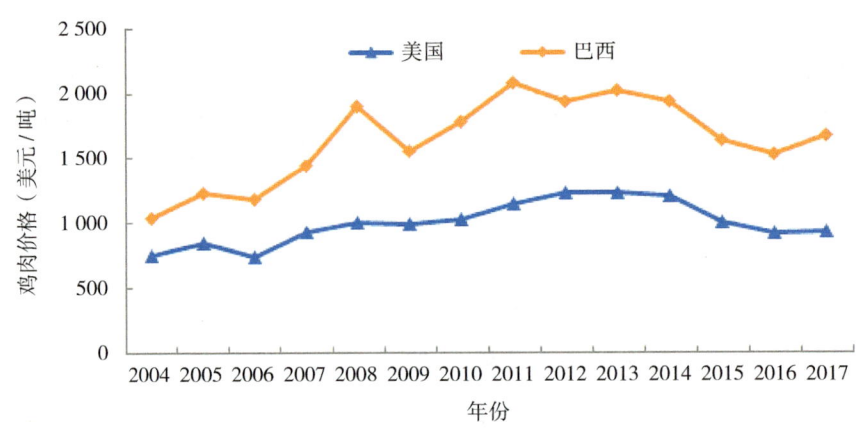

图 11 2004—2017 年美国和巴西鸡肉价格变化情况
数据来源：FAO 报告

年，美国鸡肉价格从 757 美元/吨上涨至 931 美元/吨，涨幅为 22.9%；巴西鸡肉价格从 1033 美元/吨上涨至 1671 美元/吨，涨幅为 61.8%。

巴西作为新兴发展中国家，除了国内饲料原料价格的波动引起禽肉价格变动外，国际经济环境的变化也是引起其价格变动的重要因素。特别是巴西经济发展不稳定，国内经济影响了国内的消费需求，汇率波动又很大程度上影响了国际出口价格，进而传导至国内。

总的来说，美国和巴西的鸡肉价格目前均处于 2015—2016 年的低迷后回暖阶段，其中巴西价格上涨略微明显。

（三）欧盟国家价格差异较大，国内市场价格趋于企稳

欧盟国家（地区）的禽肉生产者价格差异很大，冰鲜整鸡的最高和最低生产者价格比超过 2∶1，其中，英国的价格最高，波兰的价格最低。冰鲜整只火鸡的价格比超过 14∶1，其中英国价格最高，德国价格最低。冰鲜整鹅、鸭、珍珠鸡的价格比也在 6∶1 以上，其中比利时的价格最高，匈牙利的价格最低。

自 2007 年以来，欧盟国家的禽肉生产者价格指数变化趋势一致。通常在价格指数剧烈波动后，在每年的第四季度有一个平稳回升的趋势。2009 第四季度价格小幅反弹后，2010 年早期价格下跌，2010 年后期又呈趋势性回升，于 2011 年四季度达到峰值。自此以后，价格波动剧烈，但总体小幅上涨，在 2013 年下半年达到顶峰后，总体呈下跌走势，直至 2016 年企稳。

欧盟禽肉价格体系根据不同的产品供应链有所不同，供应链越复杂，终端产品的价格越高。通常来讲，生产商、进口商、出口商的价值为消费者最终价格的 35%~40%，批发商和流通者的价值为最终价格的 10%~15%，零售商的价值为最终价格的 45%~55%。

四、国际贸易格局及演变

(一) 禽肉贸易格局

1. 美洲和欧洲出口，亚洲、欧洲和非洲进口

世界禽肉出口主要集中在美洲和欧洲，进口主要集中在亚洲、欧洲和非洲。据FAO统计数据，2013年世界禽肉出口量达到1 409万吨，比1980年增长8.74倍，进口量达到1 245万吨，比1980年增长7.98倍。其中，美洲出口818万吨，占58.1%；欧洲出口437万吨，占31.0%。美洲出口禽肉产品中，鸡肉和火鸡分别占94.4%和5.5%。亚洲进口禽肉510万吨，占41.0%；欧洲进口360万吨，占28.9%；非洲进口165万吨，占13.0%。亚洲是禽肉贸易逆差最大的地区，其次是非洲。

2. 美国和巴西稳居世界前两大禽肉出口国

从世界主要国家（地区）的禽肉出口情况（图12）来看，美国、巴西和欧盟等的鸡肉出口量不断增加，巴西是全球第一大鸡肉出口国。近年来，欧盟禽肉出口稳步增加，俄罗斯、南非、加拿大的鸡肉出口也呈增加趋势，但总量不大。中国禽肉出口波动比较大，基本在40万吨左右。目前，美国禽肉出口的主要目的地为墨西哥、中国香港、古巴、加拿大和安哥拉，出口量份额分别为24%、10%、5%、4%和3%。巴西禽肉的主要出口市场为沙特阿拉伯、欧盟、日本、中国香港、阿拉伯联合酋长国、中国、南非、埃及、科威特、伊拉克等。

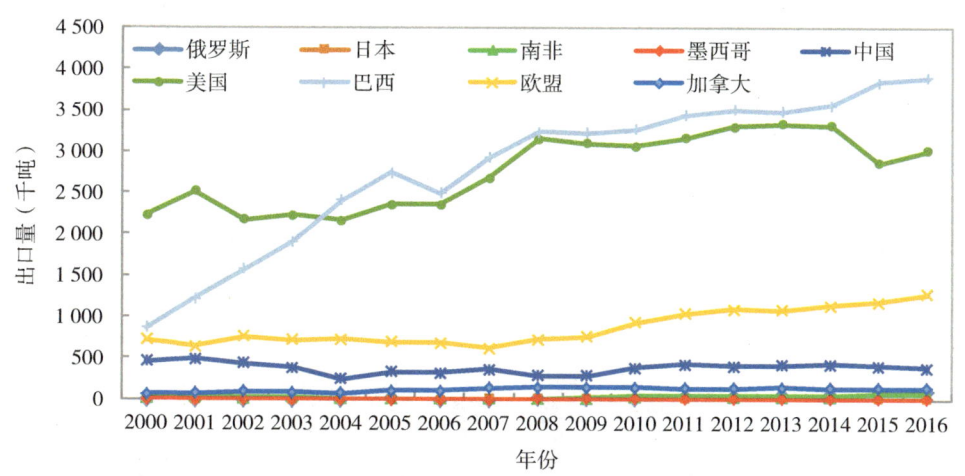

图12　2000—2016年世界主要国家（地区）鸡肉出口情况
数据来源：美国农业部

3. 日本、墨西哥、欧盟和南非是主要进口国（地区）

从世界主要国家（地区）的禽肉进口情况（图13）来看，日本、墨西哥、欧盟和南

非是进口大国（地区），且进口量呈增加趋势，中国的禽肉进口波动较大，在20万~60万吨之间。俄罗斯在2008年以前是禽肉进口大国，随着国内产能的增加，禽肉进口持续减少，从2001年的128万吨减少到2016年的21.5万吨。

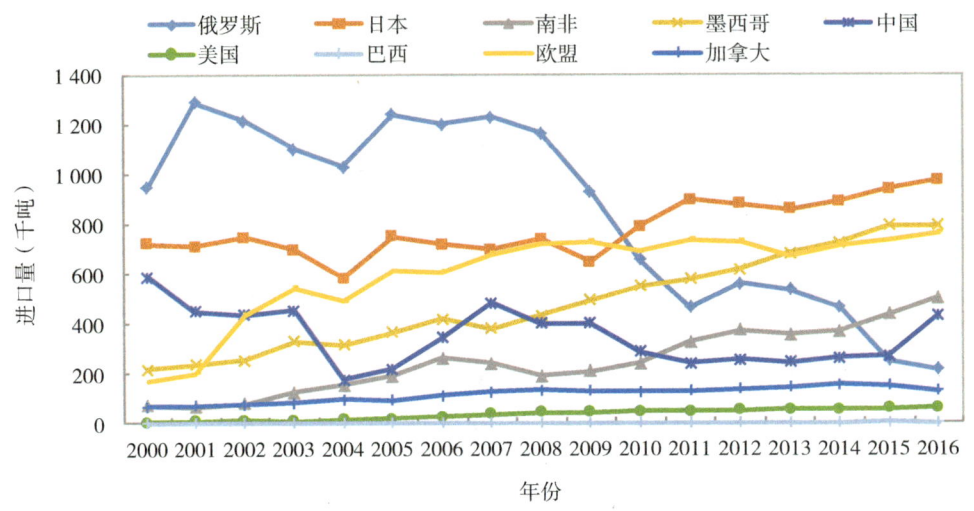

图13　2000—2016年世界主要国家（地区）鸡肉进口情况
数据来源：美国农业部

（二）贸易格局演变

1. 格局基本维持稳定

2007—2016年，世界主要禽肉进出口国家的贸易地位变化不大。巴西、美国、荷兰、波兰、比利时、法国、德国是主要的出口国家，从出口额占世界贸易额的比重（图14）

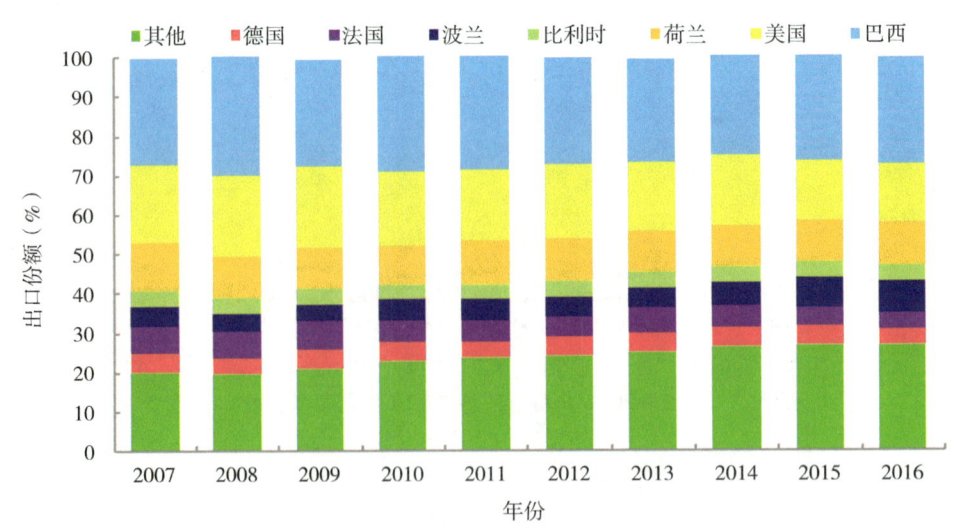

图14　2007—2016年世界主要国家（地区）禽肉出口份额变化
数据来源：UN

来看，巴西稳居第一位，占比为27%；美国排第二位，但占比从2007年的20%下降到2016年的15%；荷兰排第三位，占比为11%；波兰出口快速增加，占比从2007年的5%上升到2016年的8%；比利时和德国的占比基本稳定在4%；法国占比从2007年的7%下降至2016年的4%。

世界主要禽肉进口国家是德国、英国、沙特阿拉伯、中国、日本、法国和美国。从进口额占世界贸易额的比重（图15）来看，欧盟进口份额呈下降趋势，其中德国的占比从2007年的10%下降到2016年的8%；英国从12%下降到8%，法国稳定维持在6%。沙特阿拉伯进口份额从6%增加到8%，中国和日本基本维持在7%和6%，美国基本为1%~2%。

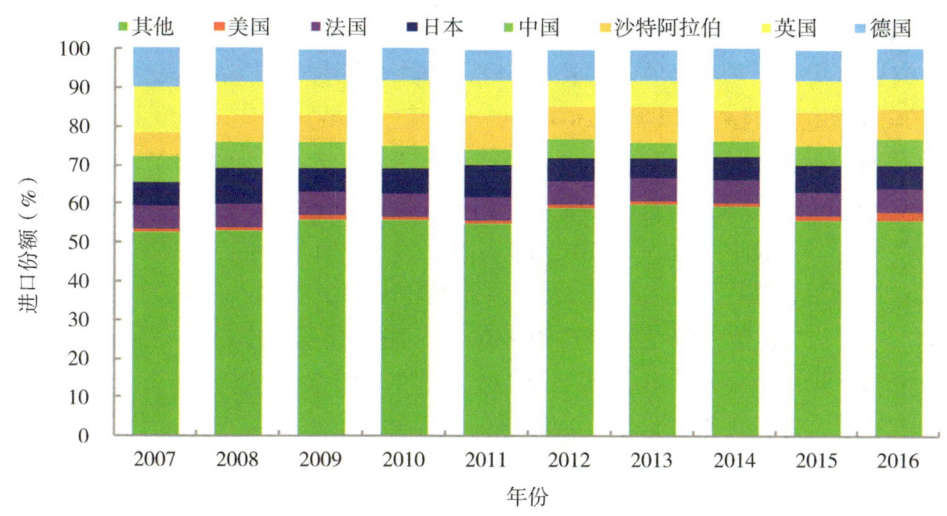

图15　2007—2016年世界主要国家（地区）禽肉进口份额变化
数据来源：UN

2. 格局演变趋势

纵观20世纪80年代以来的世界禽肉贸易状况，主要进出口国家发生了一些变化。进口方面，墨西哥、安哥拉、南非等国家由于进口不断增加，在世界主要禽肉进口国家中的排名显著提升；俄罗斯、日本、伊拉克、欧盟国家特别是德国、荷兰、法国等的进口地位逐步下降；沙特阿拉伯和阿拉伯联合酋长国的进口波动较大，但总体排名仍然比较靠前。出口方面，巴西、阿根廷、波兰、土耳其、乌克兰的出口快速增加，在主要出口国家中的排名不断提升；法国、荷兰、匈牙利、丹麦等欧盟国家以及泰国的出口地位下降；美国和荷兰的出口地位相对稳定；中国出口波动性较大，但一直维持在前12位以内。

近10年来，世界禽肉贸易格局变化不大，主要出口国和进口国的地位长期维持。巴西于2004年超过美国成为全球第一大禽肉出口国，俄罗斯由于本国禽肉产能的增加，进口显著减少。欧盟的进出口同时增加，由过去的禽肉贸易平衡国逐步转变为禽肉净出口国。长期以来，加拿大基本保持贸易平衡。

巴西和美国是世界两大禽肉出口国，鸡肉出口量占全球鸡肉出口量的2/3，两国均具有较强的成本竞争优势。近年来，美国受到禽流感疫情的影响，禽肉出口严重受挫。中国对美实施了"双反"措施，导致美国对中国的出口锐减，美国积极开拓对非洲和南美洲的出口贸易，同时加大对墨西哥和加拿大的出口力度。巴西作为新兴发展中国家，禽肉产业迅速发展，并积极开拓亚洲、中东等市场，出口快速增长，已超过了美国。巴西在出口战略上采取了区域差异化策略，针对不同的消费市场，提供符合当地消费习惯的禽肉产品。目前，巴西的主要出口市场为中国、日本、南非、沙特阿拉伯、阿联酋、埃及、欧盟、南非等。

近几年，俄罗斯实施了进口替代战略，使得本国禽肉生产快速增加，2015年终止了从美国的进口。目前，俄提出从进口替代战略转向出口扩张战略，稳步推进禽肉出口。但是，受到流感疫情以及部分国家的贸易限制，禽肉出口的增速受限。

欧盟国家（地区）因强化"动物福利保护政策"，提高了禽肉进口的绿色贸易壁垒，加之对禽肉进口实施配额制，欧盟禽肉进口基本维持稳定水平。主要从中国和泰国进口熟制禽肉。2016年欧盟国家进口禽肉364.6万吨，其中主要进口国家为德国、荷兰、英国、法国、比利时、西班牙和罗马尼亚，分别占进口量的18%、14%、13%、12%、6%、4%和4%。2007—2016年，德国一直稳居第一大进口国的位置，而荷兰和英国的进口份额均下降2个百分点。在出口方面，2016年欧盟出口禽肉531万吨，主要出口国为荷兰、波兰、比利时、德国、法国、英国和匈牙利，分别占出口量的26%、18%、10%、9%、8%、6%、4%。2007—2016年，波兰的出口迅速增加，出口份额增长了11个百分点，而同期法国出口份额下降7个百分点，其他国家的出口相对稳定。

除了俄罗斯以外，世界其他主要禽肉进口国家和地区是撒哈拉以南非洲、墨西哥、北非和中东、中国（不包含中国香港地区）和中国香港、欧盟和东亚（图16）。根据预测，受消费需求增长的拉动，到2022年，撒哈拉以南非洲国家、墨西哥、北非和中东国家的禽肉进口会有明显增加，而中国、欧盟、东亚国家的禽肉进口将会基本保持稳定。

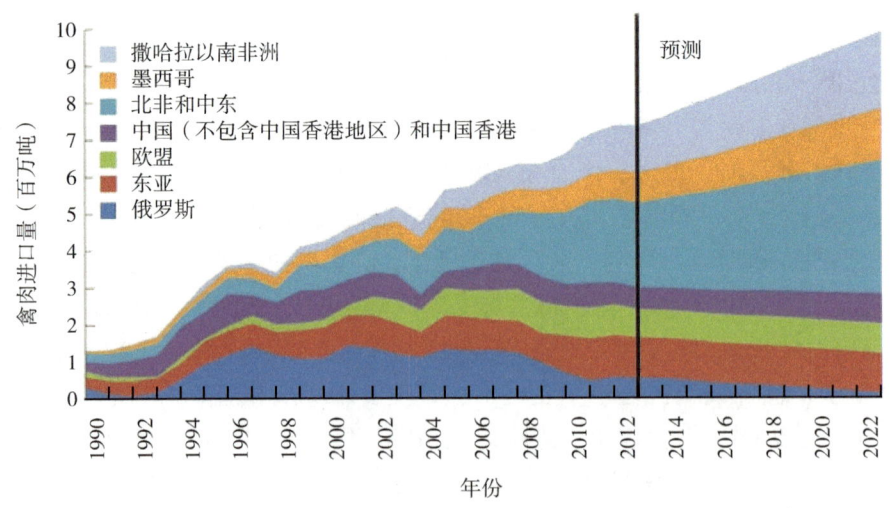

图16 世界主要禽肉进口区域和国家

资料来源：美国农业部

五、主要国家产业链竞争力

美国和巴西是全球两大禽肉生产国和出口国,拥有全球最完备的禽肉产业链体系,生产现代化程度、产业发展水平、出口贸易体系都居世界前列,是全球禽肉产业最具竞争力的两个国家。

(一)美国

1. 生产区域比较集中

美国肉鸡产业呈现高度的区域集中化和规模化,95%的鸡肉产量集中在19个州,主要分布于东南部。区域集中化的重要驱动力来源于肉鸡养殖和屠宰加工的规模经济效益。产业区域集中化后,屠宰加工厂、孵化场、饲料厂和养殖场形成了产业集群,从而大大降低种鸡、饲料和成鸡的运输成本,但不可避免地增加了排泄物污染和发生疫病的风险。为此,美国不断强化配套的环保和疫病防控措施。

美国肉鸡生产前五大州分别是佐治亚州(GA)、阿拉巴马州(AL)、阿肯色州(AR)、北卡罗纳州(NC)、密西西比州(MS)。北卡罗纳州拥有2 500个肉鸡养殖场、15个孵化场、18个饲料厂、15个禽肉加工企业,从业者1.5万人。

2. 生产方式主要为"公司+农户"

美国肉鸡生产多以标准化工业养殖为主,约占市场总量的98%。主要采取的是"公司+农户"的生产模式,公司为农户提供雏鸡、饲料、疫苗、兽药、收鸡、屠宰、资金补助等服务,农户提供土地、设备、劳动力、垫料、环保和生长控制。一般的运作模式是合同制养殖,要求全进全出的标准化养殖,出栏肉禽按照约定价格出售给饲料企业,或者由产业链经营者向养殖户支付禽肉产品的价格风险。

美国的肉鸡养殖几乎不采用笼养模式,主要原因是考虑到成本因素。美国土地不像中国这样紧张,但劳动力很贵,人工成本较高且很难雇工。同时,消费者对"动物福利"的要求日益提高,肉鸡笼养在美国不可能得到普及。

美国的合同养殖模式已经非常成熟,养殖合同的支付和补偿方式以及特定养殖标准日渐丰富和完善。从对养殖户支付和补偿的角度来看,美国养殖合同中,以养殖效果为支付基准的养殖合同占93%;以相对养殖效果为支付基准的养殖合同占87%;含市场价格变动补偿条款的合同占13%;含灾害补偿条款的合同占18%;含能源价格补偿条款的合同占56%;含设备融资条款的合同占6%。美国合同养殖场基本可以保持盈利,但多少不一。一般来讲,出栏肉鸡的盈利水平为每磅0.05美元,折算下来,出栏一只鸡盈利0.4美元。目前,美国肉鸡行业衡量生产性能的方式已从关注料肉比转为单位肉(胴体重)所消耗的饲料代谢能。

3. 产业规模化和集中度高

美国肉鸡产业规模化的驱动因素来自上下游产业链的整合,一是上游饲料产业的整合,二是中下游屠宰企业的整合。早期肉鸡产业已经具备较高的一体化水平,但伴随着不同时期的产业链纵向整合，规模化不断推进的同时，养殖户和产业链主导者的合同模式发生巨大变化，由市场合同演变为生产合同，价格风险逐渐由养殖户转移到一体化的主导企业上。

养鸡业是具有"规模效应"的产业，在产业规模化发展过程，单一成本是下降的。饲料是肉鸡养殖最大的成本项，由于早期的市场合同促使肉鸡价格风险转移到饲料企业，加之健康卫生和食品安全监管的压力和价格波动，企业为了保持成本优势，开始寻求垂直整合。为了更好地协调产业链各环节，饲料企业开始直接参与到肉鸡产业中。首先，为了更容易获取价格信息，饲料企业逐渐建立了自己的孵化场，同时也通过收购和新建屠宰场的方式进入禽肉产业链的屠宰加工环节。个别企业如 Ralston-Purina、Allied Mills、Central Soya、Cargill 和 ConAgra 等开始建立从饲料到加工到终端市场的禽肉产业链条。随着饲料企业的份额提高，独立养殖户和加工厂的市场份额受到挤压，从而促进了产业整合，小型独立的养殖户和屠宰加工厂逐步被市场淘汰。

20 世纪六七十年代，受鸡价下跌和投入成本上涨的影响，众多饲料企业逐渐退出肉鸡产业，但屠宰加工凭借其具备的价格信息和规模化优势以及高附加值，逐步取代饲料企业成为产业链的整合者，与此同时，下游零售端的规模化扩展也加速了中下游屠宰加工的整合。在零售端，鸡肉价格远低于猪肉和牛肉，且加工质量优化，促进了消费量的提升。随着快餐文化和超市的发展，鸡肉销售流向食品企业的比例增长。

美国肉禽产业集中度很高，前 4 家大型企业的产量占全国总产量的 50% 以上。Tyson food 公司（泰森食品）是美国禽肉全产业链经营模式最优秀的代表。公司成立于 1931 年，经过 80 年的发展，由单独的养鸡场发展成全球最大的集饲料生产、家禽养殖以及鸡、牛、猪肉制品加工于一体的全产业链公司。鸡肉产业销售占公司收入的近三成。泰森食品在美国业务的基础上，通过合资经营、并购等方式，开拓了中国等国际市场。目前，泰森食品拥有鸡饲料厂 40 家、鸡肉加工厂 57 家，在美国肉鸡市场上占据约 21% 的市场份额。其他大型企业包括：Pilgrim's Pride 公司占有 17% 的市场份额；Sanderson Farms 占 8% 的市场份额；Perdue Farms 占 7% 的市场份额。

4. 产值下滑，产业链竞争力强

美国鸡肉产量总体呈增加趋势（图 17），2013—2014 年产业产值出现快速增加，但自 2014 年以后鸡肉产值出现显著下滑。火鸡生产保持相对稳定。禽蛋产值自 2015 年开始也出现了相同的下滑趋势（图 18）。产值下滑的主要原因是近年饲料成本较低，禽产品价格下跌以及禽流感疫情影响了出口，加之美元贬值，出口创汇减少。

美国的肉鸡产品以切块和深加工为主，分别占产品总量的 40% 和 50%，而作为整鸡销售的产品仅占 10%。在销售渠道上，55% 销往深加工企业，25% 销往快餐企业，零售渠道占 20%。从产业链来看，主要环节包括：玉米、豆粕及其他农作物等作为饲料原料进入饲料加工厂，饲料厂生产饲料提供给家禽孵化场，种鸡育种企业为家禽孵化场提供种鸡和种蛋，家禽孵化场为养殖场提供雏鸡，养殖场出栏的肉鸡进入屠宰厂，屠宰厂的产品部分进入深加工企业，部分进行分销、零售、出口以进入食品企业，屠宰厂和深加工企业的副产品进入化脂厂，深加工的产品进行分销、零售和出口。美国的肉鸡产业链已经形成了从种鸡、饲料、养殖、屠宰加工到最终食品生产的完整闭环，产业链竞争力较强。

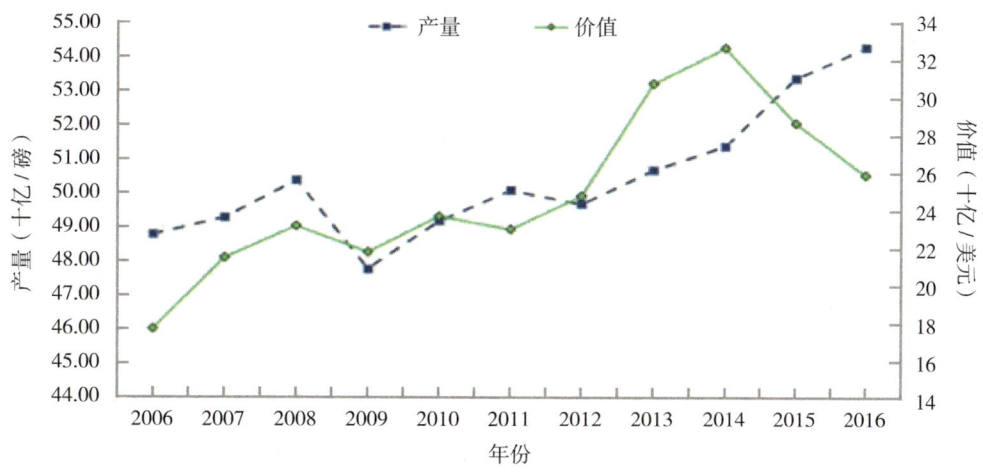

图17　2006—2016年美国鸡肉产量和产值变化

资料来源：美国农业部

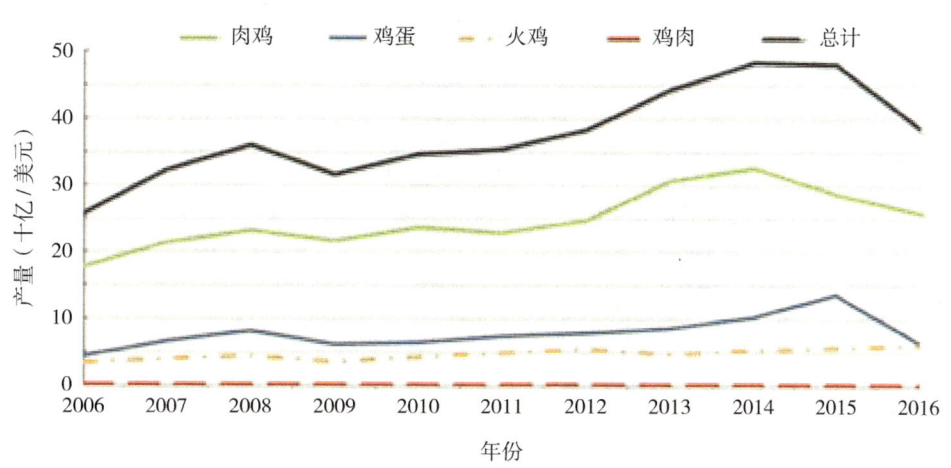

图18　2006—2016年美国主要家禽产品产值变化

资料来源：美国农业部

（二）巴西

1. 具有发展禽业的资源、成本和技术优势

巴西国土面积85 100万公顷，其中41%覆盖着亚马逊森林，26%为牧场，7%为一年生作物。同时，很大面积国土受到保护，因为是环境敏感区域或者分配给原住居民，还有相当大的面积用于耕种。巴西具有整体上有利于农业生产的气候，拥有世界上12%的淡水资源。家禽生产的投入要素丰富、质量高而且成本低，同时良好的生态环境保证了无动物疫病发生。

巴西没有活禽市场，家禽业完全集约化，有助于整个供应链的链接和协调。随着遗传和饲养的改进，巴西禽肉的平均生产力显著提高，饲料转化率高达1.7，可以在40天内生产出 2.6 千克重的肉鸡。这些性能指标和供应链的有效性使得巴西成为世界上生产成本最低的家禽生产者。过去 15 年，巴西禽肉生产成本仅为美国的 60%，但最近政府颁布政策要求提高工资水平和控制电价，可能会抬升禽肉生产成本，使其丧失一定的竞争力。

所有这些积极因素带动了巴西禽肉产量的迅速增长，2014 年禽肉出口超过了 1 300 万吨，比 1990 年增加了 439%。除了禽肉出口居世界首位外，巴西的禽肉平均消费量也达到了 45.7 千克，为世界消费量最高的国家。巴西鸡肉产量、出口量和国内消费量的增长幅度远远超过了牛肉或猪肉。

2. 生产区域集中，配套设施相对完备

巴拉那州已经超越圣卡塔琳娜州成为巴西禽肉产量最高的地区，而中西部地区的产量也已经迎头赶上，达到了全国生产总量的 15%（图 19）。

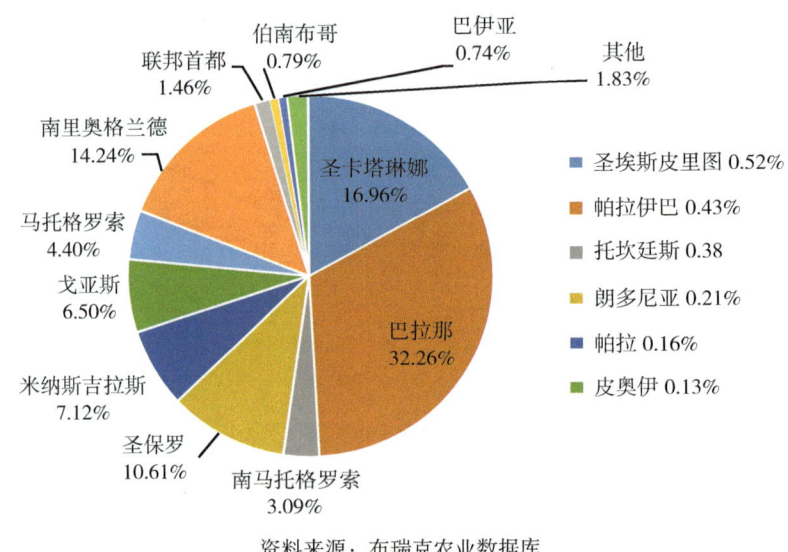

资料来源：布瑞克农业数据库
图 19 巴西禽肉生产布局

巴西新建的家禽农场完全配备自动化的环境控制、饮水和饲喂系统，有时一个大型网站遍布多达 50 个棚舍。但在巴西某些地区，基础设施阻碍了禽肉的生产扩张和出口，需要政府的支持来修建港口，还需要打通公路和铁路网来连接范围日趋扩大的畜牧生产中心。

3. 产品出口导向，实施出口市场差异化战略

巴西在全球禽肉贸易中的占比达到 65%，国内 32.3% 的禽肉产量用于出口。巴西禽肉产品出口类别包括：鸡块 53%、整只鸡 38%、盐制产品 5%、工业产品 4%。巴西出口至日本的禽产品主要是带皮胸肉卷及去皮胸肉卷，出口至中东的是带皮胸肉，出口至欧盟的为去皮胸肉。

4. 巴西食品公司 BRF 成为世界最大的食品公司之一

在世界排名前三的家禽公司中，两家都位于巴西，即 JBS SA 和 BRF。结合国家自

然资源以及最佳的技术和政府支持，巴西禽肉公司获得了产品质量高且价格低廉的良好声誉。

巴西食品公司（BRF）成立于1930年，起初加工汉堡和小鸡块，在巴西市场拥有75年的历史，至今仍是巴西最大的食品加工冷冻公司。2009年，BRF收购Perdigão和Sadia，成为目前世界上最大的食品公司之一，主要经营鲜肉类、工业化肉类、人造黄油、意大利面、比萨饼、冷冻蔬菜和乳制品等。BRF也是巴西第二大食品出口商，出口的鸡肉占全球鸡肉贸易的20%。出口至115个国家，中东地区是主要出口地。出口至中东、日本的产品主要为鸡腿，出口至中国的产品主要是鸡爪。每年出口至中国的禽肉制品达2 000多吨，主要经中国深圳、上海、江苏进入中国。BRF作为全球蛋白质生产工业的领航者，在世界相关贸易中的份额达9%。BRF还是全球第五大就业企业，拥有12万员工和63家子公司，在巴西以外的地区如阿根廷、英国和芬兰等地建立了11个拥有一流设备的生产厂，在南美、中美、欧洲、中东和亚洲（包括中国在内）的22个国家和地区设立了办事处。公司产品55%用于国内消费，45%用于出口。

（三）主要禽肉生产和贸易商

据瓦特公司预计，全球年屠宰量4亿万只以上的大型家禽生产和贸易商包括：美国泰森食品公司（Tyson Foods）、巴西食品公司（BRF）、巴西JBS（JBS Aves Brazil）、美国皮尔格林公司（Pilgrim's）、美国普渡食品公司（Perdue Foods）、墨西哥Bachoco公司、美国科氏食品公司（Koch Foods）、沙特阿拉伯畜牧发展公司（ACOLID）、美国桑德森农场公司（Sandersom Farms）、法国LDC公司和印度Suguna食品公司（表5）。

表5 全球50大禽肉生产商

公司	国家	屠宰量（百万只）
泰森食品公司（Tyson Foods）	美国	1 737
巴西食品公司（BRF）	巴西	1 724
JBS Aves Brazil	巴西	1 675
皮尔格林公司（Pilgrim's）	美国	1 500
普渡食品公司（Perdue Foods）	美国	675
Bachoco公司	墨西哥	672
科氏食品公司（Koch Foods）	美国	624
阿拉伯畜牧发展公司（ACOLID）	沙特阿拉伯	500
桑德森农场公司（Sanderson Farms）	美国	476
LDC公司	法国	456
Suguna食品公司	印度	400
Hain Pure公司（火鸡）	美国	390
Japfa公司	新加坡	368
福建圣农发展股份有限公司	中国	360

(续表)

公司	国家	屠宰量（百万只）
Plukon 食品集团	荷兰	354
意大利农业食品公司（AIA）	意大利	350
PHW 集团	德国	350
Wayne 农场公司	美国	350
Mountaire 农场公司	美国	337
San Miguel Pure 食品公司	菲律宾	320
两姐妹食品集团	英国	317
正大食品集团	泰国	315
MHP 公司	乌克兰	312
AI-Watania 公司	沙特阿拉伯	300
福斯特农场公司	美国	299
乔治公司	美国	276
Harim 集团	韩国	270
RCL 食品有限责任公司	南非	260
Moy Park 有限责任公司	英国	260
Amadori 公司	意大利	250
Prioskolye 公司	俄罗斯	250
San Fernando 公司	秘鲁	240
Astral 食品公司	南非	229
Baiada 家禽公司	澳大利亚	208
Peco 食品	美国	203
凤祥集团	中国	200
Al-Fakieh 家禽农场公司	沙特阿拉伯	200
大成食品（亚洲）有限公司	中国	200
Simmons 食品公司	美国	198
Severnaya 公司	俄罗斯	197
Aurora 食品公司	巴西	196
铭基食品有限责任公司	美国	191
House of Raeford Farms 公司（肉鸡）	美国	185
Big Frango 公司	巴西	176
Protinal-Proagro CA 公司	委内瑞拉	165
Fieldale 农场公司	美国	161
O.K. Industries 公司	美国	151

资料来源：国际传媒，《国际家禽》

这些大型生产商在局部地区形成了垄断，并积极拓展全球布局，已经成为影响全球禽肉市场的主导力量。当然，统计中未涉及中国的四家大型家禽企业，如新希望六和、温氏股份、立华牧业、福喜（OSI）中国等。美国和巴西作为世界禽肉生产大国，拥有几家大型跨国公司，展开全球布局。特别是近期巴西的家禽巨头 BRF 已经收购欧洲多家家禽公司，布局欧洲禽肉产业。

从拉丁美洲区域来看，除了巴西是第一大生产国以外，墨西哥、阿根廷、哥伦比亚、秘鲁和智利的禽肉生产均发展较快。该地区的禽肉生产主要受巴西控制，拥有该地区的两家最大企业。巴西企业 BRF、Seara、Aurora 和 Copacol 位列该地区的前十大禽肉企业。墨西哥禽肉企业 Industrias Bachoco 和 Pilgrim's Pride de Mexico 在 2016 年分别取得了拉美地区第三名和第四名的业绩。哥伦比亚的 Avidesa 和智利的 Super Pollo 也被认为位居该地区 10 大生产商之列（表6）。

表6 拉美地区禽肉企业前10强

公 司	国 家	屠宰量（百万只）
BRF	巴西	1 724
Seara（JBS）	巴西	1 300
Industrias Bachoco S.A.	墨西哥	595
Pilgrim's Pride de Mexico	墨西哥	470
Grupo San FFernando	秘鲁	240
Auroma Alimentos	巴西	197
Copacol	巴西	180
Avidesa	哥伦比亚	124
Granjia Tres Arroyos	阿根廷	116
Super Pollo	智利	110

资料来源：国际传媒

六、主要国家产业支持政策

多年来，世界家禽产业发展得到长足的发展。在产业发展过程中，各国获得的支持政策大致可以分为对饲料原料作物及养殖户收入的补贴支持，信贷支持、自然灾害和重大疫病补贴以及生态环保支持政策等。

美国肉鸡生产补贴支持政策：包括隐性的饲料补贴、交易援助贷款和贷款缺额补贴、出口补贴、特别灾难援助计划、作物和收入补贴保险、税收优惠、鼓励使用循环设备等。这些补贴政策的实施，降低了肉鸡的生产成本，提高了美国肉鸡产业的竞争力，使得美国肉鸡产业在全球肉鸡贸易中占据了绝对的优势。

巴西养殖支持政策：国家为中小农场提供低息贷款，安全管控方面的费用由公司承担，公司采样送政府检测。各个环节均受政府监控，连产品包装都需要通过政府批准，110多个国家对其质量予以认可。近年，受饲料价格波动以及信贷业务缺乏的影响，巴西家禽产业面临很大挑战，行业正积极寻求政府出台支持政策。

巴西鸡肉与猪肉质量和安全控制的关键点在于动物保健、残留控制、动物福利、环境保护，并做到全程可追溯。巴西国家家禽健康项目指预防禽流感及新城疫，国家生猪健康项目指口蹄疫及猪瘟，质量安全监控工具为 GPP、GMP、HACCP。上述项目均受到巴西农业部的认可。

泰国禽肉进口保护制度：泰国对国内禽肉市场是高度保护的，政府规定了允许进口的禽肉类别。对于美国的鸡肉产品，通过非透明的进口许可控制来限制进口。泰国除了实施高进口关税（对冷鲜、冷冻禽肉征收 30% 的关税，对熟制鸡肉产品征收 40% 的关税），还对生鲜产品歧视性地征收进口许可费（每千克 10 泰铢，约合每吨 317 美元），从而保护国内市场。

总体上，世界禽肉产业发展经历了长久而非周期性的变化，使得家禽业的运营方式不断发生重大变化。全球禽肉供给相对充足的局面可能难以维持，主要是由于各种政策的变化，比如限制企业淘汰产能或缩减产能。伴随政府出台的政策越来越多，竞争受到阻碍，管理成本增加，效率下降。家禽产业全球化速度的加快，要求产业必须开发新的产品来应对全球消费市场新需求。

全球禽肉产业发展面临着诸多挑战，为应对新出现的问题各国政府将适时出台相关的产业支持政策。目前，美国肉禽业发展面临的主要挑战包括：生物安全和高致病性禽流感的预防；国际贸易和出口；牲畜饲养场管理规定（动物福利问题）、美国职业安全与卫生管理局的重点区域规划（禽肉加工设施检查）、新的现代化制度、可再生燃料标准、NCC 肉鸡福利标准以及移民改革等。为了应对上述挑战，未来产业支持政策有可能会做出相应的调整。

七、世界供需及产业发展形势展望

（一）禽肉产业发展势头依旧强劲

人口增加、收入增长和城镇化发展是未来禽肉产业发展的主要驱动力，但世界各地不同的驱动力，将给产业增长带来较大差异。从全球年人均禽肉消费量来看，除了非洲西部和东部的增长几乎停滞以外，全球大部分地区禽肉消费增势良好。欧洲方面，由于人口可能出现负增长，禽肉消费总量不会出现太大增长，但年人均禽肉消费量仍将持续增长。东亚、南亚、中亚、中美洲、南美洲、非洲北部和南部的年人均禽肉消费量将保持乐观增长。因此，全球家禽产业链发展预期前景看好，但也面临着资源约束、环境保护、疾病风险、动物福利、食品安全、消费者互动等诸多挑战。

禽肉作为廉价、优质的动物蛋白，随着经济和人口的增长，全球需求将稳步增加，并带动生产的扩张。全球禽肉生产消费将同步增长，贸易结构不断优化。肉禽产业发展将更加注重生态环保、无抗养殖、动物福利，促使产品质量提升。禽肉生产将更多地融入食品行业，以开发符合时代潮流的新型食品为目标，不断创新发展，迎合市场多元化的需求。

据行业专家预测，全球家禽业将呈现快速增长的趋势，预计到 2030 年全球禽肉产量将会超过猪肉。在过去 20 年中，全球鸡肉需求已经增长 91%，年均增速达到 3.5%，预计再过 10 年全球鸡肉的需求将会再增加 30%。

亚洲作为未来禽肉消费增长的最大潜力区，预计到 2030 年主要亚洲国家，即印度、中国、韩国、印度尼西亚、日本的消费量将比 2016 年分别增长 70%、25%、30%、20% 和 8%。随着收入和生活水平的提高，亚洲禽肉总需求和人均消费量均将不断上升，亚洲禽肉公司也将拥有更多的机会。据预测，这 5 个国家未来将会出现全球领先的禽肉公司，重点为中国新希望集团、印度 Suguna 食品公司、日本三菱商社、印度尼西亚正大集团，以及韩国 Har im 集团。

（二）美国、巴西和俄罗斯产量和出口量均有望继续增加

2018 年美国禽肉产量继续增加。预计产量为 1 917.56 万吨，同比增长 1.9%，出口量 318.88 万吨，同比增长 3.2%。由于饲料成本处于低位，禽肉价格走低。出口方面，受禽流感影响，中国、韩国等国禁止进口美国禽肉产品，致其出口显著下降。美国希望 2017 年底中国能够解除对其禽肉进口的禁令。目前，美国禽肉出口贸易主要受古巴、中国、俄罗斯及泛太平洋伙伴（TPP）及泛大西洋贸易和投资伙伴关系（TTIP）的影响。中国和俄罗斯近两年都没有与美国进行禽肉贸易，墨西哥由于地缘优势，成为美国的主要出口市场，所占份额为 22%。预计美国禽肉以其无可比拟的成本竞争力，将会稳步扩大出口。

2018 年巴西肉鸡生产继续扩张。预计产量将增长近 3%，达到 1 380 万吨。鸡肉出口将增长 5%，由于其他生产国受禽流感的负面影响及巴西鸡肉产品的竞争力增强，预计出口的增长趋势仍将持续。在巴西农业、畜牧和食品供应部对出口体系的改革下，家禽出口商对于巴西恢复其肉类产品声誉非常乐观。而且，尽管 2017 年出口量有所减少，但由于全球肉类价格上涨，出口总额仍然增长了 7%。

2018 年俄罗斯禽肉产量继续增加。预计产量为 391 万吨，同比增长 1%。由于目前市场前景较好，饲料小麦价格处于低位，卢布汇率基本稳定，且国内终端产品零售和快餐店链条进一步拓展，主要生产商继续进行产能扩张。但卢布汇率的稳定性、国内居民购买力和出口开拓进展将会影响产量增长预期。2016 年，受到同质化的价值链以及融资困难的困扰，俄罗斯许多中小型肉鸡企业关闭，但大型企业增加了饲料生产，丰富了运营板块，并购买添置了战略资产，进一步进行区域扩张。2018 年，俄罗斯将进一步加强大规模一体化的鸡肉生产整合，小型生产企业的产量逐步萎缩。大型企业的生产主要受制于国内居民购买力的提升和出口的增长，但卢布汇率偏低有利于刺激出口增加，同时国内饲料作物丰收，行业领导者的农业创新项目易于获得资金支持，这些都是促进生产的积极因素。预计 2018 年俄罗斯鸡肉消费 402 万吨，同比增长 1.6%。消费增长主要来自东部地区；在靠近欧盟国家的西部地区，由于对猪肉消费的恢复，禽肉消费疲软；在中部和西部地区，猪肉和禽肉消费的竞争将加剧，禽肉消费将取决于猪肉价格的变化。俄罗斯 2018 年肉禽产业发展仍以满足国内消费为导向，禽肉进口将维持在 22 万吨左右，主要从巴西和白俄罗斯进口，其他主要进口来源国则受到贸易禁令的限制（将持续到 2018 年底）。俄罗斯禽肉出口具有增长潜力的地区是亚洲市场，每年可增加出口 7 万~10 万吨，但由于短期内开拓新市场具有较大难度，预计 2018 年出口量为 12 万吨。

参考文献

李喜明, 仇华. 2016. 世界禽肉主产国市场数据分析 [EB/OL]. https://426900.kuaizhan.com/89/73/p400972176c2101.

徐光耀, 王济民, 周海波. 2010. 美国肉鸡产业支持政策 [J]. 中国家禽, 32 (10).

杨宁. 2017. 从产业链格局研判未来 – 家禽业需要深度融入食品工业和餐饮业 [R/OL]. http://www.sohu.com/a/168150113_768702.

Christopher G Davis, David Harvey, Steven Zahniser, et al. 2013. Assessing the Growth of U.S. Broiler and Poultry Meat Exports [J]. Agriculture Outlook, Economic Research Service, USDA.

Food Outlook., Food and Agriculture Organization of the United Nations. 2017. Boubaker Ben-Belhassen, Director, and Abdolreza Abbassian [R].

s.n. 2016. Thailand: Poultry and Products Annual 2016 [R/OL]. Global Agricultural information Network.

s.n. 2017. Clay Hamilton. Brazil. 2017 Poultry and Products Annual Report [R/OL]. Global Agricultural information Network.

s.n. 2017. Rachel Vanderberg. Russian Federation. 2017 Poultry and Products: Growth through Integration, Global Agricultural information Network [R/OL].

s.n. EU: Poultry (Dressed) – Market Report. Analysis and Forecast to 2025 [R/OL].

s.n. U.S. Poultry Market. Analysis and Forecast to 2025 [R/OL]. https://www.marketresearch.com/IndexBox-Marketing-Ltd-v3629/Poultry-Forecast-11523439/.

Shields D A, Mathews K H. 2003.Interstate livestock movements [J]. Livestock Dairy & Poultry Outlook.

（海外农业研究中心特邀研究员　张　莉）

海外农产品市场研究（2017）

第十二部分

牛 肉

海外农产品市场研究（2017）

牛肉作为畜牧业的重要的畜产品，随着全球经济发展和人民生活水平的提高，近年来牛肉供给逐年增加，需求也随着人口和收入增长呈上升趋势，牛肉产业发展速度超过了猪肉和羊肉，仅次于禽产业。从全球来看，未来牛肉供需形势维持不变，肉牛由于其自身生长特性，生产保持稳定低速增长，其中中国、美国、巴西、阿根廷、印度、墨西哥和巴基斯坦等对世界牛肉产量的增长贡献较大。

世界牛肉生产一直呈现稳步上升趋势，年均增长率达 1.1%，产量从 1980 年 4 717 万吨增长到 2014 年 6 841 万吨，增长了 45.0%，这与日益增长的牛肉市场需求不无关系。世界牛肉产量最多的国家是美国、巴西和中国，其他生产大国还有阿根廷、澳大利亚、印度、墨西哥、巴基斯坦、俄罗斯和法国。当前全球牛肉供需基本平衡，近年来供需缺口逐渐削减，根据联合国粮食及农业组织（FAO）食物展望报告，2016 年全球牛肉供给 6 829 万吨，需求 6 801 万吨，供求基本平衡。

世界牛肉贸易增幅明显，从贸易格局来看，当前牛肉出口前几名国家为澳大利亚、印度、巴西、美国等；主要进口国有美国、日本、中国和俄罗斯等。进口牛肉格局基本没有变化，美国一直处于领先地位，占全球进口总数的 14.4%。亚洲牛肉进口需求旺盛，特别是中国，已经成为主要牛肉进口市场。

一、世界供需现状

全球牛肉供需基本平衡，近年来供需缺口逐渐削减，根据 FAO 食物展望报告，2016年全球牛肉供给 6 829 万吨，达到肉类总供给的 1/5；全球牛肉消费需求 6 801 万吨，发展中国家牛肉需求的增加恰好弥补发达国家牛肉需求的减少（图1）。由于资源禀赋和产业发展不同，部分发展中国家对牛肉的需求偏高而产量供应不足，需要从其他国家大量进口，带动全球牛肉进出口贸易持续升温。不同国家之间，资源禀赋和产业发展程度各异，导致了全球牛肉进出口量基本保持平衡。

图 1　全球牛肉供需

数据来源：FAOSTAT；2015—2016 年数据来源于 FAO《Food Outlook（2017.6）》

二、世界生产布局及演变

世界牛肉产量一直呈现稳步上升趋势，年均增长率达 1.1%，1980—2014 年，产量从 4 717 万吨增长到 6 841 万吨，增长了 45.0%，这与日益增长的牛肉市场需求不无关系（图2）。多年来，世界牛肉产量最多的国家一直是美国和巴西，目前中国排第三位，其余几个产量大国依次是阿根廷、澳大利亚、印度、墨西哥、巴基斯坦、俄罗斯和法国。除了中国和印度以外，牛肉产量最多的基本上集中在欧美等发达国家。1995 年中国超越阿根廷，成为世界第三大牛肉生产国。

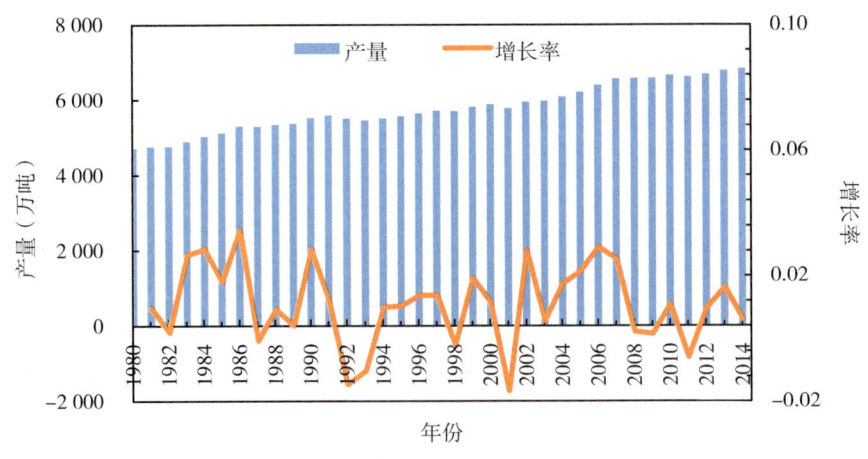

图 2　全球牛肉生产情况
数据来源：FAOSTAT

从生产布局来看，美洲是最大的牛肉生产地区，占全球总产出的 44.9%，其中南美洲占全球的 22.9%，北美洲占 18.3%。亚洲是世界牛肉第二大产区，是牛肉增长最快的地区，从 1980 年占全球产出的 10% 增长到目前的 26%。欧洲生产居第三位，占世界产量的 14.9%。从牛肉主产国来看，美国牛肉产量稳居世界第一位，其次是巴西、中国、阿根廷、澳大利亚和印度。巴西和中国牛肉产量呈稳步增长态势；阿根廷、澳大利亚、印度产量比较平稳，各年增幅基本相同。

（一）美国

美国产量呈周期性波动增长，呈连绵起伏状态，从历史上看，平均每 8~12 年为一个周期，产量最多的年份出现在 2002 年，为 1 243 万吨，占世界牛肉总产量的 20.4%。近 5 年呈周期性回落趋势，5 年降幅为 0.7%。2014 年产量 1 145 万吨，占全世界总产量的 16.7%，但仍居世界第一位。

(二) 巴西

巴西牛肉产量呈现波动上涨趋势，2014 年牛肉产量 972.3 万吨，占世界总量的 14.2%。从增长速度来看，20 世纪 90 年代和 21 世纪初增长较快，近 10 年产量增速稳定，近 5 年来产量平均增速为 1.2%。

(三) 中国

中国牛肉产量增长与巴西相似，呈现逐年上涨趋势。1995 年中国超越阿根廷，成为第三大牛肉生产国。从增速看，增长最快的年份是 20 世纪 90 年代，增速达到 10% 以上，近 10 年来由于存栏趋紧，畜群恢复较慢，产量呈低速稳定上涨态势，年均增幅在 2.2% 左右，目前中国占世界总量的 10%。

(四) 阿根廷

阿根廷牛肉产量比较平稳，产量基本维持在 250 万~300 万吨之间，2001—2009 年持续增长，2009 年达到产量高点 338 万吨（图 3）。2007 年肉牛存栏开始下降，导致后期牛肉产量下降。目前阿根廷牛肉生产排世界第四位，占世界总量的 3.9%。阿根廷也是主要的牛肉消费国和出口国。

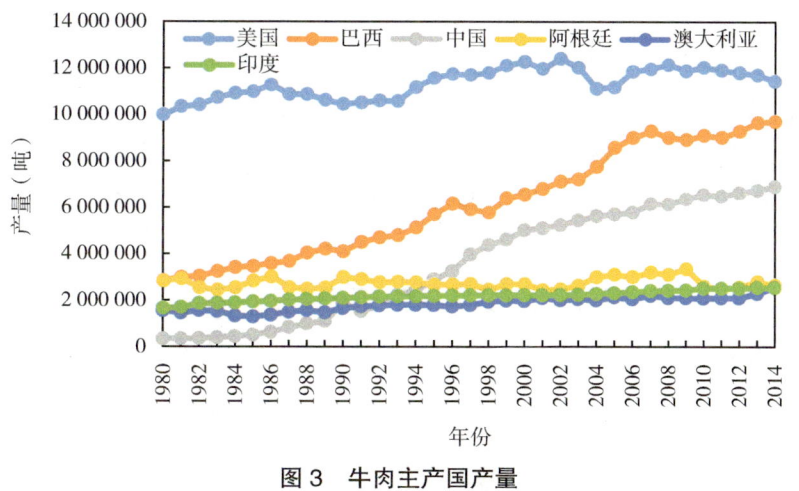

图 3　牛肉主产国产量
数据来源：FAOSTAT

三、国际价格走势变化及动因

国际牛肉价格受到美国市场影响严重，美国是全球最大的牛肉进口国和第二大出口国。从图 4 可以看出，美国牛肉价格走势与国际牛肉基本一致。20 世纪 90 年代，世界牛肉市场价格受到巨大的下行压力。北美洲的牛周期对牛肉价格影响很大。与此同时，第二大进口市场日本的经济停滞不前，消费者偏好转向低价进口牛肉，日本进口价格下降，牛肉价格下行压力加大。进入 21 世纪后，国际牛肉价格逐渐上涨。2015—2016 年 8 月牛肉价格回落，2016 年后半年至 2017 年逐步回升。

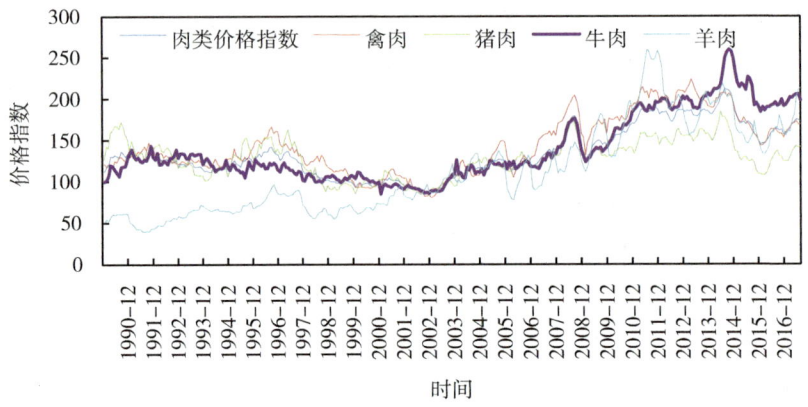

图 4　牛肉国际价格指数

数据来源：FAOSTAT

四、国际贸易格局及演变

（一）贸易量和金额的变化

全球牛肉（包括鲜、冷牛肉和冻牛肉）进出口量逐年增长。进口量从 2000 年的 543 万吨增至 2015 年的 748 万吨，增加了 37.8%；出口量从 2000 年的 561 万吨增加到 2015 年的 905 万吨，增加了 61.3%（图 5）。从增速来看，近 20 年可以分为 3 个阶段：2000—2005 年增速最快，全球牛肉进出口量增加了 20% 以上；2006—2010 年为平稳增长期，增

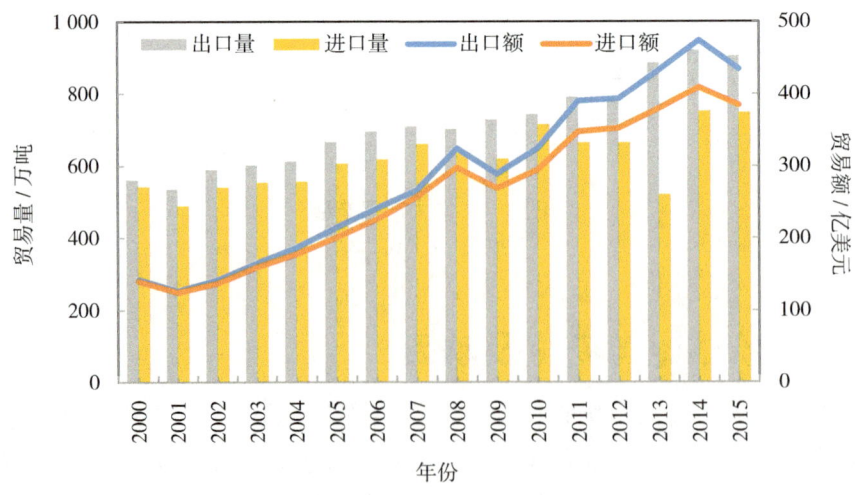

图 5　2000—2015 年全球牛肉贸易量和贸易额情况

数据来源：UN Comtrade 数据库

加了15%以内；2011—2015年增幅明显，增加了13%左右。多数年份全球牛肉呈净出口格局，近两年净出口在160万吨左右。

从全球牛肉贸易额看，增幅更加明显（表1）。进口额从2000年的141亿美元增至2015年的384亿美元，增加了1.7倍；出口额从2000年的143亿美元增加到2015年的435亿美元，增加了2.0倍。从增速来看，也可以分为3个阶段，其中2000—2005年增速最快，全球牛肉进出口额增加了60%以上；2006—2010年为第二增长期，增加了30%以上；2011—2015年增幅放缓，增加了10%以上。牛肉贸易额增幅明显大于贸易量增幅，多数年份牛肉出口额大于进口额，世界牛肉贸易呈顺差格局。特别是近5年来，顺差优势拉大，牛肉顺差在50亿美元左右。

表1 2000—2015年全球牛肉贸易及顺差情况

年份	出口额（亿美元）	进口额（亿美元）	出口量（万吨）	进口量（万吨）	净出口量（万吨）	净出口额（亿美元）
2000	142.91	140.78	561.26	543.28	17.98	2.13
2001	127.38	125.05	534.99	490.08	44.91	2.32
2002	142.53	137.80	590.07	541.71	48.36	4.73
2003	165.80	160.25	602.24	555.13	47.11	5.54
2004	187.35	178.00	612.21	557.65	54.56	9.35
2005	215.19	201.29	666.27	607.16	59.11	13.91
2006	242.16	226.77	694.79	618.96	75.83	15.39
2007	267.02	257.45	709.17	661.64	47.53	9.57
2008	324.91	298.01	701.86	637.22	64.63	26.90
2009	289.23	269.07	727.42	620.55	106.87	20.16
2010	325.16	295.37	742.96	715.17	27.79	29.80
2011	390.39	347.64	791.09	664.91	126.17	42.75
2012	393.58	352.58	789.90	664.50	125.40	41.00
2013	433.15	379.69	885.38	521.33	364.05	53.46
2014	474.36	409.09	921.32	751.65	169.68	65.26
2015	434.88	384.35	905.31	747.92	157.39	50.53

数据来源：UN Comtrade 数据库

（二）产品结构

牛肉产品贸易包括冷鲜、冻牛肉，加工牛肉和牛杂碎。不同牛肉产品的贸易量不同，其主要贸易国家和地区也不同，有必要将不同产品分别分析。世界牛肉产品的进出口规模从高到低的种类依次为冷鲜、冻牛肉、牛杂碎和加工牛肉。从图6可以看出，全球牛肉的进出口都是以冷鲜、冻牛肉为主，牛肉（冷鲜、冻牛肉）贸易量占牛肉产品总量的80%左右。由于运输条件受限，在冷鲜、冻牛肉中，冻牛肉贸易量占60%左右，冷鲜牛肉贸易量占40%左右。除了牛肉以外，20%左右是其他产品，其中，牛杂碎占牛肉产品总量的14.0%，加工牛肉占牛肉产品总量的5.7%。

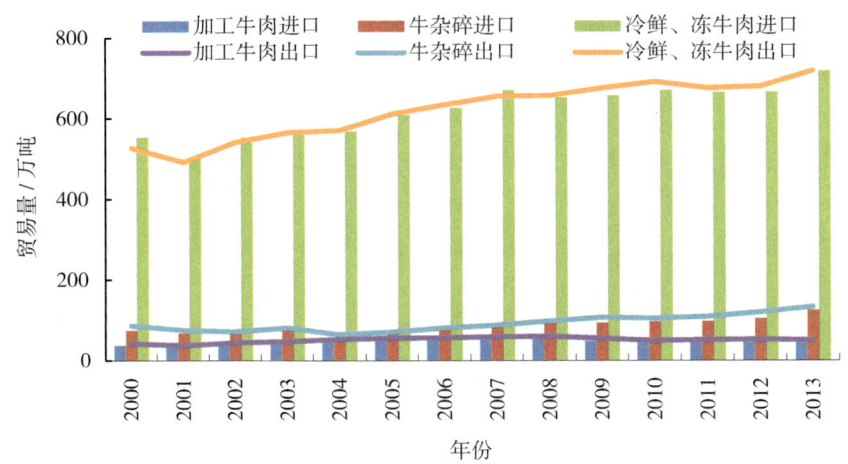

图6 全球牛肉贸易产品结构

数据说明：FAO数据库，加工牛肉包括牛肉、香肠"Meat, beef and veal sausages"和牛肉制品"Meat, beef, preparations"；冷鲜、冻牛肉包括无骨牛肉"Meat, cattle, boneless（beef & veal）"和肉，牛只"Meat, cattle"；牛杂碎是杂碎，可食用，牛Offals, edible, cattle

（三）国家（地区）结构

出口国家方面，2015年世界牛肉出口的前几名国家分别为澳大利亚（136万吨）、印度（129万吨）、巴西（108万吨）、美国（72万吨）、新西兰（46万吨）、荷兰（42万吨）、波兰（36万吨）、爱尔兰（32万吨），排名前八位国家占全球牛肉出口总量的66%（图7）。

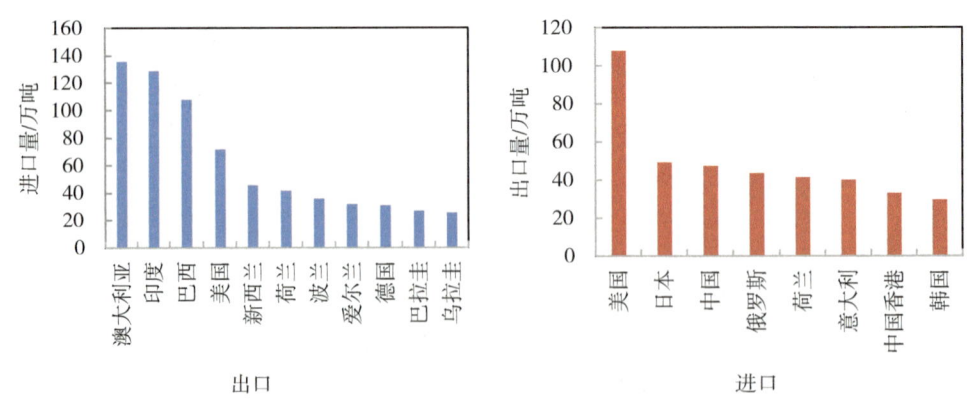

图7 2015年全球牛肉进出口国家（地区）排名

数据说明：UN Comtrade数据库，计算牛肉总计数据代码为0201牛肉，新鲜；0202牛肉，冷冻

进口国家（地区）方面，2015年美国是牛肉出口第四位，同时也是牛肉进口量最大

的国家。美国牛肉进口量为108万吨，占全球进口总量的14.4%，其次是日本，进口49万吨，中国位列第三位（47万吨），其次是俄罗斯（44万吨）、荷兰（42万）、意大利（40万吨）、中国香港（33万吨）、韩国（30万吨）。排名前八位国家和地区占全球进口总量的52%。

（四）贸易格局演变

巴西由原来全球最大的牛肉出口国退居第三大出口国。其他发展中国家的出口，包括印度、阿根廷、乌拉圭和巴拉圭在此期间大幅增加了出口。印度由于本国不消费牛肉，生产主要供应出口，从出口第八位上升到了第二位。大多数主要发达国家（地区）牛肉出口下降，包括美国、加拿大和欧盟。全球牛肉出口格局由集中在发达国家向发展中国家出口转变，这一变化是多种因素作用的结果，其中包括疯牛病、口蹄疫等动物疫病爆发导致。2002—2003年全球范围内暴发了疯牛病，其中美洲比较严重，巴西、美国、巴拉圭、乌拉圭、智利等国家的牛肉出口在之后10年多时间受到严重影响，除此以外，比较成本、国内需求趋势、天气状况和汇率变动都对贸易格局的改变有一定作用。

全球进口牛肉格局基本没有变化，美国一直处于领先地位，占全球进口总量的14.4%。亚洲进口需求旺盛，特别是中国，已经成为主要牛肉进口市场。2009年以来俄罗斯牛肉进口量逐年下降，政府禁止从美国、欧盟进口牛肉，而是进口活畜增加国内养殖数量，当前俄罗斯从全球第三大牛肉进口国退居至第四位。

五、主要国家产业链竞争力

（一）养殖环节

1. 巴西

巴西从战略角度进一步拓宽世界牛肉市场，出台强有力的融资支持政策，肉牛产业开始投入各类技术追求肉牛生产效率，肉牛生产农场主不断增加，屠宰加工场数量逐步减少的同时，屠宰加工规模、效率和质量越来越高，在世界牛肉市场的竞争力越来越强。

（1）牛肉生产以放牧为主，节约养殖成本。巴西基础母牛群大，架子牛来源充足，品种相对固定。肉牛存栏基数大。气候适宜牧草生长，且草场维护和土地种植成本低，饲草和土地资源丰富，人均可利用于肉牛养殖的草地、饲草料资源是中国的10余倍。从而为低成本的肉牛放牧养殖提供了土地和物质基础。巴西肉牛养殖模式主要以放牧为主，管理精细，重视草场改良，实施测土配方施肥，自觉执行围栏放牧和以草定畜。肥育场含隔离场、集中肥育采用电围栏方式，没有牛棚或牛舍，中间有活动高地。巴西肉牛在放牧补饲和集中育肥中注重利用丰富的农副产物。集中育肥虽然饲养成本高于放牧，但集中育肥的比例低（2%）。由于其大多数没有经过强度育肥，加上出栏年龄偏大（31个月以上），繁殖方式是自然繁殖、3岁怀孕、4岁分娩。犊牛放牧18个月，生产周期大约5年半，是美国的2倍多，牛肉以中低档为主，高等级牛肉较少，价格相当于中国牛肉价格的1/2。

（2）辅之以短期集中育肥。粗放环境下的饲养管理虽然成本低，但弊端是不容易控制出栏时间，到了出栏淡季，每年的5—10月，往往因牛肉价格上升等影响国内牛肉市场的稳定。为此，在20世纪80年代初，圣保罗州等州开发成功了利用甘蔗渣等农产品加工副产物进行集中育肥的高效育肥模式。到了20世纪90年代，该模式将170天的育肥时间缩短到了80天，一个淡季可以出栏2次。之后集中育肥饲养管理方式得到进一步研究和完善，现在形成了大型屠宰场和部分投资者在几个月之前事先预测牛肉市场需求动向，参股肉牛育肥场或牧场进行适度规模集中育肥的模式。集中育肥一般在每年的冬季，此时雨水较少牧草质量不高，为了保证出栏牛的膘情而采用短期（3个月）集中育肥，集中育肥在巴西分围栏育肥、半围栏育肥和冬季牧草育肥3种模式。

（3）低成本规范屠宰，副产物充分利用。巴西规范化肉牛屠宰企业的月屠宰能力约为290万头，以JBS公司为首的4大公司屠宰量就占了全国总屠宰量的33%，产业集中度很高。这点与美国肉牛产业相似，美国约有2 000家屠宰公司，而到20世纪90年代，美国前五大肉牛屠宰公司占据美国牛肉市场85%的份额。而相比较，中国牛肉产业发展较晚，产业程度不高，国内牛肉业分散，排名前十位企业的市场占有率不足2%。巴西屠宰加工中产生的血液、骨骼生产宠物饲料，下脚料也进一步包装与利用，与中国相比，巴西肉牛屠宰企业设施规范、管理先进、生产效率高，车间规模不是很大，但屠宰量大，能够进行标准化、规范化生产。因此，巴西单头肉牛的屠宰成本反而比中国低很多。

（4）未来巴西牛肉具有增产潜力。巴西农业部战略管理室（AGE/MAPA）预测了未来巴西主要农牧产品的产量，其中牛肉产量在2018/19年度之前的10年中将增产49.4%。这意味着今后每年度将增产4%以上，每年度将比上年度多屠宰160万～200万头。如果不增加屠宰头数还要达到上述的预测产量，巴西需要将现有的胴体产量提高约1.5倍，达到约300千克。如果用现有的胴体产量除以存栏头数得到的"牛肉生产效率"（千克/头）来比较，美国是125.0，澳大利亚是76.9，阿根廷是59.0，分别是巴西49.7的2.5倍、1.6倍、1.2倍，这表明巴西还有极大的增产空间。如果巴西达到上述牛肉生产大国的生产效率，其牛肉产量甚至还有可能超出AGE/MAPA的预测值。

2. 美国

美国在全球牛肉市场具有很强的竞争力，特别是在生产和出口高质量、谷物饲养的牛肉。这种竞争力基于以下几个因素：低成本投入，特别是牧场和谷物饲料；广泛使用先进动物饲养方法和遗传学；农场规模经济和加工水平；高效的交通基础设施；发达营销和定价系统；庞大的国内市场；支持政府项目；完善的动物监管框架卫生和食品安全。

（1）美国肉牛养殖高度集中。美国肉牛产区相对集中，德克萨斯州养牛业最发达，出栏数量排名第一，其余的4个州分别是内布拉斯加州、堪萨斯州、加利福尼亚州和俄克拉何马州。存栏100万头以上的州累计占美国牛肉存栏的70%。养殖量前十位的州肉牛存栏量占全美产量的57%。有76万个牛肉养殖单位主要集中在玉米带和美国西南部。100头以上的肉牛农场，占农场总数的10%，却占肉牛存栏总数的54%。

（2）美国具有肉牛专业化繁育体系。美国的牛肉产业系统由3个专业部分组成：牛犊繁育、架子牛饲养和肉牛育肥。在美国肉牛生产中，有80%的断奶犊牛会进入育肥环节，进行集中育肥，并于 16~18 月龄出栏。美国育肥牛场有 16 000 多个，其中超万头的大型商业化围栏育肥场有 500 多个，年可周转 2.5 次，这些大型育肥场提供一半以上的育肥牛。其中育肥体系呈现优势区域布局和高度规模化的特点。肉牛育肥生产一般位于饲料资源富集，主要集中在美国中央和南部大平原区，还有玉米带、美国西南部和太平洋西北部也是重要的肉牛育肥区。通过快速育肥，经全价饲料催肥，比单纯放牧缩短 2 年时间，在很短的时间内使牛的体重几乎增加 1 倍，这不仅提高了出栏率，而且提高了肉的品质。

3. 澳大利亚

澳大利亚仅生产世界上 3.9% 的牛肉，但其超过 60% 的产量用于出口。这意味着澳大利亚与美国和巴西并称世界三大牛肉出口国。

（1）生产系统始于牧场。澳大利亚的肉牛产业主要是以天然放牧为主，养牛户依赖于在其所在地区天然生长的牧场（很多北部生产者依赖这种饲料来源）。这种牧场所含的蛋白质及能量低于人工引进的牧场，但通常比后者有着更好的可复原性。其他养牛户在土地上播种（栽种）可制造大量，高营养饲料的牧草品种。养牛户必须决定其所期望的肉牛目标市场。这些市场包括牛犊市场（在 9 个月断奶时出售），小牛市场（12 个月大），饲育场市场（18 个月），或草料喂养市场。一旦做出决定，养牛户将采用针对目标市场并适应当地环境的品种。目前，在澳大利亚安格斯种是最受欢迎的品种。这一受欢迎程度是因为安格斯种生产优质牛肉的能力（因其大理石纹理）。其他受欢迎的品种包括夏洛莱种（该品种有着显著的成长优势）以及耐受力强的婆罗门种（该品种可经受在北部生产系统中常见的不利条件）。

（2）具有完善的质量安全追溯体系。澳大利亚牛肉产业的主要优势是其无病害，"干净与纯天然"形象。采用全国牲畜认证系统（National Livestock Identification System，NLIS），NLIS 要求肉牛在很小的时候就打上电子认证耳标。当肉牛通过供应链，可通过 NLIS 查询。美国疯牛病的暴发导致日本停止进口美国牛肉多年，这给了澳大利亚一个立足于日本肉类市场的机会。如果这样的疾病在澳大利亚暴发，NLIS 可以在很短的时间内将病源孤立。澳大利亚是第一个引进这种系统的国家。

（3）根据世界市场需求细化产品结构。澳大利亚以活牛出口或成品牛肉的形式出口 60% 的产量。活牛出口市场在澳大利亚北部最为普遍，该地区将瘤牛出口至印度尼西亚等国家。然而，尽管活牛出口市场有所增长，但是大多数产品依旧是在澳大利亚屠宰加工后出口。由于瘤牛的顽强生命力，壁虱抵抗性及抗热能力，北部生产者通常选择瘤牛品种。而该品种的牛肉质量通常低于普通牛，例如安格斯等非瘤牛品种。南部生产系统中通常采用普通牛品种生产优质牛肉，普通牛则通常育肥加工，然后在国内消费或向日本等高端市场出口。

（二）成本比较

澳大利亚牛肉生产成本主要包括劳动力薪酬、肥料、牲畜管理、合同服务、灌溉费用、牧场维护、饲料生产等。其中劳动成本、肥料、牲畜管理和合同服务占 72%，劳动成本占比最高，为总成本的 31%；其次是肥料费用，占 18%，牲畜管理费用 12%，合同服务占11%。新西兰饲养牛、羊农场成本中,肥料费用与剪毛费用分别占农场的18%与15%,劳动力费用占总成本的10%,饲料费用仅占农场成本的6%。美国肉牛的总成本中分为运行成本和分摊成本,各占一半左右。运行成本中,饲料成本占总成本的比重最高,为2.7%,在饲料成本中收获饲草和私人牧场成本最高,在分摊成本中,主要支出为非偿付劳动力机会成本和机械和设备资本恢复成本比重最高。

经比较,在中国肉牛成本构成中,仔畜费用占比重最高,占总成本的60%以上,其次是饲料20%,第三项人工费用占比12%左右(《2016年成本收益年鉴》)。中国牲畜管理费用很低,占比重很小。这也印证了澳大利亚、新西兰、美国等畜牧业发达国家肉牛养殖已经达到了经营规模化、生产机械化、服务社会化,而中国肉牛养殖还是以散养为主,综合管理不够,规范化、专业化程度不足。

中国肉牛养殖主要分为两种,散户多以自繁自育养殖为主,规模场多以短期育肥为主。根据农业部畜牧业司统计资料,肉牛年出栏1~9头养殖户的比重由2010年的58.4%下降至2015年的53.4%。肉牛年出栏50头以上养殖户的比重由2010年的23.2%上升至2015年的28.5%。肉牛养殖以小散户为主,规模化水平有待加强。

(三)价格与品质比较

从国际市场出口价格来看,FAO食物展望报告显示,美国牛肉价格最高,其次是澳大利亚,价格最低为巴西。从中国进口牛肉价格来看,2016年海关数据显示,2015年美国牛肉进口单价(根据进口额/进口量测算)7.8美元/千克,远高于同期加拿大(6.4美元/千克)、澳大利亚(4.8美元/千克)、新西兰(4.7美元/千克)、巴西(4.5美元/千克)、阿根廷(4.4美元/千克)和乌拉圭(3.5美元/千克)价格(表2)。综上,从进口价格来看,美国、加拿大等美洲国家最高,其次是大洋洲国家,南美国家价格最低,价格优势最明显。

表2 牛肉国际价格比较

单位:美元/吨

年份	澳大利亚	美国	巴西
2007	2 544	4 023	2 367
2008	3 024	4 325	3 785
2009	2 562	3 897	3 118
2010	3 272	4 378	3 919
2011	3 944	4 516	4 816
2012	4 176	4 913	4 492
2013	4 009	5 535	4 326
2014	5 016	6 678	4 515
2015	4 638	6 201	4 130
2016	4 085	5 493	3 788

数据说明:澳大利亚:小乳牛(肥瘦相当90CL)出口美国船边交货价(FAS);美国:冷冻牛肉,出口价;巴西:冷冻牛肉,出口价

当前，国外牛肉分别布局中国低、中、高端市场。目前，从份额上看，国内牛肉进口市场主要是南美和澳洲的天下。南美草饲牛肉主打大众牛肉市场，其中巴西和乌拉圭牛肉进口占中国进口总量57%，而中高端市场归澳大利亚和新西兰牛肉，占中国进口总量的30%。加拿大牛肉和已经恢复进口的美国牛肉聚焦中国市场对于高品质、谷饲牛肉的需求。从品质上看，北美和大洋洲牛肉具有一定的优势。

六、主要国家产业支持政策

发达国家不仅对肉牛有价格支持、补贴和收储政策，而且通过基金、保险等手段，保护国内养殖户的利益，加之政府制定极其严格的贸易措施，基本保证了其拥有更好的市场环境。

（一）维持价格稳定的主要措施

干预价格体系：欧盟主要的农产品通过价格干预和与此相联系的对外保护而获得保护与补贴。干预价格体系包括目标价格、干预价格和门槛价格3种。当目标价格高于市场价格，是农业生产者可望得到的最高价格，该价格在一定程度上起着保护消费者利益的作用；干预价格（即收购价格）一般较目标价格低10%~30%，当市场价格下降到干预价格以下时，市场管理组织即以干预价格无限制地收购农产品，以保证农产品价格不再下跌，是农民最低收入的保证。欧盟在共同农业政策新方案对干预价格的削减力度有所加大，但对于糖、牛羊肉等重要的敏感性农产品却没有进行削减。

英国的最低保证价格也是干预价格之一。二战后英国政府对本国生产的各种农牧产品都规定了最低保证价格。如果这些农产品在本国市场上的实际销售价格低于最低保证价格时，差额由政府补贴，从而来调控农牧业生产，使之扩大或缩小经营规模。值得注意的是，英国不同农村地区因环境条件不同，其农产品补贴标准不同，即按农民所在地区农业环境条件，根据农产品数量、作物面积、牲畜数目直接给农民进行补贴。如对威尔士和英格兰西部、中部养牛的补助为每年每头牛123.93英镑，种牛补助为每年每头牛90~130英镑（每个农场只能补助90头种牛）。

稳定基金制度：日本畜禽水产品价格管理主要有3种类型：猪肉、牛肉、蚕茧等的稳定价格制度；牛奶等的差价补贴制度；肉用仔鸡、鸡蛋的价格安定基金制度。当小牛肉等产品的市场价格低于政府规定的价格时，价格差额由政府、农协和生产者三者共同出资建立的基金支付，集资比例因产品种类不同而变化。政府建立牛肉价格稳定制度，事先设定稳定价格带，如牛肉价格下跌到稳定价格带的下限以下，由半官方的"畜产振兴事业团"收购储存，待价格回升时再售出。

收储保护：为了防止和减轻畜产品价格剧烈下跌造成的影响，欧盟通过发放补助金的方式，支持私人存储和鼓励购买政府相关机构存储的畜产品。当畜产品价格低于基础价格的103%时，政府干预就可被授权实施。美国农业部在猪价低迷时，通过购买计划缓解供求压力来稳定猪价。猪价收储主要基于对当时市场情况的分析。购买的肉类必须满足具体的要求，质量合格，而且收储猪价 100% 来自国内生产。日本政府为牛肉制定了安定上限和下限价格。当牛肉价格超出安定上限价格时，政府抛售其储备，增加市场供给，或依法减免进口税，扩大进口，以平抑物价。在市场价格低于下限价格时，政府从批发市场收购牛肉增加储备。日本政府牛肉储备量很小，主要还是依靠增加进口平抑价格。

（二）保证牧民养殖利益的措施

单一农场支付：欧盟农业共同政策引入单一农场补贴系统，补贴与生产分离，而是与牲畜存栏数结合起来，不再根据生产类型来补贴。接受补贴的养殖场必须实施农业与环境交叉配合协议，如果没有完全履行，直接补贴将会减少甚至没有。单个农场补贴属于脱钩补贴，目的是促使农民以市场信息而不是以干预政策作为生产导向。

农户直接支付制度：日本的农户直接支付制度目的是补贴山区、半山区地区，以减少这些地区和平原地区生产成本之间的差异。具体标准是支付生产成本差异的 80%，对每个农户的补贴上限为 100 万日元。要求接受补贴的村落签订"村落协议"，以村落为单位，全体农户参与；对于不能签订村落协议的地方，由单个农户签订"个别协议"，要求接受补贴的农户根据协议的规定，进行养殖业生产活动。

养殖生产资料购置补贴：日本农林水产省规定，凡是按一定标准联合起来集体进行养猪、养鸡的农户，在购置农业机械、建造农用设施方面的费用，50% 可以从中央财政得到补贴，25% 可以从都府县得到补贴，其余 25% 则可从接受国家补贴的金融机构得到贷款，有些地方财政还要补贴 12.5%。

（三）保护本国产业的贸易措施

控制进口产品价格：欧盟通过门槛价格保护本国产业者利益。门槛价格即进口农产品的控制价格，其加上进口农产品在欧盟内部的运费和装卸费后应大致等于欧盟确定的目标价格。目的在于防止出现因大量进口价格低廉的农产品而引起欧盟内部市场同类产品价格的下跌，而损害其农业生产者的收入。

高关税及进口限制措施：日本、韩国由于资源稀缺，主要利用高关税、进口配额、贸易壁垒等措施对国内产业进行高度保护。在最近的日美 TPP 磋商中，日本一直坚持在大米、牛肉、猪肉和砂糖等"重要 5 项"上保留关税。TPP 协议中日本计划 10 年以上将牛肉进口关税由 38.5% 阶段降至 20% 甚至 10%，但同时附加条件，在进口量激增时，日本有权实施提高关税的"紧急进口限制措施"。欧盟也通过一系列补贴和退税优惠政策促进肉类贸易。如果进口畜产品对市场供需平衡产生干扰，会额外征收进口税。

（四）减损养殖业灾害与疫病的措施

牲畜保险：欧盟国家建立起了较为完善的牲畜保险体系，帮助养殖户抵御风险。目前欧洲有超过 20 个保险及再保险公司从事牲畜保险，保险设计涵盖畜牧业的相关风险，如因意外死亡或非传染病（如布鲁氏杆菌病）。例如，保加利亚对公牛、水牛、绵羊、山羊、家禽进行多重保险。由于火灾、自然灾害、寄生虫病和传染性疾病所导致的死亡与宰杀，

再如，意大利对农场的黄牛和水牛，由于口蹄疫和布鲁氏杆菌病、胸膜肺炎、结核病和流行性白血病所造成的牲畜本身价值及处置动物费用，农场关闭期间的收入减少进行保险，补贴率达到 50%。

赔偿支付和牲畜饲料灾难计划：美国实施牲畜赔偿支付和牲畜饲料灾难计划。新农业法案中规定，2012—2018 年由于恶劣天气或受到其他动物的袭击如狼或鸟类捕食，导致牲畜非正常死亡的，政府将给予市场价值率的 75% 赔偿给那些符合条件的牲畜生产者。补贴的产品包括牛、绵羊、山羊、水牛及鲶鱼，资金直接补贴给生产者。牲畜补偿计划的补贴是以每头有资格享受补贴的牲畜所遭受的损失为基础的。由于干旱或火灾造成放牧牲畜损失的，覆盖范围为永久植被的天然或改良牧场，或专门为放牧牲畜的土地，干旱的损失支付率相当于每月饲料成本的不到 60%；火灾造成的损失支付率相当于每月饲料成本的 50% 提供给符合条件的牲畜生产商。

日本养殖业保险制度的特点是强制性，根据日本《农业灾害补偿法》规定，牛、马、猪等牲畜列为法定保险范围，实行强制保险，家禽等实行自愿保险。强制保险和自愿保险都享受政府补贴和再保险。由政府直接参与保险计划，凡是生产数量超过规定数额的农民和农场都必须参加保险。灾害补贴的对象包括被灾害损害的公共设施及农地、养殖基础设施。日本政府对投保人实行保险费率补贴，如，牛、马为费率的 50%，猪为费率的 40%。县以上联合会的全部经费和共济组合部分费用由政府负担。政府作为农业保险的后盾，接受共济组合联合会的再保险。一般情况下，承担保险责任的比例为：共济组合 10%~20%，联合会 20%~30%，政府 50%~70%，遇有特大灾害，政府承担 80%~100% 的保险赔款。

澳大利亚对遭受重大自然灾害的农牧场主实行补贴。牲畜转场放牧的运输费，政府补贴 50%，对于不转场放牧的牲畜，政府补贴草料涨价的部分，与此同时，政府鼓励农场主卖出牲畜，实行缓税政策，推迟 5 年后再征收。

（五）草食畜牧业可持续化发展政策

澳大利亚畜牧业在发展初期，也曾经历过粗放型阶段，在有限的耕地上过度放牧造成草原生态系统的严重失衡、水土流失、土壤酸碱失衡、草地退化沙漠化等一系列负面影响。澳大利亚政府对畜牧业的保护手段之一就是加强草原建设，合理载畜，防止草原荒漠化。牧场主根据拥有草原的产草量确定牲畜的合理养殖规模，同时把草场划分为畜群专业牧场，严格控制畜群规模。通过划区轮牧、季节性休牧和配套的法规以鼓励和保持畜牧业的可持续发展。在采取优惠政策鼓励农场主发展生产方面，鼓励农牧民采用先进技术，所有用于农牧业生产的先进技术一律免税，而且农用物资实行免税，包括备用零部件和汽油、柴油等。为防止草地荒漠化，提高草地资源的利用率以及保障草场可持续发展，澳大利亚将牧场划分为若干个轮牧小区，允许和规定牧民按照一定的时间先后顺序进行放牧，这一举措的主要效果是使被放牧的草场能在有效时间内得到恢复和发展。另外，澳大利亚还出台相关的配套法规以保障轮牧的顺利进行和草场的可持续发展。

七、世界供需及产业发展形势展望

全球牛肉生产低速推进,贸易温和增长。从全球视角来看,未来全球牛肉供需形势与产业发展稳步推进,肉牛由于其自身生长周期较慢,产量保持稳定低速增长,其中中国、美国、巴西、阿根廷、印度、墨西哥和巴基斯坦等对世界牛肉产量的增长贡献较大。而澳大利亚、新西兰等大洋洲国家干旱后畜群重建,预计最近几年产量继续徘徊不前。未来牛肉贸易预计温和增长,贸易增长来源主要集中于美国、阿根廷、加拿大、巴西和墨西哥等美洲国家,澳大利亚、新西兰、印度等国家的牛肉贸易预计缩减。

进口格局不变,市场份额微幅调整。从中国视角来看,中国正力图拓展更多的牛肉进口渠道,目前已重新开放北美、欧洲等国家牛肉进口,首次从匈牙利、蒙古等国进口牛羊肉产品。未来美国牛肉定位于中国高端牛肉需求,与加拿大牛肉产品具有同质性,共同供给中国高端市场。相比之下,美国牛肉进口增幅将挤压澳大利亚市场份额。澳大利亚、新西兰由于继续受到干旱影响,未来几年内其牛肉生产与出口将继续下降。新西兰将根据本国牛肉竞争力,调整乳用与肉用比例。2017年新西兰尝试出口中国冷、鲜牛羊肉,将有助于扩展新西兰牛肉产品出口。巴西、乌拉圭等南美国家由于具有价格低廉的优势,主打大众牛肉市场,占中国进口近60%的份额,是中国牛肉进口主导。未来中国牛肉进口市场逐渐多元化,主要市场还是集中在美洲(巴西、乌拉圭、阿根廷、加拿大等)、大洋洲(澳大利亚、新西兰)等,欧洲等其他国家所占份额增长空间不大。

(海外农业研究中心特邀研究员 司智陟)

海外农产品市场研究（2017）

第十三部分
羊 肉

海外农产品市场研究（2017）

羊肉在世界肉类产量中所占的比重并不大，仅占4.5%左右，但在人们日常生活中的地位是比较重要的。养羊业已成为一些国家国民经济可持续发展的支柱产业之一，对社会发展也起着积极的作用。1980年以来，世界羊肉生产基本保持了增长态势，2014年产量较1980年增长97.3%，年均增长率为2.0%。近几年世界羊肉产量增长乏力，主要是由于部分主产国进入了畜群重建阶段。羊肉消费量在肉类总消费中的比重较低，消费量总体呈增加态势，但增速放缓。世界羊肉生产主要集中在亚洲和非洲，约占世界羊肉产量的80%。亚洲是羊肉的主要进口地区，占世界羊肉进口量的50%；大洋洲是羊肉主要出口地区，占世界羊肉出口量的70%。预计未来一段时期，世界羊肉生产有望继续温和增长，发展中国家是增长主体；世界羊肉消费继续刚性增加，发展中国家是主要推动者；由于资源和环境的限制，预计未来羊肉价格将继续上涨；世界羊肉贸易将继续稳中略减，主要是受部分主产国羊肉出口量减少的影响。

一、世界羊肉供需现状

（一）世界羊肉产量稳步增长

1980年以来世界羊肉产量基本保持了增长态势（1996年减少），2014年世界羊肉产量达到1 448.44万吨，比1980年增长97.3%，年均增长2.0%（图1）。其中，绵羊肉、山羊肉产量分别占世界羊肉产量的62%、38%。分阶段看，1981—1990年，羊肉产量年均增长率为2.0%；1991—2000年，羊肉产量年均增长率较高，达到2.8%；2001—2010年，年均增长率有所减少，为1.8%；2011—2014年，年增长率为2.0%。但最近几年，世界羊肉产量增长乏力，主要是由于部分主产国进入了畜群重建阶段（姜楠，韩一军，刘泽莹，2014）。

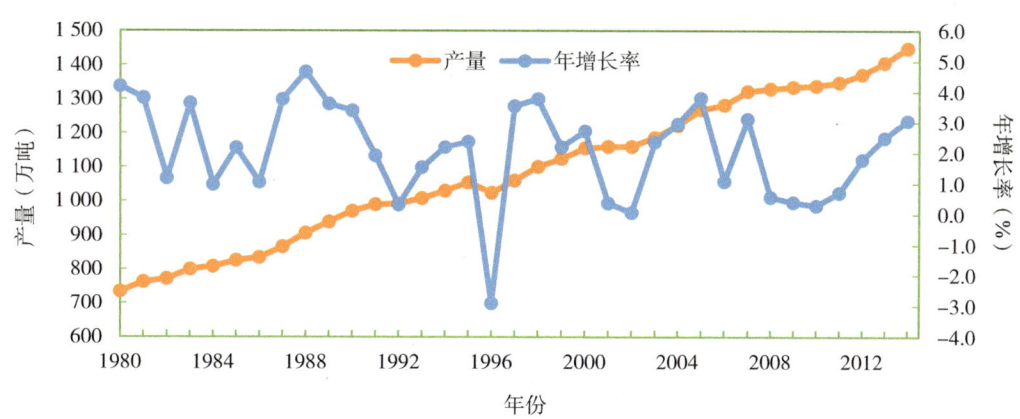

图1　1980—2014年世界羊肉产量及年增长率
数据来源：FAOSTAT

从1986年起，中国取代新西兰成为世界羊肉第一大生产国（图2）。2014年，中国羊肉产量428.2万吨，占世界羊肉总产量的29.6%。羊肉产量居世界前列的其他国家有：

澳大利亚 74.7 万吨，印度 74.0 万吨，新西兰 48.8 万吨，巴基斯坦 47.3 万吨，尼日利亚 38.4 万吨，土耳其 37.6 万吨，苏丹 36.6 万吨，阿尔及利亚 31.0 万吨，英国 29.8 万吨。排名前十位的国家羊肉产量合计占世界羊肉总产量的 58.4%。1980—2014 年，中国羊肉产量一直保持较高的增长率，2014 年较 1980 年增长 8.5 倍，年均增长率为 6.9%；澳大利亚羊肉产量在波动中增加，2001 年增至 72.56 万吨的高水平，随后急剧下降至 2004 年的 57.75 万吨，之后波动增加，2014 年羊肉产量较上年增长 8.8%；印度羊肉产量波动较大，期间经历了先增后减的过程，总体来看，年均增长率为 1.4%；新西兰羊肉产量总体呈现波动下降的态势，1985 年达到历史最高水平 72.89 万吨，之后有所波动，但基本维持在 55 万吨左右水平，2009 年降至 50 万吨以下，2012 年降至 44.92 万吨，近几年有所恢复，但仍在 50 万吨以下；巴基斯坦羊肉产量有所波动，但总体呈现增长态势，年均增长率为 1.6%；尼日利亚羊肉产量保持增长态势，年均增长率为 4.5%。

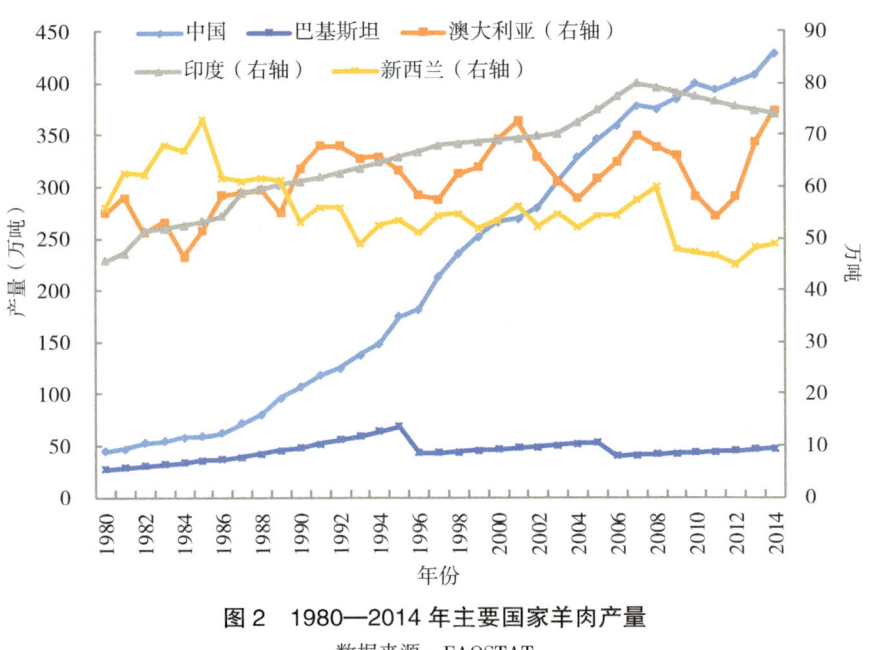

图2　1980—2014 年主要国家羊肉产量
数据来源：FAOSTAT

（二）世界羊肉消费刚性增长

羊肉消费量在肉类消费中的比重并不大。在世界肉类消费中，羊肉消费量占世界肉类总消费量的比重逐渐减少，由 1980 年的 5.3% 减少至 2013 年的 4.4%（图3）。从各州羊肉消费量占比情况看，2013 年，非洲比重最高，为 14.6%，其次是大洋洲 10.3%、亚洲 6.0%、欧洲 2.5%、美洲 0.8%（图4）。1980—2005 年，大洋洲羊肉消费量在肉类消费中的比重是最高的，1987 年达到 26.4%，之后呈下降态势。虽然非洲羊肉消费量占比总体也是减少的，但 2006 年超过大洋洲，占比排第一位。从各国羊肉消费量占其肉类消费的比重看，2013 年，蒙古国所占比重最高，为 56.3%，其次是土库曼斯坦 44.7%、阿富汗

39.9%、毛里塔尼亚 38.8%、苏丹 36.6%。在羊肉主产国，羊肉占肉类消费的比重也不大，中国为 5.1%，澳大利亚为 8.5%，印度为 15.7%，新西兰为 18.6%，巴基斯坦为 15.0%。

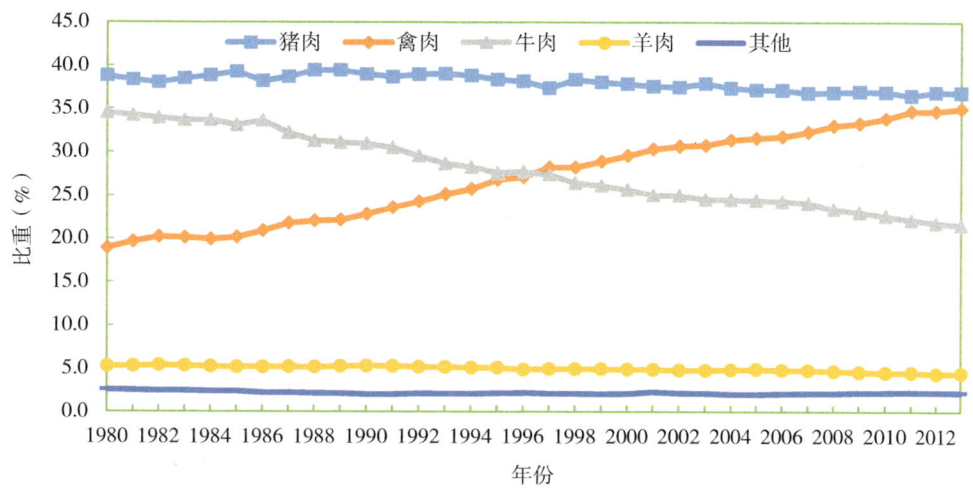

图3　1980—2013 年世界肉类消费量所占比重
数据来源：FAOSTAT

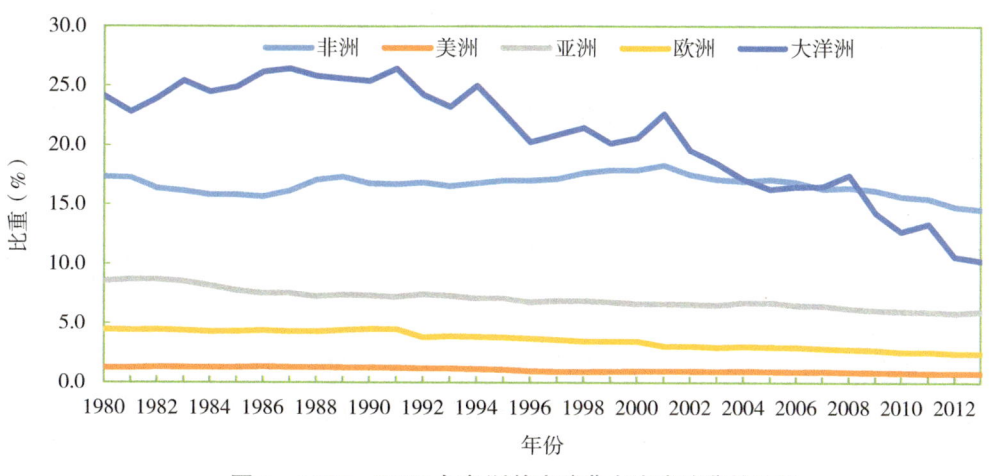

图4　1980—2013 年各洲羊肉消费占肉类消费的比重
数据来源：FAOSTAT

羊肉消费量总体呈现增加态势，但增速放缓。1980—2013 年，羊肉消费年均增速为 1.96%，略低于羊肉产量年均增速（1.99%）。1981—1990 年，羊肉消费年均增速为 2.8%，1991—2000 年为 1.7%，2001—2010 年为 1.5%，2011—2013 年为 1.4%。

世界人均羊肉消费量总体增加。1980—2013 年，世界人均羊肉消费量由 1.59 千克增加至 1.91 千克，增加了 0.32 千克，增幅为 20.1%，年均增速为 0.6%（图5）。1980—1984 年间，世界羊肉人均消费量非常稳定，平均为 1.60 千克，1985—1990 年世界人均羊肉消费量增长较快，1990 年达到 1.74 千克，年均增速为 1.6%，1991—1995 年基本稳定在 1.74 千克，1996 年因羊肉产量大幅减少，人均羊肉消费量也减至 1.68 千克，

1997—2000年、2002—2007年年均增速也比较快，分别为1.9%、1.4%。中国人均羊肉消费量快速增加，由1980年的0.45千克增加至2013年的3.13千克，增加了2.68千克，增幅为596%，年均增速为6.1%。从1998年开始，中国人均羊肉消费量高于世界平均值。

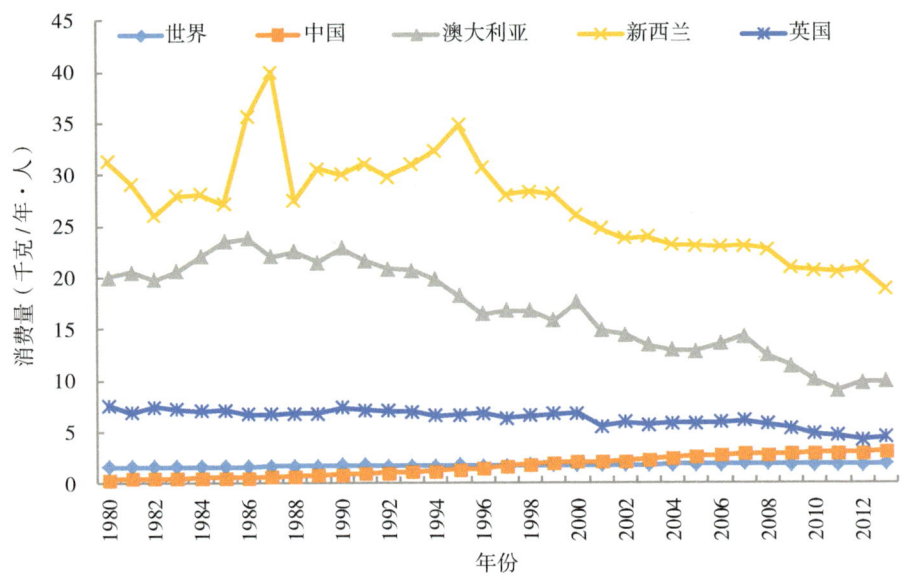

图5　1980—2013年世界及主要国家羊肉人均消费量
数据来源：FAOSTAT

部分主产国人均羊肉消费量大幅减少。1980—2013年，澳大利亚、新西兰和英国人均羊肉消费量总体呈减少态势，分别由20.08千克、31.27千克、7.61千克减少至9.87千克、18.91千克、4.49千克，减幅分别为50.9%、39.5%、41.0%。

澳大利亚在1980—1986年人均羊肉消费量是持续增加的，1986年达到最高值23.75千克，之后波动减少，2011年降至最低值9.06千克，2012年、2013年有所增加，恢复至9.87千克。

新西兰在1987年人均羊肉消费量达到39.99千克，1988年降至27.48千克，之后有所恢复，1995年为34.83千克，1996年之后，人均羊肉消费量持续减少。

英国在1980—2013年人均羊肉消费量是波动减少的，2012年减少至4.23千克，2013年恢复至4.49千克。

（三）世界及主要国家羊肉供需状况

2013年，世界羊肉供给量为1 471.1万吨，其中产量1 364万吨，进口量107.1万吨；出口量120.9万吨，消费量1 350.2万吨。

在消费量中，食用1 338.7万吨，损失3.3万吨，加工1.8万吨，其他6.4万吨（表1）。

表 1 世界羊肉供需平衡情况

单位：万吨

项目	1980	1985	1990	1995	2000	2005	2010	2013
产量	709.4	798.8	940.6	1 022.2	1 120.5	1 233.5	1 305.3	1 364.0
进口量	80.8	80.9	78.8	79.1	88.3	92.1	89.6	107.1
库存	-0.1	-10.9	2.5	0.0	-1.0	-0.1	1.0	0.0
出口量	77.7	81.8	82.9	87.3	95.9	100.9	101.9	120.9
消费量	712.4	786.9	939.0	1 014.0	1 111.8	1 224.6	1 294.0	1 350.2
加工	0.0	0.0	0.0	0.4	0.6	1.0	1.6	1.8
损失	2.8	3.0	3.3	2.2	2.9	3.2	3.5	3.3
食用	695.6	770.5	914.3	991.0	1 092.2	1 204.0	1 277.9	1 338.7
其他	14.0	13.4	21.4	20.5	16.1	16.4	11.0	6.4

数据来源：FAOSTAT

中国和欧盟为羊肉净进口。2013 年，中国羊肉产量 408.1 万吨，进口 25.9 万吨，出口 0.3 万吨；欧盟羊肉产量 96.7 万吨，进口 36.2 万吨，出口 24.7 万吨（表 2）。

表 2 2013 年世界及主要国家羊肉供需平衡情况

单位：万吨

项目	世界	中国	澳大利亚	印度	新西兰	巴基斯坦	欧盟
产量	1 364.0	408.1	69.7	74.7	48.2	45.9	96.7
进口量	107.1	25.9	0.1	0.0	0.3	0.0	36.2
库存	0.0	0.0			0.0		0.0
出口量	120.9	0.3	45.0	2.1	39.9	1.1	24.7
消费量	1 350.2	433.7	24.8	72.5	8.6	44.8	108.3
饲用	1.8						
损失	3.3						0.4
食用	1 338.7	433.7	23.1	72.5	8.5	44.8	106.7
其他	6.4	0.0	1.8		0.1		1.1

数据来源：FAOSTAT

澳大利亚和新西兰为羊肉净出口。2013 年，澳大利亚羊肉产量 69.7 万吨，出口 45.0 万吨，进口 0.1 万吨；新西兰羊肉产量 48.2 万吨，出口 39.9 万吨，进口 0.3 万吨。

印度和巴基斯坦羊肉自给自足，略有出口。2013 年，印度羊肉产量 74.7 万吨，出口 2.1 万吨；巴基斯坦羊肉产量 45.9 万吨，出口 1.1 万吨。

二、世界生产布局及演变

(一) 绵羊存栏量稳中略增,山羊存栏量持续增加

1980—2014 年,世界绵羊存栏量由 109 867 万只增加至 119 562 万只,增幅仅为 8.8%。其中,1980—1990 年绵羊存栏量是增加的,但 1990 年以来,世界绵羊存栏量呈减少态势,由 1990 年的 120 558 万只减少至 2002 年的 103 431 万只,之后逐年恢复,目前已基本恢复至 1990 年水平(图 6)。

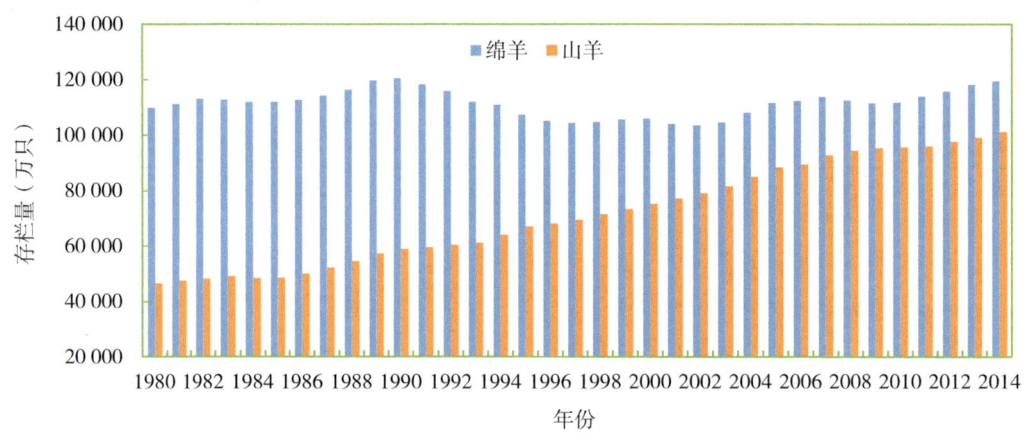

图 6　1980—2014 年世界绵羊和山羊存栏量

数据来源:FAOSTAT

2014 年,绵羊存栏量排名前十位的国家依次是:中国 19 493 万只,澳大利亚 7 261 万只,印度 6 300 万只,伊朗 4 500 万只,尼日利亚 4 133 万只,苏丹 3 985 万只,英国 3 374 万只,土耳其 3 114 万只,新西兰 2 980 万只,埃塞俄比亚 2 933 万只(图 7)。这 10 个国家绵羊存栏量占世界总存栏量的 48.6%。绵羊存栏量较多的国家主要集中在亚洲和非

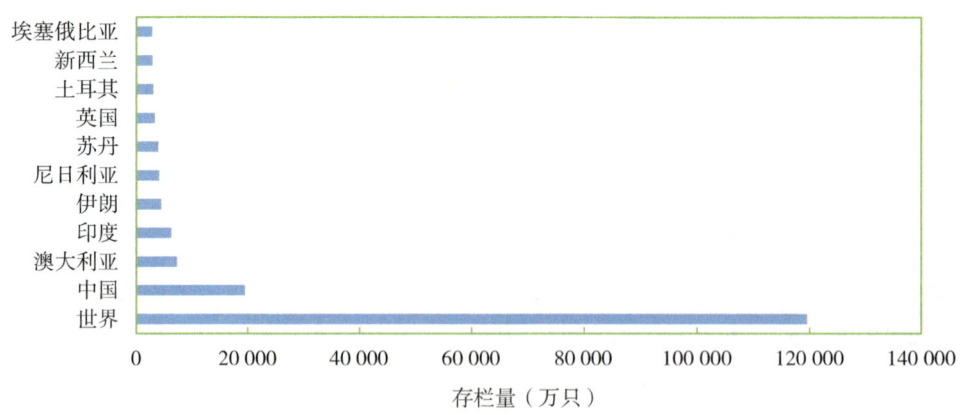

图 7　2014 年全球及主要国家绵羊存栏量

数据来源:FAOSTAT

洲，分别占世界绵羊存栏量的 44.9% 和 28.5%，欧洲、大洋洲和美洲也有分布，分别占 10.9%、8.6% 和 7.2%。

1980 年以来，世界山羊存栏量呈增加趋势，由 1980 年的 46 432 万只增加到 2014 年的 101 125 万只，增幅为 117.8%，年均增长 2.3%（图 8）。山羊存栏量排名前十位的国家依次是：中国 18 568 万只，印度 13 300 万只，尼日利亚 7 247 万只，巴基斯坦 6 662 万只，孟加拉国 5 590 万只，苏丹 3 103 万只，埃塞俄比亚 2 911 万只，肯尼亚 2 543 万只，蒙古 2 201 万只，伊朗 2 012 万只。这 10 个国家山羊存栏量占世界山羊存栏量的 63.4%。山羊存栏量较多的国家也主要集中在亚洲和非洲，分别占世界山羊存栏量的 57.4% 和 37.0%，美洲、欧洲和大洋洲也有分布，分别占 3.5%、1.6% 和 0.4%。

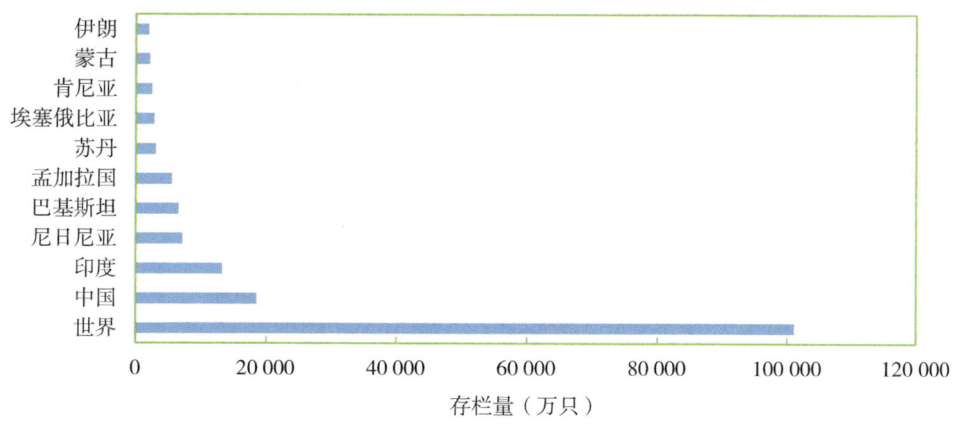

图 8　2014 年全球及主要国家山羊存栏量
数据来源：FAOSTAT

（二）羊肉生产主要集中在亚洲和非洲

在世界，亚洲羊肉产量占近 60%。2014 年，亚洲和非洲羊肉产量分别占世界羊肉总产量的 58.2% 和 21.1%。欧洲、大洋洲和美洲分别占 8.6%、8.5% 和 3.6%。与 1980 年相比，亚洲羊肉产量占比增加了 26 个百分点，非洲羊肉产量占比增加了 4 个百分点（图 9）。而欧洲羊肉产量占比减少了 20 个百分点，大洋洲羊肉产量占比减少了 7 个百分点，美洲羊

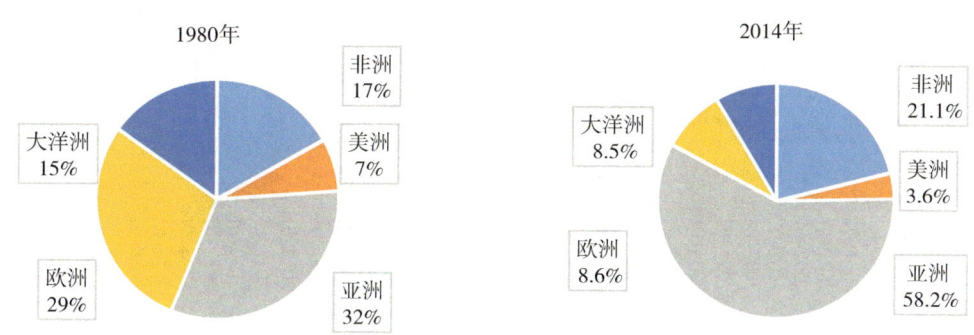

图 9　1980 年和 2014 年各大洲羊肉产量占比
数据来源：FAOSTAT

肉产量占比减少了 3 个百分点。

在亚洲，中国羊肉产量占到一半以上（图 10）。1980 年，印度羊肉产量在亚洲排名第一，产量为 45.62 万吨，占比 19.3%；中国排名第二，产量为 45.00 万吨，占比 19.0%；土耳其排名第三位，产量 29.20 万吨，占比 12.3%；巴基斯坦、伊朗和阿富汗占比分别为 11.6%、9.5% 和 6.2%。从 1981 年起，中国羊肉产量稳步增加，一直居第一位，2014 年羊肉产量达到 428.21 万吨，占比 50.8%，其次是印度 74.03 万吨，占比 8.8%，巴基斯坦、土耳其、伊朗和孟加拉国占比分别为 5.7%、4.5%、3.5% 和 2.5%（图 10）。

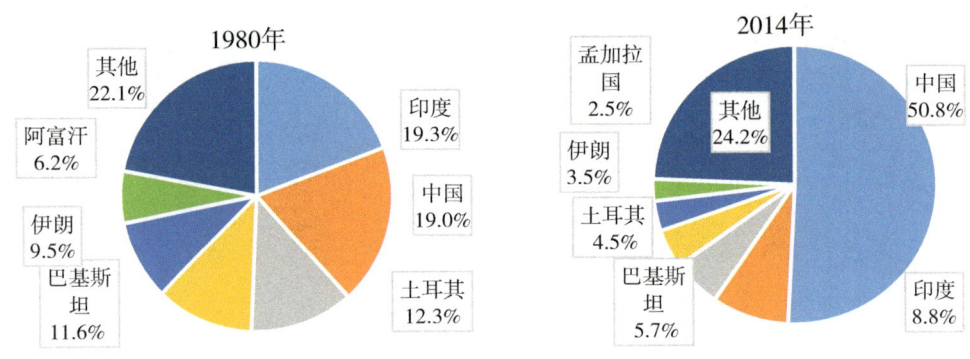

图 10　1980 年和 2014 年亚洲羊肉主产国产量占比
数据来源：FAOSTAT

三、国际价格走势变化及动因

（一）FAO 羊肉价格指数波动上升

从 FAO 羊肉价格指数看，2005 年以来波动频繁且幅度较大（图 11）。2005 年 9 月羊肉价格指数是 138，之后连续 7 个月下跌，2006 年 4 月跌至 78，短短 7 个月跌了 60 点，

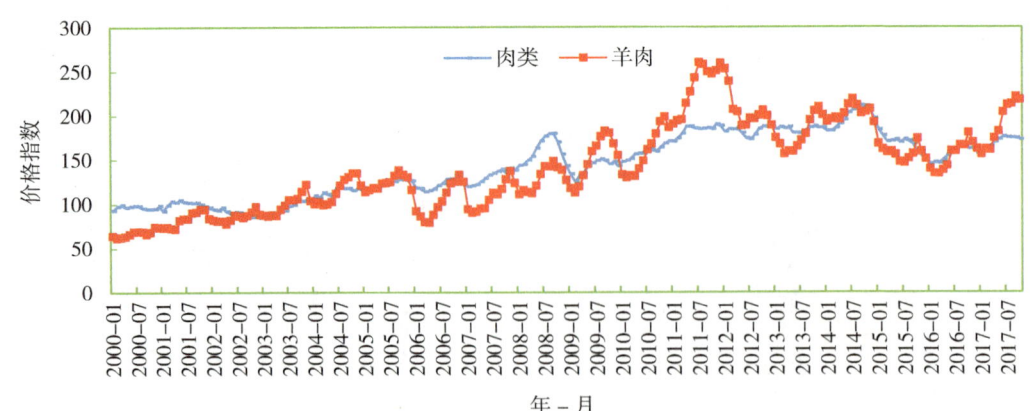

图 11　FAO 价格指数：肉类及羊肉产品（2000-2004=100）
数据来源：FAO

之后连续7个月上涨，2006年11月涨至133，之后呈现波动上涨的态势，尤其是2010年4月为131，2010年12月小幅下跌后开始一路上涨，到2011年7月涨至260，16个月涨了129点。之后又波动下滑，到2013年3月降至156，2014年7月恢复至218，2016年3月跌至133，2017年9月涨至221，10月因大洋洲羊肉供应季节性增加压低了羊肉价格，羊肉价格指数温和下滑至217。

（二）澳大利亚羊羔肉零售价格高位波动

1993—2015年，澳大利亚羊羔肉零售价格由574.5澳分/千克上涨至1 371.2澳分/千克，涨幅为138.7%，年均上涨4.0%（图12）。1993—2000年，澳大利亚羊羔肉零售价格比较平稳，基本保持在560~670澳分/千克之间。受其国内消费和出口需求强劲的影响，2002—2006年羊羔肉零售价格稳步上升，2006年达到1 135.4澳分/千克，2007年略跌，尽管2008年的金融危机给澳大利亚羊毛产业带来了一定的打击，但并没有影响到羊肉的整体需求，2008—2011年价格稳步上涨，2011年达到最高值1 462.2澳分/千克，较2007年上涨30.1%，2012年、2013年价格下跌，2014年止跌回升，2015年继续回升。由于澳大利亚近年来持续受干旱影响，再加上畜群重建，澳大利亚羊肉生产受到一定影响，羊肉价格继续保持高位运行。

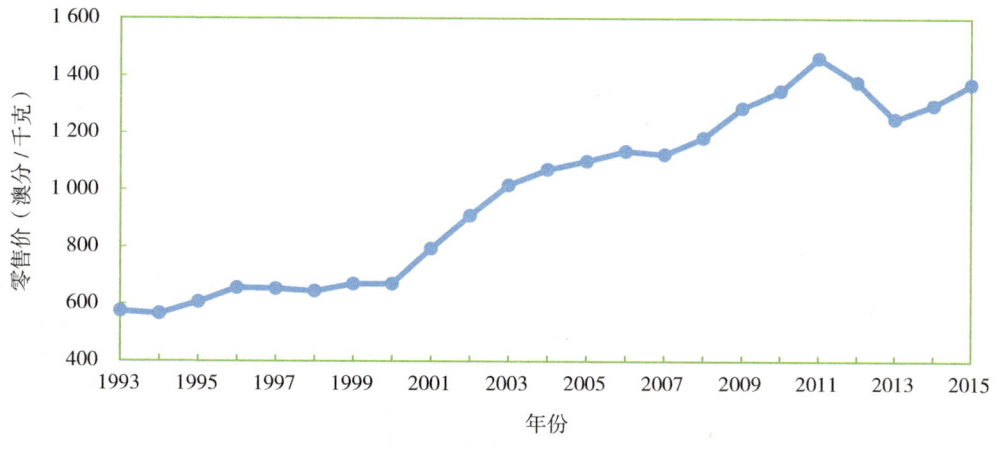

图12　1993—2015年澳大利亚羊羔肉零售价格
数据来源：Australian Bureau of Statistics

（三）欧盟羊肉批发价格波动上扬

从年平均价格看，欧盟羊肉价格由2007年的3.98欧元/千克上涨至2017年的4.94欧元/千克，其中最高价格出现在2015年，为5.15欧元/千克。2007—2017年的10年间，有6年（2008年、2010—2013年、2014—2015年）是上涨的，有4年（2009年、2013年、2016年、2017年）是下跌的，总体呈现上涨态势。

欧盟羊肉价格的波动频繁且幅度不大。从2007—2017年的月度价格走势看，平均10~15

个月涨跌一次，最大的一次涨跌差是 1.31 欧元 / 千克（图 13）。10 年间，最高价和最低价之间的差是 1.97 欧元 / 千克，相对来说波动幅度并不是很大。从 2016—2017 年的月度价格看，2016 年 4 月开始波动下跌，2017 年 2 月跌至 4.56 欧元 / 千克，2017 年 3 月开始止跌回升，6 月涨至 5.42 欧元 / 千克，之后又连续 4 个月下跌，10 月跌至 4.83 欧元 / 千克。

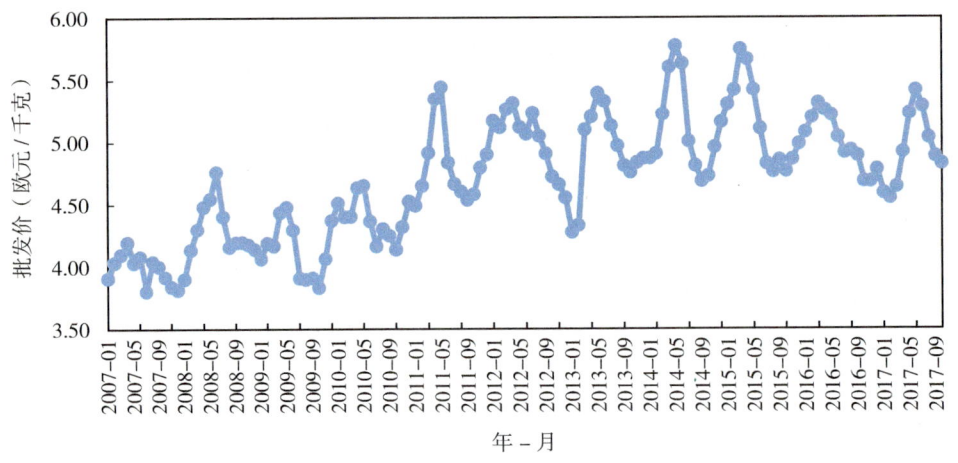

图 13　欧盟羊肉月度批发价格

数据来源：欧盟委员会农业与农村发展部

四、国际贸易格局及演变

（一）2004 年开始羊肉贸易量波动较大

1980—2013 年，世界羊肉进口量由 83.33 万吨增加至 114.27 万吨，增幅为 37.1%，年均增长率为 1.0%（图 14）。从羊肉进口的时间段来看，1980—2003 年世界羊肉进口量变动幅度不大，基本保持在 85 万吨左右；2004—2008 年世界羊肉进口量快速增加，2006

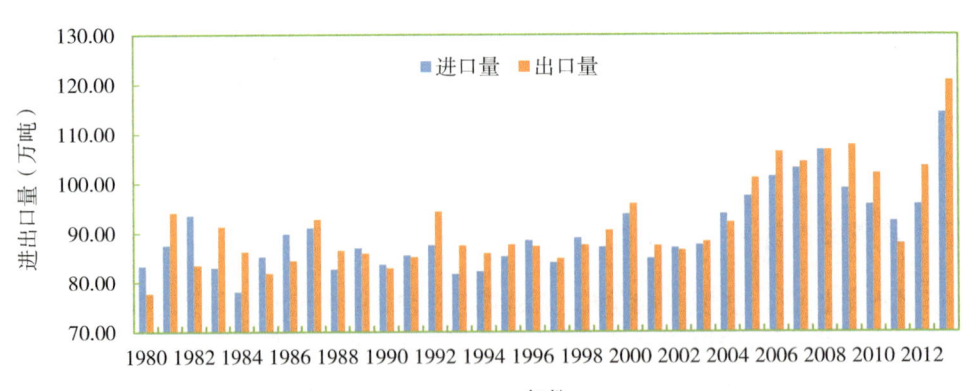

图 14　1980—2013 年世界羊肉进出口量

数据来源：FAOSTAT

年进口量超过 100 万吨，2008 年达到 106.76 万吨；2009—2011 年进口量有所减少，降至 92.39 万吨；2012—2013 年快速增加，2013 年世界羊肉进口量为 114.27 万吨，是 1980 年的 1.4 倍。从进口产品看，以绵羊肉进口为主，2013 年世界绵羊肉进口量为 107.42 万吨，占羊肉进口量的 94.0%，山羊肉进口量仅为 6.85 万吨，占世界羊肉进口量的 6.0%，但与 1980 年相比有所提高。从世界羊肉出口的变化趋势可以看出，1980 年羊肉出口量为 77.73 万吨，到 2013 年这一数值达到 120.72 万吨，增幅为 55.3%，年均增长率为 1.3%。

（二）亚洲是羊肉主要进口地区，大洋洲是羊肉主要出口地区

从进口地区看，2012 年起，亚洲取代欧洲成为最主要的羊肉进口地区，1980 年亚洲羊肉进口量 32.40 万吨，占世界羊肉进口量的 38.9%，2013 年进口量为 55.78 万吨，占世界的比重增为 48.8%。1980 年欧洲羊肉进口量 44.13 万吨，占世界羊肉进口量的 53.0%，2013 年进口量为 38.19 万吨，占世界的比重降为 33.4%。

从羊肉进口国看，进口量排名前几位的国家为中国、法国、英国和美国，其中，中国羊肉进口量最大，近几年羊肉进口量不断上升，占世界羊肉进口量的比重达到了 22.6%（图 15）。法国、英国羊肉进口量近几年逐年减少，2013 年进口量占比分别为 9.1%、8.7%，英国羊肉进口量占世界的比重曾在 1982 年达到 23.8%。美国羊肉进口量占世界的比重总体是增加的，但均在 10% 以下，2013 年为 7.5%。

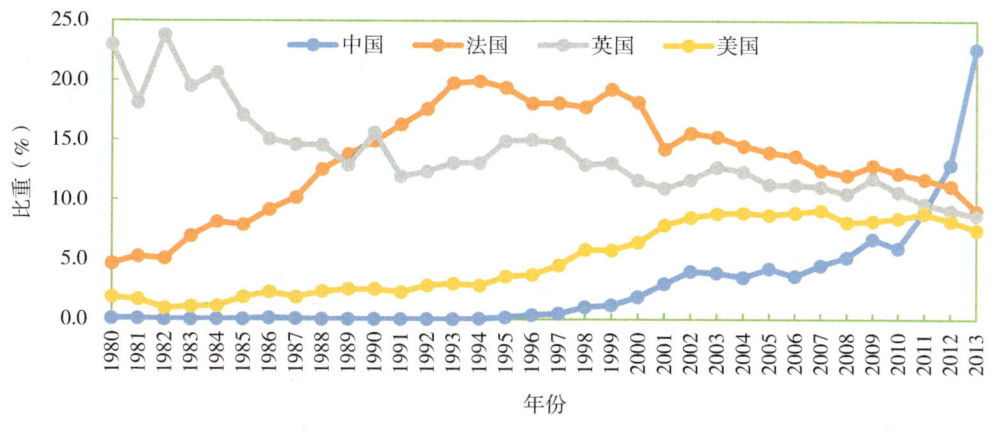

图 15　1980—2013 年部分国家羊肉进口量占世界比重
数据来源：FAOSTAT

从出口地区看，大洋洲和欧洲是世界羊肉出口主要地区，这两大洲羊肉出口量占世界羊肉出口量的 90% 以上，其他几大洲羊肉出口量占世界的比重不到 10%。2013 年大洋洲出口量为 84.84 万吨，占世界羊肉出口总量的 70.3%，欧洲出口量为 25.32 万吨，占世界羊肉出口总量的 21.0%。

从羊肉出口国看，世界前十位的羊肉出口国，除南美洲的乌拉圭和亚洲的印度外，均为大洋洲和欧洲国家。位于大洋洲的澳大利亚和新西兰是世界主要羊肉出口国，两国羊肉出口量占世界的比重一直保持在 60% 以上，可以看出，两国在世界羊肉出口中占有绝

对地位，其他均为欧洲国家（图16）。与世界羊肉出口大国相比，其他出口国竞争力较弱（丁存振，2014）。

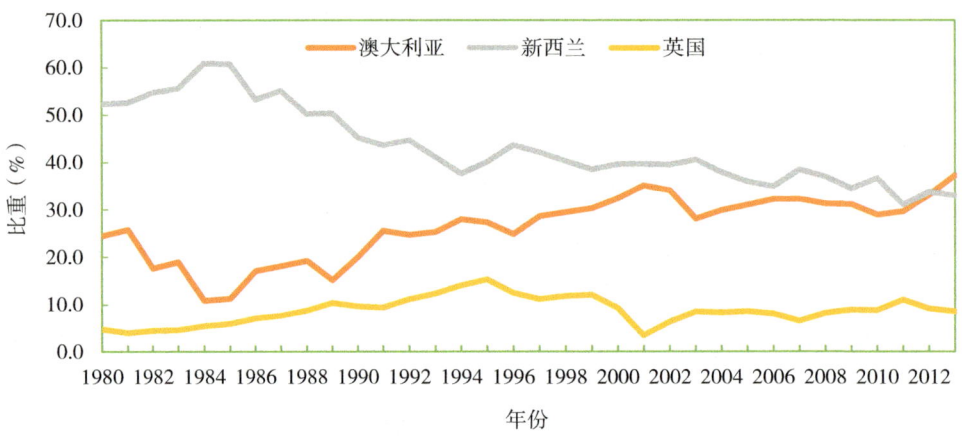

图 16　1980—2013年部分国家羊肉出口量占世界比重

数据来源：FAOSTAT

（三）澳大利亚羊肉主要出口美国、中国

2011—2014年，澳大利亚羊肉出口呈增加态势，2014年出口量达到49.85万吨，出口额25.34亿美元。2015年后，澳大利亚羊肉出口量减少，2016年羊肉出口量44.21万吨，出口额19.72亿美元（表3）。澳大利亚羊肉进口量很少，近几年更是大幅减少。2011—2013年，澳大利亚羊肉进口量在1 100吨上下波动，但2014年之后，进口量逐年减少，2016年减至167.2吨，较2013年减少86.1%。

表3　2011—2016年澳大利亚羊肉（冷鲜、冷冻）出口和进口情况

年份	出口额（亿美元）	出口量（万吨）	进口额（万美元）	进口量（吨）
2011	17.00	29.54	954.40	1 244.40
2012	16.97	35.59	778.02	1 042.50
2013	20.32	44.97	622.59	1 205.60
2014	25.34	49.85	497.55	725.60
2015	20.87	45.81	200.13	378.40
2016	19.72	44.21	84.49	167.20

数据来源：Meat and Poultry Market in Australia: Business Report 2017

澳大利亚羊肉主要出口美国、中国，2016年出口量分别为9.05万吨、8.04万吨，分别占澳大利亚羊肉出口量的20.5%、18.2%，出口额分别为6.09亿美元、1.80亿美元，平

均出口价格分别为 6.74 美元/千克、2.23 美元/千克，出口美国的羊肉以冷鲜的羊羔肉为主，价格较高。澳大利亚羊肉还出口阿拉伯联合酋长国、马来西亚、沙特阿拉伯、卡塔尔、日本、英国、韩国和加拿大等国，出口量分别占澳大利亚羊肉出口量的 7.1%、5.9%、4.6%、4.1%、3.2%、2.9%、2.8%、2.3%（表4）。

表4　2016年澳大利亚羊肉（冷鲜、冷冻）主要出口国家

国家	出口额（万美元）	出口量（吨）	出口价格（美元/千克）	出口量比重（%）
美国	60 964.41	90 499.17	6.74	20.5
中国	17 953.49	80 358.40	2.23	18.2
阿拉伯联合酋长国	14 990.72	31 360.58	4.78	7.1
马来西亚	9 277.56	26 271.70	3.53	5.9
沙特阿拉伯	7 644.08	20 140.05	3.80	4.6
卡塔尔	8 497.58	17 909.29	4.75	4.1
日本	8 346.76	14 268.33	5.85	3.2
英国	6 266.08	12 685.87	4.94	2.9
韩国	6 371.09	12 355.92	5.16	2.8
加拿大	6 040.43	9 962.01	6.06	2.3
合计	197 183.42	442 098.27	4.46	

数据来源：Meat and Poultry Market in Australia: Business Report 2017

澳大利亚主要从新西兰进口羊肉，2016年从新西兰进口89.99吨羊肉，占澳大利亚羊肉进口总量的53.8%，进口额58.80万美元，平均进口价格6.53美元/千克。另外，还从阿拉伯联合酋长国、约旦进口羊肉，进口量分别为27.97吨、18.84吨，分别占羊肉进口总量的16.7%、11.3%，平均进口价格分别为1.29美元/千克、3.99美元/千克，明显低于从新西兰进口的羊肉价格。

（四）新西兰羊肉主要出口欧盟、中国

2013年之前，新西兰羊肉出口量居世界第一位，2013年开始澳大利亚羊肉出口量超过新西兰。新西兰羊肉出口以羊羔肉为主。2015/2016年度，新西兰羊肉总出口量37.80万吨，其中羊羔肉（lamb）出口量为29.68万吨，占78.5%，羊肉（mutton）出口占21.5%。羊羔肉主要出口欧盟和中国，出口量分别为12.53万吨和8.94万吨，分别占新西兰羊羔肉出口量的42.2%、30.1%（表5）。羊肉也主要出口中国和欧盟，出口量分别为4.18万吨和1.49万吨，分别占新西兰羊肉出口量的51.5%、18.3%。

表5 2009/2010—2015/2016年度新西兰羊肉主要出口国家（地区）

单位：万吨

类别	出口国家（地区）	2009/2010	2010/2011	2011/2012	2012/2013	2013/2014	2014/2015	2015/2016
羊羔肉	欧盟	14.61	12.90	11.10	12.62	11.79	12.55	12.53
	中国	2.53	3.74	5.12	8.88	9.43	8.16	8.94
	中东	2.98	2.29	3.26	2.84	2.63	2.92	1.97
	美国	1.95	1.74	1.48	1.77	1.77	1.95	1.92
	其他	7.42	5.89	5.48	5.18	5.06	4.09	4.32
	合计	29.49	26.57	26.43	31.29	30.68	29.66	29.68
羊肉	中国	0.30	0.58	1.11	4.41	6.51	4.79	4.18
	欧盟	1.81	2.07	1.71	1.40	1.03	1.30	1.49
	马来西亚	0.64	0.90	0.62	0.41	0.26	0.56	0.58
	中国台湾	0.95	0.82	0.57	0.57	0.39	0.57	0.72
	美国	0.45	0.75	0.32	0.28	0.15	0.37	0.31
	其他	2.13	2.54	1.72	1.4	1.06	0.94	0.84
	合计	6.28	7.66	6.05	8.47	9.40	8.53	8.12
羊羔肉+羊肉		35.77	34.23	32.48	39.75	40.08	38.19	37.80

数据来源：Statistics New Zealand

注：年度数据从当年10月至次年9月。

五、主要国家产业链竞争力

澳大利亚和新西兰作为羊肉的主产国（分别排名第二、第四位）和出口国（分别排名第一、第二位），在羊肉产业链竞争力方面有其独特的发展优势和产业优势。

（一）资源、管理和技术优势

1. 充分利用天然和人工草地资源

澳新两国丰富的草场资源为肉羊的生产注入了无限生机。澳大利亚和新西兰两国永久性草地和牧场面积分别占其土地面积的41.6%、39.7%（2015年，FAOSTAT）。澳新两国都非常重视对草地的管理与可持续利用。比如，新西兰每两年进行一次测土配方施肥，对草地进行改良，保证人工草地可持续利用，通常在10年后，对人工草地进行翻耕重建（中国畜牧业协会羊业分会，2017）。同时，科学研究羊群的数量变化与牧草产量的曲线变化，调整羊群数量，尽可能使草场的产草能力与草食动物所需的牧草总量保持一个平衡的状态。

2. 严格科学的轮牧和载畜制度

澳新两国将草场资源通过大范围放牧、轮牧与小范围围栏划区，对不同生长阶段的羊只进行分群管理，合理对天然草场进行人工改良干预，使草场供给能力和营养得到充分发挥，严格按照科学的轮牧和载畜量制度，在很大程度上提高了草场的使用寿命和恢复能力（中国畜牧业协会羊业分会，2017）。澳大利亚的草地利用也同样经历了过度放牧、草场退化沙化的过程，大部分草地在20世纪就已满负荷或过度放牧。经过数十年的努力，现已逐渐得到控制和改善，在重视天然草地的同时，加强人工、半人工草地建设，注重畜牧业的可持续发展。新西兰树立草地与畜牧业可持续发展理念。实施"以草定畜，依畜配草"的策略，即有多少草养多少家畜，对牧场做到了精细化经营和规范化管理。

3. 通过技术提升生产效率

新西兰20年前羊只饲养量超过5 000万只，但根据草场载畜量要求减到目前的3 000万只左右。通过提高母羊的繁殖率、草料的营养水平、生产管理能力等方面大力提升肉羊的生产效率，虽然种用母羊减少了50%左右，但胴体重从10~12千克提高到18千克，羊肉产量只减少了7%。

（二）养殖优势

1. 澳大利亚肉羊养殖呈现规模效益

2012/2013—2014/2015年度，澳大利亚养羊户总生产成本平均为每千克活重304澳分，羔羊总生产成本为每千克活重288澳分（表6）。

对于羔羊养殖户而言，随着羔羊养殖规模的增加，其平均生产成本是下降的。羔羊养殖规模最小（销售200~500只羔羊）的总生产成本平均为每千克346澳分，而羔羊养殖规模最大（销售超过2 000只羔羊）的平均生产成本为每千克251澳分。随着羔羊养殖规模的增加，生产成本降低，经营利润有所增加（表6）。

表6 2012/2013—2014/2015澳大利亚每千克肉羊（活重）生产成本及收益

单位：澳分/千克

项目	羔羊养殖户				平均	所有养羊户
	200~500只羔羊出栏	500~1 000只羔羊出栏	1 000~2 000只羔羊出栏	超过2 000只羔羊出栏		
每千克活重收益						
羊肉和羔羊肉	189	196	194	204	197	193
羊毛	155	123	119	103	121	131
总计	344	320	312	307	318	325
生产成本						
架子羊及羔羊费	20	22	25	30	25	25
修剪费	30	25	28	25	27	29
管理费	11	10	7	6	8	9
雇工费	4	7	8	13	8	8
作物及牧草农药	5	5	5	4	5	5
肥料	12	10	11	10	11	11
饲料	9	12	10	10	10	10
运费	8	7	8	7	8	8

（续表）

项目	羔羊养殖户				平均	所有养羊户
	200~500只羔羊出栏	500~1 000只羔羊出栏	1 000~2 000只羔羊出栏	超过2 000只羔羊出栏		
营销费	7	9	11	10	10	10
燃料费	14	11	9	8	10	11
医疗防疫费	14	13	13	10	12	12
合同支付	4	4	4	5	5	5
土地租金	6	6	6	7	6	6
费率	11	10	8	7	9	9
维修及维护	19	18	15	14	16	17
其他现金成本	30	27	21	19	23	24
财务成本	23	19	19	23	21	21
资本折旧	38	34	30	22	30	32
劳动力机会成本	81	61	37	20	46	52
总成本（所有现金成本、财务、折旧和劳动力机会成本）	346	309	274	251	288	304
养殖利润	-2	11	38	56	30	21

数据来源：ABARES澳大利亚农牧业调查

经营利润高的肉羊养殖场主要是生产成本低的农场。平均而言，与其他肉羊养殖场相比，这些农场的总体规模普遍较大；出栏大批用于屠宰的羔羊；羔羊占比较高；羊只产毛率高；羔羊、成羊和羊毛的价格略高一些；劳动使用效率较高；债务较低；由年青农民经营；家庭非农收入较少等。这些农场大多是羔羊养殖场，出栏羔羊的数量较多（Peter Martin, 2016）。

研究表明，随着养殖规模的逐渐扩大，肉羊的平均生产成本是降低的。这说明肉羊生产中存在显著的规模经济。肉羊生产者的规模经济主要来自较大的肉羊企业，它们能更有效地利用农场资本和劳动力，而不是显著降低现金运营成本。

澳大利亚养羊生产成本主要包括劳动力薪酬（农场主、雇佣人员）、修剪费、仔畜费、肥料、牲畜管理、合同服务、牧场维护、饲料等。其中劳动力成本占总成本的比例最高，为20%~25%。

2. 新西兰养羊业通过集约化经营提高劳动生产率

新西兰高度的专业化、集约化管理，大大提高了劳动生产率。新西兰的专业化分工非常细，有近3/4的牧场以经营某一产品为主。不仅有各种类型的专业化农场，还有生产和服务过程中某一环节的专业化分工。新西兰的草地具有高度的规模经营特色，养羊场人均管理规模可达4 000只绵羊（张培增，郭海鸿，2014）。集约化的规模经营离不开机械化，新西兰牧场管理的各个环节实现了全程机械化。

新西兰的草场均被分割成了一个个牧场，属于农场主的私有资产，畜牧业的生产方式早已经放弃了游牧作业，牧民在牧场定居，但这种定居并不意味着"定牧"。牧民把一块大的牧场分割成若干块封闭的小块草地。一块草地承载牛、羊若干天后，牧民就把牛、羊赶到另外一块，让放牧过的草地休养生息，类似于种植业的"轮耕"（佚名，2014）。

（三）价格优势

澳新两国羊肉出口价格具有一定的优势。以新西兰为例，2010年，中国羊肉集市价格与新西兰羊肉到岸税后价格的价差在7.68元/千克，2015年差价扩大至30.17元/千克，2016年为31.96元/千克（图17）。

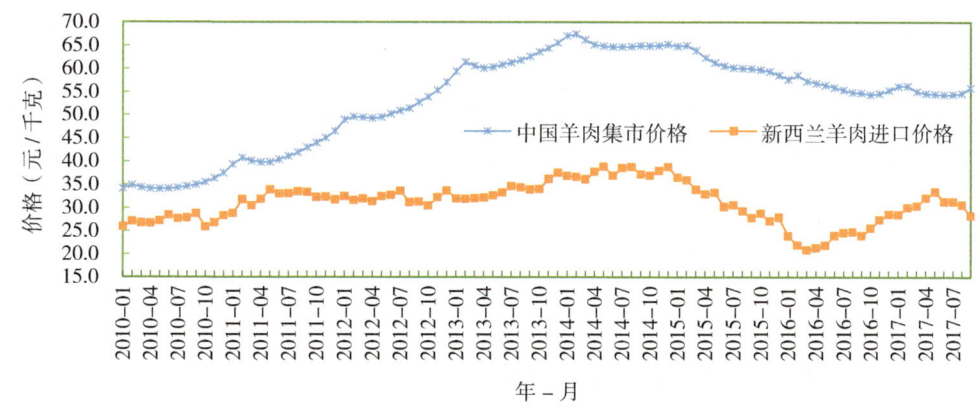

图17 2010—2017年中国羊肉集市价格和新西兰羊肉进口价格
数据来源：中国农业部畜牧业司；根据中国海关统计数据和汇率计算

羊肉价格差产生的主要因素包括：一是中国羊肉生产成本快速上涨。基础母畜养殖薄弱，造成养殖户自繁自育数量下降，仔畜价格上涨较快。如2010年饲养一只羊的总成本为639.67元，2014年则涨到1 084.81元，年均增长率为14.1%，而每50千克主产品出售价格的年均增长率为9.2%。另外，羊肉生长周期较长，饲料价格、人工成本再加上水电、防疫、交通运输等各项费用的不断增加，导致了养羊成本不断上涨。二是中国肉羊的生产率较低。与发达国家相比，生产水平仍然处于落后地位，其主要的一个表现是肉羊胴体重的差距。中国的羊胴体重虽然与世界平均水平相当，但与畜牧业发达国家相比，只有澳大利亚的74%、新西兰的84%。

六、主要国家产业支持政策

（一）澳大利亚在生产、管理、技术等方面加以支持

畜牧业是澳大利亚的基础产业。为了促进畜牧业的发展，澳大利亚政府将草场划分为国有草场和私有草场两种所有制形式，国有草场大多数土地较为贫瘠，而优质草场则以较为低廉的费用租赁给牧业生产者。此外，澳大利亚政府还注重加强草原建设，合理畜牧，

防止沙漠化;政府则对自愿植树造林、保护草原退化的牧场主以减少税收的办法给以扶持。同时,由于政策引导等原因,澳大利亚的生产者生态保护意识很强,畜群定期轮牧,使牧草有适当的恢复期。这种对草场维护性的利用,十分有利于植被生长。澳大利亚还有配套的法规以保持畜牧业的可持续发展。

澳大利亚畜产品生产有严格的质量监控、安全检查措施。肉类生产者要申请经营许可证,申请过程有资格审定及严格的食品安全要求。对畜产品实行从生产到销售、贮存、装运出口直到最终用户的全过程、全方位质量控制。政府制订了一套完整的肉类质量标准即MSA(meat standards Australia),在饲喂、运输、屠宰、肉的含水、脂肪含量、疫病、肉色、污染等方面都做出了一系列严格的规定。按 MSA 生产的肉类,在国内外市场均受欢迎。在出口时,政府的检疫部门要对肉类产品进行污染、药物残留等检查,以确保按照国际国内厂商的需求提供高质量、安全的肉类产品。

澳大利亚十分重视提高畜牧业的科研水平,因地制宜培育优良品种,如绵羊为优质美利奴羊,通过严格选择种羊,保持优良品性。各级科研单位围绕提高畜产品的产量和质量从事科学研究和转让技术成果,科研经费充足。多数牧场主还与科研单位建立草场监测和良种草、畜改良等契约关系,科研单位定期对草场土质和草的品质进行化验,依据情况提出措施建议。

澳大利亚畜牧业经济体制的自由化程度不断提高,作为世贸组织成员国之一,澳大利亚政府不可能大幅度增加对畜牧业的保护,但这并非意味着澳大利亚政府不对畜牧业进行保护。澳大利亚政府对畜牧业的保护主要是畜产品补贴,有两种形式:直接价格补贴和间接价格补贴。由于直接价格补贴易受到质疑,因此,澳大利亚政府对畜产品直接价格补贴率较低,一般为2%~6%,而间接价格补贴则较高,一般为4%~30%。后者可通过向消费者征税(如2000年7月1日实施的GST即消费税)建立畜牧产业基金来补贴出口商,这些措施大大增强了澳大利亚畜产品在国际畜产品市场上的竞争力(闫旭文,南志标,唐增,2012)。

(二)新西兰制定相关规划促进产业的发展

1. 红肉产业规划

2011年新西兰发布红肉产业战略规划,使农民获得可持续性盈利,促进红肉产业的发展。规划促进行动包括3个方面:市场合作行动、高效合作购买、良好行业实施措施。市场合作行动主要是创建高端市场的强势品牌,在目标市场通过出口合作进行规模代理。高效合作购买包括把竞争重点从农场转向离岸竞争者,确保农民获得公平、可持续收入,提高信息透明度。良好行业实施措施主要包括在供应/价值链中的所有阶段提高生产力,建立战略规划合作组以支持行业方案,开发新西兰农场系统等。2012年新西兰初级产业部投资3 240万新元用于红肉产业可持续计划,并联合新西兰红肉产业的一系列参与者,其中包括股份合作制公司与私营加工公司、银行与新西兰牛羊肉协会。通过解决技术转化中的缺口,确保组织与个人的强有力的合作,可持续计划旨在确保红肉生产者获得和可以有效使用最佳农场与企业管理措施。

2. 农业环境规划

新西兰环境部曾发布土地与环境规划，以帮助从事肉羊生产的农民处理他们的土地与资源问题，帮助农民识别通过良好的土地、土壤与水资源管理而促进生产的行动措施。开发创新性解决方案以应对他们各自所面临的环境挑战，从而促使农民可持续性地管理农场。

3. 牛羊肉产业研发

2014年新西兰科学与创新部宣布五年内对绵羊和肉牛行业遗传研究投资1 500万美元，以用来提高新西兰的绵羊和肉牛行业的盈利能力。遗传研究将有助于改良肉质，直接促进农场盈利能力改善，确保满足消费者需求，鉴定新的育种性状，满足重要出口市场的消费者喜好。此外，研究将进一步开发丘陵地区环境下肉羊肉牛的繁殖性状。

（三）印度在饲草料、养殖加工、品种保护等方面制定政策

1. 饲料和草料方面的政策

秸秆等农业副产品将继续作为反刍牲畜的主要饲料。鼓励政府和私营部门的研究机构利用生物技术处理秸秆和农产品加工业副产品。在征求农业部门意见后，将采取措施增加粗粮包括玉米在内的高产／杂交品种的面积，以增加产量。非常规饲料资源将被利用，为牲畜提供蛋白质和能量。同时，通过必要的激励措施和现代科学的耕作方法等，增加草料种子的产量。

2. 动物多样性保护政策

印度的一些牲畜种类具有丰富多样的遗传资源。有一些非常好的牛、水牛和羊的品种，这些品种基本上都是长期自然选择的结果，能更好地适应热带环境，具有一定的抗病能力，只需中低投入即可。有些品种非常适合于印度特定的农业气候条件，而有些品种具有生长快和繁殖力强的基因。这种有用的基因品种在养殖和研究过程中将被一一鉴别、保存和利用，研究重点将放在保护畜禽的地方品种上。

3. 肉类生产和加工

无组织的屠宰方式可能会造成环境和公众的健康问题。屠宰场、肉类生产和加工单位的位置应同时考虑环境、社会和人们的需求。在农村地区建立肉类生产加工所需的基础设施将有利于牲畜养殖户之间的联系。鼓励现代化的综合屠宰场在生产加工优质肉的同时，要遵守法律法规，以确周边环境零污染，最大限度地减少副产品的浪费，充分利用好各种副产品。监管机构对优质肉类的生产加工应按照全球卫生标准，以确保国内肉类消费和出口的质量安全。

4. 畜牧业与环境

针对气候变化影响畜牧业生产以及如何减轻该影响的研究将得到加强。同时，尽力完善管理和饲养体系，以减少牲畜温室气体的排放。在不同方案下，通过建立堆肥和沼气厂更好地进行农家厩肥的管理。政府将对有意识改善牲畜、饲料和废物管理的做法给予一定的支持，并将对有兴趣救助老弱病残牲畜的养殖户和非政府组织提供帮助，防止这些牲畜的繁殖和疾病的传播。

5. 绵羊和山羊养殖政策

目的在于改善生长条件,增加体重,提高繁殖率,提高羊肉和羊毛的质量和数量,同时降低死亡率。重点是生产和销售质量好的公羊,可在不同农业气候条件生长的当地品种,鼓励人工授精,山羊的外来高产品种和其他本地品种的杂交繁育也将予以考虑。

七、全球供需形势展望

全球羊肉产量将继续温和增长。包括中国、印度、巴基斯坦和尼日利亚在内的发展中国家的羊肉产量将占到80%以上。近几年中国羊肉产量稳步增加,2016年产量达到459万吨,较上年增长4.2%。预计欧盟羊肉产量也有小幅增加,而澳大利亚因为畜群重建,羊屠宰量减少,羊肉产量预计减少;新西兰也因羊群规模下降导致产量减少。环境污染和土地退化日益成为约束羊肉生产的重要因素。

全球羊肉消费继续刚性增加。全球羊肉价格上涨使得发达国家人均消费量逐渐下降。但是,许多发展中国家的情况并非如此,尽管价格上涨,消费仍在增加。世界各地的羊肉消费量取决于多个方面的综合因素,比如:经济增长和消费者购买力;城镇化;人口和消费者收入;与历史、文化和宗教有关的消费者饮食偏好;来自其他蛋白质食品的选择;贸易政策和市场准入等。羊肉消费的增长将主要来自发展中国家,而人均收入的提高正在改变消费者的偏好。

全球羊肉价格继续波动上涨。由于资源和环境的限制,羊肉供应不能满足需求的这种不平衡状态还将持续下去,预计未来羊肉价格将继续上涨。在发展中国家,例如在整个中东、地中海和非洲地区,羊肉被广泛消费,羊肉是这些地区首选的蛋白质肉类。而在发达国家,羔羊的消费量普遍较高,虽然在全球范围内,羊肉只占肉类消费总量的很小一部分,但是羊肉消费总量持续在增加。

全球羊肉贸易将继续小幅减少。主要是由于澳大利亚和新西兰羊肉出口量减少。全球羊肉出口量有限,加上中国国内羊肉产量持续增长,预计中国羊肉进口量保持稳定,而欧盟羊肉进口则可能减少。因需求增加,阿拉伯联合酋长国和马来西亚的羊肉进口量预计略有增加。

参考文献

丁存振,赵瑞颖. 2014. 世界肉羊生产贸易格局分析[J]. 世界农业, (9): 93-100.
中国畜牧业协会草业分会. 2017-09-20. 中国畜牧业协会草业分会赴澳洲考察草地畜牧业[EB/OL]. http://www.caaa.cn/.
闫旭文,南志标,唐增. 2013. 澳大利亚畜牧业发展及其对我国的启示[J]. 草业科学, (3): 482-487.
佚名. 2014. 中国与新西兰畜牧业之比较[J]. 青海科技, (6): 83-86.
张培增,郭海鸿. 2014. 新西兰草地畜牧机械化技术考察印象[J]. 当代农机, (2): 33-35.

姜楠，韩一军，刘泽莹. 2014. 2013年世界畜产品市场形势与2014年展望［J］. 农业展望, (4): 4-9.

FAO. 2017-11-15. Food Outlook (November 2017)［EB/OL］. http://www.fao.org/.

Peter Martin. 2016. Cost of production Australian beef cattle and sheep producers 2012-13 to 2014-15［R］. ABARES Research Report.

s. n. 2017-10-15. MLA Market Information: Australian sheep and lamb prices – where do we really stand?［EB/OL］. https://www.mla.com.au/.

（海外农业研究中心特邀研究员　曲春红）

第十四部分

天然橡胶

海外农产品市场研究（2017）

天然橡胶是重要的战略物资，与煤炭、钢铁、石油并列为四大工业原料，也是其中唯一的可再生资源，因其优良的弹性、绝缘、防水、可塑、耐疲劳、耐老化等特性，广泛应用于工业、国防、交通、民生、医药、卫生等领域，是关系国计民生的基础产业，世界上绝大多数国家几乎都有这样或那样的天然橡胶加工业。近年来全球天然橡胶新种面积呈现下降趋势，更新速度加快，开割面积平稳增长；产量稳步上升，供给总量也呈现增长趋势；主要生产区域仍集中在亚太地区；2017年天然橡胶产量将继续保持稳定增长的态势，越南、老挝、缅甸、柬埔寨是主要的增长潜力所在。受经济发展水平提升、人口增长等因素的影响，天然橡胶消费呈现刚性增长。从全球趋势来看，天然橡胶轮胎消费将持续增长，消费规模不断扩大，消费中心已经从欧美发达国家逐渐转移到亚洲国家，其中中国、印度、日本等消费市场潜力巨大。国际市场天然橡胶价格持续低迷，波动频繁剧烈。全球天然橡胶贸易十分活跃，出口主要集中在东南亚国家，进口主要集中在亚洲国家。从成本利润来看，天然橡胶生产成本总体呈下降趋势，各主产国利润额增长不一。预计未来一段时间，全球天然橡胶生产将继续保持增长态势，但增速会放缓，国际市场天然橡胶价格在继续低迷的波动过程中缓慢回升，天然橡胶相关加工产品的国际贸易将较快增长，天然橡胶产业在全球范围内的物流呈现以东南亚为辐射地，以原材料或成品的形式向世界各地输送的格局。中国正逐渐成长为新的天然橡胶贸易中心，全球需求向以中国为首的新兴市场转移。

一、世界供需现状

（一）天然橡胶开割面积、产量不断增加

从全球范围来看，天然橡胶开割面积不断增加，单位面积产量也不断增加，总产量快速增长，产业呈现稳步上升态势（图1）。据联合国粮食及农业组织（FAO）与国际橡胶研究组织（International Rubber Study Group，IRSG）统计，全球开割面积自1980年以来出现了2次拐点，一次是2006年，同比下降了4.89%，另一次是2009年，同比下降了0.63%。从全球产量上看，世界天然橡胶产量持续攀升，个别年份略有波动，但是波动不大，拐点出现在2009年，同比下降了4.58%。从单位面积产量上看，由于天然橡胶的生产受气候、割胶的经济性等因素的影响较大，全球单位面积产量呈现波动上升趋势。总体来看，1980—2016年世界天然橡胶开割面积从538.26万公顷增长1 165.05万公顷，年均增长率达2.17%，增幅相对较快；1980—2016年世界天然橡胶产量从374.81万吨增长到1 240.1万吨，年均增长率达3.39%，增幅相对较快；1980—2016年世界天然橡胶单位面积产量从696.3千克/公顷增长到1 064千克/公顷，年均增长率达1.18%，增幅相对较缓。

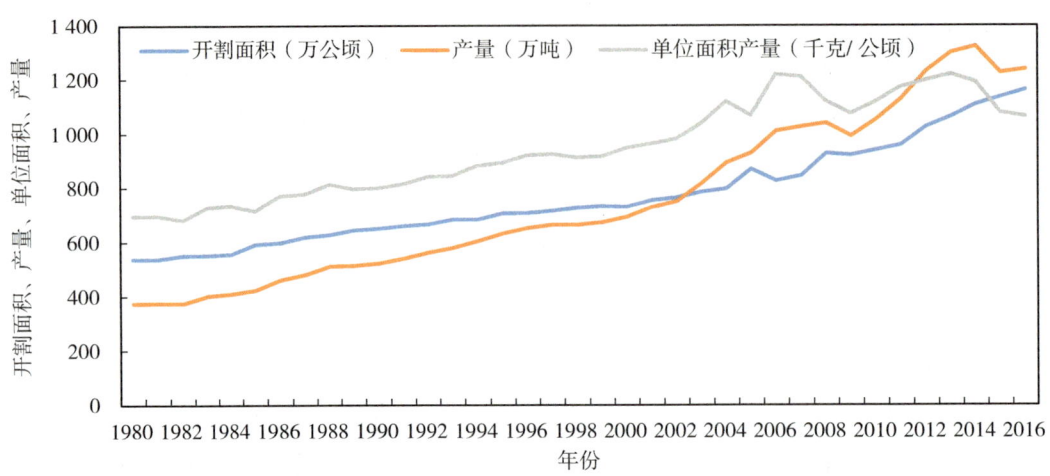

图 1　1980—2016 年世界天然橡胶生产发展情况

数据来源：1980—2014 年生产数据来自 FAO 网站，2015—2016 年数据来自国际橡胶研究组织（IRSG）

（二）天然橡胶消费快速增长

1. 消费需求增长较快，轮胎行业与新兴国家成为天然橡胶消费的主要拉动力

20 世纪以来，世界天然橡胶消费量与日俱增，差不多每 10 年就要翻一番（图 2）。天然橡胶的需求主要在轮胎生产，50% 以上的天然橡胶用于轮胎行业，30% 的天然橡胶用于医疗、文体等产品的生产，10% 的天然橡胶用于生活用品生产。中国、日本、韩国、印度、泰国、澳大利亚等地的轮胎产能占全球总产能的 50% 左右，这几个地区人口密度大，对乳胶制品的需求也较大。特别是 2008 年金融危机后，英国、日本、德国、法国、美国等主要发达国家经济始终处于疲软状态，对天然橡胶消费量的拉动较小，新兴国家成为天然橡胶消费量的主要拉动力。尤其是中国加入 WTO 后，橡胶制品出口市场日益扩张，天然橡胶

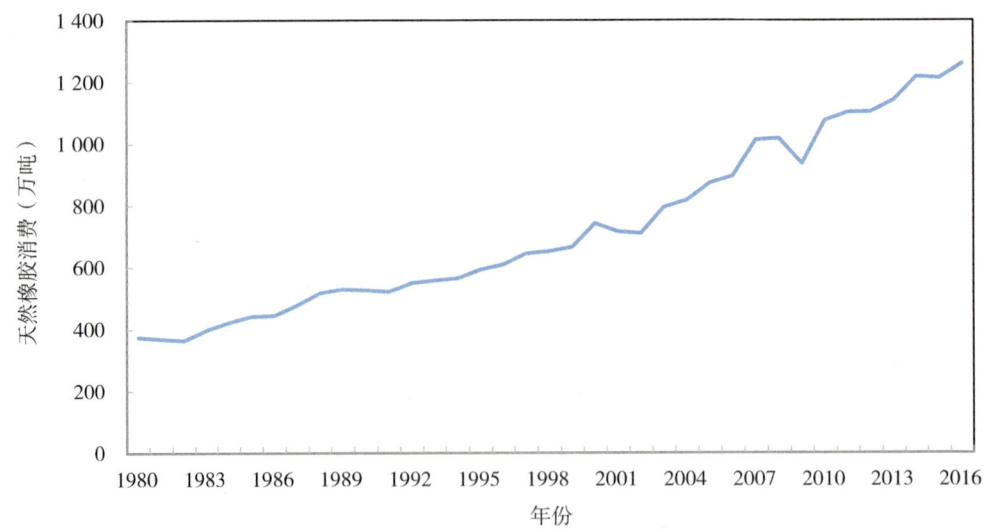

图 2　1980—2016 年世界天然橡胶消费情况

数据来源：国际橡胶研究组织（IRSG）

消费量快速增长。中国和印度已经成为世界上天然橡胶消费量超过 100 万吨的国家。2016 年中国天然橡胶消费量达 486.32 万吨,而国内产量仅 77.4 万吨,自给率仅为 15.92%;2016 年印度天然橡胶消费量达 103.35 万吨,国内产量为 62.4 万吨,自给率达 60.38%。近年来,中国、印度天然橡胶的消费量呈现波动上升趋势,供需缺口越来越大(表 1)。

表 1　2007—2016 年中国、印度天然橡胶消费供需情况

单位:万吨

国家	2007	2008	2009	2010	2011	2012	2013	2014	2015	2016
中国	-225.27	-238.68	-273.96	-298.1	-291.09	-309.5	-340.5	-396.39	-388.6	-408.92
印度	-3.96	0.05	-8.44	-9.35	-6.47	-6.87	-16.56	-31.03	-41.20	-40.95

数据来源:国际橡胶研究组织(IRSG),http://www.rubberstudy.com/documents/WebSiteData_June2017.pdf

2. 消费需求高度集中,主要在亚太区域

20 世纪 90 年代后,由于美国、法国、德国、英国等工业发达国家将橡胶工业中劳动密集、环境污染大的产品和企业逐步向劳动力充足、工资比较低廉的泰国、印度尼西亚、越南和印度转移,亚太区域逐渐成为世界橡胶工业中心和天然橡胶的消费集散地。2016 年世界天然橡胶消费量中,亚太地区消费量为 922.6 万吨,占世界消费总量的 73.22%,中国、印度、日本、泰国是亚太地区前四大天然橡胶消费国,消费量占亚太地区天然橡胶消费量的 78% 以上,占世界天然橡胶消费总量的比例超过 57%,并呈现逐步增加的趋势。2016 年,中国的消费量占世界消费量的 38.59%,印度占 8%,日本占 7%。2007—2016 年亚太地区天然橡胶消费量世界占比情况见表 2。

表 2　2007—2016 年亚太地区天然橡胶消费量世界占比情况

年份	2007	2008	2009	2010	2011	2012	2013	2014	2015	2016
比例(%)	64.96	66.46	73.72	70.20	68.81	71.46	72.36	73.20	72.78	73.22

数据来源:国际橡胶研究组织(IRSG),http://www.rubberstudy.com/documents/WebSiteData_June2017.pdf

二、世界生产布局及演变

(一)天然橡胶是典型热带作物,生产高度集中

天然橡胶是典型的热带作物,是资源约束型产品,对地理环境、土壤、气候、湿度等自然条件的要求较严格。世界天然橡胶种植已经有 140 余年历史,其生产地域基本上分布在南北纬 15° 以内,按生产区域可以分为亚太产区、非洲产区和美洲产区 3 大区域。天然橡胶生产高度集中,亚太产区是天然橡胶生产的主要区域,主要生产国依次是泰国、印度尼西亚、越南、中国、马来西亚、印度、缅甸、柬埔寨、菲律宾、斯里兰卡、老挝、孟加拉国、巴布亚新几内亚;其次是非洲,主要生产国依次是喀麦隆、科特迪瓦、刚果民主共和国、加蓬、加纳、几内亚、利比里亚、尼日利亚;再次是美洲,主要生产国依次是厄瓜

多尔、哥伦比亚、委内瑞拉、秘鲁、巴西、智利、乌拉圭、巴拉圭、阿根廷、玻利维亚、圭亚那、苏里南等。据 FAO 与 IRSG 统计，1980—2016 年亚太产区天然橡胶产量世界占比相对平稳，波动幅度不大，一直维持在 90% 以上，最高年份达到 94%（图 3）。

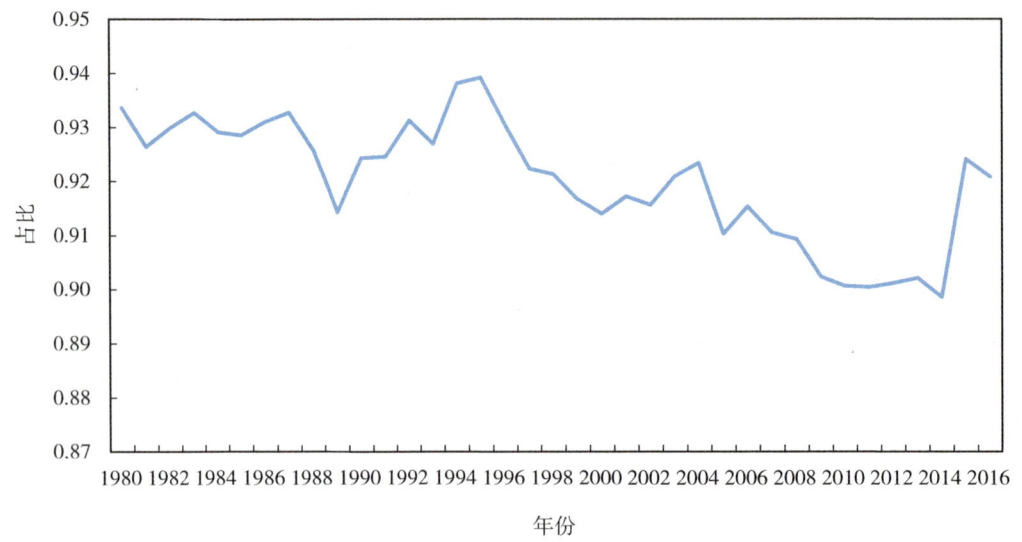

图 3　1980—2016 年亚太地区天然橡胶产量世界占比情况

数据来源：1980—2014 年生产数据来自 FAO 网站，2015—2016 年数据来自国际橡胶研究组织（IRSG）

（二）非洲、美洲天然橡胶世界占比较小，波动幅度不大

据 FAO 和 IRSG 统计，1980 年非洲天然橡胶开割面积占世界的 5.62%，2014 年占 7.34%（图 4），略有增加；1980 年非洲天然橡胶产量占世界的 5.32%，2016 年占 5.20%，

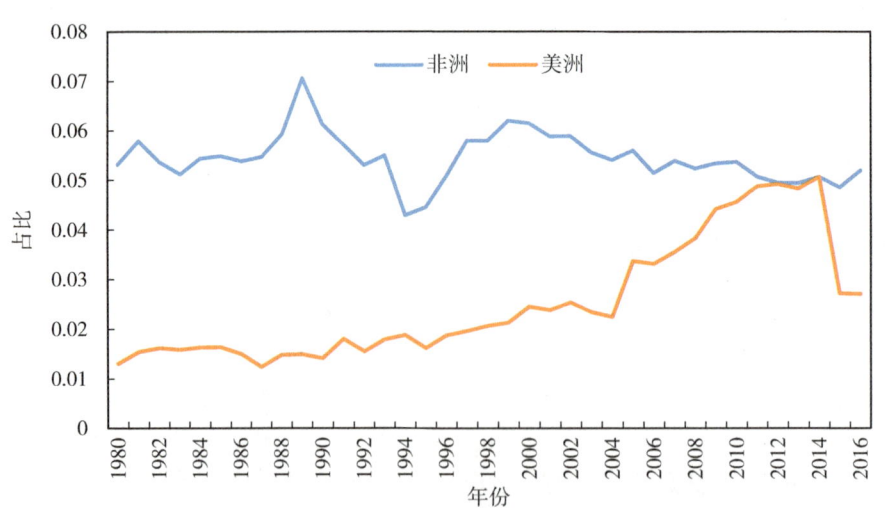

图 4　1980—2016 年非洲、美洲天然橡胶产量世界占比情况

数据来源：1980—2014 年生产数据来自 FAO 网站，2015—2016 年数据来自国际橡胶研究组织（IRSG）

基本持平。

1980 年美洲天然橡胶开割面积占世界的 0.26%，2014 年占 2.64%，略有增加；1980 年美洲天然橡胶产量世界占比 1.31%，2016 年占 2.71%，略有增加。

（三）泰国、印度尼西亚和马来西亚是天然橡胶产业强国，但其世界排名也在波动

从开割面积来看，据 FAO 和 IRSG 统计，1980 年马来西亚天然橡胶开割面积世界最大，世界占比为 30%，其次是印度尼西亚，再次是泰国、斯里兰卡和印度，这 5 个国家的天然橡胶开割面积占世界天然橡胶开割面积的 90.71%。

自 1983 年开始印度尼西亚超过马来西亚，成为世界天然橡胶开割面积最大的国家，当年世界占比为 29.23%；1985 年中国天然橡胶开割面积超过斯里兰卡和印度，成为世界第四大天然橡胶开割面积生产国；1995 年泰国超过马来西亚，成为世界第二大天然橡胶开割面积生产国。

从产量来看，据 FAO 和 IRSG 统计，1980 年马来西亚天然橡胶产量世界最大，世界占比为 40.82%，其次是印度尼西亚，再次是泰国、印度和斯里兰卡，这 5 个国家天然橡胶产量占世界天然橡胶产量的 87.96%。

1981 年中国超过斯里兰卡成为世界第五大天然橡胶产量生产国；1983 年中国超过印度成为世界第四大天然橡胶产量生产国；自 1990 年起，泰国超过马来西亚，成为世界第一大天然橡胶产量生产国，印度超过中国，重新回到世界第四位；2014 年，泰国、印度尼西亚、越南、印度、中国成为世界天然橡胶产量前五强，这 5 个国家的产量占世界总产量的 78.83%（图 5、图 6）。

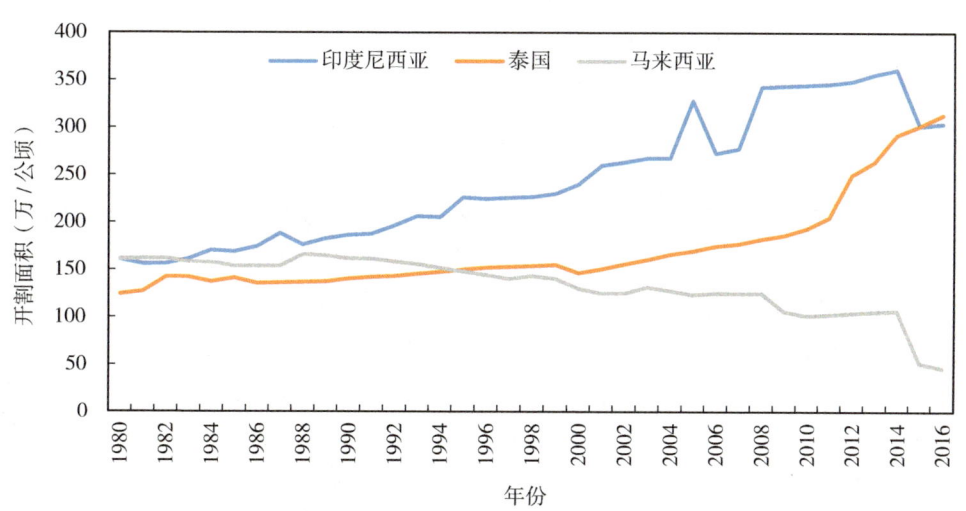

图 5　1980—2016 年泰国、印度尼西亚和马来西亚天然橡胶开割面积变化情况

数据来源：1980—2014 年生产数据来自 FAO 网站，2015—2016 年数据来自国际橡胶研究组织（IRSG）

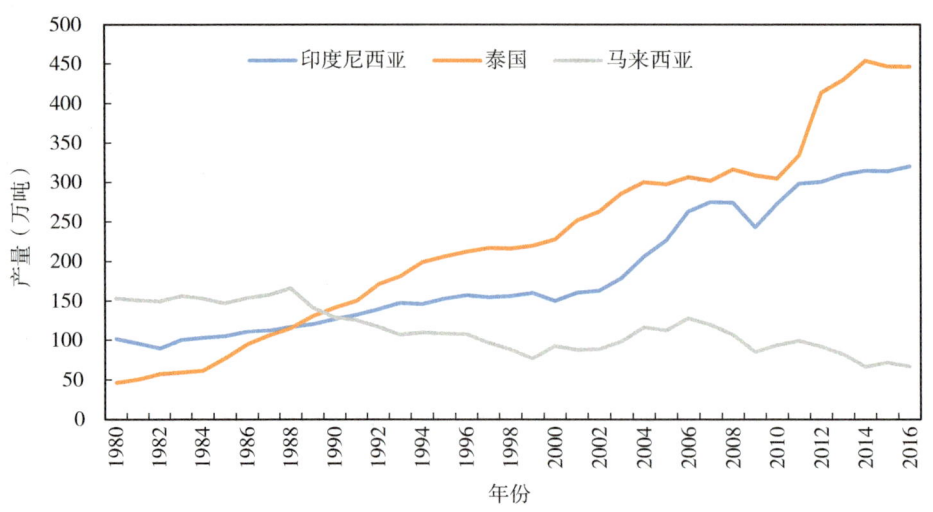

图6 1980—2016年泰国、印度尼西亚和马来西亚天然橡胶产量变化情况
数据来源：1980—2014年生产数据来自FAO网站，2015—2016年数据来自国际橡胶研究组织（IRSG）

三、国际价格走势变化及动因

（一）市场价格走势变化

全球天然橡胶交易发展及市场形成是伴随着天然橡胶生产消费的发展逐步形成和发展起来的，既具有商品属性，也具有金融属性，全球天然橡胶交易市场可以分为现货市场和期货市场。天然橡胶国际价格变化主要是供求关系的影响，此外合成橡胶的价格、国际经济环境、垄断以及金融市场均会对天然橡胶国际价格变化带来影响。

1. 现货市场价格2011年峰值后回落

亚洲地区是世界最大的天然橡胶生产和消费区域，同样也是世界最大的天然橡胶现货交易中心。在泰国、印度尼西亚和马来西亚等天然橡胶主产国，天然橡胶现货交易市场均有一定的发展，在各国国内天然橡胶种植园集散地周围，均有各种不同形式的天然橡胶交易市场。当前东南亚天然橡胶现货贸易主要参照三大期货指标：一是东京工业品交易所（TOCOM）上市的日胶期货，主要标的物是泰国进口3号烟片胶，影响范围在泰国、印度尼西亚；二是新加坡商品期货交易所（SGX）上市的标胶，影响范围主要在泰国、印度尼西亚和马来西亚；三是中国上海期货交易所（SHFE）上市的沪胶，主要标的物是国产全乳胶和泰国进口3号烟片胶，影响范围在泰国和国内市场。新加坡以其优越的地理位置、现代化的交易手段以及健全和稳定的金融体系逐步成为了全球最大的天然橡胶集散中心，处理了全球50%以上的天然橡胶现货交易。2007—2016年，世界总体呈现先涨后跌态势，具体情况见表3。期间有两个拐点，一是2009年，主要是由于2008年下半年金融危机爆发，全球经济陷入低迷，天然橡胶价格也随其它大宗商品价格下跌；二是2011年，现货市场天然橡胶价格上涨至近10年来的最高值，随后价格一路走低。在此期间，连续3年全球天然橡胶供应减缓，全球天然橡胶供应逐渐出现偏紧（表3）。从2016年8月底开始，在全球天然橡胶消费需求增速明显大于供应增速、原油价格复苏和人民币贬值等多方面因素影响下，天然橡胶价格逐步回升。2016年，国际市场SMR20年平均价格为每吨1 374美元，比2015年增长0.8%；RSS3年平均价格为1 647美元/吨，比2015年增长3.6%。

表3　2007—2016年间世界天然橡胶相关产品价格情况表

年份	TOCOM RSS3（日元/千克）	Indonesia SIR20（美元/吨）	Thailand Conc latex（泰铢/千克）	Thailand RSS3（泰铢/千克）	Thailand STR20（泰铢/千克）	India RSS3（千卢比/吨）	Malaysia SMR20（令吉/吨）	NewYork TSR20（美元/吨）到岸价
2007	264.3	2161.1	53.2	78.5	75.1	92.8	7 348.2	2 320.6
2008	269.9	2 553.0	58.0	86.8	84.9	110.1	8 273.3	2 729.3
2009	177.7	1 870.6	45.3	66.3	63.7	100.7	6 356.4	1 965.5
2010	332.4	3 418.2	74.9	115.6	108.9	172.5	10 582.5	3 577.5
2011	381.5	4 636.8	93.8	148.3	141.5	222.0	13 553.6	4 794.0
2012	263.2	3 250.4	68.7	106.4	100.8	187.2	9 490.1	3 414.5
2013	261.9	2 521.2	56.2	85.8	77.6	171.6	7 783.6	2 746.9
2014	203.3	1 714.7	44.0	64.0	56.2	138.3	5 545.0	1 961.0
2015	186.7	1 379.1	35.7	54.2	47.6	123.9	5 212.0	1 609.9
2016	175.7	1 387.0	38.1	58.1	49.2	124.4	5 665.7	1 532.8

数据来源：国际橡胶研究组织（IRSG），http://www.rubberstudy.com/documents/WebSiteData_June2017.pdf

2. 期货市场价格2011年峰值后下跌

进入21世纪以后，天然橡胶期货步入快速发展时期，特别是随着中国期货市场的迅猛发展，天然橡胶期货的市场规模和影响力得到显著提升，2003年上海期货交易所的天然橡胶期货市场规模超过了日本和新加坡市场。从全球范围看，目前上市了天然橡胶期货的交易所主要有6家，分别是东京工业品交易所、大阪商品交易所（OME）、新加坡商品交易所、吉隆坡商品交易所（KLCE）、泰国农产品期货交易所（AFET）和上海期货交易所。目前，东京工业品交易所、新加坡交易所和中国上海期货交易所是全球最主要的天然橡胶期货交易市场。2007—2016年该3大期货市场上天然橡胶相关产品价格总体呈下跌趋势，期货市场的拐点和现货市场相符，具体情况如表4所示。2016年，上海期货交易所天然橡胶主力合约年初开盘价10 585元/吨（1月4日），最高价20 580元/吨（12月14日），最低价9 590元/吨（1月12日），年末收盘价18 350元/吨（12月30日）。全年上涨7765元/吨，涨幅73.36%，最大价差10 990元/吨；2016年，东京商品交易所天然橡胶主力合约年初开盘价158.3日元/千克（1月4日），最高价291.7日元/千克（12月16日），最低价144.5日元/千克（1月6日），年末收盘价262日元/千克（12月30日）。全年上涨103.7日元/千克，涨幅65.51%，最大价差147.2日元/千克。

表4　2007—2016年期货市场天然橡胶价格情况表

年份	SHFE RSS3（元/吨）	SGX RSS3（美元/吨）	SGX TSR20（美元/吨）	TOCOM RSS3（日元/千克）
2007	22 669.81	2 263.1	2 152.5	263.3
2008	21 664.54	2 585.9	2 530.0	268.6
2009	16 113.65	1 920.1	1 800.2	180.6
2010	26 208.12	3 654.7	3 379.7	336.2
2011	33 282.3	4 829.2	4 519.3	372.0
2012	25 275.0	3 377.9	3161.8	264.4
2013	19 855.2	2 795.1	2 517.2	260.1
2014	13 599.5	1 956.5	1 710.4	200.4
2015	12 226.7	1 560.5	1 370.2	186.3
2016	11 816.3	1 640.8	1 378.0	179.1

数据来源：国际橡胶研究组织（IRSG），http://www.rubberstudy.com/documents/WebSiteData_June2017.pdf

（二）动因分析

1. 天然橡胶供给宽松

据天然橡胶生产国协会数据，2017年1—9月全球天然橡胶产量913.2万吨，同比增长5.4%。10—12月泰国、印度尼西亚和马来西亚等主产区均为旺季，市场供应量将稳步增长，因此天然橡胶价格还将继续维持在较低价位徘徊。

2. 轮胎行业需求回暖程度有限

轮胎行业对天然橡胶的需求不断增加，目前轮胎行业用胶已经接近70%。汽车工业的发展和国家对汽车工业的政策会影响到对轮胎需求，并影响对天然橡胶的需求。近期轮胎企业开工率小幅回升，但是仍然低于2016年同期水平。中国是天然橡胶消费大国，国内天然橡胶使用量的变化和加工企业对天然橡胶价格的接受能力也作用于天然橡胶的价格水平；中国对天然橡胶的进口政策及税率水平也影响着天然橡胶市场价格。由于美国轮胎市场进一步萎缩，再加上印度和欧盟在内的多个国家和地区对华轮胎开展"双反"调查，导致轮胎出口市场平平，天然橡胶价格低迷。

3. 库存水平居于高位

2011年以来，天然橡胶的库存一直居于高位，并且呈现不断上升的趋势，目前已经超过200万吨。石油价格的低迷导致合成橡胶产量增加，库存也同步增加。主要消费国中国橡胶库存在2007年仅9.1万吨，2016年达到29.2万吨；印度橡胶库存在2007年为19.1万吨，2016年达到27.2万吨；马来西亚橡胶库存在2007年为15.3万吨，2016年达20.3万吨；泰国橡胶库存在2007年为23万吨，2016年达52.5万吨，高位的库存也影响了天然橡胶市场价格的回升。

4. 其他影响因素

合成胶的生产及应用情况、季节变化和气候影响等自然因素、重大政治事件、天然橡胶期货价格等均会对国际市场上天然橡胶现货价格的波动产生影响。

四、国际贸易格局及演变

随着经济全球化与贸易自由化的不断推进,越来越多的国家参与到全球天然橡胶贸易市场中来。据FAO统计,全球共有112个国家出口橡胶、143个国家进口橡胶,在出口的国家中,很多一部分国家自身不生产天然橡胶,但是通过进口转出口来从事天然橡胶的贸易。

(一) 天然橡胶贸易量的变化

1980年以来,随着天然橡胶生产和消费的不断扩大,国际贸易越来越活跃(图7)。1980年世界天然橡胶进口量315.53万吨,2016年达到1 117.7万吨,年均增长率达3.57%;1980年世界天然橡胶出口量317.19万吨,2016年达到1 038.1万吨,年均增长率达3.35%。

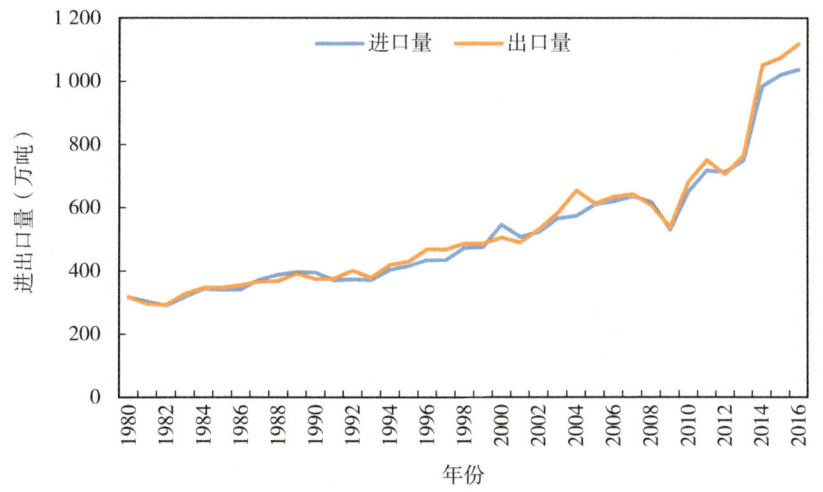

图7　1980—2016年世界天然橡胶进出口情况

数据来源:1980—2013年生产数据来自FAO网站,2014—2016年数据来自国际橡胶研究组织(IRSG)

(二) 天然橡胶贸易格局演变

1. 亚洲地区逐渐取代美洲、欧洲成为世界天然橡胶进口的主要区域

据FAO和IRSG统计,1980年欧洲进口天然橡胶123.88万吨,美洲进口天然橡胶79.50万吨,亚洲进口天然橡胶100.39万吨,分别占世界天然橡胶进口量的39.26%、

25.20%、31.82%。2016年亚洲进口天然橡胶789.7万吨，欧洲进口天然橡胶169.42万吨，美洲进口天然橡胶146.36万吨。自1986年开始，亚洲超过欧洲、美洲成为世界第一大天然橡胶进口区域，当年亚洲进口量占世界天然橡胶进口量的34.29%，2016年的亚洲进口量占到世界进口量的70.65%；1991年开始，美洲反超欧洲，成为世界第二大天然橡胶进口区域，近年来欧洲、美洲世界进口量相差不大，2016年美洲进口量占世界进口量的15.16%，欧洲进口量占世界进口量的14.01%。1980—2016年美洲、亚洲和欧洲天然橡胶进口量的世界占比情况如图8所示。

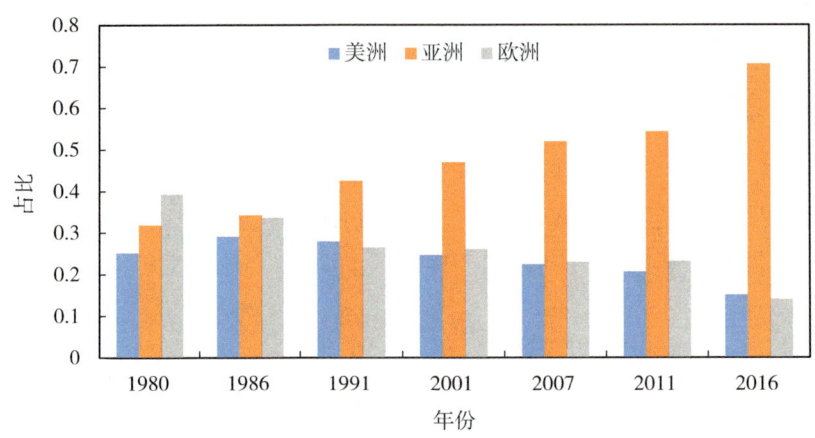

图8　1980—2016年美洲、亚洲、欧洲天然橡胶进口量世界占比情况

数据来源：1980—2013年生产数据来自FAO网站，2014—2016年数据来自国际橡胶研究组织（IRSG）

2. 中国超过日本、美国成为世界最大的天然橡胶进口国

据FAO统计，1980年美国是世界上最大的天然橡胶进口国，占当年世界进口量的17.58%，日本是世界第二大天然橡胶进口国，占当年世界进口的13.91%，中国是世界第三大天然橡胶进口国，占当年世界进口的10.92%。2000年中国超过日本，成为世界第二大天然橡胶进口国，占当年世界进口量的16.46%。2001年中国超过美国，成为世界第一大天然橡胶进口国，占当年世界进口量的19.32%。

目前，中国、美国、马来西亚、日本是天然橡胶的主要进口国，据IRSG统计，2016年四国的进口量分别为455.86万、94.61万、92.5万、65.97万吨，累计占世界进口总量的63.43%。其中，中国保持世界上最大的天然橡胶进口国地位，2016年进口量占世界进口量的40.79%，主要进口来源国家为泰国、马来西亚、印度尼西亚和越南（表5）；美国保持世界上第二大天然橡胶进口国地位，2016年进口量占世界进口总量的8.46%，主要进口来源国家为印度尼西亚、泰国、马来西亚和利比里亚；日本是世界上第四大天然橡胶进口国，2016年进口量占世界进口总量的5.90%，主要进口来源国为泰国、印度尼西亚、马来西亚和越南（表6）。

表5 2007—2016年中国天然橡胶进口来源情况

单位：万吨

年份	泰国	马来西亚	印度尼西亚	越南
2007	80.25	61.77	36.03	12.16
2008	89.7	58.32	37.71	6.65
2009	113.55	64.75	53.16	13.66
2010	117.71	72.24	46.75	16.27
2011	126.13	72.01	46.98	11.81
2012	156.49	76.47	52.61	24.3
2013	195.09	81.07	57.44	19.85
2014	212.99	80.64	47.79	27.14
2015	216.98	73.62	35.93	47.38
2016	228.4	67.02	35.26	70.92

数据来源：国际橡胶研究组织（IRSG），http://www.rubberstudy.com/documents/WebSiteData_June2017.pdf

表6 2007—2016年美国天然橡胶进口来源情况

单位：万吨

年份	印度尼西亚	泰国	马来西亚	利比里亚
2007	63.38	22.48	5.67	5.73
2008	62.38	22.38	6.47	5.59
2009	39.67	16.08	3.2	4.56
2010	57.46	19.33	4.38	4.66
2011	62	23.2	4.06	3.92
2012	58.04	20.05	3.75	4.72
2013	59.4	14.64	3.59	3.92
2014	60.39	15.16	4.18	4.27
2015	61.58	17	3.98	2.93
2016	59.17	18.73	2.79	3.26

数据来源：国际橡胶研究组织（IRSG），http://www.rubberstudy.com/documents/WebSiteData_June2017.pdf

3. 亚洲一直是天然橡胶出口的主要区域，在天然橡胶出口中占有绝对优势

据FAO统计，1980年亚洲出口天然橡胶299.90万吨，占世界天然橡胶出口量的94.55%，非洲出口天然橡胶13.77万吨，占世界天然橡胶出口量的4.34%，美洲出口天然橡胶1.96万吨，占世界天然橡胶出口量的0.62%。亚洲一直是世界天然橡胶出口的主要区域，2016年天然橡胶出口量为928.93万吨，占世界出口量的89.48%，美洲、非洲天然橡胶出口量均很少，欧洲部分国家通过进口转出口来从事天然橡胶贸易。

1980年，马来西亚是世界最大的天然橡胶出口国，当年出口量152.57万吨，占世界出口量的48.10%，其次是印度尼西亚，当年出口量为97.61万吨，占世界出口量的30.77%，再次是泰国，当年出口量为45.50万吨，占世界出口量的14.35%；1990年，泰国超过印度尼西亚，成为世界第二大天然橡胶出口国，当年其出口量占世界出口量的29.06%；1991年印度尼西亚又超过泰国、马来西亚成为世界第一大天然橡胶出口国，当年印度尼西亚的天然橡胶出口量占世界出口量的30.97%，泰国的出口量占世界出口量的30.84%，马来西亚的出口量占世界出口量的25.12%；1992年泰国超过马来西亚，成为世界第一大天然橡胶出口国，当年泰国的出口量占世界出口量的33.65%。

目前，泰国、印度尼西亚、越南、马来西亚是天然橡胶的主要出口国，2016年出口量分别为392.18万、264.42万、125.43万、102.33万吨，累计占全球出口总量的85.19%。泰国的天然橡胶主要出口到中国、日本、韩国、欧盟和美国等国家或地区（表7）；印度尼西亚的天然橡胶主要出口到中国、日本、韩国、新加坡、德国和美国（表8）；越南的天然橡胶主要出口到中国、韩国、欧盟和美国等国家或地区；马来西亚的天然橡胶主要出口到中国、韩国、法国、德国、巴西和美国。

表7　2007—2016年泰国天然橡胶出口流向情况

单位：万吨

年份	中国	日本	韩国	马来西亚	欧盟	美国
2007	82.74	40.56	15.18	41.3	26.22	21.31
2008	82.48	39.47	15.43	39.8	24.95	22
2009	116.03	25.7	13.31	48.03	24.56	15.61
2010	112.86	34.63	17.15	44.3	23.52	17.79
2011	132.79	32.68	18.5	32.21	22.45	20.73
2012	166.43	27.26	17.69	34.26	18.13	17.88
2013	212.24	28.57	15.77	43.01	19.17	14.67
2014	213.95	25	16.95	38.93	20.83	14.47
2015	220.57	23	14.62	39.21	22.59	15.6
2016	227.21	20.93	13.35	44.33	26.97	18.6

数据来源：国际橡胶研究组织（IRSG），http://www.rubberstudy.com/documents/WebSiteData_June2017.pdf

表8　2007—2016年泰国天然橡胶出口流向情况

单位：万吨

年份	中国	日本	韩国	新加坡	德国	美国
2007	35.02	39.78	9.31	16.13	8.08	64.43
2008	32.05	40.07	10.65	15.13	5.77	62.22
2009	52.71	27.29	9.95	10.02	3.66	39.43
2010	43.48	31.32	9.18	11.76	5.75	54.66
2011	42.32	38.77	12.01	10.43	6.08	61.59
2012	52.14	38.91	13.86	6.82	5.53	56.6
2013	58.23	42.59	14.73	2.18	7.21	60.98
2014	41.02	40.9	15.87	1.83	7.48	59.78
2015	34.15	42.51	18.29	3.15	7.04	62.47
2016	37.14	42.13	17.93	1.87	7.02	57.77

数据来源：国际橡胶研究组织（IRSG），http://www.rubberstudy.com/documents/WebSiteData_June2017.pdf

五、主要国家产业链竞争力

（一）主产国生产成本收益变化

1. 泰国

（1）生产及分配。泰国一户胶农一般可管理 30 莱胶园，1 莱约 70 棵橡胶树，1 棵橡胶树年产干胶 3.5~4 千克，一个胶农一年割胶 7.5~8.5 吨。胶农收集当天的胶水，可以根据价格做乳胶或者生胶片，也可以选择做杯胶。因目前原料价格偏低，泰国胶园主和胶农之间对每日割胶一般按 5：5 比例分配，胶园主和胶农各占一半。对于已收回成本的胶园来说，即使价格低，胶园主也有动力割胶，主要是胶农是否愿意割胶，如果原料价格持续走低，对每日所割胶水的分配比例可能会提高至 4：6，甚至更高。

（2）原料价格。工厂每日收购的杯胶价格，可作为工厂原料成本，以泰铢计价。泰国工厂每日均会根据市场状况对外公布杯胶收购价格，胶农或二盘商视价格情况将所存杯胶交到价高的工厂或就近工厂。杯胶价格并非杯胶净重的价格，而是杯胶排除水分后的干胶成分价格。工厂在收购杯胶过程中，一方面凭借经验通过肉眼观察杯胶含水情况，另外也可通过一套检测流程检测含水量，仅就杯胶中干胶成分付费。杯胶工厂收购杯胶之后，一般要晾晒、存放一段时间（通常 15~30 天），目的是为了让杯胶充分氧化，使生产出来的标胶各项指标更加均匀。但各家工厂因其对标胶指标的要求及生产工艺存在差异，对杯胶的晾晒时间并不一样。所以，从杯胶入厂至标胶出厂一般有 30 天左右的时间。

1991 年泰国天然橡胶生产者价格为 640.8 美元/吨，此后在波动中呈现增加的趋势，2011 年达到顶峰 4 066.7 美元/吨，然后开始下降，2016 年为 1 382.9 美元/吨（图 9）。

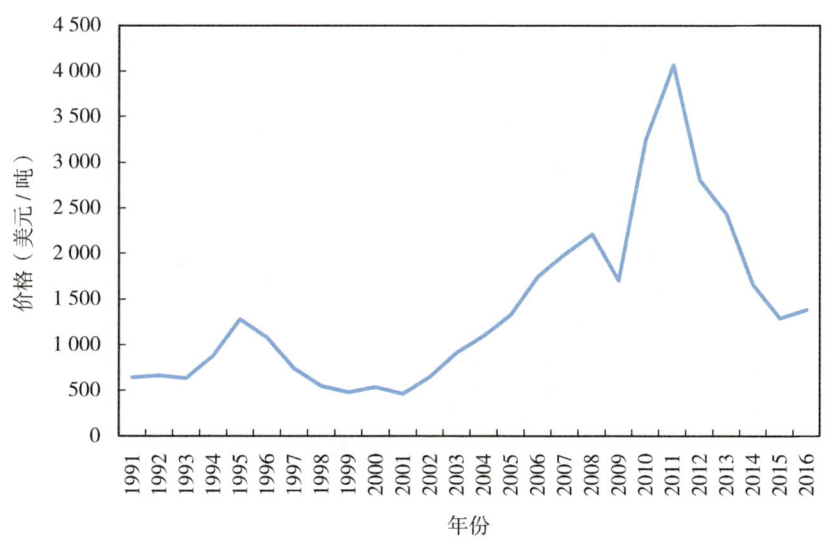

图 9　1991—2016 年泰国天然橡胶生产者价格

数据来源：FAO 网站

（3）其他费用。以年产 5 万吨的工厂（以原料收购半径看，年产 5 万吨，既能保证一定的规模效应，又能保证原料的稳定供应）为例，从原料杯胶的收购到标胶的售出会产生各种成本和费用，主要包括加工费用（估计约为 3 泰铢/千克）、管理费用（约为销售收入的 1.5%）、财务费用与销售费用（分别约为销售收入的 2%、3%）、固定资产折旧（折旧年限 10 年，年产 5 万吨的工厂一次性固定资产投入 3.5 亿泰铢，折算成每吨标胶折旧成本约为 0.7 泰铢/日）、CESS 税（2 泰铢/千克）、陆运与海运费用等（10~30 美元/吨）。利用历史数据可以计算得出，泰国天然橡胶种植、管理与割胶成本如表 9。

表 9 泰国天然橡胶种植、管理与割胶成本

树龄（年）	数量（棵/莱）	种植、管理与割胶成本（铢/莱）			累计成本（铢/莱）	产量（千克/莱）	树胶收入（69铢/千克）	收入累积（铢/莱）	当年净收入（铢/莱）	投资机会成本	净值收入 + 投资机会成本	
		种植	开割后抚管	割胶及制成胶片成本	合计							铢/莱	铢/莱
1	80	10 784			10 784	10 784					701		
2	80	4 124			4 124	14 908					268		
3	80	3 063			3 063	17 971					199		
4	80	2 103			2 103	20 073					137		
5	80	2 103			2 103	22 176					137		
6	80	2 103			2 103	24 279					137		
7	65		2 413	5 841	8 254	32 532	204	14 076	14 076	5 822	536	6 359	98
8	65		2 413	12 189	14 602	47 134	288	19 872	33 948	5 270	949	6 219	96
9	65		2 413	13 205	15 618	62 752	312	21 528	55 476	5 910	1 015	6 925	107
10	65		2 413	15 236	17 649	80 402	360	24 840	80 316	7 191	1 147	8 338	128
11	65		2 413	16 760	19 173	99 575	396	27 324	107 640	8 151	1 246	9 397	145
12	65		2 413	16 303	18 716	118 291	385	26 579	134 219	7 863	1 217	9 079	140
13	65		2 413	14 221	16 634	134 925	336	23 184	157 403	6 550	1 081	7 631	117
14	65		2 413	12 697	15 110	150 035	300	20 700	178 103	5 590	982	6 572	101
15	65		2 413	11 681	14 094	164 129	276	19 044	197 147	4 950	916	5 866	90
16	65		2 413	11 072	13 485	177 614	262	18 050	215 197	4 566	877	5 442	84
17	60		2 413	10 615	13 028	190 642	251	17 305	232 502	4 277	847	5 124	85
18	60		2 413	10 310	12 723	203 365	244	16 808	249 311	4 085	827	4 912	82
19	60		2 413	10 056	12 469	215 834	238	16 394	265 705	3 925	810	4 736	79
20	60		700	9 650	10 350	226 183	228	15 732	281 437	5 382	673	6 055	101
21	60		700	9 142	9 842	236 025	216	14 904	296 341	5 062	640	5 702	95
22	60		700	7 720	8 420	244 445	182	12 586	308 927	4 166	547	4 713	79

数据来源：泰国农业技术局

2.印度尼西亚

印度尼西亚的天然橡胶种植园分为三种类型：个体胶农（小农场主胶园）、国有种植

园和私有种植园。其中个体胶农种植居主要地位，种植面积占全国植胶面积的80%以上。与泰国相比，由于其较低的生产者价格而在天然橡胶的生产利润上略占优势。1991年印度尼西亚天然橡胶生产者价格为280.7美元/吨，也是在2011年达到最高，为958.6美元/吨，此后一直下降，2016年降到479.1美元/吨（图10）。2017年上半年印度尼西亚相对泰国在利润上略占优势，但是在下半年泰国相对印度尼西亚在利润上略占优势。

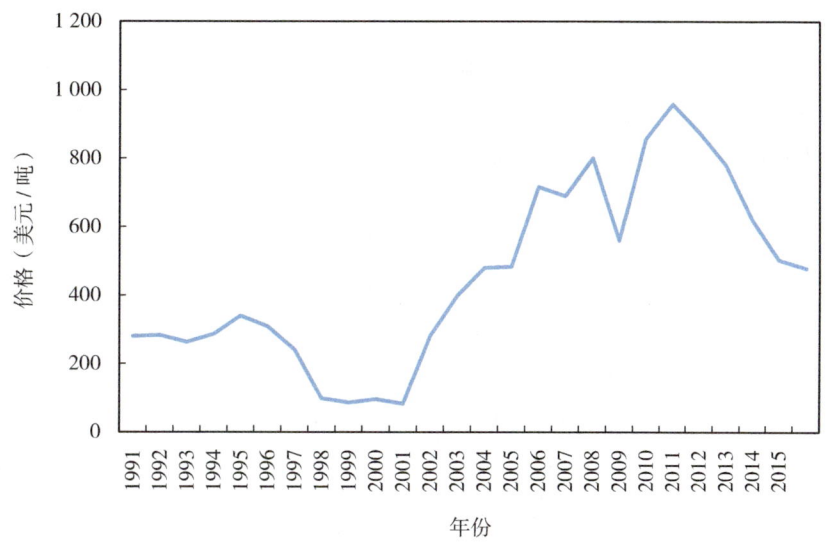

图10　1991—2016年印度尼西亚天然橡胶生产者价格
数据来源：FAO网站

（二）主要天然橡胶企业现状

1. 泰国泰华树胶有限公司

泰国泰华树胶（大众）有限公司创立于1985年，是泰国最大的天然橡胶生产商和加工商之一，"泰华树胶"也已成为世界驰名品牌。泰华树胶（大众）有限公司总部设在曼谷，拥有遍及全国的18家工厂，在中国上海设有销售办事处，员工总数达到4 000人。总公司现拥有10家橡胶产品分厂和7家与外商合资的橡胶加工厂（公司的每一家分厂均已取得ISO 9002认证），公司目前的产量为：标胶约17万吨，烟胶片约12.5万吨，浓缩乳胶5万吨（"三棵树"），各类橡胶总产量已达到34.5万吨。泰华公司的主要市场在中国、日本、美国和欧洲国家，拥有包括固特因、米其林和普林斯通等世界著名轮胎厂的广大客户。泰华树胶（大众）有限公司主要经营各种型号的泰国及越南生产天然橡胶：烟胶（RSS1、RSS3）、标胶（STR20、STR5L、SVR3L）、乳胶（LATEX60%"三棵树"牌）、方块胶（SKIMBLOCK）。2016年广东省广垦橡胶集团有限公司收购泰国泰华树胶（大众）有限公司59.73%股权。

2. 泰国诗董橡胶股份有限公司（简称"诗董公司"）

泰国诗董橡胶股份有限公司创建于1987年，注册资金3 865万美元，是一家在泰国及新加坡证券交易所上市的公司,公司拥有总员工超过 1.1 万名。诗董公司是泰国天然橡胶产业的主导企业,是全球最大的生产及销售天然橡胶公司之一。2014 年,诗董公司在泰国 17 个府拥有天然橡胶总种植面积达 6 160.32 公顷,并且拥有 83 个原材料采购中心,天然橡胶年生产能力已达到 140 万吨。

3. 印度尼西亚 PT. Kirana Megatara

PT. Kirana Megatara 是印度尼西亚最大的天然橡胶企业,旗下现拥有 14 个橡胶加工厂、5 个橡胶种植企业,天然橡胶年产能为 72 万吨。公司的产品是标准胶,分为 10 号、20 号标准胶,主要用于生产轮胎,供应欧美市场,客户包括米其林、普利司通、优科豪马、固特异等,2017 年中国海垦控股集团收购了该公司 45% 的股权。

4. 马来西亚知知橡胶集团有限公司

马来西亚知知橡胶集团有限公司创立于 1988 年,集团旗下拥有 8 间天然橡胶工厂和 3 间乳胶厂。马来西亚知知橡胶集团有限公司年产天然橡胶 35 万吨和乳胶手套 34.8 亿只,现有员工 2 500~3 000 人,是目前马来西亚和泰国主要的天然橡胶加工和乳胶手套生产企业。

5. 马来西亚顺行集团公司

顺行集团公司是马来西亚大型橡胶生产企业,旗下有顺行橡胶有限公司和 BigWheel 等多家公司,主要业务包括技术橡胶、轮胎橡胶等产品的产销和研发,主要销售市场为澳大利亚、新加坡、印度尼西亚和中国。

六、主要国家产业支持政策

印度尼西亚、马来西亚和泰国计划从 2016 年 3 月 1 日到 8 月 31 日把三个国家天然橡胶的出口量总共减少 61.5 万吨,其中泰国减少 32.4 万吨,印度尼西亚减少 23.874 万吨,马来西亚减少 5.226 万吨;同时三国政府还有意增加国内天然橡胶的消费量。

(一)泰国

2015 年 2 月,泰国政府动用 60 亿泰铢缓冲资金,在市场上开始第二轮的橡胶采购,旨在支撑胶价,约有 40 亿泰铢用于购买 RSS3 等级橡胶,另外 20 亿泰铢用于支撑乳胶价格。2015 年 11 月,政府内阁批准投入 120 亿泰铢补贴橡胶生产成本,橡胶园主可获得每莱 900 铢的补贴,割胶工人则可获得每莱 600 铢补贴;12 月,政府内阁批准再增加 50 亿铢预算,给予橡胶种植园小型农户信贷支持。此前内阁已通过农业和农业合作社银行批给该项目 100 亿铢,有 82 000 位农民申请并获得项目贷款,贷款总额达 73.94 亿铢。泰国农合部出台政策,持续减少橡胶种植面积,到 2016 年已经是连续第 7 年每年减少 40 万莱天然橡胶种植。泰国政府于 2016 年 1 月 14 日批准了缓解胶农压力的原则框架,政府拨款 120 亿泰铢,拟购买 20 万吨橡胶,并于 1 月 25 日开始实施 10 万吨的橡胶购买计划,每千克购买价 45 泰铢;1 月 24 日批准 150 亿泰铢 (4.19 亿美元) 软贷款用于橡胶生产和加工;4 月 27 日批准划拨 54 亿 7 900 万铢的预算,作为促进政府机构更多使用橡胶项目的预备资金；从 2 月底至 3 月 18 日给予 80 万户胶农 71 亿铢补贴；预拨 90 亿泰铢用于购买乳胶混合沥青，2016 年目标使用 1.5 万吨；研究决定启动 31 万吨橡胶库存清仓工作，在 8 月中旬完成库存数量和品质核查等前期分销工作。

（二）印度尼西亚

2015 年 4 月，印度尼西亚政府同意通过增加基础设施项目方面的橡胶使用量，2015 年国内天然橡胶消费量提高 10 万吨左右。

（三）越南

2015 年 3 月，越南加入包括泰国、马来西亚和印度尼西亚在内的区域现货天然橡胶市场。同时参与建立"东盟橡胶理事会"计划，通过合作稳定橡胶市场和提高胶农的生活条件。

（四）印度

为保护国内胶农利益，自 2015 年 6 月 1 日起，印度将天然橡胶进口关税由 20% 上调至 25%。印度政府启动对进口自欧盟、韩国、泰国的丁苯橡胶进行反倾销调查，涉及的牌号为 1 500 和 1 700 系列的丁苯橡胶。

（五）马来西亚

马来西亚于 2015 年 1 月推出橡胶生产补贴，并于 9 月提高了津贴标准，当标准胶 20 号跌破每千克 5.1 林吉特时，橡胶小园主可以申请橡胶生产补贴。另外，政府自 2016 年 1 月起花费高达 2 亿林吉特用于补贴和奖励橡胶小户种植，如果橡胶价格低于 5.5 林吉特/千克，政府对农民提供现金补贴。

（六）菲律宾

2015 年 9 月初，菲律宾政府发起橡胶园支持计划，拟花费 230 万菲律宾毕卡索，向菲律宾东达沃省附近地区的胶农免费发放橡胶树苗用以改善生计。

七、世界供需及产业发展形势展望

（一）生产

天然橡胶具有农产品属性，长期主要受生长周期及割胶效率影响，短期受天气状况及政策变动影响。目前，缅甸、柬埔寨、老挝等国家大规模种植的天然橡胶陆续进入开割期，开割面积逐年增长，柬埔寨天然橡胶面积约 40 万公顷，开割率约 40%，缅甸天然橡胶面积 65 万公顷，开割率不足 40%，因此近两年世界天然橡胶产能仍处于产量释放阶段，未来一段时期产量将继续增长。

（二）消费

天然橡胶的需求间接反映经济体的消费水平和工业化发展水平。目前，天然橡胶消费主要集中于东南亚新兴工业区，且中国也逐渐成为全球最大的天然橡胶消费国。从历史上来看，经济增长是影响天然橡胶消费的核心因素；合成橡胶的替代性和橡胶工业日益成熟亦将影响天然橡胶的消费量。未来一段时间世界及重点国家天然橡胶的消费量仍将持续保持增长状态。

（三）贸易

全球的天然橡胶生产集中在泰国、印度尼西亚、马来西亚、印度和越南，轮胎生产集中在中国、北美、西欧、日本和韩国，天然橡胶的物流贸易基本是从东南亚运往中国、美国和西欧，同时中国的轮胎又主要出口到美国、墨西哥、英国、澳大利亚、阿联酋、沙特阿拉伯、加拿大。汽车消费和轮胎消费主要集中在经济发达和人口集中的区域，如美国、德国、英国、加拿大。全球天然橡胶产量稳步增长，需求则从发达国家向新兴市场转移，未来贸易将会越来越活跃。

（四）价格

2017年10月，泰国RSS3平均价格为1 681美元/吨，环比下跌225美元/吨，最高为1 755美元/吨，最低为1 610美元/吨；印尼SIR 20平均价格为1 441美元/吨，环比下跌154美元/吨，最高为1 485美元/吨，最低为1 425美元/吨；新加坡期货市场到期RSS3现货月平均价格为1 603美元/吨，环比下跌252美元/吨，最高为1 655美元/吨，最低为1 565美元/吨。目前，天然橡胶市场价格已经跌至13个月来新低，明显低于生产成本，继续大幅下跌空间有限。短期内天然橡胶价格仍将在低价位徘徊（1 400~1 800美元/吨），中长期天然橡胶价格有望缓慢回升上涨（2 000~2 200美元/吨）。

参考文献

王锦泰 . 2016. 当前天然橡胶市场主要矛盾分析［J］. 现代经济信息,(1): 347-348.
卢琨 . 2016. "一带一路"沿线国家天然橡胶补贴政策比较研究［J］. 热带农业工程,(4): 49-52.
许灿光 . 2016. 2016年中国天然橡胶市场分析与判断［J］. 热带农业科学,(12): 92-97.
李光辉 . 2016. 2015年天然橡胶产业发展报告及形势预测［J］. 世界热带农业信息,(8): 1-8.
何勇 . 2016. 中国与东盟国家天然橡胶产业竞争与合作分析［J］.(5): 130-134.
张成光 . 2016. 越南天然橡胶出口贸易的竞争力研究［D］. 武汉：华中农业大学 .
张金玉 . 2016. 泰国天然橡胶产业国际竞争力研究［D］. 杭州：浙江大学 .

（海外农业研究中心特邀研究员　刘海清）

海外农产品市场研究（2017）

第十五部分

香 蕉

海外农产品市场研究（2017）

香蕉是全球鲜果销量和贸易量最大的水果，也是世界热带水果产业的支柱。香蕉产业诞生了美国的都乐（Dole）、金吉达（Chiquita）和德尔蒙公司（DelMonte）等3家跨国公司，经营世界60%以上的香蕉出口总量。香蕉的种植及贸易均高度集中，是世界上少量具有规模效益生产能力的农作物之一。1980年至今，世界香蕉生产格局由美洲转移至亚洲。主要集中在东南亚，产量占世界总产量的56%，其次是拉美国家。同期，世界香蕉贸易格局扩大，传统市场需求依旧强劲，新兴市场不断涌现。香蕉出口贸易对象国主要集中在欧美、日本和中国。贸易伙伴相对固定，拉美产香蕉多供给欧美市场，东南亚产香蕉多供给亚洲市场。2016年，世界香蕉总贸易额134亿美元，贸易量1983万吨，平均出口价0.52美元/千克。世界香蕉的供给与消费格局总体稳定，但部分非香蕉生产国也将香蕉进口后再包装出口，谋取经济效益。印度及菲律宾的香蕉种植成本明显低于我国。经预测，2020年世界、印度、菲律宾香蕉产量将分别达到1.29亿吨、0.33亿吨和982万吨。产业扩展特征明显，世界香蕉消费新兴市场发展迅速，将出现多元化格局。中国、中东、中亚等新兴经济体崛起，世界香蕉供销市场将转移，欧洲与拉美及美国的香蕉贸易争端还将继续。市场需求推动香蕉向绿色化发展，跨国公司纷纷转型产业链中的服务业，各国香蕉生产成本有可能继续增长。

一、世界供需现状

（一）香蕉供给现状

1. 生产相对集中，产量前四国总产量占世界总产量的50%

世界香蕉广泛分布在南北纬20°之间的热带亚热带地区，主要集中在拉丁美洲的厄瓜多尔、哥斯达黎加、巴西、哥伦比亚，亚洲的印度、中国、印度尼西亚、菲律宾、泰国，非洲的乌干达、卢旺达、加纳、科特迪瓦，以及位于加勒比海和南太平洋地区的岛屿型国家。2014年世界生产香蕉的国家和地区约130个，收获面积540.71万公顷，总产量1.14亿吨。全球香蕉的分布大致可以分为拉美香蕉产区、亚洲香蕉产区和非太（非洲和太平洋地区，包括澳大利亚）香蕉产区，依次占全球香蕉总产量16.6%、55.6%、27.7%。从全球各国香蕉产量情况来看，香蕉生产国相对集中。2014年排名前10位的国家依次为印度、中国、菲律宾、巴西、印度尼西亚、厄瓜多尔、危地马拉、安哥拉、坦桑尼亚和哥斯达黎加。其生产前4位的国家有印度（2 972.46万吨）、中国（1 179.19万吨）、菲律宾（888.49万吨）、巴西（695.37万吨），这4个国家的总产量5 735.51万吨，占世界香蕉总产量的半壁江山，全球生产供给率高达50%。

2. 贸易供给主要集中在大跨国公司手中，约占贸易总量的80%

除生产国相对集中外，世界香蕉贸易供给也主要集中在几家大公司的手中。目前国际上以香蕉为主业的跨国公司有美国的金吉达（Chiquita）、都乐（Dole Food）和德尔蒙公司（Del Monte），爱尔兰的Fyffes公司，厄瓜多尔的Noboa公司，日本的Freshsystem株式会社、驻友商社、佳农等。这些跨国公司多数早已实现纵向一体化和规模经济。全球约

80%以上的香蕉贸易垄断在这些大公司手中，他们在南美洲和菲律宾等地拥有大规模香蕉生产基地，且种植园均以现代化、精细化而著名。从种植、采收、集货、清洗、去劣、包装都有一套完整的管理体系，并建立了全球香蕉现代物流销售网络，尽量降低香蕉在运输过程中的成本及消耗。

（二）香蕉消费市场现状

在部分热带地区，香蕉是一种主粮。年人均消费量超过100千克，例如非洲的布隆迪人均香蕉消费量达到200千克，卢旺达人均消费量达159.07千克。在世界贸易中香蕉主要以鲜干香蕉形式进行，很少有香蕉加工制品。2014年世界香蕉鲜果消费量约占当年香蕉总产量的90%，即1.03亿吨。香蕉是人均消费较多的水果之一，以2014年为例，世界年人均消费量为14.06千克，年人均香蕉消费量超过10千克的国家约70个，超过20千克的约30个，超过30千克的约15个，超过40千克的约10个。

1. 出口贸易具有很强的区域性，大型跨国公司多转移至产业服务业

全球最大的香蕉消费市场在欧洲，年均进口香蕉400万吨，零售总价值50亿美元，利润约为10亿美元（夏勇开，过建春，2010）。但其70%以上的香蕉来源于拉美国家有美资背景的金吉达和都乐公司。同时，欧洲的市场变化也直接牵制着拉美国家香蕉产业及经济的稳定。老牌香蕉消费大国欧洲和美国的香蕉消费市场长期被拉美及美国的三家金吉达、都乐和德尔蒙公司所垄断，美国本土消费的香蕉大部分来自拉美国家。但欧盟"共同市场"政策的制定使得拉美香蕉贸易量受到制约，增长了非洲及拉丁美洲的进口量。日本是全球最为成熟的香蕉市场之一，韩国是国际香蕉新兴市场，日韩市场上的香蕉80%以上由菲律宾供应。中亚、中东包括中国等新兴市场则由东南亚输入，该区域香蕉的消费主要由中国商人供货，从东北出口到俄罗斯，或者从乌鲁木齐出口到中亚；此外中东也是全球香蕉消费的新兴市场。而且很多东南亚国家如印度虽然是香蕉生产大国，但自身也是香蕉消费大国，生产的香蕉主要供给国内市场消费。近年来，大型跨国香蕉贸易公司在全球香蕉贸易市场中所占份额持续下降，其影响力也显著下降，超市等大型零售公司所占份额增长。大型跨国香蕉贸易公司把更多的资本投入在采后环节，为香蕉生产者提供运输、保鲜等技术服务。

2. 主要香蕉公司可覆盖全产业链，营销模式多为订单农业

世界上最大的4家农产品跨国公司都以香蕉为主营业务。这些公司的销售策略及发展情况各异，但相同的是他们的销售方式与国内不同，大部分香蕉都会选择定向销售，较好地避免产销盲目性及风险。他们进行香蕉的生产、运销、市场、贸易以及整个产业链中所需的相关设备的维护和研究。Dole是菲律宾最大的香蕉种植出口企业，拥有多样化的货源基地，包括自主经营的农场、合资农场、果农合作社和个体果农。Dole有自己的出口港口。DelMonte的产量和出口量位居第二。其出口香蕉大部分由Tagum农业开发公司供应，Tagum有亚洲最大规模的香蕉种植基地。Chiquita主要通过果农协议、合资种植等形式收购香蕉。Chiquita注重产业可持续发展。它旗下生产基地在菲律宾第一个获得热带雨林同盟证书（郑淑娟，2015）。

品牌表现最优的都乐公司在亚洲将菲律宾产的香蕉销往中国、东南亚、中东、日本、韩国及俄罗斯等国，并成为当地市场最畅销的品牌。都乐针对各个市场均执行统一的质量安全标准体系。其中在中国销售的香蕉主要产自中国海南、菲律宾、南美等地。在中国从菲律宾进口香蕉中，都乐公司所占份额为10%~15%。都乐公司不仅经营香蕉鲜果，同时也针对香蕉精深加工品。不过其产品大多是在高端商超销售，因此其高端品牌的定位使其香蕉单品的销量并不太突出。近来几年，都乐占中国的进口量呈逐年下滑态势，被中国背景的佳农集团进口蕉超越。日本Freshsystem经营16个冷藏催熟配送中心，连锁配送，直接连接终端销售市场，配送中心全程机械化、自动化。

二、世界生产布局及演变

香蕉喜高温多湿的环境，故南北纬20℃之间的无风害、土壤肥沃、雨水充沛的国家是最主要的生产基地。目前，全球大约有136个国家和地区种植香蕉，其中绝大多数为发展中国家，主要分布在亚洲、美洲、非洲（李玉萍 等，2008）。

（一）生产相对集中

据联合国粮食及农业组织（FAO）统计，2014年世界香蕉总生产量为11 413.02万吨，同比增长3.1%。其中56%的香蕉产量由亚洲贡献。其生产前4的国家有印度2 972.46万吨、中国1 179.19万吨、菲律宾888.49万吨、巴西695.37万吨。这4个国家的总产量5 735.51万吨，占世界香蕉总产量的半壁江山，全球生产供给率高达50%（图1）。

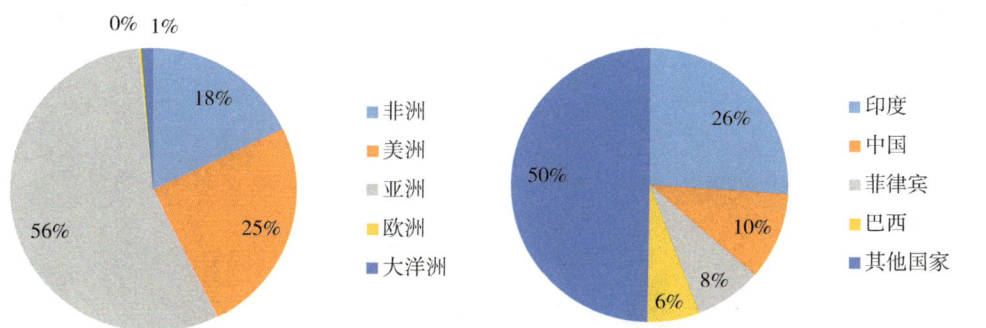

图1 2014年世界各大洲及主产国香蕉生产量分布
数据来源：FAO数据

世界香蕉生产增长较为平稳，大体经历两个产量增长高峰。一是20世纪90年代后，世界香蕉总生产量增长率加快；二是2004年后，世界香蕉总产量增长率出现第二次提速，而且较第一次增长更为大幅。世界香蕉产量由1980年的3704万吨增长到2014年的1.14亿吨（图2）。

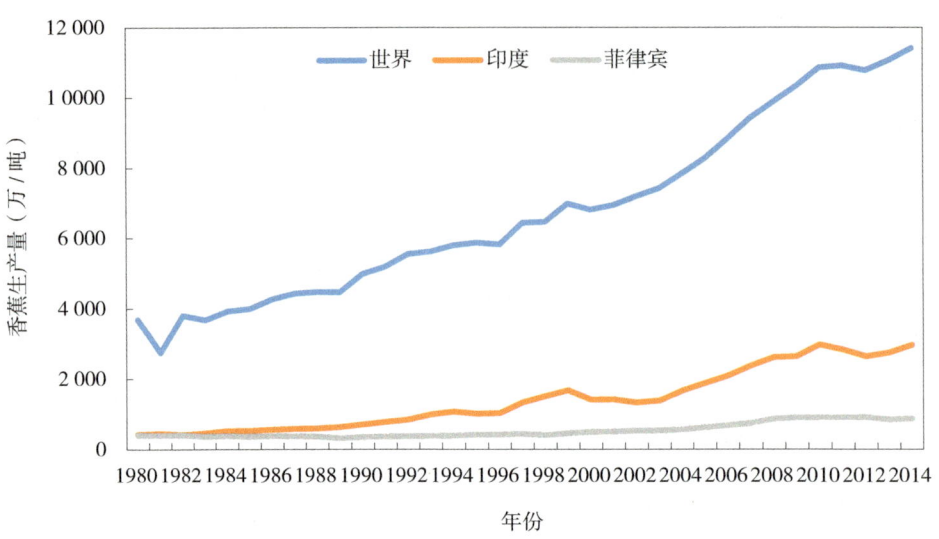

图 2　1980—2014 年世界及主要国家香蕉生产量变化
数据来源：FAO 数据

从图 2 可以看出，第一，世界香蕉总产量与印度香蕉总产量差距逐步增大，说明有其他国家的香蕉产量提升了世界香蕉产量，世界香蕉产量增长率高于印度；第二，菲律宾香蕉产量增长较为平稳也较缓。在 2008 年出现一次跨幅增长，后基本保持平稳增长，产量增长速率明显低于印度。

（二）生产布局由美洲转移至亚洲

从世界香蕉总产量变化趋势可以看出，世界香蕉总产量一直呈上升趋势。现选取 1980—2010 年每 10 年一个节点，观察世界香蕉的布局情况（图 3）。

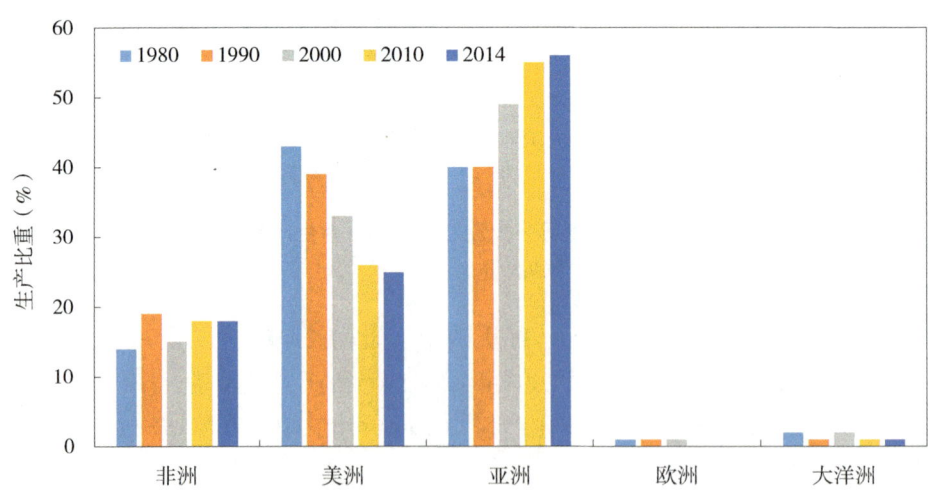

图 3　1980—2014 年每 10 年各洲占世界香蕉生产比重布局情况
数据来源：FAO 数据

从图 3 可以看出，30 多年来，世界香蕉产量布局变动颇大。1980 年美洲产量占世界产量比重为 43%，亚洲占比 40%，非洲占比 14%，欧洲占比 1%，大洋洲占比 2%。至 1990 年美洲产量占比继续减少，只有 39%，亚洲产量占比稳定在 40%，非洲产量占比替代美洲减少产量，占比增长到 19%。至 2000 年美洲产量占比继续缩减到 33%，非洲产量占比也有所缩减至 15%，亚洲产量占比增长至 49%。至 2010 年美洲产量占比进一步缩减至 26%，非洲产量占比略有增长至 18%，亚洲产量占比进一步扩大，超过世界总香蕉生产量的一半，达 55%。

生产格局变化的原因错综复杂，大体可以总结为，第一，美洲传统香蕉生产国因受病虫害的影响，香蕉产量大幅下降，很多香蕉种植企业不得不转移种植区。第二，美洲的能源资源不断被发现，能源经济开始支撑美洲相关国经济发展。第三，各大型跨国公司认识到亚洲市场的广阔性、交通便利性，种植园转移至亚洲。

（三）香蕉生产布局变化，印度取代巴西成为最大生产国

从重点国家来看，巴西、印度及菲律宾一直都是世界香蕉的主要生产国，这 3 个国家的总生产量 30 年来在世界香蕉总生产量占比经历缩小再扩大的一个过程，所占比值最大时，达到世界香蕉总生产量的 48%。1980 年巴西与印度香蕉产量基本持平，各占世界总产的 17%。1990 年巴西香蕉产量在世界香蕉总产量占比逐渐减少，占世界总产的 11%，下降迅速，印度超越巴西成为世界香蕉最大供给国。2000 年印度香蕉占世界总产量比继续扩大达 20%，巴西占比进一步缩小至 9%，菲律宾占比稳定。2010 年印度香蕉在世界香蕉产量的所占比仍在增长达 26%，保持世界第一生产大国地位。菲律宾的香蕉产量也超越了巴西达 8%，成为世界第二大香蕉生产国，巴西进一步缩小至世界总产量的 7%（图 4）。

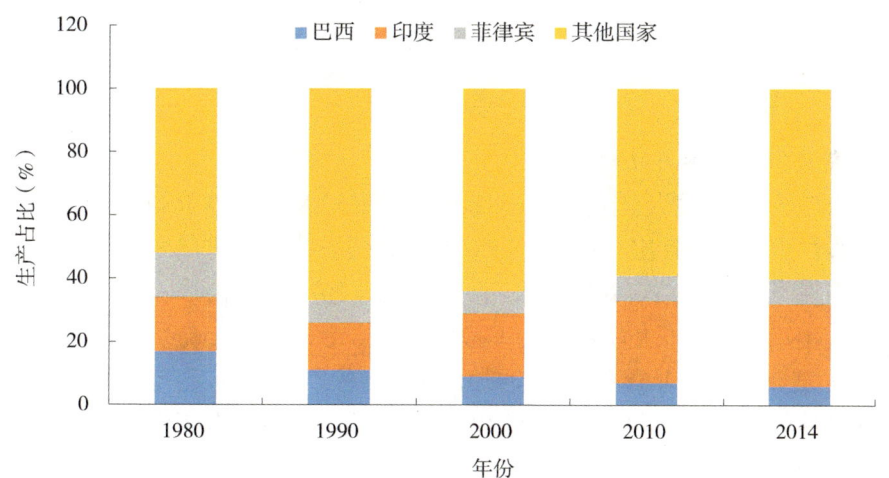

图 4　1980—2014 年世界及主产国香蕉生产布局情况

数据来源：FAO 数据

三、国际价格走势变化及动因

(一) 各国市场价格走势变化及动因

由于各国的香蕉质量、主栽品种不同,国内市场价格亦不同,故在此选取出口价格,用于衡量香蕉在世界贸易中愿被世界市场接受的价格。

1. 市场价格不断攀升,近几年波动剧烈

世界香蕉的价格随世界经济的增长而不断上涨,出口价格从 1980 年的 0.19 美元/千克上涨到 2016 年的 0.52 美元/千克。香蕉价格上涨趋势与世界香蕉进出口贸易趋势相似,但近几年波动略显剧烈(图 5)。

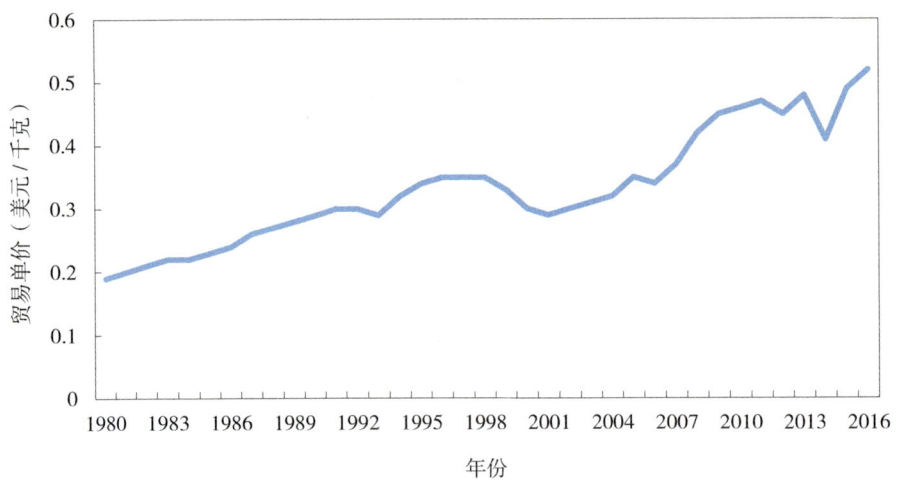

图 5 1980—2016 年世界香蕉出口贸易单价情况
数据来源:FAO,UNcomtrade

2. 各国香蕉市场价格差异较大

在世界的香蕉进出口贸易中,各个国家的进口单价及出口单价均有所不同。很多非香蕉生产国也有香蕉出口,且出口单价很高。他们大多是将香蕉进口后进行分拣、包装贴牌再出口,从中谋取经济效益。就出口来看,世界出口价格最高的是韩国,可以达到 49.26 美元/千克;出口价格最低的是尼日尔,为 0.13 美元/千克。就进口来看,进口国家中价格高的多是亚洲国家。菲律宾和印度的出口价格分别是 0.44 美元/千克和 0.53 美元/千克,在世界香蕉贸易价格中偏低。进口贸易中,数据库中没有印度的进口贸易,而菲律宾的进口价格较高(表 1)。

表 1　2016 年世界差距最大国家及重点国家进出口价格

单位：美元/千克

出口国	出口价格	进口国	进口价格
韩国	49.26	柬埔寨	20.18
智利	14.4	斐济	9.12
圣多美和普林西比	12.94	加纳	9.06
萨摩亚	6.49	以色列	7.26
印度	0.53	厄瓜多尔	5.61
菲律宾	0.44	菲律宾	2.13
马达加斯加	0.23	尼日尔	0.09
巴拉圭	0.21	萨尔瓦多	0.08
津巴布韦	0.21	马里	0.07
尼日尔	0.13	毛里塔尼亚	0.03

数据来源：UN comtrade

（二）重点国家价格走势变化及动因

印度和菲律宾是此报告的重点研究国家，现就这两个国家对世界出口价格进行比较分析，可以很清晰地发现二者的不同。

1. 菲律宾出口量大价格平稳增长，印度多供给国内市场价格波动较大

菲律宾和印度两国的出口价格存在很大差异。菲律宾的价格总体上涨，2016 年达到 440 美元/吨。印度的出口量虽然不多，但单价远远高于菲律宾，而且价格波动十分剧烈。近年来的价格一直持续较快增长。但实际上印度生产的香蕉多供给国内市场，只有少部分对外出口。2016 年价格达到 530 美元/吨（图 6）。

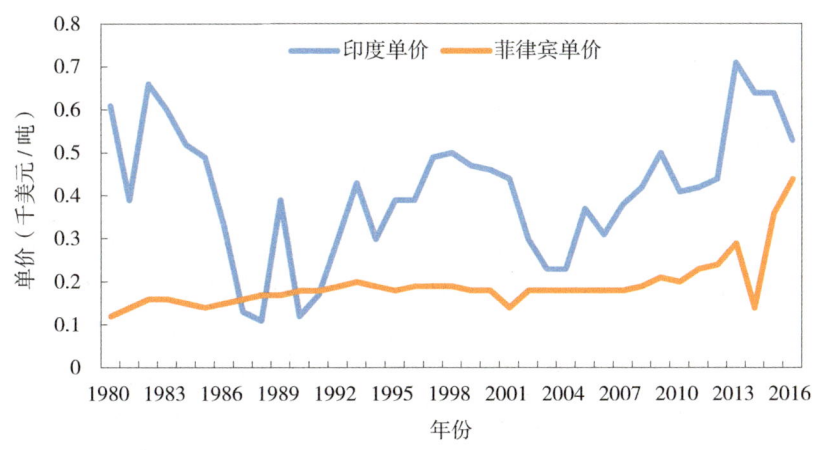

图 6　1980—2016 年重点国家香蕉出口贸易单价情况

数据来源：FAO

2. 菲律宾与印度的香蕉贸易对象各异

菲律宾和印度在贸易对象及出口价格方面存在很大差异。菲律宾的主要出口对象为日本、英国、加拿大、阿根廷、伊朗、韩国等国家，其中出口日本最多，出口量达 44.45 万吨，出口单价为 0.52 美元 / 千克。印度的主要出口对象为阿拉伯联合酋长国、瑞典、比利时、德国、日本、美国、斯洛文尼亚等国家，其中出口最多的是阿拉伯联合酋长国，出口量达 2.64 万吨，出口单价为 0.71 美元 / 千克。从香蕉出口价格来看，菲律宾的出口均价为 0.44 美元 / 千克，低于印度的 0.53 美元 / 千克（表 2）。

表 2　主要国家香蕉出口最高及最低价格

单位：美元 / 千克

菲律宾出口对象国（地区）	菲律宾出口价格	印度出口对象国（地区）	印度出口价格
越南	106.71	瑞典	16.86
英国	4.64	比利时	7.37
加拿大	2.56	德国	4.72
阿根廷	2.19	日本	3.01
世界	0.44	美国	2.85
伊朗	0.26	世界	0.53
韩国	0.25	斯洛文尼亚	0.4
塞浦路斯	0.23	孟加拉国	0.17
埃及	0.11	尼泊尔	0.14
日本	0.52	阿拉伯联合酋长国	0.71
出口贸易量最大国		出口贸易量最大国	

数据来源：UN comtrade

四、国际贸易格局及演变

（一）香蕉贸易格局演变

1. 贸易量大体稳定增长

香蕉在世界贸易中占据重要的地位，它是世界贸易量最大的水果。据统计，2016 年，全球 136 个国家和地区种植香蕉，122 个国家参与香蕉贸易的出口，147 个国家参与香蕉的进口。世界香蕉总进口贸易量 1 982.77 万吨，出口贸易量 1 728.28 万吨（图 7）。

从图 7 可以看出，1980—2016 年世界香蕉贸易发展较为迅速，进口量从 1980 年的 667.97 万吨增长到 2016 年的 1 982.77 万吨；出口量由 1980 年的 677.18 万吨增加到 2016 年的 1 728.28 万吨。1980—1982 年，世界香蕉贸易发展较为平稳，缓慢上升。1983—1997 年，迎来世界香蕉贸易第一个增长高峰，在此期间世界香蕉贸易的增长率最快。1998—2013 年，世界香蕉贸易增长率有所回落，但仍保持快速增长趋势。2014 年世界

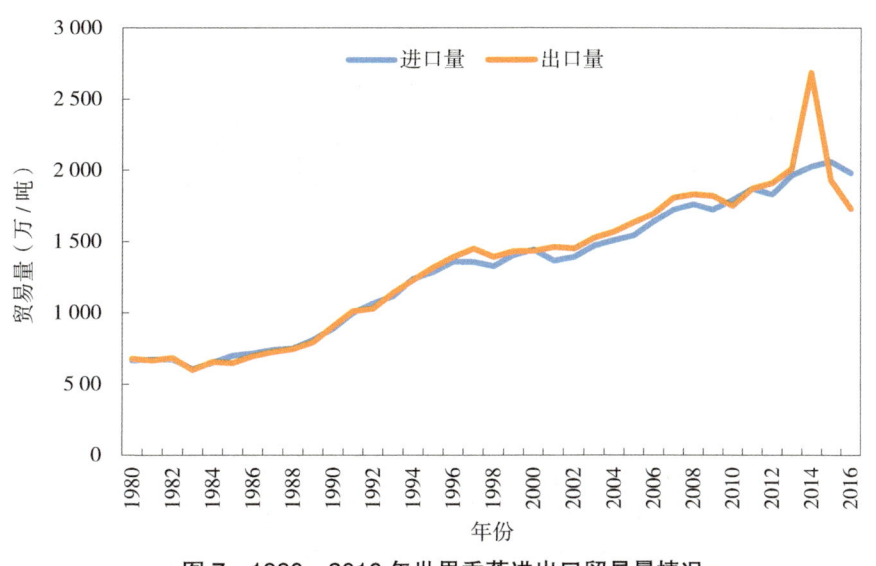

图7 1980—2016年世界香蕉进出口贸易量情况

数据来源：FAO，UNcomtrade

香蕉出口贸易量出现极值2 684.21万吨，但当年进口贸易量表现平稳为2 029.29万吨。2015年回落至1 931.51万吨。极值主要表现在菲律宾，2014年菲律宾香蕉出口量792.77万吨，2013年为326.80万吨，2015年下降至122.31万吨。

2. 进口贸易格局稳定，新兴市场涌现

从世界香蕉贸易变化趋势可以看出，世界香蕉进口贸易量一直呈上升趋势。1980年、1990年、2000年和2010年世界香蕉的进口贸易量分别是668万、888万、1 444万、1 793万。由此可以发现，40年来世界香蕉进口贸易格局稳定，各主要进口国进口占比的排序略微变化，但最主要进口国家仍然高度集中在美国、日本和欧洲国家。

从主要进口国家来看，1980年，世界香蕉进口贸易前五国是美国、日本及欧洲国家，进口贸易区域高度集中，其他区域的进口贸易量仅为32%。1990年，进口贸易区域仍高度集中在美国、日本及欧洲国家，德国的进口额超过日本。2000年，虽然进口贸易区域仍比较集中在美国、日本及欧洲国家，但其他国家的进口量也增长迅速，比利时的进口贸易量凸显出来。2010年，俄罗斯作为香蕉进口贸易的新兴市场进入世界前五。虽然这5个国家在世界香蕉贸易量中仍占50%，但可以看出其他国家的香蕉进口贸易量增长迅速，世界的香蕉贸易出现多元化，众多香蕉贸易的新兴市场涌现（图8）。

3. 出口贸易格局相对稳定

从世界香蕉贸易变化趋势可以看出，虽近年波动较大，但多年来世界香蕉出口贸易量一直呈上升趋势。1980年世界香蕉出口贸易量为677万吨，1990年为903万吨，2000年为1 434万吨，2010年为1749万吨。40年来，世界香蕉出口贸易格局变动不是很大，出口国家仍相对集中在拉美国家及菲律宾。

由于香蕉属于热带作物，对种植环境有一定限制，所以香蕉的种植区域相对集中在拉美、东南亚及非洲。但通过图9可以发现，世界香蕉的出口贸易只集中在拉美及菲律宾。

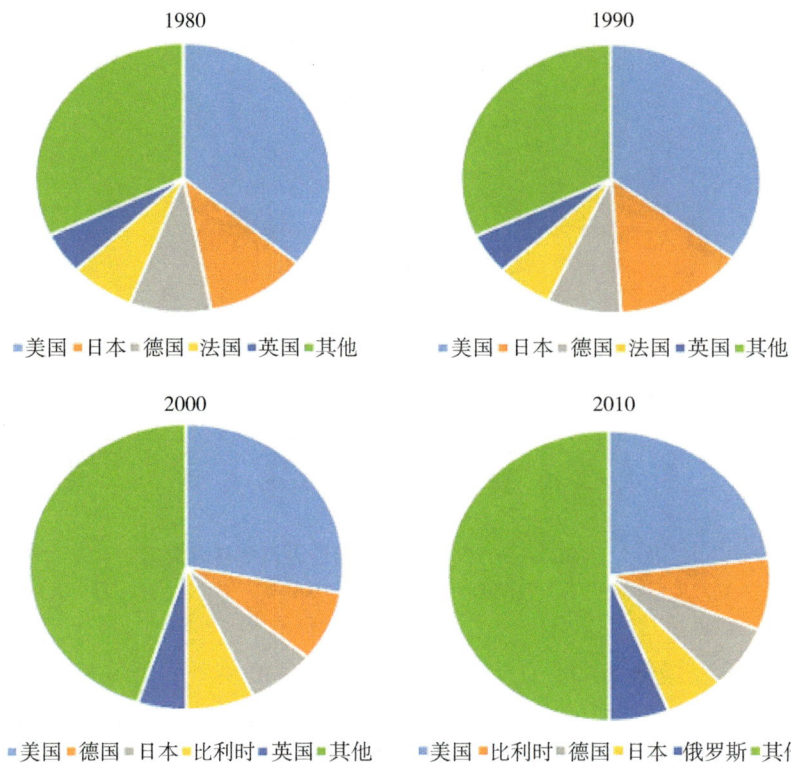

图 8　1980—2010 年前五进口国在世界香蕉进口贸易中占比

数据来源：FAO

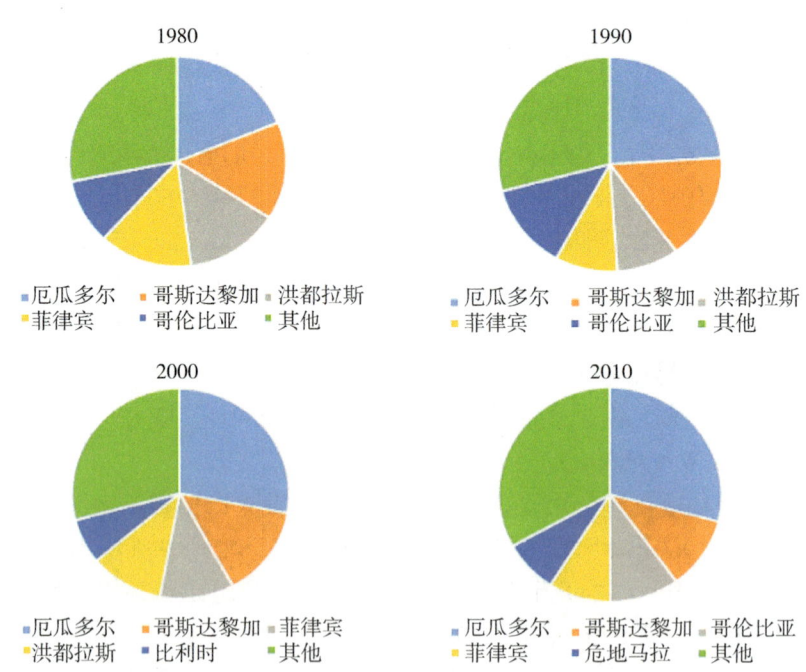

图 9　1980—2010 年前五出口国在世界香蕉出口贸易中占比

数据来源：FAO

1980年，世界前五的出口国占世界总出口贸易量的72%，其中拉美国家占58%。印度的香蕉产量虽居世界第一位，但其多用于满足国内市场，出口并不多。1990年，厄瓜多尔的香蕉出口贸易在世界出口贸易的所占比继续增长，但整体较1980年的世界香蕉出口贸易格局变化不大。2000年，厄瓜多尔、洪都拉斯的香蕉出口贸易在世界出口贸易的所占比继续增长，比利时跃居世界香蕉出口的前五名。2010年主要出口国仍集中在拉美国家及菲律宾，印度出口量虽有所增长，但出口贸易量在世界总贸易量中所占比增长并不明显，仍主要供给国内。

（二）重点国家的进出口贸易格局变化

1. 印度几乎没有进口贸易，出口贸易发展较晚

印度是目前世界香蕉产量最大的国家，但并不是香蕉出口贸易强国。印度的香蕉生产基本上都是自产自销。国内生产的香蕉基本用于满足国内市场消费需求。只有少量出口，几乎没有进口。印度香蕉出口量由1980年的36吨增至2016年的113 936吨。其香蕉进口量近乎为零。1980—1996年，印度的香蕉出口量较少，最高为1995年的1 744吨，主要原因是国内市场对香蕉的需求迅速增长，并维持很长时间。1997—2016年，印度的香蕉出口量有所增长，特别是2007—2010年，达到印度香蕉出口最高值，此后开始波动回落。2014—2016年增长迅速，产量分别为54 657、81 173、113 936吨（图10）。

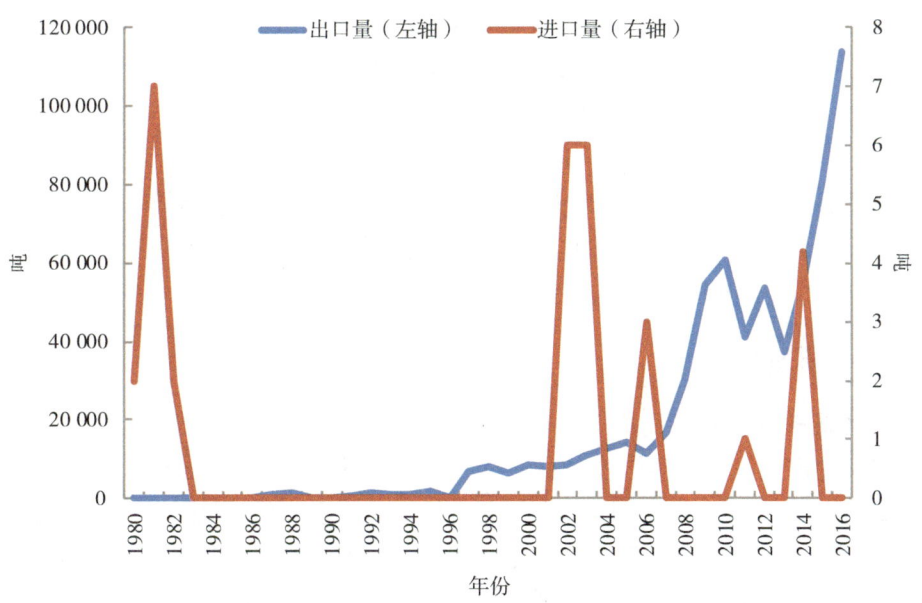

图10　1980—2016年印度香蕉进出口贸易量情况

数据来源：FAO，UNcomtrade

2. 菲律宾进口贸易较少，出口贸易近几年波动较大

现居世界生产第二大国的菲律宾，虽然在香蕉生产上和印度存在很大差距，但是其香蕉对外出口贸易十分发达。菲律宾的香蕉出口量由1980年的92.27万吨增长到2016年的139.75万吨。1998—2006年出口量增长稳定，此后便有所回落，直至2011年菲律宾香蕉进入出口贸易的"黄金期"，2014年出现极值792.77万吨，2015年及2016年迅速回落，影响了世界香蕉出口贸易量。但其香蕉进口贸易量仅为21吨（图11）。

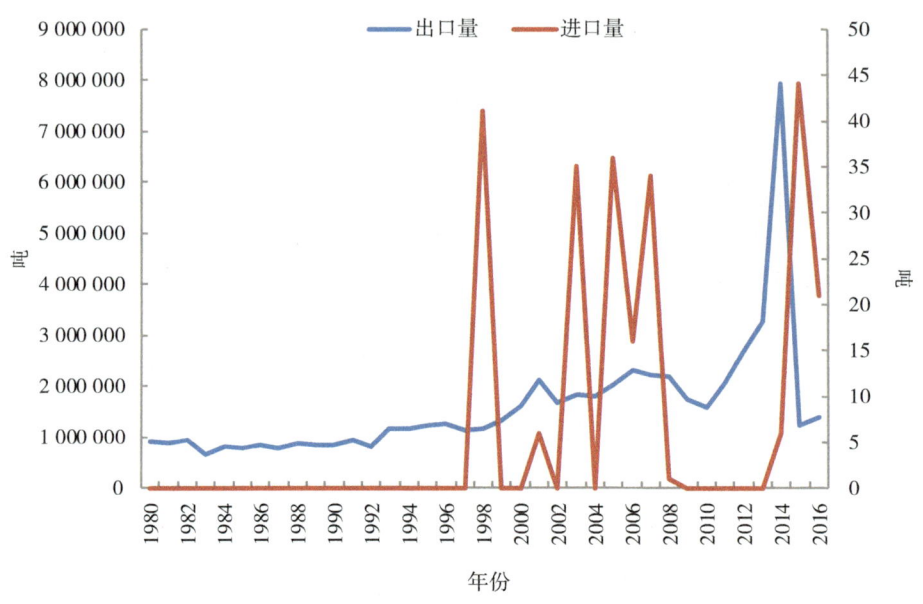

图11　1980—2016年菲律宾香蕉进出口贸易量情况

数据来源：FAO，UNcomtrade

菲律宾的香蕉供给和需求与印度存在很大的不同，虽然菲律宾生产的香蕉也大量供给了国内市场，但其出口量总体一直增长，出口比重占生产的总比重较为稳定。2013年，出口贸易量占总生产量的37.8%。

（三）香蕉贸易现状

1. 欧美仍是世界最大香蕉消费市场

拉美国家的香蕉多出口美国及欧洲；东南亚国家的香蕉多出口亚洲及阿拉伯地区。印度虽是目前世界最大的香蕉生产国，但其出口量很少，多供给本国市场。菲律宾是世界第三大香蕉生产国，其香蕉出口发展一直比较稳定，对本国经济有很大影响。原欧盟所有成员国中，香蕉进口量最大的国家是比利时和英国。2015年进口的香蕉中，有466.4万吨来自拉丁美洲国家。原欧盟香蕉最大供应国是厄瓜多尔，输入量为140万吨，哥伦比亚出口量有130万吨。此外，还有94万吨来自哥斯达黎加，33万吨来自多米尼加共和国，喀麦隆香蕉出口欧盟量有27.5万吨。2016年进口来源情况与2015年相似（表3）。

表3 2016年世界香蕉进出口贸易前十国家

国家	进口贸易值（万美元）	进口贸易量（万吨）	国家	出口贸易值（万美元）	出口贸易量（万吨）
美国	263 048.68	495.16	厄瓜多尔	274 200.52	617.63
德国	99 233.12	138.05	哥斯达黎加	99 681.50	237.02
俄罗斯	99 919.40	135.60	哥伦比亚	91 493.66	196.06
比利时	122 950.64	131.54	菲律宾	61 883.02	139.75
英国	83 108.06	121.21	比利时	94 088.43	114.41
日本	92 352.16	95.71	美国	43 133.09	59.24
中国	58 560.69	88.72	荷兰	39 415.41	46.37
意大利	49 275.52	73.01	墨西哥	19 706.86	46.24
荷兰	42 995.24	65.86	多米尼加	24 661.89	40.18
加拿大	40 942.43	58.80	德国	32 803.82	35.14

数据来源：UNcomtrade

据统计，2016年世界香蕉总贸易额134.39亿美元，贸易量1983万吨。2016年世界香蕉进出口的贸易格局并没有太大变化，进口国家仍然集中在美国及欧洲国家，只是俄罗斯和中国的进口贸易发展迅速。而出口国家仍然集中在拉美、菲律宾，以及美国、欧洲国家。印度的出口贸易仍较少，国产香蕉多供给国内市场，而且在数据库中未发现印度有香蕉进口贸易。

2. 印度及菲律宾的香蕉贸易受地缘因素制约

2016年，印度出口额6 085万美元，出口量11万吨（表4）。菲律宾的出口额61 883万美元，出口量140万吨（表5）。香蕉是生鲜农产品，其在运输过程中难免受到损耗，地缘因素仍然是香蕉贸易中非常值得注意的环节。其主要贸易流向如下。

印度的出口流向比较集中，主要有12个贸易对象国，这些国家的出口贸易总值占印度出口总额的99.2%；出口贸易总量占印度总出口量的99.4%。印度的主要出口贸易对象是阿拉伯地区，而其对世界第一大香蕉进口国美国的出口并不多。

表4 印度主要贸易对象国

贸易对象国	出口额（万美元）	出口量（万吨）
世界	6 085.26	11.39
阿拉伯联合酋长国	1 875.71	2.64
伊朗	1 011.91	2.00
沙特阿拉伯	848.30	1.20
科威特	706.04	1.15
阿曼	674.77	1.30
尼泊尔	310.68	2.21
卡塔尔	305.58	0.34

(续表)

贸易对象国	出口额（万美元）	出口量（万吨）
巴林	187.0	0.25
马尔代夫	55.53	0.13
马来西亚	322 697	0.07
伊拉克	20.12	0.04
美国	8.95	0.003
占比（%）	99.2	99.4

数据来源：UNcomtrade

表5 菲律宾主要贸易对象国（地区）

贸易对象国（地区）	出口值（万美元）	出口量（万吨）
世界	61 883.02	139.75
日本	23 130.06	44.45
中国	14 477.04	31.93
韩国	11 468.00	23.85
阿拉伯联合酋长国	2 882.35	10.21
伊朗	2 457.70	9.50
沙特阿拉伯	1 672.57	5.55
科威特	2 006.19	5.03
中国香港	995.84	3.42
新西兰	800.49	1.56
马来西亚	579.31	1.38
新加坡	562.09	0.94
伊拉克	305.68	0.69
占比（%）	99.1	99.1

数据来源：UNcomtrade

菲律宾的香蕉出口贸易量远大于印度，但其出口贸易对象却较印度还要集中。2016年印度的出口贸易伙伴国有53个，而菲律宾只有37个。其中12个国家及地区的出口贸易占菲律宾总出口贸易的99.1%。菲律宾的出口对象主要集中在亚洲地区，其长年垄断日本香蕉进口市场。其次出口的贸易同印度一样集中在阿拉伯地区。2016年菲律宾进口香蕉4.57万美元，21吨，来源于3个国家中国、日本及泰国。来自中国的进口值最高，来自日本的进口量最大。

五、主要国家产业链竞争力

（一）世界香蕉产业链竞争力

种质方面：世界主产国都十分重视对香蕉种质资源的收集，全球著名的育种机构有

INIBAP、FHIA、EMBRAPACNPMF、IIt A、CIARD-FLHOR。其中 INIBAP 收集保存 1300 多份、印度收集保存 670 份、菲律宾收集保存 300 多份、澳大利亚收集保存 500 多份、中国收集保存 300 份，这些种质为育种工作提供了宝贵的材料（徐迟默，2006）。为了与中国大陆和台湾地区竞争日本的高价市场，目前都乐公司、金吉达公司和德尔蒙公司都在棉兰老岛大力开发海拔 800 米以上的高地香蕉（许林兵，2006）。

各香蕉贸易公司正大力开发新品种和新市场，如美国 Dole 公司在菲律宾棉兰老岛开发 Senorita（贡蕉）出口日本、韩国和中国，Murado（红蕉）出口日本，Dindok（牛角大蕉）出口新西兰。世界香蕉主产国通过选育种也筛选出一批适应各国生态条件的优良品种。如印度有主栽品种 Robusta、Poovan、Pachanadan、Saba、Peyan 和 Karppuravalli，此 6 个品种的产量占印度香蕉总产量的 80%，还有加工品种：香蕉片类—矮化卡文迪许、Nendran(AAB)、Zanzibar 和 Monthan(ABB)；香蕉果汁类—Poovan、Rasthali 和 Karpuravalli；香蕉果酱类—Poovan 和 Karpuravalli 等。菲律宾中小香蕉园的主栽品种为 Saba、Lakatan 和 Bungulan，大型出口生产基地主栽品种为巴西蕉、矮化脚蕉、Umalag、Ecuadorian 和大奈因。

种植方面：世界主要香蕉贸易公司如 Dole 公司和 Chiquita 公司为了争夺欧盟市场，在生产和管理上实行严格的标准化，贯彻实行国际通行的管理体系，如 ISO 9001 质量管理体系、ISO 14001 环境管理体系、HACCAP 食品安全管理体系、SA 8000 社会责任国际标准体系等。根据各管理体系要求从生产到上市建立了良好的跟踪体系。除自然因素外，各国香蕉科技水平参差不齐，是导致全球香蕉平均单产水平较低的原因。非洲作为面积最大的香蕉产区，却因其香蕉优良品种较少、种植管理技术水平低等原因，其单产水平在各大洲中处末位。

储运方面：香蕉仍以鲜果消费为主。储运方面是发达国家和发展中国家差距最大的地方，在国外发达国家的大型公司已普遍采用了香蕉采收包括清洗、分级、冷藏保鲜、冷链运输等技术规范配套流程，产后商品化处理量几乎达到 100%。20 世纪 90 年代，大型种植公司就在香蕉采收、搬运、处理、包装、储运过程中使用空中索道、用纸箱包装、冷链系统、利用生长调节剂化学杀菌剂及配合热水处理，控制病菌。有效减少香蕉机械损伤 90% 以上，提高商品率和保鲜期，获得更高的经济收益。而在发展中国家，香蕉的采收仍依靠人扛肩挑搬运、简单筐装及普通车运输，其储运消耗占到整个产业链损耗的 40% 以上。

深加工方面：在厄瓜多尔、菲律宾和哥斯达黎加等国的跨国香蕉生产国，对香蕉的生产加工已经高度的组织化，香蕉采后商品化处理能力平均达到了 68%，产品的深加工能力平均达到了 20% 以上。而在很多发展中国家，香蕉的采后仍较简单，以鲜食为主，很少在原产地具有精深加工能力。

菲律宾不仅发展规模化的香蕉生产，还组建了相关的香蕉产业服务公司，如肥料公司、纸箱公司、香蕉粉加工厂、牧场、鲜牛奶加工厂、销售公司等，形成香蕉产业链条（胡小婵，2010）。

生产社会化服务方面：世界各地的香蕉专业协会都开始运作起来，但职责和功能不尽相同。澳大利亚由香蕉经营者组织形成的香蕉协会作为政府产业部门和蕉园主的桥梁，主要负责对香蕉产业中存在的问题、香蕉生产技术推广、市场营销等代表蕉园主与政府、相关产业部门进行有效联结服务。厄瓜多尔香蕉行业协会主要作用为协调出口商和种植者关系方面。

（二）重点国家香蕉种植成本收益变化

据 FAO 统计，菲律宾的香蕉生产人力成本数据较完整。菲律宾的香蕉生产人力成本变化较大，从 1991 年的 109.9 美元增长到 2015 年的 269.7 美元。1996 年之后菲律宾香蕉生产的人力成本有所回落，后又还是迅速上涨。整体增长趋势十分明显（图 12）。但印度的香蕉生产人力成本数据仅有 2001 年的，每生产 1 吨香蕉所需人力成本 126.7 美元。

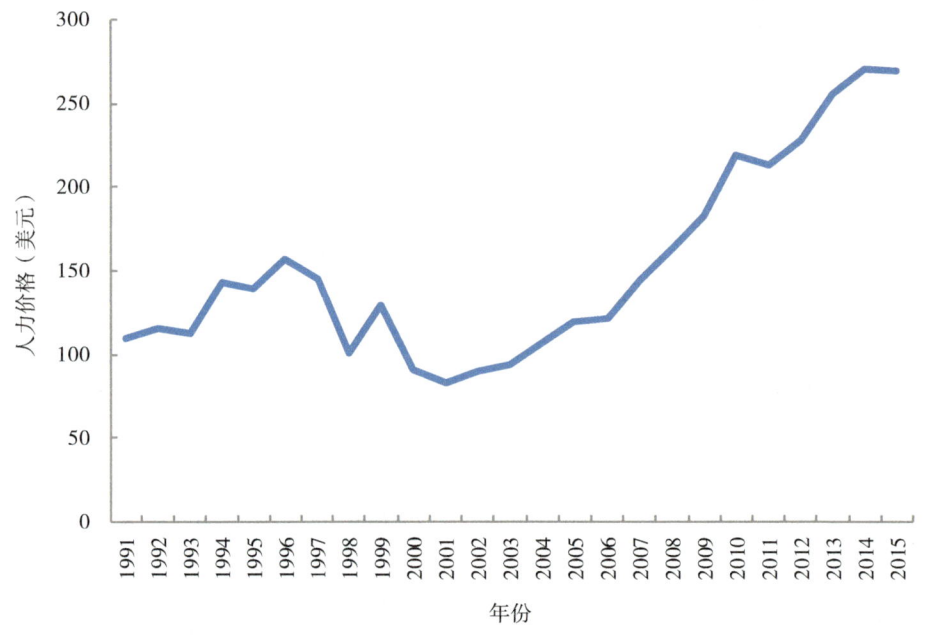

图 12　菲律宾香蕉生产人力价格变化
数据来源：FAO

印度：Tiruchi 和 Karur 是印度主要的香蕉种植区。2015 年，印度国内香蕉价格合计人民币 3 元 / 千克。2016 年，在印度许多村庄，Poovan 香蕉的田头价格下降到每串 2~3 元人民币。Nendran 香蕉价格下跌情况更为严重。印度香蕉种植户蕉农 Ramalingam 先生每种植 1 公顷香蕉成本需投资 5 569.30 美元。正常情况下，印度香蕉种植到收获需要 14 个月，农民每株每月约投资 0.15 美元的农药和工本费，1 公顷约为 2 700 株香蕉，共需 405 美元。每公顷产 60.47 吨。价格随市场需求变化较大，低时为 74.46 美元 / 吨，一般时候为 163.82 美元 / 吨，高时可达 297.84 美元 / 吨。印度的化肥大量依靠进口，其 55%~60% 的粮食产量增长直接归因于化学肥料。印度已是全球氮、磷、钾肥产品总量最大进口国。尿素价格每吨 350 美元，磷酸二铵每吨 580 美元，氯化钾 390 美元 / 吨。

菲律宾：近几年来，菲律宾的香蕉生产成本持续上涨。据菲律宾香蕉生产者与出口协会（PBGEA）常务董事称几年前香蕉成本为0.169~0.172美元/千克，而2014年生产成本已经达到0.277~0.296美元/千克。2015年香蕉成本达到0.291~0.312美元/千克（周洲，2015）。2015年，农业部门每日最低工资从5.90美元提升到5.99美元。菲律宾香蕉生产量受天气影响较大，正常情况下，每年每公顷产香蕉3 700箱（13千克/箱），产量为48.1吨/公顷，但是干旱的季节只有2 500箱，最好季节可以达到4 000箱（徐迟默，2008）。合计种植香蕉的成本为8 128.9~8 273.2美元/公顷。与中国相比，就海南省进行比较，生产香蕉的成本约为19 191.69美元/公顷，远远高于这两个国家，单产水平约为42吨/公顷。

（三）主要香蕉公司现状

香蕉是世界上具有规模效益生产能力的农作物之一。Dole食品公司在全球香蕉市场占有26%的份额；Chiquita国际公司供应世界上25%的香蕉，它在拉美有127个香蕉生产点；在全球香蕉贸易中德尔蒙新鲜农产品公司占据16%。厄瓜多尔的Noboa公司香蕉出口量分别占世界出口总量的7%；爱尔兰的Fyffes公司占世界出口总量的6%（严惠，过建春，2008）。Dole、Chiquita、DelMonte这3家公司都在菲律宾有种植园，都乐（Dole）的香蕉种植面积和产量居菲律宾第一位，而Chiquita和德尔蒙（DelMonte）公司香蕉种植面积和产量列第三位和第四位。

1. 金吉达

金吉达（Chiquita）品牌国际有限公司创立自1899年，总部设于美国辛辛那提市。100多年来致力于将优质、营养、新鲜的香蕉带到世界各地。Chiquita早在100多年前就以销售高品质的香蕉而菲名美国，如今已成为世界著名的香蕉品牌，为60多个国家提供果蔬产品。1903年，公司在纽约证交所上市。1930年，公司的船队规模就达到95艘，将香蕉送至世界各地市场。2008年，Chiquita品牌国际公司进入中国市场。2014年10月27日，Chiquita被巴西果汁生产商Grupo Cutrale与投资公司Safra Group联合以13亿美元收购。

Chiquita是一家全球领先的公司，在全世界销售产自加勒比，菲律宾等传统香蕉产区的香蕉。其种植园要求全部按照Chiquita的标准（质量标准/劳工人权标准）种植香蕉。公司的品牌Miss Chiquita是美国最受欢迎的形象之一，可谓家喻户晓。在世界30多个国家拥有2万名员工。Chiquita香蕉产品销往世界各地的近70个国家。公司十分重视对产品健康安全的控制，提倡预防和管理，致力于提供从种植到餐桌的食物安全。

2. 都乐

Dole（都乐）食品公司成立于1851年的夏威夷岛，做菠萝销售起家，1964年正式进入香蕉市场。1998年进入中国，总部位于上海。2014年入驻天猫旗舰店。现已成为世界上最大的、品质最好的新鲜水果、蔬菜的生产、销售跨国集团之一。经营范围十分广泛，主要有新鲜水果、新鲜蔬菜、干果、水果罐头、果汁饮料等；公司总部设在美国，在非洲、亚洲、北美洲及南美洲等90多个国家建立了销售网络或子公司；全球雇佣的专职员工约为 7.6 万人。都乐是世界上最大的生产、加工新鲜蔬菜和水果的公司，在 90 多个国家有销售，是美国最大的香蕉生产商。都乐官方声称，近年注重饮食健康的消费者越来越多，主营水果和蔬菜的都乐公司潜力巨大。它逐渐在淡化果汁和罐头水果的业务，在美国地区都乐早已不销售果汁，而是主打水果、沙拉和有机食品；在中国其果汁产品也出现得越来越少了。都乐也是全球领先的有机香蕉生产商，占据了全球香蕉市场份额的 26%。

3. 德尔蒙食品

DelMonte Foods 是总部位于美国加利福尼亚州旧金山著名食品制造及经销公司。其品牌包括罐头水果的"德尔蒙"（DelMonte）、宠物食品的"Kibbles n' Bits"等。1989 年鲜果部门更名为"新鲜德尔蒙农产品"（Fresh Del Monte Produce）出售，仍然继续以"德尔蒙"品牌销售菠萝、香蕉及其他产品。"德尔蒙"品牌以授权形式行销全世界，"德尔蒙食品"自己持有北美洲（加拿大除外）及中南美洲的品牌销售权。Fresh Del Monte Produce 获得欧洲、非洲及中东地区的品牌销售权。Del Monte Asia 持有品牌在亚洲（菲律宾及印度次大陆除外）及大洋洲的销售权。Del Monte Pacific 持有菲律宾及印度次大陆的品牌销售权。所有公司获得"德尔蒙食品"授权使用"德尔蒙"品牌在其地区内销售授权产品，各家公司互相交易不同产品，Del Monte Asia 在泰国拥有果园。

4. 爱尔兰的 Fyffes 及日本驻友商社

Fyffes 公司是欧洲最大的蔬果公司，在全球排名第四。在热带水果产业具有 125 年的经验，从生产、采摘、运输为香蕉产业提供了宝贵的经验。同时对农产及合作商的要求特别严格，致力于在对环境影响最小的情况下生产最优质的香蕉，致力于食品安全和可追溯。例如用天然藻类去除乳胶从而节约用水，废弃物的有机质还田，冷冻水系统减少碳排放。近几年公司发展迅速，2014 年曾有机会收购金吉达公司，成为世界最大的香蕉生产基地，但被巴西财团介入而使得收购计划破产。2016 年日本香蕉业巨头驻友商事株式会社（Sumitomo Corporation）与爱尔兰热带水果经销商 Fyffes 公司近日来达成协议，驻友商事株式会社将会以 7.51 亿欧元（约折合人民币 55.12 亿元）的价格收购 Fyffes 公司，两家公司会因此而合并，在香蕉业界里以新姿态推广业务。协议还没达成之前，约 30% 的 Fyffes 香蕉已经由驻友集团进口至日本消费市场。驻友集团作为一家全球贸易公司，自 1960 年代以来一直都在香蕉业里扮演着举足轻重的角色。除此之外，从在菲律宾的种植业务，到在全球零售分销香蕉，驻友集团具有一体化的商业模式，将成为亚洲的香蕉市场领导者。

六、主要国家产业支持政策

（一）东盟香蕉生产及贸易均充满发展机遇

东盟是世界的主要香蕉生产区，也是世界香蕉贸易的主要供给区。近些年来东盟的香蕉贸易发展较为迅速，均得力于良好的种植鼓励政策和优越的外部贸易环境。种植方面，从 2008 年起，菲律宾总统阿罗约签署第 807 号行政令，废除原总统马科斯颁发的全国出口香蕉种植面积不得超过 2.63 万公顷的限制。这一政策大大推动了菲律宾国内的香蕉种植业发展，现在菲律宾香蕉产量在世界居第三位。贸易方面，作为香蕉最大市场的日本，东盟香蕉生产国和本国农业产业不构成竞争关系，受到出口政策限制较少，极利于产业发展。但 2016 年出口税被提升，冬季出口最高税赋为 18%，夏季最高税赋为 8%。直接影响了菲律宾的香蕉出口量。菲律宾的香蕉种植者及协会希望菲政府早日与谈判，减少关税。2010 年，中国—东盟自由贸易区正式启动，东盟香蕉顺利以低关税涌入中国市场。

印度对香蕉种植一直持有积极鼓励政策。针对香蕉种植风险，2008 年政府就引进香蕉保险，政府支付 50% 的费用，惠及一个地区及 11 个邦。但农民要求政府的最低收购价，政府一直没有相应政策出台。根据印度政府 2023 年展望规划，政府决定拨款 1.2 亿卢比发展农业，特别是包括香蕉的十大农作物。文件指出，印度计划将进一步扩大香蕉种植面积。

（二）拉美香蕉发展受到多因素制约

种植方面，拉美的土地政策经历了先松后紧的过程。20 世纪中后期，为了吸引更多外国资本投资本国农业，拉美各国对外国投资者给予了各种优惠措施，其中包括土地的自由买卖和租赁政策，比较典型的国家包括秘鲁、巴西、墨西哥和阿根廷。很多大型种植公司利用土地种植香蕉，拉美香蕉产业发展迅速。2010 年以后，拉美国家对外资企业拥有本国土地的政策有收紧的趋势，纷纷出台限制政策，制约大型香蕉跨国公司发展。

贸易方面，拉美国家的香蕉主要出口贸易对象国是美国和欧盟。从 1993 年起，欧盟颁布了理事会规则 404/93，成立了香蕉共同市场，统一欧盟的香蕉进口、销售政策。其许可证制度、配额制度等政策限制了产自拉美的香蕉进口，而放宽对非洲、加勒比和太平洋地区的香蕉进口。这一政策引发了著名的"欧美香蕉之战"。2001 年，欧盟与美国在世贸组织多哈回合谈判框架内就"香蕉问题"达成协议。欧盟承诺从 2006 年 1 月 1 日起，对拉美香蕉进口从过去复杂的关税及配额限制混合机制，过渡到单纯关税机制。但关税仍然较高。最终 2009 年达成协议，欧盟将拉美国家进口香蕉关税从每吨 176 欧元降到 148 欧元，到 2017 年再逐步降到 114 欧元。

七、世界供需及产业发展形势展望

（一）新兴市场发展迅速，香蕉供给将出现多元化格局

随着全球经济增长，人口的发展及人们饮食多元化，全球对香蕉的需求量将继续上涨。以前，全球的香蕉消费市场集中在美国、欧盟、日本等发达国家，而今中国、中东、中亚等新兴市场的经济崛起，也并将带动其对香蕉消费量的增长。欧洲与拉美及美国的香蕉贸易争端还将继续，美资背景的拉美香蕉产业发展将受到一定的限制。东南亚的香蕉生产则因为具有地缘优势，靠近新兴市场而将继续快速发展。香蕉的供给及需求市场将更加多元化，更加繁荣。

（二）市场需求推动香蕉向绿色化发展，跨国公司将纷纷转型

优质、安全是当今世界果品生产和消费的总趋势，世界各国对食品安全、质量、卫生关注程度的日益加深，将使得各国对进口水果在农药残留方面提出更高的要求。无公害、绿色、有机香蕉将越来越受到消费者的青睐。逐渐推动世界香蕉产业向高端优质、绿色有机的方向发展。发展中国家的香蕉产业日益成熟，将有更多的发展中国家香蕉种植企业走出国门，竞争海外市场。而对于传统的 Dole、Chiquita、DelMonte 等大香蕉跨国种植公司，其市场原占有份额将逐渐减小，公司内部的经营重点将进行转移。更多地关注于香蕉种苗技术、种植栽培、储运包装、加工保鲜技术与产业链拓展、政策导向、社会化服务等香蕉产业链环节，促进香蕉产业链的日益完善。全球的香蕉商品化处理、储运保鲜深加工以及与生产结构的配置将趋向合理化。

（三）生产成本有可能持续上涨

全球经济的增长也带动了各国劳动力价格的增长。香蕉生产又属于劳动力密集型产业，特别是在一些发展中国家，香蕉种植过程需要大量的劳动力投入，劳动力价格增长将直接提升香蕉种植人力成本。在一些原有种植的发展中国家，经济的快速发展将使得土地资源越来越紧缺，势必压缩香蕉种植面积，提升香蕉土地地租。在很长一段时间，全球香蕉病虫害（如枯萎病）仍将继续泛滥，防治成本将持续上涨，提升香蕉种植的生产资料成本。这些因素将直接推动全球香蕉生产成本的进一步上涨。

参考文献

许林兵 . 2006. 世界香蕉产业状况与发展趋势［J］. 广东农业科学，(10): 106-108.
严惠，过建春 . 2008. 世界香蕉产业组织现状和发展趋势［J］. 经济理论研究，(7): 18-20.
李玉萍，方佳，董定超，等 . 2008. 世界香蕉产业的发展现状与发展趋势分析［J］. 广东农业科学，(2): 115-119.
周洲 . 2015. 菲律宾：香蕉生产成本上升［J］. 中国果业信息，(1): 15.
郑淑娟 . 2015. 印度中间商操纵香蕉价格使蕉农利益受损［J］. 世界热带农业信息，(9): 9.
胡小婵 . 2010. 世界香蕉发展现状［J］. 世界热带农业信息，(4): 7-10.
夏勇开，过建春 . 2010. 走出去：中国香蕉产业国家化发展的现实选择［J］. 中国热带农业，36(5): 13-16.
徐迟默 . 2006. 香蕉主产国栽培品种简介［J］. 世界热带农业信息，(2): 20-21.
徐迟默 . 2008. 菲律宾香蕉产业概况［J］. 世界热带农业信息，(1): 9.

（海外农业研究中心特邀研究员　金　琰）